JEHOVA
EMMANUEL
TETRAGRAMMATON
ADONAY

D1652686

ÆNIGMA

КУРСЪ

Энциклопедіи Оккультизма,

ЧИТАННЫЙ

Г. О. М.

въ 1911 — 1912 академическомъ году

въ городѣ С.-Петербургѣ.

Выпускъ I.

Составила ученица ●● № 40 F. F. R. C. R.

С.-ПЕТЕРБУРГЪ.

1912.

КУРС ЭНЦИКЛОПЕДИИ ОККУЛЬТИЗМА

читанный в 1911–1912 академическом году в городе Санкт-Петербурге

составила ученица ∴ №40 F.F.R.C.R.,
Санкт-Петербург, 1912

Москва, 2019

УДК 133 : 061.236.61
ББК 86.42
Г11

КУРС ЭНЦИКЛОПЕДИИ ОККУЛЬТИЗМА
Читанный
Г.О.М.
в 1911–1912 академическом году в городе Санкт–Петербурге

составила ученица •• №40 F.F.R.C.R.

Санкт-Петербург
1912

Г.О.М.
Курс энциклопедии оккультизма. Изд. 3-е. / М.: Энигма, 2019. — 528 с.

Уникальное по полноте охвата пособие по практическим вопросам оккультизма. Изложение материала ориентировано на понимание и дается в западной традиции в связи с Арканами Таро. Энциклопедия представляет систематическое изложение Каббалы, без знания чего трудно понимать оккультную литературу нового времени и средневековья. Выгодно отличается от всех доступных читателю книг на эту тему полнотой и логической стройностью. Книга написана великолепным русским языком с легким налетом иронии, богата цветными иллюстрациями, поясняющими каббалистическую символику. Приведены Старшие Арканы специально разработанных для данного издания карт Таро.

Издательство благодарит антикварный салон
«Русский модернъ» (Москва, Богословский пер., дом 5)
за возможность воспроизведения титульного листа
издания 1912 года

ISBN 978-5-94698-003-6

Оглавление

ТОМ I

ТОМ II

ПРЕДИСЛОВИЕ ИЗДАТЕЛЯ

Уважаемый читатель!

Книга, которую вы держите сейчас в руках, поистине уникальна. Это — почти единственный в своем роде памятник литературы, дающий читателю столь полное и глубокое представление практически обо всех направлениях оккультизма. Почти сто лет назад руководитель эзотерической оккультной группы читал специальные курсы лекций. Одна из учениц Г.О.М. (так, следуя масонским традициям, именовал себя ее учитель), стараясь сохранить его наследие, застенографировала лекции начального курса и выпустила книгу, получившую название «Энциклопедия оккультизма».

Перед вами очередное издание «Энциклопедии». Первое было выпущено в 1912 г. и сейчас практически недоступно. Второе вышло в Шанхае в 1937 г. Оно было проиллюстрировано изображениями 22 Мажорных Арканов, выполненными художником В. Масютиным. Пожалуй, во всем СНГ не найдется ни одного экземпляра этого издания. Третье увидело свет в издательстве «Avers» в 1992 г. тиражом в 100 тыс. экземпляров. Четвертое появилось в 1994 г. в Киеве в издательстве «София» и имело тираж 10 тыс. экземпляров.

Кроме того, в начале восьмидесятых годов в Ереване было предпринято анонимное самиздатовское издание этой книги, проиллюстрированное картами Таро в интерпретации Папюса. Некоторые экземпляры этого напечатанного на машинке и тиражированного ксероксом издания были раскрашены от руки. За основу настоящего издания было принято именно это анонимное издание, как наиболее полно соответствующее духу и смыслу книги Г.О.М., и, конечно, издание 1912 года.

У читателя возникает естественный вопрос, зачем в очередной раз понадобилось издавать эту книгу?

Во-первых, все предыдущие издания уже давно распроданы и являются библиографической редкостью. Это, в свою очередь, говорит о значительном интересе публики к данной тематике. Очевидно, читательский спрос недостаточно удовлетворяется той весьма многочисленной, но недостаточно качественной оккультной литературой, которая издается сегодня.

А во-вторых, **так** эту книгу никто никогда не издавал. В настоящем издании приведены цветные репродукции карт Таро, соответствующие описаниям Г.О.М. Предыдущие издания либо были вообще без карт (1912 г.), либо с картами, изображения на которых не совпадали с описаниями в тексте (карты В. Масютина или Папюса). Специально для данного издания нарисована полная колода карт Таро, содержащая все мажорные и минорные Арканы Тарота. Особое внимание обращено на то, чтобы изображения точно воспроизводили характеристики карт, данные автором. Это относится не только к рисункам, но и к подбору цветов, знакам и символам, использованным на каждой карте. Можно сказать, что новая колода карт Таро имеет все основания называться «Карты Г.О.М.».

Издавая эту книгу, мы старались придерживаться традиций средневековой рукописной книги с цветными буквами, рисунками на полях, колонтитулами, цветными рисунками и т. д. и т. п. Тем более что современная техника позволяет это сделать. Все цветовые, шрифтовые и другие выделения не случайны, имеют глубокий оккультный смысл и позволяют лучше понимать написанное и нарисованное. Кроме того, из текста книги понятно, какой большой смысл имеет цвет в оккультизме, и правильное использование цвета придает самой книге определенную магическую силу. Можно сказать, что **мы постарались издать эту книгу такой, какой ее хотел бы видеть автор, если бы у него были бы соответствующие технические возможности**. Тем более что в процессе работы над книгой, начиная с некоторого этапа, постоянно чувствовалось как бы некоторое присутствие автора, который иногда заставлял полностью переделывать какую-то карту, добавлял рисунок на полях или деталь к колонтитулу… Это все, конечно, шутка, но…

Другой вопрос, гораздо более серьезный, связан с тем, что сам Г.О.М. являлся масоном и не скрывал этого, и сама книга написана с откровенно масонских позиций. Насколько в современной России является полезной книга, с описанием масонской символики, обрядов и ритуалов?

Дело в том, что в масонстве сохранились все великие древние символы, которые никогда не могут потерять своей силы, потому что они связаны с сущностями, которые продолжают действовать и сейчас, может быть и в несколько другой форме. Однако сами современные масоны полностью экзотеризировались и политизировались и давно утеряли истинный смысл своей собственной символики. Поэтому было бы совершенно неправильно подарить масонам, или кому бы то ни было другому, всю символику, вышедшую из древних мистериальных центров, и сказать, что мы ее знать не хотим, так как она масонская.

Г.О.М. являлся одним из немногих масонов, которые более или менее правильно понимали свою символику. Основная ценность и уникальность его книги именно в этом. Но далеко не везде его понимание правильно, часто оно несет на себе отпечаток времени и некоторых «авторитетов», модных в начале XX века. Поэтому книга нуждается в развернутом комментарии с точки зрения современной Духовной Науки — Антропософии в тех пунктах, в которых Г.О.М. поддавался модным тогда теософским мнениям.

В книге Г.О.М. приводится систематическое изложение того, что сегодня называется «Каббалой». В понимании автора это есть христианская, розенкрейцерская Каббала. К истинной Каббале, которая преподавалась в древних мистериях, это все имеет весьма косвенное отношение, но это то, что сегодня принято называть «Каббалой» и без знания чего трудно понимать оккультную литературу нового времени и средневековья. Книга Г.О.М. является единственным на русском языке полным систематическим изложением такой Каббалы и выгодно отличается от всех доступных русскоязычному читателю книг на эту тему своей полнотой и логической стройностью.

Предисловие

Эта книга — лишь эскиз панорамы величайшей мудрости, развернувшейся перед нами в вечера, которые посвятил нам Учитель.

Я передала **суть** лекций правильно и точно, но, поневоле, пришлось очень сокращать живое устное изложение и не приводить примеров из жизни, которые так ярко и остроумно иллюстрировали высказываемые мысли и положения. Поэтому надо очень продумать книгу, чтобы **самому** извлечь из нее то, что в готовом виде давалось на лекциях.

Поместила я сюда также и все элементарные указания относительно развития в себе интуиции и реализационной власти.

Кто, изучив эту энциклопедию, применит к себе заключенные в ней указания, тот может безбоязненно приняться за специальные отрасли тех ступеней Посвящения в Оккультизм, которые можно коротко характеризовать терминами «Каббалистический, Магический и Герметический циклы».

Быть может, в будущем году удастся провести в печать и содержание этих **специальных** посвятительных курсов, поскольку это не противоречит долгу Тайны Посвященных. Пока же появление этих сведений было бы преждевременным и даже вредным.

Курс издаваемой мною Энциклопедии расположен по Мажорным Арканам Тарота.

Для удобства читателей оказалось возможным приложить статью Б.М. Прямина-Морозова, на которую ссылается лектор в изложении IV-го Аркана.

Составительница книги.

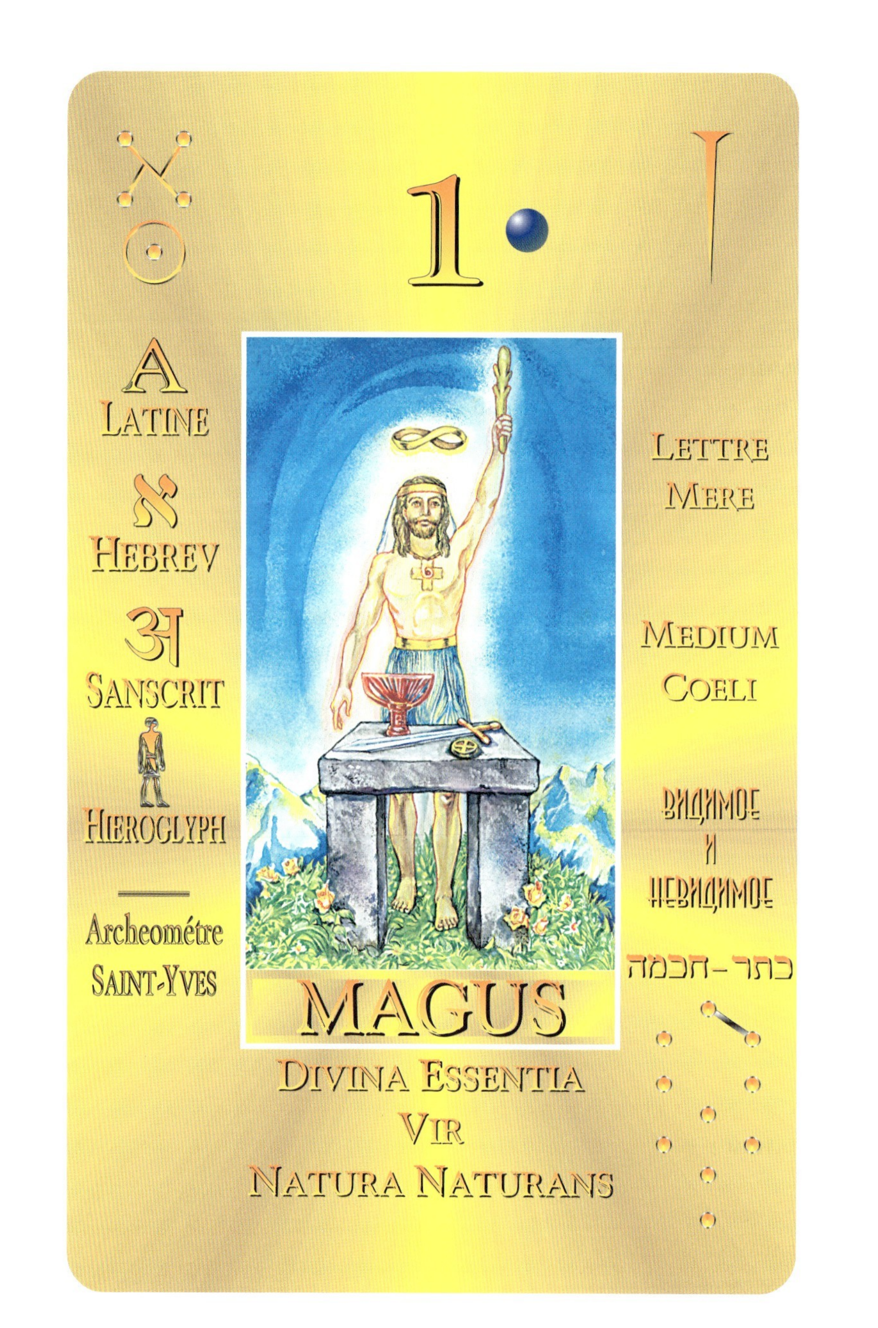
1
A
Latine
א
Hebrev
अ
Sanscrit
Hieroglyph
Archeométre
Saint-Yves
Lettre
Mere
Medium
Coeli
Видимое
и
Невидимое
כתר - חכמה
MAGUS
Divina Essentia
Vir
Natura Naturans

ТОМ I

Лекция I

א Первый Аркан

Важнейшими факторами в жизни интеллигентного человека являются — степень **сознательности** жизни и степень **реализационной власти**, дарованные этому человеку.

Стремление к **так называемому** «**посвящению**» и является погоней за тем или другим элементом, а чаще всего — за обоими.

Посвящение базируется на так называемых «**Арканах**» или — тайнах.

Здесь уместно будет выяснить разницу в значениях трех терминов: secretum, arcanum, mysterium.

Secretum — это то, что несколько людей по капризу или каким-либо житейским соображениям согласились скрывать от других.

Arcanum — это тайна, необходимая для познания определенной группы фактов, законов или принципов; тайна, без которой нельзя обойтись в ту пору, когда является потребность этого познания; тайна, доступная уму, достаточно пытливому в области этих познаний. В широком смысле под этот термин подойдут все научные положения, определяющие круг какой-либо практической деятельности.

Mysterium — это стройная система Арканов и секретов, синтезированная определенной школой, как база ее миросозерцания и мерило ее деятельности.

Нам сегодня важен второй термин — arcanum.

Аркан можно высказать, записать обыкновенным языком или, наконец, **символизировать**.

Древние посвятительные центры избирали третий род передачи Арканов — они их записывали символически.

Мы различаем троякий род символизма:

1) символизм **цветов**, присущий, главным образом, посвящению **черной** расы,

2) символизм **геометрических фигур** и картин, составляющий достояние **красной** расы,

3) символизм **чисел**, характеризующий **белую** расу.

До нас дошел грандиозный памятник символизма египетских школ, в котором связаны все три типа символических представлений.

☞ См. стр. 461

См. стр. 461

Это — колода карт в 78 листов (22+56) с **раскрашенными** изображениями, интерпретирующими так называемые 22 мажорных и 56 минорных Арканов. С каждой картой так или иначе связано числовое представление. Эти изображения, как гласит предание, помещались на стенах подземной галереи, в которую неофит попадал лишь после целого ряда испытаний.

Колода эта более всего известна под именем цыганского «**тарота**». Итак, тарот мы будем считать схемой метафизического миросозерцания древних посвященных. Но, возразят мне, у каждого народа есть своя схема миросозерцания, а именно — **язык** этого народа. Если притом народ имеет письменность, то элементы языка бывают представлены так называемым его **алфавитом**.

Таким образом, наш тарот явится как бы **посвятительным алфавитом**. Общая схема картин будет схемою языков этого алфавита; детали картин и цветовые оттенки в их окраске будут комментариями к этим знакам. Мы свяжем 22 мажорных Аркана тарота с иероглифами того алфавита, который теперь условно именуется еврейским.

Знакам этого алфавита приписываются определенные числовые значения, в порядке которых мы их будем рассматривать, памятуя девиз Белой Расы «**все числом, мерой, весом**».

Приступаем к рассмотрению самих Арканов.

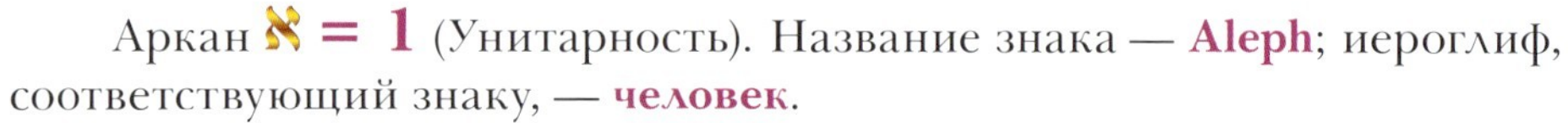

Аркан **א = 1** (Унитарность). Название знака — **Aleph**; иероглиф, соответствующий знаку, — **человек**.

Обращая внимание на строение символа, мы видим в нем намек на тройственность, в форме двух частей, спаянных третьею.

На соответствующем листе тарота изображен мужчина, стоя, держащий в правой, поднятой кверху руке палочку; левой рукой мужчина указывает на землю, так что, в общем, его фигура напоминает самый символ **Aleph**. Над головой его начертан знак ∞; голова увенчана золотым обручем; опоясан он золотым поясом; перед ним — стол кубической формы; в распоряжении человека, кроме жезла в руке, еще три предмета, лежащих на столе, — чаша, меч и денежка. Таким образом, картина, кроме намека на тройственность (корпус человека, нейтрализующий противоположно направленные руки), еще говорит о каких-то таинственных четырех предметах.

Отложив их рассмотрение, займемся истолкованием двойственного положения рук.

Во всех областях познания встречаются так называемые «**бинеры**» или «бинарии», то есть совокупности двух полярно-противоположных областей. Метафизика говорит об «**эссенции**» и «**субстанции**» объектов изучения, противополагая их друг другу.

Наука говорит о **принципах**, противопоставляя их **фактам**.

К ее же области относится широкое пользование бинарными терминами: **дух** и **материя**.

Вдумываясь в практику жизни, мы встречаемся с бинерами:

жизнь — смерть;

сознательность — реализационная власть;

добро — зло.

Частные вопросы в различных областях знаний дают нам целый ряд бинеров, вроде:

свет — тень;

тепло — холод; и т. д.

В этих частных вопросах в большинстве случаев легко усматривается возможность так называемой **нейтрализации бинеров**, то есть порождения третьего (так называемого **среднего**) термина, дающего переход от одного из крайних к другому и тем устанавливающего тройственную шкалу, ступенями которой служат самые термины. В этой фазе они являются лишь степенями одной и той же манифестации. И, следовательно, здесь **два** при помощи **третьего** сливаются **воедино**. Между светом и тенью помещают полутень и получают шкалу степеней освещения или, если хотите, степеней затемнения; между теплом и холодом умещаются средние температуры; между высоким и низким регистрами вставляется средний регистр; между положительным и отрицательным электричествами — нейтральное состояние; антагонизм полов в лице мужа и жены нейтрализуется рождением ребенка, и все три элемента сливаются в единстве **семьи** и т. д. и т. п.

Обратим внимание на то обстоятельство, что нейтрализующий средний термин владеет как бы двойственностью в конструкции — он, по свойствам, сродни обоим крайним терминам.

Не все бинеры одинаково легко нейтрализуются.

В философии бинер «**эссенция** — **субстанция**» удовлетворительно нейтрализуется термином **натура**, но попробуйте нейтрализовать бинеры:

дух — материя;

жизнь — смерть;

добро — зло;

или даже, хотя бы, наш бинер —

сознательность — реализационная власть.

Эта задача не покажется особенно легкой. Мы определим посвящение как умение нейтрализовать только что перечисленные бинеры. Их область относилась к так называемым **Великим Мистериям**.

Малые Мистерии обнимали собою циклы знаний, входящих в то, что мы ныне называем общеобразовательными предметами. Нейтрализация бинера **«дух — материя»** служит предметом так называемого теоретического посвящения. Остальные 3 великих бинера будут предметами **практического** посвящения.

Теперь мы знаем, к чему стремимся, и можем отметить общие идеи, связанные с представлением о тройственности ступеней унитарных шкал.

Помимо самой скалярности тернеров отметим иерархическое начало, царящее в этих построениях. Верхняя ступень, как высшая иерархическая, по однородности своего существа с остальными ступенями как бы просто отражается в них, сокращая свою интенсивность.

Выходит, что власть подчиненного отличается от власти начальника лишь сферою компетенции, но отнюдь не характером.

Из этого следует, что общий начальник нескольких подчиненных, занятых различными, по существу, делами, должен синтезировать в себе компетенцию этих различных специальностей.

Отметим еще идею непрерывности переходов от ступени к ступени.

Нами таковых намечено 3, но в большинстве из приведенных примеров переход от ступени к ступени плавный, непрерывный.

Из рассмотрения унитарных тернеров вытекает возможность двоякого их генезиса. Можно исходить из крайних терминов, как мы делали, и добывать средний.

Такой генезис определим как общий тип обычного тернера.

Символизируем его фигурой черт. 1.

«**+**» символически соответствует положительному полюсу, то есть тому началу бинера, которое мы считаем экспансивным (мужским).

« **–** » будет означать аттрактивный (женский) полюс бинера.

Буквой **N** мы обозначили средний (нейтральный, андрогинный) термин.

Никто не запрещает нам во многих примерах исходить из среднего термина и разложением его определять полюсы.

Нейтральное электричество процессом трения поверхностей разлагается на электричество **+** и электричество **–**; полутень никто не запрещает нам рассматривать как теневое пространство, отчасти освещенное источником света; ребенок с одной стороны являет для нас аттрактивные свойства; он в своем росте и питании притягивает к себе ряд элементов; с другой стороны он обнаруживает активность, экспансивность, простирающуюся на наружные объекты: в нем соединены оба свойства, и их можно в нем мысленно разделить.

Тогда мы получим другой тип тернера, которому мы дадим название тернера **Великого Аркана**. Его схема будет чертеж 2.

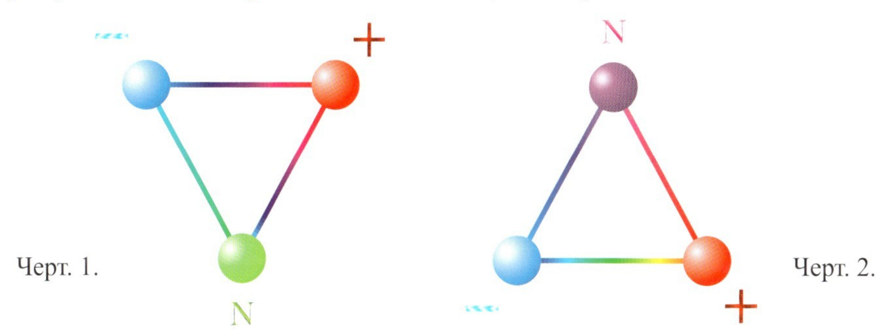

Черт. 1. Черт. 2.

Пока — довольно об идеях. Скажем несколько слов о методе их добывания.

Мы поневоле в сегодняшнем рассмотрении пользовались аналогиями и, пожалуй, дошли до так называемого **символизма**.

Но что есть символизм? — Да это тот же метод **аналогии** в частном применении.

Мне нравится тернер: **свет** — **полутень** — **тень**.

Я под его элементами подписываю несколько других тернеров, да еще под крайними элементами первой строки несколько не нейтрализованных бинеров, ну, хоть бы так:

Свет — Полутень — Тень;

Высший регистр — Средний рег. — Низший регистр;

Эссенция — Натура — Субстанция;

Дух — — — Материя;

Жизнь — — — Смерть.

Если я все строки сравниваю с первой, то я элементы всех строчек символизирую элементами первой строки; быть может, я в одной из строчек нейтрализовал крайние полюсы лишь потому, что меня натолкнула на это верхняя строка.

Тогда это будет примером **реализационной силы символа** в мире метафизико-логическом.

Если я в 4-й строке не сумел еще нейтрализовать дух и материю, то реализационная сила символа здесь еще не обнаружилась, а получилась лишь возможность условного сравнения: «если вы дух уподобите свету, а материю тени, то термин, который я разыскиваю, соответствует полутени». И это неплохо!

Но вернемся к беглому изучению нашей картинки, то есть к первому мажорному Аркану.

На нем изображен **человек — индивидуум**. Значит, Аркан единства есть вместе с тем Аркан индивидуальности. Если вы соединили несколько объектов воедино, то эта группа живет индивидуальной жизнью.

Клеточка живет; группа клеток соединяется в орган, и орган живет своей индивидуальной жизнью; органы группируются в организмы, опять-таки живущие индивидуальной жизнью; все органические царства планеты (в том числе и минеральное) определяют индивидуум, называемый самой планетой, и она живет; группа планет определяет систему, и т. д. до бесконечности.

Нужды нет, что клеточка считает себя свободной и борющейся за самое себя с другими клеточками, игнорируя жизнь органа и организма и считая таковые лишь обстановкою своей маленькой жизни; нужды нет, что академический ученый, уподобляясь этой клеточке, так же непочтителен к Земле и Солнечной Системе, отказывая им в личной жизни и полагая, что они суть мертвая обстановка, в которой протекает его полезная деятельность; нужды нет в том, что Земля так же презрительно смотрит на его жизнь, как он на жизнь своих обновляющихся клеточек... **Аркан I** нам открывает, что эти индивидуализации существуют, что не только группа атомов во имя жизни индивидуализировалась в молекулу, но что даже искусственная группа людей, соединившихся в коллегию, тем самым индивидуализируется и живет коллегиальной жизнью, презрительно относясь к мелким интересам каждого сочлена.

Лучше всего эта универсальная идея формулирована Христом в тексте: «... ибо где двое или трое собраны во имя Мое, там Я посреди них» (от Матфея, гл. XVIII ст. 20). Вне Логоса нет реализованной жизни, следовательно, «во имя Мое» значит — «во имя жизни».

Возвращаясь к картине, обратим внимание на то, что на ней изображен именно **мужчина**, и притом стоя, то есть в позе **активного** элемента, — это послужит нам указанием для заголовка первого Аркана. Аркан этот эзотериками называется «**Magus**», а в просторечии именуется «**Le bâteleur**» (ярмарочный фокусник). Для нас это — **активный индивидуум**.

Если в вас жива потребность в установлении так называемого теософического тернера основных единиц, то есть если вы во Вселенной признаете 3 элемента: **Архетип**, **Человека** и **Природу**, то вы дадите Аркану тройной заголовок:

1) Активная часть **Архетипа** — **Divina Essentia**;

2) Активный полюс **Человечества** — **Мужчина** — **Vir**;

3) Активность **Природы** — в терминологии Спинозы — **Natura Naturans***.

В этом кратком курсе займемся значением **Человека** нашего Аркана и постараемся вкратце охарактеризовать состав этой **индивидуальности** в сфере ее **активности**.

В деятельности **Человека** нам прежде всего бросается в глаза великий бинер

Дух — Материя.

Человек духовно живет в мире (или плане) **идей**. С другой стороны, он проявляет себя в **физическом, материальном** плане, то есть в области, где восприятия определяются показаниями органов чувств относительно объектов, которым мы даем название **реализованных** или **материализованных** предметов.

Первым нашим усилием в области самопосвящения будет попытка нейтрализовать упомянутое бинарное представление. Но что может связать дух с материей, что может дать переход от плана идей к плану реализованных предметов?

На это ответим: план, в котором **Энергия** определяет **Формы**.

Вот схемы нашего шкалярного тернера:

Дух — Энергия — Материя;
Идеи — Формы — Реальные предметы.

Этот промежуточный план назовем **Астральным**, а крайние — **Ментальным** и **Физическим**.

См. стр. 461

Переход от **Ментального** плана к **Астральному** совершается процессом группировки, сопоставления, суммирования, точнее сказать — **процессом прогрессивной конденсации идей** при наличности упомянутого выше Великого Закона индивидуализации коллективностей.

К общей идее многоугольника присоедините идеи равенства его линейных и угловых элементов, объедините эти идеи и вы получите новую идею **правильного многоугольника**, более конденсированную. Сопоставьте эту идею с идеей числа 4. У вас возникает представление о квадрате, которое вы уже склонны отнести к плану **Форм**.

*) **Divina Essentia** (*лат.*) — божественное бытие
Vir (*лат.*) — мужчина
Natura Naturans (*лат.*) — природа творящая

Подобным же образом совершится переход от плана **Астрального** к плану **Физическому**.

Закрепите на оси жестяной кружок. Его край не царапает алмаза. Сообщите этому кружку быстрое вращательное движение, иначе сказать — увеличьте запас его кинетической энергии, или накопите в нем ряд **астральных** свойств: он царапает алмаз.

Вы видите, что конденсацией астрала вы изменили чисто **физическое** свойство — твердость края кружка.

Переход осуществлен, хотя бы отчасти.

Вы сосредоточиваетесь в одной комнате на желании вызвать субъекта, помещенного в другой, на определенное телодвижение. Сосредоточивание это сводится к конденсации **идей** в образные представления, то есть в **формы**. Настаивая воображением на этих **формах**, то есть конденсируя **астрал**, вы добиваетесь реализации упомянутого жеста, то есть явления, доступного органам чувств, а потому относящегося к **физическому плану**. Опять осуществление перехода.

Мне возразят, что в первом примере покоящийся кружок уже обладал известной дозой твердости, то есть физическим свойством, и мы конденсацией астрала только **увеличили** эту твердость; что во втором примере магнетизер не только работал воображением, конденсируя астрал, но и распоряжался своим дыханием по определенным правилам, а может быть, позволил себе тот или другой жест мгновенного или даже продолжительного (ритмического или не ритмического) движения тела. На это я отвечу алхимическим афоризмом:

чтобы делать золото,
надо иметь золото.

Это закон большинства процессов, совершающихся в обстановке реализованных объектов. Рождать Вселенную во второй раз нам не приходится, и неизвестно, сколько бы времени на это потребовалось. Мы чаще всего в обыденной жизни берем опорную точку в готовых реализациях. Мы как бы уподобляемся человеку, бросающему в насыщенный раствор маленькие кристаллики с целью вызвать быстрейшую общую кристаллизацию раствора.

Большинство магических операций носит тот же характер умелого выбора опорных точек.

Что же касается **механизма** коагуляций, то в понимании его нам отказано. Мы умеем пользоваться готовой машиной, мы мощными и упорными усилиями интеллекта и воли можем восходить по лестнице выбора все более и более простых и надежных машин; но построение таковых — не наше дело.

На то, как мы дальше узнаем, есть особые сущности, известные под названиями Ангелов (в пределах ментального плана), **Spiritus Directores*** (в астральном плане) и Элементалей (в физическом плане). Каждому — свое.

Итак, мы во всей Вселенной и в каждом ее составном элементе будем пытаться различать, хотя бы приближенно, области трех планов: ментального, астрального и физического, взаимно проникающих друг в друга, но могущих быть рассмотренными в отдельности.

В Человеке мы сообразно с этим будем различать три составных элемента:

Mens, или **дух**; **Anima**, то есть **душа**, или **астральное тело**, или астросом; и, наконец, **Corpus**, то есть — **физическое тело**.

Когда человек занят умственным трудом, мы скажем, что **Mens** и **Anima** в нем деятельнее, нежели **Corpus**.

Когда в нем преобладает жизнь страстей, или работа чистого воображения, активного или пассивного, мы отметим **Anima**, как самое деятельное начало, и т. д.

Мы будем считать, что **Mens** Человека, коагулируясь, определил его **Душу**; что Душа эта, коагулируясь и взяв опорной точкой в физическом плане материализованные (хотя довольно тонко) элементы, доставленные родителями, сумела создать себе физическое тело, как для утробной, так и для внешней жизни; что она поддерживает функции этого физического тела в той **форме**, в какой они планированы, исправляя даже, соответственно этой форме, повреждения своей физической оболочки.

Говорить о том, как Mens управляет функциями Души и как он стремится ее исправлять, здесь было бы преждевременно.

Вот на чем я желал остановиться в нынешней лекции.

Прибавлю лишь одно: никто не запрещает вам заменить наше грубое подразделение Вселенной и Человека на 3 плана более детальным, в котором эти планы распадутся на **подпланы**. Мы сами в скором времени будем вынуждены это сделать.

---

*) **Spiritus directores** (*лат.*) — дух направляющий

2
B
LATINE
ב
HEBREV
ब
SANSCRIT
HIEROGLYPH
Archeométre
SAINT-YVES
LETTRE
DOUBLE
LUNA
כתר - בינה
GNOSIS
DIVINA SUBSTANTIA
FEMINA
NATURA NATURATA

Лекция II

ב Второй Аркан

Высшими проявлениями человека в его земной жизни являются интеллект и воля. Если этот бинер нейтрализован в человеке, то существование его протекает в благоприятных условиях.

Вернемся к тернеру: **дух** — **астрал** — **материя**.

Человеку необходимы здоровый дух, здоровый астросом и здоровое тело.

Ментальная монада человека сама по себе здорова вследствие своего высокого происхождения, о котором речь пойдет позже. Необходимо лишь, чтобы она была активна в человеке, и тогда ему обеспечена в жизни **сознательность**, которую можно отождествить с наличностью духовных стремлений.

Здоровый астросом даст элемент, именуемый **душевной гармонией** (это третий термин к бинеру: **сознательность** — **власть**). Гармония эта обеспечит продуктивность совокупности **страстей** в человеке, а эта совокупность и есть то, что в просторечии именуется **личностью**. Если кто нам скажет, как и чего он желает, его Я становится нам знакомым.

Здоровое тело обеспечит правильную передачу волевых импульсов в человеке; оно уравновесит мир **физических потребностей** и внесет в жизнь элемент **реализационной власти**.

Что же нам изучать прежде всего — **тело**, **астрал** или **дух**?

Телом и его функциями заняты другие специалисты. Проявления духа, его стремления тоже не чужды людям вдумчивым и склонным к занятиям философией. Наша роль в настоящую минуту — изучение астросома, а следовательно, и астрального мира как среды, в которой он обращается. Итак, если, во-первых, нам нужно было спросить себя: что такое человек как активная **единица**, то, во-вторых, нам нужна **наука о втором** (то есть астральном) **плане**.

Начертание второго Аркана в еврейском алфавите есть

ב (**Beth**); числовое значение этого знака=**2**.

Если первому знаку был присвоен иероглиф **Человек**, то ко второму знаку отнесется иероглиф **рот Человека**.

Ученое название соответственной картинки тарота — **Gnosis** (**познание**).

Оккультисты часто именуют его **la Porte du Sanctuaire***.

Вульгарное его название — **la Papesse****.

Картинка на заднем плане дает изображение двух колонн: правая, красная, часто увенчанная знаком Солнца, носит название **Jakin**; левая, синяя (часто черная), увенчана Луной и именуется **Bohaz**. Просвет между колоннами на масонском языке именуется средним **пространством**. На картинке оно задернуто завесою. На переднем плане восседает женщина на кубическом сидении. На голове женщины мы видим уже не знак ∞ первого Аркана, а рога Изиды, между которыми помещена полная Луна. Лицо фигуры прикрыто полупрозрачной вуалью.

Сама фигура закутана в широкое одеяние и держит на коленях сверток папируса (или книгу), наполовину прикрывая ее складками одежды. На груди женщины **прямоугольный равноконечный крест**.

Заголовками 2-го Аркана в планах Архетипа, Человека и Природы служат термины: **Divina Substantia**, **Femina**, **Natura naturata*****.

Займемся вторым Арканом.

1) Своим числовым значением он напоминает нам о необходимости раздвоения единицы, поляризации ее каждый раз, как она желает перейти к процессу участия в жизни.

2) Фигура знака **Beth**, а также две колонны на картине ясно указывают на метод, господствующий в выводах Оккультной Науки.

Я говорю о великом методе аналогии, формула которого в латинском переводе текста Изумрудной Скрижали Гермеса звучит —

Quod est inferius,
est sicut (id) quod est superius,
et quod est superius,
est sicut (id) quod est inferius,
ad perpetranda miracula rei unius.

А в русском — «то, что внизу, подобно (**аналогично**, а не **равно**) тому, что наверху, а то, что наверху, подобно тому, что внизу, для вящего развития чудес единой вещи».

---

*) **La Porte du Sanctuaire** (*фр.*) — Врата святилища

) **La Papesse (*фр.*) — Папесса

***) **Divina Substantia** (*лат.*) — божественная субстанция
Femina (*лат.*) — женщина
Natura naturata (*лат.*) — природа сотворенная

Это методологическое указание, вместе с картиной преддверия Святилища, достаточно для оправдания наименования **Gnosis**, данного Аркану.

Заметьте, что верхняя часть знака ב **Beth** только подобна нижней и что правая колонна только подобна левой, а не тождественна с ней.

3) Рога указуют на принцип бинера.

Вы скажете, что и колонны — бинер. Да, но между колоннами сидит женщина, то есть опять индивидуум, и она-то должна нейтрализовать этот бинер. **Женщина** — символ пассивности, а тем более — **сидящая** женщина. Эта поза намекает на выжидательное, созерцательное, восприимчивое настроение. — Кто хочет учиться, тот должен обладать этим настроением.

Объекты научного исследования доступны лишь проницательному уму: они прикрыты полупрозрачной вуалью. Результаты научных изысканий и атрибуты самих объектов этих изысканий регистрируются учеными в книгах, а самой природой — в ее живой книге, но знакомиться с этими результатами можно лишь под складками плаща, изолирующего нас от мирской суеты, условностей и прочих вредных внешних влияний.

Иероглиф Аркана — **человеческий рот** — представляет из себя убежище, нечто, в чем можно приютиться, как бы дом или храм, уготованный для науки.

Упомянутое выше указание закона аналогий дается в нем схожими, но неравновеликими челюстями.

4) Надлежит изучить в деталях самую идею бинера мужского и женского начала.

В 1-м Аркане над головой фигуры был унитарный знак ∞, во 2-м Аркане здесь уже рога — более материализованный элемент.

Мать материальнее отца. Пассивное всегда плотнее активного. Тонкий, субтильный элемент активности оплодотворяет более конденсированный пассивный элемент. Но последний должен быть реализован как бы по мерке первого: он должен ему подходить.

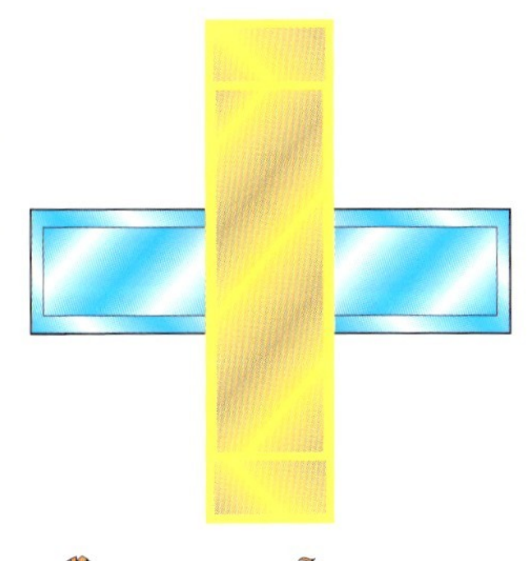

Солнечный крест

Какова цель сосуществования этих элементов?

Эта цель — самый акт оплодотворения. Он здесь символизируется крестом на груди женщины. Вертикальная часть креста — это **phallus**, горизонтальная — **cteis**.

См. стр. 462

Черт. 3.

Этот **солнечный крест** совершенно равнозначен так называемому **stauros** гностического символизма (черт. 3), или **lingam** индусского символизма (черт. 4).

Другая фигурация этих начал (более философская, как мы дальше увидим) дается десятым Арканом тарота (знак **Jod** י), как мужским началом, и пятым (знак **Hè** ה), как женским.

Наш второй Аркан принадлежит женскому началу. Луна, фигурирующая на Аркане, указывает на принцип материнства (Луна — мировая матка).

Астрологически Аркан принадлежит именно **Луне**.

Итак, 2–й Аркан наводит на идею бинера и притом ясно указывает на его продуктивность.

Рассмотрим в общем виде основные фазы этой продуктивности.

Черт. 4

Возьмем в механике две равные и взаимнопротивоположные по направлению силы и приложим их к одной материальной точке. Мы этим обусловим равновесие этой точки. Эта грубая схема бинера напомнит нам, что большая часть проявлений удобна лишь при наличности противодействий этим проявлениям и без этого противодействия делается абсолютно непродуктивной.

Стоит ли проповедовать добродетель в обществе абсолютно добродетельных людей? Есть ли смысл дразнить того, в ком это не вызовет ни малейшей реакции? Возможно ли опереться на предмет, уходящий из-под руки без проявлений малейшего сопротивления?

Вот эту-то схему имейте в виду каждый раз, как вам приходится осуществлять равновесие, то есть modus vivendi (образ жизни) в какой бы то ни было области.

Точка, разграничивающая положительную область бинера от отрицательной, ее уравновешивающей, может перемещаться с течением времени, но идея мгновенного равновесия осуществляется именно по нашей схеме.

Акт или поведение, нейтрализующее великий бинер добра и зла, может через короткое время попасть в область добра или в область зла, и в этот новый момент бинер нейтрализуется совсем другим актом или поведением. Иной раз добро просто не нанести вреда человеку, а через пять минут мы будем чувствовать, что совесть нас обязывает оказать ему определенное высокое благодеяние.

Точка переместилась; принцип нейтрализации не изменился.

Но перейдем к другой фазе применения бинера. Эту другую фазу можно назвать динамической, если первой условно присвоить название статической.

Опять приведу грубую механическую схему. Те же силы, параллельные и равные друг другу, приложены по противоположным направлениям к двум разным точкам твердого тела. Да это **пара сил**, скажете вы мне; она вызывает в нас представление о вращательном движении. Мне именно нужно это представление; даже больше — мне бы хотелось схемы **вихревого** движения (**tourbillon**). Где вы хотите, чтобы мы себе представили это движение? — Я хочу, чтобы вы мыслили волны астрала, возмущенного усилием воображения, оживленного волей, именно в форме этих tourbillons, распространяющихся подобно смерчам и растущих по тем же законам. Нельзя указать тайну фабрикации этих смерчей в общем виде, но можно и позволительно дать легкий намек на один частный случай, в котором человек инстинктивно создает эти вихри и ясно видит их реализационную силу при посредстве индивидуализованных коагулятов материи, ими вызываемых. Эта работа связана с вопросом о нейтрализации бинера **жизнь** — **смерть**.

У нас был затронут другой посвятительный бинер: **дух** — **материя**, нейтрализованный **астралом**, как вторым планом. Уместно потому здесь же дать общий очерк **познания** этого плана, который на первый раз ограничится ознакомлением с его обитателями. Ведь, вообще говоря, ознакомление это может быть проведено или индуктивно, при помощи сношений с упомянутыми обитателями и регистрации результатов этих сношений; или дедуктивно, исходя из определения астрального плана. На вашей ступени оккультного развития вам доступен лишь второй прием.

Применим его.

Астральный план, по определению, смежен с ментальным и физическим. Значит, в нем должны быть налицо отпечатки, отражения тех элементов этих планов, которые близко подходят к его области.

Очень конденсированные и типично сгруппированные коллективности идей имеют отражением в астральном плане так называемые астроидеи, то есть идеи, уже напросившиеся на форму. Эти астроидеи ловятся метафизиками и прочими учеными в те моменты их работ ментального характера, когда является вопрос о выборе форм для уже облюбованных идей.

Часто одна и та же астроидея ловится разными учеными в близких друг другу подпланах, и тогда мы видим одновременное возникновение двух или более систем, очень схожих, но не тождественных по форме. Напомним о порождении инфинитезимального исчисления, с одной стороны Лейбницем (дифференциальное исчисление), с другой стороны Ньютоном (метод флюксий).

Реализовавшиеся в физическом плане акты и явления при посредстве тонких (высших) подпланов физического плана отражаются в астральном плане, как бы в зеркале, и, при этих отражениях, прочно фиксируются в этом плане, давая так называемые **астральные клише** событий физического плана. Астральная область не подчинена тесным законам пространства трех измерений и времени одного измерения. Там вы найдете **клише** не только прошедших, но и будущих событий. Вы скажете, что будущие события стоят в некоторой зависимости от волевых импульсов свободных индивидуальностей.

Я отвечу вам: 1) — да, это так, но каждое наше желание, каждая мера, предпринятая вами в физическом плане, изменяет частично клише будущих событий и может даже их стереть; 2) — чем выше этот астральный подплан, в котором вы берете клише будущего события, тем менее изменяется это клише и тем лучше оно предсказывает событие. Тут есть великая тайна — это тайна **свободы воли**, тождественная с тайною производства астральных tourbillons в самом общем виде; отсюда некоторая туманность и кажущееся противоречие в изложении этого пункта.

Если астроидеи отыскиваются учеными, то за астральными клише охотится **translucide** (воображение) ясновидящих, гадателей и предсказателей всякого рода.

Эти клише открываются им в трансе, во сне и т. п. состояниях преобладания астральной деятельности человеческой сущности.

Легче других бросаются в глаза клише каких-либо аномалий или же событий грандиозного характера.

Отсюда возможность видеть клише великих преступлений, катастроф, а также и отрадных событий грандиозного мирового значения, даже в состоянии бодрствования при наличии достаточной сенситивности у субъекта.

Пусть человек возымел дурное желание, облеченное в достаточно типичную форму. Он не приступил к реализации этого желания в физическом плане. Он только нарисовал астральную картину дурного намерения. Этим самым он породил сущность (коагулировав астрал и воспользовавшись великим законом индивидуализации коагулятов).

У порожденной сущности нет физического тела, но есть астросом — типично выраженный, а также подобие ментальной монады — идея дурного желания. Такая сущность, по свойству своей монады, может действовать, влиять, только сообразно этой идее.

На кого же простирается ее влияние?

Да прежде всего на самого ее отца, на художника, написавшего астральную картину чего-то дурного.

Эта сущность, или **лярва**, побуждает его не забывать этого дурного желания, повторять свой волевой импульс и этим усиливать самое лярву.

См. стр. 462

Может она подействовать и на другого человека, склонного желать тех же вещей в сходной форме.

Вот и говорят, что лярва такого-то человека присосалась к такому-то другому.

Как избавиться от этих лярв, своих или чужих? На то можно рекомендовать три средства: 1) сознательное волевое усилие в форме желания не подчиняться лярве, победить ее, отогнать ее от себя, поступить подобно художнику, презрительно взирающему на порнографию собственного произведения; 2) сосредоточиться мыслью и воображением на другом предмете или другом желании.

Усиленное общение с этим вторым объектом лишит нас возможности корреспондировать с первым. Молитва есть наиболее желательная форма применения этого второго способа.

Ведь, строго говоря, всякая молитва есть акт сосредоточивания, да и обратно — всякий акт сосредоточивания можно определить как молитву Богу, самому себе, или даже дьяволу, смотря по характеру сосредоточивания.

Под дьяволом мы здесь разумеем искаженную до крайних пределов картину схемы Высших Начал, неправильными отражениями и преломлениями доведенную до синтеза всех анархий.

Этот способ сосредоточивания можно уподобить приему отворачивания от вредно влияющей картины для созерцания другой, лучшей.

3-е средство — применение реализационной власти, опирающейся на физический план — уничтожение лярв магической шпагой, то есть металлическим острием, укрепленным на изолирующей рукоятке (дерево, эбонит и т. п.) или отделенным от руки оператора изолирующей же перчаткой (шелк, шерсть, мех).

Действие магической шпаги основано на том, что астральные tourbillons изменяют свой характер вблизи металлического острия настолько резко, что попадание такового в ганглиональный узел астросома лярвы обусловливает ее полный распад.

Лярвы в этом случае следует искать в так называемой ауре (атмосфера астральных эманаций) пораженного лярвой субъекта. Эта атмосфера как бы окаймляет его тело. Этот прием подобен приему уничтожения картины полным разрушением полотна, на котором она написана.

Представьте себе, что разумный, способный к сосредоточиванию человек мыслит хорошую идею, облекая ее в определенную форму.

Он находит единомышленников, условливается с ними относительно формы идеи, и таким образом создается коллективность людей, мыслящих общую идею в общей же форме.

См. стр. 463

Эти люди как бы обводят каждый карандашами контуры одной и той же фигуры, утолщая эти контуры и делая их более заметными. Общая идея этих людей облекается в астросом, называемый **эгрегором коллективности**.

Эгрегор этот, как всякий астросом, хранит, восстанавливает и побуждает к активности и самосохранению физическое тело коллективности, то есть совокупность физических ресурсов ее членов, имеющих применение в области реализации ее идей. Например, эгрегор благотворительного общества будет побуждать его членов к пожертвованиям и работе, способствовать увеличению контингента самих членов, замене выбывших новыми и т. п. Эгрегоры коллективностей, враждебных между собой в физическом плане, борются в плане астральном.

Если в физическом плане враги коллективности разрушают физические тела ее членов, астросомы последних усиливают эгрегор в астральном плане.

Вспомним по этому случаю гонения от иудеев и язычников на адептов христианского епископального эгрегора, окончившиеся торжеством последнего.

Более подробные сведения об эгрегорах и их жизни отнесены мною к 11 Аркану.

Человек покончил с физическим существованием в одной из своих инкарнаций. Его тело распадается. По неизменным законам природы все элементы этого тела, вплоть до жизненной силы крови и даже до энергии нервных проявлений, с большей или меньшей постепенностью медленно поступают в распоряжение природы и пригодятся на другие формации. Человек остается в составе духовной монады и астросома. Низший из планов, в котором он может эволюционировать, есть астральный план. Теперь ему имя — **элементарий**. Для него возможны проявления в физическом плане, но тут они обусловлены медиумизмом определенных субъектов, у которых он заимствует на время элементы низших, переходных подпланов астрального плана и высших тончайших элементов физического плана. Для облегчения этого процесса заимствования еще нужны или временная пассивность медиума, или единичная воля мага, или коллективная воля магической цепи (на сеансах), или распорядительная направляющая власть какого-нибудь эгрегора, или еще что-нибудь в этом роде. Но это все носит характер случайности. Нормальная жизнь **элементария** (или **элементера** — **elementaire**) протекает в созерцании **астральных клише** и в общении с астральными сущностями. Это — его товарищи по науке, по страданию в области самосуда, в подготовке к дальнейшим инкарнациям.

В числе временных встреч в астральном плане очень интересными для элементария являются встречи с так называемыми **экстериоризованными астросомами** живых людей.

Для живого человека возможна сильная произвольная или непроизвольная концентрация его деятельности на сфере астральных проявлений. В этом состоянии физическая деятельность человека сводится к крайнему минимуму. Надо сказать, что астросом не только формирует тело человека в утробе матери, не только управляет его развитием, но и поддерживает его форму, заведует обменом клеточек, исправляет повреждения, а когда наступает телу время распасться, то управляет и процессом распада. Элементарий занят первое время процессом разрушения своего материального тела и фантома его нервных флюидов.

Одним словом — астросом есть и Брама, и Вишну, и Шива материального тела. Деятельность астросома по отношению к физическому телу особенно интенсивна во время сна человека, когда mens почти не пользуется услугами астросома как передаточной инстанции, и астросому есть время заниматься черной работой, то есть вопросами питания, оздоровления и т. д. Если по этим вопросам астросому задана лишь ничтожная работа, если, например, организм находится в состоянии летаргии, каталепсии, так называемых трансов и т. п., то астросом почти свободен и может проявляться достаточно энергично на области внешних предметов, на функциях чужого тела (лечение чужого человека экстериоризацией к нему своего астрального тела); может, запасшись флюидической энергией какого-нибудь медиума или даже заняв таковую у собственного физического тела, проявлять себя на далеком расстоянии механическими явлениями (стуки, перемещение предметов, дотрагивания), световыми эффектами (появление фигуры самого человека в месте, далеком от местонахождения его физического тела) и т. п.

Вот это-то проявление астральной энергии человека вдали от его физического тела и называется **выходом его в астральном теле или экстериоризацией астрала**.

Оно бессознательно происходит у лиц, сильно пораженных аффектами испуга, горя и т. п. (ведь аффекты относятся к астральной деятельности) или у лиц, погрузившихся в определенные типы сна — летаргии или каталепсии.

Сознательно то же состояние вызывают в себе маги и колдуны, когда им надо проявить свою деятельность на расстоянии. Но у всякого **Jod** י есть свое **Hè** ה. И состояние проявления энергии на расстоянии сопряжено с наличностью перцепции (восприятия) на расстоянии в соответственных подпланах астрала. Экстериоризуются, чтобы высмотреть астральное клише земного бытия, чтобы поймать астроидею, чтобы решить запутанный теоретический вопрос, чтобы экспериментально ознакомиться с тем, что я излагаю вам теоретически.

Mens человека в это время работает не особенно сильно; его деятельность раздвоена. Он, с одной стороны, сопровождает астральное тело, снабжая его известной наличностью волевых импульсов в его странствовании; с другой стороны, признается некоторое участие mens в сторожевой службе над физическим телом, подвергающимся при экстериоризации астросома целому ряду существенных опасностей, о которых речь пойдет в дальнейшем. Эта сторожевая служба до некоторой степени гарантирует быстрое возвращение астросома в физическое тело в случае крайней опасности.

Касательно роли астрального тела в человеке небезынтересно отметить два обстоятельства: 1-е — отсутствие (то есть так называемое состояние экстериоризации) астрального тела, в то время как физическому телу наносится повреждение, есть благоприятный фактор для исправления этого повреждения в дальнейшем, и даже для сферы болевых ощущений. Если, подвергаясь уколу, ранению и т. п., вы сумели хотя бы частично экстериоризоваться, то нанесенное повреждение мало передалось системе tourbillons вашего астрала, и последний, возвращаясь в тело, тем лучше все исправляет, чем он меньше был сам затронут тлетворными влияниями. Этот тезис находит себе применение в практике факиров, прокалывающих себе различные части тела и быстро их заживляющих энергичной деятельностью вернувшегося астросома.

2-е — если, наоборот, системе tourbillons астросома причинен ущерб (ну хоть острием магической шпаги) в то время, как этот астросом экстериоризировался, то есть лишь в малой мере пользовался физическим телом как опорной точкой, то это повреждение опасно для астрального тела в сфере его низших проявлений, а следовательно, в частности, и в сфере процесса охранения и поддержания физического тела. Если у экстериоризованного астросома поврежден хотя бы второстепенный ганглиональный узел, то, по возвращении астросома в физическое тело, повреждение астросома вызывает образование раны в тех частях физического тела, которые охранялись деятельностью системы этого узла. Чем ниже подплан, в котором вы экстериоризовались, тем чувствительнее это повреждение.

Остается сказать несколько слов об **элементалях**, обыкновенно относимых учебниками к числу обитателей астрального плана.

Это не астральные сущности.

Элементали имеют **ментальную монаду**, направленную к специально инволютивной деятельности, **астросом**, оформляющий эту деятельность, и **физическое тело**, невидимое при обыкновенных условиях по самой однородности его строения с той средой, в которой эти элементали оперируют.

Элементали заправляют химическими и физическими явлениями, многими физиологическими процессами и т. п.

Если тело их по преимуществу газообразное, их называют **сильфами**. Если жидкое — **ундинами**. Если твердое — **гномами**. Если же их тело более тонкое и по строению подходит к тому, что мы называем **мировым эфиром**, то — **саламандрами**.

Есть существа, обладающие лишь ментальной монадой и астральным телом и оперирующие инволютивно в астральной среде, подобно тому, как элементали оперируют в стихиях. Этим сущностям дано название **Spiritus directores** астрала. Есть и чисто ментальные существа, занятые инволюционными процессами, имя им — **Ангелы**.

См. стр. 463

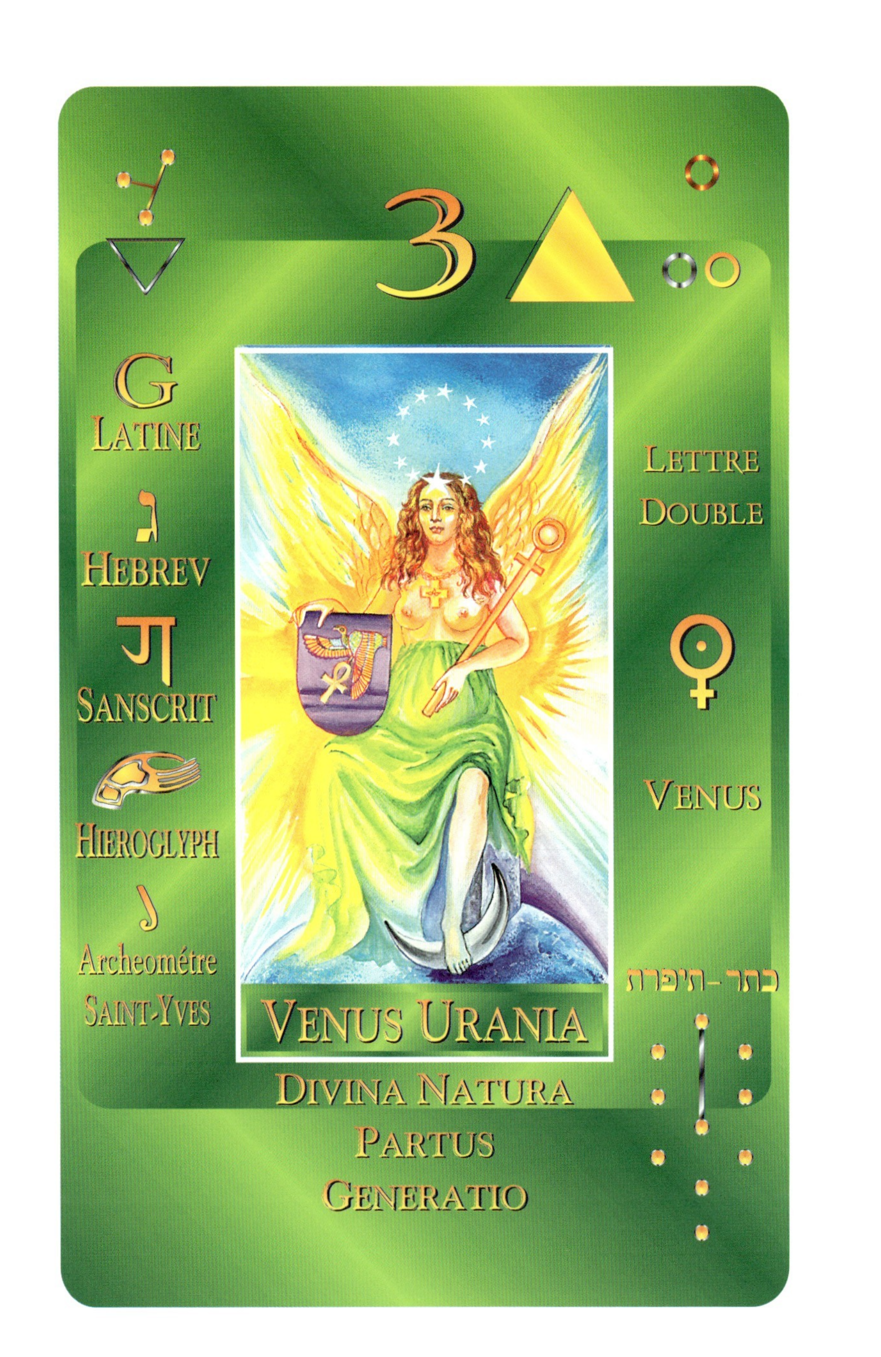

3
G
Latine
ג
Hebrev
ग
Sanscrit
Hieroglyph
Archeométre
Saint-Yves
Lettre
Double
♀
Venus
כתר-תיפרת
Venus Urania
Divina Natura
Partus
Generatio

Лекция III

ג Третий Аркан

Знак алфавита, соответствующий третьему Аркану, есть

Ghimel ג=3.

Его иероглиф — **берущая рука**, в смысле — кисть руки, сложенная так, что образует узкий канал, могущий что-либо вместить.

От идеи узкого канала переходят к идее влагалища, служащего последним этапом в процессе рождения, а от этого — к самой идее рождения.

Отсюда название Аркана по Ипостасям теософического тернера: **Divina Natura**, **Partus**, **Generatio***.

Идея произвождения тесно связана с элементом любви или, в более общем смысле, с элементом аттрактивности (всемирное тяготение, обычная любовь, милосердие, универсальная любовь суть частные проявления этого общего начала).

См. стр. 464

Богиня аттрактивности называлась Венерой. Этим объясняется одно из ученых названий этого Аркана — **Venus Urania** (**Венера во Вселенной** — в астрономическом мире).

Другое ученое название — **Physis** — **Природа**. Вульгарное название — **l'Imperatrice****.

Геометрический символ 3-го Аркана, вызывающего представление о тернере, — восходящий или нисходящий треугольник, смотря по характеру тернера.

Картинка изображает женщину, увенчанную двенадцатью звездами, символизирующими 12 знаков Зодиака. Принцип рождения в физическом плане тесно связан с различными фазами получения Землею солнечной энергии. Фазы эти определяются нахождением Солнца в том или другом знаке, а потому самый Зодиак является в оккультизме намеком на физический план, на физическую характеристику.

---

*) **Divina Natura** (*лат.*) — Божественная Природа
Partus (*лат.*) — рождение, происхождение, начало
Generatio (*лат.*) — рождение, возникновение, производительная сила, поколение
) **L'Imperatrice (*фр.*) — Императрица

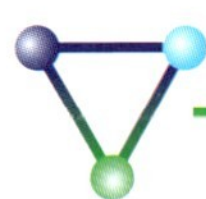

Сидящая женщина «облечена в Солнце и корчится в муках рождения» (Откр. XII, 1–2).

Вопрос о рождении раскрывает значение Аркана, а Солнце указывает на центр притяжения (планетной любви) нашей системы, вместе с тем играющий роль центра эманации жизни, а следовательно, и всякого произвождения.

В левой руке у женщины скипетр со знаком ♀ Венеры. Выходит, что она вечно царит любовью над тем, что рождено, и тем, что родится.

Астрологическое соответствие этого Аркана и есть влияние Венеры.

Самый знак ♀ есть синтез двух знаков:

☉, служащего знаком Солнца — производительных эманаций, и +, означающего, как мы узнаем позднее, мир стихий, или элементов, то есть совокупность влияний среды. Получается, что любовь обусловливает победу производительных эманаций над затруднениями, создаваемыми окружающей средой.

В правой руке женщина держит щит с изображением орла, чтобы показать, что принцип произвождения распространяется на самые высокие сферы. У орла висит равноконечный прямоугольный крест, напоминающий, что процесс рождения есть естественное последствие процесса совокупления активного начала с пассивным (см. Аркан 2-й).

Сидит женщина, опять-таки, на кубическом камне, утвержденном на глобусе (об этом позже), и под ногою держит Луну, символизирующую здесь материю подлунного мира, как наинизшую сферу произвождения. Иногда встречается искажение фигуры — крылья у женщины, вместо Солнца, ее облекающего. Эти крылья намекают на восхождение от **Isis Terrestris** к **Isis Coelestis**.

Какой же тезис подтверждает Аркан?

Он, прежде всего, дает гностическую формулу: «ничто не творится, все рождается», то есть — всегда есть **Jod** י, оплодотворяющий **Hé** ה и тем определяющий рождение элемента ו (**Vau** — 6-й Аркан) — **Отец**, **мать**, **дитя**.

Активное и **пассивное**, нейтрализованные **андрогинным**.

Помимо этого или, лучше сказать, в связи с этим третий Аркан провозглашает закон Тернера, как общий и мировой. А потому уместно будет присовокупить к описанию Аркана примеры разбора каких-либо типичных тернеров. Сначала дам намек на некоторый тернер типа нисходящего треугольника. Теософический тернер — **Архетип** — **Человек** — **Природа** — вызывает в нас теологическую схему трех Ипостасей: **Бог в Боге**, или **Бог-Отец**; Бог, проявляющийся в Человечестве, или **Бог-Сын**, и Бог, проявляющийся в Природе — **Бог-Дух Святой**.

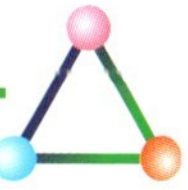

Сообразно этой тройственной шкале манифестаций Единого Божества, в которой средний термин нейтрализует крайние (Человек связывает Природу с Архетипом), я позволю себе указать на 3 типа искания душами Бога: есть души, ищущие Бога-Отца метафизическими путями; души, ищущие Бога-Сына в своем сердце и объединяющие группы людей во имя этого искания; есть души, разыскивающие Бога созерцанием природы и примирением с ее непреложными законами; это — искательницы Духа Святого.

Подробнее об этом узнаете в Тайнах Каббалы.

Теперь разберем пример Тернера типа Восходящего Треугольника, то есть типа **Тернеров Великого Аркана**.

Тот же Тернер «**Архетип** — **Человек** — **Природа**» наводит на следующее построение, если его термины понять возможно широким образом в вопросе о ходе событий во Вселенной. Представьте себе **Архетип** как нечто гармоничное, андрогинное, всезнающее, вседовольное, одаренное притом способностью проявления активности и, соответственно этому, могущее ограничивать сферу этой активности. Как выражаются обыкновенно: это Высшее Начало раздваивается на активное и пассивное проявление, давая этим схему упомянутого треугольника.

Параллельно с этим будем говорить о **Человечестве** как о едином организме, клеточками которого будут сущности, носящие на Земле название людей, а на других планетах, может быть, какое-нибудь другое. Признайте существование таких клеточек этого организма в дифференцированном виде на всех космических телах — солнцах, планетах и т. п. — и вы создадите представление о Мировом Человеке, живущем жизнью коллективной сущности и имеющем Волю согласно Великому Закону индивидуализации.

Еще говорите о **Природе**, как результате группировки всех элементов, как индивидуализированных вашим миросозерцанием, так и неиндивидуализированных, и эту совокупность мыслите, как динамизированную основными схемами закономерных проявлений, то есть — принципом каузальности.

Эти два полюса — **Человечество** и **Природа** — будут манифестациями **Архетипа**: первый — активной, второй — пассивной по схеме нашего треугольника (здесь термины «активный» и «пассивный» взяты в относительном, а не в абсолютном значении).

Теперь займемся тернером, явно подходящим под тот же тип тернера Великого Аркана, а именно тернером «**прошедшее** — **настоящее** — **будущее**».

Ведь настоящее, как момент, определяет своим местонахождением области того, что мы называем прошедшим и будущим. Не указавши момента, который мы именуем «настоящим», мы не сумеем разграничить эти области.

«Настоящее» эманирует «прошедшее» и «будущее», причем в прошедшем сказывается его относительно пассивная, косная сторона (его не переделаешь), а в будущем — сторона активная.

Сблизив наши два тернера, мы скажем, что **Архетип** владеет по закону аналогий **настоящим**, что **Человечеству** аналогически принадлежит **будущее**, а **Природа** базирует свои манифестации на аналогии **Прошедшего**. Идем дальше: **Человечество** владеет **Будущим** по праву **Человеческой Свободы** при помощи инструмента, именуемого **Коллективной Волей Человечества**. **Природа** базируется на **Прошедшем** в форме так называемой **Судьбы**, инструментом которой является **Рок** (слепой, неумолимый, и потому косный, как бы относительно пассивный).

Архетип обладает свойствами андрогината; это свойство отражается по праву Вседовольства и Высшей Гармонии в том великом мировом Светильнике, который именуется **Провидением**. Провидение соответственно этому нейтрально, андрогинно и играет роль Света, озаряющего поле деятельности остальных двух элементов.

Обращаю ваше внимание на то, что на нашем языке термин «настоящее» имеет два значения: одно — касающееся **реальности** объекта, другое — помещающее объект в определенный момент времени.

Всякий прием рождения, эманации чего бы то ни было должен быть **настоящим** для рождающего, эманирующего, чтобы быть реальным в соответствующем ему плане жизненных проявлений. Формула внушения должна читаться: «Ты делаешь то-то», а не «ты сделаешь» или «ты сделал».

Непреложный метафизический или научный тезис также формулируется в настоящем времени. Ощущение, которое вы будете характеризовать как прошедшее или будущее, никем не будет признано реальным. Его в лучшем случае назовут туманными терминами «рефлекс», «галлюцинация» и т. п.

Возвращаясь к нашему тернеру, будем утверждать вместе с **Fabre d'Olivet**, что мировая история зиждется на мистическом треугольнике (черт. 5).

Провидение озаряет своим светом **Настоящее**; **Воля Человечества** устремляется на созидание **Будущего**, но при этом ограничена в своих проявлениях **Роком**, который гвоздит ее **Прошедшим**. Если **Воля Человечества** соединяется, входит в союз с просвещающим влиянием **Провидения**, то она сильнее **Рока**: в это время история Человечества носит **эволютивный** характер.

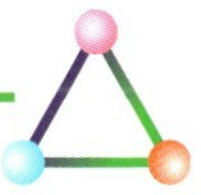

Если **Человечество** закрывает глаза на это влияние **Провидения** и вступает в единоборство с **Роком**, то общего тезиса о ходе его истории высказать нельзя: все зависит от отношения сил **Воли** и **Рока**.

См. стр. 465

Если **Человечество** сознательно борется своею **Волею** с **Роком**, подкрепленным указаниями **Провидения**, то **Воля** эта будет побеждена: ничего не выйдет. Если, наконец, **Человечество** присоединяет свою **Волю** к влияниям **Рока**, неблагоприятно оцениваемым **Провидением**, то реализации оказываются весьма мощными, весьма ощутительными, но ход истории удаляет мир от принципа Гармонии и будет нуждаться в последующих исправлениях на пути решения Великой Задачи конечных целей существования Вселенной. Мировая история в это время **инволютивна**.

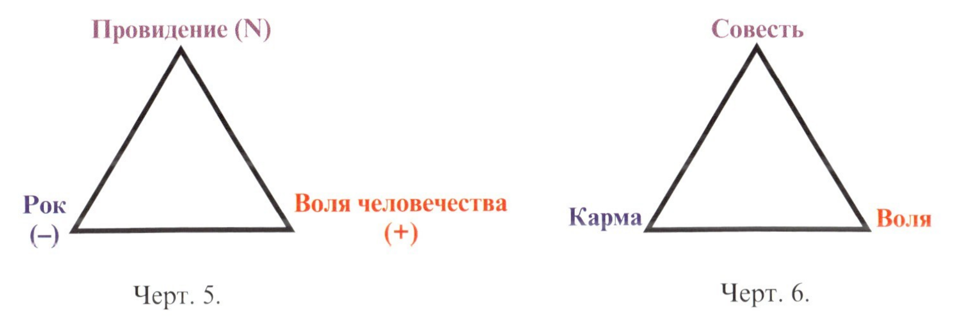

Черт. 5. Черт. 6.

Интересно рассмотреть частное отражение мистического треугольника Fabre d'Olivet, управляющее ходом событий в жизни души отдельного человека в течение определенного воплощения (инкарнации) этой души.

Треугольник примет вид чертежа 6-го.

Провидение в отдельном человеческом экземпляре имеет представителем так называемую **совесть**, которая абсолютно нейтральна, не толкает и не задерживает, а только освещает путь, указывая, как нейтрализовать для **настоящего** момента бинер **добро** — **зло**.

Воля человека определяет **будущие** события, но ограничена в их выборе так называемой **кармою**. Эта карма есть как бы общий формуляр всех предыдущих инкарнаций души нашего человека. Он родился первый раз в благоприятных для приобретения мудрости условиях, как говорят, с чистой кармой; грешил; во вторую инкарнацию ему, кроме задачи приобретения мудрости, еще предстоит очистить карму, что не обойдется без борьбы и страданий. Конечно, при этом втором рождении карма ставит его в менее благоприятные условия жизни. Дальнейшие инкарнации следуют закону альтернатив отягчений и исправлений

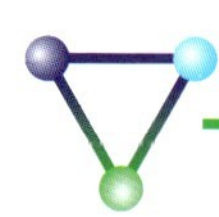

кармы, пока она окончательно не очистится. Очень отягченная карма, которую бы нельзя было исправить одними сознательными усилиями воли, отчасти исправляется самим элементом **страдания** в соответствующей ей инкарнации: страдания, на которые человек обречен кармою, могут быть настолько сильны, что отчасти искупают карму, даже в случае полной пассивности и сознательной злонамеренности субъекта в течение инкарнации.

Вот какие комбинации вершин возможны для этой частной схемы Мистического Треугольника:

1) **Воля** заодно с **Совестью** против Кармы. Результат — очищение **Кармы**.

2) **Воля** заодно с **Кармою** против **Совести**. Это — так называемый эгоистический оппортунизм. Результат — видимые удачи в жизни при наличности отягощения **Кармы**.

3) Борьба **Воли** с **Кармою** без консультации **Совести**. Результат не может быть формулирован в общем виде. Он зависит от отношения сил **Воли** и **Кармы**.

4) **Воля** против соединенных **Кармы** и **Совести**. Результат — неудачи в жизни и отягощение **Кармы**.

Шкалярные тернеры, подобные рассмотренным в этом Аркане, то есть представляющие собой явную совокупность трех основных степеней одного и того же проявления, условимся называть **абсолютными тернерами**. Им мы попытаемся уподобить другие тернеры, для признания которых надо примиряться с некоторыми условностями, как бы становиться на особую точку зрения. Эти вторые тернеры назовем **аналогичными**, связывая каждый из них условно или символически с каким-нибудь абсолютным тернером.

Дадим два примера таких тернеров. Первый пример заимствуем из природы, второй — из области ритуального символизма.

Рассмотрим ствол человеческого тела, подразделив его на Голову, Грудную полость и полость Живота. Свяжем аналогично голову с ментальным планом, ну хотя бы потому, что проявления ментальной работы у воплощенного человека стоят как бы в связи с отправлениями головного мозга.

См. стр. 466

Грудь свяжем с представлением об астральном плане, ну хотя бы потому, что физическая тренировка адептов астральной работы отводит центральное место упражнениям дыхательных органов. Живот свяжем аналогически с физическим планом, ну хотя бы потому, что функции пищеварительных органов натурально связаны с делом обновления клеточек тела.

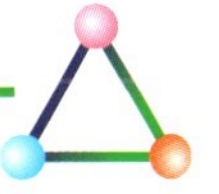

Вот вам и аналогичный тернер. Можете прочесть его в немного измененной форме: деятельность головы управляет распределением нервных флюидов, деятельность грудной клетки — обновлением жизненной силы крови, деятельность живота — реставрацией тканей (вопрос о так называемой циркуляции лимфы).

Хотите оправдать практически ваше искусственное построение? Рассмотрите голову — аналогию ментального плана — и ищите в ней три подплана этого плана. Глаза сойдут за представителя ментальности в голове — вы по взгляду поверхностно заключаете о рассудочной деятельности субъекта; нос будет представителем астральности в голове — по его состоянию вы часто имеете возможность делать поверхностные заключения в области патологии грудной полости; рот пусть будет представителем физического плана, посланником полости живота, о расстройствах органов которой вы часто судите по губам, языку и т.п.

Это подразделение намечает путь к признанию нашего тернера не вполне произвольным, а как бы **естественно-символическим**.

Теперь дам пример **искусственно-символического** тернера, объяснив схему знаменитого **Трезубца Парацельса** (**Tridens Paracelsi**).

Его изображение дает чертеж 7-й.

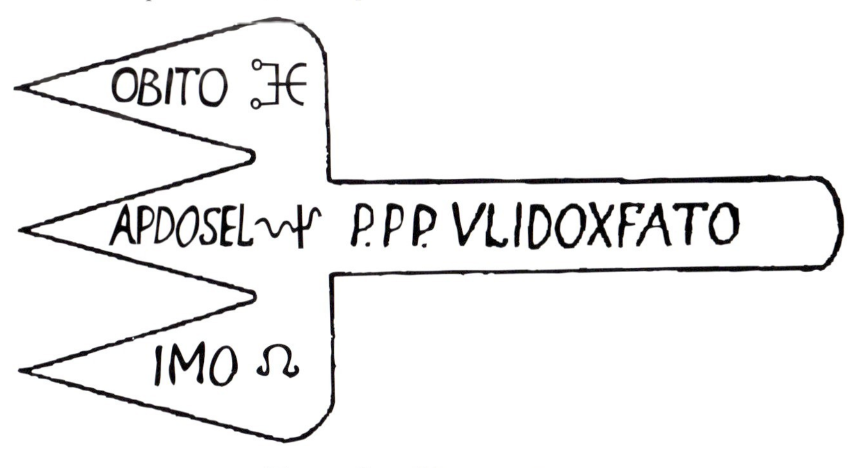

Трезубец Парацельса

Черт. 7.

Зубцы металлические (железо, жесть или сталь); цилиндрическая рукоятка — деревянная или эбонитовая, то есть во всяком случае — **изолирующая**. Прибор, с практической точки зрения, представляет собой **магическую шпагу** с тремя остриями.

Сделаем анализ надписей на зубцах, знаков, начертанных около основания зубцов, и золотой надписи на рукоятке. Начнем с зубцов.

На верхнем выгравировано **Obito** (повинуйся, поддавайся, будь послушен, внимай); надпись эта очерчивает сферу пассивных проявлений Человека в области жизни физического плана (вернее — в области трех планов при наличии инкарнации в физическом).

На нижнем зубце мы читаем: **Imo** (грамотнее было бы **Immo**, что значит: — напротив, наперекор, в смысле — сопротивляйся, проявляй себя активно).

Средний зубец заключает надпись: **Apdosel**, которую нужно разложить так: **ap + do + sel**.

Ap надо заменить греческим αρ, начальными буквами слова αρχη **(архе) = начало = высший элемент = mens**.

Слог **do** должен читаться справа налево — **od**; это название положительно поляризованного астрала. Следовательно, это **астросом** в сфере **мужских** проявлений.

Sel (латинское **sal**) означает **соль** = бродило физического плана — символизирует самый физический план.

Итак — три зубца своими надписями диктуют фразу: трехсоставный активный Человек (**mens + anima + corpus**) должен уравновешивать бинер повиновения и сопротивления; он должен лавировать между этими приемами. Этот тернер очерчивает сферу деятельности Человека.

Во втором тернере знаков ♋ ♃ и ♌, первый знак, подобие рака, поставлен вместо знака ♋ Рака. Этот зодиакальный знак астрологически есть дом Луны, планетное влияние которой проводит пассивное начало в пассивный же верхний зубец.

Змея, имеющая головой знак Юпитера, есть символ астрального tourbillon, которым авторитет (знак Юпитера) Человека проводится в мировой астрал.

Третий знак есть испорченный знак ♌ зодиакального Льва, служащего домом **активному** Солнцу, проводящему свое влияние в нижний, активный зубец.

Как видим — второй тернер относится к области **форм**, проводящих влияние рукоятки в зубцы.

Рукоятка украшена золотою надписью

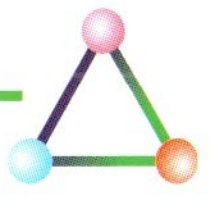

P. P. P. VLIDOXFATO,

где тройное **P** следует опрокинуть для получения тройного лингама — оплодотворение в трех планах. **V** есть латинское числительное 5,– указание на пентаграмму, — символ человеческой Воли; **LI** — начальные буквы слова **libertate** — (**свободою**); **VLI** = **pentagrammatica libertate** = **свободою человеческой Воли**. **DOX** значит **doxa** (осведомленностью), то есть тем, что нам дает элемент **совести**. **FATO** значит **Роком**, **Судьбою**, **Кармою**. Значит, рукоятка нам говорит о праве Человека на попытки произвождения в трех планах в силу существования того, что мы ставили в вершинах Мистического треугольника Fabre d'Olivet.

Этот тернер касается сферы ментального, даже метафизического характера наших абсолютных прав на три плана.

Весь трезубец будет символизировать **Человека** вообще в двух высших планах (рукоять, схема астрологических знаков) и дифференцировать его как **Мужчину** в физическом плане (средний зубец содержит намек на активность).

Практически прибор служит магической шпагой в руке мужчины, а в сильно уменьшенном формате применяется в герметической медицине при лечении мужской импотенции. Вот пример системы трех тернеров в области символизма.

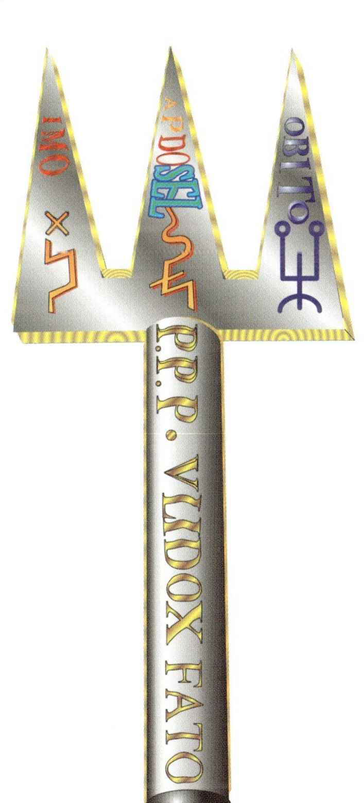

Трезубец Парацельса

D
LATINE
ד
HEBREV
द
SANSCRIT
HIEROGLYPH
2
Archeométre
SAINT-YVES
LETTRE
DOUBLE
4
JUPITER
חכמה - בינה
IMPERATOR
FORMA
AUCTORITAS
ADAPTATIO

Лекция IV

ד Четвертый Аркан

В нашем алфавите знаком 4–го Аркана служит буква ד (**Daleth**), при числовом значении **4**.

Иероглиф Аркана — **грудь**, откуда легко возникают идеи вскармливания, упитанности и, наконец, идея авторитета как результата этой вскормленности, делающей объект кормления способным оперировать в соответствующей ему среде.

Сама картинка Аркана изображает мужчину, увенчанного **трехъярусною тиарою** (во-первых, принцип авторитета распространяется на все 3 плана; во-вторых, тот, кто хочет быть авторитетом в известной области, должен проникать во все три плана этой области). В правой руке мужчина держит скипетр, оканчивающийся или знаком **Венеры** (♀), или знаком **Юпитера** (♃).

Первое истолковывается как необходимость умения рождать законченные, индивидуализованные комплексы сущностей; второе — просто указует на астрологическое соответствие Аркана — планету **Юпитер** и связанное с ее названием мифологическое представление. Желательно такое положение рук и плеч фигуры, которое бы напоминало восходящий треугольник (это условие во многих таротах не соблюдено).

Правая нога фигуры заложена за левую так, чтобы получалось подобие прямоугольного креста.

Фигура опирается задней частью на камень кубической формы. На этом же камне покоится изображение орла, имеющего на шее подвесок в форме так называемого «**Креста Великого Иерофанта**» (черт. 8).

Займемся истолкованием этих символов.

Кубический гладкий (так называемый **равнообделанный**) камень есть символ всего законченного, облеченного в готовую форму — авторитет проявляется в заранее выработанных формах.

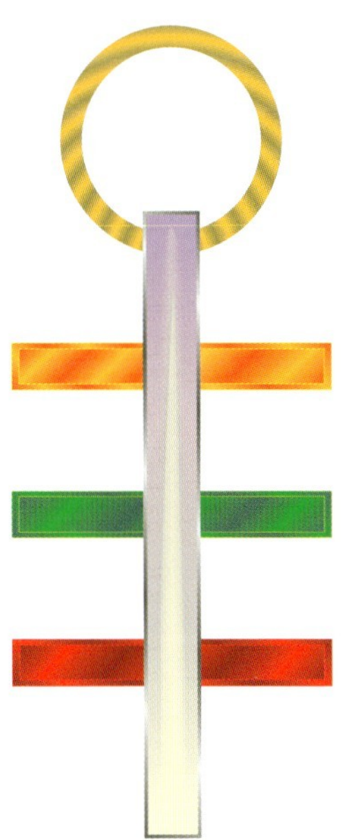

Черт. 8.

Каждая из граней камня представляется в форме квадрата; вот почему **квадрат** есть один из геометрических символов этого Аркана.

Орел, покоящийся на камне, указывает на необходимость высокого взлета мысли для того, кто хочет придавать вещам законченную форму (он должен быть, так сказать, инженером, а не техником своего дела).

Эта мысль подкрепляется присутствием на Аркане **креста Иерофанта**. Вертикальный ствол креста символизирует канал, по которому в нижний конец его изливается влияние трех планов Вселенной, фигурируемых горизонтальными перекладинами креста.

Чтобы завершить форму, чтобы отшлифовать камень, надо не только высоко схватить идею объекта, но и провести ее через фазы ментальности, астральности и физического ее назначения.

См. стр. 466

Остается истолковать прямоугольный крест, фигурируемый ногами мужчины.

Этот равноконечный крест будет вторым геометрическим символом Аркана, называемого (по первому символу) **Petra cubica** (**кубический камень**).

На вульгарном языке название Аркана — **l'Empereur*** (из-за скипетра и короны). Заголовками Аркана в области теософического тернера будут служить слова:

Forma (в плане Архетипа).

Auctoritas (в плане Человека).

Adaptatio** (в плане Природы).

Итак, займемся интерпретацией **кватернера**, изображенного четырьмя сторонами креста.

Этот кватернер прежде всего истолкуем как общую схему всякого формально законченного динамического процесса во Вселенной.

Процессы эти характеризуются гностически следующим образом. Активное (мужское, экспансивное) начало (**י Jod**) оплодотворяет пассивное (женское, аттрактивное) начало (**ה Hé**); от этого союза рождается нейтральное (андрогинное, заимствующее сверху и передающее вниз) начало (**ו Vau**). Чуть эта схема выполнена, является представление о семействе, то есть о законченном цикле проявлений. Констатирование факта существования этого представления есть как бы очерчивание некоторой оградой, некоторым контуром области внутренней жизни

См. стр. 467

---

*) **Petra cubica** (*лат.*) — кубический камень
l'Empereur (*фр.*) — Император

) **Forma (*лат.*) — Форма
Auctoritas (*лат.*) — авторитет, сила
Adaptatio (*лат.*) — приспособление, применение

этого семейства с целью показать, что в наружной жизни оно оперирует как самостоятельная составная единица.

Когда мы просто констатируем присутствие законченного цикла יהו, мы ставим после трех букв четвертую букву ה (**Hé**), признавая цикл истекшим, семейство образовавшимся, законченным; отсюда обозначение его пассивною буквою ה (**Hé**) (его сделали, оно получилось). В этой форме кватернер элементарного цикла будет символизироваться **Третьим Великим Именем Божиим** יהוה.

Имени этому Каббала приписывает чудесную силу при условии правильного его произношения.

Вероятнее всего, что Первосвященник произносил его в особо торжественных случаях трижды. Первый раз он читал его по буквам — **Jod**, **Hé**, **Vau**, **Hé**; второй раз — разделяя на две части и читая первую названием буквы **Jod** (мужское начало), а вторую этимологически — **Héva** (женское начало); получалось **JodHéva** или **JodHava**. В третий раз все слово читалось этимологически. По всей вероятности, произношение его было **Jeve** или **Jave**, но уж во всяком случае не **Jehovah**, как думали некоторые авторы XVIII столетия, основываясь на условной пунктуации еврейского текста, относящейся не к этому имени, а к другому, заменяющему его при громком чтении.

Таким образом, Первосвященник сначала указывал на полную схему элементарного цикла, затем на андрогинат Человечества и, наконец, на его единство и вообще на Унитарный Закон.

Дабы профаны не могли расслышать Священного Имени, слова Первосвященника заглушались звоном каких-либо ударных музыкальных инструментов.

Цикл יהוה распределяется по кресту Кватернера согласно чертежу 9, давая одно и то же слово при прямом и обратном направлении кругового движения (прямое направление обозначено стрелками). Обратное чтение третьего имени יהוה (**Chavaioth**) принимается символом анархии (царство дьявола) и соответствует прямому или обратному круговому движению около креста Кватернера, если начало этого движения отнесено к одному из концов горизонтальной перекладины креста вместо верхнего конца вертикальной перекладины.

Представим себе теперь, что наша составная единица, наше семейство, фигурируемое **вторым** ה Священного Имени, активно воздействует на какой-нибудь элемент **внешнего** мира, то есть, попросту, что наш элементарный цикл своим завершением обусловливает начало нового цикла. Тогда символ ה уже не подходит для четвертого элемента; это ה таинственным, но закономерным процессом переходит в י следующего цикла. Наш крест как бы поворачивается на 90 угловых градусов; происходит так называемое вращение **Кватернера в герметическом круге**.

Здесь не место описанию сущности этого процесса. Мы ограничимся констатированием факта перехода **второго** ה в новый י (**Jod**).

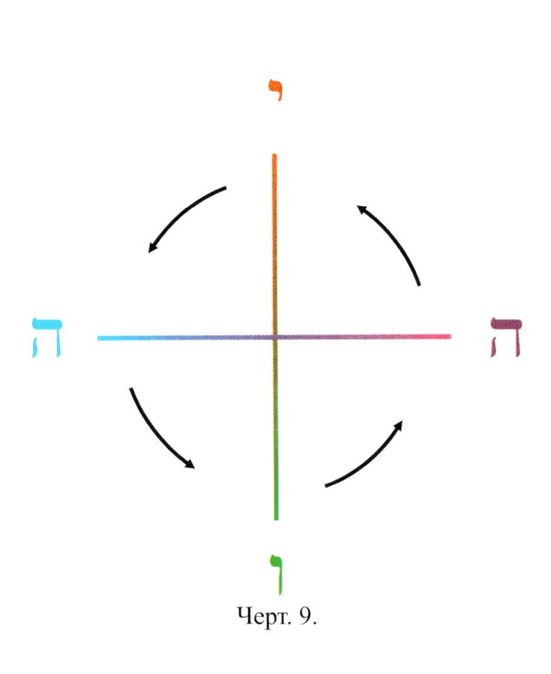

Черт. 9.

Этот новый י подыскивает себе (формирует) подходящее ה, оплодотворяет его; рождается ו (**Vau**); констатируется факт существования второго цикла, очерченного или символом ה, если этот второй цикл заключительный, или знаком י, если он переходит в активность; и т. д. до бесконечности.

Если полученный ряд элементов последовательных циклических процессов сравнить с рядом натуральных чисел, то в этом последнем все кратные трем будут **Vau**; все числа, сравнимые с единицей по модулю 3, — **Jod**; все числа, сравнимые с двумя по модулю 3, — **первыми Hé**. Например 58-й элемент ряда будет י, 62-й — ה, а 75-й — ו.

Если бы ряд оканчивался на 58-м элементе, то мы назвали бы этот элемент **вторым Hé**.

Примеры таких рядов: первый элемент — **отец**, второй — **мать**, третий — **дитя**, четвертый — **влияние всего семейства** ну хоть бы на другое избранное семейство, которое будет пятым элементом; это влияние родит общие интересы двух семейств (6-й элемент); соединенная этими интересами группа двух семейств (7-й элемент) действует ну хоть бы на другую группу семейств (8-й элемент), создавая солидарность между обеими группами (9-й элемент).

Получим схему образований **групп** вообще и **государств** в частности.

Другой пример: **гений** (1) оплодотворяет **профессора** (2); последний вынашивает плод гения и дает возможность образоваться **андрогинному практическому деятелю** (3), который, с одной стороны, пассивно воспри-

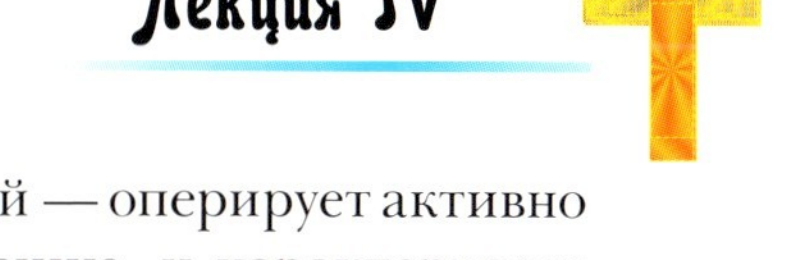

нимает пищу, даваемую ему профессором, с другой — оперирует активно во внешнем мире, сообразно воспринятому учению, и характеризует деятельность всего цикла (4), которому название будет или — **пассивная интеллигенция** (если она ה), или **активная интеллигенция**, если она י следующего цикла и оплодотворяет способную к культуре **среду** (5)...

Получилась схема процесса культуртрегерства при исходной точке научной интуиции.

Ту же схему можете провести для культуры Человечества эстетическими началами.

Третий пример: **утро** (1) подготовляет, планирует заботы **дня** (2); плоды дневной деятельности обнаруживаются **вечером** (3), который таинственным переходом через **ночь** служит исходной точкой планов и приготовлений **следующего утра** (4)...

Четвертый пример: **весенний посев** (1) вынашивается **летними** условиями (2), рождает **осеннюю** жатву (3), через посредство **зимнего** периода определяющую **запас активности** (4) в начале следующей **весны**...

Применяя все это к схеме вращения Кватернера в круге, мы имеем: прохождение первой четверти (**1 — Jod**), прохождение второй четверти (**2 — первое Hé**), прохождение двух последних четвертей (**3 — Vau**) и **познание центра**, то есть понимание определения окружности, без которого нельзя быть уверенным, что четвертый элемент (**второе** ה) при повороте креста на 90 градусов действительно попадает на место **Jod** следующем цикле.

Всякий цикл Посвящения делится на три этапа по четвертям геометрической окружности.

В трех символических степенях правоверного этического масонства **Ashmol**'я и **Fludd**'а элемент **Jod** представлен степенью **ученика**.

На этой ступени масон прилагает все усилия к точному самопознанию, к осознанию тьмы и этического невежества, характеризующих профана, и к самоусовершенствованию.

Эта активная ступень влечет за собой необходимость тягостной, утомительной работы. Самый ритуал посвящения в ученики изобилует символическими указаниями на заблуждения, ошибки и скучные, тяжелые испытания.

Элементом ה (**Hé**) в этом посвящении является степень **товарища**, очерчивающая область применений, доступных масону, успешно прошедшему первую степень.

Товарища знакомят со средою дружеского, братского общения с уже прошедшими тягостную стадию ученичества соратниками и со всеми приятностями такового общения.

Здесь ритуал символизирует приятность познания вообще, а в частности все сладости дружбы, взаимопомощи и покровительства опытных учителей.

Элементом ו (**Vau**) является степень **Мастера**, уже познавшего характер жизни в среде масонства и теперь долженствующего освоиться с идеей Смерти и всеми ассоциациями этой идеи.

Мастерская Ложа и служит синтетической представительницей всей масонской семьи (**второе** ה, если рассматривать ее с точки зрения ее формации, или новое י **Jod**, если учитывать ее влияние на общество).

Для детального ознакомления с этиологией масонства отсылаю слушателей к статье Б. М. Прямина-Морозова (журнал «Изида», декабрьский № 1910 г. и январский № 1911 г.) «Очерк этиологии и общей истории масонства», кратко очерчивающей догму и ритуальный символизм степеней **Ученика**, **Товарища** и **Мастера**, и к более детальному труду **Папюса** «Генезис и развитие масонских символов» («Ce que doit savoir un maitre-macon») в русском переводе г. Войцеховского, содержащего кроме анализа **Легенды Хирама** еще краткую историю важнейших масонских течений в связи с происхождением 33 степеней Шотландской Системы.

Возвращаясь к нумерации элементов динамического цикла, обратим внимание слушателей на возможность рассмотрения девятеричных циклов вместо тройственных, доселе рассмотренных.

Место элемента в девятеричном цикле определяется его наименьшим положительным вычетом по модулю 9. Так — 58–й элемент ряда будет четвертым в своем девятеричном цикле, то есть **Jod** второго семейства этого цикла; 78–й элемент будет шестым в своем девятеричном цикле, или ו **Vau** второго семейства этого цикла.

Не следует забывать, что эти результаты быстрее всего получаются, по известной арифметической теореме, суммированием цифр номеров элементов:

$$5+8=13;\ 1+3=4.$$

$$7+8=15;\ 1+5=6.$$

Такое счисление, называемое **извлечением теософического корня** из числа, часто пригодится нам в дальнейшем.

Для полноты изложения прибавим, возвращаясь к счислению тройственных циклов, что, если произвести для какого-нибудь номера **теософическое сложение**, то есть суммирование всех натуральных чисел до этого номера включительно, то получатся следующие результаты:

I) если номер был сравним с 0 (или, что то же — с 3) по модулю 3, то теософическая сумма также сравнима с 0 по модулю 3.

Тернер остается тернером.

II) Если номер был сравним с единицей по модулю 3, то теософическая сумма также сравнима с единицей по модулю 3.

Унитарность остается унитарностью.

III) Если номер был сравним с двумя по модулю 3, то его теософическая сумма сравнима с тремя (или, что то же — с 0) по модулю 3.

Бинер после синтеза не остается таковым, а нейтрализуется в тернер.

Эти теоремы не трудно доказать в общем виде, но мы ограничимся приведением трех частных примеров.

I) $1+2+...+5+6=(7\times6)/\ 2=21=3$ (mod. 3).
II) $1+2+...+16=(17\times16)/\ 2=136=10=1$ (mod. 3).
III) $1+2+...+20=(21\times20)/\ 2=210=3$ (mod. 3).

6 было **Тернер**; 16 — **Монада**, а 20 — **Бинер**.

Истолковавши Кватернер как общую схему элементарных динамических процессов, перейдем к толкованию символа прямоугольного креста как схемы активных и пассивных проявлений Человека в астральной области.

Вертикальная сторона креста, соединяющая литеры י и ו, разделена средней точкой на две области, из которых верхней (י) отдадим преимущество (י активнсс ו). Верхняя область будет областью положительных поступков человеческой сущности — область **добра**; нижняя часть — областью отрицательных поступков — область **зла**.

Посвященный человек для каждого момента жизни должен различать эти области, то есть как бы держаться в середине, в нейтральной точке.

Это будет познанием добра и зла в поступках.

Переходя к горизонтальной стороне креста, мы также подразделим ее на две области, отнеся их обе к сфере пассивных восприятий человека.

Правая область, принадлежащая **второму** ה, могущему преобразоваться в י и потому более активному, получит преимущество перед левой и будет считаться областью **благоприятных** восприятий.

Левая область достанется на долю **неблагоприятных** восприятий.

Посвященному в любой момент жизни присуще умение строго разграничивать эти две области, то есть познавать нейтральную точку.

Резюмируя сказанное, мы можем новое истолкование креста формулировать следующим образом: Человек, владеющий Арканом авторитета, должен не только учитывать добро и зло в своих поступках, но и уметь использовать как хорошие, так и дурные внешние влияния. Он в равной мере использует гнев и чувство благодарности, как стимулы активности, умиление и разочарование, как успокоительные средства, и т. п.

Авторитет Человека основан на том, что последний стоит как бы в центре герметического креста, будучи причастен всем его элементам и являясь хозяином их областей.

От этого анализа нетрудно перейти к традиционным аналогиям элементов кватернера.

Элемент י свяжем с тем, что традиция именует Воздухом; **первое** ה — с **Землей**; ו — с **Водой**; **второе** ה — с **Огнем**.

Эти четыре термина у древних так и носили название «**Элементов Кватернера**». Укажем наивероятнейшие их толкования в различных планах.

В метафизическом плане **воздух** означает **время**, **вода** — **пространство**, **земля** — принцип **косности**, **инертности материи**, **огонь** — **кинетическое состояние материи**.

Здесь мы в области теоретической механики.

В моральном плане **воздух** указует на необходимость **сметь (oser)** для всякого посвященного; **вода** — на необходимость **знать (savoir)**; **земля** на обязанность **молчать (se taire)**; **огонь** — на уменье **желать (vouloir)**.

С этими обозначениями связано представление о символических животных в кватернере: **Орел смел**; **Человек знающ**; **Телец молчалив**; **Лев пылок** в своих желаниях.

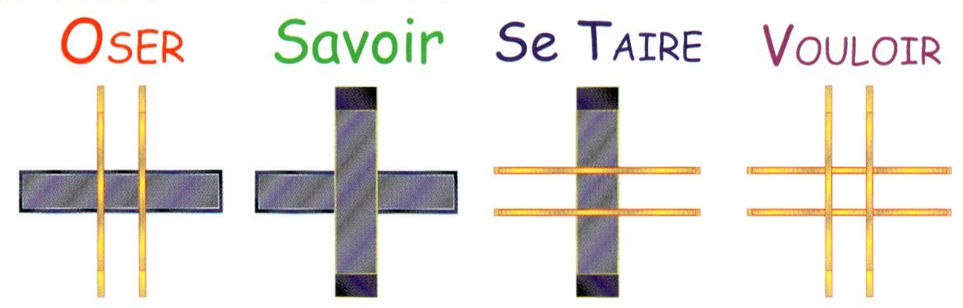

Черт. 10.

Современные нам герметисты остроумно символизируют эти четыре проявления значками, в которых горизонтальные желобки соответствуют восприятию в данный момент, а вертикальные — жажде активности.

Кто **смеет**, тот заглушает в себе сознание опасности (темный горизонтальный желоб) и будит активность (светлый вертикальный желоб).

Кто доволен своим **знанием**, тот не учится и не проявляет активности (два темных желоба).

Кто **молчит**, тот себя не проявляет (темный вертикальный желоб), но все принимает к сведению (светлый горизонтальный).

Кто **желает**, тот активен и восприимчив — надо знать, чего желаешь (оба желоба светлые).

Опускаясь в физический план, мы истолкуем элементы как четыре состояния вещества: земля — твердое; вода — жидкое; воздух — газообразное; огонь — радиальное.

Сближая это объяснение с анализом кватернера поступков и восприятий человека, мы ясно поймем следующую формулировку тезисов классиков оккультизма о так называемых элементалях: Человек имеет тело, составленное из всех четырех элементов; он синтетичен; он познает четыре стороны креста.

Элементали подчинены авторитету уравновешенного человека; они не познают добра и зла; они не стоят в центре креста, а только живут на его сторонах: **сильфы** — в **воздухе**; **ундины** — в **воде**; **гномы** — в **земле**; **саламандры** — в **огне**.

Тела их состоят у каждого из материалов той стихии, в которой они обитают; они сливаются с самими стихиями, а потому их не видно физическим глазом, не слышно физическим слухом и т. д., пока они не проявляются медиумическим займом начал других стихий; тогда с ними можно сноситься физическими органами.

Эти элементали управляют деталями того, что мы называем физическими и химическими явлениями.

Быть может, небесполезно дать краткие указания о распределении так называемых алхимических элементов по терминам Кватернера יהוה.

Термину **Воздух** соответствует в алхимии универсальный растворитель **Azoth**, знак которого есть **тройной кадуцей**, **увенчанный крыльями орла**.

Термину **Вода** соответствует **металлогенный Меркурий**, могущий быть добытым из ртути. Знак его ☿.

Azoth часто называют **Меркурием мудрецов** или **Меркурием философов**, но следует твердо помнить, что его извлечь из металлического Меркурия нельзя.

Термину **Земля** соответствует элемент **Соли**. Знак его ⊖.

Термину **Огонь** — элемент **Серы** со знаком 🜍.

Алхимические **Серу** и **Соль** не следует смешивать с объектами, носящими те же названия в обычном химическом обиходе. В алхимии эти названия относят к двум атрибутивным началам тел, могущим быть нейтрализованными либо **металлогенным Меркурием** (в инволютивном процессе), либо **Меркурием мудрецов** (в процессе эволютивном).

В нравственном герметизме, составляющем астральную аналогию Алхимии физического плана, элементу **Соль** соответствует **настойчивость** в стремлении к самоусовершенствованию; элементу **Сера** — **пыл** молитвы или другого сосредоточения; элементу **металлогенного Меркурия** — **осведомленность**, а элементу **Azoth** — оккультное начало **тонкого чутья** и естественного понимания условий работы.

Нравственный герметизм и **физическая алхимия** суть частные виды общей задачи, известной под названием **Великого Делания** и символизируемой девятнадцатым мажорным Арканом.

Задача эта может быть формулирована как процесс трансмутации грубейшего состояния определенной среды в наитончайшее ее состояние без выхода из рамок среды, то есть без изменения общей квалификации объекта трансмутации в плане, которому он принадлежит.

Так — в **алхимии** занимаются **Великим Деланием** трансмутации неблагородных металлов или даже, если хотите, каких угодно материальных отбросов в наиблагороднейший металл — золото.

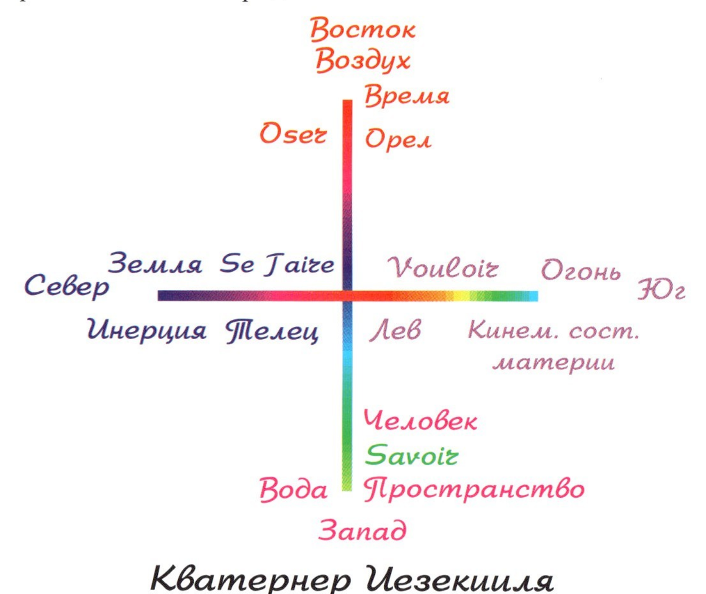

Кватернер Иезекииля

Черт. 11.

В **нравственном герметизме** задаются целью переделать мусорного, несовершенного в этическом отношении человека в другое существо, не теряющее квалификации воплощенной человеческой сущности, но обладающее синтезом эволютивных свойств человеческой души.

Конечно, всякая трансмутация этого типа основана на принципе **унитарных** теорий по отношению к среде, служащей объектом трансмутаций.

Если мусор можно переводить в золото, то это потому, что все тела материальной природы представляют собою различного типа коагуляты единой, односоставной материи.

Если дурного человека можно переделать в совершенного, то это потому, что элементарный состав их одинаков, но порядок группировки их астральных элементов варьирует до бесконечности. В совершенном человеке в порядке то, что спутано в несовершенном.

Остается заняться немаловажным вопросом о распределении сторон горизонта по элементам יהוה.

Восток отнесем к י; **Юг** — ко **второму** ה; **Запад** — к элементу ו и **Север** — к **первому** ה.

Такая схема основана на характере суточного движения солнца, совершающегося в направлении, названном нами обратным.

Если Священных Животных распределить так, как мы делали доселе: Орел — Восток — Воздух; Телец — Север — Земля; Человек — Запад — Вода; Лев — Огонь — Юг, то получится зеркальное отображение схемы, данной в первой и десятой главах книги пророка Иезекииля.

Этот так называемый **Кватернер Иезекииля** весьма важен своими применениями в операциях призыва (прямое движение по кругу) и заклинания (обратное движение по кругу).

Другая схема, данная **Апостолом Иоанном** в четвертой главе Апокалипсиса, дает иное отображение, отличающееся от первого перестановкой двух элементов.

В ней Телец — Земля отнесены к Западу, а Человек — Вода — к Северу.

Эта вторая схема дает возможность установить особые таинственные термины атрибутивных квалификаций «**влажный — сухой**; **теплый — холодный**», причем Воздух окажется влажным и теплым, Вода — влажной и холодной, Земля — холодной и сухой, а Огонь — сухим и теплым.

Эти квалификации находят себе применение в астрологии и алхимии.

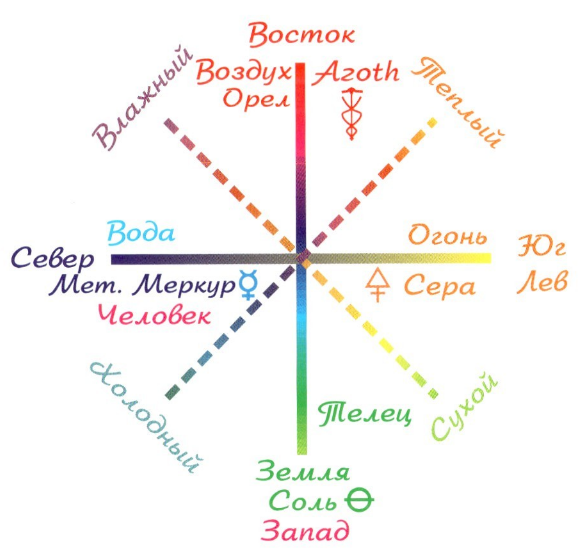

Кватернер Ап. Иоанна

Черт. 12.

י
ה
ו
ה
אZΩת

Лекция V

О Великом Аркане Магии

Магической операцией называют всякое приложение Человеческой Воли (единичной или коллективной) к решению задачи, выполнение которой зависит от деятельности индивидуализованных Сущностей, оперирующих в двух или трех планах.

Примеры таких задач:

1) **Самовнушение** на определенную тему. (Воздействие на самого мага, живущего в 3 планах, или на его клеточки);

2) **Внушение** чего-либо другому человеку. (Воздействие на него; опять три плана);

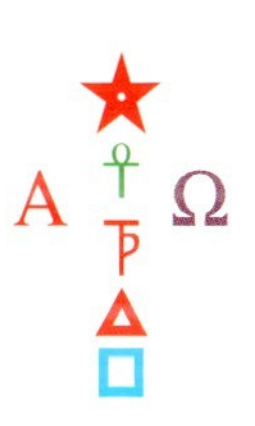

3) Ускорение или замедление какого-либо процесса в элементах. (**Воздействие на элементалей**; тоже 3 плана);

4) **Вызов элементария**, обитающего в двух планах, но могущего при помощи медиумических начал проявиться и в третьем;

5) **Разыскание астрального клише**, или притяжение этого клише — 2 плана; или собственная экстериоризация, то есть воздействие на элементария собственной индивидуальности (тоже как бы 2 плана) и т. д.

Если магическая операция переходит на сущности 3–х планов, то она основывается на перевесе способностей оперирующего субъекта над способностями объектов операции в том или другом плане. т. п.

Если операция переходит на сущности 2–х планов (элементарии, эгрегоры, лярвы и т. п.), то даже при равенстве астральных ресурсов оператора и пациентов она может удаваться в силу наличности самого обладания третьим планом у оперирующего.

В этом случае принято говорить, что оператор **берет точку опоры** в физическом плане для своей реализации.

Этой точкой опоры могут служить как тело самого оператора, так и внешние предметы физического плана.

Из данного нами определения магической операции видно, что в состав ее необходимо войдут три элемента:

1) **Ментальный** — идея операции + волевое усилие;

2) **Астральный** — форма операции;

3) **Физический** — так называемые опорные точки операции (реа-

лизованные символы, физические проявления ресурсов тела оператора, тела вспомогательных трехпланных сущностей и т. п.).

Раз мы остановились на **унитарных** теориях, естественно и необходимо будет считать ментальные, астральные и физические элементы всех магических операций **частными** проявлениями **единого** ментального начала (единой метафизической аксиомы), **единой** астральной формации (универсального **tourbillon**) и **единого** физического приема выбора точки опоры, причем ментальное начало должно порождать астральную формацию, а эта в свою очередь неизбежным образом своею конденсацией определять физический прием.

Эта совокупность метафизической аксиомы, астрального tourbillon и физического приема именуется в Магии **Великим Арканом.**

Великий Аркан, как тайна максимального Человеческого могущества, никогда не сообщается Учителем ученику по следующим соображениям: 1) если ученик сам не постиг Великого Аркана в его полноте, то он недоразвит в одном из планов, а следовательно, нельзя ручаться за то, что раскрытие ему Великого Аркана не представит опасности для самого Посвятителя; 2) самый характер Великого Аркана устанавливает в его понимании и применении элемент субъективности. Как мы узнаем далее, духовные монады различных людей носят в себе оттенки их ролей, как клеточек Коллективного Мирового Человека. Они как бы различного тона и окраски. Астросомы у людей различны и подвержены неодинаковым планетным влияниям. Тела не вполне тождественны, а потому схематическая передача Великого Аркана, хотя бы с комментариями, все же не освобождала бы ученика от тяжелой и продолжительной работы применения учительской схемы к своим индивидуальным особенностям и к условиям своей жизни в трех планах.

То, что мы в дальнейшем сообщим о Великом Аркане, будет лишь логическим развитием его определения.

Великий Аркан, как всякая магическая операция, должен в составе своем иметь ментальную часть. Оператор должен **определить** в самом общем виде **операцию**. Иначе говоря, он должен быть вполне ориентирован в характере какой бы то ни было сущности; он должен знать ее происхождение; он должен быть ментально знаком с ее родителями, или, что то же, понимать брак всякого י со всяким ה в ментальном плане.

Ключ к этому пониманию дается статически Великим Законом Тернера.

Этот закон в схеме Великого Метафизического Аркана, символизируемого восходящим треугольником, и поместится во главе графика, дающего намек на конструкцию Великого Магического Аркана. Получается фигура черт. 13.

Черт. 13.

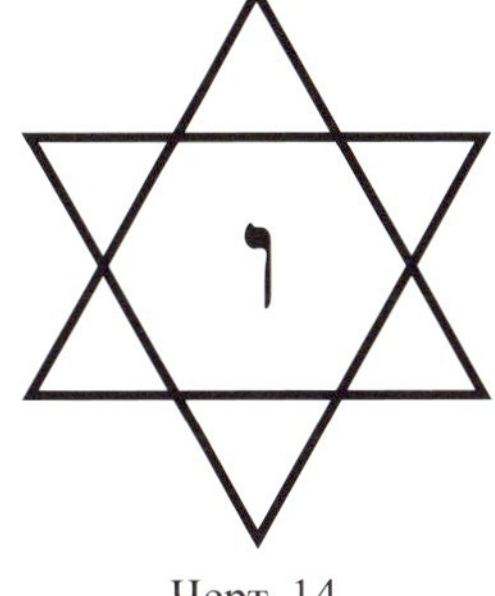

Черт. 14.

Черт. 15.

Ментальная часть Аркана, или супружество этих י и ה, породит его астральную часть — тайну основного вихря (tourbillon), или **Vau** упомянутого супружества.

Как мы намекали во 2–м аркане, этот вихрь двойственно-поляризован. Он, кроме того, определяет переход от ментального к физическому и обратно. В нем общая тайна инволюции и эволюции.

График его естественно представится в виде чертежа 14, а число его будет 2, подобно тому, как число метафизической части было 3.

Астральные вихри общего типа, конденсируясь, плавно переведут нас в сферу элементов, в физический мир, таинственно связанный с пониманием четвертого Аркана.

См. стр. 467

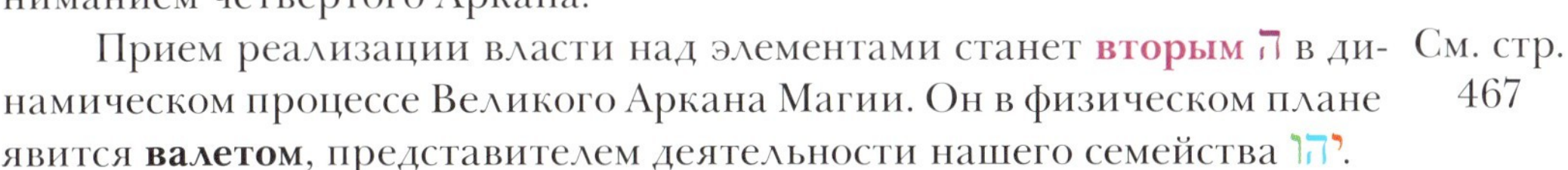

Прием реализации власти над элементами станет **вторым** ה в динамическом процессе Великого Аркана Магии. Он в физическом плане явится **валетом**, представителем деятельности нашего семейства יהו.

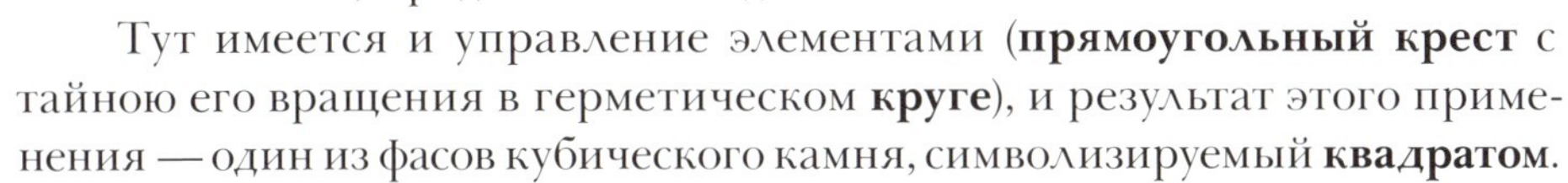

Тут имеется и управление элементами (**прямоугольный крест** с тайною его вращения в герметическом **круге**), и результат этого применения — один из фасов кубического камня, символизируемый **квадратом**.

Нижний график определится чертежом 15–м, синтезирующим все эти фигуры.

Число его будет — 4.

Общая схема Великого Аркана графически дается совокупностью трех упомянутых чертежей (черт. 16).

Верхняя часть есть Тернер Великого Метафизического Аркана.

Средняя часть — Бинер астральной Rota (tourbillon).

Нижняя часть — Кватернер элементарной Rota, или тайна реализации, тайна опорной точки.

Открытие верхней части зависит от полноты инкарнации в человеке его духовной монады, от начала века знающей тайну мистического брака יה.

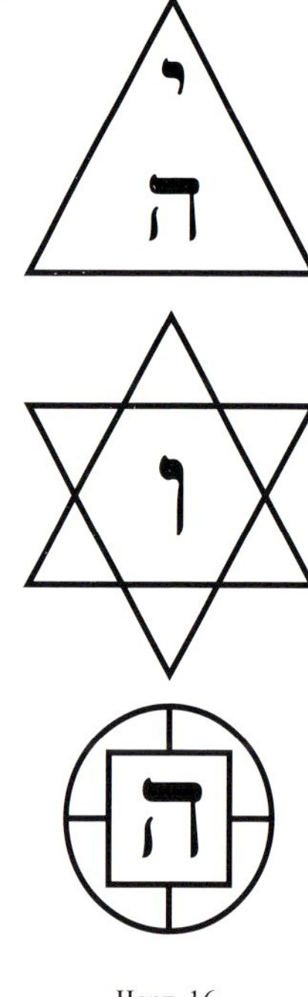

Черт. 16.

Для обладания средней частью, человек должен астрально создать в себе андрогинат ו (**Vau**).

Для применения физической части надо, помимо обладания астральным ו, знать, какой инструмент служит точкой опоры в операции, каков переход от инструмента к tourbillon.

Найти инструмент нам поможет голое логическое построение.

Уничтожьте мысленно часть Вселенной, сохранив за оставшейся частью атрибутивные свойства целого. В новой Вселенной, в новом **Макрокосме**, по-прежнему применим наш Великий Аркан, и инструмент его не изменится.

Продолжайте сокращать таким образом Вселенную и доведите ее до наличности в ней одного только оператора.

Он тоже мир — **Микрокосм**, и к нему тоже применим Великий Аркан. Но у него инструментом для воздействия на собственный Микрокосм остается лишь собственное тело. Следовательно, оно и есть Великий **Атанор** Магического Аркана.

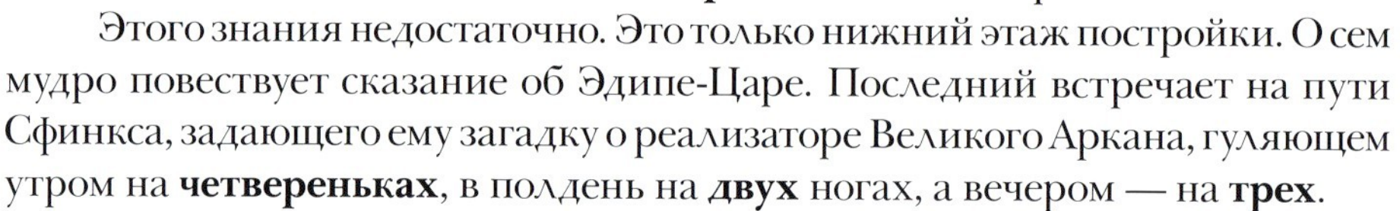

Этого знания недостаточно. Это только нижний этаж постройки. О сем мудро повествует сказание об Эдипе-Царе. Последний встречает на пути Сфинкса, задающего ему загадку о реализаторе Великого Аркана, гуляющем утром на **четвереньках**, в полдень на **двух** ногах, а вечером — на **трех**.

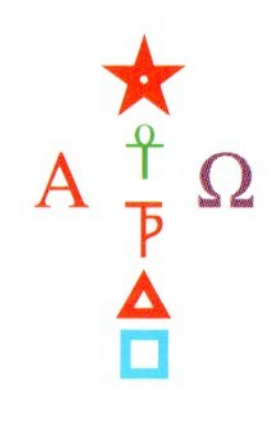

Что такое Сфинкс? Это синтез 4-х Священных Животных: у него лицо Человека, когти Льва, крылья Орла, бедра и хвост Быка (Тельца).

Животные эти обусловливают своими качествами проникновение в астральный план сквозь элементы, представителями которых они служат.

Сфинкс — это астрал. Он сторожит пирамиду, в основании которой лежит квадрат элементов, но боковые грани которой тождественны с ментальными эволютивными треугольниками, сходящимися в вершине **Унитарности**.

Ментальный план сторожится, охраняется астральным.

Что сделал Эдип?

Он ответил Сфинксу: «Разгадка — Человеческое тело, гуляющее в детстве на четвереньках, в молодости и зрелом возрасте довольствующееся двумя ногами, а в старости присовокупляющее к ним палку для опоры».

Эдип разгадал лишь то же, что и мы, — физическую часть аркана, и тем приобрел власть лишь над телом Сфинкса, которое и уничтожил, возомня после этого себя победителем.

Что же вышло дальше?

Астральный Бинер показал ему, что он не одолел этой части аркана. Отрицательно поляризованная часть tourbillon вовлекла его в ужасы отцеубийства и кровосмешения, которых не могло отвратить знание одного физического плана.

В астральную часть его посвятило **Страдание**, а успокоила его лишь ментальная часть Тайною **Универсальной Любви**, в образе самоотверженной и преданной Антигоны.

Обратите внимание на то, что астральное Посвящение пришлось на зрелый возраст, а ментальное явилось в старости.

К графику Великого Аркана принято прилагать монограммы или полные надписи трех слов.

אZΩת Мировой синтез

TARO или **ROTA**

INRI Девиз Розенкрейцеров

Первое составлено из начального знака трех алфавитов (еврейского **Aleph**, греческого **Alpha**, латинского **A**, мало отличающихся начертанием), и из конечных знаков тсх жс алфавитов (**Z** — латинского, **Omcga** — греческого и **Thau** — еврейского).

Это слово символизирует **Мировой синтез** и служит девизом школы **Алхимиков**.

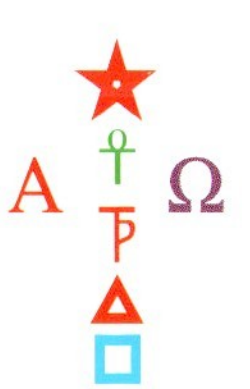

Слово **Tarot** есть название цыганской колоды 78 арканов. Оно тождественно со словами **Rota, Tora(h), Otar, Arot(h)** и будет нам служить символом так называемого восточного предания, названного так лишь по недоразумению.

INRI в ментальном плане читается **Jesus Nazarenus Rex Iudeorum** (латинская надпись на кресте Спасителя), а в астральном плане — **Igne Natura Renovatur Integra** (огнем Природа обновляется вся).

Здесь термин **огонь** понимается согласно разъясненному в этом аркане.

Это слово **INRI** служило девизом **школы Розенкрейцеров**.

Совместное нахождение этих слов при графике аркана, на котором фигурирует слово יהוה, служащее ключом еврейской Каббалы, дает указание на единую цель, единое стремление, единую реализацию, преследуемую, с одной стороны, Каббалистами (יהוה), с другой — Алхимиками (**Azoth**), с третьей — цыганским преданием (**Tarot**), с четвертой — учениями христианского Иллюминизма (**INRI**).

Все эти дороги ведут к **Великому Аркану**.

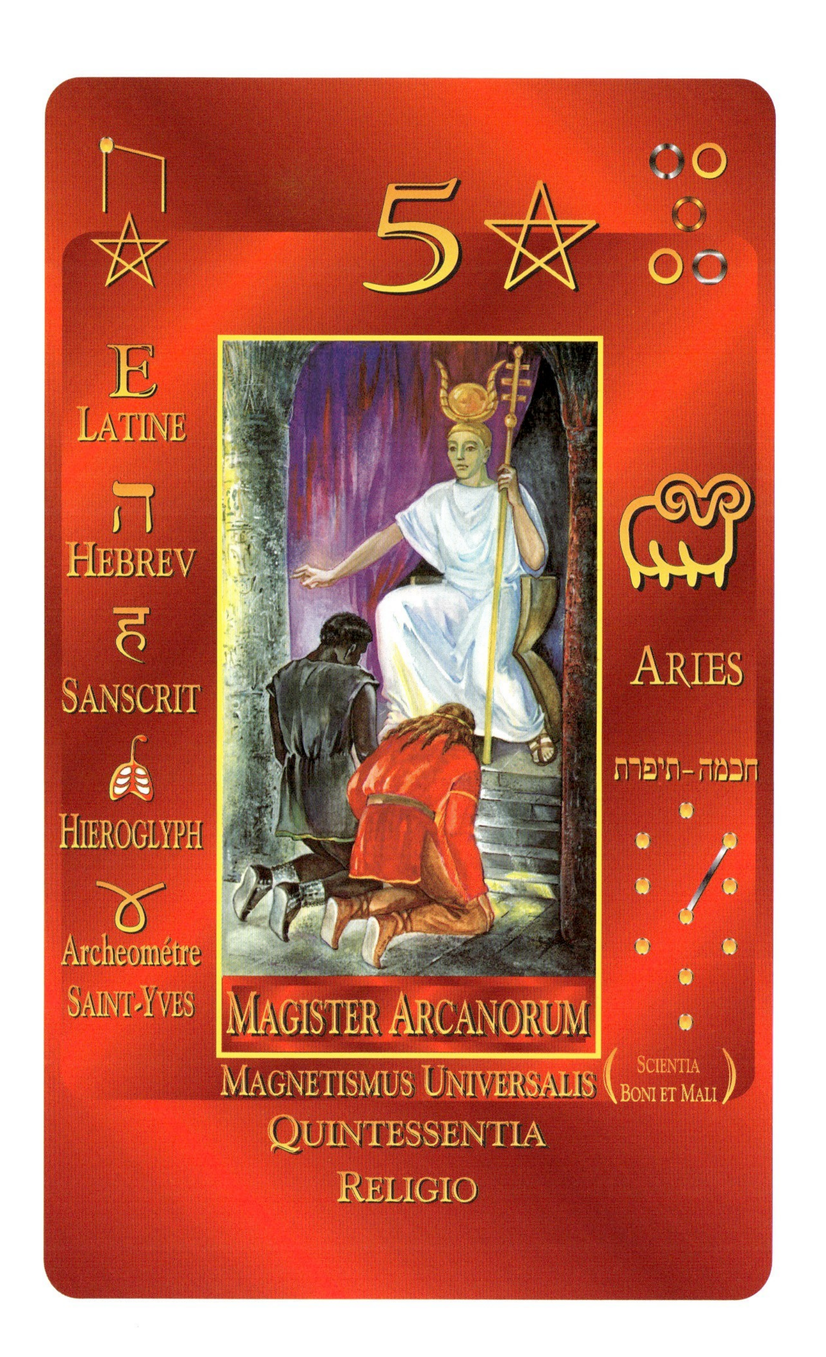

ה
5
E
LATINE
ה
HEBREV
ह
SANSCRIT
HIEROGLYPH
ARCHEOMÉTRE
SAINT-YVES
ARIES
חכמה-תיפרת
MAGISTER ARCANORUM
MAGNETISMUS UNIVERSALIS
SCIENTIA
BONI ET MALI
QUINTESSENTIA
RELIGIO

Лекция VI

ה Пятый Аркан

Пятому аркану соответствует знак ה (**Hé**) так называемого еврейского алфавита. Числовое значение этой буквы=**5**. Иероглифическое соответствие — **дыхание**.

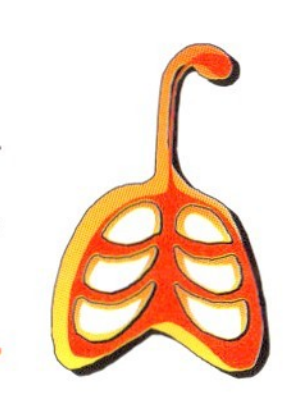

Дыхание для нас в приемах обыденной жизни характеризует наличие **жизненных** процессов в организме. Отсюда истолкование **жизнь**, согласное с астрологическим соответствием аркана — знак **Овна** (♈) в Зодиаке. Пребывание Солнца в знаке Овна определяет первый **весенний** месяц, а весна есть элемент **Jod** годового Солнечного Цикла, то, что **подготовляет жизнь**, первое **дыхание жизни**.

Нам поставят немедленно 2 вопроса:

1–й: В схеме יהוה динамического процесса ה соответствовало **женскому началу**. Что общего между **женским началом** и **жизнью**?

См. стр. 469

2–й: Почему 2–й аркан (**Beth**) истолковывается как женское начало и то же толкование прилагается к пятому Аркану? Какая разница в оттенках того и другого аркана?

На первый вопрос мы ответим небольшой экскурсией в область христианской теософии, как новейшей (XVI, XVII и XVIII ст.), так и прежней (XIV, XV ст.). Если каждому динамическому циклу типа יהוה может служить продолжением такой же цикл, **Jod** которого есть проявление **второго Hé** первого цикла, то и обратно — **Jod** нашего первого цикла позволительно считать проявлением **второго Hé** некоторого **предшествующего** цикла. Разыскание элементов этого цикла будет **восхождением в цепи причинностей**, приведет нас к познанию нового **Jod** старшего порядка и к заданию такого же вопроса о **предпредыдущем** цикле.

Самый начальный цикл в ряду причинностей, или, выражаясь образно, **Первое Семейство** типа кватернера, конечно, не может считаться абсолютно самостоятельным, то есть не имеющим предшественников в ряду элементов динамических процессов. Ведь **Начало всех Начал** не может иметь наименования **Jod**, ибо активный элемент оживлен **желанием**, **потребностью** оплодотворять, а Начало всех Начал должно обладать атрибутом **Вседовольства**. Это Начало должно быть нейтральным, андрогинным, заключающим в себе все элементы тех динамических процессов, которые оно способно породить.

Чтобы символизировать это начало, поставим точку над **Jod**, написав схему Первого Кватернера трансцендентальной области в виде יהוה.

Эта точка будет напоминать нам о Великом, Непостижимом, Бесконечно Однородном, Идеально Светлом, Лучезарном Начале **Ain Soph*** (*евр.*), о **Великой Нирване** (*инд.*).

Это Непостижимое Начало, не могущее составлять объекта логической спекуляции, проявилось мужским элементом **Jod**, элементом оплодотворяющим, экспансивным, лучезарным, которому можно дать имя **Универсальной Любви**.

Эта Универсальная Любовь ограничила себе Пассивность, Аттрактивность, Женское Начало теневого характера, так называемое **Restrictio****, которому имя — **Универсальная Жизнь**, и оплодотворила его.

От Союза этих Начал, Высшего **Jod** и Высшего **Hé**, рождается элемент **Vau** Первого Семейства. Имя ему — **Логос**. Первичные Эманации этого Элемента будут **Вторым Hé** Первого Семейства и переведут нас уже в трансцендентный мир **Olam ha Aziluth***** Второго Семейства.

Вот почему **Жизнь** оказалась женским элементом.

У аббата **Тритемия** (1462–1516), в передаче им современных ему Розенкрейцеровских теорий, элемент **Jod** Первого Семейства назван **Сверх-Эссенциальным Огнем**, Элемент **Hé** — **Сверх-Эссенциальным Воздухом**, а **Логос — Сверх-Эссенциальным Светом**.

Как видим, **Воздух**, **Дыхание**, отождествился с женским элементом.

Легко заметить, что эту терминологию Розенкрейцеры считали для себя интерпретацией Догмата Христианской Троицы, причем Огонь был Ее Первым Лицом, Воздух — Третьим, а Свет — Вторым.

Каббалистический Мир **Aziluth** у Тритемия появляется под названием **Spiritus Mundi** (Дух Вселенной).

Нам кажется, что приведенная справка дает ответ на первый вопрос, и мы переходим ко второму.

Аркан **Beth** указывает на женское начало как на нечто, существующее в форме соответствия мужскому началу, нечто, подлежащее изучению (**Gnosis — познание**), нечто принципиально необходимое в прогрессии арканов.

Аркан **Hé** есть уже **форма**, в которую облекается аркан **Beth**.

---

*) **Ain Soph** (*евр.*) — «бесконечное», Эн Соф, имя Бога в каббале

) **Restrictio (*лат.*) — ограничение

***) **Olam ha Aziluth** (*евр.*) — Мир Эманационный

Hé конкретнее, нежели **Beth**.

Beth очерчивает сферу женского начала. **Hé** наполняет эту сферу чем-то формально существующим.

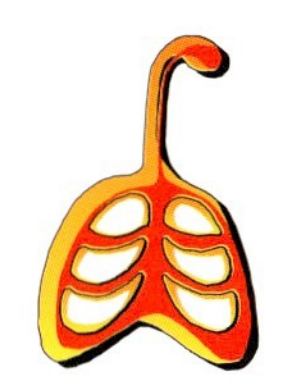

Вообще, чем выше номер, тем конкретнее его значения.

Beth имело иероглиф **рот**. **Hé** — **дыхание**, исходящее из этого рта.

Дав эти пояснения, переходим к арифмологическому анализу аркана.

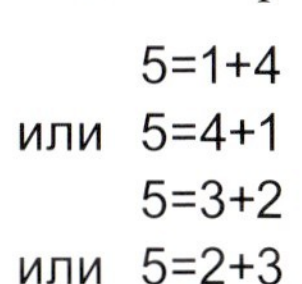

Первые два разложения пятерки дадут нам заголовки содержания аркана в трех областях Теософического Тернера.

Для Архетипа 1 означало Эссенцию Божества, 4 — принципиальную необходимость формы.

Элемент Лучезарности в Божественной Эссенции указывает на выбор положительного полюса в вопросе оценки форм ментальных проявлений.

Формы, не искаженные неправильным отражением и преломлением, станут синонимами **Добра**; формы искаженные — синонимом области **Зла**.

Аркан в плане Архетипа будет интерпретировать **Древо Познания Добра и Зла**, с сознательным предпочтением **Добра Злу**.

Получится заголовок — **Magnetismus Universalis** (**Scientia Boni et Mali**)*.

В плане Человека 1 интерпретируется как **Vir** — активный, оплодотворяющий элемент, а 4 — как элементы, синтез которых образует человеческое тело, или как **Auctoritas**** — тайна этического доминирования в центре Креста (Кватернера). И в том, и в другом случае к четырем началам, имеющимся во внешнем мире, таинственно прибавляется пятое, управляющее их трансмутацией, дающее возможность реализовать **Великое Делание**.

В алхимии это пятое начало именуется **Quintessentia**. Это слово и будет вторым заголовком.

Заголовок аркана в мире Природы мы найдем, если сквозь внешние манифестации четырех элементов четвертого аркана сумеем узреть элемент **Natura Naturans** первого аркана, суммируемого с четвертым.

---

*) **Magnetismus Universalis (Scientia Boni et Mali)** (*лат.*) — Универсальный магнетизм (Знание Добра и Зла)

) **Auctoritas (*лат.*) — авторитет, сила

Тот, кто созерцательной деятельностью и глубокой медитацией усмотрит эту единицу за завесою внешней четверки, тот постигнет натуральную **Религию**, плод Созерцания и Вдумчивости.

А потому заголовком для пятого аркана в плане Природы возьмем термин **Religio**.

Если в разложении 5 на 1 и 4 понимать под 4 мир элементов, а под 1 Высшее Сознательное начало, то, как мы сказали, сумма 1+4 будет символизировать Человека как покорителя элементов, как доминатора импульсов своей элементарной натуры.

Поставив 4 первым слагаемым, а 1 — вторым, мы получим обратное, то есть формулу импульсивного человека, манифестации которого стоят в зависимости от внешних влияний на его физическую природу.

Перейдем теперь ко второй схеме разложения 5 на слагаемые.

5=3+2, то есть пятый аркан является составным из высшего и среднего начал Великого Аркана Магии — метафизического тернера (3) и астрального бинера (2). С этой точки зрения аркан символизирует проявление некоторой сущности в двух высших планах, при преобладании метафизического понимания над астральным механизмом.

Оперировать таким образом в двух планах могут сущности следующих типов:

1) **Белый маг**, в то время как он занят работой в астральном плане (хотя бы он при том и опирался на физический).

2) **Элементарий** положительного типа (например, совокупность mens'a и души человека, в промежутке между двумя инкарнациями стремящаяся к эволютивному созерцанию клише).

3) **Эгрегоры** положительного типа (эволютивные).

4) **Spiritus Directores**, составляющие высшую полицию астрала и т. п.

Обратному разложению 5=2+3, символизирующему затемнение абсолютной истины тройственного закона миражами ложных астральных клише, движимых инволютивными tourbillons, будут соответствовать проявления темных сущностей, каковы:

1) Занятый астральной деятельностью **черный маг**.

2) Разыскивающий ложные клише отрицательного типа **элементарий** (например, совокупность mens'a и души человека, в промежутке между двумя инкарнациями занятого разыскиванием случаев очередного воплощения не для исправления кармы, а для наслаждения утраченными физическими благами и довольного всяким поводом проявления в плане этих благ, хотя бы за счет медиумических ресурсов).

3) **Эгрегоры** отрицательного типа (инволютивные).

4) **Лярвы** и т. п.

Разложениям 3+2 и 2+3 соответствует геометрический символ огромного теоретического и реализационного значения — так называемая пентаграмма в **прямом** или **обратном** положении.

См. стр. 469

Прямая пентаграмма — Черт. 17.

Обратная пентаграмма — Черт. 18.

В прямую пентаграмму 3+2 принято вписывать фигуру человека, голова, руки и ноги которого размещаются по углам пентаграммы; в обратную пентаграмму 2+3 удобно вписывается козлиная голова, размещающая по углам пентаграммы свои рога, уши и бороду. Козел этот символизирует дьявола, отца лжи, олицетворение искаженных до неузнаваемости клише истинных проявлений.

Мы вскоре вернемся к пентаграмме, но прежде дадим себе труд изучения картинки пятого аркана.

Научное ее наименование — **Magister Arcanorum** (Учитель арканов = Великий Иерофант); вульгарное название — **le Pape** (**Папа**).

Картинка изображает сидящего мужчину. Голова его увенчана рогами Изиды с полною Луною между таковыми. Над бинером этих рогов доминирует тернер **Креста Великого Иерофанта** (см. Аркан 4), укрепленный на конце жезла. Жезл у Иерофанта в левой руке и достаточно высок, так что крест на его верхушке находится значительно выше наклоненной головы Иерофанта.

Правая рука Иерофанта распростерта над головами двух склонившихся перед ним фигур, на одних картинках — жестом имяславного благословения, на других — знаком молчания, то есть, во всяком случае, жестом выражения **воли**.

Из двух фигур, поклоняющихся Иерофанту, одна — светлая (например, красная), другая темная.

Сидит Иерофант, как и женщина 2–го аркана, между колоннами **Jakin** и **Bohas**, снабженными традиционною завесою.

И там и тут бинер колонн нейтрализован личностью, но в пятом аркане фигура **мужчины**: он **сидит** (пассивность — **восприятие** науки бинеров), но он **мужчина** (активный — **применяющий** эту науку к жизни), и жест его выражает **волю**.

Этот элемент **просвещенной воли**, активной (то есть не бездействующей) власти и будет основной характеристикой пятого аркана и его графического символа — **пентаграммы**.

Тернер Креста Иерофанта над бинером рогов дает указание на **прямое** положение этой пентаграммы.

Вся обстановка намекает на **Посвящение**. Коленопреклоненные фигуры дают понять, что «пентаграмма-маг торжествует вместе со Светлыми Силами и заставляет служить своим добрым целям и темные силы», умело эксплуатируя их временное невежество и вытекающие из него слабости, и благоразумным применением оных облегчая им в дальнейшем столь трудное для них искупление.

Но в каком состоянии должен быть человек, чтобы его астросом, оживленный mens'ом, мог исполнять функции пентаграммы, и как из пригодного материала создать эту пентаграмму?

На первый вопрос нам дает ответ краткий перечень испытаний, коим подвергаются ищущие Посвящения.

На второй можно ответить указанием общего плана физической, астральной и ментальной тренировки мага (предмет следующих двух лекций).

Посвящение бывает двух основных типов — бело-магическое и черно-магическое, смотря по тому, что требуется создать: человека, стремящегося к добру ради добра с пренебрежением собственными выгодами и невыгодами, или человека, любящего зло ради зла, даже в ущерб себе, во имя голого принципа лжи и тьмы ради тьмы.

Первая стадия испытаний одинакова в обоих Посвящениях. Она имеет целью испытать в неофите состав 1+4, то есть умение не смущаться опасностями и неожиданностями, исходящими из элементов, не быть трусом в физической области, не терять голову. Сюда войдут традиционные испытания огнем, сквозь который надо храбро пройти, не боясь ожогов; водой, переплывать которую не надо затрудняться, хотя бы она представлялась в форме бурного потока; воздухом, в котором надлежит висеть бесстрашно, не испытывая головокружения; и

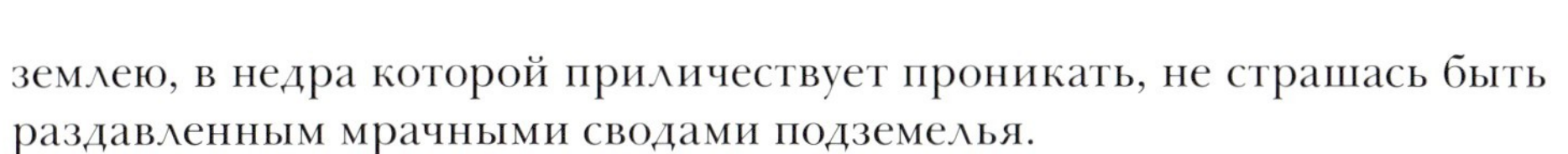

землею, в недра которой приличествует проникать, не страшась быть раздавленным мрачными сводами подземелья.

Вторая стадия испытаний опять-таки одинакова по их заголовкам в обоих типах Посвящения. Это — **астральные** испытания на **страх**, **страсть** и **совесть**.

Неофит испытывается **страхом** астральных клише, пугающих его уродливостью или даже агрессивностью, и восприятие которых ему облегчается искусственно созданною на время сенситивностью.

Второе испытание — на **страсть** — имеет целью определить, может ли неофит обуздывать в себе сексуальное чувство даже при условиях весьма благоприятных для его проявления, и обыкновенно распадается на 2 части: 1) — умение противостоять надвигающемуся соблазну, и 2) — умение не использовать победы, одержанной собственными усилиями над холодностью представительницы другого пола.

Третье испытание — на **совесть** — заключается в определении умения выполнить какой-либо данный завет, исполнить какое-либо поручение, сохранить какую-либо тайну или просто не изменить принятому решению, вопреки грандиозным соблазнам и полной гарантии безопасности.

Если эти испытания одинаковы по форме в обеих школах — беломагической и черно-магической, то они не одинаковы по освещению. Белому магу не надо бояться страшных клише, так как сквозь их мир ему придется пробиваться к более Светлым Началам, черному — потому, что придется быть запанибрата с этими темными и уродливыми проявлениями.

Белому магу надо постичь стойкость своего целомудрия, чтобы быть уверенным в возможности не пасть; черному надо понять, что умение воздержаться в определенный момент дает его обладателю житейский перевес над не умеющими воздержаться.

Белому нужно совестливо относиться к своим обязанностям и принятым на себя обязательствам, ради самоусовершенствования и стойкости в служении добру.

Черному надо просто понять, что по определенному плану, при твердом следовании ему, наделаешь больше идейного зла, нежели случайно, при представляющихся удобных обстоятельствах.

У черных магов бывает иногда еще дополнительное испытание на приверженность злу, которое мы описывать не будем.

Поговорим теперь об искусственной пентаграмме, или Великом **Знаке Микрокосма** (**Микрокосм** значит буквально — мир в миниатюре; это название прилагается к Человеку, в котором, по закону аналогий, можно указать полный синтез соответствий составным элементам внешнего мира — протяженного мира или, по-гречески — **Макрокосма**).

Пентаграмма относится к так называемым магическим символам. Мы о них вскользь упомянули в начале курса.

Если мы установим два аналогичных ряда **A, B, C, D,...** и **M, N, P, R...**, то **M** может являться символом **A** и, наоборот, **A** символом **M**; **N** символом **B** и наоборот, и т. д.

Как мы уже намекали, в ментальном плане символы имеют **реализационную власть**, так как операции этого плана сводятся к порождению идей, причем **аналогия** является мощным инвентивным методом на равных правах с индукцией и дедукцией. Примером может служить алгебра, где манипуляции над символами значительно облегчают выводы идей. Чтобы дать ясное понятие о действии символов на **астральные сущности**, припомним, что наш эмоциональный, субъективный мир часто перерождается под влиянием **форм**, так или иначе ассоциируемых с определенными эмоциональными началами. Возглас, картина, предмет, ассоциированные с эмоцией страха, часто самостоятельно вызывают таковой; грозный оклик абсолютно бессильного и безоружного существа может устрашить его врага, слышавшего такой же возглас из уст другого, отразившего его нападение, и т. п.

Ведь эмоциональный мир целиком относится к астральной области; оттого-то в ней так важны символы, продолжительно употреблявшиеся магическими школами или, вообще, представителями определенных эгрегоров.

Кто знает могущество символа Креста в сношениях с христианами на земле, тот не удивится, если ему скажут, что этот знак оказывает действие на элементалей. Он для них ассоциирован с другими эмоциональными представлениями, нежели для христиан; элементалям он напоминает о синтетичности строения Человека и проявлении его внешней деятельности — он напоминает им, что Человек — Царь в элементах, и этим их укрощает.

Как на земле, по мере хода цивилизации и культуры, те или другие ассоциации теряют свою обычность и применимость, так сказать, выдыхаясь или видоизменяясь, так и в астрале мир символов, как форм, ассоциированных с определенными эмоциями, подвержен медленной, но непрерывной эволюции.

Было бы наивно думать, что все символы древних египтян сохранили свою магическую силу до нашего времени и вызывают неизменно одни и те же явления.

Они не выдохлись окончательно, но без видоизменения и дополнения их вы не сумеете достичь эффектов, в старину ими обусловливавшихся.

Ведь и фаланга Филиппа Македонского не испугала бы нынешнего стрелкового батальона, но, конечно, обратила бы в бегство толпу уличных хулиганов, вооруженных ножами и кастетами.

Символы иногда квалифицируются как простые, то есть как такие, которые не принято разлагать на составные части. Таковы — **точка**, как символ Единства; **круг**, как символ Законченности или Объединения; пожалуй, даже **треугольник**, как символ тернера определенного типа, и др.

В противоположность этому, соединение нескольких простых символов именуется сложным символом.

Слог будет простым звуковым символом. Несколько слогов, произнесенных подряд, будут сложным символом.

Если сложный графический символ является синтезом простых символов, из которых он составлен, то есть, если последние стройно сливаются в ассоциацию объединенных эмоциональных представлений, связанных аналогично с синтетическою же метафизической формулировкой, то такой сложный символ именуется **пантаклем**.

В звуковом символизме пантаклю соответствует совокупность слогов, сливающихся в **слово** или даже в целую **фразу**.

Примером пантакля нам послужит пентаграмма (это, конечно, синтез, ведь мы ее разлагали на 2+3 или 1+4).

Этому пантаклю в ментальном плане соответствует идея **Свободной Воли**.

В физическом плане из носителей этой Воли нам ярче всех кидается в глаза реализованное тело Человека, астросом которого — носитель **пентаграммы**, и mens которого характерно проявляет **волю**.

У нас был еще хороший пример трех пантаклей, соединенных в один. Это рисунок, графически дававший схему Великого Аркана в конце прошлой лекции.

Встречавшееся нам начертание Имени יהוה тоже должно считаться пантаклем схемы цикла динамического процесса.

В области **звуковых** проявлений как простые, так и синтетические формулы делятся на два класса: класс **mantram** и класс **setram**.

Мантрические формулы суть те, которые предназначены для действия на астросом сущности, отличной от самого оператора (хотя бы даже эта сущность входила в оператора как составная часть его коллективного Я).

Так, например, формула, предназначенная человеком для действия на другого человека, или на элементария, или на элементаля и т. д., будет

mantram. Формула, коей человек желает воздействовать на **собственную печень** для регулирования ее функций, будет носить то же имя.

Сетрамы, в противоположность мантрам, предназначены для укрепления астросома самого оператора, для регулирования функций всей системы ганглиональных узлов этого астросома, играющих роль в процессе проведения манифестаций **Воли** из ментального плана в область физическую.

Эти сетрамы, выражаясь вульгарно, снабжают оператора **апломбом**, необходимым для успешного выполнения магической операции.

Извинившись перед слушателями за сделанные отступления от главной темы сегодняшней лекции, возвращаемся к вопросу о **пентаграмме**.

Мы отложим до седьмого Аркана разговор о материалах, из которых должна быть реализована пентаграмма, употребляемая при операциях, а равно и сведения о добавочных знаках и символах, помещаемых на ней.

Зато мы упомянем об одном обстоятельстве, весьма важном и дающем пентаграмме преимущество перед остальными Пантаклями.

Необходимо заметить, что Астральные сущности (то есть сущности 2–х планов) обладают лишь астральными органами, то есть средствами познания **астросомов** тех объектов, с которыми они входят в общение.

Познавать физическое тело объекта (если последний таковым обладает) астральная сущность может **лишь временно**, при помощи так называемого **медиумического займа флюидов**, то есть заимообразного присвоения жизненной силы и тонких материальных начал лиц, называемых **медиумами**, или каких-либо органических сред и выделений организмов, живущих в 3–м плане (сок растений, слюна, кровь, семя, молоко, пот и т. п.). В частных случаях этот заем даже может производиться при процессе испарения воды, сжигании органических продуктов (смола, сушеные травы и т. п.).

В случае медиумического займа флюидов, астральная сущность, так сказать, фабрикует себе на время физические органы и приобретает на время же способность видеть, слышать, обонять и т. д. на наш лад.

Таким образом, при отсутствии медиумических начал, астральная сущность не может видеть, например, стол, а познает лишь астросом стола, то есть **формальное начало**, положенное в основу этого сооружения; не может слышать произнесенных слов, а познает лишь **формальные начала** состава фразы и т. д.

Она, так сказать, просто:

1) учитывает количество энергии, затраченное на придание столу определенной формы, на произнесение упомянутой фразы и т. п.;

2) точно констатирует все преобразования энергии, происходящие при упомянутых процессах, порядок и точнейшую схему этих преобразований.

Вот принципы так называемого **чисто астрального зрения**, которые бы лучше было назвать **астральным восприятием**.

Теперь представьте себе астральную сущность, взирающую на воплощенного человека чисто астральным зрением. Она воспримет определенную схему энергетических проявлений.

Магия утверждает, что эта схема очень сходна со схемою астрального восприятия энергетических проявлений пентаграммы, изготовленной из семи металлов, а эта последняя мало отличается от схемы восприятия пентаграммы из чистого золота.

Некоторые авторы предлагают проявлять пентаграмму при помощи электрофорной машины в форме того, что курсы физики называют электрической иллюминацией.

Если стать на эту точку зрения, то выйдет, что пентаграмма обладает преимуществом не только создавать ассоциацию идеи проявления **Свободной Воли**, но еще дает иллюзию присутствия **активного** человека.

Это не только символ, но еще как бы пугало.

Чем активнее человек, чем тверже его воля, тем ближе схема ритуального освящения магом (то есть надлежаще магнетизированной его флюидами) пентаграммы подходит к схеме его проявлений.

Вследствие этого мы будем позволять себе именовать **пентаграммами** все сущности, подошедшие у нас под категории 3+2 и 2+3.

Мы будем говорить про астральную борьбу двух человек, или про астральную борьбу человека с элементарием или эгрегором, что это — борьба двух пентаграмм. И, кстати, кратко сообщим сведения, касающиеся характера преимуществ той или иной стороны в этой борьбе.

Если борются в астрале две сущности, то в этой борьбе надо учитывать прежде всего их астральную силу (**активность+восприимчивость**).

При равных астральных способностях перевес будет иметь сторона, имеющая более твердую **точку опоры** в третьем (физическом) плане. Так, маг, астральность которого на уровне астральности элементария, несомненно победит его, благодаря обладанию физическим телом.

Если бы мага умертвили в этот момент, то он был бы лишен этого преимущества, и силы были бы равные.

Вдали от планеты можно одолеть планетного духа, но вблизи планеты это невозможно, ибо его астросом имеет поддержку в ее физическом теле.

Попробуйте одолеть Духа Земли в магической церемонии, происходящей на ее поверхности!

А влияние Духа Сатурна или Духа Юпитера вы можете пересилить земной церемонией.

Маг сильнее в церемониальных применениях воли, когда его астросом опирается на физическое тело, чем во время так называемых экстериоризаций, или выходов в астросоме, когда он сохраняет с телом лишь слабую связь.

Из двух магов одинакового астрального развития победит в борьбе тот, у кого сильнее нервная система в физическом теле.

Если и эти условия одинаковы, то тот, у кого больше жизненной силы в крови.

При равенстве запасов жизненной силы — тот, у кого органы в лучшем состоянии, и т. д.

Предыдущих разъяснений достаточно, чтобы оправдать значение, придаваемое магами пентаграмме, и не следует удивляться частым ее появлениям в магическом и масонском символизмах.

Пламенеющая Звезда, впервые появляющаяся в Товарищеской Ложе (я предполагаю слушателей, ознакомившимися с рекомендованными мною на прошлых лекциях источниками), есть пентаграмма с буквой **G** посредине.

Для Мастера эта буква означает **God** (Бог; *англ.*).

Для средних степеней — **Gnosis** (познание; *греч.*).

Для высших, так называемых герметических степеней — **Generatio** (произвождение; *лат.*).

При истолковании пентаграммы в масонском символизме, где она встречается на клейнодах различных степеней, следует быть очень осторожным и не пугаться обратного ее положения (2+3). Это разложение здесь истолковывается не черномагически, а чисто метафизически с оттенком последовательности во времени.

Эту пентаграмму истолковывают так: «сначала у тебя будут бинеры (2); потом поучишься, вдумаешься, и они нейтрализуются третьими терминами; у тебя будут тернеры (3)».

Даже в истолковании разложения 1+4 существуют разные точки зрения. Не всегда 4 материально, а единица духовно-астральна. В Великом Искупительном Астральном Клише יהשוה (**Jehoshouha** или **Jeshua**) буквы יהוה символизируют Волю Божества, Слово (Логос) как Орган этой Воли; символ ש (**Shin=300**=21-й аркан) означает механизм инво-

люции, материализации, то есть Воплощения Этого Слова. В данном случае Пентаграмма представится так:

Верхняя ее вершина будет то Материальное Оружие, которым эта Воля оперирует в физическом плане.

Это Клише есть Наимогущественнейшая из пентаграмм всего астрального плана. Ей в ментальном плане соответствуют догматы Воплощения и Искупления (Розенкрейцерские Школы XVI — XVIII столетий).

Если в этом же символе вы יהוה будете истолковывать не как Божию Волю, а как слабое Ее отражение — волю отдельной человеческой личности, то символ יהשוה сведется к обыкновенной человеческой пентаграмме.

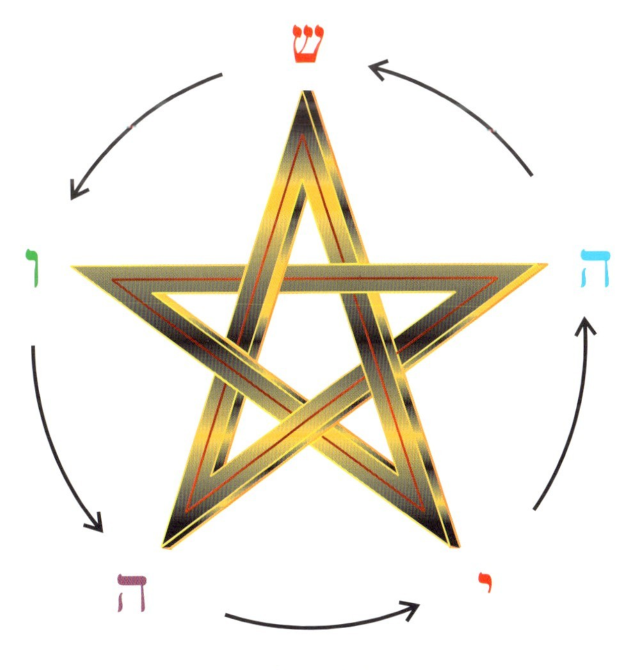

Черт. 19.

I. 2. I 2 3
TETRAGRAMMATON
Ω ת א A
פחד
חסד

Лекция VII

Продолжение Пятого Аркана

Как же создать в себе эту человеческую пентаграмму, эту астральную мощь?

Да, очевидно, неуклонной, проводимой в строгой системе, ментальной работой, астральной и физической тренировкой.

Но тут является небольшое осложнение. В ту пору, когда кто-нибудь из нас задается целью образовать в себе эту пентаграмму, ему приходится считаться не только с необходимостью породить в себе новые проявления, но и еще и с неудобствами, вытекающими из несовершенства прежнего его воспитания другими и самовоспитания.

Таким образом, задача воссоздания личности распадается на две области: 1) образованис в ссбс **сознатсльпо-волевого человека**, 2) правильное **перевоспитание импульсивного человека**, того, который действует во всех областях рефлекторно, отвечая на определенные восприятия шаблонно определенными манифестациями; того человека, который кричит от боли, бежит от опасности, отвечает ударами на удары, улыбкою на лесть и т. п. — Импульсивный человек должен быть воспитан так, чтобы он мог быть удобным орудием воли сознательного человека. В нем одни рефлексы надо усилить, а другие — подавить.

Эта лекция будет целиком посвящена задачам образования волевого человека.

Если мы в прямую пентаграмму впишем человеческую фигуру, то верхнему углу пентаграммы будут соответствовать центры, аналогично соответствующие области мышления и органам зрения (центральная часть лба над переносицей и глаза).

Поведем прежде всего речь о так называемом процессе медитации — сознательного, произвольного мышления.

Медитация слагается из:

1) фильтрации чувственных восприятий соответственными органами; 2) фиксации идей памятью; 3) умения сопоставлять идеи.

Согласно этому можно указать следующие общие приемы, ведущие к облегчению медитации:

1) Избегать **рефлекторных** ответов на вопросы, диктуемых исключительно памятью без участия остальных элементов медитации;

2) Избегать **споров** (диспутов), сводящихся обыкновенно лишь к сопоставлению форм (диалектика), а не идей. Огромное большинство споров имеют исходной точкой или различное понимание какой-либо терминологии (в этом случае спор основан на **недоразумении**), или различие основных догматов миросозерцания (в этом случае спор бесцелен).

3) **Упражняться в познавании невидимого в видимом**, астросома и mens в физической оболочке объекта.

Недостаточно рассматривать контуры тела человеческого, желательно проникнуть в астральные соответствия его форм, в динамику проявлений астросома (аура) и даже в свойства ментальной монады личности.

Недостаточно рассматривать произведение искусства в его реализационных деталях, необходимо вникнуть в существо его формы и даже в его идею.

4) Всюду разыскивать натуральные аналогии наподобие того, как мы это делали при изучении 3–го аркана по отношению к человеческому телу, и эти аналогии истолковывать самым широким образом.

5) Не пренебрегать случаями познания **гармонии** и законченности в формах: посещать музеи, слушать хорошую музыку, **вообще не чуждаться мира искусства**.

Предыдущие замечания характеризуют процесс медитации слишком общим образом.

Для ясности желательно остановиться на частных проявлениях механизма медитации. Мы изучим так называемое **сосредоточение** мысли (**концентрацию**).

Представьте себе, что мы добровольно ограничили область медитации определенным числом объектов — это будет называться концентрацией мысли на этих объектах.

Примеры — человек, пишущий статью, может концентрировать мысли на 3 объектах: идея статьи, слог и четкость почерка в рукописи, — твердо решившись не допускать никаких посторонних мыслей при работе, не слышать посторонних шумов, не обращать внимания на состояние своего организма, на степень окружающего его комфорта, на течение времени и т. п.

Другой пример — вы концентрируете мысли на двух объектах — определенном лице и том образе или той идее, которую это лицо желает вам передать, устраняя, опять-таки, все остальное.

3–й пример — вы концентрируете мысль на одном объекте, скажем, хоть на вопросе о том, сколько лет определенному лицу.

4-й пример — вы стараетесь сконцентрировать мысль на полном отсутствии какого бы то ни было объекта — это будет так называемая **пассивная концентрация**, в противоположность предыдущим примерам, в которых имела место **концентрация активная**.

Мне желательно ознакомить вас вкратце с приемами тренировки в областях активной и пассивной концентраций.

Думайте о каком-нибудь органе, о какой-нибудь части вашего тела, сосредоточившись на вопросе о ее гармоническом состоянии. Это будет не только хорошим упражнением в концентрации, но еще может оказаться полезным при устранении болезненного состояния этого органа, дисгармонии или ослаблении его функций.

Попробуйте в вашу медитацию ввести желание или представление **дисгармонии** того же органа; вы получите противоположный результат (сюда относится образование так называемых **стигматов** у лиц, сосредоточивающихся на идее поражения той или другой части тела, например у мистиков-экстатиков, посвящающих всю Страстную Седмицу помыслам о ранениях Распятого Христа).

Лицам очень импульсивным рекомендуют сосредоточиваться на произвольном объекте, хотя бы малой важности, задаваясь при этом задачей господства над мускульными сокращениями рефлекторного типа (не поворачивать головы при шуме и т. п.). Этот второй тип упражнений носит общеподготовительный характер.

Третьим, весьма важным типом упражнений в концентрации мы склонны поставить рекомендуемый всеми учебниками прием совершения путешествия в воображении. Вы или вспоминаете во всех деталях действительно совершенное путешествие, или вымышляете таковое в частях или в целом, наглядно переживая мельчайшие детали совершаемых движений и воспринимаемых впечатлений, абсолютно отрываясь от реальной обстановки вашего пребывания и заканчивая упражнение в 20–30 минут по звонку будильника.

4-м типом упражнений поставлю концентрацию мысли на рассматривании деталей строения реального предмета, находящегося в вашем распоряжении + проникновение в формальные основы строения и происхождения предмета + идею его назначения (до 30 минут).

5) Хорошо упражняться в отчетливом представлении отсутствующего предмета и затем сравнивать детали представления с деталями реальности предмета (30 минут).

6) Если предыдущие упражнения вам хорошо удавались, то попробуйте породить воображением будущую форму несуществующего или не виденного вами предмета и от этой общей формы переходить к

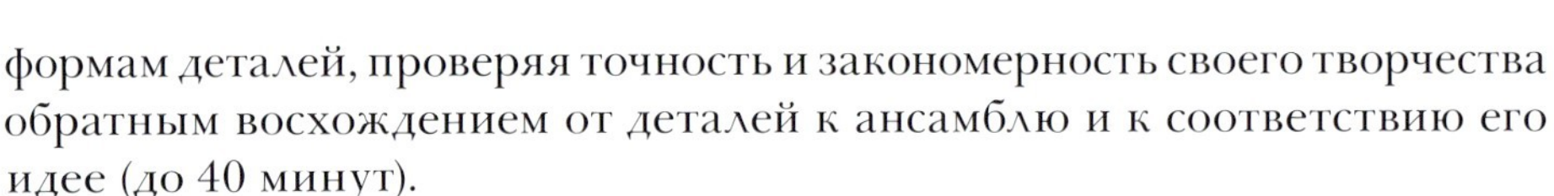

формам деталей, проверяя точность и закономерность своего творчества обратным восхождением от деталей к ансамблю и к соответствию его идее (до 40 минут).

7) После этой стадии упражняйтесь в быстром и отчетливом переходе от активного сосредоточения на одном объекте к таковому же на другом. Уменье делать это по произволу будет свидетельствовать о значительной силе сосредоточения упражняющегося. Конечно, чем неудобнее и беспокойнее обстановка упражнения, тем ценнее удача в таковом.

Перехожу к типам упражнения в **пассивном сосредоточении**. Таковое многими считается труднее достижимым, нежели активное. Благоприятной обстановкой для первых опытов считаются: темнота, отсутствие всего, могущего отвлечь внимание, лежачее положение, ослабление процесса дыхания, закрывание глаз, ушей и т. п. При этих условиях пробуют сосредоточиться активно на очень симметричной форме, например, на круге или диске определенных размеров, неподвижном или вращающемся на бесконечном фоне. Цвета круга и фона — по желанию. Затем сокращают размеры круга до точки. Наконец, усилием воли устраняют и точку. Остается представление об одном фоне, и это условно уже именуется достижением пассивного сосредоточения в области **астральных** восприятий. Конечно, при дальнейших упражнениях желательно уничтожение самого фона, то есть полное отсутствие добровольных представлений во всех областях.

В этом состоянии пассивности внешняя причина (например, чужая воля) может внести в эту пустоту то или другое определенное восприятие (идею, геометрическую форму, иллюзию звукового впечатления, иллюзию осязания, вкуса или обоняния), и вы будете уверены, что восприятие исходит из внешних активных центров, а не должно быть отнесено к работе собственного воображения.

Можно варьировать до бесконечности формы подготовительного упражнения, и приведенная схема дана лишь как пример. Упражнение в пассивном сосредоточении должно продолжаться не более 10 минут, а в самом начале упражнений — от 3 до 5 минут.

Я уже сказал, что активное и пассивное сосредоточения суть для оккультиста типичные формы медитации.

Дадим понятие о некоторых формах их применения.

Наиболее характерная форма сосредоточения с практическою целью — это активное сосредоточение на каком-либо вопросе, а вслед за тем — пассивное сосредоточение.

Это Пассивное Сосредоточение служит почвою для взращивания ответа на вопрос, составлявший мотив активного сосредоточения.

Здесь следует различать 3 случая: 1) вопрос поставлен так, что ответ охватывает лишь ментальную область: мы, например, не можем догадаться, какая цепь ассоциированных логически идей приводит к решению философского, математического и т. п. вопроса; нам, так сказать, не достает нескольких звеньев в логическом выводе по недостатку памяти или по неуверенности в способе применения выбранного метода. В этом случае активное сосредоточение сводится к ясному представлению тех звеньев логической цепи, которыми мы обладаем, плюс искреннее желание добыть остальные медитацией.

Пассивное сосредоточение после этого проходит как простой отдых от активного. Но после этого отдыха нам вдруг ясно восполняются пробелы в цепи трудно объяснимым процессом так называемого **интеллектуального ясновидения** (vision intellectuelle).

2) Пусть вопрос характера **астрального**. Я этим хочу сказать, что ответ на него дается **формой**, геометрической или музыкальной (акустической). Тогда, чаще всего, ответ получается в течение самого процесса пассивного сосредоточения, в виде образа на упомянутом воображаемом темном экране или в виде звуковой иллюзии.

3) Вопрос **физического** характера. Этой условной терминологией я хочу отметить, что ответ на него должен получиться в виде иллюзии осязания, обоняния или вкуса. Тогда, чаще всего, ответ получается или в течение самого процесса активного сосредоточения, или на границе перехода к пассивному, которое, таким образом, не нуждается в осуществлении. Вы хотите вспомнить запах духов, соответствующих определенному названию, или вкус какого-нибудь пищевого продукта, или впечатление поверхности какой-нибудь ткани — все эти случаи я отношу к третьей категории.

Как видите, терминология — **ментальный**, **астральный**, **физический** — взята здесь довольно произвольно, исключительно по привычке рождать **аналогичные тернеры**.

Среди частных применений этой методы укажем на так называемую **психометрию** в бодрственном состоянии (есть еще психометрия медиумическая и сомнамбулическая).

Этот род упражнений современная оккультная наука характеризует как проявление так называемого **шестого** (одического, астрального) чувства, названного нами в предыдущем **астральным восприятием**, а потому все авторитеты единогласно рекомендуют лицам, упражняющимся в психометрии, сокращать во время сеансов до крайнего минимума восприимчивость органов пяти физических чувств.

По-нашему выходит, что дается просто указание на важность для психометра умения пассивно сосредоточиваться.

Сам процесс обставляется следующим образом: психометр перед сеансом активно сосредоточивается на желании общения своего астросома с астросомами целого ряда предметов. Затем он берет по очереди эти предметы, прикладывает ко лбу (деятельность центральных одических мест головного мозга), или к сердцу, или солнечному сплетению (plexus solaris); выбор места зависит от темперамента субъекта и эмпирических данных. При этом он каждый раз погружается в пассивную концентрацию, в течение которой может получить оптические (неокрашенные или окрашенные), реже — акустические, еще реже — осязательные иллюзии, относящиеся к истории формирования предмета, к истории его существования, к истории лиц и предметов, находящихся с данным предметом в астральном общении, и т. п.

Таким образом, психометру представляется мастерская, в которой был изготовлен конверт, прижимаемый им ко лбу, или содержание письма, в нем заключенного, или черты характера лица, написавшего письмо, или события из жизни этого лица; часто — черты автора письма; иногда, в виде курьеза, обстановка конторы, в которой письмо штемпелевали, и т. д., и т. д.

Если предмет был древней монетой, то часто получаются интересные исторические клише; обломок руды, раковина, окаменелость могут дать даже **геологические клише**.

Продолжительность пассивной концентрации над каждым предметом, вообще говоря, должна быть около 5 минут; но если предмет начнет давать более одного клише, то ее можно продолжать до 20 или даже до 30 минут ради крупного научного интереса, связанного с созерцанием целого ряда клише, часто располагающихся в обратном хронологическом порядке.

Вопрос о выборе первоначальных упражнений лицом не сенситивным от природы, но желающим развить в себе психометрические способности, решается каждым по своему усмотрению, хотя, вообще говоря, рекомендуется начинать с упражнений, в которых предмет должен дать ответ в одной из нескольких, наперед задуманных форм. Например, у вас 7 закрытых писем, заведомо принадлежащих перу определенных 7 лиц. Определите психометрически — какое от какого?

У вас 4 мешочка с 4 сортами непахучих минералов; различите психометрически эти минералы.

Примерные схемы таких упражнений, вместе с рассказами о типичных исторических случаях особенно удачных психометрических опытов, можно найти в 12–й главе сочинения Брандлер-Прахта, озаглавленного «Оккультизм» (русск. пер. Максимова), а также в статье Е. К. Лосской (журн. «Изида», июль 1910 г.).

К психометрическим опытам следует отнести и так называемый **сенситивный диагноз** внутренних болезней, практикуемый очень сенситивными лицами, обладающими притом достаточно широким наружным слуховым проходом. Обыкновенно эти лица предлагают пациенту погрузить мизинец в их ухо и через несколько минут дают подробные указания о состоянии его внутренних органов.

Так называемое **смотрение аур**, то есть астральных эманаций лиц и предметов, с определением их цветов, размеров цветных слоев и т. п., тоже представляет собою приложение схемы короткого активного сосредоточения на желании видеть ауру и более продолжительного пассивного, в течение которого эта аура воспринимается.

Ауру многие видят не закрывая глаз, причем умение распознавать грубейший ее слой, пожалуй, следует отнести к простому усовершенствованию физического зрения — уменью сосредоточиться на рассматривании определенной области. Все же чаще все части ауры рассматривают закрывая глаза, то есть просто воспринимают шестым чувством.

Но, с точки зрения оккультизма, важнейшим применением концентрации в упомянутой схеме будет **сознательная молитва**.

В процессе молитвы активное сосредоточение простирается на объекты различных планов и подпланов, в зависимости от развития молящегося и содержания молитвы.

За ним следует пассивное сосредоточение, определяющее степень удовлетворенности молящегося собственной молитвой и характер и степень Высших Инфлуксов (влияний, токов), им приобретенных.

Мне остается дать короткие указания на процессы так называемого **самовнушения** и так называемого созидания идей-сил (creation de pensees-forces или creation d'idees-forces).

Я опишу процесс самовнушения в простейшей его схеме, принятой многими немецкими школами, с тем, чтобы в 10-м аркане подробнее развить теорию самовнушения и внести в схему соответственные дополнения.

Для самовнушения выбирают моменты так называемого **recueillement***; они естественно имеют место, когда мы в постели сознаем себя, не считая себя, однако, бодрствующими, или, еще лучше, когда, при засыпании, уже утратили способность ясно сознавать окружающую обстановку, еще владея мыслями и жестами.

В этих условиях надлежит построить самовнушение по схеме тернера — mens, астрал, физический план.

*) **Recueillement** (*фр.*) — сосредоточенность

Вы, положим, хотите себе внушить апломб и отсутствие рассеянности на завтрашнем экзамене. Самое возникновение этой идеи и обусловит mens самовнушения. Теперь этот mens облечется астралем по следующей схеме — вы планируете фразу: «Я бодр, непринужден, свободно обдумываю вопросы экзаменатора и отвечаю на них без всякой застенчивости и суетливости».

Продумав ее один раз, вы раза два повторяете ее шепотом, не открывая глаз, потом раза четыре, в четверть голоса, еще раза два вполголоса и при этих операциях ясно представляете себе геометрическую картину внушения, то есть непринужденность вашей позы перед экзаменатором и всю обстановку (реальную или вымышленную) экзаменационного зала, экзаменаторов и т. п.

Помимо геометрической картины вы должны пережить и эмоциональную картину желаемого состояния. Вы должны настроить себя на ту радость и довольство собой, которые естественно обусловливаются сознанием апломба, ведущего к удаче, и удовлетворенности самолюбия, вытекающего из таковой. Теперь у вас имеются все астральные элементы, даже с небольшим захватом физического плана (звуковые колебания вашего полушепота). Тем не менее вы постараетесь представить физический план более интенсивно **громким** произношением вашей фразы (раза 2), **открыв** при этом **глаза** и сопровождая все жестами, привычными для вас в состоянии апломба и непринужденной, но сдержанной радости. Тогда цикл внушений закончен.

Обратите внимание на два обстоятельства: 1) все фразы, картины и т. п. должны быть отнесены к **настоящему** времени (см. 3-й Аркан); 2) самовнушение менее всякого другого типа внушения требует веры оператора в удачный результат его. **Когда вы внушаете что-либо другому, очень важно не сомневаться в удаче.** При процессе самовнушения можно добросовестно проделать все, мною указанное, без всякого доверия к методу и, тем не менее, достичь хороших результатов.

Это объясняется тем, что наша воля удобнее прилагается к владению собственным астралом, чем чужим.

Самовнушение по этому методу удобно прилагается к устранению тех или других болезненных симптомов, к уничтожению дурных привычек, общему укреплению организма, совершенствованию памяти и т. п.

Порождение идей-сил совершается по следующей схеме: вы задумываете создать сущность (астральную), имеющую воздействовать на вас самих или на другого в определенном смысле. Ну, например, в смысле такого желания: «хочу, чтобы дядя NN сделался менее раздражителен». Эта идея (даже не формулированная словами) будет mens сущности.

Чтобы создать ей астрал, вы сокращаете судорожно все мускулы конечностей, не сдвигаясь с места и пребывая в стоячем положении; потом вы сосредоточиваетесь на мысли о предоставлении в распоряжение упомянутой сущности всей энергии ваших мускулов; одновременно с этим вы ослабляете мускулы до состояния дряблости. Запасенная, но неиспользованная на механическую работу энергия значительной частью поступит в распоряжение волютивной сущности, то есть сформирует ее астросом. Можете облегчить формацию тонкой физической оболочки этой сущности, поставив вблизи стакан парного молока, меду или свежевыпущенной крови; **жизненная сила** (**джива**) этих продуктов сыграет роль медиумического начала.

От вопроса о медитации естественно перейти к области, также относящейся к верхней вершине пентаграммы, а именно, к энергетическим (флюидическим, одическим, магнетическим) эманациям взгляда. Я коснусь этого предмета лишь бегло, ввиду необходимости вторичной переработки в десятом аркане всего, что я скажу здесь о глазах, руках и ногах.

Элементарная форма астрального применения взгляда — так называемый **центральный взгляд**, то есть фиксация обоими глазами средней части лба над переносицей у того субъекта, над которым мы экспериментируем.

Такая фиксация, соединенная с активным сосредоточением на определенном желании в определенной форме, при полном представлении тех движений, которые пациент должен проделать, или тех эмоций, которые он должен испытать, или, наконец, при полном сознании тех мыслей, которые должны ему прийти в голову, может побудить последнего к реализации ваших желаний, если только он сам в это время не сосредоточился активно на небольшом числе объектов.

Кроме центрального взгляда в лоб, употребляется еще центральный взгляд в затылок, а также в промежуток между лопатками (места, на которые направляется центральный взгляд, не должны быть прикрыты изоляторами — шелком, шерстью, мехом и т. п.).

Расстояние, на котором успешно действует центральный взгляд на не особенно сенситивного человека, будет — для лба — до 50 шагов; для спины и затылка — до 4–5 шагов.

Кроме центрального взгляда, необходимо владеть взглядом в глаза другому, на тот случай, если бы понадобилось противодействовать пентаграмме, фиксирующей нас центральным взглядом.

В борьбе двух пентаграмм, фиксирующих друг друга в глаза, факторами, определяющими победу, будут следующие атрибуты, расположенные в порядке их значения: мистическая власть, астральная власть, нервная сила, жизненная сила крови, функциональное и органическое здоровье тела.

Если есть надобность не бороться с чужим центральным взглядом, а поддаваться ему, то следует опустить глаза и сосредоточиться пассивно. Лучше всего центральный взгляд действует на спящего или загипнотизированного человека.

В технике центрального взгляда следует прежде всего заботиться о **правильности сведения оптических осей на точку**, а затем о **выносливости** взгляда (отсутствие моргания, слезливости, воспаления век и т. п.). Для устранения слабости век и вообще наружных оболочек органов зрения рекомендуются окулистами глазные ванны, души, примачивание водными настоями различных трав и т. п. Что же касается самого процесса фиксации, то людям, не владеющим от природы устойчивым центральным взглядом, рекомендуется упражняться в таковом сначала на черной точке, величиною с гривенник, помещенный на стене на высоте глаз наблюдателя в трех-четырех метрах от такового.

Сначала надо взирать на эту точку в направлении, перпендикулярном к стене. По укреплении в этом упражнении, отходить и смотреть на нее под углом к стене, а в следующей стадии — упражняться в передвижении по комнате, не спуская глаз с точки, а также учиться быстро переводить центральный взгляд с одной точки на другую, не ослабляя его интенсивности.

См. стр. 471

После этих упражнений учебники рекомендуют практику центрального взгляда на собственном изображении в зеркале с присоединением точно такого же упражнения на глядение в глаза тому же изображению.

Продолжительность упражнения в центральном взгляде не подлежит ограничению и зависит от природных или выработанных способностей субъекта.

Центральный взгляд на лицо должен держать в поле зрения наблюдателя все подробности физиономии пациента без перемещения зрительных осей. Сосредоточение при центральном взгляде по возможности должно быть сопряжено с уверенностью в выполнении желания и с отсутствием аффектов беспокойства, боязни и т. п.

Перехожу к **магнетизму рук**.

Классические авторы по магнетизму, а также показания сенситивов, видящих флюидические эманации конечностей в виде цветовых пучков (в темноте), утверждают, что правая рука мужчины в состоянии нормальной поляризации флюидов эманирует положительный магнетизм, то есть энергию, могущую, при небольшом расстоянии между

рукой и буссолью склонения, оказать отталкивающее воздействие на тот полюс магнитной стрелки, который мы называем **северным**, то есть обращенный приблизительно к северу.

Следовательно, если считать северный магнетизм положительным, то можно утверждать, что правая рука эманирует «+» магнетизма (при вышеупомянутых ограничениях). Подобно этому левая рука мужчины, вообще говоря, должна эманировать «−».

У женщины нормальная поляризация флюидов должна быть противоположной мужской.

Для проверки этих законов и для суждений о степени интенсивности и правильности поляризаций у отдельных лиц существуют приборы, именуемые **магнитометрами**. Астатическая стрелка подвешивается как гальваноскоп; конец указной стрелки ходит по лимбу для отсчета градусов в отклонении.

Мы в этом аркане не будем говорить о лечебных и иных применениях магнетизма конечностей и только укажем, что нормальная поляризация **левой ноги** однородна с поляризацией **правой руки** (и обратно), а также, что ножными запасами магнетизма пользуются иначе, чем ручными. Прекращая усилием воли отрицательные эманации, скажем, правой ноги, я могу сэкономленный запас таковых поставить в распоряжение ну хоть левой руки, и этим усилить показание магнитометра об этой руке.

Из вышесказанного вытекает, что нормальная схема мужской пентаграммы, представленной **нормально** на чертеже (я нормальному изображению противопоставляю **зеркальное**, часто употребляемое в оккультизме), будет определяться чертежом 20, а женской пентаграммы — чертежом 21.

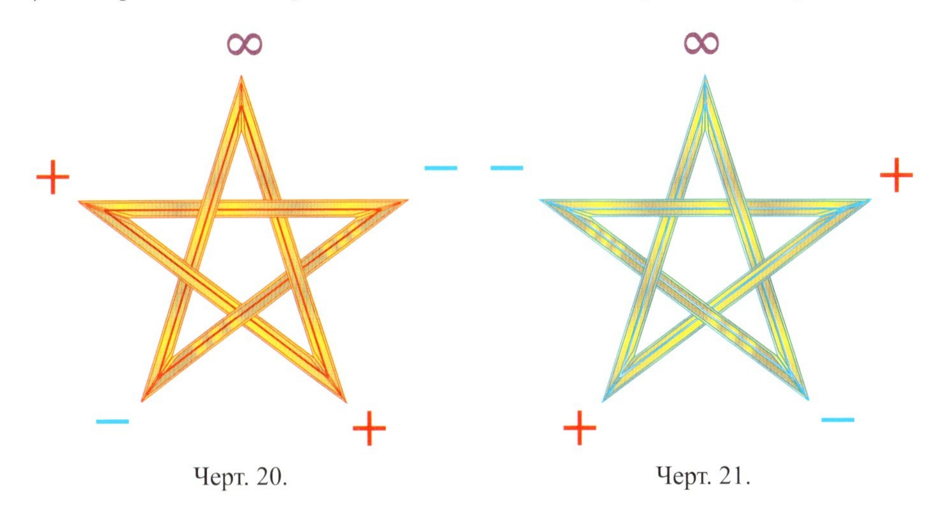

Черт. 20. Черт. 21.

Отступления от нормальной поляризации бывают постоянные (есть женщины с мужской поляризацией и обратно), или временные, определяемые душевным состоянием, физическим самочувствием и, наконец, даже сознательным усилием воли. При этом не мешает заметить, что слабая пентаграмма перемагничивается под влиянием близости или прикосновения (пассы, наложение рук и т. п.) сильной, подобно тому как слабый магнит перемагничивается, попадая в поле индукции сильного.

Заканчивая сегодняшнюю лекцию о тренировке сознательного человека, обращу ваше внимание на то, что помимо **медитации**, играющей для него роль приема духовной **пищи**, в его распоряжении еще имеется и приправа к этой пище в форме сильного возбуждающего средства.

Возбуждающим средством для сознательного человека служит **Любовь** во всех формах ее проявления.

Как физическая любовь расширяет круг эгоизма полудикаря, преобразуя личный эгоизм в семейный, так и соседские чувства семей, переводящие семейный эгоизм в племенной, а потом и в национальный, именуемый **патриотизмом**; как ментальное сродство и притяжение метафизических натур или астральное сродство артистических, соединяющее их в кружки и школы, — так и Высокая Универсальная Любовь ко всему живому, ко всему проявляющемуся в Архетипе, Человечестве и Природе, служат мощным побудителем или укротителем процесса плодотворной, эволютивной, искупительной медитации, представляющейся главным орудием наших Герметических Реализаций.

Лекция VIII

Продолжение Пятого Аркана

Воплощенный человек может условно быть рассматриваем как совокупность 3 элементов. Первым элементом будет **сознательный, волевой человек**, способный к медитации и вообще к тому, что мы называем творчеством. Вторым элементом окажется **импульсивный человек**, способный на рефлексы и в необработанном состоянии неизменно шаблонно проявляющий таковые. Третьим элементом представится та машина (**человеческое тело**), которая предоставлена в распоряжение двух первых элементов.

Задача изучения этой машины относится к области анатомии и физиологии с их многочисленными подотделами. Из этой области я вам напомню лишь об аналогичном тернере: **голова — грудь — живот**, и о том факте, что качество и количество нервных флюидов зависит от качества и количества жизненной силы крови, а эта сила в прямой зависимости от питательных соков, выработанных процессом пищеварения.

Займемся поскорее импульсивным человеком и его отношениями к сознательному.

Импульсивный человек по существу его определения пассивен — он реагирует на внешние впечатления по определенным неизменным законам. В силу основных арканов он тройственен: в нем есть **чувствующий** человек, живущий **инстинктами**, имеющий **потребности**; в нем есть **чувственный** человек, обладающий **страстями**, живущий смутно выраженными **желаниями** (не смешивать с сознательными хотениями); наконец, в импульсивном человеке найдется и **интеллектуальный**, живущий **рассудком**, проявляющий себя автоматическим расчетом.

Роль сознательного человека — умерять, погашать рефлексы импульсивного и даже иногда обращать их в сторону, противоположную первоначальной.

Низший импульсивный человек рефлекторно отдернет с преувеличенной быстротой руку от горячего предмета.

Сознательный человек может удержать это проявление и даже, при надобности, сыграть роль Муция Сцеволы.

Средний импульсивный человек ответит улыбкой на лесть, но сознательный человек может ожидаемую улыбку сдержать или даже переродить в гримасу.

Интеллектуальный импульсивный человек в ответ на юридический вопрос шаблонно применит недавно отмененную статью закона или неполно анализированное, часто встречающееся применение; сознательный человек напомнит ему вовремя замену статьи новою или неуместность известного применения в той частной исключительной формулировке, которая имела место.

Импульсивно-интеллектуальный человек — преопасная фаза человеческих проявлений, — он апостол рутины, он враг новых гипотез, он патрон тех школьников, которые автоматически применяют привычные методы и формулировки к объектам, на которые таковые не распространяются.

Все три фазы импульсивного человека могут породить в нем эксцессы — **пороки** в соответственных областях, если этому вовремя не воспротивится сознательный человек.

Низшая фаза порождает ряд пороков материального характера, из которых типичнейшим является **пьянство**.

Средняя фаза — другой ряд пороков, представителем которых служит **разврат** — мы разумеем астральный разврат, размножающий путем воображения формы страстных проявлений.

Наконец — **интеллектуальный** импульсивный человек порождает пороки, основанные на автоматическом расчете. Прототипом этих пороков является **игра**.

Теперь ряд разрозненных вопросов, которые уместно затронуть здесь во избежание остановок при изложении дальнейших арканов.

Вопрос 1–й: может ли сознательный человек на время или перманентно утратить власть над человеческим телом?

Ответ: может в следующих случаях. 1) При отсутствии функций сознательного человека и наличии функций импульсивного (сон, летаргия и т. п.); 2) при порче нервной клетки органа чувства, двигательного центра, а также при разрыве нерва; 3) при расстройстве циркуляции или производства нервного флюида (то, что врачи называют функциональным расстройством нервной системы).

Все эти препятствия в частных случаях могут помешать сознательному человеку проявлять те элементы, которые являются результатами его доминирования над импульсивным, то есть здравый смысл в области инстинктивной, гармонию — в анимической и проницательность — в интеллектуальной.

Второй вопрос: какие могут быть уклонения от нормы в области человеческого воображения? Для ответа на этот вопрос отдадим себе отчет в том, что формы, порождаемые воображением, кроме характера нашего астросома зависят еще от двух влияний: 1) показаний органов чувств и 2) регулирующей логики нашего mens.

Если mens перестанет правильно воздействовать на процесс порождения форм, то воображение перерождается в так называемую **фантазию**.

Если нервные посредники органов чувств ненормально реагируют на внешние впечатления или если их лжереакции проявляются без участия внешних объектов, то получаются так называемые **галлюцинации**.

Третий вопрос: как **алкоголь** влияет на человека в различных фазах опьянения?

Следует различать 3 фазы состояния человека после неумеренного приема алкоголя.

Первая фаза: человек только что выпил; алкоголь, всосавшись, увеличил динамизм крови. Нервные узлы и плексусы (сплетения узлов), служащие запасными магазинами нервной силы, щедрее раздают ее — получается возможность повышенной деятельности духа и повышенной же деятельности физической машины.

Вторая фаза — машина физического тела забирает в свое распоряжение больше нервных флюидов, нежели дух.

Импульсы уже не управляются сознанием и приобретают беспорядочный характер — шатание, неуместные жесты, слова и т. п.

Третья фаза — запас нервной силы в магазинах истощился: его надо возместить деятельностью астросома, который всецело должен заботиться об организме, ничего не уделяя сознанию из своей астральной энергии. Это — фаза глубокого сна мертвецки пьяного человека.

Четвертый вопрос: что такое **гипноз** с нашей условной точки зрения на подразделение человека?

В гипнотическом процессе гипнотизер грубо раздражает или переутомляет нервные центры, управляющие органами чувств, всецело отвлекает этим импульсивного человека от сознательного в пациенте и на место сознательного человека в последнем ставит свою сознательность и волю, управляя за пациента проявлениями его импульсивной личности.

При этом толковании имеются в виду лишь методы получения так называемого гипноза в тесном смысле слова, без всякого **магнетического** воздействия (об этом — позже), а лишь путем раздражения и утомления зрения блестящими предметами на темном фоне или вращающимися зеркалами, раздражения слуха путем удара в гонг или утомления его монотонно повторяющимися звуками, воздействия на пациента испугом и т. п.

Так как действие сознательного человека на импульсивного простирается не только на настоящие, но и на будущие моменты, то сказанное не исключает возможности делать гипнотические внушения на будущие поступки и ощущения.

Пятый вопрос: как понимать **сумасшествие**?

Здесь придется различить 2 типа сумасшествия: 1) от физических причин; 2) от причин астральных. Ведь по проявлениям сумасшествие вполне может уподобиться перманентному состоянию пьяного во второй фазе опьянения. В сумасшедшем перевешивают импульсы, и притом у каждого — импульсы определенного характера, то есть относящиеся к деятельности определенных нервных центров.

Такие состояния, конечно, могут порождаться органическими или функциональными расстройствами нервной системы. Но возможно повышение деятельности определенных центров (предпочтительно перед прочими) и в ущерб им от чисто астральных причин. Астросом человека реализовал его тело и управляет им и его формальными проявлениями. Mens проявляется при посредстве астросома. Представьте себе, что к астросому присоединилась **посторонняя астральная сущность** и стала вместе с ним заправлять телом. Получится ненормальность в манифестациях астрального и физического планов, иногда препятствие или невозможность нормального проявления ментальности, вследствие парализации вторым астросомом части функций первого.

К астросому может присоединиться **лярва**, своя или чужая. Это даст случай лярвической прочной инкарнации, определяющей преобладание типичного для лярвы порока в сумасшедшем.

Лярва сначала будет вырабатывать в теле способность к практике порока; а потом, по истощении ресурсов тела по этой части, будет, в большинстве случаев, стремиться разрушить тело, с которым она связана продолжительностью пребывания в нем. Смерть тела освободит ее, даст ей возможность отделиться от астросома и воплотиться в другое тело для утилизации его ресурсов.

Может в тело инкарнироваться **элементарий** дурного типа и бороться с астросомом человека, определяя альтернативы периодов сумасшествия и периодов просветления.

Но когда все это возможно? Когда человек бывает достаточно пассивен, не занят своим телом настолько, чтобы суметь защитить его от вторжения посторонней астральности.

Лярва легко вторгается не только в спящего человека, но и в человека, обескураженного неудачами жизни, не видящего в ней цели, и даже в человека активно-сосредоточенного на пороке, характеризующем эту лярву.

Элементарий воплощается довольно легко в тело человека, экстериоризовавшего свой астросом сознательно или бессознательно.

Бессознательно мы экстериоризуемся чаще, чем вы думаете. Испуг, внезапное горе, безвыходное положение, все то, что заставляет на миг возненавидеть жизнь физического плана, облегчает тем самым процесс экстериоризации. Внезапная радость может вызвать тот же эффект по другим причинам. В момент такой радости душа человека настолько проникнута благодарностью астральным началам, породившим благоприятную реализацию, что невольно устремляется к этим началам и также может экстериоризоваться.

Иногда экстериоризовавшемуся астросому удается вернуться в тело и изгнать непрошеного гостя (временное умопомешательство); иногда ему вернуться не удается; в теле оперирует вселившаяся сущность (перманентное умопомешательство или, в лучшем случае, перемена характера личности на несоответствующий его телу и потому губящий это тело); наконец, возможен случай возвращения в тело при бессилии изгнать посторонний астросом; получается процесс совместного жительства двух астросомов в одном теле при наличности постоянной между ними борьбы (перемежающееся сумасшествие).

Ответив на выше заданные вопросы, продолжим наше изложение указанием **режимов** импульсивного человека в его трех фазах, наиболее облегчающих его поступление в распоряжение сознательного и реализацию эволютивных планов последнего.

Режимы импульсивного человека естественно представятся в трех разветвлениях на режимы отдельных его фаз.

Рассмотрим прежде всего **режим инстинктивного импульсивного человека**. Здесь наибольшее внимание следует обратить на вопрос **пищевого режима**.

Прежде всего следует отметить нормальную роль процесса **воздержания от пищи**. Временное воздержание от пищи, доставляя отдых органам пищеварения, тем самым ставит в распоряжение высших органов некоторую экономию нервных флюидов, определяющую возможность повышения духовной деятельности. Избыток пищи производит обратное действие — он предрасполагает человека к духовной косности.

Конечно, слишком продолжительное воздержание от пищи дурно отзывается на самом организме.

Что касается времени принятия пищи, то его, согласно вышесказанному, следует ставить в зависимость от характера последующих и предыдущих занятий.

О **роде** пищи можно сказать, что постоянный вегетарианский режим уместен лишь в странах тропических и около тропических. В умеренном поясе он практикуется магами лишь как подготовление к операциям, требующим известного затишья в функциях анимических центров без крайнего сокращения деятельности центров инстинктивных (растительная пища поддерживает инстинктивность, а животная — анимичность; в тропических странах последняя в достаточной мере астрально поддерживается обилием солнечных эманаций).

Вегетарианский режим в обыкновенной его форме простирается у магов на периоды до 40 дней; **строгий** вегетарианский режим (фрукты и овощи, сваренные на воде без соли) — не более чем на 7 дней.

Необходимость приема животной пищи не исключает осторожности при ее употреблении. Мясо часто **содержит дурной астрал**, то есть оно часто флюидически связано с **фантомом** (низшая часть астросома, управляющая после физической смерти сущности функциями разложения и вообще возвращения природе его физического тела) раздраженного, напуганного, мстительно настроенного животного. Во избежание инкарнации этого дурного астрала следует перед приемом животной пищи мысленно произносить какой-нибудь сетрам для укрепления своей воли в самозащите или мантрам для изгнания дурного астрала из пищи.

Так называемый вопрос о сентиментальном вегетарианстве вовсе не существует, ибо принцип **вампиризма** есть основной закон формации сущностей и осуществляется не только при безубойном питании, но даже при процессе дыхания.

Что же касается попыток достигнуть самосовершенства путем **аскетизма в чем бы то ни было**, ссылаясь на то, что Великие Учителя были аскетами, то на них следует возразить, что если человек на высокой степени совершенства, посвящая себя почти всецело духовной работе, берет от физического плана лишь горсть риса в день, то обратный тезис далеко не столь же справедлив, и воздержанием, не соответствующим степени погруженности субъекта в медитацию, последний никакой пользы себе не принесет.

Анахорет, погруженный в созерцание, обходится без фосфора, но профессор или проповедник, аргументирующие с кафедры, читающие и пишущие книги, нуждаются в таковом.

Закончим описание режима инстинктивного человека указанием на то, что кроме пищи ему подчас нужны так называемые **возбуждающие средства**.

Одна пища хороша для тех, кто не осужден на периодические быстрые расходы нервной энергии; кому это необходимо, тот должен

прибегать к возбудителям, динамизирующим кровь и облегчающим заем энергии у узлов и плексусов.

Материальными возбуждающими средствами служат — **кофе**, **чай**, **алкоголь**, **гашиш**, **опий**, **морфий** и т. п.

Кофе и чай представляют собой типичный бинер: кофе соответствует отрицательному полюсу бинера — он особенно усиливает восприимчивость. Фазы действия кофе следующие: он сначала облегчает пищеварение, занимая флюиды для этого процесса, а через 2–3 часа облегчает вторичный заем в пользу сферы интеллектуальной восприимчивости; реакция кофе — упадок восприимчивости — наступает часов через 5 после приема; чай — положительный полюс бинера — замедляет пищеварение и на время этого замедления помогает реализации в интеллектуальной области за счет нервной энергии, не использованной на пищеварение; реакция чая — продолжительное отвлечение флюидов от интеллектуальной сферы для исправления задержек в пищеварении; бессонница от крепкого чая не есть реакция, а фаза его действия — хочется думать, а не спать; реакция наступает позже. Упомянутый **бинер красиво нейтрализуется алкоголем**, при коротком, но сильном действии его в смысле повышения как восприимчивости, так и активности; его надо принимать перед моментами, в которые придется проявить быстроту понимания и находчивость в репликах, и **отнюдь не повторять приемов**; о реакции нами сказано выше.

Все вышеизложенное справедливо лишь для человека, не обратившего в привычку употребление перечисленных возбудителей.

Опий и морфий притупляют чувствительность в показаниях нервных центров о расходовании флюидов и тем дают иллюзию неутомимости; то же можно сказать о кокаине. Гашиш менее изучен — он главным образом позволяет меньше сознавать связь астрала с телом и часто дает **иллюзию экстериоризации** астросома, тогда как опий и морфий способствуют **действительной** экстериоризации.

Обо всем этом, а равно и о роли **серного эфира**, будет говориться впоследствии.

Переходим к **режиму анимического человека**. Аналогией питания здесь будет процесс дыхания; возбуждающими средствами будут служить ароматы.

Дыхательные упражнения оккультистов преследуют 3 цели: 1) правильность процесса окисления крови, обновляющего запас жизненной силы; 2) нормировку ритма дыхания человеческой волей и вытекающую отсюда власть над функциями сердца; 3) устранение излишней потери углекислоты.

Первое достигается плавным выдыханием и достаточною задержкою дыхания; третье — отчасти задержкою же, отчасти медленным выдыханием; второе — управлением совокупностью фаз дыхательного процесса.

Мы дадим короткую схему первоначальных упражнений по части дыхания.

Человек с необремененным желудком принимает почти горизонтальное положение (голова и плечи несколько выше остального тела) с вытянутыми вдоль туловища руками и вытянутыми же ногами; мускулы в дряблом состоянии; помещение хорошо проветренное, но отнюдь не холодное; отсутствие всяких забот, беспокойств и **полная уверенность** в том, что никто не отвлечет упражняющегося от его занятий (нарушение последнего правила может фатально отразиться на судьбе лиц, прерывающих упражнение, и на самом субъекте).

При этих условиях человек закрывает рот и возможно медленнее, но вполне непринужденно вдыхает воздух через обе ноздри вплоть до состояния неболезненного вздутия грудной клетки и живота: это — фаза **вдыхания**. Затем следует фаза **задержки** воздуха, после чего наступает фаза медленного **выдыхания** через обе ноздри. Выдохнув весь воздух, упражняющийся делает короткую **паузу** между концом выдыхания и началом следующего вдыхания. Это будет фаза прекращения деятельности дыхательных органов.

Теоретически было бы желательно иметь первые три фазы равными по продолжительности и притом возможно длиннее. На практике выходит несколько иначе. Фаза вдыхания своею **относительною** продолжительностью характеризует умение вампиризировать окружающую среду. Фаза задержки — умение ассимилировать захваченные элементы; фаза выдыхания — умение распоряжаться запасом приобретенных сил и способностей; фаза прекращения — способность к пассивному сосредоточению (которое у мага не должно быть слишком продолжительно).

Оттого-то при вдыхании рекомендуется активно сосредоточиваться на усвоении каких-нибудь сил, способностей и т. п.; при задержке — на идее ассимиляции тех же способностей, так сказать, на идее их личной переработки; при выдыхании — на идее разумного их применения; конечная пауза посвящается пассивному сосредоточению.

Абсолютная и относительная продолжительности фаз, как мы сказали, определяются типичными свойствами астросома дышащего субъекта, но можно указать приблизительно продолжительность этих фаз для среднего человека.

В начале упражнений — 10 секунд на каждую активную фазу и секунды 2 — на четвертую, пассивную.

Через несколько месяцев упражнений — по 25 секунд на активные фазы и секунды 3 — на пассивную.

Упражняться рекомендуется два или три раза в день, причем в начале курса упражнения пятиминутные, а к концу его доходят до 25 минут каждый раз.

Описанная метода упражнений часто именуется **западной**. Ее многие признают опасной по той причине, что, не соединенная с активной медитацией положительного (эволютивного) направления, она часто приводит к поглощению дурных начал среды (то есть элементов, дающих силу на дурные и эгоистические манифестации чувственного или идейного характера). Вот почему многие оккультисты видоизменяют ее на так называемый **восточный** лад, предлагая в тех же обстановочных условиях производить дыхательные упражнения следующим образом.

Воздух втягивают первоначально **одной левой ноздрей**, прижимая крыло правой ноздри большим пальцем правой руки. Затем, в период задержки дыхания, зажимают крылья ноздрей обоими большими пальцами; выдыхают через **правую ноздрю**, оставляя левую ноздрю зажатой; после короткой паузы втягивают воздух **правой же ноздрей**, опять задерживают воздух при зажатых ноздрях, выдыхают **левой**, втягивают, левой держат, выдыхают правой и т. д.

Этот метод очень пригоден как временный даже для лиц, придерживающихся первого метода, ибо очень удобен при насморке, не всегда допускающем применение первого метода.

Кстати сказать, начатый курс дыхательных упражнений не прерывают ни при насморке, ни при ларингите, ни даже при легком бронхите. При глубоком бронхите и при воспалении легких упражнения немыслимы, при горячечных заболеваниях — затруднительны.

Раз мы заговорили о дыхательных упражнениях, неудобно не упомянуть об **упражнении солнечного плексуса** (так называемый **массаж плексуса**), сводящемся к альтернативе давлений на диафрагму с той и другой ее стороны.

См. стр. 472

К этому упражнению следует относиться с большой осторожностью, выполнять его аккуратно, без торопливости, и никогда не предпринимать его при дурном самочувствии или неуравновешенном состоянии духа.

Телу придают то же положение, что и при дыхательных упражнениях, но, втянувши воздух (непременно через обе ноздри), достигают вздутия лишь грудной клетки (живот остается не надутым); затем, отнюдь не выдыхая воздуха, усилиями одних лишь мускулов грудной клетки достигают плавного сокращения ее объема при одновременном медленном вздутии живота. Затем, работая только мускулами живота, опускают живот и этим вызывают вздутие груди; потом опускают грудь и т. д. После пяти или шести последовательных двойных фаз вздутия груди и живота останавливаются на фазе вздутия груди и медленно выпускают воздух через ноздри. Весь этот процесс я назову одним циклом упражнения плексуса.

Таких циклов надо провести штук пять, и тогда упражнение закончено.

Больше **одного** упражнения плексуса в сутки проделывать не советую. Начинать их следует по приобретении некоторой опытности в простом дыхании, ибо подъем или спуск груди или живота продолжается около трех секунд; следовательно, цикл упражнения более полминуты, что требует умения задерживать воздух в течение этого времени. Все упражнение будет длиться около 3 с половиной — 4 минут.

Вначале можно ограничиваться 2–3 циклами и даже делать паузу между циклами (1–2 минуты), заполняя их обычными дыхательными упражнениями.

Если через несколько часов после упражнения плексуса будут ощущаться нервные боли в желудке, то надо посоветоваться с учителем, ибо это значит, что допущена была неправильность в механизме упражнений или что таковые преждевременны.

Упражнения плексуса (или, точнее, всей области по соседству с диафрагмой) имеют целью вызывать прилив крови к солнечному сплетению (plexus solaris), этим усилить его питание, а равно и укрепить соседние мускулы. Все эти элементы являются важными точками опоры человеческой воли при ее низших астральных реализациях.

Если дыхательные упражнения в режиме анимического импульсивного человека играли роль **пищи**, то запахи, как мы сказали, будут играть роль **возбудителей**.

Мы не будем здесь перечислять все ароматы, употребляющиеся в магии, а только упомянем о трех типичных представителях таковых, образующих тернер, аналогичный тернеру планов в человеке: 1) **ладан** — положительный полюс тернера — вызывает мистические настроения (молитва); 2) **мускус** — средний термин тернера — действует на анимическую сферу (любовь); 3) **табачный дым** — отрицательный полюс тернера — людям, непривычным к нему, дает, после очень короткого периода возбуждения, реакцию чисто инстинктивного характера (сон).

При постоянном употреблении **табака** следует умело выбирать подплан его влияния, определяемый формой курения и сортом табака. Людям, работающим интеллектуально, **Папюс** рекомендует легкие ароматические сорта табака в папиросах; людям анимического склада жизни, например виверам, — сигары; людям, занятым физическим трудом, — трубку.

В конце концов, нам надлежит указать вкратце режим интеллектуального человека.

Роль **пищи** будут играть:

1) пребывание в обстановке, не возмущающей и не погашающей импульсивных суждений по вопросам эстетики, — избегать общества слишком некрасивых людей, асимметричных форм и дисгармонии цветов; наоборот — окружать себя произведениями искусства;

2) приучать себя даже автоматически не терять самообладания в минуты опасности и беспокойства и даже культивировать в себе чисто импульсивную находчивость по части избежания таковых;

3) не поддерживать **импульсивно-интеллектуальными проявлениями** врожденных антипатий в области осязательных, вкусовых и обонятельных впечатлений, — например, если вам неприятен запах чеснока, то довольствоваться астральным к нему отвращением, морщиться, ощущая его запах, но не позволять себе неприятно вздрагивать при упоминании слова «чеснок» или при виде изображения головки чеснока.

Роль **возбудителя** интеллектуального импульсивного человека будет играть надлежаще подобранная **музыка**.

Тут опять можно указать аналогичный тернер подпланов влияния возбудителя.

В походе или в бою бравурный марш может повлиять на **физическую** бодрость солдат через посредство импульсивно-интеллектуальных восприятий. Для возбуждения анимического человека, опять-таки через посредство импульсивного интеллекта, уже понадобится вальс, а может быть, и **оперная музыка**.

Натуре чисто интеллектуальной понадобится для возбуждения в ее сфере **камерная музыка**.

Заканчивая этим отдел тренировки импульсивного человека, обращаю еще раз ваше внимание на крайнюю условность тех подразделений человека на элементы, которые мы себе позволили. Они нами допущены лишь как пример пользования аналогичными тернерами, значительно облегчающего построение схемы всякого изложения.

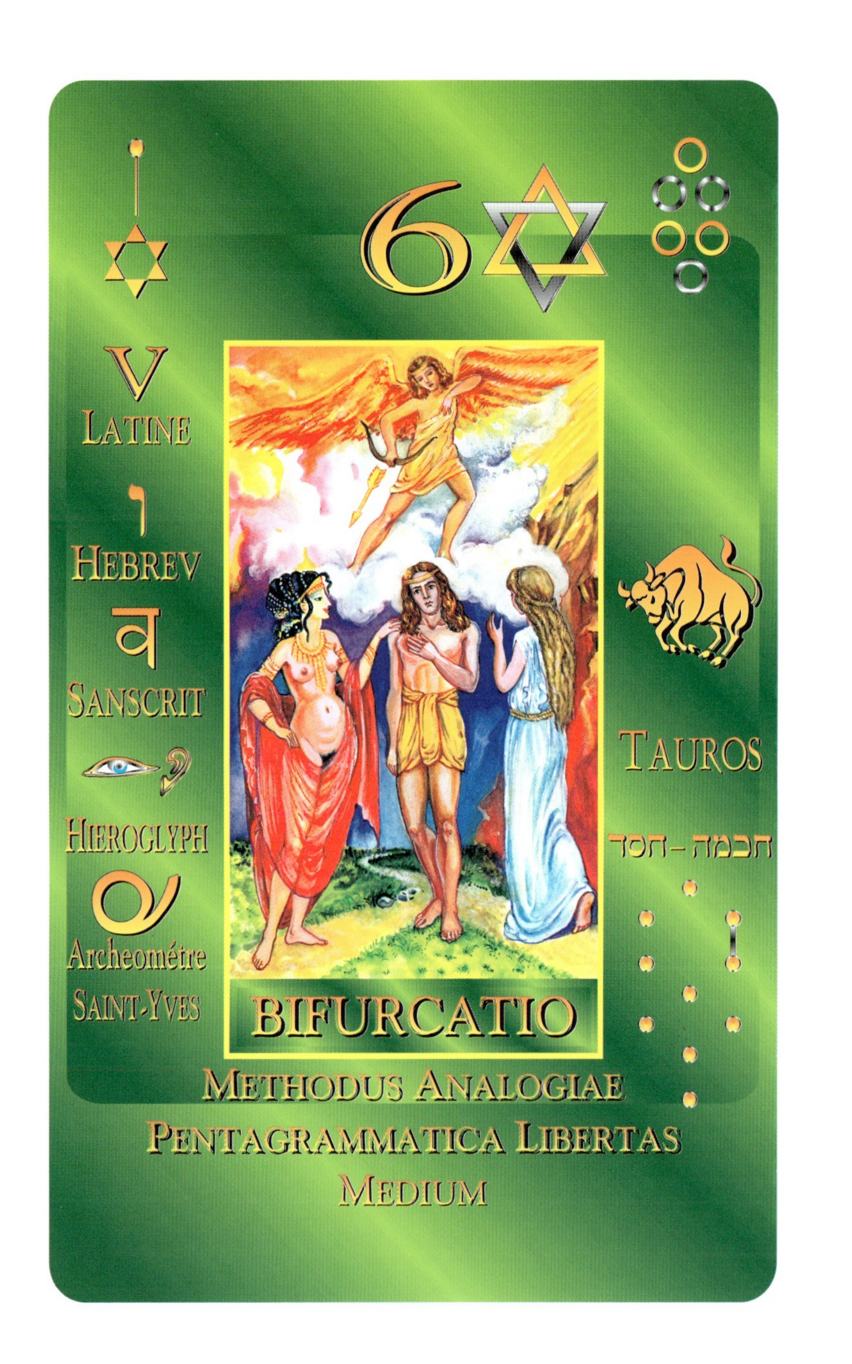
6
V
LATINE
ו
HEBREV
व
SANSCRIT
HIEROGLYPH
Archeométre
SAINT-YVES
TAUROS
חכמה – חסד
BIFURCATIO
METHODUS ANALOGIAE
PENTAGRAMMATICA LIBERTAS
MEDIUM

Лекция IX

ו Шестой Аркан

Знак ו **Vau** шестого Аркана вам уже известен.

Иероглифами этого Аркана будут служить **глаз и ухо**, то есть важнейшие из органов, дающих нам возможность общения с внешним миром.

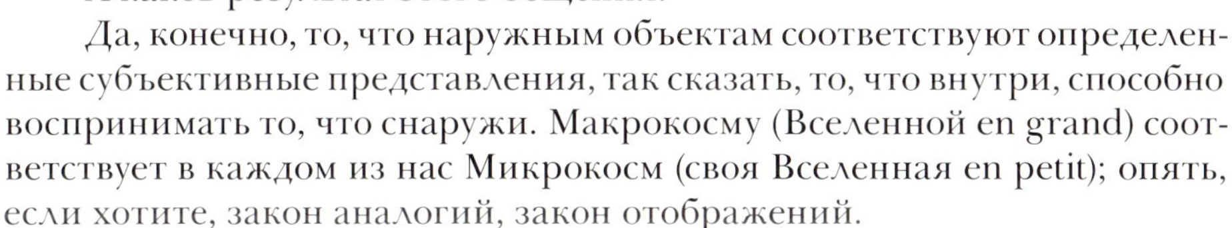

А каков результат этого общения?

Да, конечно, то, что наружным объектам соответствуют определенные субъективные представления, так сказать, то, что внутри, способно воспринимать то, что снаружи. Макрокосму (Вселенной en grand) соответствует в каждом из нас Микрокосм (своя Вселенная en petit); опять, если хотите, закон аналогий, закон отображений.

Пантаклем шестого Аркана является соединение двух треугольников, из которых один служит отображением другого.

Названия этого пантакля суть: **Соломонова Звезда**, Соломонова Печать, Лицевая сторона Великого Пантакля Соломона, Мистическая Гексаграмма, Знак Макрокосма.

☞ См. стр. 472 и 473

Stauros (**T**) в центре фигуры указывает на процесс оплодотворения вертикальной чертой (активность) горизонтальной черты (пассивность), то есть намекает на необходимость считать восходящий треугольник **первоначальным**, а нисходящий — **отраженным**.

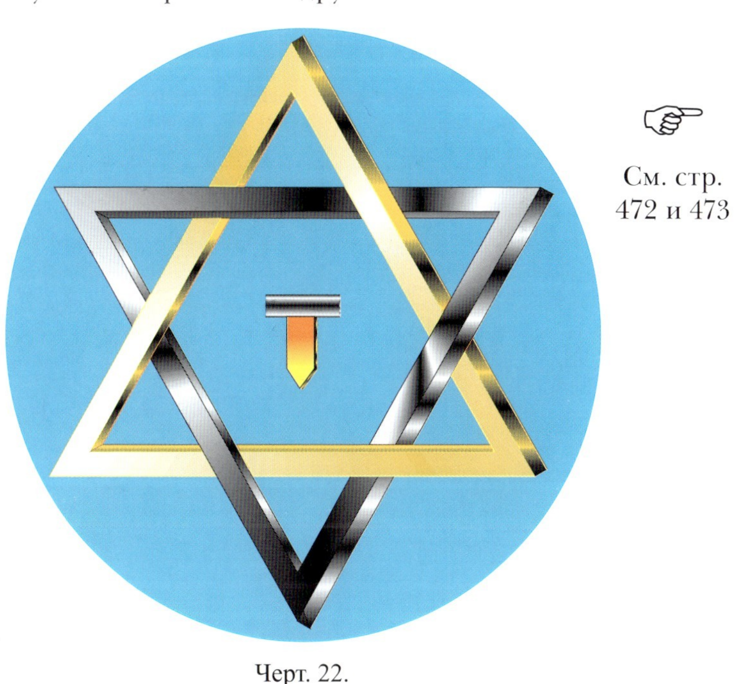

Черт. 22.

Пантакль этот, несмотря на свою простоту, а может быть, и благодаря ей, дает почти все содержание шестого Аркана и может быть истолкован, в частности, на столько родов, что даже часть всех этих толкований равнозначна солидной степени посвящения.

Попробуем указать несколько толкований.

1) Восходящий треугольник можно именовать треугольником Иисуса — он символизирует эволютивный процесс нашего Искупления. Тогда нисходящий треугольник будет треугольником Марии — элемента, участвовавшего в инволютивном процессе Воплощения. Stauros будет показывать, что Искупление — Цель, а Воплощение — Средство.

2) Рассматривая наш пантакль как знак Макрокосма, то есть как общую схему хода феноменов в Природе, мы назовем восходящий треугольник — треугольником Огня, символа эволютивных, утончающих, возрождающих, очищающих процессов. Нисходящий треугольник получит название треугольника Воды, символизирующей совокупность инволютивных, сгущающих, порождающих косность, осложняющих процессов.

Stauros даст нам понять, что жизнь густого, косного, сложного есть лишь отражение жизни лучезарного, тонкого, простого.

Материя обязана существованием Духу, а не наоборот.

3) Нарисуйте восходящий треугольник так, чтобы в него вплетена была фигура Лучезарного Старца; в нисходящий треугольник вплетите теневое изображение другой Человеческой Фигуры, уже не белобородой и не лучезарной, а чернобородой и массивной. Вы получите Великую Схему двух универсально-мощных Андрогинов: **Макропрозопа**, или Белобородого Бога, и его отражение — **Микропрозопа**, или Чернобородого Бога.

В буквальном переводе с греческого Макропрозоп означает Долголицый, Микропрозоп — Коротколицый, или Узколицый.

Stauros показывает нам, что Чернобородый оплодотворяется влиянием Белобородого, изливающего на него благодать.

Как теоретически себе представить наличность этих андрогинов в общей схеме элементов динамического процесса?

Возьмите **восходящую** шкалу этого процесса. Всякий **Jod** был **вторым Hé** предыдущего тетраграмматического цикла. Мы пытаемся добраться до первого **Jod**'а.

Этот **Jod** не может быть Первопричиной динамических циклов, то есть Высшим Звеном эманационного мира, ибо это Высшее Звено должно быть способно само в себе к порождению низших звеньев, а следовательно, владеет атрибутом андрогината.

Это Двуполое Звено попробуем символизировать точкой над **Jod**. Тогда Первый Тетраграмматический цикл запишется как יהוה•, где

• **точка** соответствует Верховному Андрогину, Ветхому Деньми, **Макропрозопу**, эманирующему из себя **Отца** — **Jod** и приспособленную к нему **Мать** — **Hé**, Супружество которых порождает **Микропрозопа** — **Vau**.

Последний приспосабливает себе в качестве **Супруги** или **Невесты** (**Sponsa**) некоторое **второе Hé**, в котором и проявляется деятельность упомянутого **Семейства**.

К Макропрозопу стремятся экстатическим путем; Микропрозопа каждый может разыскать в своем сердце.

Указав эти примеры и упомянув, что астрологически шестой Аркан соответствует зодиакальному знаку Тельца ♉ — просто потому, что Телец идет после Овна ♈, астрологически соответствующего **Пятому Аркану** — ה, — я считаю себя вправе перейти к заголовкам Аркана в сферах Теософического Тернера.

В плане проявлений **Архетипа** мы будем разуметь под Соломоновой Печатью указание на **Великий Закон Аналогии** — **Methodus Analogiae**.

В плане деятельности **Человека** да символизирует этот знак для нас содержание того, что мы именуем свободой **человеческой Воли** —**Pentagrammatica Libertas**.

В плане жизни **Природы** мы аналогии ассоциируем с представлением о **Среде**, в которой они проявляются, которой они связываются или которой они разделяются; как хотите.

Пусть третье значение будет **Medium=среда**.

Разберем порознь эти 3 значения.

Первый заголовок — **Methodus Analogiae** — арифметически развертывается в тождество 6=3+3; одно произвождение (3-й Аркан) влечет за собой другое аналогичное произвождение (еще 3), и вот в чем заключается шестой Аркан.

В области первого заголовка этот Аркан лучше всего передается «**Словами Тайн Гермеса**» (Verba secretorum Hermetis), составляющими первый стих так называемой **Изумрудной Скрижали** — Герметического Кодекса древних египтян.

Латинский текст этих стихов следующий:

Verum sine mendacio, certum et verissimum.
Quod est inferius est sicut (id) quod est superius,
et quod est superius, est sicut (id) quod est inferius,
ad perpetranda miracula rei unius.

А в русском переводе:

«Верно и не лживо (то есть абсолютно верно в ментальном плане), точно (то есть правильно передается по форме без искажения астральных клише) и совсем верно (то есть настолько убедительно, что допускает проверку органами чувств в физическом плане — система Святого Фомы): нижнее аналогично верхнему и верхнее аналогично нижнему для завершения чудес единого целого (или, еще лучше, — для возможности проникновения в чудеса единого целого)».

Текст этот почти не нуждается в комментариях. Начинается он с провозглашения закона трех планов, а кончается классической формулой закона аналогии.

Чего только нельзя из него извлечь!

По организации нашего тела мы можем судить об организации Солнечной системы, по Тернеру Теософическому — о тернере частей ствола нашего тела и т. д.

Нам об этом уже приходилось говорить.

Второй заголовок — **Libertas** — соответствует тождеству:

$$6=4+2$$

или $$6=2+4$$

Шестой Аркан является результатом суммирования второго (**Gnosis** = **знание** характера путей, предоставленных свободному выбору) и четвертого (**авторитет**, определяющий **право** свободного выбора).

В результате — полная картина дилеммы добра и зла, тонкого и грубого, истинного и ложного, временного и вечного, активного и косного и т. п., столь часто, можно сказать ежеминутно, представляющаяся в человеческой жизни.

Выбор свободный (оба треугольника налицо), но **Stauros** напоминает нам, что толчок к выбору эволютивного треугольника дается импульсом Высшей Активности, оплодотворяющей нашу косность.

Этот тезис красиво иллюстрируется самой картинкой шестого Аркана Тарота.

Субъект, долженствующий применить человеческую свободу, изображен на ней в виде **молодого** человека (молодость — намек на необходимость элемента своевременности в выборе).

Эволютивному треугольнику на картине соответствует скромно одетая, с виду невзрачная девушка, приглашающая молодого человека на правую тропу распутья двух дорог. Это **добродетель**.

См. стр. 475

Картинка построена **зеркально**: правая тропинка — та, которая направо по отношению к лицу, рассматривающему изображение.

Инволютивному треугольнику соответствует роскошно обрядившаяся весьма приглядная своею красотой женщина, манящая юношу на левую тропу.

Роль **Stauros**'а интерпретирует парящий в облаках Гений справедливости тем, что направляет **караюющую** стрелу в сторону левой женщины, олицетворяющей **порок**.

Научное название картинки Аркана — **Bifurcatio** (распутье дорог); вульгарное название — **l'Amoureux*** — обусловлено неловкой позой юноши и его растерянностью.

Остается рассмотреть вопрос о видимом показателе систематической правильности в выборе человеком дороги на распутье. Этот показатель именуется **душевной гармонией**. Она служит наградой тому, кто **вообще** стремится выбирать правильную дорогу и осуществляет это стремление.

Душевная гармония характеризуется одинаковостью, парностью, строгой равномерностью и параллельностью в развитии активности и восприимчивости в человеке.

Человек, хорошо воспринимающий клише в какой-либо области и не одаренный реализационной властью в размерах своего понимания этой области, будет негармоничным и несчастным в этой области.

И обратно — если вы властны в чем-нибудь таком, в чем вы не умеете ориентироваться, в чем вы недостаточно осведомлены, вы опять-таки не можете обладать гармонией.

Гармония — это, так сказать, нейтрализация бинера «**Адам** — **Ева**», «активность — восприимчивость» внутри самого астрального человека.

Этот бинер нейтрализуется элементом соответствия, согласия крайних терминов.

Отметим еще вопрос о **свободе воли** по существу его (в смысле количественного определения этой свободы в различных планах и подпланах бытия).

Мало-мальски посвященный человек сознает, что, вообще говоря, нет дыма без огня. Следовательно, если с одной стороны имеются ярые детерминисты, а с другой стороны — фанатические поборники идеи абсолютной свободы воли, то, вообще говоря, в определенном подплане нашего бытия имеется определенная порция **кармического рабства** (законы природы суть карма Вселенной) + определенная же порция человеческой свободы выбора между эволютивным и инволютивным.

*) **l'Amoureux** (*фр.*) — возлюбленный

7 Шестой Аркан

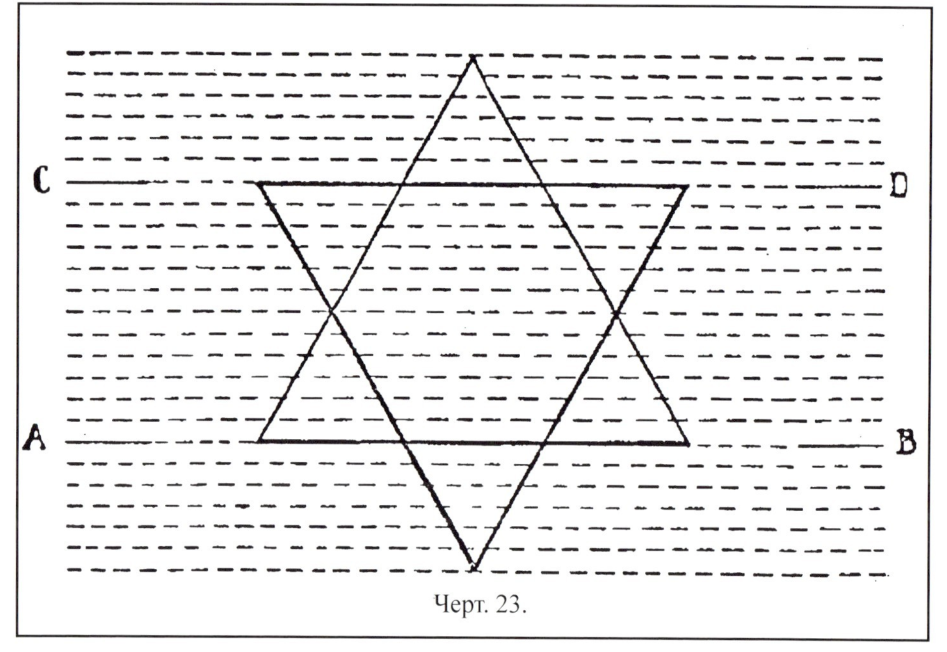

Черт. 23.

Представьте себе всю **площадь** инволютивного треугольника как область инволютивных путей, нам открытых.

Площадь эволютивного (восходящего) треугольника отождествите с областью эволютивных путей.

Соедините оба треугольника в Соломонову печать и таковую разбейте горизонтальными штрихами на ряд слоев, символически соответствующих подпланам бытия человеческой сущности.

Вы увидите, что в самые нижние слои входят лишь инволютивные пути (тело держит нас как бы в тисках наших инстинктивных проявлений).

Чем выше эти нижние подпланы, тем больше инволютивных элементов на выбор. Начиная с уровня ***AB*** мы вдруг получаем на выбор эволютивные элементы.

Те и другие входят в равных пропорциях около середины пантакля, соответствующей центральным этическим областям Великого Бинера **Добра** и Зла. Вот тут-то и важно влияние Высших Начал, фигурируемое знаком **Stauros**.

Потом пропорция опять изменяется, но, начиная с некоторого уровня ***CD***, уже относящегося к ментальной области, мы вдруг остаемся в присутствии дилемм выбора из ряда одних только эволютивных элементов.

Выше остаются опять-таки эволютивные элементы, но свобода выбора все более и более стеснена и, в конце концов, исчезает при переходе в высшие подпланы духовного, где абсолютный поток к Первоначалу не допускает никаких разветвлений.

Медитация этой схемы может раскрыть Великие тайны Бинера лицу, умеющему видеть.

Разберем 3-й заголовок — «**Medium**», соответствующий разложениям 6=5+1 и 6=1+5.

Разбиение 5+1=жизнь+воля=жизнь, позволяющая вырисовываться **личности**, имеющей проявить волю, дает нам схему деятельности Макропрозопа в природе.

Разложение 1+5=воля+жизнь=воля Единого, достаточная для порождения жизни во всех ее фазах и планах, дает схему Эманаций Макропрозопа, порождающих Природу.

Общую картину процессов в Природе лучше всего рисует продолжение текста упомянутой Изумрудной Скрижали:

Et sicut omnes res fuerunt ab uno, meditatione unius:
sic omnes res natae fuerunt ab hac una re, adaptatione.

В буквальном переводе:

«И подобно тому, как все объекты возникли от единого начала, посредством единого же, так и все порожденные вещи произошли от единой общей вещи (методом) приспособления», а в свободном переводе: «Подобно тому, как все принципы эманированы единым принципом при посредстве его же натуры, так и все порожденное образовалось из элементов единой среды, приемом приспособления таковой (**сгущением** и **разряжением**)».

Вот вам синтез принципа эманации и принципа владения формами при помощи двух процессов, названия которых написаны вдоль мускулов рук «Андрогина» **Кунрата** (Henrici Khunrathi «Amphitheatrum» 1602), одного из десяти назидательнейших пантаклей, оставленных этим великим герметиком.

Пантакль этот символизирует **астральную среду** с ее ресурсами и областями применения этих ресурсов.

На поднятой руке Андрогина красуется надпись — «**Solve**» (разряжай), на опущенной — «**Coagula**» (сгущай).

Вот что дает нам древняя и средневековая мудрость в своем катехизисе искусства владеть ресурсами среды.

В заключение нашего анализа Печати Соломона отметим, что нормальные цвета частей фигуры суть: для восходящего треугольника — **золотой** (**огонь**); для нисходящего — **серебряный** (**вода**); для вертикальной части **Stauros**'а — **золотой** (**активность**); для горизонтальной части — **серебряный** (**косность**).

Отступления от этой схемы цветов встречаются в новейших пантаклях, содержащих в себе Соломонову Печать как элемент некоего синтеза, и будут разъяснены своевременно.

Фон пантакля **лазоревый** или **синий**.

Уж если речь зашла об «**adaptatio**», то есть о **применениях** и **приспособлениях**, то почему бы мне не увлечься желанием сказать несколько слов о **гомеопатии** как применении шестого Аркана.

Лекарство может оказывать 3 рода действий: **механическое**, **химическое** и **динамическое**.

Примерами погони за **механическим** действием могут служить: употребление жидкой ртути при завороте кишок, приемы ferrum oxydatum для усиления перистальтического движения кишок, употребление ослизняющих (касторовое масло) и т. п.

На **химическое** действие рассчитано большинство средств, употребительных в так называемой аллопатии, — средства дезинфицирующие, средства восстанавливающие ту или другую ослабленную в организме химическую реакцию и т. п.

На **динамическое** действие рассчитаны так называемые **гомеопатические** средства, которыми не брезгуют и аллопаты (белладонна, аконит, мышьяк, стрихнин и т. п.).

Характеристика динамического действия лекарств была дана несколько туманно для профанов, но ясно для посвященных **Парацельсом** (Philippus Theophrastus Bombast Paracelsus dictus 1491–1541) в его «Оккультной философии».

Выводы Парацельса отличаются априорностью — они основаны на планетных и зодиакальных соответствиях.

Впоследствии доктор **Ганеман**, именуемый «отцом гомеопатии», исследовал тот же вопрос a posteriori постановкою в строгой системе целого ряда экспериментальных данных. Выводы Ганемана можно найти в его сочинениях: «Organon», «Fragmenta de viribus (1805)», «Reine Arzneimittellehre (1811)».

Гомеопатическое лечение основано на трех соображениях:

1) субъективно для нас болезнь фигурируется **синтезом ее симптомов;**

2) средство, в известных условиях вызывающее в **здоровом** организме определенный болезненный симптом, может в других условиях помогать устранению этого симптома в **больном** организме (**закон подобия**);

3) дозы, устраняющие симптом в больном организме, значительно меньше доз, вызывающих симптом в здоровом организме (**закон малых доз**).

Против первого положения возражали многие авторитеты медицинской науки, обвиняя гомеопатов в лечении симптомов вместо лечения болезни. В собрании оккультистов мне не приходится разъяснять недобросовестность этого обвинения после всего того, что я успел сказать о физическом плане в отношении иллюзорности его проявлений.

Второй закон, который Ганеман формулирует так: «Similia similibus curantur» (**схожее схожим лечится**), ясно раскроет нам, что **суть** динамического действия лекарства на организм лежит в установлении связи между астралом лекарства и астросомом пациента. Что действие сказывается в одних условиях в одну сторону, а в других — в противоположную, нисколько нас не удивит, если мы припомним, что даже в ментальной области одна и та же пища, например наука, действует различно в разных дозах и при разном состоянии ментальности.

Вспомните одностороннюю, но остроумную формулу: «Peu de science eloigne de Dieu, beaucoup de science y ramene»*.

Закон малых доз заставит нас вспомнить о принципе **опорной точки** в магии.

Вот что я имел в виду сказать вам о гомеопатии. Не могу не прибавить, что Ганеман из всех средств, подходящих приближенно к синтезу симптомов болезни, рекомендует выбирать «simillimum» (наиболее похожее), то есть покрывающее наибольшее количество важнейших симптомов.

Ведь и симптоматика-то болезней всегда приближенная.

С оккультной точки зрения интересен и тот факт, что гомеопаты придают большое значение процессам продолжительного **встряхивания** растворов и **растирания** порошков при изготовлении **делений** гомеопатических средств, то есть как бы смотрят на **кабиров** электрического, теплового и других состояний энергии, как на обертоны основной гаммы гомеопатических средств, дающие ей надлежащий тембр.

*) Малое знание удаляет от Бога, большое приближает (*фр.*).

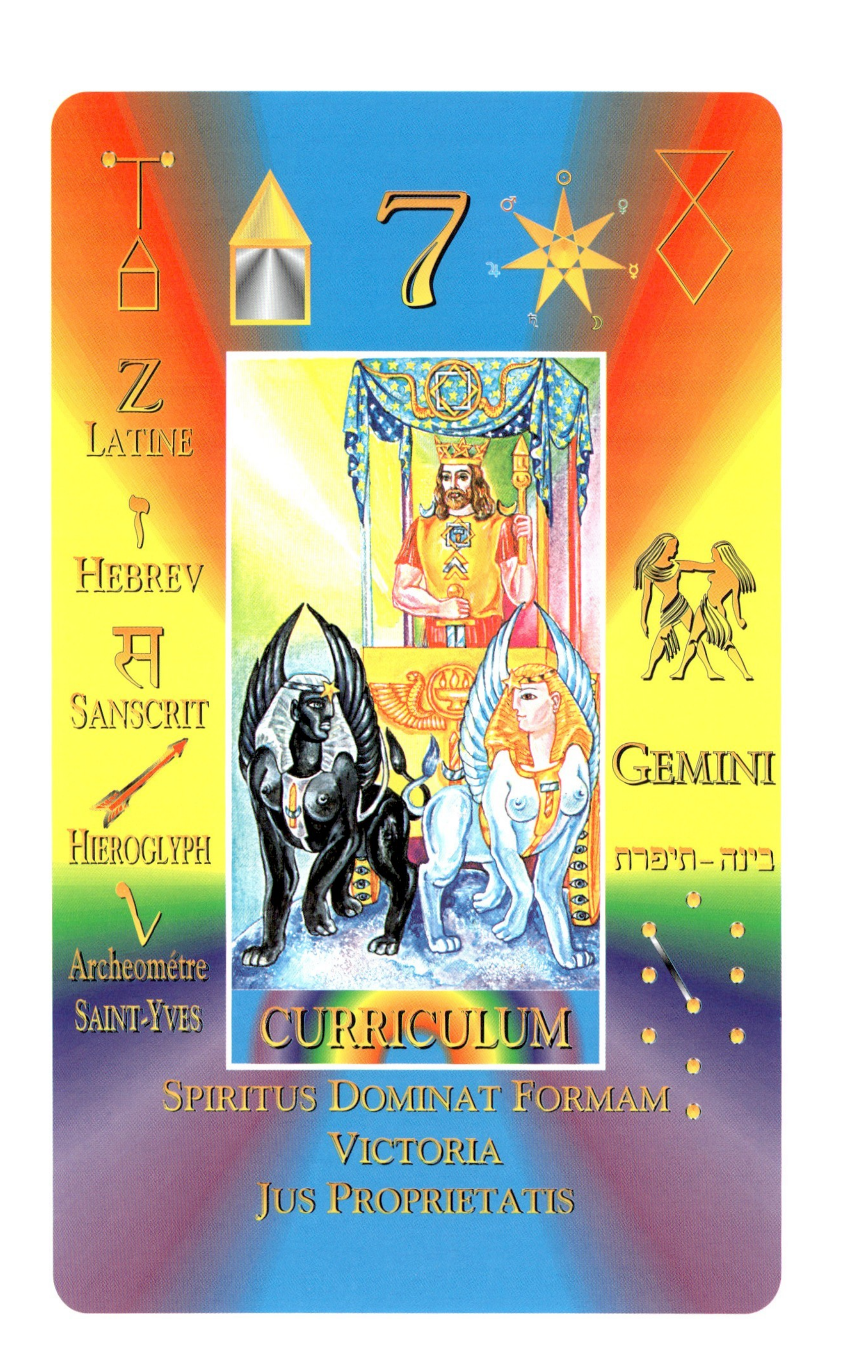
7
Z
LATINE
ז
HEBREV
स
SANSCRIT
HIEROGLYPH
Archeométre
SAINT-YVES
GEMINI
בינה - תיפרת
CURRICULUM
SPIRITUS DOMINAT FORMAM
VICTORIA
JUS PROPRIETATIS

Лекция X и XI

ז Седьмой Аркан

Прежде чем перейти к анализу седьмого Аркана, отдадим себе отчет в конструктивной схеме первых шести Арканов, определяющей существование седьмого как заключительного звена цепи шести.

Все авторы, занимавшиеся этим вопросом, предлагают следующую конструкцию (черт. 24), то есть желают признавать за Арканами роли элементов основного ряда динамического процесса.

Проведем эту точку зрения для одного ряда заголовков Арканов, предоставляя слушателю повторить упражнение для остальных двух рядов.

Возьмем заголовки, соответствующие области Человечества и его проявлений.

См. стр. 475

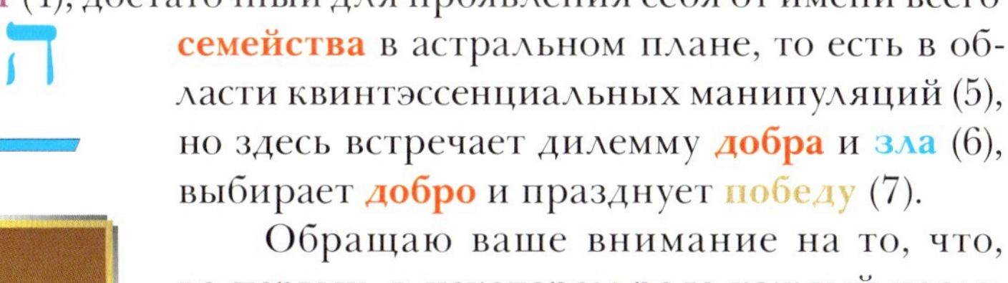

Муж (1) оплодотворяет **жену** (2), определяя этим рождение (3) **ребенка**, который, **вскормленный** физически и астрально (4), приобретает **авторитет** (4), достаточный для проявления себя от имени всего **семейства** в астральном плане, то есть в области квинтэссенциальных манипуляций (5), но здесь встречает дилемму **добра** и **зла** (6), выбирает **добро** и празднует **победу** (7).

Черт. 24.

Обращаю ваше внимание на то, что, во-первых, в некотором роде каждый последующий элемент ряда Арканов пассивен по отношению к предыдущему и активен по отношению к следующему, во-вторых, каждый элемент второго столбца пассивен по отношению к элементу первого столбца, помещенному в той же строке. Авторитет (4) есть область (пассивное), которую может эксплуатировать человек — отец (активное); жизнь (5) есть элемент, который может культивировать мать (2); выбор путей (6) есть элемент, в котором (пассивное) придется обращаться элементу по-

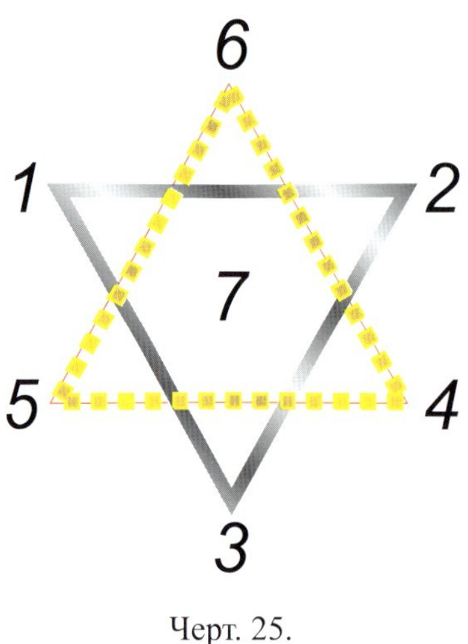

Черт. 25.

рождения (3 активное); победа (7) есть манифестация (пассивное), доступная авторитету (активное).

Все это дает возможность построить другую схему, эквивалентную первой и предложенную Папюсом, где вершины пунктирного треугольника суть отражения вершин сплошного треугольника, их отрицательные полюсы, если хотите — их жены.

Вся схема двух треугольников обнаруживается дальнейшими проявлениями седьмого Аркана, номер которого и ставим посередине.

Теперь займемся самим седьмым Арканом.

Знак алфавита **ז=7** (**Zain** или **Sajin**) имеет астрологическим соответствием зодиакальный знак **Близнецов** ♊, а иероглифом — **стрелу в прямолинейном полете**: стрела пущена, и с этого момента правильным прицелом обеспечено ее победоносное движение.

Заголовки Аркана будут нам даны тремя частными случаями арифметического разложения его номера на слагаемые, если только мы порядок этих слагаемых определим в эволютивном смысле.

Разложение 7=3+4 дает нам в сфере проявлений **Архетипа** господство **Духа** (**Natura Divina=**3-й Аркан) над **Формой** (4-й Аркан) и определит заголовок — **Spiritus dominat Formam***.

Разложение 7=4+3 дало бы обратный девиз, присущий обскурантизму и ухищрениям черной магии.

В плане **Человека** мы будем руководиться разложением 7=1+6= **Воля+Испытание двумя путями=Победа**.

Заголовок будет — **Victoria**. Невыдержание испытания (7=6+1) было бы эквивалентно термину **поражение**.

В плане **Природы** применится весьма интересное разложение 7=5+2, то есть постановка тезиса о господстве пентаграмматических начал (традиция, обычай, **Religio**) над 2-м Арканом (=**Natura Naturata**= реализованные Природой объекты), что сведется к тезису права собственности и заголовку — **Jus Proprietatis****.

*) **Spiritus dominat Formam** (*лат.*) — Дух преобладает над формой

) **Jus Proprietatis (*лат.*) — Право собственности

Разложениями, давшими нам заголовки Аркана в областях теософического тернера, не исчерпывается арифметическое содержание Аркана. Возможно разложение 7=3+1+3, в котором элемент Воли (1) балансирует между двумя треугольниками Архетипа и Природы; возможно разложение 7=2+3+2, где центральный Тернер Эманационного Мира управляет двумя бинерами-лингамами Человека и Природы, схожими в вопросе об оплодотворении.

Но все эти побочные разложения реже рассматриваются Школами при изучении 7–го Аркана, чем вышеупомянутые.

Название картинки Аркана — **Curriculum Hermetis** — колесница **Гермеса** — подсказано ее содержанием наравне с вульгарным названием — **le Chariot***.

Перехожу к анализу самой картинки.

Наверху виднеется лазоревый балдахин, усеянный золотыми сплошными пентаграммами. Это — высшие подпланы астрала с их обитателями — Пентаграммами, превосходящими властью Человека и подчас осеняющими его своим протекторатом.

Поддерживается этот балдахин четырьмя столбами Герметических Добродетелей, вылившихся в девиз — **oser**, **se taire**, **savoir**, **vouloir.**

Между этими столбами протекает деятельность **Мага-Победителя**, помещающегося под балдахином, увенчанного золотой короной с тремя пентаграммами добровольного сознательного проникновения в тайны трех планов Вселенной и одетого в панцирь Знания и Победы, охраняющий его от многих элементов, опасных, пагубных для профана.

На правом плече **Победителя** (картина составлена зеркально) красуется **белый серп Луны** (возможность реализации эволютивного, утончающего характера, соответствующая девизу — **Solve**), на левом — **темный серп Луны** (уменье сгущать формы, реализовать в низших подпланах — девиз — **Coagula**).

Панцирь носит отпечаток тех методов, которыми **Победитель** сумел себя оградить от напастей: на нем фигурируют **3 наугольника**, **3 прямых угла** — правильность логического мышления, облечение мысли в правильную форму, осмотрительность и безошибочность в реализациях физического плана.

В правой руке **Победителя** — **жезл**, украшенный шаром, на который опирается квадрат, поддерживающий в свою очередь равносторонний треугольник: Дух доминирует над Формой, а для последней земной шар (= физический план) служит опорой.

*) **le Chariot** (*фр.*) — повозка

В левой руке мы видим **Меч Победы** — то есть оружие в физическом плане или убедительное слово в промежуточных подпланах, образность этого слова в астральном и острота мысли в ментальном.

Куда стал **Победитель**, чтобы отпраздновать свой триумф?

Он поместился на Колеснице **кубической формы** (его же реализация; см. 4–й Аркан).

Каким процессом порожден этот кубический кузов повозки?

На лицевой ее стороне написан ответ в виде двух символов: наверху египетский орнамент в виде шара (**Jod**) с двумя змеевидными отростками (2 **Hè**), поддерживаемого распростертыми крыльями (**Vau**); конечно, это динамический цикл יהוה.

Пониже красуется лингам, намекающий на второе чтение Великого Имени — **JodHèVa** или **Jodhava=**мужское начало+женское.

Везется колесница двумя **сфинксами** символической пары сил астрального бинера, средней части Великого Аркана; левый сфинкс — черный, правый — белый; сфинксы смотрят друг на друга, но тянут в разные стороны (2 полярности в одном общем астральном вихре «tourbillon»).

Сфинксы бегут по поверхности большого глобуса — это кватернер элементарной **Rota** Великого Аркана.

Колеса колесницы скованы так, что видны шляпки гвоздей, придерживающих ободья.

Колеса — это вихревые образования, служащие для переноса tourbillon; шляпки гвоздей фигурируют глаза — этим хотят сказать, что клеточки этих образований обладают индивидуальностью и собственным миросозерцанием.

«А ободья их — высоки и страшны были они; ободья их у всех четырех вокруг полны были глаз». (Книга пр. Иезекииля, гл. I, ст. 18).

Как видите, картина весьма синтетична — следствие синтетичности самого Аркана, завершающего первый мажорный септенер Тарота.

От картинки Аркана естественно перейти к пантаклю.

Древние и средневековые оккультисты связывали с седьмым Арканом представление о семиугольной звезде типа чертежа 26.

Новейшие оккультисты часто пользуются пантаклем чертежа 27.

☞ См. стр. 477

Обоим пантаклям не приписывается реализационной силы. Ими пользуются лишь как символами. Оба их можно перевернуть, и тогда они будут символизировать девиз черной магии, соответствующий разложению 7=4+3, то есть «ставьте себе целью запутыванием и осложнением системы формальных проявлений подавить тернер духовных проявлений, затемнить людям понимание сути мироздания и порабощать жертв построенного таким путем обскурантизма».

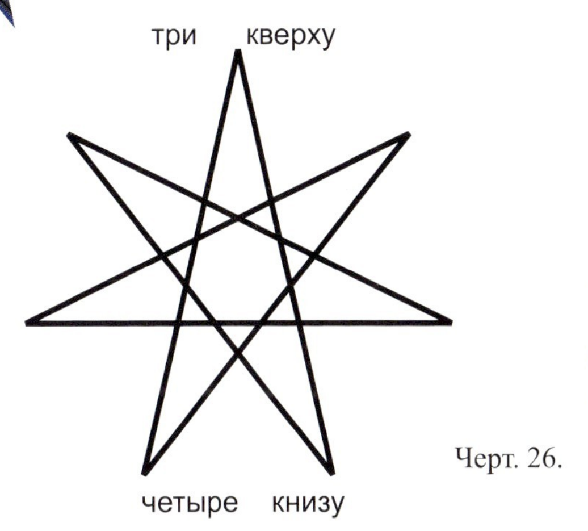

Черт. 26.

В посвятительных церемониях, при испытании неофита на **страх** астральных проявлений, путь последнего в помещении, где ему являются действительные или симулированные астральные клише, совершается по коврикам, на которых изображена семиугольная звезда, у белых магов — в прямом положении, у черных — в обратном.

Поговорим о пантакле септенера, который нам еще пригодится в дальнейшем, зададимся целью изучить важнейшие септенеры, расположив их в аналогические таблицы.

Я хочу начать с **Великого Септенера Вторичных Причин**.

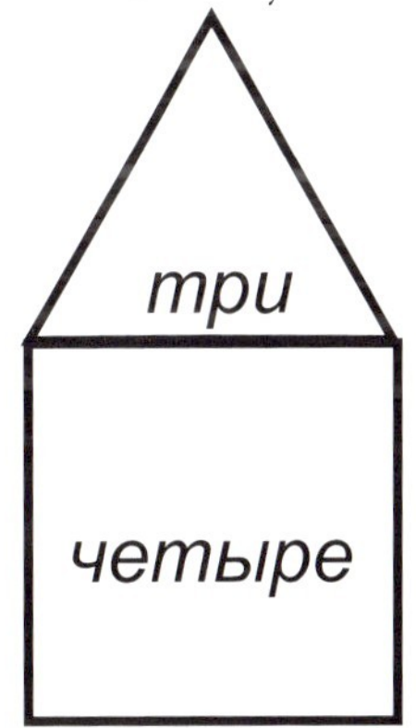

Черт. 27.

В третьем Аркане вы ознакомились косвенно с рядом тернеров типа восходящего треугольника, которые легко резюмировать обобщенным представлением **Тернера Первичных Причин**.

Если унитарист, проникнутый оккультными теориями, приступает к изучению с **чисто научной точки зрения** тех проявлений **Первопричины**, которые очерчивают эманированный ею **Мир Принципов**, то он в этом Мире отметит 3 Причинности (tres Causae Primae): **Нейтральный элемент**, **элемент Бытия (+)** и **элемент Знания (–)**.

Таким образом, представление об Эманационном Мире в Высшем его Плане выльется в представление Идеи Проявления, разлагающегося полярно на Идею Того, что познает, и Идею Того, что можно познавать. Третья Идея (–), естественно, будет ограничивать область проявления второй.

Если мы захотим создать символическое пространственное представление этой области, то идею Проявления мы наградим символом совокупности нас самих и мирового пространства, заполненного мириадами мириад солнечных систем.

Эта совокупность символически же разложится на нашу пытливость (**+**) в астрономической области и на объекты (–) этой области, именуемой условно **Алкионарной Системой**.

Три Первых Причины принципиальных проявлений в плане анимическом дают ряд отражений, которые древние школы стремились свести в семеричную систему так называемых **Вторичных Причинностей** (septem Causae Secundae).

Символически эти Причинности удобно связываются с представлением о том, что древние называли **Семью Планетами** нашей системы.

В основу этого символизма легли наблюдения многих столетий (а может быть, и тысячелетий), установившие связь между угловыми элементами планет на небесной сфере и преобладанием тех или других влияний анимической сферы в земной жизни.

Теперь нам надлежит разъяснить, что мы будем разуметь под термином «**планета**» и «**планетное влияние**».

Астрономия и астрофизика занимаются, между прочим, и семью коагулятами, которым мы дадим названия тела **Сатурна**, тела **Юпитера**, тела **Марса**, тела **Солнца**, тела **Венеры**, тела **Меркурия** и тела **Луны**.

Многие области знания усердно штудируют восьмой объект — тело **Земли**.

Мы свяжем с представлением о каждом из этих коагулятов, относимых нами к физическому плану, еще по 2 пары представлений, из которых одна ляжет в план астральный, а другая в ментальный.

Например, у Земли мы, кроме тела в физическом плане, будем искать **Гения** и **Астросом** в астральном плане, **Духа** и **Ангела** в ментальном плане.

Дух Земли — это синтез духовных побуждений земного Человечества по адресу Земли. В настоящий момент Духом Земли будет синтетическая идея наших цивилизационных стремлений к переработке наших отношений к планете; если хотите — идея ее благоустройства.

Ангел Земли — это идейная часть того противодействия, которое земная карма оказывает этим стремлениям. Дух эволютивен, Ангел инволютивен.

Когда бинер «**Дух — Ангел Земли**» будет нейтрализован соглашением его элементов, задача эволюции Земли будет разрешена в **принципе**.

Гений Земли — это синтез **форм**, в которых **Дух** проводит свои эволютивные идеи. Это те формы и формальные методы, которые Человечество проводит в системе возделывания им планеты, приспособления ее к своим целям.

Астросом Земли — это тот синтетический астральный tourbillon, который борется в своем плане с **Гением**, пытаясь отстоять цели **Ангела**.

Нейтрализация бинера «**Гений — Астросом Земли**» дает формальное решение задачи эволюции Земли, не создавая еще **реального** разрешения этой задачи, которое должно быть отнесено к нейтрализации бинера «тело земного Человечества — тело Земли».

Если нейтрализацию Высшего Бинера назвать **Царствием Божиим** (на Земле) в **принципе**, то второй бинер нейтрализуется Царствием Божиим в **формах**, а третий — в **реальностях**.

На каждой из семи так называемых планет происходит нечто аналогичное. У каждой из семи планет есть Дух с Ангелом, Гений с Астросомом и своего рода Человечество (в мире животном, растительном или минеральном — смотря по степени развития планеты).

Жизнь планетная для нас, вообще говоря, если и понятна, то невыразима при помощи **формальных** элементов земного построения схем. Мы можем учитывать лишь те элементы планетной жизни, которые отражаются определенными формами в сфере земной жизни. Астрология, каббала, магия и т. п. **говорят** ясно лишь о **влияниях** Духа, Гения и т. п. той или другой планеты, а не об их сущности и натуре. Мы характеризуем знакомых по тому, как они проявляют себя по отношению к нам; об их домашней жизни мы мало знаем.

См. стр. 477

Вот эти-то неполные характеристики мы и ставим в аналогическую связь с Вторичными Причинами, давая последним планетные имена.

Не забудьте, что важнейшие **мифологические эгрегоры**, носящие у нас названия «древних богов», стояли в тесной астральной связи с планетными сущностями, в той форме, в какой они проявлялись в определенные эпохи. Это усиливало богов. Но планетные сущности видоизменялись в своей эволюции, боги были более стационарными, связь ослабевала, и в эпоху проникновенного оккультиста и великого аскета, именуемого в истории **Юлианом Отступником**, мифологические эгрегоры настолько ослабли, что вызов, задуманный и выполненный упомянутым магом, доставил ему «зрелище шествия поблекших, исхудалых, больных богов древности».

После этого предисловия я вправе перейти к перечислению планетных влияний и их соответствий.

Представим себе **7 Вторичных Причинностей**, отраженных **треугольником Первичных Причинностей**, в схеме трех столбцов.

Планетам правого столбца **(+)** присвоим названия **добрых**. Планетам левого (**–**) названия **злых**. Про Солнце скажем, что оно **синтетично**; про Меркурия — что он **приспособляется**; про Луну — что она **пассивна**.

Солнце по отношению к Луне будет мужским элементом, оплодотворяющим ее при посредстве Меркурия.

Марс с Венерой сближаются в силу существования в синтетичном Солнце элементов того и другой; так же сближаются Сатурн с Юпитером.

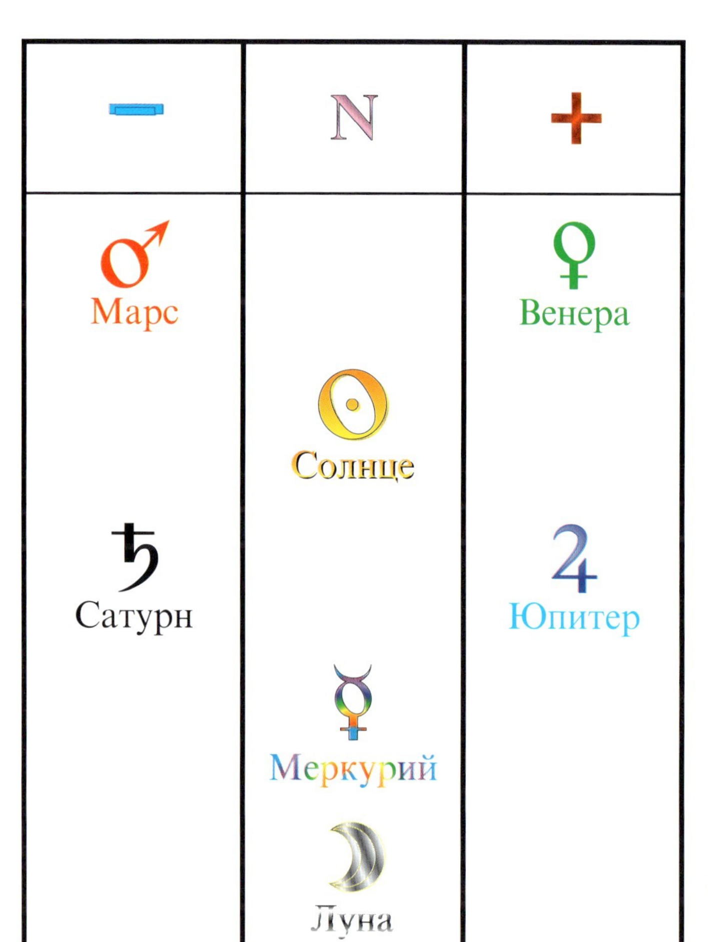

Черт. 28.

Про Марса, Аполлона (Солнце), Сатурна, Юпитера будем говорить, что это **мужские планеты**; про Венеру и Луну, что это **женские планеты** (по чисто мифологическим соображениям). Меркурию приписывается **андрогинат**, что согласуется с его ролью посредника при оплодотворении, то есть схемы совокупности мужских и женских половых органов.

Теперь сведем **7 Вторичных Причин** с их важнейшими аналогиями в общую таблицу. Столбцы этой таблицы дадут нам повод к целому ряду комментариев, помещаемых после таблицы.

Планеты	Ангелы	Однозначные числа	Цвета	Запахи	Металлы	Камни	Таинства	Периоды жизни	Атрибуты лицевой стороны талисмана	Атрибуты оборотной стороны талисмана	Дни недели	Годы с Марта по Март следующего года	Состав
♄	Oriphiel... Jehudiel... Zaphkiel...	3 Змея	Черный	Сера	Свинец	Магнитный железняк Халцедон	Елеосвящение	Старость	Коса	Козлиная или бычья голова	Суббота	1907	Холодный сухой
♃	Zadkiel... Sealtiel...	4	Синий	Шафран	Олово	Сапфир Берилл	Евхаристия	Зрелость	Корона	Орлиная голова	Четверг	1908	Теплый сырой
♂	Samael... Barachiel...	5	Красный	Перец Имбирь Перечная мята	Железо	Аметист Алмаз Яшма	Покаяние	Молодость	Меч	Львиная голова	Вторник	1909	2 теплый 1 сырой
☉	Michael...	6 Tourbillon	Желтый	Сандал красный	Золото	Карбункул Хризолит Солнечный камень	Священство	Детство	Круг	Человек	Воскресенье	1910	Теплый сырой
♀	Anael... Uriel...	7 Правильные фигуры	Зеленый	Вербена Мускус	Медь	Ляпис-Лазурь	Брак	Молодость	G	Голубь	Пятница	1911	Теплый сырой (сырой Солнца)
☿	Raphael...	8 Кадуцей	Разноцветный	Мастика	Ртуть	Изумруд Агат	Миропомазание	Переход к возмужалости	Крылатый кадуцей	Собачья голова	Среда	1912	Применяется
☽	Gabriel...	9	Белый	Алоэ Белый сандал Амбра Камфора	Серебро	Хрусталь Жемчуга Белые кораллы	Крещение	Отрочество	Знак Луны ☽	Чаша	Понедельник	1913	Холодный Сырой

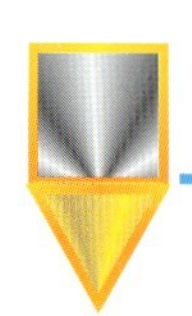
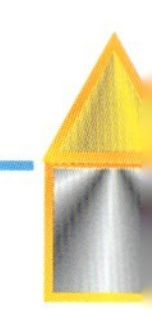

Комментарии

1) К столбцу планетных знаков.

Планетные знаки составлены в первоначальном начертании из следующих элементарных символов:

1) ☉ знака Солнца — символа эманации жизненной энергии, питательных флюидов.

2) ☽ знака Луны — символа способности восприятия, интуиции, способности отражать полученные флюиды.

3) + знака элементов, стихийных влияний.

Соответственно этому знак Сатурна имел следующее начертание:

♄ = +☽ — элементы доминируют Луну, то есть в жизни Сатурна, или, лучше сказать, в восприятии нами влияния Сатурна, стихийные влияния (обстановка) играют более важную роль, нежели интуиция воспринимающего субъекта или объекта.

В знаке Юпитера мы имеем ♃ = ☽+, то есть обратное положение.

В знак Марса ♂ = ☉↗ кроме знака Солнца вошла стрелка, указывающая на особенность восприятия жизненных флюидов под влиянием Марса. Стрелка указует на огненные знаки Зодиака, усиливающие поступление флюидов и придающие их восприятию особую стремительность — все, что посылает Марс, получается в мощной форме и неожиданно.

Знак Венеры ♀ = ♀ показывает, что в области ее влияния важнее элемент запаса жизненных сил, нежели обстановка.

Синтетичный знак Меркурия ☿ разложится так: ☿ , то есть при его влиянии самое важное — восприимчивость субъекта, на втором плане — поступление жизненного материала, а потом уже — учет обстановки. Например, в вопросе обучения на первом плане — способности ученика, на втором — качество школы, на третьем — обстановка ученья.

Некоторыми писателями введен знак Земли , печально истолковываемый как преобладание в земной жизни влияний обстановочных над запасом жизненных астральных начал в субъекте. От комментариев воздержусь.

См. стр. 478

2) К столбцу планетных Ангелов.

Нами приведены лишь наиболее употребительные названия ангелов. Разница в наименовании ангела одной и той же планеты отчасти зависит от параллелизма наречий еврейского, халдейского и сирийского, отчасти от вошедших позднее в употребление наименований Гностической Школы. Под термином ангел в этом столбце подразумевается совокупность обоих ментальных влияний планеты (ангел + дух) в той ее части, которая ощутительно сказывается на проявлениях **земной жизни.**

Для того чтобы осмыслить эту таблицу, я вынужден сообщить вам характеристики планет в сфере их ментального и астрального влияния на земную жизнь, а равно и в области **реализаций** физического плана, зависящих от столкновения этих влияний с соответственными проявлениями земных астральности и ментальности, что я **неточно** назову **влиянием планеты в физическом плане.**

Начинаю в порядке планет:

♄ **Сатурн** в ментале дает представление о непреложности логических законов, в астрале гнетет напоминанием о Суровой Карме, что в физическом плане дает преобладание проявлениям опыта жизни, меланхолическим настроениям и осторожности, доходящей до скупости.

♃ **Юпитер** — ментально твердит о необходимости системы и методы во всем; астрально — порождает и поддерживает авторитеты; физически — сеет справедливость, приветливость, поддержку, проявления административных талантов.

♂ **Марс** — в ментале напоминает о возможности ускорения и усиления процессов; в астрале определяет храбрость и решительность, облегчающие в физическом плане все порывистые (в частности, гневные) и насильственные действия.

☉ **Солнце** — в ментале не скупится на всяческие активные инфлуксы, порождающие в астрале вкус к формам и желание делиться с другими плодами творчества в этой области, что реально дает элементы искусства, щедрость, презрение к вульгарному (то есть к скупому на оригинальные жизненные проявления).

♀ **Венера** служит представительницею принципа притяжения во всех его формах, переходящего в астрале в разновидность любви, а в физическом плане — в производительность во всех областях.

☿ **Меркурий** — в ментале учит нас приспособляться к идеям, в астрале внушает гибкость в желаниях, ловкость в их видоизменениях, а в физическом плане спекулирует во всех смыслах этого слова и патронирует все перемены.

☽ **Луна**, как «мировая матка», восприимчива к ментальным инфлуксам, интуитивна в астрале, что в физическом плане естественно проявится в форме склонности к настроениям, ясновидению, покорности влияниям и судьбе.

3) Столбец однозначных чисел приведен мною для полноты таблицы.

Фигуры и числа этого столбца в новых школах иногда служат для маскировки обозначения столбца планетных знаков.

Дело в том, что 3 похоже на знак Сатурна и на вьющуюся змею, посвящаемую той же планете; 4 очень сносно фигурирует знак Юпитера; 5 сойдет за плохо написанный знак Марса; фиоритурно записанное 6 может напомнить вихри (tourbillons), на которые так щедро Солнце. Почему Венере не посвятить хорошенькие правильные фигурки? 8 может напомнить кадуцей Меркурия, а 9 сойдет за два неровно написанных серпа Луны.

4) Цвета планет имеют не только условное значение при ритуальной обстановке планетных магических церемоний, но еще могут служить для распознавания явлений, патронируемых той или другой планетой. Вообще говоря, ауральные, тонкие эманации неполно материализованных планетных сущностей имеют оттенок планетного цвета, как бы окрашивая в таковой фон самого видения.

5) Столбец **Запахи** дает указания ароматов, которыми предпочтительно пользуются при соответственных планетных операциях.

Запах **ладана** настолько синтетичен, что может заменить любой из перечисленных ароматов, с тем, однако, оттенком, что настроение оператора приобретает более мистический характер. Вот почему он неуместен при планетных операциях черной магии.

Ароматы при операциях сжигаются непосредственно или тлеют на угольях жаровни. Ароматы растительного происхождения могут быть взяты как в экстрактивной форме (спиртовые вытяжки), так и в форме засушенных частей растений; второе, однако, предпочтительнее.

6) Планетные металлы указаны не только для обиходных предметов соответственных церемоний, но и как материал для изготовления планетных талисманов и планетных пантаклей.

Отметим попутно разницу в значениях талисмана и пантакля.

И тот и другой при подходящих размерах могут предназначаться для ношения на теле.

Талисманы при этом играют роль конденсаторов планетной энергии, уже имеющейся у субъекта. Поэтому нелепо было бы субъекту, почти лишенному, ну, хоть влияния Юпитера, носить талисман таковой планеты.

Пантакли, в противоположность талисманам, по самому способу их освящения, магнетизируются флюидами соответствующих им планет, а потому искусственным образом могут создать связь с эгрегорическими элементами планет.

Упомянутый нами субъект мог бы носить пантакль Юпитера, именно руководствуясь тем, что ему в жизненных обстоятельствах нужно влияние планеты, с которой у него не имеется естественной связи.

Здесь уместно указать вкратце прием изготовления **пентаграммы, употребляемой при магических операциях**. Общий характер пентаграммы — ее **синтетичность**. Оттого-то в физическом плане она должна быть изготовлена из сплава семи планетных металлов. В астральном плане церемония ее освящения должна поставить ее в связь со всеми семью планетными влияниями. Пентаграмма освящается шестью малыми и одной большой магическими церемониями. Большая церемония совершается под влиянием планеты, доминирующей в астральном составе будущего носителя пентаграммы. Предшествующие ей малые церемонии относятся к остальным шести планетам.

Синтез элементов пентаграммы должен намекать не только на суммирование планетных влияний, но и на полярности человеческой природы и человеческого миросозерцания, нейтрализуемые персоной мага. Оттого на пентаграмме должны быть помещены:

1) начертания знаков י (**Jod**) и ה (**Hè**) — Человеческий Андрогинат;

2) знаки **A** (**Alpha**) и **Ω** (**Omega**) — знание Источника Первобытного Человечества, так сказать, его Происхождения и Цели, к которой в настоящее время идет Человек (его Реинтеграция);

3) схожие с ними знаки א (**Aleph**) и ת (**Thau**), символизирующие ряд мажорных Арканов Тарота как схему нашего оккультного миросозерцания;

4) наименования חסד (**Chesed**) и פחד (**Pechad**) — **Милосердие** и **Строгость** — два элемента, нейтрализуемые порождаемой ими **Гармонией** в сфере этической эволюции Человечества.

Большая церемония Освящения пентаграммы носит опять синтетический характер, но уже по отношению к так называемым герметическим элементам, в центре Креста которых поместится будущий маг. Пентаграмма обдувается дыханием (Воздух), окропляется Освященной Водой, сушится на Огне курильницы ароматов, поставляется на Землю; и каждая из этих манипуляций производится по пять раз, связуясь с произношением букв **Jod** (Восток), **Hè** (Север), **Vau** (Запад), **Hè** (Юг), **Shin** (Центр Креста).

Необходимым элементом окончательного Освящения пентаграммы войдет произношение шепотом традиционно-синтетического Великого Слова — **AZOTH** (см. 4-й Аркан).

Если невозможно сделать пентаграмму из сплава семи металлов, то довольствуются андрогинатом сплава двух благороднейших — золота и серебра, или даже одним золотом. Часто золотую пентаграмму чертят на девственном пергаменте и пользуются ею как металлическою.

7) Камни, перечисленные в седьмом столбце, служили когда-то для изготовления гностических талисманов, известных под названием «**Abraxas**». На этих талисманах гравировались: для ♄ — хромой старец или змея, обвивающая солнечный камень; для ♃ — орел с пентаграммой в когтях или в клюве; для ♂ — дракон, кусающий рукоять меча; для ☉ — змея с львиной головой; для ♀ — знак лингама; для ☿ — тройной герметический кадуцей (знак **Azoth**'а) или кинокефал (человек с собачьей головой); для ☽ — глобус, прорезанный двумя лунными серпами.

8) Столбец планетных соответствий Таинств, признаваемых большинством представителей Христианского Епископального Эгрегора, явился прямым последствием эзотерического развития элементов

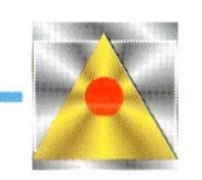

Христианского Учения теми из Отцов Церкви, которые были не чужды Посвятительным Учениям.

Елеосвящение, в котором преподается **Благодать**, очищающая астросом от греховных клише, уклонившихся, так или иначе, от влияния Таинства Покаяния, посвящено Сатурну, потому что касается элементов, **фатально** вкравшихся в карму христианина.

Евхаристия, как Таинство, в первый раз сообщающее, а в следующие разы обновляющее **авторитет** крещеного субъекта в области эволютивных христианских начинаний, естественно поставлена в соответствие с Юпитером.

Покаяние, требующее от приносящего его **резких и мощных** усилий над самим собой, отнесено к Марсу.

Священство, облекающее носящего его способностью **распространять** лучи Света христианства, поставлено в параллель с влиянием Солнца.

Брак, ставящий условие существования взаимного **притяжения** брачующихся, отнесен к Венере.

Миропомазание, сообщающее способность **спекулировать** в области христианской Догмы и Морали, так сказать, **приспособляя** себя к следованию христианским идеалам, отнесено к Меркурию.

Крещение, поставленное ритуально в связь с элементом **воды**, конечно, вызывает в воображении ассоциацию лунного влияния.

Не могу не заметить попутно, что обрядовая сторона крещения, в том виде, как она практикуется Православною Церковью, точно символизирует первый астральный выход неофита-посвящаемого под покровительством или даже в сообществе Учителя и будущих товарищей, при котором вновь посвящаемый погружается в область влияния земного астросома, побеждает инволютивные реакции его темных клише, выходит победителем в чистый астрал и возвращается в тело, чтобы начать новую жизнь Посвященного.

Круговой ток земного астросома символизируется водою купели, из которой крещаемый выходит обновленным. При обряде роль Учителя принадлежит лицу, совершающему крещение, а роль будущих товарищей — восприемникам при крещении.

9) Периоды жизни легко распределить между планетами, если заметить, что в раннем **детстве** резче всего сказывается и больше всего нужно правильное поступление жизненных сил, фигурируемое Солнцем; **в отрочестве** наиболее развита **восприимчивость** к окружающим влияниям (Луна); в **молодости** более всего сказываются **начало притяжения** (♀) и стремление к **порывистым проявлениям** (♂); переход к **возмужа-**

См. стр. 478

лости обусловливает **уменье приспособляться** (☿); **зрелый возраст** не чужд **системы и методы** в жизни (♃), а **старость** имеет склонность к учету логических законов и крайней **осторожности** (♄).

10) Лицевая сторона обыкновенных магических планетных талисманов должна носить изображение знака Микрокосма (пентаграммы), а под ним — один из помещенных в 10–м столбце атрибутов.

11) Обратная сторона талисмана снабжена знаком Макрокосма (Соломонова Звезда) и одним из атрибутов 11–го столбца.

Материалом талисмана, как мы уже сказали, служит кружок соответствующего планете металла. Для Меркурия, конечно, пользуются амальгамою какого-либо металла, не стоящего в противоречии с планетными носителями талисмана.

См. стр. 478

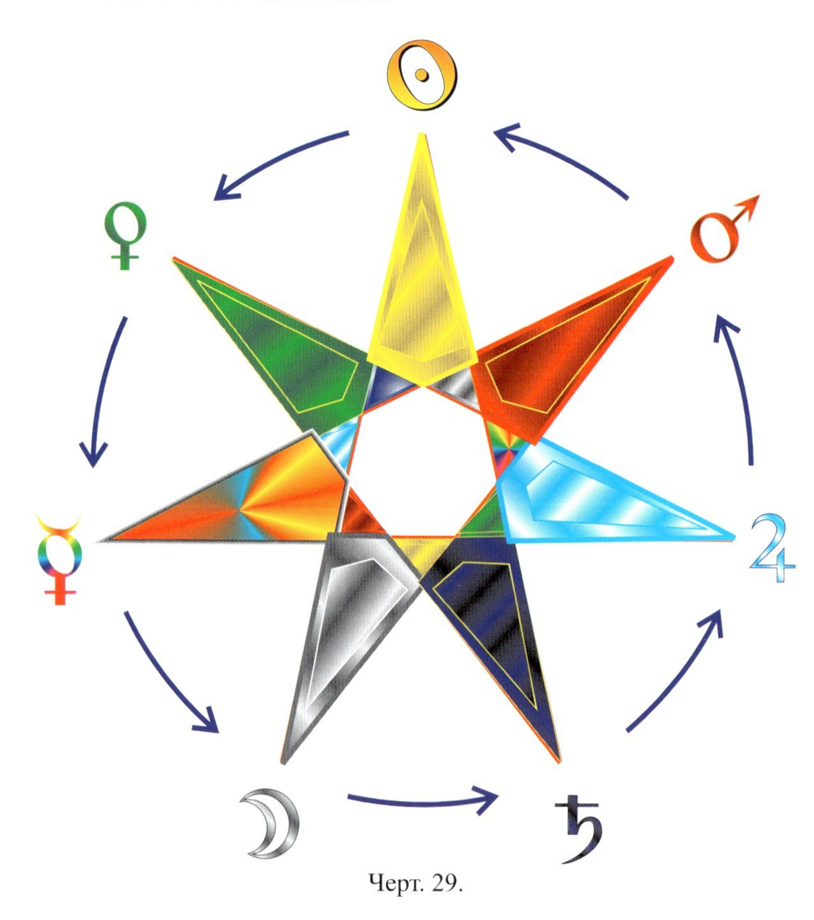

Черт. 29.

12) Порядок планетных сфер нами принимается следующий:

♄, ♃, ♂, ☉, ♀, ☿, ☽.

Солнцу посвящается воскресенье, далее дни идут в порядке планет, приходящихся через две в выписанном ряду, если, окончив его Луной, опять возвращаться к Сатурну; таким образом, понедельник принадлежит Луне, вторник — Марсу и т. д.

См. стр. 478

Эту схему распределения дней можно приурочить к порядку вершин звездчатого семиугольника, взятого нами пантаклем Септенера. Порядок планет по окружности соответствует порядку сфер, а порядок по периметру звездчатого семиугольника — порядку дней недели.

Приведенное соответствие оправдывается главным образом эгрегорическими требованиями всех средневековых школ, что дает ему значительную астральную силу.

Для планетных магических церемоний рекомендуется выбирать дни, соответствующие планетам.

Французские наименования дней недели (кроме dimanche — воскресенья) этимологически подтверждают таблицу соответствий.

13) Магический год начинается в момент восхода Солнца в тот день, на который приходится весеннее равноденствие, следовательно, по старому стилю между восьмым и одиннадцатым числами Марта.

В таблице, таким образом, под 1907 годом разумеется промежуток времени от весеннего равноденственного числа 1907 года до весеннего равноденственного числа 1908 года и т.д.

Как видно из таблицы, годы следуют в нормальном порядке планетных сфер. Значит, если 1910 год находится под влиянием Солнца, то это же можно сказать о 1903, 1896, 1889 и т.д.

Число 1910 при делении на 7 дает в остатке 6. Следовательно, шестой год после Р.Х. был солнечным, а тогда и тот год, в декабре которого родился Христос, будет также солнечным, чем и объясняется стремление распределить годы по планетным влияниям так, как это сделано в таблице.

Не все признают это распределение, но почему не соблюсти лишнюю предосторожность в больших предприятиях, начиная их под благоприятным планетным влиянием?

14) Столбец, озаглавленный «**состав планет**», дает оценку свойств низшего астрала планет в условной терминологии Герметической Философии.

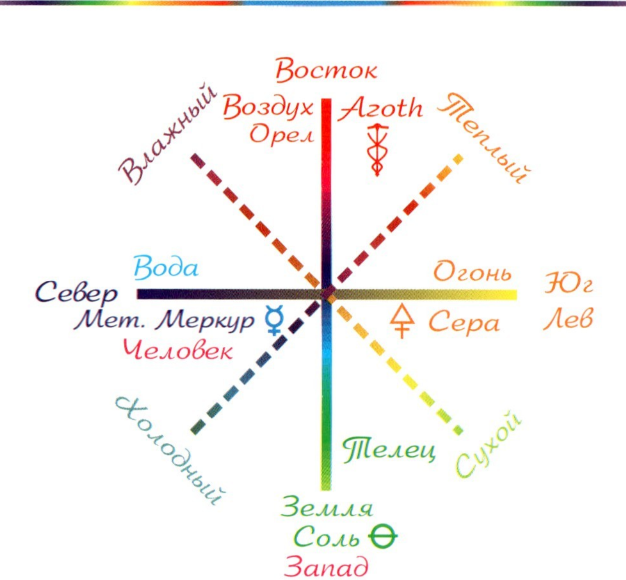

Кватернер Ап. Иоанна

Черт. 30.

Мы не будем здесь вдаваться в толкование этой терминологии, а лишь приведем схему характеристики четырех герметических элементов в их атрибутивной части.

Свойство, условно именуемое «**влажностью**», дает два полюса: **влажный — сухой**; другое свойство, условно именуемое **теплотой**, дает полюсы: **теплый — холодный**.

Атрибутивность элементов определяется следующим образом:

воздух — теплый, влажный
вода — влажная, холодная
земля — холодная, сухая
огонь — сухой, теплый.

Это позволяет построить следующую таблицу кватернера элементов в кватернере их атрибутивностей. (См. черт. 30.)

Как видим, кватернер получается в схеме Апостола **Иоанна**.

Нам остается сказать несколько слов о так называемой «**дружбе**» и «**недружбе**» планет, а также указать основания расчета **планетных часов** в различные дни недели.

В астрологии под «дружбой» планеты с другою планетой разумеют усиление хороших влияний или ослабление дурных влияний первой планеты второю.

В общем курсе Магии под «дружбой» разумеют поддержку, под «недружбой» — ослабление влияния первой планеты второю.

Отложив рассмотрение дружбы и недружбы в астрологическом смысле на семнадцатый Аркан, мы ныне займемся лишь **магической таблицей дружбы и недружбы семи планет** по схеме, принятой новейшими школами.

Сатурн в дружбе с Марсом и в недружбе со всеми остальными. Фатальные события ускоряются стремительностью каких бы то ни было проявлений, но, конечно, задерживаются и смягчаются активными проявлениями остальных вторичных причин.

Юпитер в дружбе со всеми, кроме Марса. Действительно — методичности, систематичности, приветливости не может быть на руку резкость.

Марс в дружбе с Венерой и в недружбе со всеми остальными.

Притягательная сила любви поощряет резкость и внезапность проявлений, но логика Сатурна, рассчитанная приветливость Юпитера, щедрость Солнца, приспособляемость Меркурия и пассивность Луны предотвращают все резкое и насильственное.

Солнцу помогают расточать его благодеяния приветливый Юпитер и притягательная Венера, но, конечно, мешают холодный Сатурн и резкий Марс.

Венера при своей работе рада богатству жизненных флюидов (Солнце), искренним порывам (Марс), покладистости (Меркурий) и восприимчивости (Луна), но терпеть не может холодной логики (Сатурн). Что же касается опытного администратора (Юпитер), то нельзя сказать, чтобы он не признавал Венеры, но следует отметить, что он слишком любит ставить ей границы, регламентировать ее, а потому не сумел заслужить ни ее симпатий, ни антипатий.

Меркурий ко всем влияниям **применяется**, а

Луна все воспринимает **пассивно**.

	Дружба с	Недружба с
♄ Сатурн	♂	со всеми остальными
♃ Юпитер	со всеми остальными	♂
♂ Марс	♀	со всеми остальными
☉ Солнце	♃♀	♄♂
♀ Венера	☉♂☿☽	♄
☿ Меркурий	**применяется ко всем**	
☽ **Луна**	**пассивна**	

Перехожу к основаниям **расчета планетных часов**, необходимого для того, чтобы планетные магические церемонии совершать не только в день, посвященный планете, но и в надлежащий час этого дня.

Магические сутки начинаются с момента астрономического восхода Солнца в данном месте и распадаются на **магический день** (от восхода до захода) и **магическую ночь** (от захода до восхода).

Как день, так и ночь, конечно, вообще говоря, в разное время года имеют неодинаковую продолжительность и начинаются в различные часы по среднему времени.

Магический день распадается на 12 равных частей, именуемых **магическими дневными часами**. Ночь распадается на 12 ночных часов.

В воскресные дни первый магический дневной час посвящен Солнцу; в понедельник — Луне; во вторник — Марсу и т.д. Иными словами, **первый дневной час всегда посвящен планете самого дня**. Далее часы следуют в своих соответствиях нормальному циклическому порядку планетных сфер. Так, в воскресенье 2-й дневной час принадлежит Венере, третий — Меркурию, четвертый — Луне, пятый — Сатурну, шестой — Юпитеру, седьмой — Марсу, восьмой — Солнцу, девятый — Венере, десятый — Меркурию, одиннадцатый — Луне, двенадцатый дневной — Сатурну; первый ночной — Юпитеру, восьмой ночной — ему же, десятый ночной — Солнцу, двенадцатый ночной — Меркурию, а первый дневной час понедельника — Луне, как это и было предрешено.

Возможность такого распределения обусловлена тем, что, с одной стороны, 24 при делении на 7 дает в остатке 3, а с другой стороны, дни недели распределены между планетами по схеме скачков через две планеты в третью.

Даем два примера задач на распределение планетных часов.

ЗАДАЧА 1-я

Определить часы Венеры в пятницу 9-го Декабря 1911 года (старый стиль) в городе С.-Петербурге.

Решение:

1. По календарю имеем:

Заход Солнца в	2 ч. 55 мин.
Восход Солнца в	9 ч. 02 мин.
Продолжительность дня =	5 ч. 53 мин.

Продолжительность дневного часа = (5 ч.53 мин.) : 12 = 29 мин.25 сек.
или (в круглых числах) 29½ минут.

II. По календарю:

Восход Солнца	10–го декабря в	9 ч. 02 мин.
Заход Солнца	9–го декабря в	2 ч. 55 мин.
Продолжительность ночи =		18 час. 07 мин.

Продолжит. ночного часа = (18 час. 7 мин.) : 12 = 1 ч. 30 мин. 35 сек.
или (в круглых числах) 1 ч. 30½ минут.

На практике продолжительность ночного часа с достаточной точностью определяется вычитанием продолжительности дневного часа из двухчасового промежутка. В нашем частном примере оба приема вычисления дают один и тот же результат из-за одинаковости часа восхода солнца 9–го и 10–го декабря по календарю.

Часами Венеры в пятницу будут:
1–й дневной, 8–й дневной, 3–й ночной, 10–й ночной.

1–й дневной	— от	9 ч. 02 мин. до	9 ч. 31½ мин. утра.
8–й дневной	— от	12 ч. 28½ мин. до	12 ч. 58 мин. дня.
3–й ночной	— от	5 ч. 56 мин. до	7 ч. 26½ мин. вечера.
10–й ночной	— от	4 ч. 29½ мин. до	6 ч. утра 10–го декабря.

ЗАДАЧА 2–я

Под каким планетным влиянием приходится момент 7 ч. 38 мин. вечера 15 декабря 1911 года (ст. ст.) в г. С.-Петербурге?

Решение. Час, конечно, ночной.
По календарю:

Восход Солнца	16–го дек.	9 ч. 03 мин.
Заход Солнца	15–го дек.	3 ч. — мин.
Продолжительность ночи =		18 ч. 03 мин.

Продолжит. ночного часа = (18 ч. 03 мин.) : 12 = 1 ч. 30 мин. 15 сек.
От захода до указанного в задаче момента прошло 4 ч. 38 мин.
Частное (4 часа 38 мин.) : 1 ч. 30 мин. 15 сек. равно 3 с дробью.

Значит, момент принадлежит четвертому ночному часу 15–го декабря (четверг). В четверг Юпитеру принадлежит 1–й, 8–й дневные часы, 3–й и 10–й ночные часы. Если третий час Юпитера, то четвертый принадлежит Марсу, что и представляет ответ на нашу задачу.

8
H
LATINE
ח
HEBREV
SANSCRIT
HIEROGLYPH
Archeométre
SAINT-YVES
JUSTICE
LIBRATIO
LEX
KARMA
CANCER
בינה-גבורה

Лекция XII

ח Восьмой Аркан

Соответствующий восьмому Аркану знак еврейского алфавита ח (**Cheth**) обладает числовым значением 8 и астрологическим соответствием в лице зодиакального знака **Рака** ♋.

Иероглиф этого Аркана — **поле**, то есть все, что подлежит возделыванию, обработке, культуре. Это та пассивная область, на которую должна обратиться деятельность Победителя VII-го Аркана.

Картина VIII-го Аркана на заднем плане дает нам 2 колонны; на переднем плане — женскую фигуру (**Фемиду**), сидящую в среднем по отношению к колоннам пространстве. Лоб этой фигуры охвачен золотым обручем; на глазах у нее повязка; на груди — **Солнечный Крест** на цепи. В правой руке (картина построена зеркально) она держит весы, в левой — меч. Фигура предполагается сидящей на **кубическом камне**, но складки ее одежды покрывают сиденье, скрывают его от взоров зрителя.

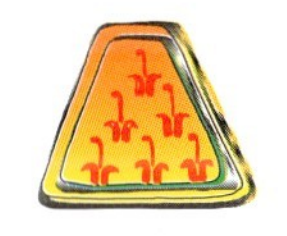

Попробуем истолковать эту картину.

Фигура **женская** — Аркан фигурирует нечто **устроенное**, установленное.

На картине 3 раза встречается бинер, все время уравновешиваемый третьими терминами. Первым указанием на бинер являются колонны 2-го Аркана, — они уравновешены **Фемидою** в среднем пространстве. Здесь они истолковываются несколько иначе, чем прежде. Это новое толкование коротко формулируется так: если ты видишь **Jakin** и знаешь, что посередине **Фемида**, то выводишь, что с другой стороны должен быть **Bohas**. Если ты видишь то, что символически нами названо одною силою из числа двух, могущих составить **пару**, и признаешь существование астрального вихря (tourbillon), в систему которого входит видимая тобою сила, то ты тем самым должен признать и существование второй силы, дополняющей первую до пары, а следовательно, равной ей, параллельной ей, но направленной в противоположную сторону.

Если ты отдаешь себе отчет в том, что у тебя есть воображение, рисующее тебе образы в **настоящем**, и ты вместе с тем представил себе какие-то клише, как **прошедшие**, то ты должен знать о возможности представлять другие клише в **будущем**.

Если ты веришь в Высшую Андрогинную Манифестацию Божества и усмотрел в каких-либо эманациях Ее характерную черту активности, экспансивности, **того, что ведает**, то ты тем самым должен быть убежден в существовании других эманаций пассивного, аттрактивного характера, совпадающих с областью **того, что ведать можно**.

Если есть **справедливость** (–) и есть возможность душевной **гармонии** (**N**), то, наверное, существует и милосердие (**+**).

Если существует идея **подъема** (**+**) и если допущена идея **уровня** (**N**), то должна существовать идея **спуска** (–).

Эти формулировки наводят нас на заголовок 8-го Аркана в плане **Архетипа** — **Libratio***, то есть идея равновесия Великих Метафизических Весов, одна чаша которых нагружена положительным полюсом Великого Аркана, другая — отрицательным, а указатель при коромысле которых символизирует Андрогинную Вершину Восходящего Треугольника.

Меч, фигурирующий в левой руке **Фемиды**, я отнесу к толкованию Аркана в Человеческой области Теософического Тернера. Он напоминает нам, что есть **Фемида**, хотя бы и условная, приспособленная к эпохе, местности и среде. Он напоминает нам, что есть **Lex** (закон), что нарушение этого закона (–) вызовет кару (**+**) в силу присутствия уравновешивающего начала (**N**). Это слово **Lex**, название условных норм, подлежащих эволюции во времени и в пространстве, но необходимых в каждый данный момент, мы и возьмем вторым заголовком Аркана.

У Фемиды в правой руке **весы** — опять бинер с нейтрализующим элементом. Отнесем его к области **Природы**. Если кто качнет эти весы в одну сторону, то, в силу необходимости восстановления равновесия, произойдет и качание в противоположную сторону.

Если кто положит гирю в 5 фунтов на левую чашу и не успеет ее снять, то ему придется для равновесия нагрузить правую чашу грузом в 5 фунтов.

Если кто процессом, несообразным с законами равновесия, запятнал свою Карму, этот формуляр своей Личности в цепи ее инкарнаций, то ему придется стирать это пятно, когда он повторно наткнется на искаженную им страницу.

Вот мы и добрались до третьего заголовка Аркана. Этот заголовок — **Karma**.

Самая картинка носит название — **Themis** или **Justice****.

Переходим к арифмологической оценке Аркана.

---

*) **Libratio** (*лат.*) — равновесие (неустойчивое), уравновешивание

) **Themis (*лат.*) — Фемида. **Justice** (*лат.*) — правосудие

Разложения номера на два слагаемых будут:

1) 8=1+7.

Первый Аркан есть тайна сознательных проявлений, применений, андрогинных уравновешенных начал.

7 есть Аркан Победы.

1+7 значит — применить победу.

И действительно, первый долг и первая забота победителя заключается в водворении порядка, справедливости, закономерности в завоеванной области.

Справедливость — жена победы; 8-й Аркан — жена 7-го.

Но где же Маг применяет плоды ментальной победы? Да конечно — в **астральном плане**, при астральных операциях.

И тут-то он должен твердо помнить закон **Либрации** и не забывать о важности противоположных анимических настроений.

Вы, скажем, решились внушить определенный поступок некоторому пациенту.

Ментальный толчок тем самым дан. Но вот беда! — вы сами страстно желаете выполнения вашего внушения, вы, так сказать, **астрально** в нем заинтересованы; это большое затруднение для его выполнения; могут быть задержки в порождении второй составляющей силы той пары, tourbillon которой послужит инструментом выполнения внушения. Вдобавок при образовании этой составляющей к ней могут присоединиться другие волютивные токи, и тогда вам понадобится усиление первой составляющей.

Во избежание всего этого стройте немедленно вторую составляющую; уравновесьте в астрале свое **желание** равновеликим ему **желанием**; убедите себя **анимически**, что вам безразлично, случится факт или нет, продолжая оставаться **ментально** убежденным в необходимости его реализации... Внушение осуществится в поразительно отчетливой форме.

Выражаясь обыкновенным языком — нам лучше всего удается то, что мы наметили себе в проекте, не примешивая к последнему личных анимических интересов.

Вот почему мы лучше выпрашиваем для других, чем для себя.

Вот почему желающий справедливо и скоро покарать должен быть милостиво настроен.

Вот почему сильный лучше выжидает удобный момент для борьбы, нежели слабый, который, по-видимому, должен был бы этим больше интересоваться.

Раз затронут вопрос о справедливости, естественно заинтересоваться тем, насколько и в какой форме оккультист может себе позволять **карать** ближнего.

Ведь астральное клише кары само образуется восьмым Арканом; следовательно, можно быть озабоченным лишь ментальной оценкой преступления или проступка, совершенного ближним. Эта ментальная оценка установит принципиально ось tourbillon, а астрал довершит остальное. Но, скажете вы, ведь Закон Кармы уже установлен раз навсегда — он эманирован в виде отрицательного полюса Треугольника Фабра д'Оливье.

Верно, и потому просвещенный последователь оккультизма имеет право на ментальную оценку поступков ближнего лишь в той мере, в какой он участвует в работе Эманаций Первоначала. Короче сказать — карать имеет право лишь **теург**, и как раз постольку, поскольку он теург.

Теургия, даже непродолжительная, требует великой ясности миросозерцания и великой чистоты настроения, и потому мы редко караем по праву.

Магические кары, допускаемые Христианским Иллюминизмом для своих адептов, носят коллективное название **Reprobatio** (буквально — осуждение).

Различают 3 степени **Reprobations**: неодобрение, скорбь о поступке ближнего, порицание.

Неодобрение формулируется так: «хоть ты мой брат, но я бы не хотел делить с тобою клише твоих поступков. Мы не вместе».

Эту степень кары Христос разрешил применять своим ученикам в самых крайних случаях. Символическая ее формула: «Отрясаем прах от ног своих».

Сам Христос в редких случаях применял вторую степень, степень траура, скорби о поступках ближнего: «Лучше бы не родиться тому человеку...»

Третья степень — порицание — поражает резкостью и неумолимостью последствий.

Примеры ее применения можно видеть у Моисея, широко пользовавшегося теургическими приемами. Вспомните хотя бы дело Корея, Дафана и Авирона.

См. стр. 479

В более близкие нам времена можно цитировать знаменитое порицание, произнесенное Гроссмейстером Ордена Тамплиеров Яковом Моле (Jacobus Burgundus Molay) из пламени костра по адресу сгубивших его Папы Климента V и короля Филиппа Красивого с призывом их на Суд Божий, первого — не позже 50 дней, а второго — не позже года. Оба предсказания о смерти сбылись даже ранее указанных Моле сроков.

Из всего сказанного вытекает опасность той кары, которая у нас носит название «проклятия».

Если, скажем, отец проклинает сына, то он при этом часто опирается лишь на свой авторитет (4–й Аркан), не имея за собой дальнейших Арканов. Но право репробации, как относящееся к 8–му Аркану, несомненно требует прохождения через 6–й и 7–й Арканы, то есть наличности герметической победы в проклинающем.

Другое разложение восьмерки на те же слагаемые 8=7+1 предоставляю анализировать самим слушателям как превосходство личной победы над проявлением уравновешенной воли, то есть как сознательную и добровольную косность Победителя.

Перехожу к разложению 8=2+6. 2=**Gnosis**=Знание; 6 — закон реакций в мире; следовательно, в общем, работа просвещенного оператора в области статического и динамического бинеров.

Но чем же закон реакции расширит миросозерцание ученого оператора?

Он внушит ему осторожность, предупредив его о существовании **возвратных ударов**.

Представим себе кого-нибудь оперирующим магически, то есть создающим астральный вихрь определенного назначения, переходящий на пациента. План операции таков: вихрь порождается оператором в наивозможно совершенном виде, направляется на пациента, производит свое реализационное действие, чем создает физический акт, клише которого ложится на карму оператора в положительном или отрицательном смысле.

Представим себе, что факт не реализовался, несмотря на существование вихря. Это может произойти в трех случаях:

1) Когда пациент оградил себя сознательно от нападения приемом сосредоточения на порождении астрального контрвихря с наинизшим подпланом, эквивалентным подплану надвигающегося вихря или даже более компактным. Это так называемое **активное отражение атаки**.

2) Когда пациент в момент энергетического соприкосновения с вихрем был огражден от действия такового сознательным и мощным сосредоточением на другом объекте реализации, входящем в цикл более могущественных, лучше обоснованных в астрале проектов, нежели план нападения. Например, когда пациент, которого вы энвольтируете на гибель, занят грандиозным планом созидания или разрушения коллективностей, в сравнении с которым личная ненависть является чем-то очень мелким, ничтожным во всех астральных подпланах.

3) Когда в момент соприкосновения с атакующим вихрем наидеятельнейшая часть пентаграммы пациента витает в подпланах значительно высших по сравнению с наидеятельнейшими же областями вихря. Например, вы желаете разорения человеку, живущему, как говорится,

вне сферы материальных интересов; или желаете неудачи по службе человеку, исключительно погруженному в научные стремления и пренебрегающему всеми элементами карьеризма; или посылаете лярвы ненависти человеку, молящемуся за своих врагов и т. п.

Во всех трех случаях вихрь не дойдет до предполагаемого пациента. Но факт существования вихря внес известное местное нарушение равновесия астральных форм. Астральная среда должна прийти к новому состоянию равновесия путем образования клише определенного факта. Если факт не случился с пациентом, то он перейдет на другую сущность из тех, которые наиболее связаны своими астросомами с сущностью астрального вихря. Такою сущностью, очевидно, является на первом плане сам оператор, как лицо, ввязавшее свои флюиды в процесс образования вихря. На него-то и перейдет реализация в форме, называемой в магии «**возвратным ударом**».

Вы магически пытались внушить любовь; вихрь отразился, и вы сами влюбились. Вы наводили порчу; не удалось — и вы сами захворали и т. п.

Во избежание сих дурных последствий представители черной магии всегда страхуют себя от возвратных ударов выбором второго, подставного пациента, направляя вихрь на двоих, но включая первого пациента более рельефным образом в церемонию магической операции.

Например, наводят болезнь на вас с оборотом, в случае неудачи, на знакомую лошадь или собаку, или на какого-либо очень пассивного человека, от которого нельзя ожидать отражения удара.

Другая форма 8=6+2 того же разложения будет интерпретироваться как введение бродила (6) двух путей в знание, то есть как тревожное сознание возможности обратить это знание не только на эволюцию, но и на инволюцию.

Перехожу к разложению 8=3+5.

Здесь метафизика, мир совершенных тернеров (3), проводится в жизнь с областью ее астральных лично-волевых импульсов (5) и притом доминирует над этой областью.

Но что значит в самом широком смысле — проводить метафизику в жизнь?

Это значит — **назревшие идеи переводить в формы**, а по аналогии — назревшие формы проводить в план реальностей.

Человек, желающий заслужить название **справедливого** (8), не имеет права, построив в общих чертах свое миросозерцание, не перевести его в стройную философскую систему. Если он воздержится от этого, он породит то, что на конкретном языке могло бы называться «болезненным

натяжением идей». И точно таким же образом стыдно было бы, составив план грандиозного, хорошо приспособленного здания или механизма, не делать попыток к его реализации.

Этим же разложением можно сильно смутить сторонников так называемой **платонической любви**, думающих ограничиться астральными проявлениями анимической области и забывающих, что они недаром **воплотились** и притом обязаны не уклоняться от последствий существования в третьем плане. Ведь этот план дает опорную точку астральному процессу очищения Кармы, и если в нем человек встречается с искушением двух дорог, то вовсе не для того, чтобы стоять перед ними в нерешительности, откладывая реализации до следующих инкарнаций, а как раз для того, чтобы сознательно и решительно избрать правую тропу. Можно сказать, что эти господа, произнесши י (**Jod**) и вслед за тем ה (**Hè**), боятся произнести ו (**Vau**), чтобы не увидеть **второго ה (Hè)**, за красоту которого они опасаются.

Люди этого склада типично некрасиво и нерешительно ведут себя во всех вопросах партийных несогласий. Уж если симпатизировать чему-нибудь, так во всех трех планах и проявлять эту симпатию; если ненавидеть что-нибудь, то и проявлять ненависть во всех планах.

Людей, держащих «нейтралитет» в физическом плане при наличии убеждения в ментальном и клише этого убеждения в астральном, Христос называет «**тепленькими**» в отличие от «**горячих**» и «**холодных**».

«**Горячий**» может легко сделаться «**холодным**», и обратно, но из вечно-косного, вечно-трусливого «**тепленького**» никогда ничего не выйдет.

Это хорошо понимали масоны последних трех столетий (XVII, XVIII, XIX). При посвящении в 30–ю Шотландскую степень, высшую из герметических степеней, будущий **Chevalier Kadosh** до принесения присяги вызывался на симуляцию убийства изменника Масонству с целью испытать, насколько он ненавидит его врагов. Кандидат на Посвящение не знал, что поражает в сердце барана с гладко выбритым боком, и искренно воображал себя исполнителем велений Ареопага о наказании брата-изменника.

Симуляция убийства при этих условиях, конечно, ложилась пятном на коллективную Карму масонской цепи и омрачала ее эгрегор, но с этим неудобством мирились ради крайней необходимости распознания «горячего» от «тепленького».

Обратное разложение 8=5+3 хорошо иллюстрируется практикой людей, приспособляющих свою логику и метафизическое миросозерцание к личным анимическим проявлениям. «Он мне нравится, а потому надо считать его пригодным для выполнения такой-то роли», — вот суждение типа 8=5+3. Дальнейшие комментарии излишни.

Перехожу к разложению 8=4+4 — наитипичнейшему в рассматриваемом Аркане.

Четверка противополагается четверке, то есть форма — форме; авторитет — авторитету; приспособление (adaptatio) — приспособлению.

Вы кого-нибудь оскорбили (форма), вам придется извиниться (форма); вы создали революционное правительство (авторитет) — ему противопоставляют диктатуру (другой авторитет); вы приспособили ухищрение для обхода или нарушения закона — полиция приспособит что-нибудь другое для уловления виновных.

Черт. 31.

Это общая формула Кармы, а также и человеческого условного Правосудия.

В магии преобладает противопоставление **форм**, в политике — противопоставление **авторитетов**, в экономической области — противопоставление **адаптаций** (спрос и предложение).

Закончив арифмологический обзор Аркана, обратимся к употребительнейшим его **пантаклям**.

Их два. Первый носит название «**Колеса Иезекииля**» или «**Колеса Пифагора**», в зависимости от рода символических начертаний; второй известен под именем «**Реализационного Пантакля**».

Колесо Иезекииля в интерпретации Розенкрейцерских Школ фигурируется чертежом 31–м.

Сплошной крест дает схему кватернера יהוה, то есть одного из динамических циклов; кватернер **INRI** понимается как анаграмма одного из трех тезисов:

Igne Natura Renovatur Integra.
Jesus Nazarenus Rex Iudaeorum.
In Nobis Regnat Jesus.

Первая строка нам уже встречалась; она разъясняет роль «**Огня**» **как очищающего и обновляющего** «элемента», то есть указывает на средство, позволяющее вращать «Роту», переходить от цикла к циклу в процессах произвождения.

См. стр. 479

Вторая строка указует на название Искупительной Жертвы Христа в эволютивном вращении «Роты».

Третья строка — девиз первых Розенкрейцеров — переводится буквально так: «в нас царит Иисус», и, конечно, должна пониматься не в смысле кичливого обособления Посвященных от профанов, а в смысле указания на долг каждого из нас разыскивать Христа в своем сердце и этим изысканием опять-таки вращать кватернер элементов в эволютивную сторону.

Круговая надпись **ROTA** указывает на направление вращения кватернера יהוה: от **R** к **O**, то есть так, чтобы י (**Jod**) переходил во **второе** ה (**Hè**) — иными словами — в **направлении разыскания причинностей.**

Общая фигура дает представление о восьмиконечном пучке прямых (8–й Аркан) и о «вращении колеса в колесе» (см. I и X главы кн. пророка Иезекииля).

По Иезекиилю — «**цвет колеса подобен цвету топаза**».

Колесо Пифагора (черт. 32) отличается от приведенной нами схемы, во-первых, тем, что места букв יהוה и **INRI** заняты пятиугольными звездами; во-вторых, тем, что нет указания на направление вращения; в-третьих, добавочными знаками внутри колеса, символизирующими 7 вторичных причин и процесс оплодотворения пассивного начала активным.

Совокупность знаков α и ω равносильна лингаму. Сплошной линейный пучок в центре пантакля символизирует физический план, являющийся как бы жалким островком среди пены астрального прибоя (внутренний кружок), который, в свою очередь, представляет ничтожное проявление неизмеримого океана ментальности (наружное кольцо).

Черт. 32.

Конкретное толкование пантакля увлекло бы нас в область астрономии, где наружное кольцо символизировало бы алкионарный звездный мир; внутренний кружок — Солнечную систему, а центральный пучок сплошных линий — элементарную жизнь нашей бедной планеты.

Реализационный пантакль имеет следующую форму:

Фон пантакля черный (низший астрал), наружный квадрат серебряный (готовая, пассивная рамка, в которой хотят что-нибудь реализовать); внутренний квадрат золотой (активные усилия, имеющие выполнить реализацию). Буквы восемь раз повторенного Великого Имени должны быть огненного цвета (**Igne Natura Renovatur Integra**).

Пантаклем пользуются при сосредоточении на проекте реализации крупных, важных, имеющих разрешить серьезные задачи ассоциаций, учреждений или даже отвлеченных нормировок.

Оценку восьмикратного повторения יהוה откладываю до статьи о десятом Аркане.

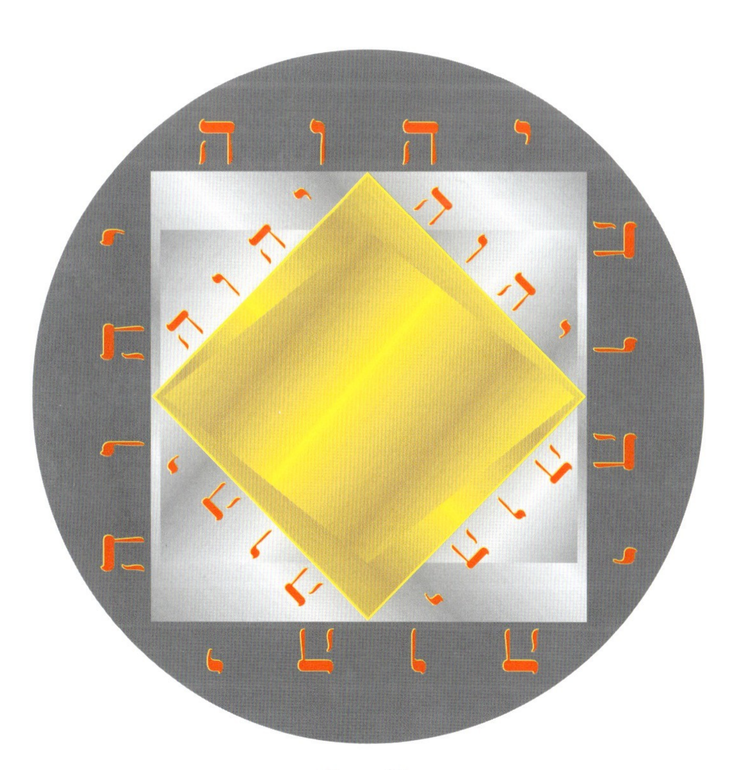

Черт. 33.

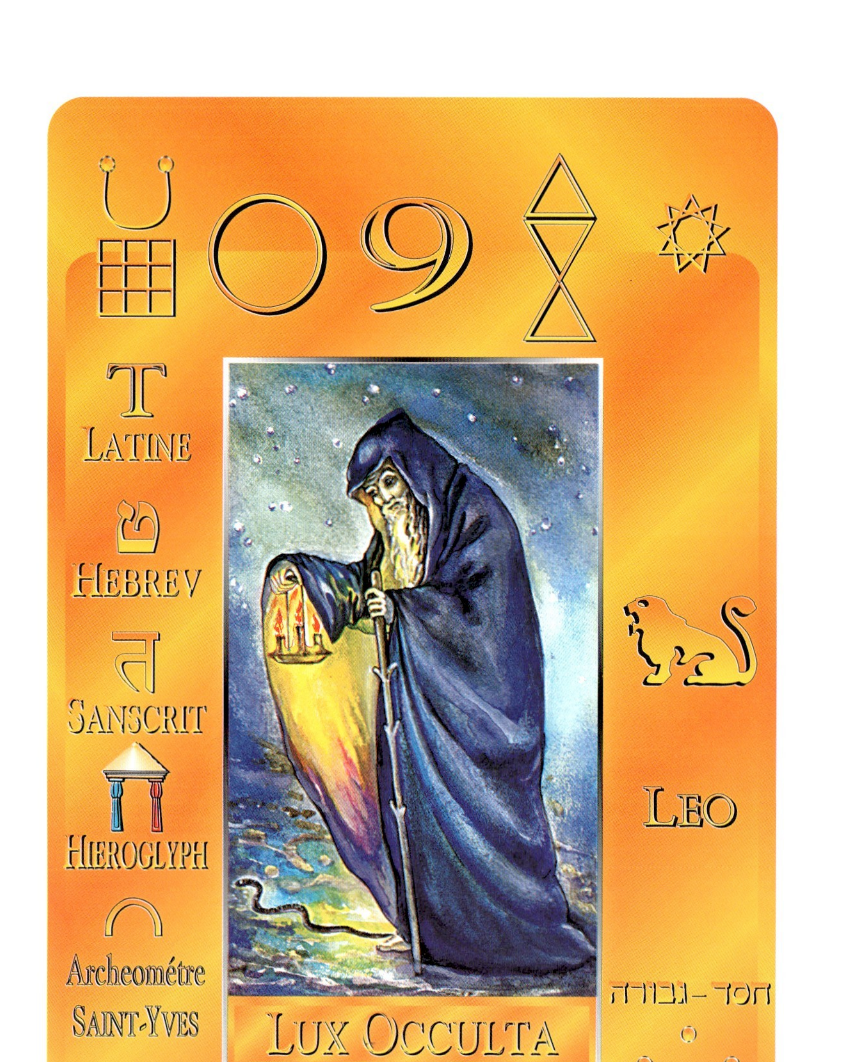

9
T
LATINE
HEBREV
SANSCRIT
HIEROGLYPH
Archeométre
SAINT-YVES
LEO
חסד - גבורה
LUX OCCULTA
PROTECTORES
INITIATIO
PRUDENTIA

Лекция XIII

ט Девятый Аркан

Знак девятого Аркана ט (**Teth**); числовое его значение=**9**; зодиакальное соответствие — **Знак Льва** ♌.

Иероглифом знака служит **крыша**, или **кровля**, как символ покровительства, защиты, изоляции от вредных влияний.

Картинка Аркана изображает собою идущего старца, держащего в правой руке (не зеркально) **лампу** с **тремя** огнями. Лампа эта отчасти скрыта под обширным **плащом** с капюшоном, облекающим старца **тройным** изгибом своих складок. В левой руке старца виднеется **посох**, служащий ему опорой при ходьбе. На посохе ясно вырисовываются следы **трех** сучков.

Лампа ясно указывает на Просвещенность в трех планах (3 фитиля). **Плащ** почти так же отчетливо символизирует **уединение**, изоляцию в трех же планах. **Палка** дает **опору** тройственного характера (сучки).

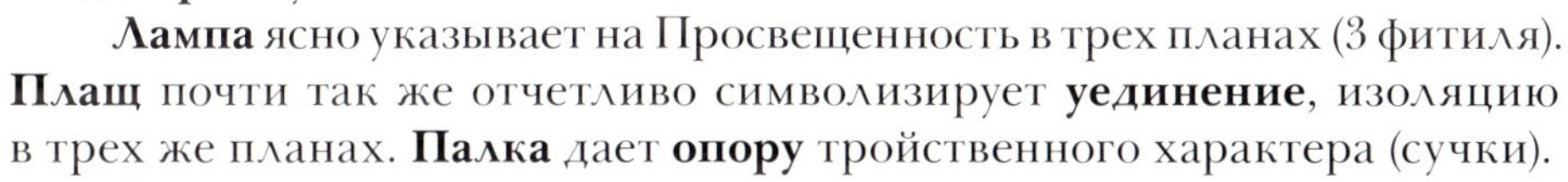

Возраст путника — намек на то, что перечисленными элементами можно сознательно пользоваться лишь в ту пору жизни, когда человека перестают обуревать личные страсти и перспективы личной жизни и эгоистической удачи в физическом плане.

Движение странника — указание на невозможность стационарности в развитии при наличии упомянутых данных.

Приступим к арифмологическому анализу Аркана, носящего вульгарное название **l'Ermite*** и научное название **Lux Occultata** или **Lux in Occulto****.

Первое двойное разложение в первой своей фазе дает 9=1+8, то есть рисует картину искания уравновешенной, проявляющейся, индивидуализованной единицы (1) в среде закономерности (8).

---

*) **l'Ermite** (*фр.*) — отшельник

) **Lux Occultata или **Lux in Occulto** (*лат.*) — свет потаенный, правильнее было бы **Lux Occulta**

Если это среда **Архетипа**, то в ней человек, жаждущий **покровительства**, находит идею и образ **Гениев-Покровителей**, помогающих ему определить в себе Человека вообще (свое сверх-Я).

Отсюда первый заголовок Аркана: **Protectores***.

Если розыски производятся в среде Человечества, то речь идет о самоопределении, астральном самопознании, введении элементов душевной гармонии в то, что именуют Личностью отдельного человека. Процесс этой эволютивной работы именуется **Посвящением** (Самопосвящением, то есть разысканием Покровителя в самом себе).

Второй заголовок будет **Initiatio****.

Если мы погрузимся в среду Природы вещей физического плана, то все сведется к умению стать лицом к лицу с индивидуализованным богом материалистов, именуемым **Случаем**. Под его покровительство трудно стать, не сообразуясь с данными **теории вероятностей**, которая в различных фазах жизни диктует нам различные степени **Осторожности**.

Отсюда третий заголовок — **Prudentia*****.

Вторая фаза первого разложения дает 9=8+1.

Здесь закономерность (8) среды давит и увлекает косную, хотя и здоровую личность (1), не умеющую в просвещении, в самоограждении и в искусстве осторожно лавировать далее степени, продиктованной ее средой.

Это формула талантливых людей, засасываемых средой или эпохой и потому не имеющих **личной** роли в процессе эволюции Человечества.

Второе двойное разложение номера Аркана даст прежде всего формулу 9=2+7, то есть — Науку (2) Победителя (7).

Какого Победителя? — Того, который прошел стадии метафизических семи первых Арканов.

Какова эта наука? — У нее две стороны: женская, пассивная, восприимчивая, именуемая «**Divinatio**»****, то есть умение «видеть» в Архетипе, Человеке и Природе.

Пророческий экстаз, внезапное освящение Благодатью, дающей вдохновение на созидание религиозного культа и его морали, будут хорошими примерами дивинации по Архетипу.

Дивинация по Человеку сведется к сенситивности в области астральных проявлений ближнего (смотрение аур, быстрые суждения о характере, развитии и степени нравственной эволюции, оценка способности одической эманации и т. п.), а также к тем системам, которые носят

---

*) **Protectores** (*лат.*) — стражи, заступники

) **Initiatio (*лат.*) — посвящение в таинство

***) **Prudentia** (*лат.*) — осторожность

****) **Divinatio** (*лат.*) — вдохновение, предчувствие, предвидение

общеизвестные названия хиромантии, френологии, физиогномики и т. д., и с которыми нам придется иметь дело в 17–м Аркане.

Дивинация по Природе выливается в формы, известные под названиями астрологии, геомантии и ее подотдела — картомантии, гидромантии, пиромантии и т. п. гаданий по стихиям (опять 17–й Аркан).

У Науки Победителя есть и мужская, активная сторона — уменье владеть астралом, то есть направлять и применять энергию своей личности в формах магнетизации, телепатии (передача форм на расстоянии) и даже экстериоризации астросома, а равно и уменье формулами церемониальной магии насильственно входить в общение с теми или другими астральными сущностями.

Вот область Науки Победителя: область, увлекающая многих глубиною и широтою своих применений, часто опасных, нередко — гибельных для самого ее обладателя.

А может ли Победитель добровольно отречься от деятельности и от восприимчивости в ее области, дорожа безопасностью своей победоносной личности (7), ставя эту личность впереди интересов науки (2)? — Может. Это будет разложение 9=7+2.

Переходим к разложению 9=3+6. Метафизика (3) стоит впереди выбора пути (6); метафизика, так сказать, **определяет** выбор пути.

Но что же, скажут мне, кроме метафизического миросозерцания, может повлиять на этот выбор?

Да конечно, импульсивность.

Не буду говорить об инстинктах (физический импульсивный человек). Не буду говорить о страстях астрального импульсивного человека — это все просто и уже затронуто в курсе. Лучше займусь интеллектуальным импульсивным человеком с его **суевериями**, **предрассудками** и **условностями.**

Важнее всего суеверия, как высший тип препятствий к Посвящению. Ими и займемся.

Что есть суеверие? — Это **импульсивно** признаваемый остаток форм, когда-то бывших обязательными, целесообразными при порождении субъектом астральных клише и волютивных сущностей, но в данный момент, вследствие продвинувшейся эволюции субъекта, сделавшихся тяжеловесным багажом, стесняющим или задерживающим проявления его самобытности.

Из определения явствует, что план суеверия всегда астральный, но, в зависимости от области ощутительных соответствий клише суеверия, я подразделю их на мистические, астральные и физические.

Если человек живет в условиях, уничтожающих для него реальность какой-либо меры гигиенического обихода, и тем не менее строго придерживается этой меры, то он может считаться суеверным в области физического плана.

То же я скажу о человеке, который, обладая достаточным развитием, чтобы медитацией определить для себя возможность молиться вне храма, построенного из кирпичей, плачется о том, что отсутствие такового мешает его теургическим занятиям.

Примером астрального суеверия пусть послужит убеждение мага, дошедшего в своей власти до той стадии, при которой его идеи сами по себе облекаются астросомами, в невозможности оперировать без произнесения той или другой формулы, без соблюдения того или другого символизма.

Другим примером, несколько комическим и весьма обиходным, да послужит человек, признающий понедельник тяжелым днем или тринадцатое число — несчастливым, не имея на то никаких эмпирических данных в своей биографии.

Примеров мистического суеверия можно привести много.

Мы видим людей, твердо убежденных в том, что нет спасения вне совокупности мельчайших подробностей определенной вероисповедной догмы.

Одновременно с этим мы видим людей, равнодушных к дифференциации вероисповеданий, лишь бы таковые признавали определенный, дорогой им догматический элемент, например, догмат Искупления Воплощением.

Встречаем мы и людей, требующих от религии одного лишь признания наличия возможности Реинтеграции Человечества путем эволюции.

Конечно, человек третьей категории считал бы суеверным равного себе по развитию исповедника догмы второй категории, а человек второй категории имел бы то же мнение о равном себе, ставшем в первую категорию.

Из всего сказанного явствует, что нельзя определять никакое клише как **абсолютное** суеверие. Для оценки суеверия необходимо иметь точное представление о ментальности, астральности и физическом состоянии субъекта.

Непонимание этих тезисов всегда влекло за собою нападки на Посвятительные Центры за то, что они якобы преподносят разные догмы, разные этические кодексы и разные реальные обязанности Посвященным различной степени.

В заключение формулирую весьма важный тезис, подлежащий вашей медитации.

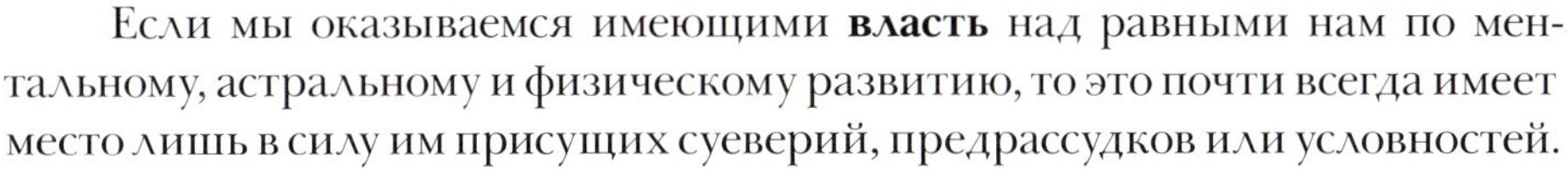

Если мы оказываемся имеющими **власть** над равными нам по ментальному, астральному и физическому развитию, то это почти всегда имеет место лишь в силу им присущих суеверий, предрассудков или условностей.

Предрассудок в области гражданственности и условность в области житейского обихода играют ту же роль, что и суеверие в области догматического миросозерцания.

Обратное разложение 9=6+3 будет, конечно, интерпретироваться: «выбор пути (6) определяет дальнейшую метафизику (3)».

Эта формулировка вызовет ассоциативно представление о поведении людей, избравших (часто недостаточно сознательно) определенную тропу, определенный образ действий и тем самым принужденных в дальнейшем подыскивать метафизические данные на пользу и в оправдание своей деятельности, побуждаемых к этому частью необходимостью поддержать в себе самоуважение, частью желанием отстоять свое достоинство перед другими.

Четвертая схема арифмологического разложения номера нашего Аркана 9=4+5 интерпретируется как восхождение от плана элементов (4) к плану астральному (5).

Мы хотим этим сказать, что в программу Посвящения должен входить разумный учет всех данных фактического характера, доставляемых физическим планом. Маг горд своей астральной наукой, но он благоразумно сообразует проявления своей воли не только с астральными влияниями, но и с условиями, знанием которых он обязан физике, химии, астрономии, физиологии и т. п.

Если можно операцию отложить до хорошей погоды, он не преминет это сделать; он не станет оперировать будучи больным; он сознательно применяет режимы гигиены физической чистоты (омовения, питание свежими продуктами, отстранение всякой фальсификации пищевых продуктов и напитков); он отлично знает, что переутомление работой так же опасно, как и праздность; он осторожно избирает место жительства, если чувствителен к климатическим условиям; он, наконец, всегда и во всем сообразуется с данными теории вероятностей (что мы и называем **осторожностью** в физическом плане).

Обратное разложение 9=5+4 дает формулировку, разумно приложимую лишь к единичным исключительным явлениям и операциям, по большей части отличающимся кратковременностью.

Эта формула (5+4) диктует нам: «воля личности (5) наперекор стихии (4)».

Бывают случаи отдельных реализаций, играющих роль заклепок или гвоздей в общем механизме планомерной работы. Важно забить эти гвозди в определенный момент, независимо от физических трудностей и от кажущейся несвоевременности работы в плане стихий. Это **нужно** — и мы пускаем в ход активного Марса нашей астральности, хотя бы достижение цели нам стоило потери громадных количеств жизненной силы или материальных средств.

В девятом Аркане, несмотря на всю важность **двойных** разложений, следует оставить центральное место за симметричным **тройным** разложением 9=3+3+3.

Если двойные разложения нам дали определение посвящения и указания на средства к его достижению, то это тройное разложение определит иерархические ступени самого посвящения.

Мы в посвятительной шкале будем различать три цикла с подразделением каждого на три степени.

Низший цикл условно назовем **физическим**, ибо он характеризуется тем обстоятельством, что посвящаемый является на церемонию Посвящения в физическом теле, и самая церемония производится в определенной области пространства трех измерений воплощенным Посвятителем. В составе физического Посвящения надо различать три элемента: ментальный — догматическое содержание так называемых Тетрадей Посвящения или сообщаемой устно Формулы Посвящения; астральный — флюидическое, магнетическое воздействие Посвятителя на посвящаемого + символизм Посвящения; наконец, физический — совокупность манипуляций в физическом плане, сопровождающая акт Посвящения. Догматическое содержание младшей из физических Степеней представляет собою Синтез Теогонических, Андрогонических и Космогонических воззрений Школы, тонизированный нормальной схемой Великой Драмы человеческого Грехопадения и методологией Реабилитации Человека.

Вторая Степень ознакомит посвящаемого с астральным планом, даст ему возможность правильных о нем суждений (теория) и научит его воздействовать на этот план, не покидая собственного физического тела (часть Психургии и вся Церемониальная Магия).

Третья физическая Степень введет посвящаемого в область Универсальной Любви путем Этического Герметизма.

Все эти три степени могут быть достигнуты без участия воплощенного Посвятителя. Для этого достаточно обладать определенным интеллектуальным и этическим развитием (что отчасти зависит от числа предшествующих инкарнаций субъекта) и притом пользоваться известным астральным протекторатом. Я, конечно, не упоминаю о необходимости неуклонного, прочно установившегося желания Посвящения.

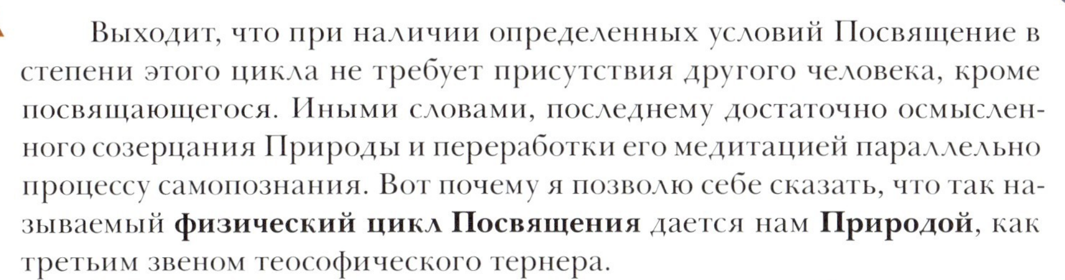

Выходит, что при наличии определенных условий Посвящение в степени этого цикла не требует присутствия другого человека, кроме посвящающегося. Иными словами, последнему достаточно осмысленного созерцания Природы и переработки его медитацией параллельно процессу самопознания. Вот почему я позволю себе сказать, что так называемый **физический цикл Посвящения** дается нам **Природой**, как третьим звеном теософического тернера.

Элемент астрального, флюидического воздействия Посвятителя на посвящаемого сводится к процессу воздействия воли Посвятителя на астральное тело ученика для расположения такового к самопереработке в посвятительном направлении, то есть к приобретению определенных степеней интуитивности и активности, нейтрализованных душевной гармонией.

См. стр. 479

О символизме и ритуальных особенностях Посвящения мне здесь говорить не приходится — это элементы, определяемые духом той или другой Школы, веяниями той или другой эпохи; а иногда и личными вкусами Посвятителей.

Я считаю себя вправе перейти к Посвящению в степени второго цикла, который позволю себе назвать **астральным**, ибо характеристикой его послужит необходимость для Посвящаемого экстериоризоваться в астросоме и в этом виде вступить в общение с Учителем (или Учителями).

Учитель-Посвятитель, с которым неофит вступает в чисто энергетическое соприкосновение, уже по существу не зависящее от грубого представления о времени и не могущее координироваться в пространстве трех измерений, может быть или тоже экстериоризовавшимся человеком, или двупланным элементарием человеческой сущности. Во всяком случае, Учителем здесь будет некоторая **Личность**, что мне даст право сказать, что второй посвятительный цикл дарится нам **Мировым Астральным Человеком**.

Понятно, почему мне не придется здесь говорить о содержании Посвящения, а также о его ритуале. Отметим однако одно очень важное обстоятельство: традиционный розенкрейцерский пробный астральный выход ученика в сопровождении «Тех, которые прошли туда раньше его», выход, столь изящно символизированный в физическом плане церемонией посвящения в 18-ю Шотландскую степень масонства с обстановочной стороны, а Христианским Крещением с идейной стороны, должен иметь место в той или другой форме **не позже** промежутка между третьей (высшей) степенью физического цикла и первой (младшей) степенью астрального.

Переходя к степеням высшего цикла, который я позволю себе назвать **ментальным**, я охарактеризую его как простое присоединение человеческой сущности к тому потоку идей, сродство с которым естественно определяется типом ее монады.

Здесь нет **личности** Учителя, выполняющей акт Посвящения: здесь просто Коллективный Вселенский Человек принимает в свое тело законно принадлежавшую ему от начала века клеточку, очистившуюся от скверны падения и возвращающуюся на свое место с запасом приобретенной **Мудрости**.

Конечно, и тут отпадает вопрос о содержании и ритуале Посвящения, но я считаю себя вправе сказать, что наличие этого Посвящения обосновано на процессе эманаций Архетипа, приведших к принципу существования коллективного Единого Человека в его первобытной чистоте.

Принято говорить, что на это Посвящение человек является экстериоризованным в так называемом «ментальном теле», то есть в той тонко-астрализованной оболочке духовной монады, которая присуща ей даже на ступени ее органического общения, как клеточки Коллективного Человека с другими его клеточками.

Если между младшей степенью астрального цикла и старшей степенью физического помещался процесс розенкрейцерского «**Астрального Крещения**», то между старшей степенью астрального цикла и младшей степенью ментального должна быть помещена фаза так называемой **розенкрейцерской Реинтеграции**.

«**Реинтегрированными Братьями Креста-Розы**» называются элементарии, хотя, может быть, сохранившие среднюю астральную оболочку, но умеющие от нее отделяться подобно тому, как воплощенные люди могут экстериоризоваться в астральном теле.

Реинтегрировавший Розенкрейцер как бы временно усыпляет средний астросом, то есть добровольно отказывается от энергетических проявлений, ограничивая свою деятельность ментальными проявлениями, свойственными клеточке Адама до падения, подобно тому как мы при экстериоризациях добровольно отказываемся от чувственных восприятий ради сбрасывания с себя рабства времени и пространства трех измерений.

Но ведь мы пользуемся экстериоризацией для операций в физическом плане на почве медиумических проявлений, попутно вампиризируя низший астрал других организмов и их физические тела.

Реинтегрированный Брат Креста-Розы может воспользоваться ментальной экстериоризацией для займа форм среднего астрала с целью порождения эволютивных астральных клише вне сферы его обычной деятельности в среднем астрале, например, с целью дополнить посвяще-

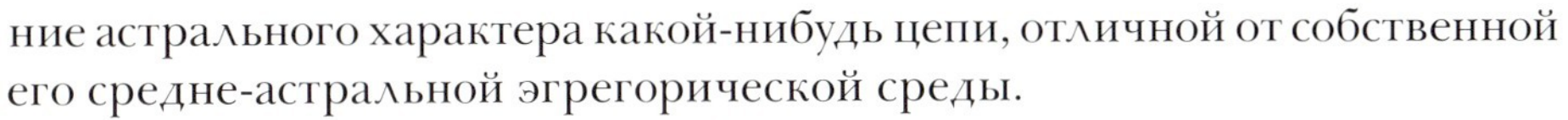

ние астрального характера какой-нибудь цепи, отличной от собственной его средне-астральной эгрегорической среды.

Вы спросите — может ли быть ментально посвященным воплощенный человек?

Да, это возможно, ибо возможна экстериоризация в ментальном теле при каталепсии физического тела и большей части астросома. Это — **Экстаз**; но как он короток у воплощенного человека и как трудно пронести добытые крохи реинтегрирующейся ментальности в наш физический мир не искаженными по существу!

Люди, достигающие этого, именуются **Учителями**. Как профаны, так и Посвященные поневоле выделяют их из толпы, рассматривая их как Посланников Высшего Плана, то есть признавая за ними обязанность жить не для себя, а для нас и тем самым мысленно, фигуративно отнимая у них физическое тело и все низшие астральные подпланы, ненужные Реинтегрированному Брату Креста-Розы.

Так мы обращаемся с Пророками, так мы относимся и ко многим Учителям Посвятительных Школ, исправляя своими требованиями аномалию, созданную высокими порывами Ментально Крещенных небестелесных Братьев.

Еще одно маленькое примечание: в ментальном цикле Посвящение совершается само собой, тут не может быть вопроса о желании или согласии посвящаемого, ибо **Пентаграмма** его теряет характер личности при самом процессе **Реинтеграции**. Тут нет личных желаний и страстей; тут работа клеточки, сознательно разделяющей волевые импульсы Мирового Человека в определенной частной области его организма.

☞ См. стр. 480

В астральном Посвящении посвящаемая Пентаграмма вправе не только хотеть, но и **требовать** Посвящения, подобно тому как ромб имеет право на зачисление в параллелограммы процессом обращения к определению такового.

Здесь воля Посвятителя должна покориться логике Посвящаемого.

Иное дело в физическом цикле. Там Учителю познание степени развития ученика затруднено сложностью дивинационных процессов и зависимостью интуиции Учителя от момента, в который он оперирует, и от степени интересов, вызывающих его на медитацию об объектах, посторонних вопросу о Посвящении данного лица.

Здесь ознакомление с учеником совершается постепенно, не по заказу, и важно, чтобы приглашение к Посвящению исходило от Учителя. Согласие или несогласие ученика служит хорошим контрольным аппаратом интуиции Учителя. Когда последний ошибается и рискует принести Посвящением вред, ученик часто отказом избавляет себя от опасности,

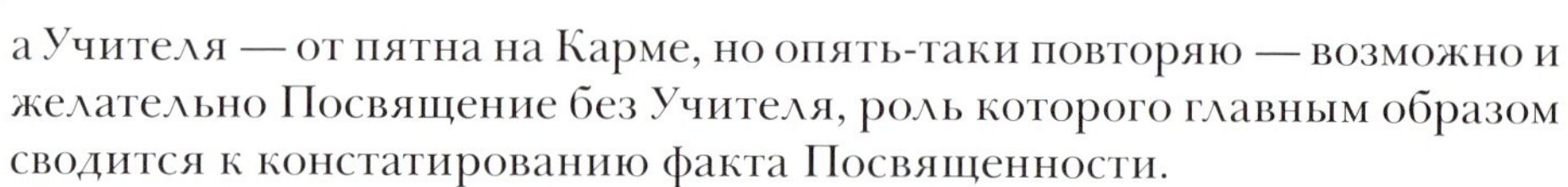

а Учителя — от пятна на Карме, но опять-таки повторяю — возможно и желательно Посвящение без Учителя, роль которого главным образом сводится к констатированию факта Посвященности.

Скажу несколько слов о значении физического цикла Посвящения. Конечно, суть дела в астральном Посвящении и вытекающей из разумной его культуры Реинтеграции. Но возможно себе представить период времени, даже целую эпоху, в течение которой, вследствие непопулярности оккультных учений или наличности веяний мирского, так сказать — антипосвятительного характера, ни у кого не хватит герметических добродетелей для достижения хотя бы младших астральных степеней.

Вы скажете: не беда! Эпоха эта пройдет, и снова появятся Посвященные.

Это так, Посвященные явятся, но заброшенность Оккультизма в течение целой эпохи, забвение символов и методов первоначальной подготовки сильно затруднят этим Посвященным влияние на современное им общество и, в лучшем случае, вынудят их к выработке сызнова методов подготовки учеников, элементарного символизма, допускающего многостепенное толкование элементарных приемов тренировки, механизма применения посвятительной дисциплины и т. п.

См. стр. 480

Когда же «Великая цепь Преданий» не обрывается, существуя непрерывно хотя бы только в пределах физического цикла Посвящения, мы всегда имеем наличную группу «**Хранителей Предания**», так сказать — архивных сторожей и верных летописцев истории Эзотеризма, не всегда глубоко посвященных в таковой, но непрерывно соблюдающих систему связей между внешне-масонскими и глубоко-эзотерическими манифестациями Человечества.

Оттого все историки Эзотеризма и все его практики придавали большое значение преемственности Посвящения физического цикла и характеристике его нормальных степеней.

Во второй половине XVIII столетия (1760) возникло течение, которое, по имени его основателя **Martines de Pasqually** (или Pasqualis), должно бы называться Мартинезизмом, но более известно под именем **Мартинизма**, благодаря трудам философа-теурга **Claude de St. Martin**.

Школа Мартинеца Паскалиса представлялась в форме мощной магической цепи несколько модернизированного розенкрейцерства, а потому более детальное упоминание о ней я отложу до 11-го Аркана. Что же касается Louis Claude de St. Martin, то он допустил необычный в то время (и несколько противоречащий взглядам своего Учителя Паскалиса) институт «свободного Посвящения» (Initiation libre), дающий возможность преемственной передачи трех элементов (ментального, астрального, физического) цикла физического Посвящения независимо

от существования лож, братств, кружков и других типов масонского единения.

Строго говоря, в посвящении Claude de St. Martin имеется лишь **одна степень** S∴ I∵ (Superieur Inconnu), даруемая **достаточно посвященным** людям типа так называемого **Hommes de desir**.

Две позднее введенные так называемым Орденом Мартинистов степени A∵ (Associe) и I∵ (Initie) суть лишь подготовительные (ученические) подстепени, облегчающие правильный и осмотрительный выбор будущих S∴ I∵.

Claude de St. Martin делил Человечество на 4 типа.

Первый тип — **l'Homme du torrent*** — представлялся ему в той категории безвольных, малоиндивидуализованных людей, следующих моде данного мгновения и духу данной эпохи, которая так изводит своим существованием всякого мыслителя-философа и всякого сознательного передового деятеля.

Вторым типом — **l'Homme de desir**** — он считал людей, сознательно, твердо и неуклонно ищущих самосовершенствования и Абсолютной Истины путем созерцания Природы, проникновения в собственное сердце и изучения источников Предания.

К третьему типу — **le Nouvel Homme***** — de St. Martin относил людей, достигших известной степени астрального развития и потому уже не подверженных в суждениях о ближнем и о самом себе тем ошибкам, от которых не избавлены многие весьма искренние Hommes de desir.

Последнюю категорию — **l'Homme-Esprit******— составляли, по его мнению, люди, вполне оторвавшиеся от интересов физического плана и тем освободившиеся, с одной стороны, от рабства анимической сферы, а с другой стороны — от неполноты сознания своего Высокого Происхождения в Эманационной Сфере.

Легко видеть, что l'Homme de desir, по нашей терминологии, соответствует Посвященному младшей степени физического цикла. Ведь он знает, откуда и куда он идет, то есть знаком с вопросом о падении и Реинтеграции Человека.

Le Nouvel Homme, как ознакомленный с астралом, попадает во вторую степень того же цикла, а l'Homme-Esprit, как подвергнувший себя элементарной герметической переработке, — в третью.

---

*) **l'Homme du torrent** (*фр.*) — человек, плывущий по течению; мягкотелый человек

) **l'Homme de desir (*фр.*) — человек алчущий (истины)

***) **le Nouvel Homme** (*фр.*) — новый человек

****) **l'Homme–Esprit** (*фр.*) — человек, в которого вселился дух

Позволю себе рассмотреть еще одно из тройных арифмологических разложений номера нашего Аркана, а именно:

9=3+2+4.

Нетрудно прочесть это разложение на нашем посвятительном языке: «Посвящение (9) ведет к Великому Аркану» (его ментальная часть = 3; астральная часть =2; элементарная =4).

Но что, пожалуй, еще интереснее, так это то, что некоторое видоизменение этого разложения дает схему общего метода тренировки при Самопосвящении.

Напишите 9=2+3+4, взяв слагаемые в натуральном порядке их величин.

Число 2 есть число полярности; идея полярности тесно ассоциирована с идеей притяжения, магнетизации и т. п. Вот вам первый рецепт: мощным желанием, настроением истинного Homme de desir, теплой молитвой **намагничивайте** мировую среду, и вы притянете к себе индивидуализованные ее элементы, могущие способствовать вашему Посвящению.

Те из них, которые выше вас, станут вашими Протекторами, а низшие — будут доступны вашему вампиризму; вы, так сказать, будете ими **питаться**, подвергнете их процессу ассимиляции вашему составу.

Число 3, символизирующее уравновешенный тернер, андрогинный по составу, но могущий проявлять себя как в активной, так и в пассивной областях, укажет вам на необходимость так называемой **конденсации** в себе всего усвоенного, всего притянутого. Это будет та работа, которою создаются альтернативы приращения и урезывания потенциальных активности и пассивности субъекта, или, вернее, — его астросома, в целях достижения **гармонического состояния** его, имеющего стать третьим элементом в упомянутом бинере потенциальностей.

Потом идет число 4. Ведь это символ элементарной **ROTA**, символ применений (адаптаций) в плане реальностей. Это — проект плодотворной деятельности адепта, сумевшего достаточно эволюционировать процессом углубления в самого себя и тренировкой собственной личности. Это то, что масоны так удачно называют в ритуале Мастерской Степени «Путешествием для распространения Света», уподобляя Мастера Солнцу, восходящему, кульминирующему, заходящему и продолжающему свой путь под горизонтом для того, чтобы начать на следующее утро новый цикл движения, новую четырехфазную суточную Rota.

Это 4 будет намек на эманационную фазу магического развития, на **Учительство**.

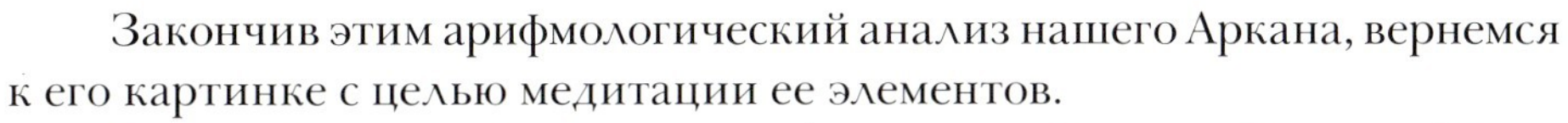

Закончив этим арифмологический анализ нашего Аркана, вернемся к его картинке с целью медитации ее элементов.

Лампа Старца обыкновенно именуется **Светом Гермеса Трисмегиста**.

Ведь Гермес есть олицетворение стройной системы метафизических знаний, астральных умений и науки физического плана, процветавших в Египетских Святилищах Древности.

Необходимость этой лампы для Посвященного равносильна тезису: «Не пренебрегай светской наукой физического плана, изучай прилежно астрал и возносись разумом в области трансцендентного и трансцендентального мышления. Ты трехпланен — учись трехпланно!»

Плащ, изолирующий Старца, именуется **плащом Аполлония Тианского**, известного Учителя Александрийской Школы.

Он есть символ **самоопределения монады** в ментальном плане, **самопознания** в астрале и **одиночества** в физическом плане.

Определить себя в ментале — значит ясно осознать свою роль клеточки организма Ментальности Коллективного Мирового Человека со всеми цветовыми оттенками этой роли.

Астральное самопознание — типичный путь развития самого Аполлония — это углубление в свойства собственного астросома, строгий его анализ, строгая классификация его ресурсов, ориентировка (если так можно выразиться) его молекулярных магнитов и, наконец, синтез его в переработанном виде.

Биографы Аполлония весьма наглядно характеризуют эту деятельность, рассказывая, что Великий Маг сосредоточивался на созерцании собственного пупа, завернувшись в шерстяной плащ.

Об одиночестве тоже надо поговорить. Что значит — быть одиноким? Это значит — владеть способностью работать, медитировать, независимо от наличия энергетических влияний других человеческих пентаграмм.

Одиноким можно быть и среди шумного собрания.

На первоначальных степенях развития многим приходится, однако, прибегать к фактическому уединению в физическом плане, к так называемому **отшельничеству**. Прием этот имеет свои хорошие и дурные стороны.

Хорошая сторона отшельничества сводится к следующим элементам: в ментале облегчается молитва; в астрале получается возможность очищения процессом продолжительного **молчания** (один из заветов Пифагорейской Школы); в физическом плане — сокращается потеря времени на житейские сношения.

Дурными сторонами отшельничества считаются: в ментальном плане — затруднительность быстрых справок об успехах других в метафизической области; в астральном плане — некоторое отсутствие поддержки цепи однотонных с вами работников эволютивного типа, увеличивающее для вас опасность в моменты пассивности подпасть под временное влияние так называемого низшего астрала, одаряющего нас дурными клише; в физическом плане сказываются как раз последствия этих влияний, чаще всего в форме сексуальных проявлений, носящих названия **инкубизма** и **суккубизма**.

Дело в том, что элементарии (и даже экстериоризовавшиеся колдуны) могут, совершив медиумический заем у самого отшельника или у окружающего его органического царства, материализоваться в достаточно конденсированном состоянии, чтобы осуществить акт coitus'a с отшельником (**суккубизм** астральной сущности) или отшельницей (**инкубизм** астральной сущности).

Инкубы и **суккубы**, конечно, приносят большой вред, во-первых, возможностью **физического** ослабления своей жертвы, во-вторых — учащением для нее в будущем поводов к порождению собственной волей всякого рода лярв.

Существует попытка устранить дурные влияния отшельничества, сохранив по возможности хорошие; иными словами — попытка нейтрализовать бинер: **отшельничество — общество**.

Предложен был и удерживался на практике средний термин — **монастырское общежитие**. Институт этот, в зависимости от эпохи, личного состава монастырей, их уставов и других условий, сильно варьировал в степени выполнения им своей задачи.

Посох Старца, как символ осторожности, почти не нуждается в комментариях; о нем достаточно упомянуто.

В заключение анализа девятого аркана позволю себе начертать краткую программу подготовительных к Посвящению и реализационных по отношению к нему усилий самопосвящающегося труженика.

Перечислю **девять** основных циклов этих усилий, отметив, что они чаще реализуются **параллельно**, нежели последовательно.

1. Устранять в себе физическую трусость.
2. Устранять в себе физическую нерешительность.
3. Устранять в себе ретроспективные сожаления о том из содеянного, чего исправить нельзя.
4. Бороться елико возможно с суевериями.
5. Бороться елико возможно с предрассудками.
6. Бороться елико возможно с условностями.

7. Реализовать вокруг себя физический порядок и в самом себе поддерживать здоровье в таковом же порядке.

8. Достигать равным образом астрального порядка в себе (стремление к упомянутой уже душевной гармонии) и вне себя (точная классификация и точное эмпирическое знакомство с сущностями астрального плана и их проявлениями).

9. Организовать еще и ментальный порядок, то есть чистоту, ясность, абсолютность метафизического миросозерцания и полноту сознания своего эманационного происхождения от Архетипа.

Пантакль девятого аркана реализуется по схеме 9=3+6, то есть может просто сводиться к изображению двух верхних частей того, что мы называли схемою Великого Аркана.

Есть, впрочем, попытки ввести другую конфигурацию — совокупность девяти точек (черт. 34), из которых первые три расположены как вершины эволютивного треугольника, дающего два отражения инволютивного типа (то есть еще 6 точек).

Конечно, все это сводится к идее произвождения низших планов Высшим.

Черт. 34.

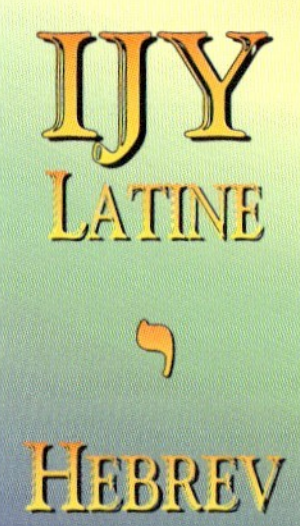

IJY

LATINE

י

HEBREV

य

SANSCRIT

HIEROGLYPH

ʋ

Archeométre

SAINT-YVES

ROTA FORTUNAE

VIRGO

חסד - תיפרת

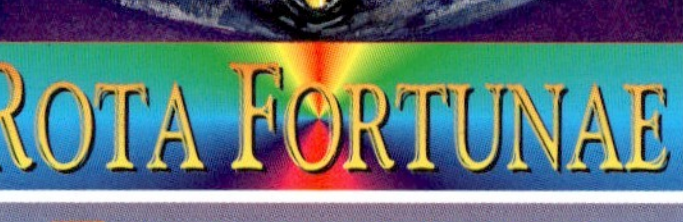

TESTAMENTUM

QABBALAH

FORTUNA

Лекция XIV

י Десятый Аркан

Знак десятого Аркана в еврейском алфавите י (**Jod**); числовое значение его = 10; астрологическое соответствие — **Знак Девы** в Зодиаке ♍.

Иероглифом Аркана служит **указательный палец** человека.

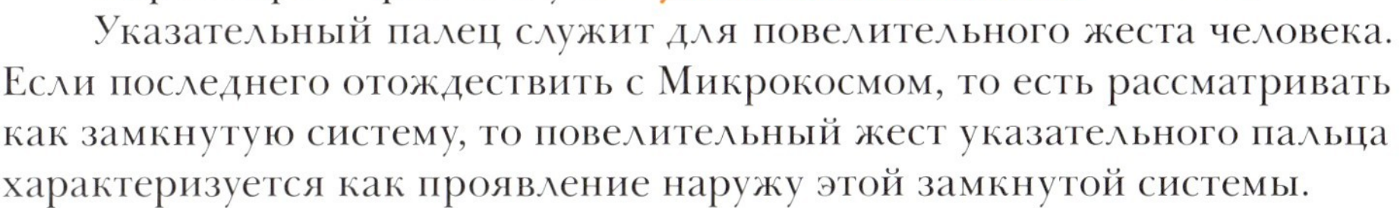

Указательный палец служит для повелительного жеста человека. Если последнего отождествить с Микрокосмом, то есть рассматривать как замкнутую систему, то повелительный жест указательного пальца характеризуется как проявление наружу этой замкнутой системы.

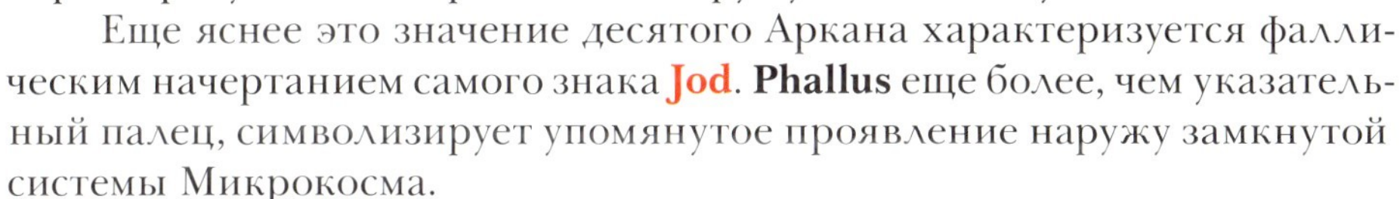

Еще яснее это значение десятого Аркана характеризуется фаллическим начертанием самого знака **Jod**. **Phallus** еще более, чем указательный палец, символизирует упомянутое проявление наружу замкнутой системы Микрокосма.

Картина Аркана, именуемая **Sphinx** или **Rota Fortunae** (**la Roue de Fortune**)*, в верхней своей части дает изображение Сфинкса, вооруженного мечом и покоящегося на неподвижно укрепленной платформе. Несколько ниже мы видим Соломонову Гексаграмму (знак Макрокосма), вращающуюся вместе с колесом, очерчивающим ее своим ободом. Обойма, на которую опирается ось колеса, в нижней своей части (под колесом) переходит в двойной кадуцей. Само колесо с правой стороны (зеркально) своим вращением увлекает вверх (к Сфинксу) кинокефала Hermanubis с тройным кадуцеем в правой руке. Слева то же колесо увлекает вниз крокодилье туловище Typhon'a, с человеческой головой и двузубцем (иногда — трезубцем) в левой руке, направленным вниз.

Что дает нам в общих чертах эта конфигурация?

Какую-то замкнутую систему, одаренную процессами внутренних изменений.

Эта система увенчана неизменным, всегда однообразно-действительным, однообразно-продуктивным методом Сфинкса — **oser**, **se taire**, **savoir**, **vouloir**, — ведущим к усовершенствованию астросомов.

---

*) **Rota Fortunae** (*лат.*) — Колесо Фортуны

Сама мельница, доминируемая платформой этого метода, одних влечет вверх (Hermanubis), другим облегчает падение (Typhon).

Стремящиеся вверх, носители знака Великого Растворителя AZOTH, все же сохраняют на плечах собачью голову своего прежнего несовершенного состояния, следы былой импульсивности, былого невежества и дурных инстинктов.

Павшие с высоты, вооруженные пагубной системой провозглашения ненейтрализованных бинеров, все же хранят следы былого величия, обнаруживая неожиданным образом человеческую голову — остатки благородства, справедливости, верности на поприще темных комбинаций, мало применяющихся к этим началам.

Вот незамысловатая картинка десятого мажорного Аркана Тарота.

Мельница Превращений, освященная чем-то Высшим. Нечто беспощадно влекущее и перемалывающее нас с явным проблеском связи с Высшим, притом связи **методической**.

Нужды нет, что на картине очерчена лишь астральная область: наше воображение дополнит ее зрелищами ментальных токов и элементарного (физического) Колеса Фортуны.

С Архетипом и Его Высокими Инфлуксами мы связаны тем, что обыкновенно называют «**Заветом**». Да будет первый заголовок нашего Аркана **Testamentum**.

В области этого **Завета** протекают ментальные принципы.

В среде самого **Человечества**, так сказать, в сфере его проявлений, мы имеем «Великое Колесо Тарота», ведущее к тому, что наша раса называет — **Quabbalah** — **Каббала**; то, что служит поверочным орудием построения нами астральных форм. Да будет это слово **Quabbalah** вторым заголовком Аркана.

В плане **Природы** мы имеем дело с беспощадным **Колесом Фортуны**, иначе именуемого «**Мировою Мельницею**». Это колесо все мелет, все ассимилирует, все приспособляет, приподнимая одно, опуская другое и, как и всякая **Rota**, ничего не оставляя неподвижным, стационарным, кроме своей оси, имя которой есть: возможность существования иллюзии, именуемой «**Материя**». А потому да будет третий заголовок — **Fortuna**.

Это то, что нам дает **Природа** по десятому Аркану.

В обиходных курсах Оккультизма мы часто встречаемся в этом Аркане с другими заголовками: **Regnum Dei**, **Ordo***, **Fortuna**.

Эти заголовки передают почти те же идеи в менее определенной форме. Понятие о **Царствии Божием** в какой-либо области проявлений сводится к допущению существования во времени момента maximum'а

---

*) **Regnum Dei** (*лат.*) — Царство Божин, **Ordo** (*лат.*) — Порядок

благосостояния, гармоничности и функциональной приспособленности этой области.

Царствием Божиим для какой-нибудь планеты будет эпоха наивысшего ее расцвета в упомянутом смысле.

Царствием Божиим для субъекта будет эпоха наивысшей гармонии совокупности его восприятий и манифестаций. Конечно, следует помнить, что эпоха Царствия Божия для целого организма, вообще говоря, не совпадает с эпохою такового же Царствия для отдельных его органов. Например, момент наступления этого Царства для Марса не совпадет с аналогичным моментом для **всей** Солнечной системы. Веру в Царствие Божие я склонен рассматривать как **отражение Завета (Testamentum)** в зеркале **Надежды**.

Ordo значит **порядок**. Но ведь **Каббала** есть высший синтез порядков всех нам доступных астральных проявлений.

Как видите, наши заголовки по духу не отличаются от общепринятых.

Перехожу к арифмологическому анализу Аркана.

$$10=1+9$$

Единое проявление не самим собою, а **девятью** клише, так сказать — девятью отражениями или преломлениями, характеризующими его своей совокупностью.

Выражаясь схоластически: мы воспринимаем предмет при посредстве **девяти** атрибутивностей.

$$10=9+1$$

Эти 9 атрибутивностей **реализуются в одном** синтетическом десятом проявлении, играющем роль как бы семени или зерна конкретного объекта.

Эти два тезиса совокупно можно выразить следующей формулировкой: **суть** предмета скрыта за завесой его **свойств**, а свойства нащупываются не сами по себе, а на чем-то **конкретном**.

Разовьем этот тезис в схеме, переданной нам Традицией Белой Расы.

Сефиротическая Система

Суть предмета, согласно тройственному закону, проявляется прежде всего Тернером типа Великого Аркана.

Первое проявление будет носить, как и самый объект, который я мыслю законченным, нейтральный, андрогинный характер.

Этого замечания достаточно для фиксации типа треугольника первых проявлений.

Суть объекта

–	n	+
	1	
3		2
5		4
	6	
8		7
	9	
	10	

Черт. 35.

Второе проявление будет носить активный характер; третье — пассивный по схеме יה.

См. стр. 480

Этот Высший Тернер дважды отразится в форме тернеров типа нисходящего треугольника.

Вся система этих отражений проявится конкретным синтезом, который получит название десятого проявления **сути** объекта. Это проявление, конечно, тоже обладает андрогинатом (нейтральностью) на правах синтеза.

В общем, получится следующая схема (см. черт. 35):

Занумерованные десять проявлений носят название **сефирот** объекта.

Слово **Sephirah** можно перевести: или «нумерация», или «лучезарность, видимость». **Sephiroth** есть множественное число от **Sephirah**.

Таким образом, выходит, что всякий объект дает повод к **подсчету** десяти проявлений, или, иначе, — всякий объект светится десятью **види-**

мостями, наподобие светильника, стоящего в центре граненого фонаря с десятью разноцветными стеклами. Десять сефирот объекта составляют как бы **семейство**. В этом семействе еврейская Каббала различает:

I) **Верховного Андрогина** (1), или **Макропрозопа** (термин греческий; перевод еврейского слова «длиннолицый»);

II) **Отца** (2);

III) **Мать** (3);

IV) их **Дитя**, представляемое совокупностью шести сефирот (4, 5, 6, 7, 8, 9), владеющее андрогинатом и носящее название — **Микропрозоп** («малолицый»). Центром функциональной деятельности Микропрозопа будет шестая сефира, а органом ее активности — девятая.

V) **Супругу** или **Невесту** Микропрозопа, то есть сефиру 10.

Но ведь всякому замкнутому семейству в цепи причинностей будет предшествовать некоторое другое семейство и так далее, вплоть до Первоисточника.

Еврейские каббалисты восходили лишь до семейства Первоначальной Сефиротической Системы Вселенной, считая эту Систему Проявлением некоторой Непостижимой Эссенции, именуемой нами **Ain-Soph**, или **Ain-Suph** (буквально — **Не-Постижимое**).

Анализа самого **Ain-Soph** они не допускали.

Розенкрейцеры позволяли себе называть не только первые сефироты Вселенной, но и Членов Семейства, помещаемого ими между Ain-Soph и этими сефиротами. Итак, в Розенкрейцерской схеме Непостижимое, Бесконечно-Однородное, Бесконечно-Гармоничное, Вседовольное **Начало** выражает себя активно, так сказать — хочет проявиться некоторым **Jod**'ом, а именно тем, что мы назовем **Трансцендентальной Любовью**. Это проявление будет **Отцом Первого Семейства**.

Этот **Отец** самим стремлением своим (носящим характер лучезарности) определит существование некоторой **Пассивности**, строго соразмеренной с его активностью. Пассивность эта будет **первым Hé** Первого Семейства, тем, что мы назовем **Трансцендентальной Жизнью**.

Элемент этот, в противоположность Лучезарному **Jod**'у, должен носить как бы теневой характер. Это нечто затемненное, готовое принять в себя Лучезарный Инфлукс Непостижимого. Отсюда его латинское название — **Restrictio** — Теневое Ограничение в среде Бесконечного Света.

Итак, у нас **Трансцендентальная Любовь** (**Первый Отец**) оплодотворяет **Трансцендентальную Жизнь** (**Первую Мать**).

Эти Мистические Персоны порождают Логос — **Трансцендентальное Слово**, — **Великого Архитектора Вселенной**, «без Которого ничто же бысть, еже бысть».

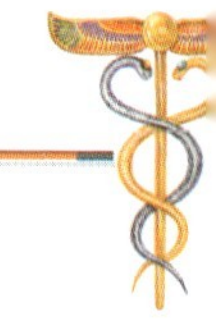

Черт. 36.

Логос эманирует **второе** ה Первого Семейства, проявляющееся десятью Сефирами Второго (черт. 36) при посредстве Первой из них, то есть Макропрозопа Вселенной, именуемого Сефирою **Короны** (**Kether**).

Дальше идут остальные 9 Сефир Второго Семейства в схеме так называемых Четырех Миров.

Мир Эманаций — **Olam ha Aziluth** — содержит в себе, как мы видим, Андрогинную **Корону** (**Макропрозопа**), проявляющуюся, как и надлежит уравновешенной Ментальности, с одной стороны — совокупностью **Того, Что может познавать** (Сефира Мудрости — **Chocmah**), с другой стороны — совокупностью **Того**, **Что может служить объектом познания** (Сефира Разума — **Binah**), естественно ограничивающая предыдущую).

В Мире **Творчества** — **Olam ha Briah**, — мы встречаемся с активной Сефирой **Милосердия** (**Chesed**), являющейся отражением жажды

познания, то есть экспансивности Второй Сефиры (**Мудрости**), и с пассивною Сефирою **Строгости** (**Pechad** или **Geburah**), ограничивающей **Милосердие** вследствие конечности области объектов познания (то есть в силу ограниченности **Разума**).

Нейтрализуются эти Сефиры великолепием сияния Сефиры **Tiphereth** — **Мировой Гармонии**, **Универсальной Красоты**.

И что может быть в этике лучезарнее точного уравновешивания **Милосердия Строгостью**, **Доброты** — **Закономерностью**? Разве избыток милосердия не палит нестерпимым огнем согрешившего, заставляя его самого молить о правосудии? Разве избыток строгости не может лишить надежды на спасение заблудшего члена Семьи Душ?

Милосердие, соразмеренное со строгостью, решает любую этическую задачу.

Переходим к **Миру Образований** — **Olam ha Jezirah**.

В нем мы видим **Победу Добра** над **Злом**, Духовного над материальным, Светлого над темным, Активного над косным — активную седьмую Сефиру **Netzah**, в которой пребывает Посвященный, безошибочно избирающий правую тропу в шестом Аркане.

Но активное стремление к выбору правых троп не исключает необходимости спокойного движения по выбранной тропе без лихорадочной жажды или ожидания новых выборов. Ведь надо же хоть несколько шагов пройти по выбранной тропе; надо хоть на минуту успокоиться после победы, отдохнуть на отбитой позиции, дождаться плодов посеянного добра.

Да, нужно эту мощную Сефиру ограничить пассивною Сефирою **Славы** или **Покоя** (**Hod**).

Эта таинственная Сефира дает нам кажущееся парадоксальным сочетание отсутствия движения с наличием жизни. Ведь двигаться — значит встречать новые распутья, а жить — как будто значит двигаться, по крайней мере, в пределах понимания нами материального плана. Сефира **Hod** ставит нам как бы тезис **жизни без движения**. Это Великая Тайна, постигаемая лишь в экстатическом состоянии.

Победа и **Слава** нейтрализуются андрогинной, завершенной Формой, **Основанием** (**Jesod**) всякой конкретности (**Fundamentum omnium rerum** — **Основание всего сущего**).

И действительно, чтобы существовала форма, надо ее **выделить, выбрать** (Победа — выбор пути) так, чтобы на ней **остановиться** (Покой, Слава).

Вот процесс порождения девятой Сефирой **Jesod**, проектирующейся в **Мир Реальностей** (**Olam ha Asiah**) Сефиры **Царства** (**Malchuth** или **Malkuth**), то есть зародышевого состояния конкретного мира, нами обитаемого.

Итак имеем следующее распределение Членов **Второго Мистического Семейства.**

Макропрозоп — **Корона**.

Отец — **Мудрость**.

Мать — **Разум**.

Микропрозоп — Совокупность Сефир **Милосердия**, **Строгости**, **Красоты**, **Победы**, **Славы** и **Формы**.

Супруга его — **Царство**.

Обращаю ваше внимание на изящество и назидательность трех систем проекций Сефир в вертикальных столбцах.

В среднем, нейтральном столбце (**n**) Дуновение Логоса — Великая **Корона** — проектируется от Имени Архетипа принципом **Красоты**. Красота отражается **Формою**, а Форма — **Конкретностью**.

В правом, мужском столбце (**+**) **Мудрость** учит **Милосердию** и готовит **Победу**.

В левом, женском столбце (**–**) **Разум** вещей учит **Справедливости** и дает **Покой**.

Каждая из сефир **Второго Семейства** может рассматриваться сама по себе как замкнутая система и потому обладает собственными сефиротическими проявлениями; эти проявления, опять-таки, поддаются анализу по сефиротической схеме и так далее, а потому мы можем сказать, что эти схемы в дальнейшем будут служить нам общим шаблоном анализов элементов, имеющих войти в наш курс Эзотеризма.

См. стр. 481

Раньше, чем давать примеры подобных исследований, я позволю себе ознакомить вас с тем, что каббалисты называют «**каналами сефиротической системы**», то есть возможными путями перехода от сефиры к сефире. Этих каналов насчитывают 22 (по числу знаков еврейского алфавита), причем распределяют их по одной из двух следующих схем. См. черт. 37 и 38.

Эти каналы позволят нам намечать с удобством так называемые «**диабатические процессы**», то есть операции сложного перехода от одной сефиры к другой при посредстве некоторых промежуточных сефир.

Диабатические процессы могут быть **восходящими** или **нисходящими**. Дадим примеры процессов того и другого рода.

I пример:

Нормальный нисходящий диабатический процесс,
или процесс порождения мира:

Идея знания (**Корона**) естественно раздваивается на сефиру **жажды** познания (**Мудрость**) и сефиру **области объектов познания** (кстати сказать, являющейся замкнутой, ограниченной для данного мироздания). Это — так называемый **Разум вещей**.

В этой фазе пройденный путь определяется каналами 1, 4.

Возвращаясь по каналу 4 в сефиру **Мудрости**, мы, при посредстве канала 6, отражаем ее в форме **Милосердия** и тотчас вынуждены уравновесить таковое сефирою **Справедливости**, воспользовавшись для этого каналом 9.

Тогда мы можем породить (канал 12) **Гармонию** (**Красоту**) формальных проявлений; вкус к абсолютной красоте легко приведет нас (по каналу 14) к перманентным **Победам** удачным выбором форм; явится желание (при помощи канала 17) вкусить **Славу —** плод **Победы**, то есть попросту остановиться, успокоиться на определенных **Формах**, которые как бы будут нам доставлены дальнейшим движением вперед (по каналу 20). Далее остается инволюировать **Формы**, сделать их **конкретными** (опустившись по каналу 22).

II пример:

Нормальный восходящий диабатический процесс:

Изучая конкретности (**Царство**), человек доходит до пребывания в сефире **Форм**, то есть не нуждается в манипуляциях над конкретностями, заменяя их комбинациями форм в своем воображении. Он, значит, пробежал 22-й канал.

Этим **Формам** надо дать жизнь, удержав их в каком-то особом мире, осветив их светом особой **Славы** (переход в 8-ю сефиру по 20-му каналу).

Освещение этих форм дает возможность установить полярности добра и зла, светлого и темного, тонкого и грубого и т. п., подготовив **Победу** седьмой сефиры переходом 17-го канала.

Победа в процессе учета полярности, сопровождаясь правильною оценкой их взаимоотношений, приведет 14-м каналом к желанию создать **Гармонию** полярностей, то есть нейтрализацию всех бинеров.

Отчетливость знания бинеров толкнет нас 12-м каналом в сефиру **Справедливости**, а предпочтение к положительным полюсам, сопутствующее нам в силу недавно одержанной Победы, побудит нас уравновесить Справедливость **Милосердием**.

См. стр. 481

Но принять во внимание придется одновременно оба элемента, что вынудит нас вернуться 9-м каналом к Справедливости, понять ее как строгую закономерность, призадуматься над вопросом о том, что из возможности закономерного строя вытекает конечность числа объектов Вселенной, то есть, попросту говоря, перебраться в сефиру **Разума** 8-м каналом.

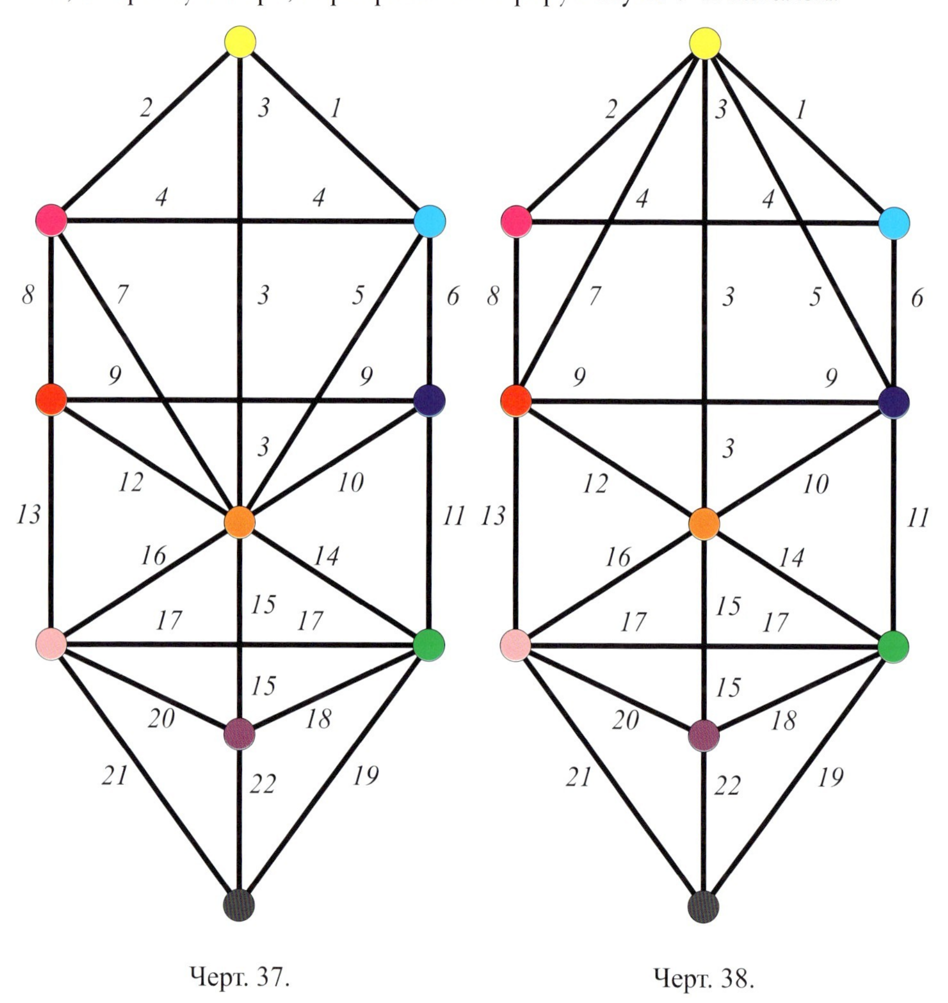

Черт. 37. Черт. 38.

Вопросы об объектах познания толкнут нас на рассуждение о тождественности или нетождественности Миров субъективного и объективного, иначе сказать — незаметно переведут нас по 4-му каналу в сефиру Познающего элемента, откуда легко попасть в первый канал

стремлением создать идею процесса Познания вообще, являющуюся **Венцом** (**Короною**) мощи нашей ментальности.

Выше могут быть только попытки воспринять Вечный Свет Инфлукса Первого Семейства.

III пример:

Восхождение по центральным каналам:

От **Конкретностей** ученый идет 22–м каналом к **Формам**, полное познание которых может привести к пониманию **Красоты** даже помимо элемента вдохновения. Этот трудный, но возможный путь фигурируется 15–м каналом, **КАНАЛОМ АСТРАЛЬНОЙ МОЩИ**.

Далее идет восхождение к **Абсолюту Мира Идей** (**Короне**) 3–м каналом, так сказать, **руслом Производительности** в астральной области, позволяющей часто незаметно для самого себя улавливать **принципы**, благодаря частому неустанному обращению с **законами**.

Я думаю, что этих примеров достаточно для того, чтобы слушатели могли попытаться самостоятельно истолковывать другие типы переходов по каналам. Занятие это принадлежит к числу наиполезнейших применений при медитации. Ему усердно предавались средневековые раввины.

Я позволяю себе перейти к примерам разложения замкнутых систем на их сефиротические атрибутивности.

I. Пример из области Теургии

(Ментальный план)

См. стр. 482

Теургической операцией называют достаточно авторитетную, планомерную и целесообразную попытку воздействия на **ментальные** токи Вселенной в той ее части, которую мы называем **Архетипом**, в целях производства или ускорения определенных астральных формаций или физических реализаций.

Выражаясь по-домашнему — mens теурга входит в общение с Архетипом, чтобы через его посредство добиться чего-нибудь астрального или реального.

Элементарнейшим типом теургической операции является то, что мы называем **молитвою**.

Молитвы бывают более или менее сложные, в зависимости от миросозерцания молящегося и от объекта, испрашиваемого молитвою.

Если молитва не имеет специального назначения, а предназначена лишь для общения с Архетипом в целях получения Высших Инфлуксов во всех фазах жизненных проявлений, то она явится прямым отражением миросозерцания молящегося, так сказать — **теургической фотографией оперирующего Микрокосма.** Из этого следует, что молитва каббалиста будет замкнутой системой, разложимой по Сефирам Вселенной. Такова **Молитва Господня:**

Pater noster qui es in coelis — (обращение в Молитве Господней) будет аналогически соответствовать Тому, Что стоит выше всех Сефирот Второго Семейства, то есть попросту Лицам Первого Семейства. Самый термин in coelis (на небесах) указывает на нахождение Того, к Кому обращаются, выше так называемого **Horizon Aeternitatis**.

Вместе с тем мы в этом обращении видим соблюдение основного тезиса Теургии, гласящего, что всякая молитва (обращена) к **Ain-Soph**, а не к каким-либо Сефирам или органам Сефирот. Молитва **восходит** по Сефирам Вселенной; иногда она может подкрепляться обращением к Заступникам, но это обращение играет лишь роль слияния малого ручейка молитвы частной монады с огромной рекой Теургических операций Угодника, а все же вода этого малого ручейка стремится в Необъятный Океан Ain-Soph'a.

Sanctificetur Nomen Tuum (первое прошение), конечно значит: «да святится твоя Корона» (**Kether**), то есть Великий Аркан Твоего Эманационного Проявления в метафизическом плане. «Да святится» — то есть да не теряется из виду искателями-мистиками форма Эволютивного Треугольника.

Adveniat Regnum Tuum (2-е прошение).

Речь, конечно, идет о порождении Царства Гармонии Форм (Сефира **Tiphereth**) в душе молящегося и в астросоме всей внешней ему Вселенной.

Fiat Voluntas Tua sicut in coelo (3-е прошение) означает: «Преклоняюсь перед Великим Законом יהוה метафизического мира, желая участвовать в его применении своею ментальностью» (область Сефиры **Binah**, заключающей в себе **Разум Вещей**, подчиненный упомянутому закону).

...et in terra (4-е прошение) значит в переводе: «... и астральным порождением закономерных этических проявлений Сефиры Справедливости (**Geburah**)».

Panem nostrum quotidianum da nobis hodie (5-е прошение) — какой «насущный» хлеб?

Хлеб = возможность формально познавать жизнь (ведь сказано «насущный»); **днесь** = на время от выбора путей по шестому Аркану до ближайшего такого же выбора. Как видите, прошение относится к жизни в Сефире **Hod**, к возможности вздохнуть свободно после победоносных выходов из фаз искушения.

Et dimitte nobis debita nostra (6–е прошение) значит: «Приложи к нашим личностям Принцип экспансивной Мудрости (Сефира **Chocmah**)...»

...sicut et nos dimittimus debitoribus nostris (7–прошение) — «...который в наших астросомах отражается Законами Милосердия к ближнему» (Сефира **Chesed**).

Et ne nos inducas in tentationem (8–е прошение): «избавь нас от нестерпимо частых применений 6–го Аркана, столь опасных для результата инкарнации искушаемого» (Сефира **Netzah**).

...sed libera nos a malo (9–е прошение): «и даже избавь нас, по возможности, от частого соприкосновения, сближения с системами клише, которые бы могли притягивать нас к отрицательной точке порока в упомянутых применениях 6–го Аркана». (Сефира **Форм** и клише, то есть **Jesod**).

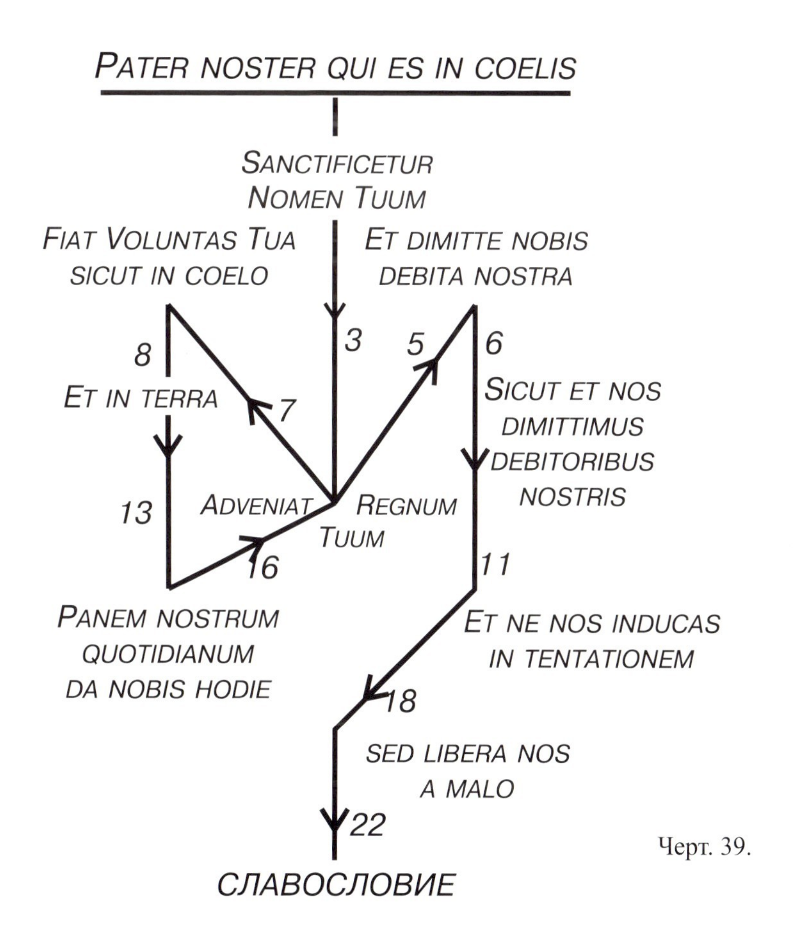

Черт. 39.

«**Лукавый**» в этом прошении есть просто искусственная попытка олицетворения стремления без конца искать отображения Абсолюта. Эзотерический черт есть просто «отец лжи» или «повод к усложнению и усовершенствованию ложного до бесконечности».

Позднее мы узнаем о невозможности проведения такого усовершенствования в фазу бесконечности. Мы узнаем, что завраться, излукавиться, озлобиться можно только до очерченных пределов; что процесс прогрессивной лжи приводит в конце концов к необходимости вернуться к истине.

Вся иллюзорность дьявола не мешает, однако, ему иметь своих слуг: вот почему попытки олицетворения отрицательного полюса Абсолютной Истины и Абсолютного Добра встречаются в мифологии всех рас.

Итак — все 9 первых Сефирот пройдены. Привожу схему прохождения их в прошениях Молитвы Господней применительно к первой системе каналов.

Восточная Церковь заключает Молитву Господню так называемым **Славословием**, принадлежащим по всей вероятности Апостолу Иоанну и символизирующим проявление **Короны** (**Kether**) в десятой Сефире **Malchuth**, то есть полную **магическую реализацию Великого Метафизического Аркана.**

Греческий текст Славословия следующий:

Οτι ση εστιν η βασιλεια και η δυναμιφ και η δοξα,
εις τους αιωνας. Αμην.

Что в переводе означает:

Так как Тебе принадлежит Царствие, и Сила, и Слава в Эонах.
Аминь.

Термин **Эоны** мы встречаем в Учении Гностиков. Там он прилагается к олицетворенным отдельным циклам основного динамического ряда, схематизирующего порождение Всего Сущего. Гностические Эоны — это ряд замкнутых индивидуализированных систем, обладающих попарно поляризациями (+) и (–), и размножающихся по закону יהו или, точнее, (יה) יה.

Совокупность всех этих Эонов в этом смысле эквивалентна совокупности населений всех планов Вселенной.

Все это приведет к следующей интерпретации Славословия:

«Так как Ты Начальный Источник проявлений Великого Аркана во всех Производящих Циклах трех планов Вселенной».

В принятой нами схеме Великого Аркана Магии термин **Царствие** мы отнесем к **Элементарной Роте** (4), термин **Сила** — к **Астральной Роте** (2), а термин **Слава** — к **Метафизическому Треугольнику** (3).

Следовательно, каббалист будет склонен прочесть Славословие так:

Quoniam Tibi sunt Malchuth, et Tiphereth, et Kether, per aeonas. Amen.

На практике принято иное чтение, в котором **Царствие** интерпретируется как **Malchuth**, **Сила** — **Geburah**, а **Слава** — **Chesed**.

Эти три Сефиры определяют в таблице общей сефиротической схемы некоторый треугольник **нисходящего типа**. Если обратить внимание на присутствие термина **Tibi** (**Тебе**), область которого стоит выше всех Сефирот, то он вместе с Сефирами **Geburah** и **Chesed** определит новый треугольник **восходящего типа.** Получится конфигурация чертежа 40–го.

Четыре ее термина могут быть помещены в концах прямоугольного Креста, одну вершину которого (**Tibi**) проектируют на лоб молящегося, другую (**Malchuth**) на его plexus solaris, третью (**Geburah**) зеркально на левое плечо, а четвертую (**Chesed**) — на правое плечо, что дает возможность, произнося формулу Славословия, осенять себя **Крестным Знамением**. При словах «...per aeonas. Amen» принято складывать ладони жестом молитвенного сосредоточения.

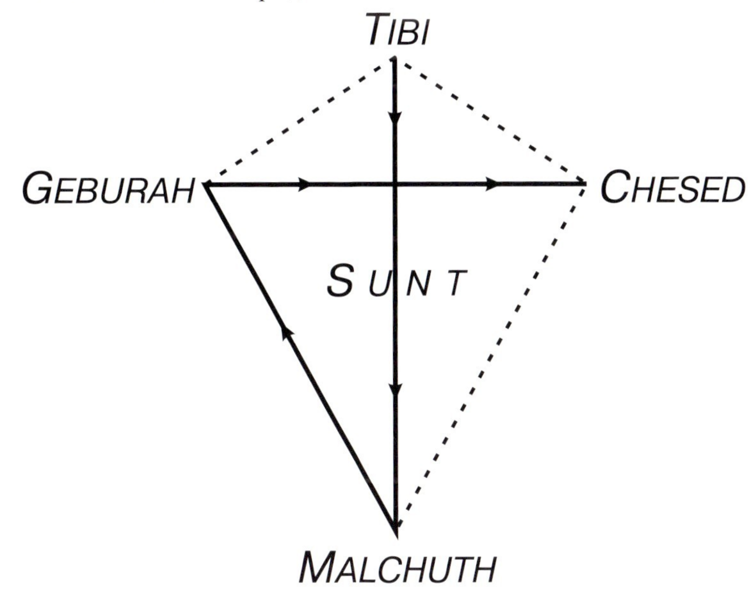

Черт. 40.

См. стр. 482

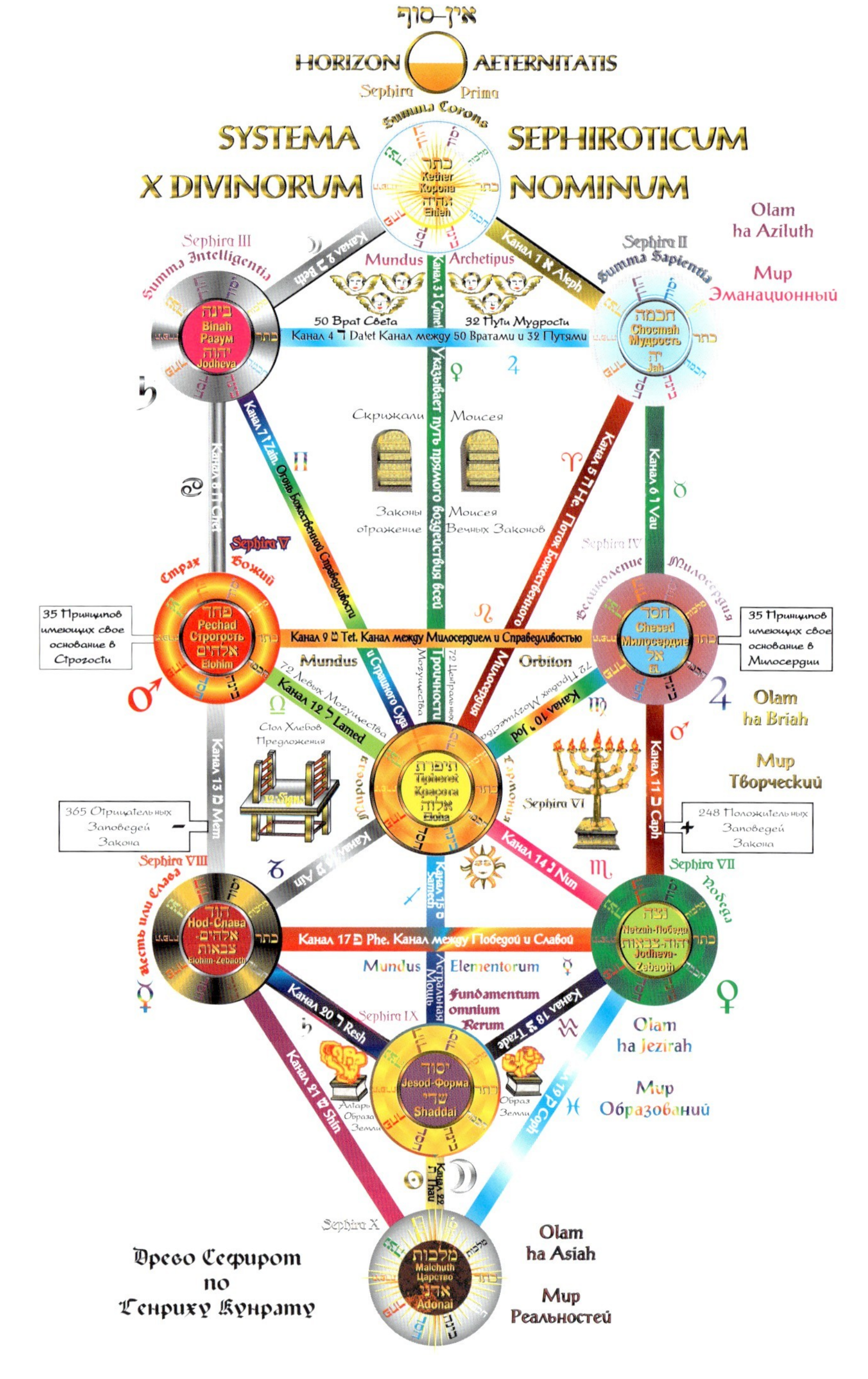

אין–סוף
HORIZON AETERNITATIS
Sephira Prima
Summa Corona
SYSTEMA SEPHIROTICUM
X DIVINORUM NOMINUM
Olam ha Aziluth
Мир Эманационный
Sephira III
Summa Intelligentia
Sephira II
Summa Sapientia
Mundus Archetipus
Канал 1 א Aleph
Канал 3 ג Gimel
50 Врат Света
32 Пути Мудрости
Канал 4 ד Dalet Канал между 50 Вратами и 32 Путями
Binah Разум Jodheva
Chocmah Мудрость Jah
Указывает путь прямого воздействия всей
Скрижали Моисея
Законы отражение
Моисея Вечных Законов
Канал 7 ז Zain Огонь Божественной Справедливости
Канал 5 ה He Поток Божественного
Канал 6 ו Vau
Sephira V
Страх Божий
Sephira IV
Великолепие Милосердия
35 Принципов имеющих свое основание в Строгости
35 Принципов имеющих свое основание в Милосердии
Pechad Строгость Elohim
Chesed Милосердие El
Канал 9 ט Tet. Канал между Милосердием и Справедливостью
Mundus Orbiton
Olam ha Briah
Мир Творческий
72 Левых Могущества
72 Правых Могущества
Канал 12 ל Lamed
Канал 10 י Jod
Канал 11 כ Caph
Стол Хлебов Предложения
Tiphereth Красота Eloha
Sephira VI
365 Отрицательных Заповедей Закона
248 Положительных Заповедей Закона
Канал 13 מ Mem
Sephira VIII
Sephira VII
Честь или Слава
Победа
Канал 14 נ Nun
Канал 15 ס Samech
Hod-Слава Elohim-Zebaoth
Netzah-Победа Jodheva-Zebaoth
Канал 17 פ Phe. Канал между Победой и Славой
Mundus Elementorum
Fundamentum omnium Rerum
Канал 20 ר Resh
Канал 18 צ Tzade
Sephira IX
Olam ha Jezirah
Мир Образований
Канал 21 ש Shin
Jesod-Форма Shaddai
Алтарь Образа Земли
Образ Земли
Канал 19 ק Coph
Канал 22 ת Thau
Sephira X
Malchuth Царство Adonai
Olam ha Asiah
Мир Реальностей
Древо Сефирот по Генриху Кунрату

Лекция XV

Десятый Аркан (продолжение)

II. Пример из области Магии

(Астральный план)

Мы имели случай говорить в пятом Аркане о самовнушении по так называемому немецкому методу и притом упомянули о сокращенности предложенной нами схемы, игравшей роль **эскиза** процесса, а не полной его картины.

В рассматриваемом примере приложения сефиротического анализа замкнутых систем мы разложим систему общего **процесса внушения**, независимо от того, направлен ли он на астросом самого оператора, на астросомы отдельных его органов и их клеточек или на астрал внешних по отношению к оператору индивидуумов.

Роль Первого Семейства по отношению к имеющей возникнуть системе сефирот внушения будет играть **Пентаграмматическая Свобода Воли** оператора.

Kether'ом схемы будет **идея внушения**, непосредственно в себе заключающая указание на **предмет внушения** (то есть манифестацию, которой желаем добиться) — это будет **Chocmah** системы, и на индивидуумы, которым внушают, так сказать — на **область**, подвергаемую внушению и играющую роль его **Binah** — его индивидуального Разума.

Совокупность этих трех сефирот и будет ментальною частью имеющей возникнуть волютивной сущности.

Содержание внушения определит в эмоциональной части астрала внушения характер **эмоции**, которая должна возникнуть в силу внушения у пациента; вот вам сефира **Chesed**.

Но общая эмоция, последствие внушения, конечно, проходит по различным законам у разных пациентов, и не только оттеняется различными эмоциональными обертонами, но даже может отличаться в своих основных составляющих. Что одного рассердит, то другого только удивит, а третьего приведет в состояние благодушного созерцания.

Вот эта субъективная составляющая эмоциональной совокупности вместе с законами, по которым она должна протечь, и будет сефирою **Geburah** нашей системы.

Обе сефиры, **Chesed** и **Geburah**, конечно, должны быть стройно нейтрализованы своим **Tiphereth**, то есть общей картиной эмоций внушения, представляющейся воображению оператора так, чтобы его mens относил ее к **настоящему**, а не к будущему времени.

Вы помните, что я говорил в пятом Аркане об этих трех сефирах, при беглом изложении соединив их в короткое упоминание об эмоциональной картинке.

Перехожу к формальной части астрала внушения.

Ее **Netzah** будет учет тех препятствий в природе пациента и окружающей его среды, с которыми приходится бороться при внушении.

Сефирою **Hod** будет учет размеров **Победы**, которую мы одерживаем в предыдущей сефире, так сказать, то, чем мы удовольствуемся во внушении. Скажем, внушая больному возможность шевелить ногой, остававшейся неподвижною, мы должны себе представлять, какою степенью гибкости и резкости движений мы удовольствуемся, на каком результате мы успокоимся для данного сеанса или для данного цикла сеансов внушения.

Согласно закону Тернеров, мы обязаны нейтрализовать последние два проявления точной, определенной геометрической картиной выполнения внушаемого (сефирою **Jesod** нашей системы).

Картина эта опять-таки должна оцениваться как **настоящая**, а не будущая. О ней в свое время говорилось для случая самовнушения.

Остается констатировать присутствие конкретного **Malchuth** в процессе внушения.

Мы знаем, что последнее, в описанной нами ранее схеме, снабжено элементами проявлений голоса (шепот и громкая речь), жеста и иногда перемещения самого оператора.

Материальный (то есть доступный органам чувств) синтез этих проявлений и будет десятою, заключительною Сефирою системы.

III. Пример реализационного характера

(Низший астральный план, граничащий с физическим и неразрывно связанный с ним в части проявлений).

Представьте себе воплощенную пентаграмму, оперирующую центрами магнетических (одических) излучений и восприятий. Центры эти неизменно связаны с функциями определенных областей человеческого организма.

Средняя часть лба над переносицей — это ваш магнетический **Kether**. С ним **активно** связана физическая опора процесса медитации, а **пассивно —** восприятие чужого центрального взгляда.

Когда вы активно оперируете центральным взглядом, то работают фиксированные оси ваших **Chocmah** (правый глаз) и **Binah** (левый глаз), объединенные действием медитирующего **Kether**'а.

Можно атаковать центральным взглядом только **Chocmah** противника, парализуя активность его **Kether**'а, или одно **Binah** (парализуя его же восприимчивость).

Можно, наконец, защищаться от центрального взгляда взглядом в глаза, поражая чужое **Binah** своим **Chocmah**, подставляя добровольно свое **Binah** под чужое **Chocmah** и предоставляя, таким образом, исход борьбы учету относительной мощности двух **Kether**'ов, оперирующих своими поляризованными органами.

При желании воспринять чужое внушение в сфере трех высших магических центров, мы, опуская глаза, пассивным сосредоточением подставляем свой **Kether** под центральный взгляд оператора.

При так называемой **мужской** схеме поляризации флюидов, на которую рассчитаны и предыдущие строки, сефирою **Chesed** будет магнетизм правой руки, сефирою **Geburah** — магнетизм левой руки; сефирою **Tiphereth** — магнетический запас plexus solaris, который мы можем расходовать по произволу, заимствуя из него положительные или отрицательные флюиды; сефирою **Netzah** — операция сокращения излучений правой ноги для пользования результатом полученной экономии флюидов (–); сефирою **Hod** — противоположная операция для левой ноги.

Роль сефиры **Jesod** играет запас одической энергии половых органов.

Что касается сефиры **Malchuth**, то ее относят к области магнетической восприимчивости затылка и спины, на которые часто направляется влияние центрального взгляда оператора и одические манипуляции его ручных центров.

Считаю долгом упомянуть о пути, соответствующем в нашей схеме средней области канала, соединяющего **Jesod** с **Tiphereth**. Пуп не имеет характера эманационного центра, но чрезвычайно вампиричен, как по отношению к положительным, так и по отношению к отрицательным эманациям приставленных к нему одических излучателей (например, пальца).

Этим пользуются для терапевтических целей, соединяя один из полюсов эманации врачующего оператора с областью пупа и приставляя противоположнополяризованный излучатель к другому сефиротическому центру пациента. Положение другого центра и выбор направления тока зависит от характера симптомов, которые желательно устранить. Выбор их производится по каббалистическим соображениям.

IV пример

Применение сефиротической схемы к анализу общеэтического сложного проявления.

Мы уже упоминали, что сефиротический анализ применим и к органам замкнутых систем, лишь бы эти органы могли быть рассматриваемы как замкнутые же системы с той или другой точки зрения.

Скажем больше: всякая сфера, всякая область может разлагаться сефиротически постольку, поскольку она рассматривается нами как замкнутая система, даже если мы не успели или не сумели представить эту сферу в том комплексе, который мы именуем **Сущностью**.

Зададимся примером сефиротического разложения того, что на общежитейском языке именуется областью **Добродетели**.

Мы часто называем такие области **отвлечениями**, **отвлеченными понятиями** и т. п.

Вот как Генрих Кунрат трактует эту область в сефиротическом разложении.

Kether'ом проявлений **Добродетели** он ставит **Целомудрие**, явно признавая за ним синтетический характер.

Положительным полюсом разложения этого **Kether**'а великий герметист признает **Доброту**. Она, значит, **Chocmah** нашей таблицы.

Ограничивает он ее отрицательным полюсом **Осторожности** — **Binah** нашей системы.

В следующем мире (**Olam ha Briah**) **Доброта** отражается элементом **Милосердия**, а **Осторожность** — элементом **Мужества**; бинер последних элементов рождает средний термин — **Терпение**.

Вот вам и весь **Olam ha Briah** системы, то есть ее **Chesed**, **Geburah** и **Tiphereth**.

Что **Доброта** отразилась у Kunrath'a **Милосердием**, этому никто не удивится. Что **Целомудрие** проявило положительным полюсом **Доброту**, а отрицательным — **Осторожность**, объяснить нетрудно: **Доброта** может быть тут истолкована как идея ограждения другого от опасности падения, а **Осторожность —** как идея ограждения самого себя.

Если **Осторожность** имела источником **Целомудрие**, то ее идея самоограждения может в крайних случаях облечься в форму **Мужества** самозащиты. Состав **Терпения** понятен.

Переходим к следующему миру — **Olam ha Jezirah** системы.

Сефирою **Hod** будет ограждение **Мужества** в формальных подпланах астрала; по Кунрату — это **Смирение** (**Humilitas**).

Сефирою **Netzah** он ставит **Справедливость** (очевидно, в смысле воздаяния каждому того, что ему принадлежит).

Роль нейтрализующего элемента **Jesod** играет **Умеренность**, вполне годная в дитяти супружеству **Справедливости** со **Смирением**.

Конкретное **Malchuth** этой схемы Кунрат видит в **Страхе Божием**.

Закончим наш ряд примеров заявлением, что мы в этом курсе, по мере сил и возможности, будем стараться планировать сефиротически затрагиваемые нами области исследования как ради действительных преимуществ этой схемы, так и из желания с формальной стороны придать курсу каббалистический характер.

Покинем на время давшие нам уже столь обильный материал разложения 10=1+9 и 10=9+1, дабы не оставить без внимания и остальные арифмологические интерпретации десятого мажорного Аркана.

10=2+8

Наша Gnosis (2), наша Наука Абсолютного может и должна влиять на формальную обстановку закономерности (8) нашей Каббалы: это мы скоро увидим, когда займемся общей конструктивной схемой Тарота.

10=8+2

Закономерность обстановки (8), хотя бы частной, не только изменяет формы интерпретации науки (2), но может отозваться и на существе ее тезисов. Иначе сказать — частные школы, частные учения нередко вводят в общие системы заключения, добытые в домашней, обиходной обстановке своей ограниченной сферы.

В данном случае это разложение недурно интерпретируется как возможность существования частных систем каббалистического исчисления наряду с рассматриваемой нами общей посвятительной схемой.

Все мы знаем о системах **ономантии**, каббализирующих алфавитами, отличными числом знаков от еврейского.

10=3+7

Девиз так называемых **Теософических Школ**, ставящих себе задачей развить прежде всего ментальную интуицию первичных причин (3), с тем чтобы она автоматически обусловила в дальнейшем умение ориентироваться в сфере вторичных причин (7).

10=7+3

Девиз так называемых **Магических Школ,** рекомендующих прежде всего ознакомление со сферой действий вторичных причин (7) как базою для перехода к первичным (3).

10=4+6

Арифмологическая интерпретация следующего тезиса: «Четыре средних Сефиры надо поставить впереди шести поляризованных Сефир». Действительно, для краткой характеристики процесса порождения

Вселенной достаточно назвать 4 средних Сефиры: **Корону**, **Гармонию**, **Форму** и **Зародыш Реальности**.

Остальные 6 Сефир до тех пор оставляют неясность понимания взаимоотношения элементов Вселенной, пока вы не начнете говорить об их нейтрализации попарно, то есть пока вы не введете средние Сефиры.

10=6+4

В Каббале Соломонова Гексаграмма (6) стоит выше элементарной Rota (4). Иначе сказать, не в реализации символов суть дела, а в их астральной зависимости. Нет нужды, что у меня 22 картинки Тарота, у вас 22 знака еврейского алфавита, а у третьего лица — 22 натуральных иероглифа; важно лишь то, что и там, и тут однообразными определенными методами комбинируют эти знаки и учитывают их сущность.

10=5+5

Это значит: пять против пяти, и все это определяет какой-то союз, какое-то взаимоотношение двух сторон одного целого. 10 Сефирот Второго Семейства, как вам известно, сгруппировались в 5 Мистических Персон, то есть Макропрозоп, Отец, Мать, Микропрозоп и его Супруга отражают свои влияния, или, если хотите, имеют своих уполномоченных во всех замкнутых системах Вселенной, а следовательно, и в каждой особи нынешнего **падшего**, удалившегося от первобытной чистоты, материализовавшегося Человечества.

Когда мы дойдем до истории падения такового, вы ясно увидите, что если мы теперь как бы берем точку опоры в материи, в этом конечном складе перепутанных иллюзий, то раньше, в первобытном состоянии, мы гонялись не за точкой опоры внизу, а за точкой привеса в Лучезарном Верху. А потому да не удивит вас, что в предлагаемой традиционно-каббалистической таблице — процесса отражения Высших Мистических Персон в составе нынешнего отдельного человека — отражения Принципов расположились в обратном иерархическом порядке.

Макропрозоп в составе человека отразился элементом **Nephesh** (**Нефеш**) — пограничной областью между нервной системой (физический план) и низшим астральным восприятием (астральный план).

Отец отражается элементом **Ruach** (**Руах**) — душою в собственном смысле, то есть комплексом страстей, желаний, способности порождать формы и способности воспринимать и классифицировать таковые.

Мать отражается элементом **Neshamah** (**Нешама**) — тем, что мы в просторечии называем разумом, интеллектуальностью, идейным гуманитаризмом и т. п.

Микропрозоп отражается элементом **Chajah** (**Хайя**) — той частью человека, которая может заставить его познать духовное блаженство.

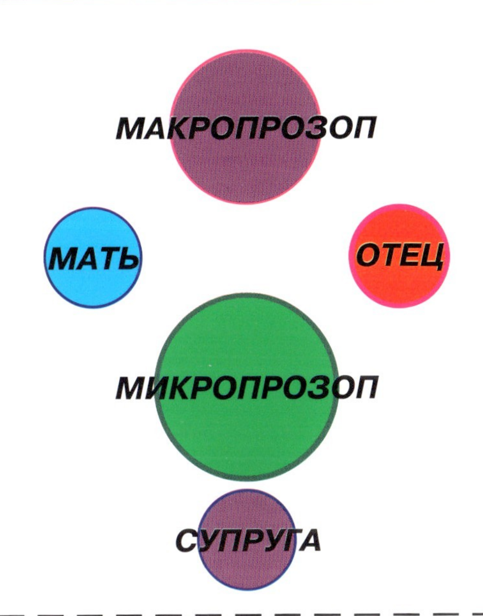

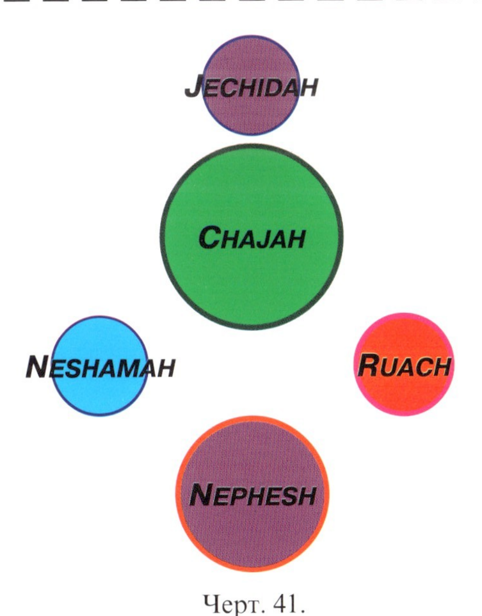

Черт. 41.

Супруга отражается элементом **Jechidah** (**Ехида**) — тем в человеке, что объединяет его с Божеством.

Мы видим, что в перечень элементов состава человека не вошли чисто материальные элементы: его тело, жизненная сила крови и т. п. Вошло лишь то, что определяет характер циркуляции нервного флюида. Этот элемент назван **Nephesh**, и эта «животная душа» поставлена ниже всех элементов.

Итак, Каббала проникнута идеей, что человек, хотя бы и падший, все же крепче связан с Небом элементом **Jechidah**, чем с Землею элементом **Nephesh**.

Для краткости и удобства характеристики этих элементов я соединю их в таблицу, содержащую 3 объяснительных столбца.

Примечания к таблице

Nephesh пассивен по отношению к внешнему миру в том смысле, что он, как автоматический счетчик, однообразно (у одной и той же породы) передает восприятия фактов душе.

Ruach оценивает факты сообразно **личным** психологическим особенностям воспринимающего. Личность, конечно, влияет и на формулировку законов, выводимых из фактов.

Законы объединяются в **принципиальные суждения,** уже принадлежащие человеческому **Neshamah**, определяющему однообразно общечеловеческую логику вплоть до того (включительно), что мы именуем **трансцендентною областью**. В **трансцендентальной** же **области** уже оказывается влияние высшего Инфлукса Духа **Chajah**, могущего привести человека к сознанию в себе элемента **Jechidah**.

У особей одной породы сходные **Nephesh**. У того, что мы называем «схожими личностями», — схожие **Ruach**. Логическая аргументация возможна благодаря существованию общечеловеческого **Neshamah**. Взаимопонимание и братская солидарность Блаженных определена общностью **Chajah**; а конечная Реинтеграция возможна благодаря **Jechidah**.

Название элемента	Полярная характеристика его как деятеля	Сфера компетенции элемента в научной области	Общеупотребительные термины для обозначения проявлений, определяемых в человеке соответственными элементами
Nephesh	Пассивен по отношению к внешнему миру	Факты и их регистрация	Порода
Ruach	Андрогинен по отношению к внешнему миру	Законы и их формулировка	Личность
Neshamah	Активен по отношению к внешнему миру	Принципы и их постановка	Человек
Chajah	Андрогинен: связывает Neshamah с Jechidah	Высший influx (Интуиция Истины)	Эманация Божественных начал
Jechidah	Пассивен по отношению к Архетипу	Слияние с Абсолютной Истиной	Тождество с Архетипом

См. стр. 486

Neshamah (в тесном смысле этого слова), **Chajah** и **Jechidah** в их совокупности часто именуются в Каббале термином **Neshamah** в **широком** смысле этого слова, и тогда этот термин окажется равнозначащим нашим терминам **mens**, **ментальность**.

В этом случае **Ruach** будет эквивалентна термину астросом, а **Nephesh** — термину фантом.

Покончив с арифмологическим разложением Аркана, вернемся к его символической картинке.

Центральную ее часть занимает **колесо**. Это колесо синтезирует несколько представлений, из которых наитипичнейшее для профана есть представление о так называемой **Мировой Мельнице,** перемалывающей в физическом плане элементы одних жизней для возвращения других: то все нивелирующей, то возносящей один край в ущерб другому, беспощадной, строго закономерной и... жалко-иллюзорной, подобно плану, в котором она действует.

Истинный герметист, презрительно улыбаясь, наблюдает ее работу, и если пользуется ею для Алхимического Делания, то созерцает наше колесо Фортуны в упрощенной схеме его скелета — Элементарной Rot'ы, Azoth'a, Серы, Соли и Меркурия.

Но в колесе десятого Аркана скрыта и астральная **Rota**, вращение которой доступно лишь наблюдению человека, изощрившегося одновременно в метафизической спекуляции и в этическом герметизме. Эта Rota в своем круговращении формально определяет гигантский комплекс переходов, превращений, порождений; комплекс тонких, глубоких проявлений, преподаваемый нам Священной Каббалой.

Как я уже говорил, инструменты этой Каббалы, для передачи их грядущим поколениям, вручены были на сохранение профанам и Посвященным в виде колоды цыганского Тарота в 78 листов. Ныне уместно заняться этими листами.

56 из них носят название «**минорных Арканов**»; остальные 22 — «**мажорных Арканов**».

Минорные Арканы представляют в своей совокупности картину развития схемы יהוה в мире формальных порождений еще не падшего Человечества, для которого **Великое Делание** было натуральным ремеслом, обычным занятием, отчетливо им постигаемым во всех его фазах.

Мажорные Арканы — это тот комплекс представлений уже падшего Человека, который позволяет ему «в поте лица своего» постигать затемненный для него закон יהוה, очищать свое миросозерцание, отделять пшеницу от плевел, ценою ошибок доходить до относительных истин и тернистою тропою этих относительностей медленно восходить к **Абсолюту** между Сциллой Человеческой гордости и Харибдою Человеческих разочарований.

Вы видите, что термин «**минорный**» приложен к группе в 56 Арканов лишь по недоразумению.

Минорные Арканы метафизически чище мажорных; они вдобавок метафизически **раздельны**; конструктивная схема их комплекса ясна; математик сказал бы, что эти переменные стоят в строго определенной функциональной зависимости друг от друга.

В мажорных же Арканах все как-то неопределенно; они порождают друг друга по каким-то туманным законам; они подобны клавиатуре, которую можно настроить по терциям или квинтам, но можно настроить и по октавам, помня при том, что настройщик пользуется несовершенством органа нашего слуха как базою для своей работы.

Короче сказать — минорные Арканы суть точное развитие клише יהוה, а мажорные — спутанное, приспособленное, приноровленное к миру иллюзий и неполных пониманий.

Займемся же, прежде всего, минорными Арканами.

56 листов их колоды распадаются на 4 масти по 14 карт в каждой.

Трефы (жезлы) символизируют י.

Червы (чаши) символизируют первое ה.

Пики (мечи) символизируют ו.

Бубны (круги или пантакли) символизируют второе ה.

Где, в каком семействе, взять эти элементы?

Мы будем их относить к влиянию отдельных **Персон Первого** (**Трансцендентального**) **Семейства**.

Итак — **Жезлы** определяют влияние Высшего **Jod**'а, **Трансцендентальной Любви**. Влияние это преломляется во всех Сефирах Второго Семейства.

Мы будем интересоваться им, как и другими влияниями, лишь в пределах Сефиры **Chocmah**, в которой пребывали наши души до падения, образуя синтетичного **Мирового Человека**.

Жезлы, следовательно, вызовут в нас представление о том, что в Душах должно быть относимо к влиянию этого **Jod**, то есть об **активной вниз** (так сказать об **оплодотворяющей**) **Любви**. Эта Любовь играет роль **Первого Толчка** во всех начинаниях любой замкнутой индивидуализированной системы. Здесь это будет **Первым Толчком Души** к чему бы то ни было.

Чаши, как преломление Первого ה (**Hè**) Трансцендентальной **Жизни**, Высшей **Любви снизу вверх**, **Высшей Аттрактивности**, займут второе место в колоде.

Мечи, преломление влияния Логоса, опять внесут элемент **Любви**, но **Любви андрогинной**, Любви, порождающей Жизнь по образцу собственного порождения. Ведь ו (**Vau**) проявляется как **Архитектор Вселенной** потому, что **Он** сам был **порожден Точкой над Jod** процессом поляризации. Он — Продукт Сочетания Активной и Пассивной Любви, и Он так сильно любит Верх, что решился, наподобие **Верхней** Точки, активно любить вниз.

Мечи для нас — символ передачи Логосом Жизни Матери посредством подобия любви Отца.

Круги — влияние **Второго** ה (**Hè**) на Души. **Второе Hè** Первого Семейства характеризует себя эманацией 10 Сефирот Второго.

Эманация была первою стадией реализации; точнее — реализация есть лишь грубая аналогия Первичной Эманации.

Трансцендентальное проявило себя **Трансцендентным**; **Трансцендентное** дало себя знать **Формальным**; **Формальное** конденсировалось в **Реальное**.

Сохраним для удобства грубый конкретный термин «**Реализация**» и будем его прилагать к **Бубнам**.

В каждой из четырех мастей мы имеем прежде всего 4 фигурные карты, символизирующие действующих лиц, проводящих идею масти. Кроме того, масть заключает в себе 10 очковых карт (от туза до десятки), соответствующих 10 Сефирам влияния масти.

Займемся прежде всего фигурными картами 4-х мастей.

В каждой из мастей имеются: своя персона **Jod** (י) — **Король**; свое **первое Hè** (ה) — **Дама**; свое **Vau** (ו) — **Кавалер**; свое **второе Hè** (ה) — **Валет**, служащий передатчиком влияния масти.

(В новейших колодах игральных карт утрачены кавалеры и сохранились лишь фигуры короля, дамы и валета).

Каждая из этих четырех фигур уполномочена оперировать в области 10 Сефирот масти. Таким образом, применение Сефирот каждой масти насчитывает 4×10=40 фаз. Общее число фаз для всей колоды будет, следовательно, 160, если мы, как было предложено, ограничимся анализом преломлений влияния Первого Семейства в сефире Chocmah. Если ввести и остальные Сефиры, то мы насчитаем 1600 фаз.

В этом курсе мы удовольствуемся разъяснением значений 16 фигурных карт и заголовками Сефиротических очковых листов по всем 4 мастям.

Таблица фигур четырех мастей

	י или жезл	1е ה или чаша	ו или меч	2е ה или круг
י	КОРОЛЬ ЖЕЗЛОВ ЖЕЗЛ ЖЕЗЛОВ	КОРОЛЬ ЧАШ	КОРОЛЬ МЕЧЕЙ	КОРОЛЬ КРУГОВ
ה	ДАМА ЖЕЗЛОВ	ДАМА ЧАШ	ДАМА МЕЧЕЙ	ДАМА КРУГОВ
ו	КАВАЛЕР ЖЕЗЛОВ	КАВАЛЕР ЧАШ	КАВАЛЕР МЕЧЕЙ	КАВАЛЕР КРУГОВ
ה	ВАЛЕТ ЖЕЗЛОВ	ВАЛЕТ ЧАШ	ВАЛЕТ МЕЧЕЙ	ВАЛЕТ КРУГОВ

Черт. 42.

Анализ 16 фигурных карт

Заголовки фигурных карт

Жезлы

1. **Король Жезлов** получит заголовок **Отец**, в смысле **Иерарха**, как бы служащего исходной точкой применения Власти.

См. стр. 487

2. **Дама Жезлов** есть просто **Супруга Отца**, необходимая ему для порождения третьей фигуры —

3. **Кавалера Жезлов** — **Деятеля** по передаче Власти, оперирующего через

4. **Валета Жезлов**, то есть **Слугу Власти**.

Чаши

2. **Дама Чаш** является важнейшей картой своей масти вследствие присущей ей роли **Самостоятельной Аттрактивности**.

1. **Король Чаш** есть лишь **Супруг Дамы**, необходимый ей для порождения

3. **Кавалера Чаш**, то есть **Посредника по привлечению к делу внешних элементов**, оперирующего с помощью

4. **Валета Чаш — Слуги Аттрактивности**.

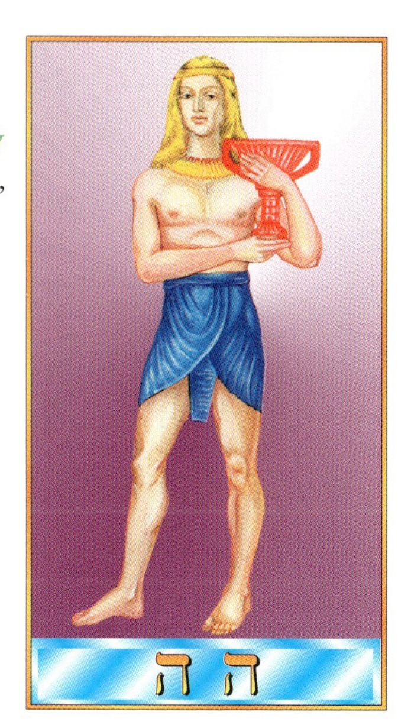

Мечи

3. **Кавалер Мечей** — **Деятель по передаче Жизни** — является важнейшей картой своей масти.

1. **Король Мечей** — **Отец передачи Жизни** и

2. **Дама Мечей** — **Мать передачи Жизни**, нужны лишь для порождения Кавалера, оперирующего через

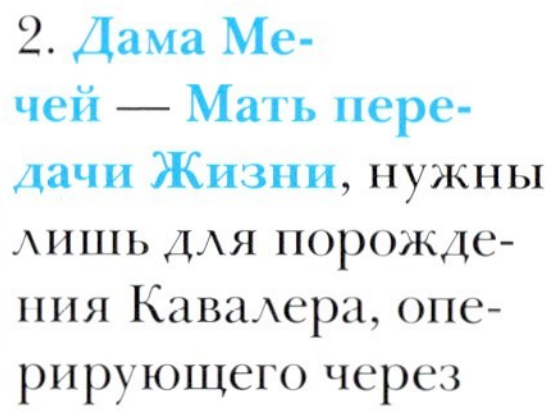

4. **Валета Мечей** — **Слугу передачи Жизни**.

Круги

4. **Валет Кругов**, или **Слуга Детей**, доминирует в своей масти; ведь реализация оценивается по результатам.

1. **Король Кругов** — **Отец–Реализатор** и

2. **Дама Кругов** — **Госпожа Детей**, породившие

3. **Кавалера Кругов** — **Деятеля по объединению** индивидуальностей, входящих в состав сложных организмов. Король, Дама и Кавалер как бы остаются в тени, уступая место Валету, Исполнителю черной работы.

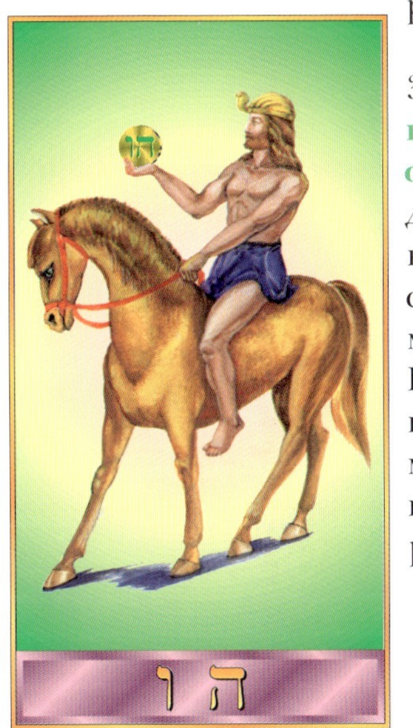

Лекция XVI

Десятый Аркан (продолжение)

Анализ очковых карт

См. стр. 488

Жезлы

1) **Туз — Kether Жезлов** — метафизический синтез активной **Любви** вниз — удобней всего интерпретируется как **Колесо Тарота**. Не будь **Первого Толчка** этой Активной Любви, не было бы Вселенной, не было бы Tarot'a, или, лучше сказать, Колесо Арканов существовало бы потенциально, но не вертелось бы, и некому было бы его воспринимать.

2) **Двойка — Chocmah Жезлов — Мудрость Первого Толчка**, его Экспансивность, так как она воспринимается в Сефире Человеческих Душ. По Элифасу Леви, это будет «Помощь Спасителя». Конечно, он этим хочет указать на Великое Клише יהשוה, о котором я имел случай с вами говорить.

3) **Тройка — Binah Жезлов — Разум вещей Первого Толчка**, ограничивающий его Мудрость, то есть объем всего того, что мы ожидаем от Спасительного Клише יהשוה, надежда на Реинтеграцию.

4) **Четверка — Chesed Жезлов — Милосердие Первого Толчка**, отражение влияния יהשוה в плане человеческой этики, в плане астральных цепей и эгрегоров. Иначе сказать — клише יהשוה как Центр Эгрегора, как Отец Церкви.

5) **Пятерка — Pechad Жезлов — Закономерность Первого Толчка**, ограничивающая его Милосердие. Но что же ограничивает спасительное экспансивное процветание Церкви верующих? Да конечно, причины этического характера, заставляющие в данный момент считать желательным поддержку жизни Эгрегора; совокупность этического подъема, который он может доставить в данную эпоху.

6) **Шестерка — Tiphereth Жезлов — Гармония, Красота Первого Толчка**, дитя, порожденное сочетанием наличности Церкви и этического ее влияния. Конечно, это то утешение, та поддержка, которую Эгрегор дает своим адептам и которая в примере Христианской Церкви доставила

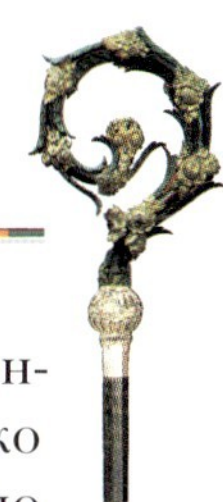

столько блестящих эпизодов мученичества, обращавших неверных именно **красотою и гармонией** своих проявлений. Вспомните историю. Редко язычник изъявлял желание проникнуть в метафизику Христианства до того, как собственными глазами убеждался в наличности внутренней гармонии сердец его самоотверженных представителей. В Эгрегор некоторой Идеи профанов втягивает чаще ее Tiphereth, нежели ее Kether.

7) **Семерка — Netzah Жезлов — Победа Первого Толчка**, то есть победа Иерархического Закона, установление Иерархии везде и во всем; так сказать — единственное мерило величия.

8) **Восьмерка — Hod Жезлов — Покой (Слава) Первого Толчка**, то, на чем можно остановиться, отдохнуть после установления Иерархического Начала. Этот Покой надо отождествить с признанием существования Верхней Точки Треугольника Фабра д'Оливе, с признанием роли того, что мы называем **Провидением** во Вселенной и что имеет представителем Совесть отдельной человеческой особи. Если есть во всем Иерархия, то надо прислушиваться к своей Совести; нельзя ее игнорировать.

9) **Девятка — Jesod Жезлов — Форма Первого Толчка**, результат сочетания Иерархии с Успокоением, даруемым Совестью. Это будет та **ориентировка**, которую нам доставляет Совесть, когда мы ее указания признаем Светом, иерархически нисходящим в цепи сущностей, отделяющих нас от Первой Причины.

10) **Десятка — Malchuth Жезлов — Реальность Первого Толчка**, инкарнация синтеза элементов, заключенных в первых девяти Сефирах; то, что позволяет нам восходить от конкретного мира к идее Первого Толчка.

Чаши

1) **Туз — Kether Чаш** — метафизический синтез того, что в Сефиру Chocmah Второго Семейства вносит **Трансцендентальная Жизнь**, — проявление **Жизненности**; того, что притягивает к себе Первый Толчок и что приспособлено к его принятию.

2) **Двойка — Chocmah Чаш — Мудрость Аттрактивной Любви**, стремление захвата Жизненного Высшего Инфлукса, короче — **стремление спастись**.

3) **Тройка — Binah Чаш**, ограничивающая это стремление; Благость Божия, представленная даруемыми Ею **спасительными элементами**.

4) **Четверка — Chesed Чаш** — экспансивное отражение желания спастись — **стремление благодетельствовать** в связи с заразительностью этого стремления.

5) **Пятерка — Pechad Чаш**, ограничивающая предыдущие стремления, **обязанность не покидать облагодетельствованного** и продолжать

благодеяния, не разбрасывая их другим; умение отчетливо занумеровать свои привязанности и знать наперед, кем кому и чем чему пожертвуешь в случае надобности.

6) **Шестерка — Tiphereth Чаш — Терпение** в альтруистических проявлениях, являющееся плодом сочетания двух предыдущих Сефир.

7) **Семерка — Netzah Чаш — Победа** тонкого над плотным в альтруизме — **идейность в любви**.

8) **Восьмерка — Hod Чаш — перманентность** плана в идейной любви.

9) **Девятка — Jesod Чаш** — готовая **форма**, отлитая для аттрактивной любви.

10) **Десятка — Malchuth Чаш** — конкретный синтез предыдущих сефир, реализация **акта притяжения**.

Мечи

1) **Туз — Kether Мечей** — исходная точка процесса **передачи жизни, оплодотворение заимствованными жизненными элементами.**

2) **Двойка — Chocmah Мечей — определенность в целях** передачи жизни.

3) **Тройка — Binah Мечей — определенность замкнутой системы** (мельницы), в которую передается жизнь.

4) **Четверка — Chesed Мечей — ровность проявлений** передачи жизни; отражение определенности в целях.

5) **Пятерка — Pechad Мечей — планомерность** результатов передачи жизни, отражение определенности замкнутой системы.

6) **Шестерка — Tiphereth Мечей — красота переданной жизни**.

7) **Семерка** — Netzah Мечей — **Победа передающего импульса** над косностью среды, в которой насаждается жизнь.

8) **Восьмерка — Hod Мечей — адаптация результатов победы** к общему характеру среды.

9) **Девятка — Jesod Мечей — формы развития переданной жизни**.

10) **Десятка — Malchuth Мечей — инкарнация** переданной жизни.

Круги

1) **Туз — Kether Кругов — исходная точка реализации** — Первичная **Материя** в области алхимической и Первичный **астросом** в области этического Герметизма.

2) **Двойка — Chocmah Кругов — поляризация** материи в области алхимической; грандиозный **Бинер Рока и Воли** в области этического Герметизма.

3) **Тройка — Binah Кругов** — принцип **нейтрализации** полюсов в области алхимической; **Треугольник Fabre'a d'Olivet** в области этического Герметизма.

4) **Четверка — Chesed Кругов — конденсация** по динамическому закону в алхимии; **Герметический Кватернер**, символизируемый Крестом, в этическом Герметизме.

5) **Пятерка — Pechad Кругов — доминация энергетического начала** (**квинтэссенции**) над четырьмя элементами в алхимии; **рождение Пентаграммы** в этическом Герметизме.

6) **Шестерка — Tiphereth Кругов — установление двух токов**, эволютивного и инволютивного, в алхимии; **проблема двух путей** в этическом Герметизме.

7) **Семерка — Netzah Кругов — проникновение тонкого в плотное** в алхимии; **победа тройки над четверкой** (Духа над формой) в этическом Герметизме.

8) **Восьмерка — Hod Кругов — установление периодов формации** в алхимии (фазы изменения Философского Камня); **условный закон и Натуральная Карма** в этическом Герметизме.

9) **Девятка — Jesod Кругов** — общая схема **эволюции материи** в алхимии, открывающаяся при так называемом процессе **сублимации**; **общая картина Посвящения**, открывающаяся в этическом Герметизме при передаче **Преемственного Инфлукса**.

10) **Десятка — Malchuth Кругов — трансмутация материи**, как реальность в алхимии (процесс применения готового **Красного Порошка** к трансмутации сплава); **возвращение Посвященного в мир** для трансмутации нравов общества — в области нравственного Герметизма.

Вас, конечно, уже поразило то обстоятельство, что Очковые Арканы бубновой масти так близки по заголовкам своим к десяти первым, уже изученным нами, Мажорным Арканам Тарота.

Это просто объясняется тем, что бубновая масть, преломление Валета Первого Семейства, служит как бы **органом произвождения** Мажорных Арканов системою Минорных.

Я бы позволил себе сказать, что Минорные Арканы масти бубен дают схему понимания Человечеством Реализационного Мира в ту пору, когда оно **еще не пало**; первые же 10 Мажорных Арканов соответствуют пониманию тех же истин уже **падшим** Человечеством. Если умыть первые 10 Мажорных Арканов и соскоблить с них корочки, то как раз получатся бубновые Очковые Арканы в их натуральной последовательности.

Но пора перейти к Мажорным Арканам. Я сообщу вам их в нормальном порядке знаков так называемого еврейского алфавита и, параллельно этим знакам, укажу их **числовые значения**, а равно и **иероглифы**, присвоенные им в античной Посвятительной практике. Эти иероглифы дадут мне возможность хотя бы беглым и несколько неполным образом развить систему заголовков еще не изученных нами Арканов в областях Теософического Тернера. Заголовки эти мне, безусловно, необходимы для ознакомления вас с общей картиной каббалистических спекуляций и решения примерных задач на таковые спекуляции.

(См. таблицу Мажорных Арканов в конце этой лекции).

Заголовки первых десяти Арканов уже сообщены. Мне остается развить идеи иероглифов остальных двенадцати с целью вывода их заголовков.

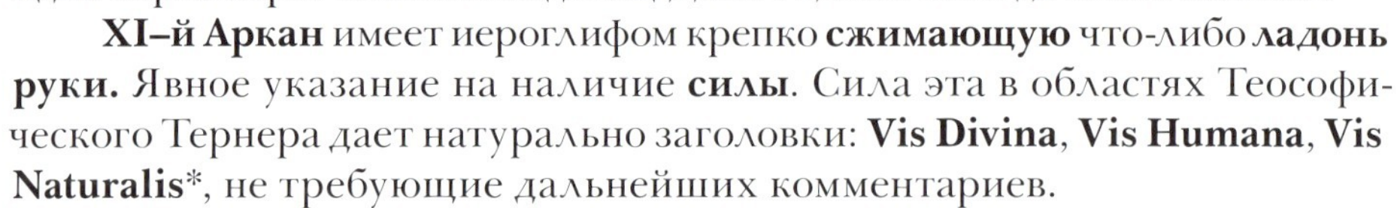

XI-й Аркан имеет иероглифом крепко **сжимающую** что-либо **ладонь руки.** Явное указание на наличие **силы**. Сила эта в областях Теософического Тернера дает натурально заголовки: **Vis Divina**, **Vis Humana**, **Vis Naturalis***, не требующие дальнейших комментариев.

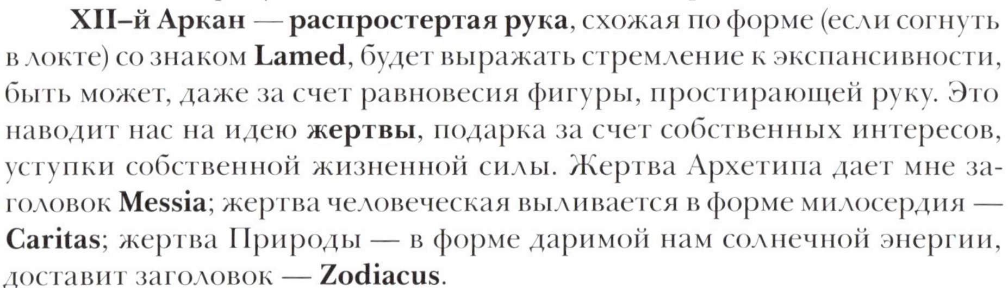

XII-й Аркан — **распростертая рука**, схожая по форме (если согнуть в локте) со знаком **Lamed**, будет выражать стремление к экспансивности, быть может, даже за счет равновесия фигуры, простирающей руку. Это наводит нас на идею **жертвы**, подарка за счет собственных интересов, уступки собственной жизненной силы. Жертва Архетипа дает мне заголовок **Messia**; жертва человеческая выливается в форме милосердия — **Caritas**; жертва Природы — в форме даримой нам солнечной энергии, доставит заголовок — **Zodiacus**.

XIII-ый Аркан своим иероглифом — **женщина** — вызывает ассоциативно идею **смерти и возрождения**. Женщина есть среда, обусловливающая процесс утробной жизни младенца, его смерти для этой утробной жизни, совпадающей с **началом новой жизни** в атмосфере. Идея смерти и возрождения в применении к Архетипу дает Аркану заголовок — **Immortalitas** или **Permanetia in essentia**; примененная к человеку, она вызывает представления **Mors et Reincarnatio**; в Природе, как бы вечно возрождающейся в новых видах, является энергия в ее многообразных превращениях; третьим заголовком напишем — **Transmutatio virum****, сохраняя терминологию Гельмгольца.

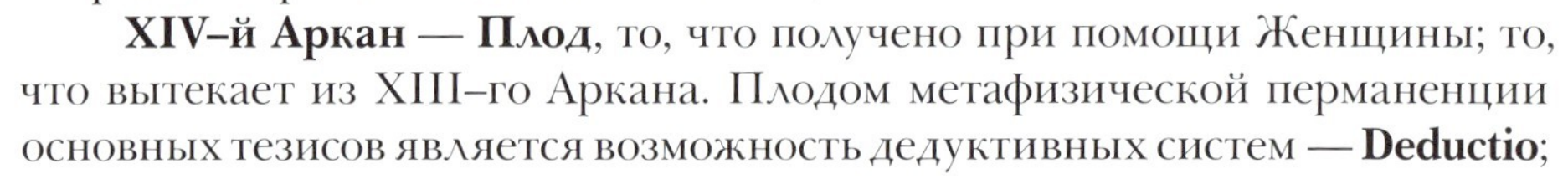

XIV-й Аркан — **Плод**, то, что получено при помощи Женщины; то, что вытекает из XIII-го Аркана. Плодом метафизической перманенции основных тезисов является возможность дедуктивных систем — **Deductio**;

---

*) **Vis Divina** (*лат.*) — Сила Божественная
Vis Humana (*лат.*) — Сила Человеческая
Vis Naturalis (*лат.*) — Сила природная

) **Permanetia in essentia (*лат.*) — неизменность по сути своей
Transmutatio virum (virium) (*лат.*) — превращение силы

плодом цепной последовательности воплощений человеческих сущностей — возможность герметической обработки души, так сказать, ее гармонизации — **Harmonia Mixtorum***; к законам превращения и сохранения энергии тесно примыкают вопросы об **обратимости** процессов — **Reversibilitas**.

XV-й Аркан, **Стрела, движущаяся по окружности**, естественно вызывает представление об области, нахождение в которой ставит нас в необходимость встречи с этой неумолимой стрелой при всякой попытке перешагнуть окружность. Такие стрелы имеются для человека как обязательные к приему дары трех областей Теософического Тернера. Архетип не хочет выпускать нас из заколдованного круга **Логики** нашего метафизического строя — **Logica**; человеческий астросом носит в себе элементы страстей и наклонностей, о которые он сам же спотыкается в своих стремлениях к расширению и утончению; этот заколдованный круг есть библейский Змей **Nahash**, традиционный соблазнитель; Природа дарит нас кольцом фатальных проявлений, составляющим подчас непреодолимую преграду в данной инкарнации; это — **Fatum**, третий заголовок нашего Аркана. Заметьте, что XV Аркан вытекает натурально из XIV-го: дедукция опирается на логику; этический герметизм не может игнорировать техники борьбы со страстями; законы обратимости процессов теснейше связаны с проявлениями фатума.

XVI Аркан имеет иероглифом **вещественную связь**; я бы точнее сказал — связь в состоянии натяжения, как это понимается в механике; связь, характеризующуюся наличием определенной **реакции**. Предшествующий Аркан имеет главнейшим назначением порождение подобных связей. Логика в своих приемах **исключает** бесповоротным образом то или другое допущение; это — **Eliminatio logica**. Наличие тех или других tourbillons вынуждает определенный астросом проявлять себя определенными уже формами; это — **Constrictio astralis**, основа всей церемониальной Магии. Беспощадный фатум разрушает наикрепчайше обоснованные реальности; это **Destructio physica****.

XVII-й Аркан — рот с языком, говорящий рот, который только надо уметь слушать. Мы хорошо слушаем язык Архетипа, выливающийся в форме **Надежды — Spes,** даже тогда, когда все вокруг нас молчит или предрекает гибель. Если мы достаточно сенситивны, то мы умеем не прозевать и язык человеческой **интуиции**, часто могущий нас предупредить,

---

*) **Harmonia Mixtorum** (*лат.*) — гармония смеси

) **Eliminatio logica (*лат.*) — логическое исключение
Constrictio astralis (*лат.*) — астральное принуждение
Destructio physica (*лат.*) — физическое разрушение

оградить и спасти. Вот вам второй заголовок — **Intuitio**. Древние народы в периоды первобытной простоты жизни и близости к природе обладали в большей мере способностью слушать живую речь этой самой природы и не нуждались в сложных приемах, которые теперь руководят нами в области **Натуральной Дивинации**. Да будет третий заголовок вообще — **Divinatio naturalis**. Тут и астрология, и физиогномистика, и хиромантия, и френология, и все что хотите. XVII-й Аркан — естественное пассивное добавление к активному XVI-му. Недостаточно **убедиться логически:** часто нужна и **надежда**. Недостаточно принудить астрально — надо иметь такт и интуицию для суждения об уместности принуждения и о его форме. Недостаточно знать, что фатум беспощаден в физическом плане, — надо уметь предугадать форму его беспощадности дивинационными методами.

XVIII Аркан — крыша, но не как проекция восьмого Аркана, а как нечто придавливающее, стесняющее свободу, затемняющее миросозерцание; крыша в том смысле, в каком говорят — «тебе крышка». Мы видим, что Арканы в прогрессивной своей материализации достигли крайней степени плотности, порождающей уже **элемент стеснения** самим фактом своей материальности. Мы выслушали речи трех ступеней Теософического Тернера, но в речах этих найдем и стесняющие нас элементы. Надежда хороша, но ждать чего-нибудь мы можем лишь от Того, Что доминирует нас иерархически, — **Hierarchia occulta**. Интуиция оказывает услуги, но она же даст нам понять, что у нас имеются тайные враги — **Hostes occulta**. Гадание дает иногда (очень редко) полезные указания; чаще всего оно настораживает нас, заставляя думать о физических опасностях — **Pericula occulta***.

XIX Аркан своим символом **топора** дает возможность прорубить окно в крыше XVIII-го; узреть свет, получить надежду на совершенствование, на Реинтеграцию в Мир Минорных Арканов. Но в чем этот топор? — Закон Иерархии приведет нас сквозь крышу диалектики к созерцанию Света плодотворной истины — **Veritas facunda**. Нежелание иметь врагов выработает в нас все грани альтруизма, столь красиво ограничивающие то, что именуется Человеческой Добродетелью — **Virtus humana****. Опасности распыления благородной материи, преждевременного разрушения тела и т.п. заставят нас думать о проблеме Философско-

---

*) **Hierarchia occulta** (*лат.*) — тайная Иерархия
Hostes occulta (*лат.*) — тайные враги
Pericula occulta (*лат.*) — тайная опасность

) **Veritas facunda (*лат.*) — плодотворная Истина
Virtus humana (*лат.*) — Человеческая Добродетель

го Камня и Жизненного Элексира. Вот вам и третий заголовок — **Aurum Philosophale***.

XX Аркан — голова человека; та голова, которая должна будет применить Свет, добытый работой топора предыдущего Аркана. Архетип потянет нас к эволюции своей притягательной мощью — **Attractio Divina**. Сами мы герметической работой достигнем астрального перерождения, позволяющего целесообразно распоряжаться человеческими добродетелями.

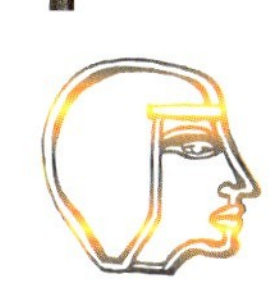

Это перерождение назовем — **Transformatio astralis**. Природа нам поможет переменами обстановки в физическом плане, с закономерным параллелизмом следующими за нашими плодотворными попытками астрального совершенствования. Вот вам и третий заголовок — **Mutationes in tempore**** (перемены во времени).

XXI Аркан (называемый многими Нулевым, вследствие исключительной типичности его содержания, резко отличающегося от материала остальных Арканов) имеет иероглифом **стрелу** в прямолинейном колебательном движении. В предыдущем Аркане определялась схема восхождения к Свету. Но недостаточно схемы освобождения, когда сидишь в загородке или под крышей. Надо уметь разрушить крышу, но, разрушая ее по частям, надо уметь поддержать участки, смежные с разрушенными, чтобы не быть ими придавленным. Одним словом — надо знать тайну строительства, тайну реализации, тайну действия, тайну закрепления. Эта тайна не представляет собой угрозы замкнутого кольца, подобно XV-му Аркану. Нет. Это просто грань, на которую рано или поздно надо ступить и в которой летают стрелы в том и другом направлении. Блажен тот, кто сумеет утилизировать стрелу, летящую от него; горька участь того, кто станет под стрелу, стремящуюся ему навстречу. Аркан **Shin** принадлежит к первичным тайнам. Его провел Архетип, эманируя **Olam ha Aziluth**. Да будет же первым заголовком слово — **Radiatio** в применении к валету Первого Семейства. Аркан **Shin** реализуется и человеком в ту пору, когда его астросом сопрягается со знаком, эгрегорически порождаемым цепью пентаграмм и потому имеющим реализационную силу. Вторым заголовком поставим слово — **Signum*****, в смысле устойчивого астрального символа. Природа не чужда

---

*) **Aurum Philosophale** (*лат.*) — Философское Золото

) **Attractio Divina (*лат.*) — Божественное притяжение, Божественная любовь
Transformatio astralis (*лат.*) — Астральное преображение
Mutationes in tempore (*лат.*) — изменение во времени

***) **Radiatio** (*лат.*) — сияние, излучение
Signum (*лат.*) — знак

Аркану **Shin** в своей деятельности: она проводит его в том, что мы называем **материализацией форм**. **Materia** и будет третьим заголовком.

XXII Аркан представит собою синтез результатов применения знания предыдущих Арканов. Это — Аркан **Великого Делания**, позволяющий перейти в мир Трефовой Масти Минорных Арканов. Его иероглиф — **грудь, в смысле всеприемлющего лона,** достаточно выразителен, чтобы оставить его без толкования. Обращу ваше внимание лишь на одно обстоятельство. От Минорных Арканов к Мажорным вы перешли мастью Бубен (Кругов); от Мажорных к Минорным вы переходите четырьмя последними Мажорными Арканами, резюмирующими **плоды** жизненной мудрости. Мы не сообщили еще заголовков XXII Аркана. Их легко предугадать. В мире Архетипа — это чета Верхнего Треугольника Великого Аркана, это — Метафизический Абсолют — **Absolutum**. В мире человека Аркан сведется к среднему шестиугольнику двойного воздействия на астрал, к тому, что можно назвать астральным применением Великого Делания — **Adaptatio Operis Magni**. В мире Природы Аркан сведется к натуральному Всемогуществу Элементарной Роты — **Omnipotentia naturalis***.

Вот что я имел вам сказать о заголовках Мажорных Арканов.

По поводу последних мне остается лишь дать разъяснение сходства иероглифов различных Арканов в цепи 22-х, позволяющее при беглом обзоре системы сократить число Арканов до 16-ти. Сокращение это нежелательно в посвятительном смысле, но довольно назидательно с филологической точки зрения.

Знаки ב (произношение латинского b) и פ (произношение лат. ph) имеют иероглифом **рот**. Знаки ג (g) и כ (k, kh) имеют иероглифом **ладонь**. Знаки ד (d) и ת (th) имеют иероглифом **грудь**. Знаки ז (z, tz, s), ס (s) и ש (наше «ш» или лат. sh), имеют иероглифом **стрелу**. Знаки ט (t) и צ (tz или наше «ц») имеют иероглифом **крышу**.

Все это уменьшает число знаков до шестнадцати, позволяя предполагать, что в известную эпоху иероглиф «рот» изображал два губных звука, считавшихся родственными; иероглиф «ладонь» — два гортанных, также близких по произношению; иероглифы «грудь» и «крыша» соответствовали двум типам звуков, подходящих к тому, что мы, арийцы, называли зубными, а иероглиф «стрела» был излюбленным символом шипящих и свистящих.

---

*) **Adaptatio Operis Magni** (*лат.*) — применение Великого Делания
Omnipotentia naturalis (*лат.*) — Всемогущество Природы

Таблица Мажорных Арканов

Номер Аркана	Знак алфавита	Название Аркана	Числовое значение знака	Иероглиф
1	א	Aleph	**1**	Человек (Мужчина)
2	ב	Beth	**2**	Рот человека
3	ג	Ghimel	**3**	Берущая ладонь руки
4	ד	Daleth	**4**	Грудь (кормящая)
5	ה	Hé	**5**	Дыхание
6	ו	Vau	**6**	Глаз; ухо
7	ז	Zain, Sain	**7**	Стрела (летящая прямолинейно по определенному направлению)
8	ח	Chet	**8**	Поле (то, что можно возделывать)
9	ט	Teth	**9**	Крыша, кровля (как защита от ненастья)
10	י	Jod	**10**	Указательный палец
11	כ	Caph	**20**	Крепко сжимающая что-либо ладонь руки
12	ל	Lamed	**30**	Распростертая рука
13	מ	Mem	**40**	Женщина
14	נ	Nun	**50**	Плод
15	ס	Samech	**60**	Стрела (движущаяся по окружности)
16	ע	Ain	**70**	Вещественная связь
17	פ	Phe или Pe	**80**	Рот с языком
18	צ	Tzade	**90**	Крышка (нечто придавливающее, стесняющее свободу, мешающее пробиться к свету)
19	ק	Coph	**100**	Топор
20	ר	Resh	**200**	Голова человека
21(0)	ש	Shin или Sin	**300**	Стрела (в прямолинейном колебательном движении)
22	ת	Thau	**400**	Грудь (в смысле — всеприемлющее лоно)

См. стр. 488

Лекция XVII

Продолжение Десятого Аркана

Каббала делит знаки алфавита на 3 основных группы.

Первая группа — **буквы-матери**: אמש. Они символизируют основные термины метафизической шкалы Тернера: א соответствует нейтральному термину (**n**); מ — отрицательному полюсу (−); ש — положительному полюсу (+).

Треугольник Великого Аркана в этой системе обозначений представится чертежом 43.

Любая комбинация этих букв может быть истолкована терминами Тернера. Положим, я написал משא. Если я терминам Тернера придам значение соответствий элементарных, то א условно означает «воздух»; ש — «огонь»; מ — «вода». Вся фраза интерпретируется: «вода, поставленная на огонь, испаряется (обращается в газообразное состояние, подобное воздуху)».

Понимая те же герметические термины метафизически, я прочту ту же комбинацию так: «если в пространстве (מ) наблюдать видоизменения энергии (ש), то получается возможность учета времени (א) по феноменам».

Интерпретированная мистически, наша комбинация משא дает: «косный элемент профана (מ), будучи оплодотворен выработанной в нем или привитой ему энергией (ש), обращает профана в мага андрогинного состава (א)».

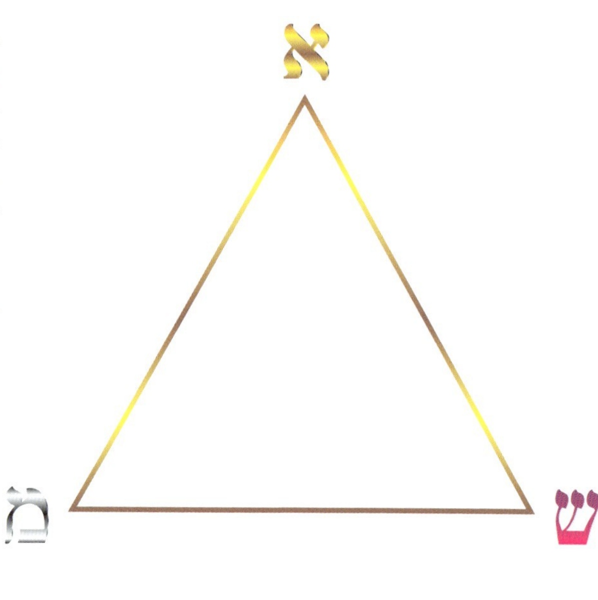

Черт. 43.

Вторая группа — **семь двойных букв בגדכפרת**. Они соответствуют символически семи Вторичным Причинностям.

Если буквы-матери можно называть **метафизическими**, то эти буквы заслужат название **планетных**, или **астральных**. Соответствие их Причинностям заключено в следующей таблице.

ב	Beth	—	Луна	☽
ג	Ghimel	—	Венера	♀
ד	Daleth	—	Юпитер	♃
כ	Caph	—	Марс	♂
פ	Phe	—	Меркурий	☿
ר	Resh	—	Сатурн	♄
ת	Thau	—	Солнце	☉

Двойными эти буквы названы:

1) с этимологической точки зрения потому, что они первоначально имели двойное произношение: B и Bh; G и Gh; D и Dh; K и Ch (русское «х»); P и Ph (русское «ф»); R жидкое и R сухое; Th и S;

2) с эзотерической точки зрения потому, что влияния Вторичных Причинностей раздвоены полярно: есть хорошие дары Юпитера (приветливость, умение обращаться с народом) и есть дурные дары той же Причинности (юпитерианская гордость и т. п.).

Третья группа — **двенадцать простых букв הוזחטילנסעצק**, соответствующих астрологически двенадцати Знакам Зодиака.

ה	Hé	—	Овну	♈
ו	Vau	—	Тельцу	♉
ז	Zain	—	Близнецам	♊
ח	Chet	—	Раку	♋
ט	Teth	—	Льву	♌
י	Jod	—	Деве	♍
ל	Lamed	—	Весам	♎
נ	Nun	—	Скорпиону	♏
ס	Samech	—	Стрельцу	♐
ע	Ain	—	Козерогу	♑
צ	Tzade	—	Водолею	♒
ק	Coph	—	Рыбам	♓

Как известно, двенадцать Знаков Зодиака в плане Природы символизируют полный комплекс фаз той жертвы, которую в нашей Планетной Системе Солнце приносит Земле, даря ей свои астральные флюиды.

В этической области двенадцатый Аркан Lamed символизирует жертву человека Человеку, Природе или Божеству, которая опять-таки может быть принесена лишь инкарнированной Пентаграммой.

В плане Архетипа двенадцатый Аркан есть Аркан Мессии — опять идея инкарнации, опять физический план.

Я говорю об этом, чтобы мимоходом охарактеризовать физический план, как **план жертвы**, и жертву, как нечто неизменно и тесно связанное с **физическим планом.**

Конструктивная схема системы мажорных Арканов Тарота дается чертежом 44.

Прилагаемая схема характеризует конструкцию системы мажорных Арканов как детальную интерпретацию Закона יהוה. Но ведь система минорных Арканов интерпретировалась точно так же. Разница в том, что очковые карты минорных Арканов вполне точно выполняют эту интерпретацию, а шкала мажорных Арканов есть подобие клавиатуры, построенной по приближенно-подобранным интервалам. Один инструмент — точный — предназначен был не падшему Человечеству; другой — кое-как настроенный — приспособлен к спутанному миросозерцанию падшего Человечества.

Не могу отказать себе в удовольствии проследить фазы развития воплощенного человека по таблице мажорных Арканов.

О расположении Арканов столбца י в таблице мажорных Арканов я говорил в связи с седьмым Арканом. Столбцы ה и ו расположены точно таким же образом. Что же касается столбца **второго** ה, то андрогинные его Арканы в своей совокупности представляют собою переход от системы мажорных к системе минорных; если хотите — органы порождения минорных Арканов мажорными. (Вспомните, что в минорных Арканах **бубновую** масть можно назвать наоборот — органами порождения **мажорных** Арканов **минорными**).

Человек в фазе **самопознания** (1) порождает **Науку** (2), берет ее себе в супруги, благодаря ей делается **производительным** (3), чем приобретает **авторитет** (4).

Создание этого **авторитета** (4) ведет к порождению человеческой **Пентаграммы** (5); но, как только последняя сформировалась, ей приходится стать лицом к лицу с задачей **выбора пути** (6). Она приурочила себя к выбору правой тропинки и оказалась **победительницей** (7). Этим Арканом заканчивается цикл י **идейного воспитания личности**.

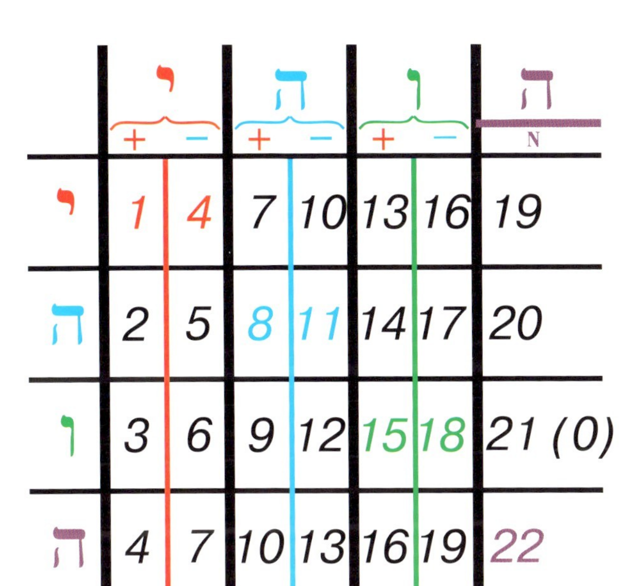

	י +	י −	ה +	ה −	ו +	ו −	ה N
י	1	4	7	10	13	16	19
ה	2	5	8	11	14	17	20
ו	3	6	9	12	15	18	21 (0)
ה	4	7	10	13	16	19	22

Черт. 44.

Победитель (7) начинает цикл формального самовоспитания установлением **закономерности** (8) в среде, где он будет продолжать работу. **Закономерность** эта гарантирует этой среде поддержание некоторого предельного уровня этических норм, от которого человек будет отталкиваться, дабы совершить прыжок в более высокие области формальной этики. Стремление усовершенствоваться увенчивается достижением **Посвящения** (9). За посвящением следует погружение в некоторую **замкнутую** систему (10). **Система** эта может оказаться внешним миром, в который периодически возвращается Посвященный для воздействия на ближних; эта система может оказаться просто Каббалой, в которую Посвященный углубляется для рационального усовершенствования комплекса клише его окружающих; наконец, система может свестись к области медитации того, что мы называем «**Заветом**» (**Testamentum**).

Занятие этой **замкнутой системой** (10) приводит Посвященного к формированию **Цепи-Силы** (11). В **цепи** явно скажется необходимость **жертвы** (12) внутрь (интересам цепи) и наружу (интересам внешнего Человечества). Выполнение долга жертвы приведет к **перемене плана** (13).

За воспитанием формальным следует реальное соприкосновение с элементами трехпланной жизни.

Всякая **смерть** (13) есть, вместе с тем, рождение в новую жизнь, с полным пониманием **обратимости** некоторых энергетических проявлений (14).

Если ваша перемена плана была просто экстериоризацией, то клише обратимости процессов вы принесете с собой из астрала. Так или иначе, эти фазы приведут вас к обладанию мощью **астральных tourbillons** (15) или к аналогичной этой мощи **логике**(15), или, наконец, к возможности использования **проявлений рока** (15). Пятнадцатый Аркан облечется в применении в одну из форм 16-го, то есть сведется или к **логическому исключению** тех или других тезисов, или к **астральному принуждению** тех или других сущностей, или к **физическому притеснению** трехпланных существ умелым использованием рока. Этим шестнадцатым Арканом и закончится полуцикл **первого** ה сконструированной нами таблицы.

С того же шестнадцатого Аркана начинается новый полуцикл **активных применений** той или другой **мощи** (16). Но этот Аркан нуждается в супруге, которую найдет в форме какого-нибудь **дивинационного начала** (17), позволяющего ему ориентировать свою активность. А понимание условий собственной работы откроет человеку глаза на возможность работы других не только за него, но и против него. Он поймет, что есть **враги во всех планах** (18). Это сознание наличия враждебных элементов повсюду будет душить его и понудит искать выхода к Свету из своего стесненного положения. Выход этот обрисуется отдаленным силуэтом **Великой Герметической Задачи** (19).

Этим и заканчивается цикл ו. Остающиеся 4 Аркана дают план осуществления упомянутой Задачи. Проходящий их находится уже на пути к Реинтеграции.

Таким образом, цикл **второго** ה начинается постановкой вопроса о **Герметизме** (19), при проработке которого необходимо нужно будет натолкнуться на сознательное **убеждение в возможности перерождать и перерождаться** (20). Необходимость перерождать побудит проникнуть в **Тайну Аркана** ש(21), Аркана **реализационного** в тесном смысле этого слова. Чтобы уметь утончать коагуляты, надо узнать, как они образовались; надо, до известной степени, уметь их образовывать. Запасшись всем этим, человек способен совершить **Великое Делание** (22) и перейти, тем самым, в трефовую масть минорных Арканов.

Сложение и разложение Арканов

Если закрыть глаза на неполное равенство интервалов двух смежных Арканов в разных частях их гаммы, то возможно будет любой из Арканов брать за исходную точку отсчета некоторой шкалы. Иначе сказать, если я допущу, что третий Аркан вытекает из второго точно так, как второй из первого, как пятый из четвертого и т. д., то мне можно будет для любого Аркана находить градацию, соответствующую той, которую нормальный цикл Арканов выводит из первого. Такие переходы называются «**сложениями Арканов**».

Сложить ***a***–тый Аркан с ***b***–тым значит перейти в **круговом** порядке к (***a+b***–тому) или, если такового не имеется, то к одному из Арканов, номера которых сравнимы с ***a+b*** по модулю 9. Так, суммою 7–го и 18–го Арканов придется считать или 7–й, или 16–й, оттого что

$$7+18=25\equiv7\equiv16.$$

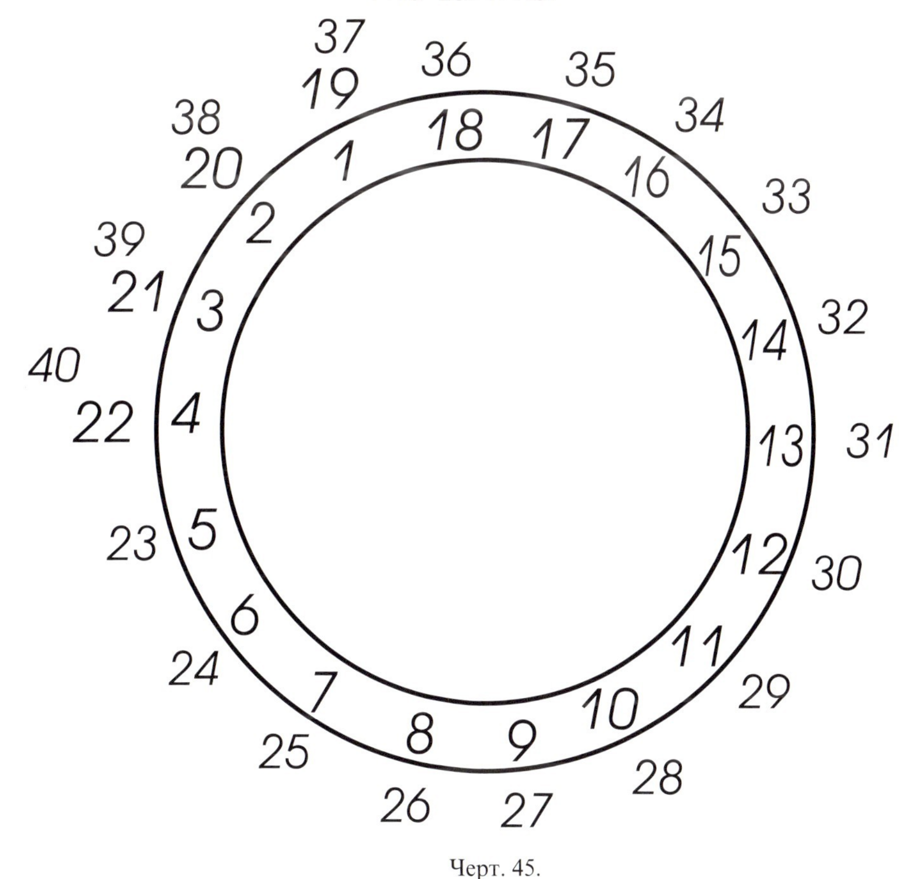

Черт. 45.

Для более наглядного выяснения этого приема я позволю себе расположить номера Арканов по окружности, замыкая систему границей, по которой соприкасаются первый и восемнадцатый Арканы. Я беру лишь 18 Арканов для полного цикла мажорных, считая последние четыре Аркана дополнительными, приставленными лишь для перехода к минорным. Девятнадцатый Аркан я считаю лишь развитием первого или десятого (19≡10≡1); двадцатый — развитием второго (20≡2); двадцать первый — развитием третьего (21≡3) и двадцать второй — развитием четвертого.

Прилагаемый чертеж 45 дает схему наших переходов.

Сложим для примера пятый Аркан с десятым, взяв заголовки в плане человека. Исходной точкой служит сформированная Пентаграмма (5); от нее подвигаются на десять (10) интервалов, то есть требуют **десятый** Аркан, но не для **Aleph**'a, а для **Hè**. Заголовок десятого был **Quabbalah**. Итак — Пентаграмма применяет Каббалу. Что же в результате? Сложение дает 15, то есть Аркан **Samech=Nahash** — комплекс наших страстей, создающий каббалистически спланированный астральный вихрь. Конечно, соединение **Воли человека со Знанием астральных** условий приводит к этому результату.

Вы мне скажете, что 15 можно получить как сумму десятого и пятого Арканов, то есть исходить из готовой Каббалы (10) и искать ее пентаграмматические проявления (5); но, разумеется, законы Каббалы, рассматриваемые как выступающая созидательно-волевая сущность (5), будут проявляться всемогущим в Астрале Змеем Nahash, то есть опять числом 15.

Попробуем сложить тринадцатый Аркан с седьмым, то есть искать Аркан **Победы** в Аркане **Смерти**; конечно, получается 20 — Аркан **Возрождения**. То же нашли бы, вычисляя сумму 7+13, то есть интересуясь вопросом о том, когда **Победа** неизбежно сопряжена с элементом **Смерти**, то есть перемены плана; выходит, что это бывает в случаях, когда Победа неизменно соединена с переменою положения, с **Возрождением**.

Сложите девятнадцать с одиннадцатью, то есть дайте силу (11) искателю Высшего Света (19). Получите 30≡3. Третий Аркан есть Аркан Производительности; комментарии излишни.

Не буду давать новых примеров, ибо мы и без того пользовались изучаемым приемом при арифмологических разложениях номеров Арканов. Форма, в которой мы его там применяли, называлась нами «**разложением**» **Аркана**.

Умножение Арканов

Из сравнения ряда десяти первых мажорных Арканов с комплексом очковых карт бубновой масти ясно вытекает приближенно-верный тезис: «Подобно тому, как очковые карты бубновой масти суть Сефиротические проявления ее Кетера — Туза Бубен, первые десять мажорных Арканов могут считаться Сефирами Первого Аркана, принятого за Кетер».

Выходит, что Сефиры первого Аркана получаются из него последовательно переходами в **один** интервал по номерам нашего круга.

Если допустить, что Сефиры второго Аркана, как более сложного, более запутанного, найдутся в ряду тех же номеров скачками через **два** интервала, то выйдет, что если Kether=2, то Chocmah=4, Binah=6, Gedulah=8 и так далее. Сделав подобное же допущение для третьего Аркана установлением скачков через 3 интервала от Сефиры к Сефире, мы увидим, что Сефиры третьего Аркана изображаются приближенно 3–м, 6–м, 9–м, 12–м, 15–м, 18–м, 21–м, 24–м, 27–м и 30–м Арканами.

Вообще, установим скачки в *a* интервалов для Сефирот ***a***–того Аркана. Тогда мы получим тезис: «***b***–тая Сефира ***a***–того Аркана изображается Арканами, номера которых сравнимы по модулю 9 с произведением **ab**».

Рассмотрим несколько примеров:

(1–й пример). Разыскивается седьмая сефира второго Аркана.

$$2\times7=14.$$

Мы искали Победу (7–я сефира) тонкого над плотным в области Науки (Gnosis) второго Аркана. Получился Аркан Обратимости процессов (14), Аркан внутренней гармонии астросома. Это понятно. Вы скажете: $14\equiv5$. Ну что ж!

Образование Пентаграммы не может обойтись без упомянутого Аркана. Тут Пентаграмма, но ясно, что она тремя концами кверху.

(2–й пример). Ищите восьмую сефиру пятнадцатого Аркана, то есть Славу, Покой элемента Nahash.

$$15\times8=120\equiv12\equiv3.$$

Получились: с одной стороны Аркан Жертвы (12), он же Аркан Зодиака, то есть Физического плана. Действительно, с одной стороны, победа анимического элемента астральных вихрей в своем утончении не может пойти выше астральной работы для жертвы; это — вершина утонченности мотивов астральной работы, на которой надо успокоиться. С другой стороны, по области применений этой работы невозможно спуститься ниже физического плана (12) — более полных реализаций не существует. А что же говорит число 3? Слава астрального вихря — это Аркан Производительности (3). Этим Арканом надо удовлетвориться (8–я сефира).

(3-й пример). Ищем Строгость Дивинационных элементов в Природе, то есть пятую сефиру семнадцатого Аркана.

$$17 \times 5 = 85 \equiv 13 \equiv 4.$$

Строгость, беспощадная справедливость дивинационных методов приводит нас к Аркану Смерти или Преобразования энергии (13). Да, нетрудно разгадать, что без этого ничто не обойдется. Но тут еще 4. Это — Форма (без формы тоже мудрено проявиться Природе), или четыре элемента, как четыре состояния материи, которые тоже неизбежны в проявлениях природы и законно ею навязываются.

Я думаю, что этих примеров достаточно, чтобы усвоить себе следующее: при так называемом «умножении Арканов на сефиры» результаты умножения дают не точный ответ на вопрос, а искусное наведение на объект, тесно ассоциированный с ответом и потому облегчающий его разыскание.

Великий Герметист **Raymond Lulli** озаглавил одно из своих сочинений «Ars Magna» (Великое Искусство), предлагая читателям этого сочинения **упражняться в разговорах на малоизвестные темы для убеждения в полезности «действий над мажорными Арканами и сефиротами при разыскании аргументов в спорах и рассуждениях**».

Усложнения при круговых операциях над Арканами и при разыскании вычетов по модулю 9 достаточно оправдывают встречающуюся иногда необходимость чтения заголовка результата действия в строке, отличной от строки первичного Аркана. Иногда вместо плана Человека приходится взять план Архетипа или Природы и наоборот. Но ассоциации, вообще говоря, легко находятся.

Лекция XVIII

О Каббале (продолжение Десятого Аркана)

Мы рассматриваем Человека одновременно с Архетипом и Природой и специально задаемся вопросом о традиционных привилегиях Человечества, занимающего место **среднего термина** в Теософическом Тернере.

До падения, как я вам уже неоднократно говорил, естественным занятием Человека было Великое Делание, выполнявшееся им без усилий.

Заголовки нашего Аркана дают нам перечень того, что позволяет подчеркнуть некоторые привилегии падшего Человечества.

Ментальная привилегия Человека есть **Завет** (Testamentum), дарованный ему Архетипом и равнозначный обещанию со стороны Последнего пребывать всегда **вертикальной полосой Stauros'a**, горизонтальную черту которого можно наименовать **косностью** человека в нынешнем состоянии.

В **астральном** плане традиция отмечает **язык**, как привилегию того же типа, исключительно присущую Человеку.

Это требует некоторого пояснения. Сложное и запутанное миросозерцание Человека, разлагающееся формально на элементарные тезисы 22-х Арканов, есть также подобие горизонтальной черты Stauros'a. Роль вертикальной черты будет играть упрощенный алфавит יהוה, который, став в основу конструктивной схемы косности и запутанности 22-х мажорных, так сказать, непрерывно оплодотворяет их активностью, ясностью и отчетливостью мира Минорных Арканов.

Но в этом смысле термин **язык** равносилен термину **Каббала**. Разовьем эту идею.

Если язык не есть произвольный набор условных сигналов, а составился по определенным законам, то каждый **корень** этого языка будет аналогией определенного представления о некотором объекте во Вселенной. Совокупность всех корней окажется аналогией полного миросозерцания говорящего. Законы, связывающие корни и определяющие их сочетания, будут аналогиями законов, которые определенный Микрокосм находит возможность формулировать об объектах Вселенной.

Элементами **Вселенной** для этого Микрокосма служат **мажорные Арканы**. Элементами **языка** будут **буквы Посвятительного алфавита**, которые мы берем в так называемом еврейском начертании.

Кто оперирует над объектами Вселенной, тот вынуждает записывающего его операции оперировать аналогично над словами, а следовательно, и над корнями, и даже, в конце концов, над знаками алфавита. Вот как мы характеризуем Каббалу пассивно: «она есть зеркало, отражающее все, совершающееся во Вселенной».

Но в законе аналогий следует отметить **обратимость процессов влияний**. Все влияния суть взаимные. Если деятельность мозга отражается на периферических разветвлениях нервной системы, то и обратно — деятельность последних отражается на центрах. Если правительство влияет на общество, то и общество влияет на правительство. Если учитель изливает свое влияние на учеников, то и ученики вызывают в учителе приспособление к их запросам. Значит, если я переставлю буквы, корни, слова, то эта перестановка отразится определенным образом на области Мировых событий. Вот **активная** сторона Каббалы. Конечно, признание ее существования предполагает **жизненность,** то есть **сознательность** каббалистических проявлений (операций), производимых тем или другим Микрокосмом, как и первая формула значения Каббалы предполагала **жизненность**, то есть **неусловность** проявления взаимоотношений объектов Вселенной, долженствовавших отразиться в Каббале как в зеркале.

Если кто из вас получит фиктивный титул, не дающий ему ни капли реализационной власти, или если кто из вас, играя не на деньги, покроет короля тузом, то вряд ли эти события можно предсказать или зарегистрировать каббалистически.

Итак, активная характеристика Каббалы будет: «**если мы оперируем каббалистически над знаками и формулами сознательно, с полным их пониманием, то эти операции отражаются определенным образом на ходе реальных событий, на изменениях астральных клише и даже на ментальных токах**». Вот основания обширного применения Каббалы к Магии и Теургии.

Есть старинная поговорка: «**буква убивает, но и букву можно убить**».

«Буква убивает» — значит можно оперировать каббалистически; «букву убивают» — значит можно преодолеть, обезвредить, уничтожить чужую каббалистическую операцию, орудуя непосредственно идеями или реальностями при полном пренебрежении к формам. Не забывайте никогда, что «**Сын Человеческий господин и Субботы!!!**»

В физическом плане традиция указывает на обряд обрезания, как на реализованный символ упомянутых нами привилегий Человечества.

Конечно, обряд обрезания, как нечто обязательное, как нечто, созданное традиционными соображениями, можно символизировать Stauros'ом. Роль оплодотворяющей черты играет сама традиция; роль косной, оплодотворяемой черты — стремление Человека оставаться таким, каким он родился.

Но обряд обрезания интересен и с другой точки зрения, которая опять может привести к символу Stauros'а. При совершении этого обряда и истолковании его с чисто гигиенической точки зрения вы в нем найдете элемент **пожертвования** некоторою частью **плоти** (символ **косности**) для приобретения некоторой **свободы** (символ активности). Опять — Stauros (или Lingam) торжества активности над косностью, краткая характеристика физического плана как плана **жертвы**.

Займемся теперь конструктивной частью древнего **Посвятительного** языка, искаженным и материализованным отражением которого будет то, что теперь называют **еврейским** и что точнее было бы назвать **арамейским** языком.

Корни этого языка заключают, вообще говоря, по две согласных или, по-нашему, представляются в форме комплексов двух Арканов. Гласные звуки, определявшие чтение слов, менялись с течением времени и даже различались между собой в говоре обитателей различных местностей. Трехбуквенные корни объясняются слиянием двух двухбуквенных при одинаковости второй буквы первого корня и первой буквы второго. Приставки и окончания характеризуются по большей части согласною или согласными, в них входящими, то есть опять-таки мажорными Арканами.

Всех Арканов 22. Следовательно, число всех возможных сочетаний из разных мажорных Арканов по два будет равняться:

$$\frac{22\times21}{2}=231.$$

Приняв во внимание возможность перестановки Арканов в сочетаниях, мы получим максимальное число 462 разнобуквенных корней. Прибавив к ним 22 корня, которые возможно образовать двукратным повторением одного и того же Аркана, в смысле противопоставления его самому себе в двух разных областях, мы убедимся, что число возможных корней равно 462+22=484. Эти 484 продукта должны каббалистически соответствовать приближенному и спутанному пониманию Вселенной падшим Человечеством. Комбинируя их в сложные слова, мы только оперируем над готовыми комплексами. То же мы делаем, соединяя слова в предложения.

Конечно, у отдельно взятого человека внутренний мир, вообще говоря, не обнимает всей совокупности этих 484-х сложных представлений, а потому корней всегда регистрируется меньше.

Одно и то же сочетание Арканов можно интерпретировать в различных областях Теософического Тернера.

Помимо этого корни, как говорят, **материализуются**, то есть, означая в начальном Посвятительном языке какие-либо метафизические понятия, впоследствии прилагаются к формальным понятиям, аналогичным им, а под конец — даже к конкретным представлениям.

Оттого-то понимание древних текстов в буквальной их интерпретации с помощью современных значений еврейских слов ведет к крупным недоумениям и недоразумениям.

Дадим несколько примеров для пояснения только что изложенного.

1) Комбинация אב (**ab**) в нашей системе интерпретации Арканов читается так: «законченная, уравновешенная трехпланная сущность (א) желает проявить себя раздвоением или поляризацией (ב)».

Несколько коагулируя значение этой комбинации, легко получить следующие две, если вдобавок ограничиться **частным** приложением общей картины.

«Сущность трехпланная и законченная проявляет себя порождением другой сущности».

«Человек порождает другого приемом как бы перехода от полноты и законченности к отделению чего-то от себя».

В этом последнем смысле слово и интерпретируется в современном языке: אב переводится «**отец**».

2) Сочетание אם (**am**, или **ame**, или **ama**) дает таким же образом следующий ряд интерпретаций:

«Трехпланный, законченный мир (א) проявляет себя Арканом смерти и одновременного с нею возрождения (מ)».

«В уравновешенной среде (א) вынашивается нечто, в конце концов умирающее для этой среды, но возрождающееся для новой».

«Человек-женщина вынашивает дитя, умирающее для утробной жизни, дабы родиться для жизни в атмосфере».

Обычный перевод слова — «**мать**».

3) Сочетание עצ (**aatz**, или **etz**) дает интерпретации:

«Стеснение (ע) функций организма приводит к жизни, слишком точно регламентированной и полной опасностей (צ)».

«Растительная жизнь».

«**Дерево**» (переход к частному от общего).

4) Сочетание גן (**gan**).

«Порождение (ג) + обратимость, или умеренность, или размеренность (נ)».

«Геометрическое тело».

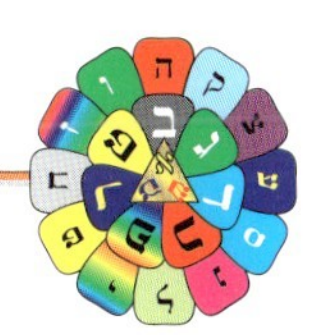

«Загородка».

«**Сад**» (в Библии).

5) Сочетание רם (**rom**).

«Возрождение (ר) через смерть (מ)».

«Возрождение в среде через индивидуальную смерть».

«Подбор частей однородной среды через ассимиляцию внешних элементов».

«Образование питающей среды через ассимиляцию поглощенного внешнего материала».

«**Кровь**».

6) לל (**lel**, или **lil**).

«Жертва, противопоставленная жертве».

«Экспансивность, противопоставленная экспансивности».

В слове ליל (**leel** или **lil**) добавлен Аркан י (**Jod**) (= замкнутая система), что и определяет его значение «**ночь**», разлагающееся следующим образом:

«Замкнутое пространство всюду обставлено жертвою света (то есть экранами)». Получается реализация непрерывной тени, то есть **ночи**.

7) רט дает: «возрождение (Resh), направляемое ограждающим элементом (Teth)».

«Новое течение, чем-то направляемое».

«Течение воды по трубе».

Окончательное значение слова будет «**канал**», «**труба**», «**аллея** (прогулка управляется ее формой)».

Методы каббалистического исчисления

Каббалистический анализ и синтез основаны на ряде приемов обращения с Арканами и их числовыми значениями. Из этих приемов разберем те, которые имеют наиширочайшее применение.

I) נוטרקון (**Notarikon**) основан на том, что у нас именуется принципом **акростиха**. Применение его сводится или к развитию каждой буквы в составе слова в самостоятельное слово, начинающееся с этой буквы, или к составлению слова из начальных букв отдельных слов, образующих некоторое предложение. Под наименование Notarikon подводят и прием систематической замены буквы словом, выражающим ее название как знака алфавита, и еще другие частные приемы.

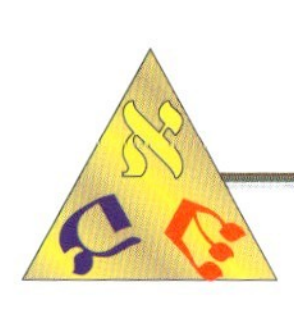

Прием развития слова в комплексе слов

Слово מלך (Melech = Царь) развивают в комплексе трех слов:

מו (Mov = мозг),
לב (Leb = сердце),
כבן (Kaban = печень),

См. стр. 488-489

составляющих род аналогичного тернера, схожего с нашим Тернером: Голова — Грудь — Живот. Среднее положение буквы ל в составном слове оправдывает тезис о среднем термине Тернера, а само составное слово подчеркивает важность упомянутых органов в областях нами только что названных.

Пример составления слова из начальных букв слов некоторой фразы

Во Второй Книге Царств (гл. II стр. 8) Давид, жалуясь на Семея, говорит: «он злословил меня страшным **злословием** — נמרצת —**Nimertzeth**». Это слово каббалисты пытаются разложить так, чтобы оно являлось синтезом самих злословий Семея (2 Цар. XVI, 7):

נאפ (Noeph) = прелюбодей.
מואב (Moabi = Моавитянин.
רצח (Rotzeach) = убийца.
צורס (Tzores) = яростный.
תאב (Thoeb) = жестокий.

Примеры развития буквы в ее название

א развивается в אלף (Aleph) и как бы истолковывает частности проявления первого Аркана, пристегивая к нему Аркан готовности на жертву (ל) и Аркан надежды, интуиции и дивинации (פ).

ב развивается в בית (Beth) и как бы пристегивает к Аркану познания (ב) идею замкнутой системы (י) и идею Великого Делания (ת).

י развивается в יוד (Jod) как бы пристегивается к идее замкнутой системы, собирающейся проявиться, идею выбора путей (ו) и идею образования авторитета (ד).

ה развивается в הא (Hé), пристегивая к идее жизни идею ее трехпланности (א).

К области Notarikon можно отнести еще прием разложения слова на несколько частей. Так, например, слово בראשית (Bereshith = **в начале**, или, лучше, **в принципе**), которым начинается Книга Бытия, разлагают на ברא (Bara = сотворил) и שית (Shith = шесть), видя здесь намек на символические шесть дней творения.

Строго говоря, прием Notarikon, несмотря на кажущуюся его наивность, принципиально находит себе оправдание в самой основной каббалистической концепции разложения слов на мажорные Арканы их начертания.

II) גמתריא (**Gematria** — испорченное Geometria) есть прием сближения слов, получающих одинаковые числовые значения, если символам их начертания придавать выписанные нами выше числовые величины. Таким образом, סבא (Старик) можно сблизить с נביא (Пророк), ибо числовое значение первого равно 60+2+1=63, а второго 50+2+10+1= 63; אחד (единство) можно сблизить с אהבה (любовь), ибо первое приводится к (1+8+4), а второе к (1+5+2+5).

Приемом Gematria сближают не только термины одинакового числового значения, но и термины, значения которых сравнимы между собой по модулю 9.

<u>Примеры:</u>

1) Великое Имя יהוה =10+5+6+5=26≡8 (mod. 9); с с другой стороны, статика Восходящих Треугольников символизируется конфигурацией אמש, где א — нейтральный термин (n), מ — отрицательный полюс (–), а ש — положительный полюс (+). Эта конфигурация **Emesh** имеет числовое значение 1+40+300=341≡8 (mod. 9). Отсюда каббалистический вывод об эквивалентности статических систем אמש динамическим циклам יהוה. Статику можно вывести из динамики и обратно. Как видим, тезис очень глубокий.

2) אדם =1+4+40=45≡9.

Схема мистического креста Высших Посвящений метафизического характера заключает в себе знаки י (**Jod**), ה (**Hé**), ו(**Vau**), ה (**Hé**) и א (**Aleph**), дающие в сумме 27≡9.

Отсюда сближение пантакля имени **Adam** со схемою упомянутого креста.

Гематрией широко пользуются как вспомогательным средством при окончательной оценке слова, предварительно проанализированного разложением на мажорные Арканы. Числовое значение начертания слова определяет конечное его толкование. Здесь опять пользуются **наименьшим** вычетом (а иногда и другими вычетами) значения по модулю девять как указанием на номер соответствующего Аркана.

Таким образом, мы отнесем клише אמש и יהוה к Аркану Закономерности (8), клише אדם к Аркану Посвящения (9), клише שת (Seth — библейское имя **Сиф**) к Аркану Победы (300+400=700≡7), клише אנוש (Enos — библейское имя Енос) к Арканам 15–му и 6–му (1+50+6+300=357≡15≡6) и так далее.

Без Гематрии нельзя шагу ступить в Каббале.

Этот прием является излюбленнейшим в метафизических спекуляциях Белой Расы. Я советую вам в дальнейшем возможно шире ознакомиться с его применениями, дабы быть в состоянии обращаться с подлинными текстами на посвятительном языке. Для первых упражнений в совместном применении Notarikon'а и Гематрии могут служить 10 еврейских названий Сефирот и соответствующие им 10 Священных Имен (Nomina Divina), о которых я буду говорить в этом же Аркане. Что касается лекционного изложения, то я не могу отказать себе в желании применить Гематрию к трем отдельным группам букв нашего посвятительного алфавита.

БУКВЫ-МАТЕРИ

Метафизический мир Первых Причинностей

א (соответствующий в тернерах нейтральному термину) = 1.
מ (соответствующий в тернерах отрицательному полюсу) = 40.
ש (соответствующий в тернерах положительному полюсу) =300.

Итого: 341≡8.

Характеристика метафизического мира — **закономерность**.

ДВОЙНЫЕ БУКВЫ

Астральный мир Вторичных Причинностей

ב	(Луна)	2
ג	(Венера)	3
ד	(Юпитер)	4
כ	(Марс)	20
פ	(Меркурий)	80
ר	(Сатурн)	200
ת	(Солнце)	400

Итого 700≡16≡7

Характеристика Вторичных Причинностей дается, следовательно, Арканом Принуждения (16) и Арканом Победы (7); иначе сказать, на планетных соответствиях играют в вопросах воздействия на другие сущности (магия) и в вопросах самосовершенствования (этический герметизм).

ПРОСТЫЕ БУКВЫ

Зодиакальный мир так называемых реальностей

ה	(Овен)	5
ו	(Телец)	6
ז	(Близнецы)	7
ח	(Рак)	8
ט	(Лев)	9
י	(Дева)	10
ל	(Весы)	30
נ	(Скорпион)	50
ס	(Стрелец)	60
ע	(Козерог)	70
צ	(Водолей)	90
ק	(Рыбы)	100

Итого: 445≡13≡4

Значит, характеристика физического плана сводится к Арканам 13–му (Аркан **Смерти** — в плане реальностей все скоропреходяще) и 4–му (Аркан **Элементов**, Аркан **Адаптации** — в физическом плане приходится ко всему **приспосабливаться**: и к сезонам зодиакальных этапов, и к фазам состояния материи; одним словом, выражаясь более обобщенно, третий план есть план **времени** — в нем нельзя упускать момент).

III) תמורה (**Themurah**) есть прием перестановок и подстановок букв, причем допускается связь между словами, образовавшимися одно из другого в результате этих процессов.

Основными схемами приема Themurah являются גילגול (**Gilgul**) и צרוף (**Tziruph**).

Gilgul — это процесс образования полной таблицы перестановок (permutations) букв данного слова. Например, применяя **Gilgul** к Имени יהוה, имеем таблицу:

1. יהוה,	4. הוהי,	7. והיה,	10. היהו
2. יההו,	5. הויה,	8. וההי,	11. היוה
3. יוהה,	6. ההיו,	9. ויהה,	12. ההוי

Элементы этой таблицы (специально для Имени יהוה) носят особое название **Havioth** (הויות). Мы с ними еще встретимся в 12-м Аркане.

Tziruph — это процесс систематической замены одних букв другими по определенному закону; это, так сказать, трансформация алфавита в одну из его перестановок. Число возможных трансформаций очень велико. Я укажу две-три из наиболее употребительных.

1. Азбука Athbash (אתבש)

Азбука пишется в два ряда: один справа налево, другой — слева направо.

א ב ג ד ה ו ז ח ט י כ   ל מ נ ס ע פ צ ק ר ש ת
ת ש ר ק צ פ ע ס נ מ ל   כ י ט ח ז ו ה ד ג ב א

Буквы исследуемого слова берут в верхней строке и подменивают соответственными буквами нижней строки; иначе сказать, א переходит в ת, ב в ש и т. д.; отсюда самое название **Атбаш**. Конечно, для операции достаточно полутаблицы (тогда буквы ищутся просто в одном из рядов). יהוה способом Атбаш переходит в מצפצ (Matzpatz) и получает новое числовое значение 40+90+80+90=300≡3, явно связанное с идеей метафизического плана.

אמש перейдет в תיב (Theeb) и получит числовое значение 400+10+2=412≡7, указывающее на то, что в Высшем Тернере Emesh неявно заключается способность порождения Септенера Вторичных Причинностей.

בן (Ben — Сын), относящийся к Септенеру (52≡7) в свою очередь перейдет в שט (Shet), приводящийся к дуоденеру физического плана (309≡12 — число зодиакальных знаков).

2. Азбука Albath (אלבת)

Схема преобразования дается рядами

א ב ג ד ה ו ז ח ט י כ
ל ת ש ר ק צ פ ע ס נ מ

Буквы исследуемого слова ищутся в одном из рядов и подменива-ются соответственными буквами другого ряда.

יהוה переходит в נקצק (Naqtzaq) и получает числовое значение 50+100+90+100=340≡7.

Септенер есть продукт динамического Закона.

3. Азбука Albam (אלבמ)

Схема преобразования дается рядами:

א ב ג ד ה ו ז ח ט י כ
ל מ נ ס ע פ צ ק ר ש ת

С ними поступают как в предыдущем случае.

יהוה переходит в שעפע (Shaaphee) и получает числовое значение 300+70+80+70=520≡7; опять Септенер Вторичных Причин!

Вы сами придумаете сколько угодно азбук схожего с перечисленными характера.

Смысл Каббалы для Оккультиста

Но к чему все эти каббалистические приемы? Неужели только для упражнения личного остроумия? Конечно нет! Ведь остроумие должно служить целям **ума**. Каббала имеет для нас двойное служебное значение: 1) она дает нам возможность извлечь из письменных источников на иероглифически-посвятительном языке не только то, что в них вложили авторы, но и все то, что можно вывести из поставленных ими тезисов путем спекуляции, путем работы Меркуриальных элементов человеческой Личности; 2) она позволит нам порождать мощью нашей инвентивности **пантакли** начертания слов, выражающих формальную сторону наших волевых импульсов. Процесс чтения этих слов доставит нам **мантры**, и притом мантры действительные, состав которых нам понятен, ибо нами же порожден или, в крайнем случае, заимствован у эгрегорических цепей, с которыми мы поддерживаем общение.

Итак, в общем Каббала послужит нам для изучения Предания, как со стороны раскрываемых Последним Теогонических, Андрогонических и Космогонических Систем, так и со стороны практических, **реализационных** средств, предоставляемых Им в распоряжение Своих адептов.

Самое слово קבלה (**Quabbalah**) гематрически дает 100+2+30+5=137 ≡11≡2, то есть интерпретируется Арканами **Силы** (11) и **Науки** (2), что резюмирует сказанное мною. Этимологически мы переводим קבלה словом Предание.

См. стр. 489

Состав Каббалистического Кодекса Западной Школы

Западная Школа имеет в своем распоряжении следующие памятники безусловно каббалистического содержания:

1. Книга **Сефер Иецира** (ספר יצירה), приписываемая Аврааму и содержащая в себе полный кодекс каббалистической метафизики в ее статической части (Взаимоотношения Трех Первичных Причинностей, Семи Вторичных Причинностей и Зодиакального Мира Реальности, спаянные унитарным миросозерцанием).

2. **Книга Бытия** (ספר בראשית — **Sepher Bereshith**) и остальные книги так называемого Пятикнижия Моисея, содержащие в себе свод основных тезисов Теогонии, Андрогонии и Космогонии и часть Истории Цепной Передачи Предания Белой Расы.

3. **Остальные книги Ветхого Завета**, в которых, наряду с чисто экзотерическим текстом, встречаются главы чисто каббалистические (например, 1–я и 10–я главы книги **Пророка Иезекииля** и некоторые главы книги **Пророка Даниила**).

4. **Книга Зогар** (ספר הזוהר, пишут также и ספר הזהר — Sepher ha Zohar), представляющая обширный сборник отдельных комментариев различных авторов, почти во всех случаях скрывших свои имена. Зогар содержит в себе комментарии на Библию и на Сефер Иецира и, кроме того, почти полный кодекс каббалистической метафизики в ее **динамической части**. Тут и приложения многообразных каббалистических приемов к Священным Текстам, и отдельные трактаты по так называемой **Пневматике** (учение о душах, о приемах воздействия на астросомы, об условиях перемены планов жизни, о теургических операциях и т. п.). Зогар впервые напечатан в Мантуе в 1559 году; об эпохе его происхождения всегда много спорили — мы не будем здесь касаться этого вопроса.

5. Книги всем известного понаслышке **Талмуда**: они далеко не все содержат каббалистические данные; но построение их, схемы распределения материала, приемы его синтеза несомненно каббалистического характера, и потому неудобно было бы не упомянуть о них в этом кратком обзоре памятников.

6. Так называемые **Ключики Соломона** (Claviculae Salomonis), дошедшие до нас в латинском переводе раввина Abognazar и представляющие собою сборник талисманов, пантаклей, заклинаний и молитв, применяющихся в Церемониальной Магии. Там же ряд указаний из области каббалистической астрологии. Предисловием служит текст «Завещания Царя Соломона своему сыну Ровоаму». «Ключики», так сказать, являются сборником каббалистических рецептов.

7. Весь **Новый Завет** (в особенности Книги Апостола Иоанна) переполнен текстами, отчасти или целиком допускающими каббалистическую интерпретацию. В Апокалипсисе мы прямо встречаемся с описаниями отдельных мажорных Арканов Тарота; Евангелие от Иоанна содержит 21 главу, соответствующую мажорным арканам от א до ש включительно.

Вот этот-то Каббалистический Кодекс и интерпретировался многочисленными средневековыми классиками-каббалистами различных школ и национальностей, в свою очередь оставившими нам много материала для медитации в области того Меркурия Эзотеризма, который мы именуем каббалистической спекуляцией.

№ сефиры	Название сефиры	Произношение названия	Гематрическое числовое значение Сефиры	Имя Божие, соответствующее Сефире	Произношение Имени	Попытка этимологической интерпретации Имени	Гематрическое числовое значение Имени
1	כתר	Kether	620 ≡ 8	אהיה	Ehieh	Сущий	21 ≡ 3
2	חכמה	Chocmah	73 ≡ 10 ≡ 1	יה	Jah	Бесконечный	15 ≡ 6
3	בינה	Binah	67 ≡13 ≡ 4	יהוה	Jod-He-Vau-He Jodheva, Jeve Jave, Joah	—	26 ≡ 8
4	חסד или גדולה	Chesed или Gedulah	72 ≡ 9 48 ≡ 12 ≡3	אל	El	Сильный	31 ≡ 4
5	פחד или גבורה	Pechad или Geburah	92 ≡ 11 ≡ 2 216 ≡ 9	אלהים	Elohim	Он — боги = Бог в богах, т.е. в производящих циклах	86 ≡ 14 ≡ 5
6	תיפרת иногда תפראת	Tiphereth	1090 ≡ 10 ≡ 1 1081 ≡ 10 ≡ 1	אלוה иногда יהוה	Eloha	Великолепный Блестящий (отраженным блеском)	42 ≡ 6
7	נצה	Netzah или Nizah	145 ≡ 10 ≡ 1	יהוה צבאות	Jod-He-Vau-He Zebaoth или Sabaoth	Бог воинств	26 + 499 = 525 ≡ 12 ≡ 3
8	הוד	Hod	15 ≡ 6	אלהים צבאות	Elohim Zebaoth или Elohim Sabaoth	Он — боги в воинствах	86 + 499 = 585 ≡ 18 ≡ 9
9	יסוד	Jesod	80 ≡ 8	שדי אלהי	Shaddai или Elhai	Всемогущий	314 ≡ 8 46 ≡ 10
10	מלכות	Malkuth или Malchuth	496 ≡ 19 ≡ 10	אדני	Adonai	Господь	65 ≡ 11 ≡ 2

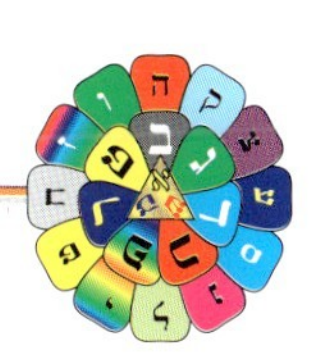

О названиях Сефирот и соответствующих им Священных Именах

Изложение статьи о Каббале было бы до крайности неполным, если бы я, даже на этой элементарной ступени, не коснулся вопроса о 10 **Божиих Именах**. Имена эти, наравне с соответствующими им названиями сефирот, да послужат вам материалом первых упражнений в Notarikon и Gematria.

Начну с таблицы самих Имен.

Для примера разберу в общих чертах первые три Имени с соответствующими названиями сефирот.

1. Имя אהיה приемом Notarikon разлагается на два супружества (א с ה и י с ה), а следовательно, интерпретируется хоть бы так: «подобно тому, как трехпланная **уравновешенная** индивидуальность **может** оплодотворять пассивные элементы, так и замкнутая система, характеризованная как **активная**, **должна** оплодотворять соответствующую ей пассивную»; числовое значение Имени (21≡3) дает сразу указание на область метафизическую (3) и на тайну перехода в низшие планы (21).

Название Сефиры כתר разлагается на Аркан силы (כ), Аркан приложения Великого Делания (ת) и Аркан возрождения (ר).

Числовое значение названной сефиры (8) заставит нас добавить: «Это мировой закон». Как видим, анализ сефиры дал картину той обстановки, к которой применим закон хода процесса, определенный соответствующим сефире Именем.

2. Имя יה есть просто формула нормального гностического соития двух полярностей одной шкалы. Его число 15≡6 указывает на роль астрального вихря в этом соитии (15) и еще предупреждает об опасностях 6-го Аркана (**соитие может быть эволютивным или инволютивным**).

Название сефиры חכמה разлагается на Закономерность среды (ח), взращивающую Силу (כ), которая, после Перемены Плана (מ) определит элементы Новой Жизни (ה). Число 10 Сефиры указывает на замкнутость и активную самостоятельность этого цикла превращений.

Опять Имя дало Закон Процесса, а Сефира — детали обстановки его прохождения.

3. Имя יהוה есть формула нормального Семейства, нормального динамического цикла. Его число 8 опять подчеркивает закономерность этого цикла.

Сефира בינה дает картину Познания (ב), приводящего к замкнутой законченной системе (י), в которой возможна Жизнь (ה), при условии обратимости процессов (נ); если хотите, при наличии умеренности (נ). Эта **обстановка** вполне подходит проявлению динамического Закона. Число 13 напоминает нам о начале преобразования энергии, а 4 — на необходимость применения к стихийным элементам для проведения цикла יהוה.

Предлагаю слушателям провести этот беглый анализ через все 10 Сефирот.

При этом вы убедитесь в том, что Имена, соответствующие **женским** (левым) сефирам, вносят **ограничительные и определительные** элементы в процессы, определенные Именами, соответствующими мужским сефирам тех же Подпланов.

Правое Имя יה предлагало формулу **соития**, а левое Имя того же Мира Ацилут было יהוה, то есть формула **семейства**, определяющая и ограничивающая по форме это стремление к **соитию**.

Кроме 10 Сефиротических священных Имен и еврейского термина אין סוף (**Ain-Soph**, или Ain-Suph) для Непостижимого — Стоящего выше всех Сефирот, я рекомендую Вам прокаббализировать всесторонне Имена אב (Отец) и אגלא (**Agla**), находящие себе обширное применение в Церемониальной Магии и Теургии. א — Трехпланная уравновешенность, обоснованная на метафизической полноте понимания Бытия; ג — производительность Универсальной Любви, воссоединяющей все, что когда-либо оказалось разъединенным; ל — беспредельная экспансивность готовности на жертву; а все вместе опять приводит к началу א. Вот почему **Agla** переводится «**Триединый**»; вот почему этому слову приписывают мантрическую силу даже в устах профана.

Вы теперь, вероятно, сами догадываетесь, какова роль совокупности десяти Имен в Теургии и Магии. Это формулы отдельных циклов **Великого Диабатического Процесса Жизни Вселенной**. **Полная** их совокупность охватывает все, что произведено, и все, что может быть произведено. Это, так сказать, **полное** отражение субъективного понимания Коллективным Человеком Тайн Мироздания, охарактеризованное знаками Посвятительного Алфавита и звуками Посвятительного Языка этого Коллективного Человека.

Со всякой Теургической Церемонией и со многими магическими сопряжено ритуальное возглашение части этих Имен или полного их комплекса, смотря по роду сефирот, участвующих в схеме восхождения молитвы или заклинания. Твердое знание Имен и Сефирот необходимо даже начинающему ученику. Оно определяет для него возможность мысленных каббалистических справок о той или другой ветви мирового диабатического процесса помимо каких-либо специальных сочинений и дает ему возможность скреплять свои волевые импульсы формулами, связывающими его с бессмертным Эгрегором Великой Цепи Носителей и Хранителей Каббалы Белой Расы.

Этим я и закончу несколько затянувшееся изложение содержания 10-го Аркана.

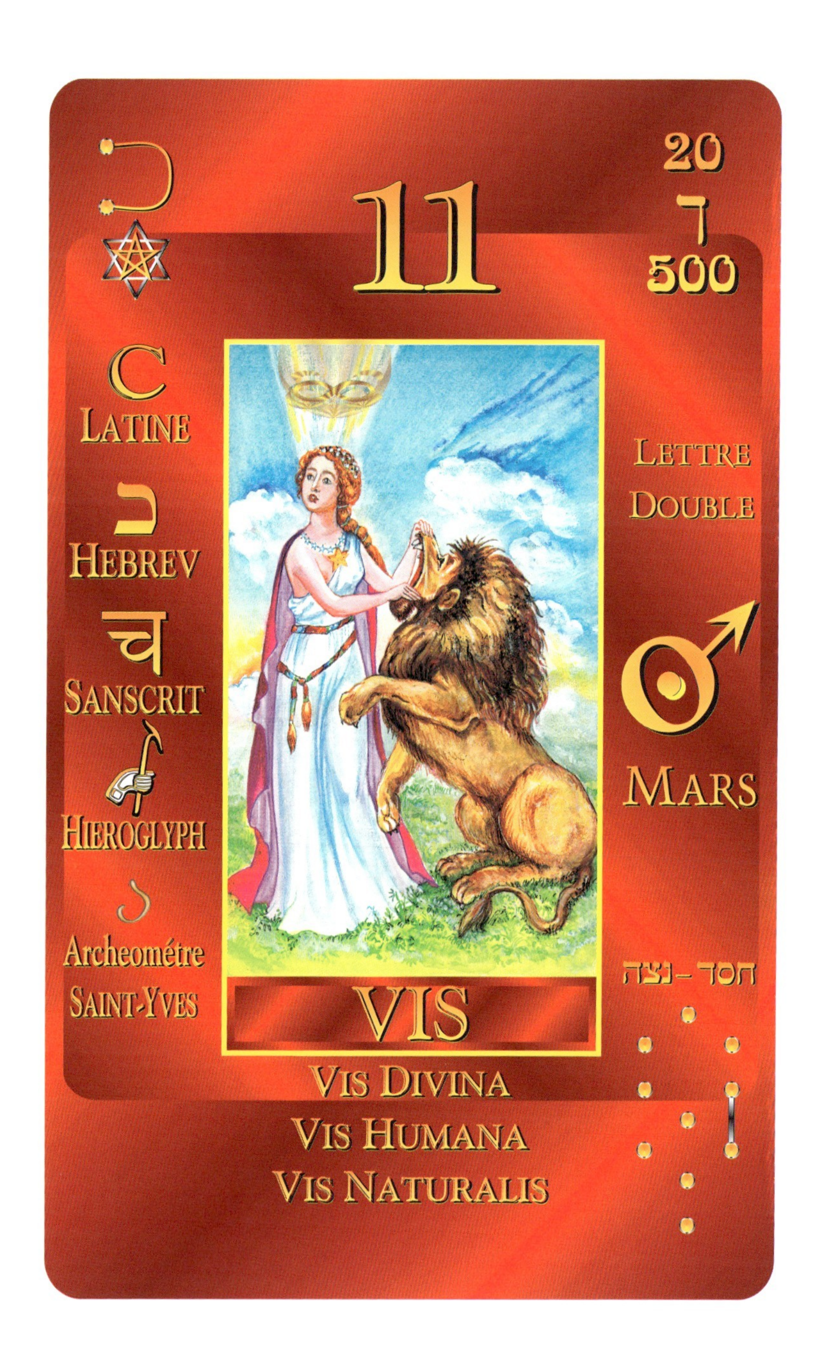

11
20
ך
500
C
LATINE
כ
HEBREV
च
SANSCRIT
HIEROGLYPH
Archeométre
SAINT-YVES
LETTRE
DOUBLE
MARS
חסד - נצח
VIS
VIS DIVINA
VIS HUMANA
VIS NATURALIS

ТОМ II

Лекции XIX, XX и XXI

כ Одиннадцатый Аркан

Как уже было сказано, знак 11–го Аркана כ **(Caph)** имеет числовым значением 20≡2 (двойственность использования силы), а астрологическим соответствием — планету **Марс (♂)**.

Заголовками Аркана в областях Теософического Тернера мы взяли термины **Vis Divina**, **Vis Humana**, **Vis Naturalis***, то есть просто три типа проявления силы.

Название картинки Аркана — **Leo dominatus** (покоренный лев) или **la Force — Сила**.

Картинка Аркана изображает девицу, без усилия и с полным апломбом раскрывающую (или закрывающую) пасть льву; девица имеет над головой знак ∞ Астрального Света.

Легко понять содержание картинки. Она перечисляет необходимые условия возникновения и применения эволютивных сил. Таковыми условиями являются: знание астрала (∞), чистота намерений (девица — символ невинности) и уверенность в себе (непринужденная поза девицы).

Арифмологический разбор Аркана даст нам некоторые указания на конструкцию и механизм применения сил.

$$11=1+10 \text{ или } 11=10+1.$$

В первом разложении Монада (1) управляет замкнутой системой (10). В переводе на обыкновенный язык выходит:

«Единая Воля должна управлять сформированной цепью сущностей».

Это формула конструкции коллективностей, управляемых Иерархами.

Второе разложение мы прочтем так: «Сформированная десятка цепи (10) должна проявляться наружу как единица (1), то есть для силы коллективности необходима наличность единства стремлений ее членов во всех планах».

---

*) **Vis Divina** *(лат.)* — Сила Божественная
Vis Humana *(лат.)* — Сила Человеческая
Vis Naturalis *(лат.)* — Сила Природная

11=2+9 или 11=9+2.

Первая формула дает тезис: «чужие неразрешенные бинеры (2), так сказать — чужая непосвященность, вызывают Посвященных (9) на работу, заставляя их проявлять силу».

Вторая формула прочтется так: «Посвященные (9) сильны тем, что могут утилизировать для своих целей чужую непосвященность, чужую неполную науку неразрешенных бинеров (2)».

11=3+8 или 11=8+3.

Первая версия дает: «сила (11) во внесении продуктивности (3) в готовую закономерность (8)».

Вторая версия: «сила (11) таится и в принципе ограждения закономерности (8) готовой продуктивностью (3)».

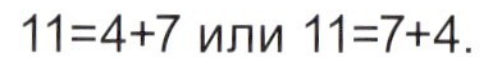

11=4+7 или 11=7+4.

«Зависимость наша от элементов (4), как бы мы ни интерпретировали этот термин, вызывает на работу вторичные причинности (7) в человеке и этим делает его сильным (11)».

Или «вторичные причинности (7) орудуют элементами (4), и в этом — сила (11)».

Эта последняя интерпретация дает явный намек на необходимость введения в магическую цепь, кроме пентаграмм, еще и элементалей (4), необходимых для реализаций, вследствие знания ими тайн механизма инволюции. Но, конечно, эти элементали должны быть подчинены пентаграмматическим элементам цепи, вводящим в игру свои планетные ресурсы (7).

11=5+6 или 11=6+5.

Первое разложение дает нормальную формулу активности в Церемониальной Магии: «Микрокосм (5) оперирует над Макрокосмом (6)».

Второе разложение даст нормальную формулу дивинации в астрале — чисто пассивной операции: «Макрокосм (6) дает указания созерцающему его Микрокосму (5)».

И в том и в другом сочетаниях кроется часть тайн **Силы**.

Теперь я попытаюсь вкратце передать этиологию и общую историю реализации Силы на нашей планете приемом образования Магических Цепей, управляемых определенными Эгрегорами.

Типичнейшая форма таких цепей — это коллективности, исповедующие ту или иную **Религию**. И потому я, до некоторой степени, имею право сказать, что даю вам в настоящий момент очерк возникновения и развития религиозных учений.

Но это самое обязывает меня краткими штрихами обрисовать, в возможно чистой и примитивной форме, взгляд Посвященных на вопрос о Падении и Реинтеграции Человека.

Начинаю с напоминания вам о составе **Первого Семейства**, стоящего в качестве Трансцендентальной Группы выше Сефирот метафизического, этического и конкретного содержания.

Члены этого Семейства — Трансцендентальная Любовь, Трансцендентальная Жизнь, Логос (или **Adam Kadmon**) и Валет Логоса, эманирующий Корону Второго Семейства — вам уже известны.

Само Второе Семейство порождено упомянутым Валетом в следующем комплексе Мистических Персон:

1. Сефира **Kether**, в которой пребывает **Макропрозоп** Семейства.

2. Сефира **Chocmah**, в которой должен пребывать **Отец** Семейства и в которую при первобытном состоянии Семейства помещается Единый Организм Андрогинного Комплекса человеческих **душ**, именуемый **Адамом Протопластом** (**Adam Protoplastes**).

3. Сефира **Binah** — естественное местопребывание **Матери** Семейства, первоначальное место пребывания Комплекса **Ангелов**.

Души были предназначены для выполнения эволютивной задачи **Треугольника Огня**: их роль — все утончать, все вести кверху, непрерывно управлять **Восходящим Током** Великой Замкнутой Системы десяти Сефирот Вселенной.

Деятельность **Ангелов**, ограничивающая сферу деятельности **Души**, совпадает с инволютивной задачей Треугольника **Воды**. Ангелы уплотняют тонкое, формируют коагуляты и, вообще, управляют **Нисходящим Током** всей Замкнутой Системы Второго Семейства.

4. Шесть Сефирот — **Chesed, Geburah, Tiphereth, Netzah, Hod** и **Jesod** — служат в своей совокупности местопребыванием Микропрозопа Семейства. Микропрозоп этот андрогинен. Центр Его организма — Сефира **Tiphereth**. Органы воздействия Его на **Супругу** — Сефира **Jesod**. Правая сторона Микропрозопа содержит два положительно поляризованных органа: **Милосердие** (**Chesed**) и **Победу** (**Netzah**). Эти органы сформированы в Микропрозопе Душами для того, чтобы пользоваться ими для эволютивных целей. Левая сторона Микропрозопа содержит отрицательно поляризованные органы — **Строгость** (**Geburah**) и **Покой** (**Hod**), порожденные влиянием Ангелов и предназначенные для инволютивных целей.

Итак, от Отца Микропрозоп унаследовал эволютивные способности, которые Мать ограничила инволютивными. Личность Микропрозопа определилась в центральной Сефире **Tiphereth**. Деятельность Микропрозопа вниз — в Сефире **Jesod**.

Теперь ясно назначение Микропрозопа: сферой его деятельности будет вся область **Познания** [по-латыни — **Cognitio**, по-еврейский — דעת (**Daath**)]. Эта сфера нейтрализована **Гармонией** и должна считаться андрогинной. Она очень сложна по составу, и в этом кроется опасность возможного нарушения ее функций. Чисто активная индивидуальность или чисто пассивный комплекс никогда не нуждаются в столь зоркой охране и в столь правильном питании, как комплексы андрогинные. Нечто схожее с этим мы находим во всех механизмах двойного действия: они работают на славу, пока соблюдены до тонкости все правила обращения с ними; малейшее нарушение этих правил влечет за собой грандиознейшие изменения в их действии и нарушает гармонию их состава.

5. Сефира **Malchuth** — естественное местопребывание **Супруги Микропрозопа**, то есть **область применения элементарных реализаций**, тесно зависящая от производительности Микропрозопа и всегда рассчитанная в своем составе соответственно его состоянию.

Чертеж № 1 дает схему первоначального распределения элементов мироздания в Сефирах Второго Семейства. Эта схема носит название — **Institutio** (творение, основоположение).

Черт. 1.

Далее идет **история падений**. Область **Daath** Сефир Микропрозопа своею деятельностью андрогинного оператора аналогически передавала картину деятельности Логоса с Его Валетом или даже, еще отдаленнее, картину Совершенного Андрогината **Верхней Точки** над **Первым Jod**. Разница в проявлениях этих трех Андрогинных Единиц та, что **Верхняя Точка** инфлукса ни от кого не получает, а передает вниз Инфлукс Трансцендентальный; Логос питается Трансцендентальным Инфлуксом и передает Инфлукс Трансцендентный; Сефиры Микропрозопа получают Инфлукс Трансцендентный, облеченный в легкую формальную дымку, а передают конденсацию этой дымки в законченную формальность, **в мир образования семенных начал** (**Formae seminales**).

Верхняя точка самобытна, **Логос** самостоятелен, **Daath** только гармонична, **Malchuth** только реальна.

Сефиры **Daath** замыслили создать себе иллюзию **самостоятельности**; для этого им понадобилась **Свобода**, без которой не может быть **личной** жизни. Но стремление к свободе равносильно было отказу от питания Инфлуксом Сверху. Отказ этот последовал, и произошло то, что называется падением Шести Сефирот, — то, что привело эти Сефиры к **Каббалистической Смерти**.

Не питаемая Высшими Токами оболочка этих Сефир коагулировалась в то, что мы теперь называем **низшим астралом**.

Сефиротический организм раздробился, полярности его проявились в виде неразрешенных бинеров. Сефира **Tiphereth** перестала проявлять свой Свет. Дифференциация клеточек **Daath** дошла до крайних пределов, и имя **им стало легион**.

Вот вам так называемое **Падение Ангелов**, открывшее Вселенной **Тайну Смерти**. Черт. 2а.

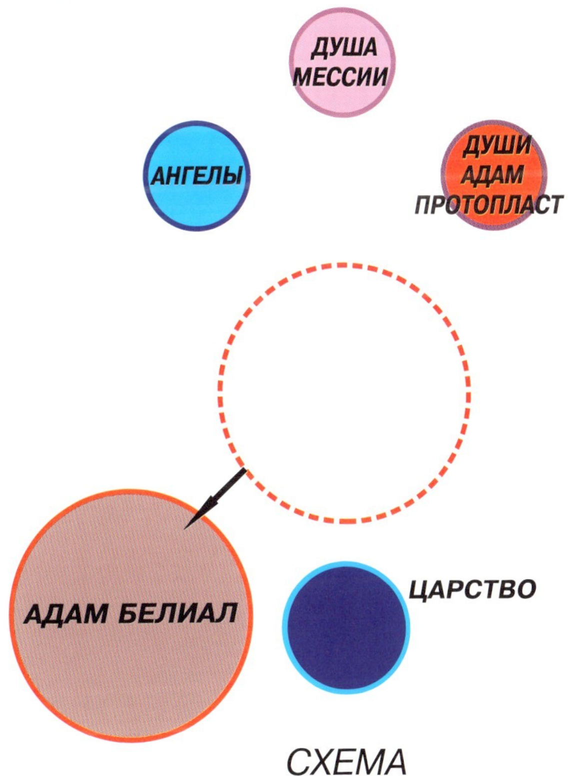

СХЕМА
ПЕРВОЙ ФАЗЫ ЭПОХИ DESTITUTIO

(СВЕРШИЛОСЬ ПАДЕНИЕ СРЕДНИХ СЕФИРОТ)

Черт. 2а.

Содержание Сефиры **Malchuth** как **Супруги** содержания **Daath**, конечно, так же коагулировалось соответственным образом, оставаясь при этом областью операций павшего легиона **Daath**, иначе — областью наиконкретнейшего проявления ненейтрализованных бинеров. Можно сказать символически, что в этот период в **Malchuth** взращивается **Древо Познания Добра и Зла**.

Сефиры **Микропрозопа** пали своим содержанием, но принципы, управляющие образованием Сефир, остались на местах, подобно тому как свод законов, нарушаемых хотя бы всеми без исключения гражданами, все же остается принципиально существующим.

Душам и **Ангелам** предстояла задача нового наполнения пустующих мест формальными манифестациями для спасения **Malchuth**, которую эти манифестации стали бы оплодотворять. А через посредство **Malchuth** можно было бы спасти и ее **Супруга** — павшее **Daath**.

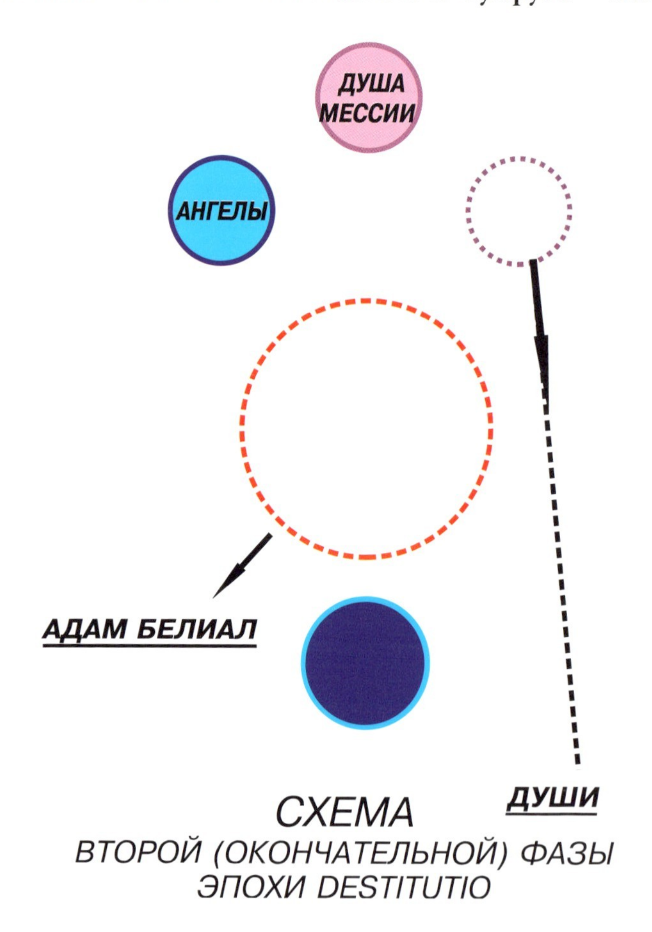

СХЕМА
ВТОРОЙ (ОКОНЧАТЕЛЬНОЙ) ФАЗЫ
ЭПОХИ DESTITUTIO

Черт. 2б.

Но последнее не хочет утратить приобретенной **Свободы** процессом восстановления **Древа Жизни**, то есть Астрального Света **Tiphereth**. **Daath** соблазняет пассивную сторону Сефиры Душ (הוה = **Heva**) перспективою изучения бинеров Сефиры **Malchuth**, представляя эти бинеры (наиболее коагулированные элементы Вселенной) как удобные опорные точки для применения личного могущества. **Heva** формально схватывает эту мысль, то есть вкушает плод **Древа Познания Добра и Зла**. Усвоив систему бинеров, **Heva** проводит ее и в активную практику Душ, носящую имя אדם **(Adam).** Выходит, что жена угостила мужа тем же плодом.

Активная сторона Душ прежде всего прилагает теорию бинера к содержанию самой **Chocmah**: **Adam** и **Heva** признают себя полюсами ненейтрализованного бинера, то есть из четы делают схему контраста. Отсюда — стыд и дальнейшая коагуляция, покрывание оболочками — одеждами.

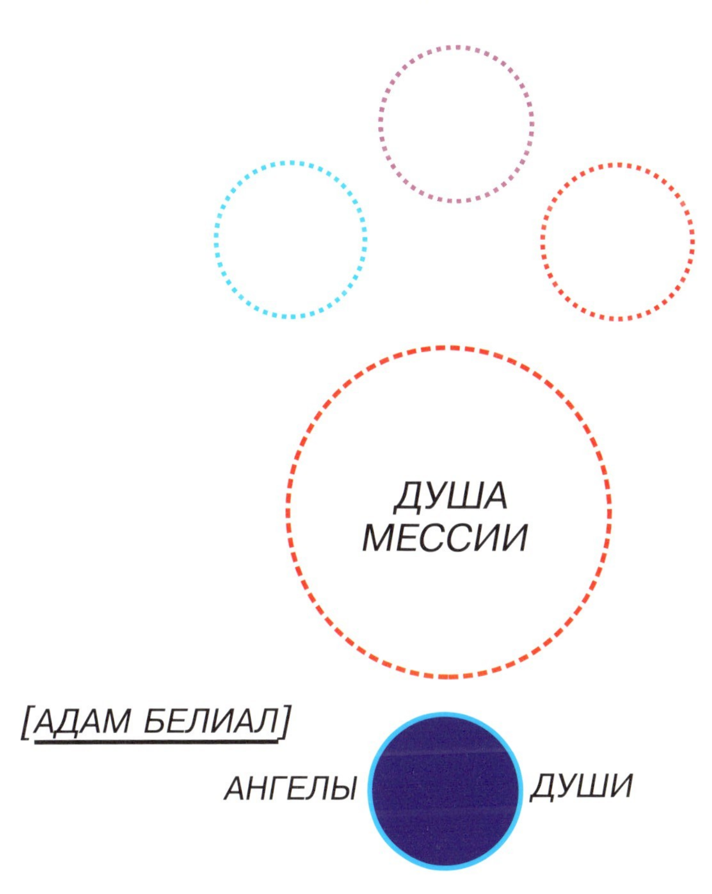

Черт. 3.

Но принцип бинарных восприятий проводится дальше, и весь **Адам-Протопласт** рассыпается на клеточки, одетые в тела-оболочки, тем более плотные, чем дальше зашла дифференциация.

Тонкость состава Сефиры **Chocmah** и мощь авторитета Душ как 2–й Сефиры делают то, что Души-клеточки оказываются облеченными не в **низший астрал**, как элементы легиона **Daath**, а в то, что мы теперь называем **материей**.

Эти клеточки будут теперь в самих себе учитывать пространственное протяжение и ход времени.

Это — их **рабство**. Они оторвались от Высшего Тока, но стали рабами Пространства и Времени.

В Сефиротической схеме Мироздания происходят изменения, и она принимает вид так называемого «**Destitutio**» (расстройство, распадение), символизируемого чертежом №26.

Что же делать Высшим Сефирам, гармония которых нарушена падением Душ?

Коллективность Ангелов порождением сущностей, носящих название **Spiritus Directores**, распространит свое влияние во все подпланы астрала и, увлекаясь дальше своей инволютивной задачей, проникнет в **Malchuth**, где породит уже **элементалей** с материальными телами, которые и послужат физической базой Вселенной.

Принято говорить, что **Ангелы материализуют Царство, дабы в нем не могли веселиться астральные бесы.**

Содержание **Kether**, именуемое «**Душою Мессии**», как андрогинное, распространяется по области Микропрозопа, воссоздавая его Сефироты, чтобы в дальнейшем оплодотворить **Malchuth Искупительной Инкарнацией**.

Планировка эта передается схемою так называемого «**Constitutio**»*, фигурируемой черт. №3.

Итак — Инфлукс Инкарнации **Мессии** должен дать толчок Душам, пробудить их от сна в материи, вызвать их к эволютивной деятельности во всеоружии их трехпланности, дающей им магическое превосходство над павшим **Daath** (последний может проявляться в физическом мире лишь при возможности медиумических займов).

См. стр. 490

Души, стремясь к Реинтеграции в Сефиру **Chocmah**, утончат прогрессивно свои оболочки, самую **Malchuth**, в которой работают, павшее **Daath**, которое поднимется вслед за **Супругой**, и осуществят идеал так называемого «**Restitutio**», то есть полного **Восстановления** первичного состояния системы Второго Семейства.

---

*) **Constitutio** (*лат.*) — установление

Теперь займемся историей **падшего Человечества**.

Падение совершилось не мгновенно; уплотнение оболочек падшего Человечества также произошло постепенно. В строгой же постепенности наступало и прогрессивное забвение моментов былого совершенства и прогрессивное же приспособление к новому плачевному состоянию. Очевидно, следует допустить, что у разных отдельных личностей, то есть у разных клеточек **Адама Протопласта**, приспособление это шло с различными скоростями.

Нам теперь важен учет того, что можно забыть и чего забыть нельзя из былого величия.

Представляя себе комплекс падших клеточек Мирового Человека, перенесемся мысленно в тот период, когда **видимо** утратился в падших людях Инфлукс **Jod**'а Первого Семейства, но еще сохранились отпечатки всех низших отражений трансцендентального характера. В этот период воспоминание о **былом**, или **религия**, должно было сводиться к культу и отвлеченному почитанию **Первого ה** Первого Семейства, то есть к исповеданию Великого Принципа **Единой Жизни**. Конечно, адепты этой религии стояли недосягаемо высоко, ну хотя бы по сравнению с проповедниками пресловутой **борьбы за существование**, еще недавно ставившейся многими в разряд основных положений практической философии; но все же религия Единой Жизни носит теневой характер по сравнению с религией **Трансцендентальной Любви**, озаряющей Протопласта до Его падения.

Я не буду останавливаться на вопросе о континенте, на котором жили относительно счастливые поклонники **Жизни**, не буду делать предположений хронологического характера о соответственной эпохе — это все для нас несущественно. Но я не могу не очертить вкратце той системы Заповедей, которая являлась натурально-этическим кодексом этих поклонников.

Они уважали Единую Жизнь во всех ее проявлениях; они отождествляли ток этой **Жизни** в минерале, в былинке, в мельчайших представителях животного царства, в ближнем, с тем же могучим током, протекавшим в них самих. Они во всем любили и почитали Жизнь и, не утратив ясного понимания ее эволютивной формулы (ведь Души родом из Сефиры **Chocmah**), конечно, считали добродетельным все то, что протекало согласно этой формуле, и порочным все то, что ее искажало.

Вот в какой форме Традиция нам передает их практические Заповеди:

1) Признавай метафизически Единую Жизнь.

2) Не дроби этой жизни метафизически, то есть не ударяйся в ментальное многоначалие.

3) Не дроби ее астрально, то есть не применяй тайны динамического цикла в сторону отклонения от нормальной иерархии.

4) Не затемняй ее, уничтожая в физическом плане воспоминание об Эманационном происхождении всякой жизни.

5) Уважай давших тебе жизнь (даже физических родителей).

6) Сам передавай жизнь целомудренно и сознательно.

7) Не покушайся на жизнь единицы в физическом плане.

8) Не покушайся на **собственность**, связанную с жизнью единицы в физическом плане.

9) и 10) Не покушайся в **астральном** плане на связанное с жизнью единицы, ни **пассивно** (9) — **ложью**, ни **активно** (10) — **завистью**.

Перехожу ко второму периоду падения Человечества, ко второй возможной религии.

Пусть человечество утратило ясное понимание Трансцендентальной Жизни, но оно еще не отказалось от идеи **Логоса — Великого Архитектора Вселенной**.

На этой ступени нет интуиции единства Жизни, но еще удержалось понимание единства **Источников Идеалов**.

Все они порождены Логосом, ни один из них не может враждовать с другим. В минуту трудностей, в минуту выбора решений, в минуту возможных разочарований адепт религии Логоса взывает к Нему о помощи, просит подаяния в форме идеала, могущего его спасти.

Следующая стадия падения сотрет в сердцах наших образ Логоса, но удержит еще образ **Второго ה Первого Семейства**, то есть **самые идеалы**.

Уже не к кому обратиться за идеалами; но имея готовые — можно пытаться спастись.

См. стр. 492

Эта религия **Второго ה** незаметно перейдет из Трансцендентальной в Трансцендентную. Возможности, подсказываемые интуицией, постепенно окаменевают в **готовые изваяния** метафизических трансцендентных тезисов. Вера во **Второе ה Первого Семейства** плавно опускается до уровня Религии Макропрозопа **Второго Семейства** (его **Верхней Точки над** י).

А дальше?

А дальше пойдет Трансцендентная религия Отца Второго Семейства, сводящаяся к воспоминанию о Сефире **Chocmah**, о пребывании в ней всех Душ — клеточек единого Протопласта.

Эта религия явится ясным пониманием принципа **человеческого Братства** при наличии утраты сознания Братства Человека с сущностями инволютивных типов (Ангелы). Ведь на этой ступени **Kether** забыт, а, следовательно, забыто и то, что **Chocmah** и **Binah** — суть два его проявления, долженствующие в братски-дружной работе осуществить круговой цикл Жизни Второго Семейства.

А если утратить и понимание Братства? Тогда дело плохо; тогда начинает царить эгоизм, приводящий к анархическим проявлениям, вплоть до почитания легиона темных сил, вплоть до борьбы с нормальной формулой динамических эволютивных процессов, вплоть до размена **собственной личности** на **легион страстей**, строго аналогичный легиону бесов низшего астрала.

Человечество целиком, и по отдельным расам и народностям переживало, переживает и будет переживать перечисленные типы религий и, к сожалению, даже описанную в самом конце перечня фазу анархического разложения личностей.

Конечно, задача Реинтеграции представлялась всего яснее и удобоисполнимее в ту эпоху, когда не успела ни утратиться, ни исказиться несложная, но глубоко мудрая Первобытная Религия **Единой Жизни**.

Каковы бы ни были соблазны, оторвавшие от нее большую часть Человечества, несомненен тот факт, что за утратой ее большинством немедленно последовала реакция попыток вернуть к ней Человечество путем проповеди. Реакционеры — поборники возврата к прежнему миросозерцанию — совершенно справедливо наименовали себя Посвященными, а отпавших от культа Единой Жизни — профанами. Ведь первые, действительно, остались как бы прикосновенными к отраженному клише Инфлукса **Первого ה**, а вторые исказили, испортили, затемнили, словом — **профанировали** эти клише. Первые не были святыми; они тоже пали в качестве клеточек Протопласта, но все же остались косвенно **причастными святости**, как бы сохранившими ее отблеск. Их попытки вернуть Человечество на истинный путь выливались в более или менее сложные схемы, в зависимости от степени падения окружающей их среды, а впоследствии — и от условий жизни народностей, составлявших эту среду.

Эти попытки можно назвать общим термином «**Насаждение Религий**».

Чаще всего Учителям, насаждавшим **Религии**, приходилось иметь дело со средой, большая часть которой норовила утратить даже представление о Человеческом Братстве, то есть воспоминания о Сефире **Chocmah**. Следовательно, учителям предстояло:

1) напомнить людям о Братстве Душ;

2) восстановить представление о двойном инво-эволютивном токе — Великой Лестнице Иакова, по которой слева спускаются Ангелы (**Binah**), справа поднимаются Души (**Chocmah**) и вверху которой перманентно пребывает на Престоле Лучезарный **Макропрозоп** (Сефира **Kether**);

3) установить уважение к Учителям, как аналогию воспоминания о **Втором** ה Первого Семейства, таинственно передающем Высший Инфлукс в форме Эманаций;

4) отучить людей от горделивого стремления перестроить Вселенную в угоду себе, подчеркнув им необходимость противоположного, то есть герметической переработки **собственной** личности для созидания хотя бы отдаленного, блеклого подобия андрогинно-гармоничного Логоса;

5) очистить нравы во имя **Первого** ה Первого Семейства, то есть заставить людей понимать и применять упомянутые выше Заповеди Единой Жизни;

6) заботиться о полной Реинтеграции очищенного Истинной Религией Человечества, дабы оно познало отражение Инфлукса **Первого** י, утончило свою оболочку и, подняв Сефиры Супруги и Микропрозопа, само воссоздало Единство Адама Протопласта в Сефире **Chocmah**.

Для последовательного достижения этих целей Посвященные реализовали Аркан Силы, соединяясь в Цепи, управляемые Эгрегорическими Началами.

Ментальные ядра этих Эгрегоров, в сущности, всегда сводились и сводятся к принципам Единой Первой Религии, проведенным в полном их комплексе или в частных группировках.

Астральная часть Эгрегора порождается как комплекс формальных начал, в который облеклись упомянутые принципы.

Материальная часть культа создается как физическое тело Эгрегора. Ее состав зависит от его астросома, а также от питающей среды, в которую насаждена религия. Один и тот же Эгрегор может породить в разных странах различные культы.

На основании этих данных вы легко заключите, что насаждение религии можно отождествить с формацией коллективного tourbillon. Жизнедеятельность этого tourbillon в динамической своей части, конечно, символизируется рядом циклов יהוה. Из этих циклов нам важнее всего первый, начинающийся с **точки над** י•. При этом не надо забывать, что религия, так сказать, **воплощается** с целью создать себе адептов, а потому в ней кроме Элементов динамического цикла יהוה должен быть налицо некий таран ש, так или иначе способный облегчить проникновение религии в физический план — в смысле привлечения адептов и удерживания уже привлеченных. Этот ש как бы **приманка** для тех, кто только **готов** слиться, но еще не полностью слился с Эгрегором, и удерживающее начало для того, кто был бы пентаграмматически склонен порвать связь с Эгрегором.

В конце концов выходит, что первый цикл религиозного вихря определяется формулой •יהשוה и характеризуется как **материализация** (полная или частичная) Единого Истинного Учения для **спиритуализации** (полной или частичной) жизни определенной среды.

Значение терминов первого цикла религиозного вихря дается следующей таблицей, которую, если хотите, можно назвать «планом религии».

1. • — мотивы порождения Эгрегора (обязательно бескорыстные в широком смысле этого слова).

2. י — метафизическое содержание Унитарной Философии, взятое частью или полностью.

3. ה — состояние среды, в которую насаждают религию (иначе — местные условия).

4. ש — то, что в Эгрегоре привлекает и удерживает адептов.

5. ו — самый культ, как сын Эзотерического Унитаризма и оплодотворяемой им матери-среды.

6. ה — заключительное звено первого цикла, объединяющее его в некоторое семейство и определяющее влияние всей Цепи адептов на наружный мир. Это звено можно назвать «политикой религии».

•יהשוה

Какие же элементы нужны для формации живучего цепного Эгрегора?

1. • — наличность построения Эгрегорических идей и форм.

2. י — персона Учителя, обладающая достаточною мистическою и астральною властью и умением приспособляться к среде.

3. ה — подготовленность среды.

4. ש — запас фактических данных или привлекательных астральных клише, обеспечивающий прозелитизм и гарантирующий от схизм и отпадений.

5. ו — хороший состав Учеников, сгруппированных около Учителя.

6. ה — хороший состав верующих.

Не буду распространяться об Эгрегоре в том, что касается его астрального порождения. Об этом достаточно узнаете в пятнадцатом Аркане. С условиями так называемой жизни, болезни и смерти Эгрегоров вообще вы уже знакомы. Здесь скажу лишь несколько слов о том, что в Эгрегор, помимо энергии пентаграмматических сущностей эволютивного типа (живущих людей, элементариев и т. п.), должна быть вовлечена и энергия элементалей, Spirituum Directorum, и даже Ангелов (ведь не следует забывать, что Эгрегор прежде всего **инволютивным** током вносит учение на Землю, а потом уже осуществляет **эволюцию** своих адептов). Вот и говорят в просторечии, что магическая цепь соткана из живых и умерших людей и элементалей различного типа.

См. стр. 492

О том, какова должна быть личность Учителя-Реализатора, вы имеете достаточное представление по историческим данным.

Подготовленность среды чаще всего определяется ее этическими (реже — материальными) невзгодами, приведшими ее к сознанию потребности усовершенствования. У народов есть эпохи, в которые им становятся нестерпимыми их собственная порочность или их собственное невежество. Тогда они жаждут религиозного обновления и охотно пойдут навстречу Учителю.

Элемент ש чаще всего сводится к осуществившимся пророчествам или так называемым чудесам Учителя и Учеников. Впрочем, иногда в определенной среде эти элементы успешно заменяются особенностями **формы**, в которой религия преподает Унитарную Философию, или даже содержанием самой философии. Эти случаи очень культурной среды обеспечивают надолго жизненность Эгрегора.

Ученики бывают двух категорий:

1) **главные Ученики**, так сказать апостолы доктрины, должны быть в совокупности носителями четырех Герметических типов — **Орла** (смелые мыслители), **Льва** (горячие Кадоши), **Человека** (логический расчет, предусмотрительность, осторожность) и **Тельца** (прилежные труженики);

2) **второстепенные Ученики** в своем комплексе должны быть носителями **активного элемента** (י) — любви к метафизике вплоть до парадоксальности; **пассивного элемента** (ה) — интуиции вплоть до крайней, почти истеричной сенситивности; **андрогинного элемента** (ו) — умелой передачи симпатий к изучению и сноровки в его насаждении, вплоть до мании тенденциозного применения тех или других частных приемов; **служебного элемента (второе** ה) — дисциплины и применимости к этическим требованиям доктрины, вплоть до стремления к полному самопожертвованию.

Что же касается **верующих**, то должна быть определена возможность суждения об их способностях и психике настолько, чтобы вовремя брать из толпы в ученики всякого, кто возвысился над ее уровнем и пригоден к активному служению Эгрегору. Очень опасно не приближать к Посвятительному Центру те клеточки организма Цепи, энергия которых проявляется сознательно и с должной интенсивностью. Это так же опасно, как искусственно препятствовать току здоровой крови питать благороднейшие органы какого-либо индивидуума.

В заключение скажу о врагах религии и о характере козней этих врагов.

Готовую или формирующуюся религию можно подрывать в трех планах.

1) В **ментальном** плане религию губит подмесь схоластики в ее теологию. Это инволюция **идейной** части религии.

2) В **астральном** плане религию подрывает примесь эстетических начал в ее формальный ритуал. Погоня за **красотой** символов подрывает их **чистоту**. Это — инволюция **форм** ритуального обихода.

3) В **физическом** плане религию подрывает примесь **чувственных** проявлений, санкционированных ее кодексом. Вспомните исторически подтверждаемую недолговечность культов, поощрявших чувственные проявления на религиозных празднествах.

Теперь приступаю к обзору важнейших Учений в хронологическом порядке, причем предпочтительно занимаюсь их **этиологией**, лишь изредка прибегая к историческим ссылкам на факты.

I

Кришна (3150 до Р. Х.)

Анализируя Эгрегор религии Кришны по принятой нами схеме, имеем:

י — Метафизическое разложение Единицы на Тернер и построение нисходящего треугольника, аналогичного восходящему. В общем — схема Соломоновой Звезды.

Первое ה — народ, истомленный чувственным характером культа богини **Kali**, жаждущий обновления нравов, молящий об идеалах.

ש — гарантия ограждения приобретенной степени человечности и утешение Великим Тезисом, доселе милым всем Индусам: «материя есть иллюзия; страдания и несчастия в физическом плане — тоже иллюзия; наслаждение в том же плане — трижды иллюзия; **реальности** выше; ищи их в астрале и в ментальном плане».

ו — культ сводится к восхищению Кришной, к увековечению его памяти, к благодарственным по его адресу излияниям.

Второе ה — политика централизации, строгой иерархии, кастовых разделений.

Сильные элементы — ש, отчасти **второе** ה.

Слабый пункт — **первое** ה, ибо, когда народ отдохнул от культа **Kali**, благодарность его Кришне стала менее интенсивна. **Второе** ה отчасти также показало свои отрицательные стороны — кастовая обособленность вызвала ряд злоупотреблений, томила народ и, в конце концов, вызвала реакцию в виде появления Буддизма.

II

Fo-Hi (Китай 2950 до Р.Х.)

י — такой же, как у Кришны, только с китайскими названиями вершин треугольника.

Первое ה — китайцы, умевшие страдать, переносить лишения, полные покорности судьбе и любви к работе.

ש — прелесть **Тайны**, окружавшей прошедшее и настоящее высших адептов школы, их образа жизни и самого культа.

ו — **культ** Предков и Прошедшего, ярко иллюстрировавший тезис: «дед был Посвященнее отца, отец — Посвященнее сына; позапрошлое столетие было мудрее прошлого, прошлое — мудрее настоящего».

Второе ה — иерархия, построенная, если так можно выразиться, **пирамидально**. Сложная система ученых и Посвятительных степеней, представители которых имели возможность всюду и во всем использовать свои прерогативы.

Положительным элементом Эгрегора являлось ו.

Опасность представляли оба ה в их взаимозависимости.

III

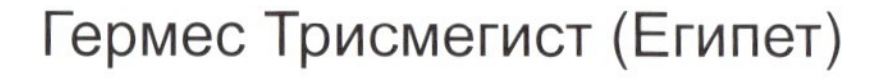

Гермес Трисмегист (Египет)

Имена **Гермеса, Тота, Еноха** олицетворяют стройно-синтетическую трехпланную систему метафизики, выработанную египетскими адептами в глубине Святилищ Храмов Мемфиса и Фив.

Эта система послужила **элементом** י религии, Эгрегор которой сумел поддержать свои проявления в физическом плане около тридцати столетий сряду.

Среда, которую ему пришлось оплодотворять, иными словами — **первое** ה схемы религии, состояла из трусоватых рабов, населявших долину Нила и заинтересованных главным образом вопросом об урожае, от которого зависел весь строй их жизни.

Такой состав верующих, естественно, заставлял жрецов для поддержки престижа религии обнаруживать свою реализационную власть в форме того, что профанами называется «чудесами». Менее развитые элементы учитывали эти чудеса как верный признак дружбы жрецов с Божеством, а более интеллигентные и вдумчивые верующие — как доказательство понимания Школою законов Природы и умения при-

менять таковые. В обоих случаях ясно очерчивалась необходимость исповедания Эгрегора и покорности жрецам, так или иначе влиявшим на условия питания страны. Чудеса жрецов, по всей вероятности, сводились, во-первых, к показыванию фокусов, основанных на знании физики, химии, личной и церемониальной магии, психургии и т. п.; во-вторых — к манипуляциям с атмосферным электричеством — от простого показа частных эффектов вплоть до управления общим его распределением на весьма значительном пространстве. Почти нет сомнения в том, что по электростатике древние Посвященные стояли далеко выше нынешних специалистов. Многое в истории заставляет предполагать, что знания жрецов в этой области делали возможным для них активное вмешательство в метеорологические явления. А что же могло быть важнее этого для земледельческого народа?

Итак, ясно, что ש религии заключался именно в этих чудесах.

ו эгрегорической схемы, то есть самый **культ** варьировался по эпохам и местностям, но в общем сводился к показыванию отдельных граней учения и сокрытию общей его картины. Не только народ был ограничен в праве обладания смыслом того или другого мифа, но и Посвященные различных степеней получали строго определенные порции откровения и были сильно стеснены в подпланах толкования последнего.

Отдаленные доисторические моменты жизни Египта яснее формулировали унитарную теорию культом бога «Фта» и воспоминанием о царе Менесе, переродившемся в «Osiris-Hammon». Тогда центром Посвящения был Мемфис. Но мы мало знаем об этих временах. Для нас типичнее, картиннее развертывается эпоха учреждения Мистерий Изиды (2703 до Р.Х.) с переносом центра в Фивы.

Изида вместо Озириса, женский полюс вместо мужского или, точнее, вместо Великого Андрогината (Фта). Один этот факт уже указывает на боязнь вторжения соседних культов, главным образом грубочувственного культа Астарты. Культ Изиды экзотерически должен был походить на другие женские культы и тем самым страховать народ от их вторжения. С другой стороны мифологическая часть культа Изиды осторожно и умело символизировала и интерпретировала тернер Унитаризма в форме **нисходящего** треугольника.

Озирис убивается злым гением (Тифон-Сет), разрубается на двенадцать частей, разбрасываемых по четырем странам горизонта (рождение дуоденера из кватернера, Солнце из-за грехов наших, из-за погруженности нашей в материю не может отечески принять нас в свое лоно; оно только может издали изливать на нас свои флюиды этапами двенадцати зодиакальных Знаков). Верная Изида пытается собрать останки мужа для восстановления их унитарности; но она может лишь создать **астральное клише** этой унитарности — план возможной реинтеграции в Солнечный Центр; **осуществить** этот план придется не ей, а ее сыну **Horus**, этому ו супружества Озириса и Изиды. Старый порядок вещей не может восстановиться. Надо, чтобы его **идея** воплотилась в **форму** новой жизни и переработала ее в эволютивном смысле. Horus, утирая слезы матери, говорит ей: «Отец Озирис — Солнце мертвых, я уже — Восходящее новое Солнце».

Вы легко интерпретируете герметически эту притчу. Инфлукс (Osiris), доходивший беспрепятственно до Совершенного Протопласта, разменялся при его падении на иллюзорные смутные интересы материального плана (12). Интуиция (Isis) побуждает нас собирать рассеянные, утраченные куски Озириса: собирать нам их придется в направлениях четырех ветров, четырех герметических добродетелей — **oser**, **se taire**, **savoir**, **vouloir**; но соберем мы их только астрально. Для водворения реальной эволюции на земле нам придется воплотить собранные останки в Horus'а масонской цепи, которая и поведет Человечество по пути Реинтеграции.

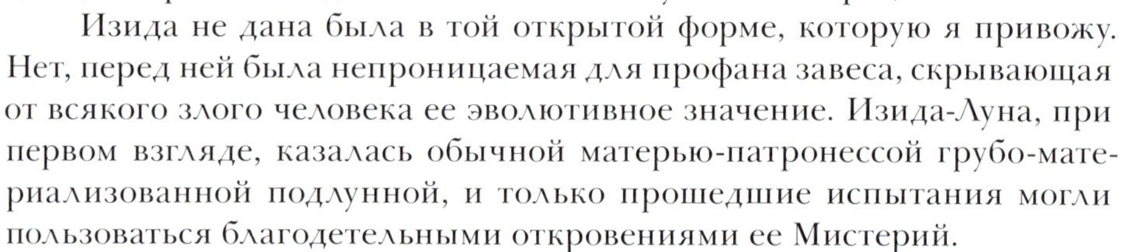

Изида не дана была в той открытой форме, которую я привожу. Нет, перед ней была непроницаемая для профана завеса, скрывающая от всякого злого человека ее эволютивное значение. Изида-Луна, при первом взгляде, казалась обычной матерью-патронессой грубо-материализованной подлунной, и только прошедшие испытания могли пользоваться благодетельными откровениями ее Мистерий.

Не останавливаясь на внешнем символизме культа, хорошо вам известном, перехожу ко **втором**у ה системы, то есть к политике религии. Эта политика сводилась к обоснованию строго-теократического режима, доведшего впоследствии жрецов до эксплуатации народа в пользу немногочисленного кружка Посвященных. Дисциплина, гарантировавшая устойчивость этого режима, была настолько категорична и беспощадна в своих требованиях, что в глубине египетских храмов происходили возмущения не только неофитов, но даже представителей средних степеней Посвящения. Упорные натуры падали жертвами своей непокладистости, своего либерализма. Более гибкие типы смирялись, покорялись силе, а потом, на старости лет, в звании адептов высших степеней, сами убежденно поддерживали теократический режим и разили его противников.

Сильными сторонами Эгрегора Тота-Гермеса являлись элементы ו и י. Мощный синтез Унитаризма, достояние высших Посвятительных Степеней, поражал и притягивал своей гармонией, подкрепляя ядро адептов. Тщательное сокрытие тех или других тайн учения от младших устраняло возможность злоупотребления сознательностью или реализационной властью.

Слабыми сторонами египетского теократического строя являлись: 1) некоторая двойственность управления храмами: Верховный Жрец обладал **Административной** властью, Великий Иерофант — **Мистической** властью; умелое балансирование этих полярностей обеспечивало равновесие; но стоило одному из этих полюсов взять перевес, и машина начинала действовать неправильно, с сильным трением, с бесполезным расходом энергии; 2) отсутствие элемента самопожертвования в членах Посвятительного Братства, созданное прививаемым им стремлением к вампиризации профанов и к реализационной власти, обещающей земные блага.

Эти отрицательные стороны, вместе с изменением состава **первого** ה, выразившимся в пробуждении в народной массе более высоких потребностей, нежели стремление обеспечить себе физическое питание, повели к смерти Эгрегора.

Надо отдать справедливость египетской Школе в настойчивости ее стремлений поддержать Эгрегор; египетская теократия сумела искусственно поддержать свое существование в самых неблагоприятных условиях и, умирая, дала себе труд озаботиться спасением своего **элемента** י. Она передала потомству то, что мы называем Таротом, или Книгой Бытия Еноха, или Священной Книгой. Будем ей за это благодарны.

IV

Зороастр (Иран 2450 до Р.Х.)

י — знание астрала Солнечной системы в его активных проявлениях.

Первое ה — люди, обеспеченные природою и климатическими условиями края, но терзаемые своими страстями и тем глубоко несчастные; много эгоизма и того, что французы называют **veulerie***.

ש — приманка **пассивной** стороны Солнечного астрала — дивинация во всех ее формах, как бы облегчающая прохождение тягот земной жизни и руководящая гадающим в выборе путей.

ו — **культ Митры**, центральной частью которого является проповедь альтруизма, столь ярко обрисовывающаяся в традиционных обращениях Посвящающего к Посвящаемому в Великие Мистерии. Учитель-Маг подавал неофиту хлеб и говорил: «Преломи, ешь сам и корми всех голодных!» Затем неофиту подносилась чаша с вином, причем Учитель возглашал: «Пей сам и напои жаждущего!»

---

*) **Veulerie** (*фр.*) — мягкотелость, безволие

Второе ה сводилось к либеральной, но строго масонской политике возрождения толпы в этическом отношении при наличии гарантий торжества инициативы более Посвященных.

Сильными сторонами являлись **первое** ה и ש; слабыми — неполнота приемов освещения значения среднего термина (Митра) Великого Тернера Шкалы Света «**Ормузд — Митра — Ариман**» и вытекавшее отсюда кажущееся бинарное (манихейское) течение религии. Лишь жрецы владели Тернером Школы; народ увлекался антагонизмом полюсов Добра (Ормузд) и Зла (Ариман), что дало впоследствии недобросовестным лицам из числа Магов терроризировать народ именем темного полюса и позволять себе злоупотребления, подорвавшие в конце концов Эгрегор в физическом плане.

V

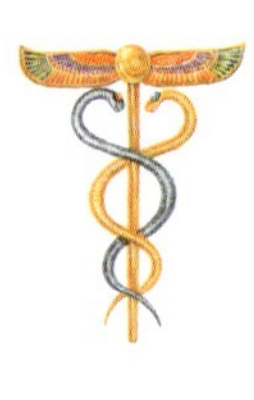

Орфей (1580 до Р.Х.)

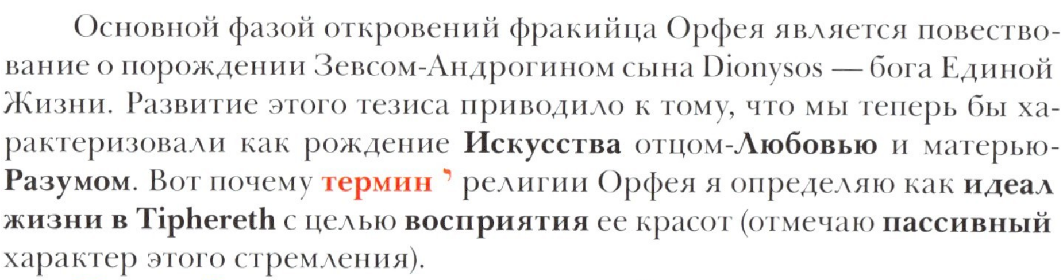

Основной фазой откровений фракийца Орфея является повествование о порождении Зевсом-Андрогином сына Dionysos — бога Единой Жизни. Развитие этого тезиса приводило к тому, что мы теперь бы характеризовали как рождение **Искусства** отцом-**Любовью** и матерью-**Разумом**. Вот почему **термин** י религии Орфея я определяю как **идеал жизни в Tiphereth** с целью **восприятия** ее красот (отмечаю **пассивный** характер этого стремления).

Первым ה оказалась среда людей, **любивших тело** и потому перенесших на его формы преподаваемое им знание астрала с пассивной стороны.

Элементом ש служило поощрение всего грандиозно-эстетического.

Культ ו вылился главным образом в празднества религиозного характера, полные веселья и эстетики.

Второго ה, то есть обдуманной политики, как раз не доставало этой религии, и... сад погиб именно потому, что его забыли отгородить. Культ материализовался, к эстетической стороне примешалась чувственная, символизм выродился в андролатрию и ментальное ядро Эгрегора оказалось недоступным его позднейшим формальным последователям.

VI

Моисей (1560 до Р.Х.)

Моисей (собственно Hosarsiph, сын сестры Рамзеса II; Посвятительный псевдоним «Моисей» означает «взятый из воды», что символически эквивалентно «получивший астральное крещение»; возникновение Учения Моисея относят приблизительно к 1560 году до Р.Х.).

Воспитанный при Египетском Дворе, Моисей, конечно, имел возможность посвятиться в Мистерии Изиды. Исключительное обстоятельство в его жизни, а именно убийство в запальчивости, поставило его в положение, поистине трагическое для посвященного. Ему предстоял выбор между смертной казнью, самоубийством или, наконец, удалением в пустыню, в единственное уцелевшее хранилище Посвящения Черной Расы — Храм «Амон-Ра». Верховный жрец этого храма, **Jethar** (יתר), славился жестокостью испытаний, которым он подвергал аспирантов Посвящения. Попросту говоря, в Египте было известно, что этих испытаний никто не выдерживал; а так как не выдержавшие их умерщвлялись, то удаление к Jethar'у (или, как мы его называем по-русски, — Иофору) считалось равносильным самоубийству. Но тут Моисею повезло: вещий сон, открыв ему перспективу победоносного выхода из Египта во главе целого народа, который ему надлежало сделать хранителем Предания, конечно побудил его из трех зол выбрать третье, как оставляющее хотя бы слабую надежду на возможность остаться живым и оправдать клише пророческого сна.

И вот Моисей у Иофора. Там он понравился дочери грозного владыки Святилища — девице Sephorah (ספרה). Она задалась целью иметь его мужем и спасла его при наиопаснейшем из испытаний — альтернативе выбора наудачу одного из двух тождественных по виду кубков с вином. Спрятавшись за занавеской, она сумела указать неофиту на тот из кубков, в котором вино не было отравлено. Спасенный Моисей благополучно выдержал остальные испытания и успешно пройдя школу Посвятительных Степеней Черной Расы, женился на Сефоре и стал сотрудником ее отца. Вернувшись впоследствии в Египет на законном основании, он уже чувствовал в себе достаточный запас знания, астральной и мистической власти и уверенности в себе, чтобы выполнить миссию, некогда возвещенную ему во сне.

Около 1560 года он пускает в ход все свои теургические и магические ресурсы для воздействия на фараона и египетских жрецов, с одной стороны, и для объединения евреев элементом доверия, с другой стороны.

Приложение нашей схемы к Эгрегору Моисея дает следующую таблицу.

Точка над י• — идея передачи синтеза двух Преданий (египетского и Черной Расы) в их метафизической части.

י Jod — истинная Религия Унитаризма, открываемая смело в полном объеме метафизики Учения Гермеса Трисмегиста. Я хочу этим сказать, что Моисей своими Посвятительными Книгами и устными каббалистическими комментариями открыл Священникам и прочим Левитам полную возможность широкого Посвящения в упомянутой области. Мало того, он не побоялся провозгласить Монотеизм и профанам; все, что он говорил народу, было правдиво и откровенно. Не все всякому открывалось из Догмы Учения о יהוה אלהים, но то, что открывалось, было абсолютно верно. Повторяю, что это замечание относится лишь к **метафизике** египетского Герметизма; **магические** реализационные тайны, конечно, были замаскированы широким применением символизма, а подчас, может быть, и замалчивались. Моисею важно было гарантировать передачу Традиции в возможно неискаженном виде.

Первым ה Эгрегора, то есть средою, в которую Моисею пришлось насаждать это Учение, оказался народ с типичной наклонностью к материалистическому миросозерцанию, эксплуатации и ближнего и дальнего, к некоторой трусливости, как прямому последствию этого материализма и, ко всему этому, еще с крайней переменчивостью в настроениях, в зависимости от удач и неудач в физическом плане.

Элементом ש Эгрегора соответственно этому явилось широкое пользование всевозможными реализационными эффектами Теургического и магического происхождения, составившими славу Моисея. Благодаря необходимости наличия этих эффектов в эгрегорическую цепь вошло много элементалей и элементариев всевозможных подпланов. Эти начала сильно усложняли управление цепью, но гарантировали впечатление страха и уважения к силе Эгрегора, с одной стороны, благодарности и упования на эгрегорическую помощь — с другой. Не только Учитель владел техническими приемами управления стихиями и населением астрала, но и ближайшие его помощники посвящались в тайны Кабиров. Рекомендую вам прочесть статью Stadelmann'a «Die Elektrotechnik in der Bibel», пытающуюся оправдать это замечание, по крайней мере, по отношению к Кабиру электричества.

Элементом ו Эгрегорической схемы естественно являлся Культ Единого Бога с вытекающей из него по логической необходимости моралью Почитания Принципа Единой Жизни (лучше всего это видно из текста 10-ти Заповедей Закона).

Конечно, свойства среды — типичные особенности еврейского народа — вызывали необходимость преобладания в формулировках эти-

ческих тезисов принципа **Строгости** (**Geburah**). Такому народу, как евреи Моисея, рано было говорить о Царстве Универсальной Любви, о торжестве Милосердия, о незлобивости и т. п. Важно было начертать рамки, ограничивающие для общего блага свободу проявлений пентаграмматической воли отдельных личностей и групп; а ограничительная деятельность в этом направлении, как вам известно, есть удел левых Сефирот. В них, по-преимуществу, и протекала жизнь адептов Моисеева Учения.

Вторым ה Эгрегора являлась политика обособленности расы ради ношения и передачи Предания. Эта политика обособленности проводилась вождями народа подчас даже с пожертвованием интересов последнего. Надо помнить, что девизом Моисея было сохранение **Предания**, а не сохранение целости и неприкосновенности **племени**; второе являлось служебным началом по отношению к первому.

Скажу еще несколько слов о судьбе Пятикнижия Моисея, как базы его Учения. Я не задаюсь здесь целью изложения всех фаз истории этого великого памятника: изложению этому место в первой части Посвятительного Розенкрейцеровского цикла. Я излагаю лишь краткую энциклопедию западного Предания, а потому мне позволительно, перескочив много столетий, раскрыть вам панораму той фазы, которую застало нарождающееся Христианство.

В первом веке до Рождества Христова Пятикнижие Моисеево, а отчасти и остальные книги Ветхого Завета, не были доступны пониманию даже Левитов, по причине утраты последними Элементов устного Посвящения. Эта эпоха совпадает с самим вопросом интерпретации Библии, породившим два враждующих между собой лагеря. За буквальное понимание текста давно стояло множество евреев; их мнения лучше всего проводились сектой Саддукеев. Противоположный полюс хорошо фигурировался так называемыми Фарисеями, стоявшими исключительно за аллегорическое истолкование Закона и доходившими в своих попытках такого толкования до широких проявлений произвола личной фантазии толкователей.

Эти два противоположных течения давно гармонично нейтрализовались существованием секты Ессеев, или Ессеян, признававших буквальный смысл Библии за завесу, прикрывающую от взоров профана истинный эзотерический смысл Писания, доступный только лицам, Посвященным в Арканы Тарота, то есть в тот самый Посвятительный язык, который Моисей из Египетских Святилищ перенес в свою Школу. Аллегорические толкования признавались Ессеями как натуральный переход от буквального смысла к Посвятительно-иероглифическому. Вам видно, что Ессеи, нейтрализуя некоторый бинер, тем самым приближались к истинному Посвящению. Но я скажу больше — они были посвященными в полном смысле этого слова и не только догадывались об истинном смысле Библии, но и владели ее интерпретацией в символизме Таро.

Когда Дмитрий из Фалер по повелению Птолемея добывал перевод Библии на греческий язык, то он обратился именно к Ессеям, как знатокам Закона. Они не раскрыли Посвятительных Тайн, но весьма искусно передали буквальный смысл, оставляя за ним роль завесы эзотерического.

Повторяю, что Апостолы Христианства застали перечисленные мною три течения и, конечно, вынуждены были считаться с их влияниями в тех или других сферах.

Возвращаясь к изучению Эгрегоров в их хронологическом порядке, скажу несколько слов о буддизме.

VII

Буддизм

(Gautama-Savarthasiddh-Siddartha, 700 лет до Р.Х.)

В так называемом Буддизме **элементом** י является содержание механизма Восходящего Треугольника, проводимого через цепь всех инкарнаций человеческой личности. Если хотите, просто девиз — «пользуйтесь своими инкарнациями для самоусовершенствования; они недаром вам даны».

Первым ה первоначально явилась среда индийских народностей, измученных гнетом кастовых привилегий меньшинства, ставших источником злоупотребления.

Мощно-утешительным **Элементом** ש этой религии явился тезис **иллюзорности материи**. «Тебе тяжело в материальном плане? Так знай же, что материя — иллюзия, что спасти себя от бед очень легко: стоит перестать дорожить материей, сделаться равнодушным к страданиям физического плана и медитацией все более и более отделяться от него. Так же распоряжайся и с астральным планом: освобождайся от астральной личности, как ты освобождался от физического тела; попадай в общий ментальный ток, который тебя в конце концов погрузит в Нирвану; вот общая задача твоих инкарнаций».

Соответствующим **культом** ו, конечно, явится, помимо ритуала выражения благодарности Учителям-Избавителям, широчайшая **практика Братства** — естественное последствие стремления избавиться от эгоизма.

Второе ה Эгрегора, конечно, политика Мирового Братства, исключающая всякую возможность войн на религиозной почве. Это как раз одна из положительных сторон Эгрегора, резко отличающая его от многих религиозных порождений населения материка Азии, проповедующих так называемые **священные войны**. Вы мне скажете, что одна из отраслей Буддизма — Ламаизм — не чужда слишком широкой проповеди религиозной самозащиты и что это противоречит общим тезисам буддистской этики. Я отвечу, что Ламаизм считаю искажением Буддизма, не подходящим под приведенную схему.

Перехожу к другим Эгрегорам.

. . . .
. . . .
. . . .

В начале эпохи Крестовых Походов гностическое течение, ярко обрисовавшееся у Восточных Школ Аравии и Палестины, вдохновляет часть рыцарства и облегчает порождение одного из могущественнейших Эгрегоров — Эгрегора Тамплиеров (храмовников).

Тамплиеры

Точкой над элементом Jod • схемы Тамплиерского Эгрегора послужил **идеал** совершенного мирового, уравновешенного во всех планах, всюду устанавливающего **проникновение плотного тонким государства**. В этом государстве высший Инфлукс должен был исходить из области Мистической Власти, оживлять Власть Астральную, просвещать и направлять Власть Реализационную, создавая при помощи последней благоденствие, счастье, возможность эволютивной работы, спасения всем слоям общества, независимо от национальности индивидуумов, но со строгим учетом обычного права каждой местности и потребностей отдельных народностей. Сюда входило все: и мечты об уничтожении злоупотреблений, порожденных политикой Папского Престола; и исправление нравов высших и низших каст; и усиление промышленности и торговли всего мира; и устранение лишней траты энергии на те роды борьбы между народностями, кастами или отдельными индивидуумами, которые можно считать возникающими лишь по невежеству или взаимному непониманию борющихся сторон. Словом, это были мечты о Царствии Божием на земле; мечты сознательных умов, закаленных в рыцарстве душ, надеявшихся найти хорошие опорные точки в своих здоровых телах и реализованном честным трудом богатстве.

Элементом י Тамплиерского Учения служила Наука Гермеса Трисмегиста, растворенная в здоровом потоке гностических интерпретаций.

Первым ה Тамплиерства, как я уже сказал, являлась среда Крестоносцев, доставлявшая в адепты новому Эгрегору способнейшие, сильнейшие, чистейшие и воодушевленнейшие свои элементы.

Элементом ש нового течения явилась красота, привлекательность Власти и Могущества будущих адептов во всех планах и соблазнительная перспектива применения этого могущества к реализации того, чем дорожил в мыслях общим или частным образом каждый отдельный член Цепи.

См. стр. 492

Элементом ו у Тамплиеров явилось то, что ныне называют **культом Бафомета**. Слово **Baphomet**, прочитанное каббалистический справа налево, является результатом своеобразного применения приема Notarikon (см. 10–й Аркан) к фразе «templi omnium hominum pacis abbas», что в переводе значит: «аббат (или отец) храма мира (для) всех людей». Под этим термином Тамплиеры разумели Универсальный Инструмент реализации своих стремлений. Таким Универсальным Инструментом оказались для них **астральные вихри** (tourbillions) волевых импульсов Цепи, и вот почему символическая статуя Бафомета, игравшая столь важную роль в тайных церемониях тамплиеров, представляла собою пантакль Астрального Вихря **Nahash**, с которым мы встретимся в XV–м Аркане.

Вторым ה Тамплиерства была политика теократического характера, при наличии традиционного применения иерархического закона и принципа законченной централизации. Командорства группировались в Принораты; последние сплачивались в Великие Приораты; группы Великих Приоратов объединялись в так называемые **Языки** (национальности, говорящие на одном языке), а над всеми Языками стоял Гроссмейстер, управляемый в применениях своей пентаграмматической власти лишь общим девизом Тамплиерства «Милосердие и Знание».

Вот на каких устоях образовался орден 1118–м году.

См. стр. 493

Я уже упоминал о его уничтожении Папской Буллой в 1312–м году и о предшествовавшей этому уничтожению трагической кончине Гроссмейстера Моле и его ближайших сотрудников (13–го Октября 1307 г.).

Вы хорошо знаете из истории, что мощные элементы י и ה Тамплиеровского Эгрегора, наряду с его привлекательным ש, привели Орден к процветанию во всех планах и что, когда понадобилось сгубить орден, его враги, руководимые трепетом перед магическою властью Цепи и завистью к ее богатству в материальном плане (обширная территория поместий храмовников), избрали оружием клевету, обрушились на ו Эгрегора, обвинили рыцарей в занятиях черной магией, пытались уличить

их в устройстве оргий, якобы сопровождавших церемонии Бафомета, и при помощи целой сети интриг достигли своей цели в физическом плане.

Но куда делись остатки Рыцарей-Храмовников? Кто рискнул приютить их, побрататься с ними?

Для ответа на этот вопрос мне придется напомнить вам, что параллельно возникновению Тамплиерства в Европе шло оформление и укрепление двух течений: одно из них — герметическое — стремилось к реализации Великого Делания; другое — готическое строительство, или Вольное Каменщичество, проводило культ труда и хранение традиционного символизма в архитектуре. Эти два течения, естественно сближаясь, породили товарищества, составленные из обоих элементов — тружеников ментального плана и тружеников физического; связующим звеном, конечно, явился астральный план — мир традиционных Посвятительных символов, оживляемых работой герметистов и коагулируемых в телесную форму работой Каменщиков.

Вот эти-то **Вольные Каменщики**, официально признанные Римом в 1277 году, и решились после разгрома Ордена Тамплиеров признать братьями бежавших рыцарей, очутившихся таким образом в роли «**Maçons acceptés**»*.

Я говорил о рыцарях. Но вы меня спросите, куда делся и что сделал **Астросом** цепи — ее мощный Эгрегор.

Свойства могучих эгрегоров обусловливают для них возможность самоочищения и самосовершенствования в астральном плане в ту пору, когда они почти не владеют опорными точками в физическом. Можно сказать, что оболочки этих эгрегоров, наращенные ошибками их адептов в физическом плане, растворяются или утончаются, давая возможность свету из ядра выходить с большей интенсивностью. Эта возможность самосовершенствования принадлежит, выражаясь сообразно нашей схеме, лишь Эгрегорам с очень отчетливой верхней точкой и с ярко очерченной замкнутой системой мощного י (**Jod**).

Эгрегор тамплиеров очищался в астрале немного больше семидесяти или восьмидесяти лет и затем породил на Земле коллективность, которой мы дадим условное наименование «**Розенкрейцерства первичного типа**».

Я не навязываю вам веру в существование Братства, якобы основанного **Christian'ом Rosenkreuz** (1378–1484 г.г.), составленным из небольшого количества мистиков-девственников; я только хочу отстаивать тезис факта отчетливого образования в астрале формальной стороны тех идеалов и тех путей совершенствования, о которых трактует знаменитая **Fama Fraternitatis Rosae + Crucis**.

Раз эти идеалы зарегистрированы в форме определенного кодекса, я имею право констатировать самый факт пробуждения Эгрегора в эпоху, значительно предшествовавшую самой регистрации.

*) **Maçons acceptés** (*фр.*) — посвященные каменщики

Но в каком виде нам должен представиться Эгрегор первичного Розенкрейцерства по упомянутому сочинению, а также по **Confessio Fidei R + C**? — Ясно видно, что этот мощный Эгрегор притянул к себе флюиды трех широких богатых потоков Истины: **Гностицизма**, **Каббалы и Герметизма Алхимической Школы.**

Верхней точкой • видоизменения Тамплиерского Эгрегора явился идеал Теургического Делания Царства Elias Artista вместе с твердой верой в наступление такого Царства в грядущем. Но что же это за Elias Artista? При чем здесь Илия и причем Искусство?

Илия и Енох, по Библии, являются символами чего-то такого, что **берется живым на небо**. Но естественным путем в Эмпиреи метафизики течет лишь то, что мы именуем **Абсолютной Истиной**. Минорные Арканы Книги Бытия Еноха входят в разряд таковых потоков. Илия — это как бы конкретизированное, уплотненное отображение Еноха. Илия к нам ближе: оттого «Elias», а не «Enoch».

Но какой это Илия; какими путями поведет он нас к минорным Арканам, к Розенкрейцерской Реинтеграции? Неужели путем блаженных, путем бесхитростных сердец, путем непросвещенных, но бесконечно просто верующих «Христа ради» юродивых?

Нет, наш Эгрегор занимался не этой счастливой, но редко встречающейся категорией людей. Он имел в виду спасение тех, кто успел вкусить Науки и кто не может отказаться от высоких наслаждений, ею даруемых. Розенкрейцеровский Elias ведет своих адептов к **минорным** Арканам путем кропотливого, **искусного** анализа мажорных; он **ухищряется**, **он комбинирует**; он заслуживает название **Artist**'а.

Мощный י, которым он оплодотворяет своих адептов, отобразился бессмертным символом **Креста-Розы**. В какую рамку вы ни посадите этот символ, какими обертонами вы ни снабдите его основную мелодию, он был, есть и будет тем же в центральной его части. Крест — символ пути самоотвержения, безграничного альтруизма, неограниченной покорности Законам Вышнего, представляет один из его полюсов. Роза Гермеса — соблазнительно благоухающий символ **Науки**, гордой своей трехпланной законченностью, обвивает этот Крест. Ознакомившиеся с ним могут носить **Крест**, но не в силах оторвать от него **Розу**. Пусть ее шипы колют ученых, они не перестанут наслаждаться ее ароматом. **Роза** — второй полюс бинера.

Задача Розенкрейцера — нейтрализация этого бинера. Адепт Розенкрейцерства должен собственной персоной нейтрализовать Самопожертвование и Науку; совместить их в себе, заставить служить одному идеалу, уподобиться **третьему** символу, помещенному в рассматриваемом пантакле у подножия **Креста + Розы**. Там сидит **Пеликан** с широко распростертыми

крыльями, собственным мясом и кровью кормящий своих птенцов в порыве родительского **Самопожертвования**, но... птенцы Пеликана **различного цвета**. В первоначальной схеме пантакля их **три**; в позднейшей схеме — **семь**. Они фигурируют три Первичных Причинности или семь Вторичных; в последнем случае им придают планетные цвета. Материнский порыв уравновешен **Наукой цветов**: мать знает, что надо различно обращаться с различными птенцами; она вкусила науки, она **применяется**.

Вот י медитации истинного Розенкрейцера.

См. стр. 494

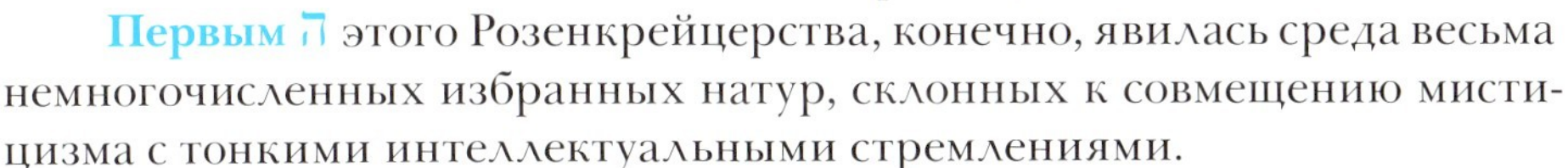

Первым ה этого Розенкрейцерства, конечно, явилась среда весьма немногочисленных избранных натур, склонных к совмещению мистицизма с тонкими интеллектуальными стремлениями.

Элементом ש первичного Розенкрейцерства следует поставить некоторое **самообожание**, натурально вытекавшее из привычки считать самого себя «избранным сосудом». Адептов Учения и кандидатов в адепты было так мало, что упомянутый элемент напрашивался сам собой. Его поддержке способствовали строгие правила жизни, диктуемые Розенкрейцеровской моралью.

Место **культа** ו заняла медитация символов, в особенности Великого Пантакля Креста + Розы, и, отчасти, мистические церемонии в периодических общих собраниях Розенкрейцеров

Вторым ה Школы явилась политика тайны личностей самих Розенкрейцеров при стремлении анонимно реализовать все то, что совесть адептов считала способствующим прогрессу Человечества, как в сфере этической, так и в сфере интеллектуальной. На этом втором ה мы видим оболочки Тамплиерства, не успевшие раствориться в чистом астрале. Видна ненависть к Римской Церкви, доходящая до формального порождения элементов Протестантизма (в «Fama Fraternitatis» и в «Confessio» Папа приравнивается антихристу; признаются только **два** Таинства и т. п.). Уж конечно, резкие проявления против Рима следует признать отображением астральной мести Клименту V.

Первичное Розенкрейцерство не могло (или не могло бы) считать в своих рядах много адептов: слишком много надо было совмещать в себе противоположных черт, чтобы идти к его идеалам, не отрываясь от им же выработанной формы. Оно (в XVI–м столетии) плавно порождает то течение, которое мы позволим себе назвать «**Вторичным Розенкрейцерством**». Если первое назвать «Розенкрейцерством для немногих избранных», то второе заслуживает названия «Розенкрейцерства для всех сознательных»; если первое навязывало тиранически своим адептам определенные формы путей самосовершенствования, то второе отличалось крайней терпимостью во всех областях, доступных уму и сердцу.

Верхняя точка над י• и самый **элемент** י остались прежними. Заметно переменилось **первое** ה. Среда, оплодотворявшаяся Розенкрейцерскими идеями в XVI, XVII и отчасти в XVIII столетиях, представляла собой агрегат энциклопедистов в самом широком и самом хорошем смысле этого слова. Требовались только многогранность в интеллектуальных стремлениях, способность к научной спекуляции, широта взглядов и преданность идее добра. Сюда попадали и натуры высоко-мистические, и завзятые пантеисты, и люди практических стремлений. Но, повторяю, брались лишь люди недюжинные по уму и эрудиции, обладающие личной волей и определенностью во взглядах на грядущее Человечество.

(Составом **элемента** ש Вторичного Розенкрейцерства я не буду делиться с читателями, ибо не имею на то разрешения Учителя (*Составительница курса* •• №40 F.F.R.C.R.)).

Элементом ו явился определенный в общих чертах, но различающийся в различных школах ритуал Посвящения членов Цепи в степени Розенкрейцерства, ритуальные же формальности общих собраний Верховных Учительских Советов той или другой ветви Эгрегора; если хотите, сюда можно отнести и приемы астральной переработки и тренировки личности, присоединившиеся к основному процессу медитации и заимствованные по большей части у разных восточных школ.

Вторым ה исследуемой Системы сделалась особая политика воздействия на общество, сначала чисто этического характера, а в дальнейшем и сильно реализационного. Отделы и подотделы Вторичного Розенкрейцерства имели разные политические девизы в различные эпохи. Эти девизы касались ближайшей важнейшей политической или религиозной реформы. Но Тамплиерский Эгрегор, носитель назидательного клише падения цепи Якова Моле в физическом плане, вибрировал на **осторожность** каждый раз, как Розенкрейцерство собиралось сделать тот или другой решительный шаг, и внушал его адептам схемы наивернейшего и безопаснейшего пути влияния на общество. Результатом одной из этих вибраций явилось основание так называемого «**Масонского Ордена**».

☞ См. стр. 495

Тонкий астрал Розенкрейцерства, весьма пригодный для Учительства, мог бы запутаться в решении вопросов практического характера, мог бы проявить недостаток такта в области жонглирования житейскими условиями, мог бы пострадать по существу от непосредственного столкновения с мелочами повседневной жизни. И вот, создается телесная оболочка, душой которой будет Розенкрейцерство, но которая закалена в житейских делах и не боится черной работы. Эта оболочка и есть **Масонство** — я разумею **правоверное Масонство** Шотландского ритуала с **этико-герметической** интерпретацией Традиционного Симво-

лизма. Оно будет хранить самые символы, поддерживать в своей среде и в публике уважение к самим символам и их интерпретаторам — Розенкрейцерам, и, базируясь на этом уважении, внушать всем и каждому, что добрый пример относительной чистоты масонских нравов имеет исходной точкой самое содержание Посвятительных Учений.

Масоны будут проводить на практике соответствующие эпохе девизы Розенкрейцеров и прикрывать последних своими персонами от могущих последовать несчастий, невзгод и недоброжелательства в физическом плане.

Основатели Масонства, среди которых наивиднейшее место занимает **Elias Ashmole** (1617–1692 г.), искусно делают сколок с системы степеней Вольного Каменщичества и кладут его в основу трех первых (так называемых — символических) степеней Масонского Посвящения. Это приспособление начинается в 1646 году, а в 1717–м мы уже имеем дело с вполне организованной системой Шотландских Масонских Капитулов. Масонство становится необходимостью для Розенкрейцеровского Иллюминизма, и самая политика его **второго ה** получает название масонской, сохранившееся за ней и доселе. Эффекты достижения реализации политических девизов Иллюминизма получают название **масонских coups de canon***. Кстати сказать, такими coups de canon считаются религиозная реформа Лютера и Кальвина и политическая реформа освобождения Сев.-Ам. Соединенных Штатов от Британской зависимости (Lafayette и его масонское офицерство). Масоны тем более нужны Розенкрейцерам всех типов, что последние часто разыскивают в их среде лиц, достойных Посвящения в Христианский Иллюминизм.

(Я не буду приводить здесь полного анализа девизов 33 степеней Шотландского Масонства, произведенного Учителем на лекции, ибо он потерял бы в письменном изложении. Что же касается истории возникновения самих степеней, то читатель найдет их в уже упомянутой лектором (4–ый Аркан) книжке Папюса в русском переводе Войцеховского. — *Составительница*).

Но всякая медаль имеет свою оборотную сторону. Пока Масонство составляло в действительности покорную Розенкрейцерству организацию, пока оно признавало начало Преемственности Иерархии, все шло хорошо и масоны выполняли свое назначение. Как только отдельные ветви Масонства (к сожалению, весьма сильные) стали увлекаться расширением значения выборно-представительного начала в управлении в ущерб началу традиционно-иерархическому, так сейчас же масонские реализации начали менять свой **эволютивный** характер почти на **ре-**

---

*) **coups de canon** (*фр.*) — пушечный выстрел

волюционный. Поворотным моментом в этом направлении явилась масонская революция Лакорна (Lacorne) и его приверженцев (в 1773 г.), отделившая от правоверного масонства ассоциацию, известную нам под именем «**Grand Orient de France**».

Мы не собираемся заниматься историей масонства, а потому в беглом своем обзоре перескочим в конец XVIII–го столетия, чтобы анализировать одно из живых доныне течений тогдашнего Христианского Иллюминизма.

Около 1760 года знаменитый Martines de Pasqualis (или Pasqually) основывает Братство «отборных священнослужителей» (Elus Cohens) с девятистепенной Иерархией; старшие три степени — Розенкрейцерские. Школа Мартинеца — магико-теургическая, с сильным преобладанием чисто магических приемов. Любимые ученики Мартинеца вносят после его смерти изменения в характер работы его цепи. Willarmooz вносит масонский колорит; известный писатель Claude de Saint-Martin (le Phil... Inc...) перерабатывает школу на мистико-теургический лад, предпочитая, в противоположность Виллармозу, Вольное Посвящение устройству масонских лож. Влияние de Saint-Martin берет верх и порождает течение, называемое «Мартинизмом». Эгрегор первоначального Мартинизма, имевшего свое масонство и прочно инкарнировавшегося во всех Государствах Европы (о Мартинизме в России см. книгу **Лонгинова** «Новиков и Московские Мартинисты». Москва 1867), составлен приблизительно по следующей схеме:

Верхняя точка над י• — примирение с самим собой в этической области.

י — спиритуалистическая философия сочинений de Saint-Martin, несколько варьировавшая в разные периоды его жизни.

Первое ה — среда очень чистых и бескорыстных людей, более или менее мистически настроенных и склонных к всякого рода филантропической деятельности.

Элемента ש, собственно, не было, вероятно в зависимости от характера **первого** ה. Чистые идеалисты не нуждаются в приманках, раз их ведут к внутреннему примирению с совестью.

Элемент ו сводился к очень простому ритуалу молитвы + церемонии Посвящения, отличавшемуся крайней простотой. У масонов из мартинистов ритуал имел большое значение и подчас отличался даже пышностью; но я здесь характеризую мартинизм сам по себе, независимо от разновидностей масонских его привесков. Все в мартинизме било на медитацию, на создание **homme de desir**, а не на магическую обстановку, как в «мартинизме»* и в «виллермозизме».

*) Явная ошибка, но так было в оригинале. — *Примеч. ред.*

Вторым ה старого мартинизма служили филантропические порывы его членов, непоказная помощь неимущим и удрученным, отсутствие желания кривить душой при столкновении с внешними влияниями и род устойчивой скромности, сильно импонировавшей всем слоям современного мартинизму общества. Мартинистское Посвящение в период Первой Империи и последующие эпохи вплоть до 80–х годов XIX–го ст. передается очень тонкой струйкой, но зато насчитывает в своих рядах весьма почтенных особ (Chaptal, Delaage, Constant). В 80–х годах хорошо известный Станислас **де Гюайта** (**Stanislas de Guaita**) затевает попытки обновления эзотерического течения и создает так называемый «Каббалистический Орден Креста + Розы» (Ordre Kabbalistique de la Rose + Croix) по следующей схеме:

Точка над י• — примирение Академической официальной Науки с Комплексом эзотерических учений, доступных нашему времени, в целях плодотворной совместной работы представителей обоих течений.

י — синтез всех доступных нашим изысканиям Традиций + совокупность экспериментальных приемов, возникших в новейшие времена и сильно облегчающих многие пути исследования.

К сожалению, **первым** ה школы Гюайта оказалась среда опять-таки энциклопедистов, но энциклопедистов-неудачников. В нашу эпоху люди способные быстро подвигаются по своей специальности и часто не имеют времени развиваться разносторонне; люди же, разочаровавшиеся в своей специальной карьере, иногда толкаются в энциклопедизм этой самой разочарованностью, позволяющей им несколько разбрасываться в занятиях и казаться поверхностному наблюдателю многогранными интеллектуалами, как бы схожими в этом с прежними Розенкрейцерами.

Элементом ש нового эгрегора являлась соблазнительная для неудачников перспектива равноправности с признанными светилами академической науки в силу своих Розенкрейцерских привилегий.

Элементом ו оказалась работа переиздания, перевода и комментирования классических сочинений по оккультизму, успевших к этому времени сделаться библиографическими редкостями, почти недоступными по цене даже зажиточному обывателю. В этом отношении Парижские Розенкрейцеры принесли много пользы любителям оккультизма и заслуживают величайшей благодарности со стороны всех, чтущих великие памятники Традиций.

Неудачнейшим элементом системы оказалось **второе** ה, сводившееся к оппортунистической политике заигрывания с университетским миром в целях скорейшего сближения. Изложение традиционных тезисов скрашивалось фиоритурами под тон новейших научных сочинений и от этого не выигрывало. Сама погоня некоторых Розенкрейцеров за одобрением представителей официальной науки, разумеется, не возвысила их достоинства. Попытки части школы смягчить тезисы Розенкрейцерства из боязни слишком поссориться с Римскою Церковью привели к расколу в самой школе (отпадение Peladan). В общем, уже при Гюайта выяснилось, что дело обстоит неважно. Тогда попробовали сблизиться с масонством, что, исказив цели Школы, довершило ее упадок. Она существует и в наши дни, но далека от процветания.

Параллельно с образованием Каббалистического Ордена Креста + Розы Гюайта осуществил попытку возрождения в широких размерах посвятительного течения, рассмотренного нами под именем Мартинизма. Нео-Мартинизм Гюайты далеко не тождествен упомянутому течению, но он заимствовал из него ритуальную сторону посвящения в S∴I∴ и базировал свой символизм на развитии упомянутого ритуала. Идеалы Claude de St. Martin и самый процесс порождения так называемых Hommes de desir не могли улыбаться энергичному Гюайта, слишком склонному к реализациям, чтобы допустить идею добровольной остановки кого бы то ни было на цикле намагничивания среды. В сочинениях Станислава Гюайты часто даже проглядывает ироническое отношение к подобного рода остановкам. Quasi-возрожденный Эгрегор Мартинеца был переработан по схеме, которая могла бы доставлять Ордену Креста + Розы адептов выбором наиспособнейших из SS∴II∵. Ввиду самих целей Ордена Креста + Розы пришлось в эту схему ввести как можно больше элементов терпимости в области догматизма.

Точкой над י• новой схемы по-прежнему остался формальный девиз этического примирения человека с самим собой.

Выбор **элемента י** оказался предоставленным свободной воле каждого члена нео-мартинистского течения. Конечно, при этом сочинения Claude de St. Martin формально сохранили свою роль путеводной нити.

Элементом ה, вследствие свободы выбора **Jod**'а, оказались самые разнокалиберные и разнотонные кружки. Сюда попали и утомленные религиозным искательством, и разочарованные в академической науке, и просто любопытные и жаждущие подобия масонства, но не сумевшие попасть в другие ассоциации, и честолюбцы на поприще соискательства внешних признаков мистической власти, и любители бесед на оккультные темы в многолюдных кружках, и истерички (Орден допускает и женщин), всегда склонные к вступлению в ассоциации, окружающие себя элементом тайны, и, наконец, твердо сознающие, что для них лучше неровная ученическая цепь, нежели полное отсутствие эгрегорической поддержки. Так как Крест + Роза для принятия в свою цепь ставил (и ставит) необходимым условием прохождение кандидатами трех степеней нео-мартинизма, то в числе представителей последнего всегда оказывалось в наличии несколько человек, достойных стать учителями неровной цепи Мартинистских Hommes de desir и надлежащим образом направлять

разработки их способностей, что и следует считать основой живучести Ордена, после Гюайты заметно разросшегося и доныне насчитывающего большое число адептов. Во главе Верховного Совета Мартинистов стоит теперь весьма известный деятель по пропаганде оккультизма путем печати доктор Gerard Encausse (эзотерический псевдоним — **Papus**).

Вследствие разнообразия в тенденциях и степени этического развития членов Цепи Мартинистов **элементом** ש являются разнообразнейшие же приманки. Одного привлекает ритуал, другого — солидарность со звеньями Цепи, третьего — возможность расширения эзотерического развития, четвертого — чистота преемственности власти в цепи Martines de Pasqualis и т. д.

Элементом ו, помимо объединяющих мартинистов церемоний мистического характера, является обязательная медитация на определенные темы и облегчающие эту медитацию рефераты Учителей на Посвятительные темы.

Вторым ה является довольно-таки пассивная политика выжидания фаз этического совершенствования общества и воздействие на таковое хорошим примером **жизни по совести**. Конечно, нельзя категорически утверждать, что ни один мартинистский кружок не присоединяет к этой политике более активного элемента филантропического или иного характера. Но это, повторяю, частные явления, и я не решаюсь их вводить в рамку анализа эгрегорических начал.

Я избавлю слушателей от детального анализа других современных течений, но позволю себе привести названия тайных обществ, с членами которых могут встретиться при тех или других обстоятельствах мои почтенные слушатели. Не перечисляя масонских ритуалов, кроме Правоверного Шотландского (33 степени), Мемфисского (97 степеней), Мисраим (96 степеней), французского (7 степеней), я обращу ваше внимание на Орден немецких Иллюминатов (филантропия и национальная политика), близко подходящий по конструктивной схеме к масонским, на Азиатских Розенкрейцеров (солидное знакомство с эзотеризмом и смелая интернациональная политика), на Английскую Rosa Crux Esoterica (изучение эзотеризма и весьма строго проведенный Розенкрейцерский ритуал), и, наконец, на существование многих кружков более или менее Розенкрейцерского типа, из которых одни не стоит называть по ничтожности их значения, а другие не позволительно перечислять, вследствие их категорически высказанного желания не быть упоминаемыми в печати и не снимать с себя завесы Строгой тайны. Братства этого типа называют себя в переписке не иначе, как инициалами, и никому не открывают имен своих вождей.

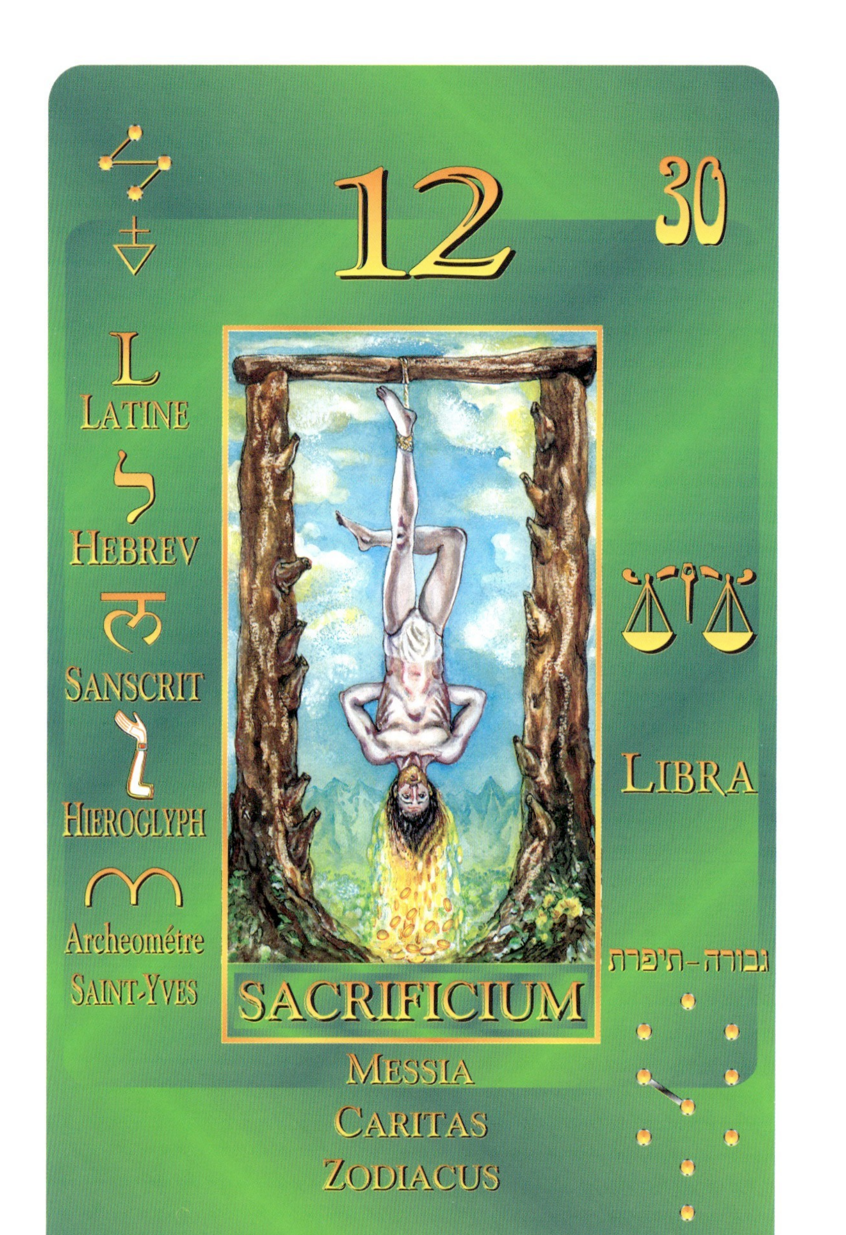
12
30
L
LATINE
ל
HEBREV
ल
SANSCRIT
HIEROGLYPH
Archeométre
SAINT-YVES
LIBRA
גבורה-תיפרת
SACRIFICIUM
MESSIA
CARITAS
ZODIACUS

ל Двенадцатый Аркан

Знак двенадцатого Аркана ל (Lamed); числовое значение его =30; астрологическое соответствие — **Знак Весов (Ω)** в Зодиаке. Иероглифом Аркана служит **рука в широком взмахе**, приводящем в движение все ее суставы. Это — мощный размах человека, приобретшего самолично права и желающего их использовать; это как бы новый א, не только трехпланно уравновешенный, но уже богатый мудростью жизни!

Посмотрим, что нам может дать арифмологическое разложение номера Аркана.

$$12=1+11$$

Владеющий двенадцатым Арканом поставил свою уравновешенность и свое эссенциальное бытие (1) впереди Аркана Цепи (11). Это — Глава Школы + сама Школа. Трехпланный **Aleph** удостоил мир процессом порождения эгрегорической Цепи. Он спустился из высших подпланов и не побрезговал реализацией; он инкарнировался, в прямом или переносном смысле этого слова.

Но где нам искать этот трехпланный א?

Конечно, в областях Теософического Тернера: тогда наше разложение доставит нам заголовки Аркана.

Если воплотился **Архетип**, то термин, присвоенный этому воплощению Школой еврейских толкователей Писания, будет **Messia**.

Если речь идет о менее высоком **Aleph**; если мы толкуем об уравновешенном, определившем свою личность человеке, обладающем внутренней гармонией и добровольно вносящем в свой астросом желание реализационным проявлением помочь ближнему, то поступку такого человека будет присвоено имя **Caritas** (Милосердие в реализационном плане — любовь к ближнему, как ее понимают Христиане). Это тоже своего рода воплощение гармоничного человека, погруженного в серьезные вопросы и добровольно соглашающегося заниматься за других мелочами, которые ему самому никогда бы не понадобились.

Но как нам найти соответствующий элемент в природе? Какой выбрать пример воплощения тонкого в плотное, коагуляции простого в многообразное, питания центром периферии?

За таким примером ходить недалеко. Не будем оригинальничать и остановимся на давно знакомом человечеству, встречающемся во всех мифологических системах описании питания планет Солнечной системы ее лучезарным центром — **Солнцем**. Видимое движение этого Центра по эклиптике создает представление о Зодиаке и делении его на так называемые 12 Знаков. Возьмем слово **Zodiacus** третьим заголовком Аркана и будем искать механизм двенадцатого Аркана не только в объектах первых двух заголовков, но и в таинственном переходе тонких солнечных эманаций, как бы совершенных в самих себе, в те грубые атрибутивности миров фауны, флоры и минеральных образований, которые ими определяются.

12=11+1

Одиннадцать стало перед единицей; одиннадцать облекло единицу, одиннадцать как бы временно ассимилировало единицу, и в этом тайна числа двенадцать.

Но ведь единица породила наше одиннадцать. Выходит, что она жертвует собою собственному порождению. Выходит, что если Цепь — одиннадцать — создана великим принципом Завета, то появление Мессии носит в себе характер **Жертвы Архетипа**, проявившейся для спасения Человечества; если человек проявил активно милосердие к ближнему, то в этом милосердии кроется закон **добровольной** жертвы интересов благодетеля интересам облагодетельствованного; если Солнце дарит нашу планету живительными эманациями, то в этом процессе можно видеть элемент жертвы жизненности Солнца интересам жизни Земли.

Картинка двенадцатого Аркана иллюстрирует именно эту сторону его толкования. На ней мы видим фигуру человека, повешенного за левую ногу вниз головой. Правая нога повешенного согнута в колене и заложена за левую так, что получается как бы фигура четырехконечного креста. Руки человеческой фигуры, соединенные за спиной, уподобляют нижнюю часть этой фигуры нисходящему треугольнику. Перекладина, к которой подвешена фигура, опирается на два древесных ствола с обрубленными сучьями; число оставшихся сучьев-пеньков =12 (по 6 с каждой стороны).

Кто этот повешенный и что он делает, или сделал? Ноги его наверху, голова обращена **к Земле**. Значит, **Земле** служат его лучшие ресурсы, на **Земле** сосредоточено его внимание. Наверху он берет лишь точку привеса. Он **посланник** верхнего в нижнем, Высшего в низшем, ментала в физическом плане. Он носит в себе законченность процесса инволютивного треугольника, он инволюционирует в материю высшее начало для возрождения и утончения самой материи. Но его инволю-

тивный треугольник увенчан крестом герметических добродетелей, указавших путь к этой инволюции, к этой жертве, и урегулировавших ее выполнение. Повешенный очерчен фигурою стволов и перекладин, сильно напоминающей знак синтетического Аркана ת (**Thau**); в идее **жертвы** таинственным образом заключена идея законченности. Само число сучков — двенадцать, символ физического плана, — опять вызывает на идею законченности инволютивного процесса. Резюмируя впечатление, доставленное картиной, скажу: здесь все дышит идеей служения Высшего низшему для спасения низшего и точным планом законченности инволютивного полуцикла.

12=2+10

Попытка познания (2), доминирующая над системою Мировой Мельницы (10).

Где же тут жертва? Это план действий тех смелых умов, которые в течение одной или нескольких инкарнаций сознательно жертвуют радостями личной жизни, наслаждениями физического плана, быть может, даже частью мистических своих позывов для работы в кабинетах и лабораториях, для сухих изысканий несовершенной, относительной, подчас иллюзорной светской науки. Они знают, что в последнем акте своей инкарнации окажутся Фаустами первого акта великой поэмы Гете, но сознательно идут на попытку принести пользу грядущему человечеству своими неполными изысканиями, своими детски-наивными однобокими формулировками, своими грубо очерченными, полными дефектов, практическими положениями. Они верят в то, что бинеры земных восприятий, разумно управляемые самоотверженной рукой человека науки, хотя бы частично одолеют инволютивную область астрала нашей планеты. Вся их жизнь — жертва 2+10.

12=10+2

Нет! — восклицают другие, — наш план жертвы лучше. Наука — враг человечества; мировая мельница — его лучший друг. Давайте считать истинной наукой (2) лишь ту, выводы которой будут подчиняться процессу колеса Сфинкса. Пусть само колесо учит нас, пусть жалкие клеточки нашей планеты не борются с мощным астральным током всего организма; пусть они подчиняются его лихорадочным проявлениям в моменты кризисов его внутренней самообработки; пусть они отдыхают в статические эпохи его самодовольства. Долой цивилизацию! Долой лоск, навеянный пентаграмматическою тактикой человечества по отношению к природным способностям! Жизнь по природе — ключ к спасению. **Пожертвуйте** дорогими традициями поколений, поддерживавших борьбу за культуру, пожертвуйте гордостью полупобедителей рабства зависимости от стихий; пожертвуйте комфортом — и вы окажетесь обладателями Lamed'а распростертой руки; вы не будете ею двигать, но вы будете **с нею** двигаться.

12=3+9

Развейте себя метафизически (3), и пусть это развитие определяет степень вашего умения владеть лампою **Трисмегиста**, плащом **Аполлония** и **жезлом** человеческой осторожности. Пусть метафизика определяет Посвящение и проведение посвятительных элементов в жизнь. Не бойтесь переработки посвятительных схем, **жертвуйте** дорогими вам старыми методами, если управляющий вами треугольник אמש вдруг вырисовался для вас в другом освещении, если вы усовершенствовали свою абсолютную логику.

12=9+3

А не лучше ли держаться традиций цепной передачи Предания и спокойно применять рецепты мудрой древности, выжидая фазы все большего и большего усовершенствования нашей метафизически-производительной тройки механизмом методически-рутинной, но испытанно-спасительной системы древних центров? Пусть одна и та же Школа (9) натаскивает разные поколения на производительность (3), и пусть последняя естественно возрастает с течением времени. Пусть, таким образом, потребность сообразоваться с характером производительности эпохи приносится в **жертву** идее сохранения методологических начал.

12=4+8

Пусть старательнее всего охраняются авторитеты. Пусть от авторитетов исходят законы. Пусть великой идее иерархизма (4) приносится в **жертву даже** закономерность (8) проявлений.

12=8+4

Нет. Пусть доминирует закон (8), логически выведенный из натуральных условий жизни эпохи, и пусть спасительному авторитету закона приносится в **жертву** даже прочность установившихся индивидуальных авторитетов.

12=5+7

Пусть квинтэссенциальная обработка личности определяет в деятельности последней победу тонкого над плотным. Пусть великой задаче невмешательства в процесс формаций пентаграмматической воли приносится в **жертву** даже великий закон, определяющий спешную надобность торжества тройки над четверкой.

12=7+5

Нет, наоборот. Пусть исходной точкой формации пентаграмм будет девиз воспитания в себе сознания необходимости управления формы духом. Пусть индивидуальность формационной работы приносится в **жертву** содержанию Сефиры **Netzah**.

12=6+6

Вот чем резюмируется очередная полемика всех предыдущих разложений; полемика, отрицательные мнения которой столь талантливо очерчены **Stanislas de Guaita** в V–й главе его сочинения «La clef de la magie noire». 6 против 6 — борьба понимания шестого Аркана одним индивидуумом с пониманием того же Аркана — другим; борьба двух совестей, не озаренных светом унитарной философии и потому не вполне инкарнировавшихся в их владельцев; борьба двух умов, начиненных разносортными, относительными истинами; борьба двух мудростей, нажитых в различных областях житейской спекуляции; борьба двух интуиций, различно преломляющих одни и те же клише, и т. д.

Поистине спутанная картина, дающая обширный материал для медитации. Нелегко найти интерпретацию тех жертв, которые можешь и должен принести; но разыскивать эту интерпретацию обязательно для всех.

После этого резюме двойных разложений я чувствую себя вправе перейти к разложениям нашего Аркана, дающим его номер в виде суммы нескольких слагаемых. Эти разложения откроют нам схемы Зодиакального Плана; скажем смелее — плана физического; скажем мудрее — **плана жертвы**. Ведь всякая реализация, от трансмутаций металлов неблагородных в благородные до занятий отвлеченной наукой с ленивым и тупым учеником, представляет собою **инволютивный полуцикл жертвы тонкого плотному** в целях обоснования на нем эволютивного полуцикла облагораживания неблагородного и утончения плотного. Вот почему в герметическом символизме знак завершительной фазы Великого Делания фигурируется инволютивным треугольником, увенчанным крестом кватернера. Этот символ является путеводной звездой всех инкарнаций отраженного Логоса, как бы мелка и ограничена ни казалась нам область частного применения инволютивного полуцикла, нами рассматриваемого.

Какими же разложениями нам заняться? Не имея возможности затронуть полную их совокупность, я ограничусь следующими:

12=4+4+4

12=3+3+3+3

12=2+2+2+2+2+2

Первое из указанных разложений интерпретируется как тернер кватернеров; второе — как кватернер тернеров; третье — как совокупность шести бинеров, связанных в стройную систему двойственно-поляризованного дуоденера. Но как понять эти отвлеченные термины? К каким частным примерам их применить?

Займемся схемами по очереди.

12=4+4+4

Здесь тернер. Возьмем его хотя бы в схеме Высшей Либрации אמש. В каждом из элементов либрационного треугольника будем искать свой **Огонь**, свою **Землю**, свой **Воздух** и свою **Воду**. Это и доставит полную интерпретацию разложения. В частном случае процесса протекания отдельной инкарнации человека рассмотрим три фазы:

1) Фазу א — общей картины понимания человеком исходных ресурсов своей инкарнации; эта фаза распадается, по учению астрологов, на следующие элементы:

Здоровье и вообще количественный запас жизненных сил (**Vita**).

Имущественное положение (**Lucrum**).

Обстановка личного состава семьи, из которой человек выходит, и ее влияние (**Fratres**).

Родитель и его положение (**Genitor**).*

Обратите внимание, что первый заголовок соответствует активному тонкому элементу **Огня**; второй — пассивному грубому элементу **Земли**; третий активно теребит, как элемент **Jod** (**Воздух**); четвертый передает традиции, как элемент **Vau** (**Вода**).

2) Фазу מ — инволютивных реализаций человека в его инкарнации; эта фаза распадается на следующие элементы:

Порождение потомства (**Nati**).

Опора в своих реализациях на состояние своего здоровья (**Valetudo**): на слуг, на друзей и прочих помощников.

Женитьба (**Uxor** = Супруга).

Все, что имеет в виду грядущую собственную смерть (**Mors**)** и вопросы смерти предков.

3) Фазу ש — эволютивной проработки жизни утончающими усилиями живущего:

Религиозное миросозерцание (**Pietas** = Благочестие).

Частная, общественная или государственная деятельность (**Regnum**).

---

*) **Vita** (*лат.*) — жизнь; **Lucrum** (*лат.*) — богатство, страсть к наживе; **Fratres** (*лат.*) — братья; **Genitor** (*лат.*) — родители.

) **Nati (*лат.*) — дети: **Valetudo**(*лат.*) — состояние здоровья; **Uxor** (*лат.*) — супруга, жена; **Mors** (*лат.*) — смерть.

Все те опорные точки, которые человек сумеет создать для упомянутой деятельности (**Benefacta**).

Все препятствия в области порывов к реализации — враги, опасности, стеснение свободы и т. д. (**Carcer** = тюрьма).*

Предлагаю вам промедитировать фазы מ и ש сопоставлением их элементов соответственным герметическим элементам — **Огонь, Земля, Воздух, Вода**.

12=3+3+3+3

Здесь мы имеем дело с кватернером, каждый элемент которого можно рассматривать как статический тернер или как динамический гностический цикл יהו.

В числе частных примеров я мог бы вам предложить кватернер Весна, Лето, Осень, Зима с подразделением каждого элемента на 3 месяца, но я предпочту снова заняться отдельной инкарнацией человека, сгруппировав в кватернер уже перечисленные заголовки. Вот этот кватернер: 1-й элемент — **обстановка** — подразделяется на факторы:

Vita = жизнь (י).

Lucrum = материальные обстоятельства (ה).

Fratres = братья (ו).

Обратите внимание на то, что первый фактор гнездится в нас самих; второй может быть нами созидаем и как бы оплодотворяем, а третий навязан нам судьбой, — не только подвержен нашему влиянию, но и сам влияет на нас.

2-й элемент — **гностическое передвижение жизни** — распадается на факторы:

Genitor = родитель, опять же, по законам наследственности, отчасти гнездящийся в нас самих.

Nati = дети, наличность которых отчасти зависит от нашего желания их производить.

Valetudo = здоровье (в переносном смысле — слуги и помощники), отчасти навязанное нам судьбой.

3-й элемент — то, что естественно, почти неизбежно, входит в жизнь, определяется нами, но и нас подчас определяет; здесь мы найдем факторы:

Uxor = супруга, сливается с нами самими.

Mors = смерть, отчасти определяемая методой расходования жизненных сил.

---

*) **Pietas** (*лат.*) — благородство, милосердие; **Regnum** (*лат.*) — власть; **Benefacta** (*лат.*) — благодеяние; **Carcer** (*лат.*) — темница.

Pietas = благочестие, отчасти навязанное благородством происхождения человеческой натуры.

4-й элемент — то, чем определяется амплитуда реализаций в течение инкарнации. Здесь имеются три фактора:

Regnum = царство (деятельность) гнездится неявно в нас самих.

Benefacta = благоприобретенное.

Carcer = тюрьма, задержки и препятствия, навязанные судьбой; мы их можем преодолевать, но они нас могут теснить.

Я предлагаю вам хорошо запомнить эти заголовки. Они понадобятся вам в астрологии (17-й Аркан). Их легко заучить в форме традиционных гекзаметров средневековых школ.

Vita, lucrum, fratres, genitor, nati, valetudo,

Uxor, mors, pietas, regnum, benefactaque, carcer.

12=2+2+2+2+2+2.

Это разложение дает схему шести пар типа יה, связанных общим циклическим распорядком. Чтобы быть последовательными, применим схему опять-таки к предыдущему примеру.

Первой парой явятся элементы **Vita** и **Lucrum**. Запас жизненной силы, так сказать, оплодотворяет, оживляет, делает производительными материальные условия, окружающие живущего индивидуума. Живущему нужны материальные средства, как мужу нужна жена; в случае надобности само существование запаса жизненных сил породит потребную для себя материальную обстановку, подобно тому как י формирует подходящее себе ה; одна имущественная обстановка без владельца абсолютно бесплодна.

Второю парою являются **Fratres** и **Genitor**. Термин **fratres** своим существованием породит необходимость восхождения к термину **genitor** и тем станет условным **Jod**'ом, наводящим на соответствующее ה. Мы часто только потому интересуемся родоначальником, что видим вокруг себя собратьев по роду.

Третья пара — **Nati**, **Valetudo** — имеет **Jod**'ом процесс продолжения рода и ограничивает этот процесс обстановкой, помогающей реализации этого продолжения, гарантирующей сохранение порожденных особей; здесь, так сказать, слуги являются тем, что необходимо для охраны детей и для их взращивания.

Четвертая пара — **Uxor**, **Mors** — ставит супругу (или супруга) положительным полюсом бинера, область которого ограничена элементом Смерти. Супружество гарантирует совместный труд и солидарность на протяжении целой инкарнации; значит, оно как раз **ограничено** Арканом перемены плана (**Mors**).

Очень назидательна следующая пара — **Pietas**, **Regnum**. Благочестие служит мерилом способности воспринимать Высшие Инфлуксы, а практическая деятельность человека — мерилом способности передавать вниз эти инфлуксы. Общая картина человеческого **Vau** очерчивается супружеством этих двух процессов.

Последняя пара — **Benefacta**, **Carcer** — дает картину ограничивания удач жизни тем, что мы называем **кармическими препятствиями**.

Но этим не исчерпывается картина двойных поляризаций дуоденера: мы можем иначе сочетать его элементы и опять получить шесть супружеств или, если они не осуществлены, шесть бинеров. Сочетайте первый элемент с седьмым. **Vita** — **Uxor**: с одной стороны, **жизнь особи** как единицы; с другой стороны — пристегивание к этой единице другой единицы. Если единицы сохраняют свою самостоятельность, то у вас бинер: **Адам (+)** — **Ева (–)**, то есть антагонизм полов; если супруги слились в одно целое, нейтрализовав упомянутый бинер, то у вас вместо противопоставления полюсов получится могущественная, нераздельная, андрогинная сущность **Jodheva**.

Сопоставьте второй элемент — **Lucrum** — с восьмым — **Mors**; вы получите или загадочный, обескураживающий бинер земного богатства (+) и издевающегося над богатым неизбежного закона смерти (–), то есть просто тезис о том, что земное достояние одна суета, или, при наличии нейтрализации бинера, тезис о необходимости реализовать земное богатство не с эгоистическими целями, а с сознательным желанием передать его дальнейшим поколениям для облегчения работы грядущих деятелей, для поддержки будущих работников в области опорных точек материального плана.

Сопоставьте элементы **Fratres**, **Pietas**. С одной стороны, мы вынуждены считаться с наличием представителей нашего же поколения, с другой стороны — с традицией иерархического восприятия Высших Инфлуксов. Опять от нас самих зависит противопоставление этих соображений или их примирение.

В следующем сочетании нам напоминается о том, что мы лишь продукт применения третьего Аркана (у нас есть отец, **Genitor**); с другой стороны, мы являемся **Jod**'ом, отцом в области своей же деятельности (**Regnum**).

Далее идут **Nati** — дети — передача жизни — как бы частичное отречение от запаса собственных жизненных сил и, одновременно с этим, **Benefacta** — удачи жизни — накопление флюидов — конденсация сил.

Заканчивается дуоденер бинером, нейтрализация которого, быть может, принадлежит к числу наитруднейших, бинером **Valetudo** — **Carcer**; бинером **Помощь** — **Препятствие**.

Все эти разложения числа двенадцать разобраны нами на очень частном примере. Дабы навести слушателей на путь метафизического **обобщения** схемы нормального дуоденера, я приведу классическую конфигурацию совокупности зодиакальных знаков. Чертеж 4–й дает в центральной части обозначение полярностей (знаки + и –) отдельных Знаков Зодиака. Астрологические символы самих знаков помещены на чертеже в их **кустодах**, то есть в начальных точках дуг эклиптики, принадлежащих соответственным Знакам. В секторах самих Знаков обозначена принадлежность их к какому-либо из герметических элементов

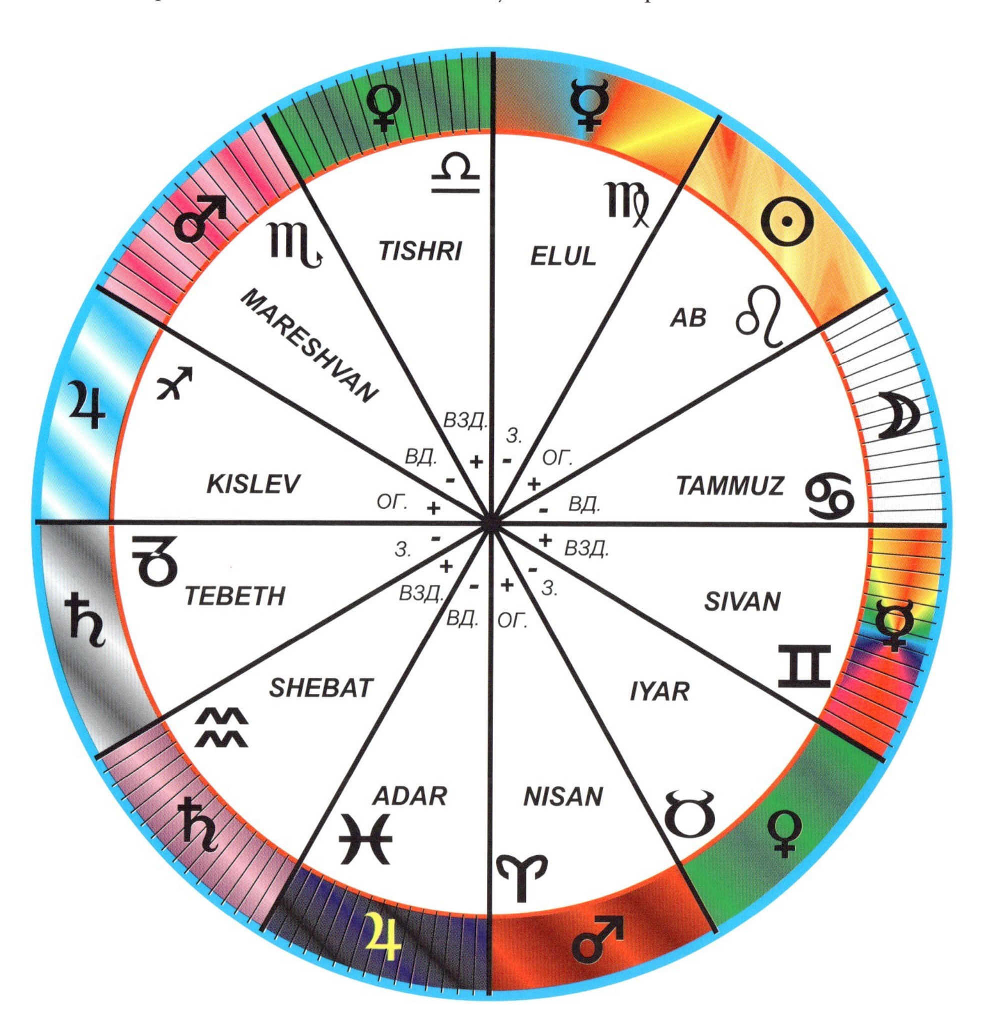

Черт. 4.

(**Огонь, Земля, Воздух, Вода**), а также написанные латинским шрифтом еврейские названия двенадцати месяцев магического солнечного календаря. Начало магического года, как я уже говорил, относится к эпохе весеннего равноденствия. Таким образом, месяц **Nisan** начинается около 8–го Марта старого стиля и кончается около 8–го апреля и т. д.

Чертеж 4–ый, помимо указаний на состав дуоденера, еще дает схему так называемых **планетных домов**, о которых будет речь в 17–ом Аркане. Здесь я обращаю ваше внимание лишь на внешнюю сторону картины распределения планет по домам.

Солнце и Луна помещены в Знаках Льва и Рака (Солнце стоит как бы справа, Луна — слева); с обеих сторон Солнца с Луной дома розданы планетам следующим образом: два ближайших — Меркурию, следующие два — Венере; следующие за ним — Марсу; затем идут дома Юпитера и, наконец, рядом друг с другом, дома Сатурна. Как видите, близость домов планеты к центральным домам Солнца и Луны поставлена в зависимость от действительного (линейного) среднего расстояния центра планеты от центра Солнечной Системы.

Заштрихованные дома называются **ночными**, а незаштрихованные — **дневными**. Значит, Солнце имеет только дневной дом, Луна — только ночной, а остальные планеты — каждая по дневному и ночному дому. Очередь штрихованных и нештрихованных домов выделяет из числа шести бинеров дуоденера три **относительно положительных** бинера (дневные Знаки) и три **относительно отрицательных** (ночные Знаки); предлагаю вам как практическое упражнение попытку интерпретировать в дуоденере человеческой жизни, нами разобранном, бинеры: **Vita** — **Lucrum**, **Nati** — **Valetudo** и **Pietas** — **Regnum**, как положительные по отношению к остальным трем: **Fratres** — **Genitor**, **Uxor** — **Mors**, **Benefacta** — **Carcer.** Вы при этом ясно увидите первенствующее значение световых секторов. Упражнения в медитации схемы дуоденера настолько важны в процессе Самопосвящения инкарнированной личности, что схема эта породила один из наираспространеннейших Пантаклей — так называемый **Мистический Крест**, изображенный на чертеже 5–м.

Начертание этого Креста налагается на чело Посвящаемого или уже Посвященного ученика его учителем как символическое благословение на тернистый путь 12–ти этапов земной инкарнации.

Выпуклости ветвей Креста символизируют самые этапы, начиная с верхней дуги верхнего же конца Креста. Рассмотрите внимательно фигуру последнего. Вертикальная полоса Креста в центральной части ее окончания увенчана двумя положительными (активными) полюсами **Jod** и **Vau**. Верхний конец **Jod** чисто активный; нижний конец **Vau** активен

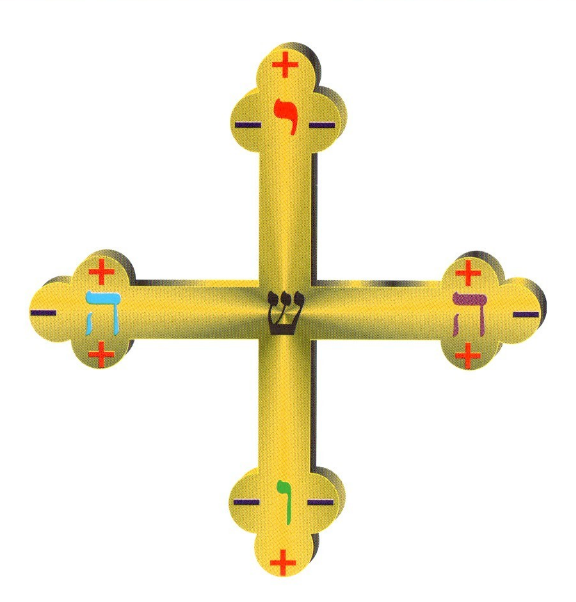

Черт. 5.

менее первого, но, повторяю, как андрогинный, все же владеет элементом активности, как чем-то абсолютно ему присущим. Концы горизонтальной перекладины отмечены пассивными знаками **Hè**; но правый конец активнее левого — ведь **второе Hè** перерабатывается в **Jod** следующего цикла, а следовательно, носит в себе зародыш будущей активности, между тем как **первое Hè**, в качестве матери, может дать лишь андрогинный плод **Vau**. Итак, мистический Крест строго каббалистичен; он отдает предпочтение верхнему и правому соответственно над нижним и левым, вертикальному над горизонтальным. Он, так сказать, устанавливает иерархическое превосходство активного над пассивным, тонкого над плотным, деятельного над косным, и устанавливает все это, пользуясь элементами цикла יהוה.

Но ведь это лишь астральная планировка. Остается еще оправдать каббалистически двенадцать выпуклостей Креста, переносящих нас в область дуоденера физического плана. Для этого в центре Креста чертят знак **Shin**. Теперь вы поймете пантакль. Он обратился в схему Искупительного Клише יהשוה, в схему реализации Герметического обладания миром (יהוה) с целью реализации (ש), влекущей за собой неизбежный закон жертвы, будь то жертва Завета, или жертва человеческого милосердия, или, наконец, жертва жизненностью Солнца планетным интересам Земли.

Была бы возможность поставить посредине Креста **Aleph** вместо **Shin**, тогда бы Крест получил другое значение. Он обратился бы в синтетическую схему трех планов Вселенной; скажу больше — в схему полного их понима-

ния по законам Гермеса Трисмегиста. Посредине **Aleph** уравновешенной ментальности; на ветвях Креста — Великий Закон יהוה астральных порождений, на концах ветвей, как фиоритурное, уплотненное, усложненное проявление астрала — двенадцать зодиакальных дуг физического плана. А в общем сумма каббалистических элементов Тетраграммы и Знака **Aleph**, то есть 10+5+6+5+1=27≡9; иными словами — Аркан Посвящения.

Медитация Мистического Креста в той или другой каббалистической его интерпретации наводит на идеи, всегда плодотворные в соответствующем им подплане. Еще раз повторяю, что для правильного понимания XII Аркана нужно сродниться, сжиться или с представлением о необходимости **жертвы** в физическом плане, или с сознанием **предельности** этого плана, который при прогрессивном спуске в область коагуляции непременно доведет нас до той стены, за которой нельзя продолжать сгущение иллюзорностей, от которой **нужно** оттолкнуться с тем, чтобы начать прохождение подпланов в обратном направлении.

Первая точка зрения хорошо усвоится тем, кто не поленится вчитываться в Евангелие; вторая точка зрения отлично разработана буддистами.

Так или иначе, вы убедитесь в том, что комплекс, именуемый нами человеческой **личностью**, является в плане XII–ого Аркана лишь в роли **гостя**. Гость должен быть деликатен; гость должен уступать место всякому другому гостю; он не должен критиковать угощение, не должен обижаться на тесноту... Но вместе с тем гость должен твердо помнить, что у него есть собственный дом, что ему не надлежит упускать из виду интересы этого дома, увлекаясь чужим гостеприимством; что всякая неискренняя фанфаронская выходка в чужом доме отзывается стеснительными последствиями для дома собственного, что всякое злоупотребление талантами человека общества свершается за счет удобства человека в его постоянном жилище; что самый процесс хождения в гости и наслаждения приемами, нам оказываемыми, сводится по составу к чистейшей иллюзорности, могущей иметь цену как опорная точка, но неспособной реализовать истинное бытие. В физическом плане мы наряжены во фрак нашей бренной оболочки, жонглируем салонными безделушками коагулированного **Malchuth**, руководствуемся кодексом физических и физиологических законов и, если мы достаточно развиты, не упускаем из виду неизбежности наступления благодетельного часа возвращения домой, часа **Смерти**, так живописно символизированного атрибутами мастерской Ложи Масонского Посвящения.

Об этом-то великом часе вступления Личности в свои права чисто астральной жизни, в ее временных этапах между инкарнациями, в ее заключительном периоде после инкарнации нам возвещает следующий, XIII–ый Аркан.

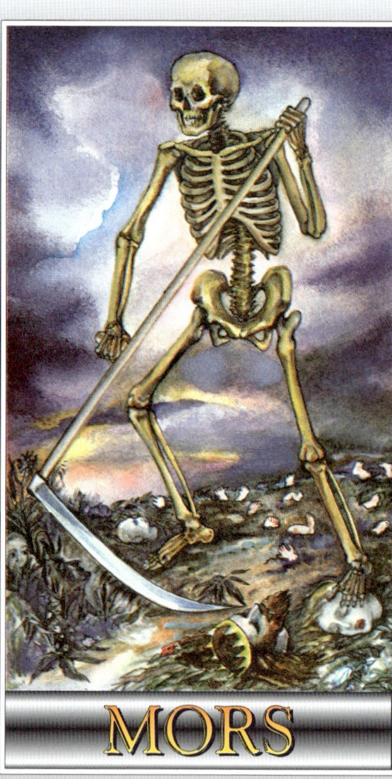

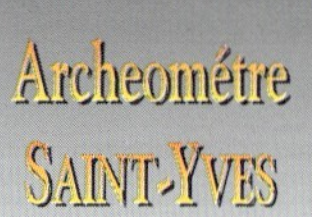

LETTRE MERE

גבורה-הוד

IMMORTALITAS IN ESSENTIA
MORS ET REINCARNATIO
TRANSMUTATIO VIRIUM

מ Тринадцатый Аркан

Знак XIII–го Аркана מ (**Mem**); числовое его значение =40; астрологического ему соответствия не имеется.

Иероглифом Аркана служит **фигура женщины**, в качестве посредницы по трансформации плана жизни: ведь женщина осуществляет для своего плода переход от утробной жизни к жизни в земной атмосфере.

Картинка Аркана дает нам фигуру **Смерти** в виде традиционного скелета с косой.

Здесь подчеркнуто значение **Смерти** как преобразовательницы **Единой Жизни** в области многообразия ее форм. Скелет косит коронованные и не коронованные головы, но под его косой из земли вырастают новые руки и ноги. Смерть лишь кажущимся образом что-то погашает в определенном плане: на самом деле она лишь трансформирует ценности этого плана. Ее нельзя поставить в аналогию с процессом сжигания кредитных бумажек без выпуска новых; ее скорее можно было бы уподобить процессу переплавки одних монет в другие. На картинке XIII–го Аркана Смерть обрисована **односторонне**, частично, но, безусловно, аналитически законченно.

Обращаю ваше внимание еще на две детали в разобранной картине. Смерть изображается в виде оперирующего скелета. Но что есть скелет с **символической** точки зрения? Это то, что мы считаем наиболее коагулированным и наименее изменяемым в нашем теле; это, так сказать, производная тела по его твердости; это то, на что наращиваются остальные элементы тела. Следовательно, принцип смерти неразрывно связан с началом так называемых **прочных коагуляций**, и притом связан цепью причинностей. Мы именно **потому** должны умирать, что когда-то захотели коагулироваться, и это заключение составляет непреложную истину математического характера. Истина эта стоит под покровительством Сатурна, как и все неумолимо-логические последствия наперед избранной посылки. Вот почему на талисманах Сатурна фигурирует скелет с косою; вот почему в обиходной обстановке череп и накрест сложенные кости так охотно избираются нами иероглифом девиза **Memento mori**. О необходимости разложения наших тел насмешливым образом напоминает нам именно то, что в чужих телах не успело разложиться, но что несомненно также осуждено на разложение и выветривание. **Доделанная** картина смерти

обратилась бы в картину новой жизни, а **недоделанная** подчеркивает тот **переход**, который мы именуем **смертью**. Накрест сложенные кости, этот мрачный кватернер служит последним вызовом коагулирующих гномов утончающим саламандрам, последней угрозой стеснения астросома физическим телом при посредстве обязательной для связующего их фантома деятельности по разрушению последнего. Кость кричит Личности: «Ты имела опорную точку и благодаря ей оперировала магически; так теперь в наказание будь связана с этой опорной точкой, пока ты не отдашь природе коагулированных тобою же элементов. Ты не будешь иметь полной свободы астральной жизни, у тебя останется маленькая земная забота. Ты **не мгновенно** перейдешь от трехпланной жизни к двухпланной; ты познаешь переходную стадию и дашь ей имя **Смерть**».

Вот что говорит картинка; об этом не вредно будет подумать.

При анализе Аркана мы постараемся принять в соображение все эти пункты и начнем его с простого описания процесса смерти человеческой особи так, как он понимается в житейском обиходе.

Тело отдельного человека по его воле (самоубийство), или по воле другой пентаграммы (насильственная смерть), или по смешанным причинам (законы природы, столкновения с чужими волевыми импульсами, собственная неосторожность, собственные законные порывы, ведущие к увеличению траты жизненных сил, и т. д. и т. п.) стало непригодно к выполнению жизненных функций физического плана. Астросом борется с неисправностями этих функций, цепляется за малейшие предлоги к продлению жизни тела, как целого, в физическом плане (агония), но, в конце концов, вынужден покинуть тело, как непригодный механизм, и начать новую двухпланную деятельность, именуемую **промежутком между инкарнациями**.

Переход охарактеризован, но в нем несколько фаз. В данном элементарном курсе мы не задаемся целью исчерпать теоретическое и практическое значение всех этих фаз для Посвященного, естественно желающего подготовить самого себя к их прохождению и облегчить таковое ближним соответствующими магическими операциями. Все это относится к специальному курсу магии, и многое из этого я постеснялся бы вам раскрыть.

В этом начальном курсе я хочу ответить лишь на три вопроса:

1) какими мы владеем методами для изучения самого вопроса о процессе смерти; 2) каков общий характер разумной самоподготовки к переходу в другой план; 3) каков общий характер приемов помощи **умирающим**, если это слово понимать сообразно освещению фактов, доставленных нам Посвятительными учениями.

На первый вопрос я отвечу: мы, прежде всего, имеем дело с показаниями сенситивов природных или искусственно настроенных (ясновидение по внушению или самовнушению), наблюдавших шестым чувством картину смерти; во-вторых, мы имеем закон аналогий, позволяющий нам изучением более грубого и доступного органам физических чувств процесса перехода от утробной жизни плода к жизни ребенка в атмосфере разыскивать аналогии фаз этого процесса в процессе смерти и тем удобно располагать вопросы, ставящиеся оператором сенситиву или сенситивом самому себе. Ведь важно не только наблюдать картину смерти, но и знать, на чем остановить в ней внимание, что из нее запомнить, что от чего разграничить; в-третьих, мы имеем каббалистические приемы изучения вопросов a priori ресурсами посвятительного алфавита, которые опять-таки могут привести к постановке отдельных вопросов и разграничению фаз наблюдаемого в частных случаях процесса.

Субъекты, настроенные на сенситивность, свидетельствуют о том, что процесс смерти, строго говоря, с оккультной точки зрения **начинается** как раз в тот момент, когда врачи заявляют, что субъект **умер**. Прекращение сердцебиения и начало остывания тела совпадают с первою фазою окончательной экстериоризации астросома. Сначала сенситивам видно отделение астрала конечностей (преимущественно нижних). Затем идет отделение астральных элементов, управляющих частями туловища. Наконец начинается экстериоризация головных частей астросома. Наблюдатель констатирует отделение астральной фигуры, удаление ее от тела, с которым она остается соединенной как бы пуповинною нитью, местом входа которой служит так называемое «отверстие Брамы» в задней части головы. Вслед за пуповиной медленно выходит то, что можно назвать «астральным телом», если уж придерживаться акушерской терминологии, вполне оправдываемой сделанной выше ссылкой на закон аналогии процесса смерти с процессом рождения в плане атмосферического восприятия. Весь процесс «родов в астрал» продолжается в среднем для взрослого человека около 48 часов. Но в течение как этого времени, так и последующих 10–40 суток умирающему приходится приноравливаться ко многому и переживать многофазные впечатления.

В начале, то есть в периоде, непосредственно следующем за агонией, он переживает трудности самого отделения астрала, тем чувствительнейшие, чем он меньше умел в течении инкарнации отделять медитацией свою Личность от бренной оболочки, в которой она была воплощена. Страдания, испытываемые им в этой фазе, носят характер тяжелого расставания с тем, что он привык считать наисущественнейшей реальностью.

Для него в это время, так сказать, разрушается сложный комплекс дорогих ему иллюзий. Как только он освоился с этим разрушением и как бы примирился с необходимостью путешествия в мир других впечатлений, он начинает ощущать неудобства этого путешествия. Прежде всего, ему приходится стать лицом к лицу с миром астральных форм **элементалей**. Этим я хочу сказать, что его личности приходится знакомиться с клише, касающимися вопроса о разграничении деятельности астросома в строгом смысле этого слова, то есть **Ruach**, от деятельности фантома, то есть элемента **Nephesh**. Фантому предстоит заняться задачей возвращения элементам составных частей тела, то есть прогрессивным его **разложением**. Элемент **Ruach** будет занят анализом форм, в которые облекались, с одной стороны, восприятия жизненных впечатлений в истекшей инкарнации (–), а с другой — волютивные импульсы инкарнированной личности. Когда этот анализ будет закончен, то душе придется созерцать (+) клише трех планетных токов, которые могут в последующих инкарнациях исправить дефекты предыдущих, способствуя созиданию всеоружия синтетической личности, долженствующей рано или поздно приобрести то, что мы называем термином «мудрость».

Как вы видите, задачи фантома и души **Ruach** заданы в форме бинера, который и должен быть нейтрализован элементарием приемом медитации в области двухпланной жизни. Но вся беда в том, что медитация эта на первых порах страшно затруднена самой астральной средой. Допустим, что наш элементарий уже пробился, как говорят, через слой уродливых элементалей, напоминающих ему о составе его бывшего тела. Попросту сказать, положим, что он уже определил свой фантом и отделил от его задач задачу Личности. Он тогда попадает в сферу элементариев низших организмов (животных, растений, минералов и т. п.), которые окружают его клише вопросов усовершенствования физических органов своих будущих инкарнаций. Для этих низших элементариев, торопящихся инкарнироваться вновь, эти вопросы являются весьма существенными. Эти астральные зверьки и растения соединяются в цепи для формально-эгрегорического проведения своих задач. Человеческому элементарию надо приноровиться к быстрому прохождению этой области, которая научит его лишь отдельным приемам, клонящимся к усовершенствованию **органов чувств** в будущей инкарнации.

Теперь он до некоторой степени запасся сведениями о том, с какими органами ему надлежит родиться для более утонченной борьбы за существование в третьем плане. Но дело не в этом; дело в герметическом усовершенствовании. Кажется — чего легче! — **Ruach** отделена

от старого **Nephesh**'а и может себя критиковать. Не тут-то было! Ее ожидает соблазн «**темного конуса**». Ведь она теперь стоит лицом к лицу с инволютивным током Земного Астрала. Он отстаивает инволютивные цели Планеты и имеет опорной точкой Тело Планеты. Бедная **Ruach** только что сказала сознательное «прощай» бывшей опорной точке своей пентаграммы, и теперь сама Земля ее как бы инвольтирует. Вы скажете, что **Ruach** может быть пентаграмматически сильнее самой Планеты, и тогда ей не страшна опорная точка последней. — Да, это так, если пентаграмма принадлежала адепту. Но если ее владелец вовремя не расчистил области своих желаний и восприятий, если он равной астральной силы с Планетой, то она жестоко ему отомстит за участие в культуртрегерской деятельности воплощенного Человечества. Она ему скажет: «Ты со мной боролся, как член Великой Цепи Земных Людей, избравших чистые девизы; но ведь ты в отдельности не всегда был им верен, ты иногда желал дурного, ты опирался на элементы солидарности, преследуя эгоистические цели; так теперь, когда ты живешь в двух планах, тебя в сфере моего влияния потянет, по законам притяжения параллельных течений, в **темный конус** клише дурных желаний; в ту кладовую, где они у меня конденсированы ради заражения ими тех, кто может в дальнейшем, в силу обладания ими, быть моим временным союзником и задержать ход Эволюции. Ты, может быть, засядешь там; густые и темные клише заставят тебя забыть желание отделить **Ruach** от **Nephesh**'а; ты создашь себе новый фантом, хуже старого; ты не устремишься в высшую школу созерцания клише среднего астрала (там шансы добраться до יהשוה и спасти следующую инкарнацию); я надеюсь, что тебя соблазнит моя школа эгоизма; я научу тебя в темном конусе новым комбинациям, могущим облегчить тебе эгоистические наслаждения; я заключу с тобой пакт; вместо того, чтобы падать временно с лицом, обращенным вверх, ты будешь падать сознательно и смотреть вниз, в воронку моих инволютивным стремлений; оставайся при мне, не пробивай своим стремлением моего тока, не стремись туда, дальше, где запасы дополнительных планетных влияний».

И горе тому, кто не сумел одолеть **Великого Змия Планеты** и устремиться к **Медному Змию** Искупительного Клише. Он инкарнируется скорее, но какой в этом толк? Он станет слугой инволюции.

Но если вы победили инволютивный ток, то вам остается лишь обострять упражнением свои созерцательные способности в астрале, чтобы стать достойным студентом того Мирового Университета, в котором почерпаются планы будущих искупительных поступков и чистых порывов к Абсолютной Истине.

Вот что делается с умирающим и умершим, и вот какие мытарства проходятся им в сравнительно короткий срок. Вы меня спросите: «Неужели все эти подробности получены исключительно путем применения шестого чувства отдельными личностями?»

Конечно, этого метода недостаточно было бы для полного установления вышеприведенных тезисов. Здесь сильно помогла Каббала, позволяющая при умелом применении ее методов проникать в тайны загробной жизни. Установление данных так называемой **Пневматики** по этим вопросам и развитие приемов умелого комментирования этих данных не может войти в этот курс. Я только хочу мимоходом упомянуть, что умелая каббализация Книги **Сефер Иецира** и непосредственное штудирование обширных комментариев к **Зогару** дает очень много разъяснений по вопросу смерти.

Помимо всего этого я, забегая несколько вперед, укажу еще на метод изучения того же вопроса с помощью личных экстериоризаций в средний астрал, механизм и фазы восприятий которых лишь мелкими деталями отличаются от таковых же в процессе умирания.

Перехожу ко второму, намеченному мною в начале изложения этой статьи. Как адепт эзотеризма должен готовиться к смерти? — Да прежде всего он не должен забывать, что таковая неминуемо наступит; не должен закрывать глаза, встречая в жизни постоянное напоминание о ее кратковременности. Ведь Масонскому Мастеру в самой церемонии его посвящения приказывают «помнить о смерти». Раз мы будем рассматривать всю земную инкарнацию как маленькую подготовку к смерти, нам нетрудно будет внимательно отнестись к той части посвятительной тренировки, которая, не имея практических приложений в третьем плане, играет роль лишь подготовки к двухпланному бытию. Медитация, направленная к отделению Личности от ее оболочки, к сознанию того, что жизнь человеческого "Я" лишь **одета** в физический план, но, по существу, протекает в плане астральном, и будет азбукой упомянутой подготовки. Под словом «сознание» я разумею в этой фразе не формально-теоретическое допущение возможности жизни в астрале, не простое согласие не опровергать при случае фразы о бессмертии души; даже не **логическую** убежденность в независимости "Я" от строения физической оболочки, а нечто большее — умение **непрерывно чувствовать раздельность** Личности и тела, чувствовать, что Личность может очень сильно проявляться и превосходно себя анализировать даже в слабом и страдающем теле; что самая слабость и страдание **способствуют** упомянутому сознанию, что они стесняют лишь в **сфере реализаций**, а отнюдь не в сфере самочувствия и этического самопонимания; что родина Личности — те планетные токи,

к которым она тяготеет, а отнюдь не та физическая обстановка, в которой обретается тело; что душе **неуютно** в теле, что ей **противны** коагуляты, столь несовершенно соответствующие в физическом плане нехрупким, устойчивым, непрерывным в своем строении формальным порождениям астросома. Надо приучиться постепенно отдавать предпочтение более тонким реализациям перед плотными, например, жидкому состоянию материи перед твердым, газообразному — перед жидким, радиальному — перед газообразным. Надо почувствовать, что геометрическая форма **живее** и более сродни нашему "Я", нежели физическое тело, которому мы на словах приписываем эту форму.

Выработав в себе привычку к медитации в этом направлении и поддерживая ее чтением классических источников по Каббале и Магии, а равно и общением с людьми, работающими в одном с нами направлении, мы можем начать систематическую подготовку к процессу экстериоризации своего астросома.

Прежде займемся чисто физической частью тренировки. Как общий тезис приведу вам следующее замечание: **все те упражнения, которые влекут за собой прекращение заботы о нормальности функции того или другого органа, той или другой группы органов или о нормальности обмена между телом и внешней природой каких-либо элементов, частично способствуют легкости позднейших упражнений по экстериоризации астросома.**

Так, например, упражнение в задержке дыхания, в произвольном изменении темпа сердцебиения; в сообщении силой воли нечувствительности к боли какой-либо части тела; в воздержании от сна, в произвольном засыпании; в умении только слышать, не видя и не осязая; в умении воспринимать впечатления только органом зрения при полном пренебрежении акустическими данными, в умении продолжительное время воспринимать органами чувств только ощущения определенных тональностей или тембров, например голос одного определенного человека, предметы одного, наперед задуманного цвета или одной формы и т. д.

Вам будет понятна роль этих упражнений, если я прибавлю, что экстериоризация (произвольная или непроизвольная), вообще говоря, наблюдается лишь в состояниях летаргического или каталептического характера. Конечно, недостаточно уметь вызвать усилием воли или наркотиками состояние каталепсии в себе или других, чтобы получить эффект экстериоризации астросома. Главное тут не обстановка, а умение **пожелать** выйти из тела, то есть **точно определить свое "Я"**, не примешав к нему элементов, которым трудно быть отторгнутыми от плана физических реализаций. Мысль о предмете нашего обихода, о

любимом вкусе или запахе, о приятности пребывания в здоровом теле могут помешать удаче упражнения.

Так или иначе, я чувствую себя обязанным указать какую-нибудь схему упражнений, могущих повести к астральному выходу, который я рассматриваю как наилучший прием примирения с областью смерти и ознакомления с ее первичными (а иногда и дальнейшими) фазами.

Упражнения эти можно группировать весьма различно, и я никому бы не советовал раболепно-педантично применять приводимую схему. Она сообщается лишь к сведению, и каждый из вас сумеет ее изменить, дополнить или уравновесить, в зависимости от уже приобретенных им положительных качеств или недостатков, а также от присущих ему особенностей взаимоотношений тела и астросома и самого состояния физического тела.

Первая группа упражнений.

Умение переутомлять физические органы, не уступая их реакциям.

Умение противоречить своим физическим вкусам и даже прямым потребностям.

Умение разочаровывать себя по произволу в **получаемых** физических наслаждениях в самый момент их получения.

Умение вызывать впечатления таковых наслаждений, не испытывая их на самом деле физическими органами.

Умение отделять астральные атрибуты физических тел по произволу (например, глядя на деревянный куб, отдавать себе отчет лишь в геометрической его форме, совершенно не воспринимая впечатления его цвета, сорта дерева, из которого он сделан, и т. д.).

Вы видите, что упражнения этой группы клонятся просто к образованию сознательной Пентаграммы в человеке, то есть к отчетливому формированию элемента, который придется выделять.

Вторая группа упражнений.

1. Медитировать события, которые наша **логика** заставляет нас предполагать происходящими вдали от нас в пространстве или во времени.

2. Медитировать **детали** событий, о которых мы в состоянии судить в общих чертах, опираясь на неполные показания одного из органов чувств (например, я вижу, что вдали от меня рубят деревья, и медитирую невидимое для меня движение рук, применяющих топоры).

3. Медитировать события чисто воображаемые. Лучше всего упражняться в медитации воображаемых путешествий; путешествия эти обдумывать детально, в особенности в сфере применения нами ресурсов нашего тела (движение рук, ног, присматривание к предметам и т. п.).

4. Медитация воздыхания о другой, утраченной нами, более свободной жизни, в которой мы не были стеснены ни пространством, ни временем. Эта медитация чаще всего проводится в следующей форме: сидя у окна или, что еще лучше, лежа на спине в теплый ясный летний вечер, пристально вглядываться в небо, думать о пространстве и времени, настроить себя презрительно как по отношению к ним, так и по отношению к собственному телу, свободная поза которого помешает ему отзываться на ощущения, могущие отвлечь нас от медитации.

Вы видите, что упражнения второй группы направлены к выработке в человеке презрения к третьему плану. В первых двух упражнениях мы сосредоточиваемся на презрении к методу экспериментирования органами чувств; в третьем упражнении мы презираем пространство, а в четвертом — еще и время.

Третья группа упражнений.

См. стр. 498

1. Упражнения в **телепатии**, то есть в передаче другому лицу, отделенному от вас достаточным расстоянием, геометрических форм, анимических настроений и даже идей. О телепатических упражнениях будет подробно сказано в XV–м Аркане. Здесь я удовольствуюсь утверждением, что телепатия сводится к **астральному** общению с другой личностью и поэтому (строго говоря) уже является частным случаем экстериоризации отдельных астральных ганглионов.

2. Моноидейное сосредоточение на желании видеть во сне определенные формы.

Прием моноидеизма есть попросту частое возвращение к определенному вопросу в определенной его формулировке в течение дневных и вечерних медитаций, причем этому вопросу отдается временно предпочтение перед другими интересами. Вы, так сказать, в течение дня много раз говорите себе: «я сосредоточиваюсь на желании видеть то-то во сне, получить ответ на такой-то вопрос, проникнуть в механизм такого-то процесса, экстериоризовавшись, войти в общение с такой-то сущностью, и считаю это дело самым важным впредь до исполнения моего желания».

3. Самовнушение на способность к экстериоризации, проведенное в одной из указанных мною в пятом Аркане форм.

4. Элементарная теургическая операция, ну хотя бы простая, сознательная и теплая молитва о даровании способности экстериоризоваться.

5. Призыв на помощь какого-либо мощного Эгрегора.

6. Вызов в себе прогрессивного каталептического состояния (начиная с ног); когда дойдем до области сердца, то экстериоризация становится возможной, если она подготовлена медитацией. Многие

вызывают каталепсию простым приемом самоубеждения в том, что сначала экстериоризуется астрал ног, потом астрал полости живота, и так доходя до области солнечного плексуса, после чего наступает феномен экстериоризации.

7. Попытки применять наркотики для вызова соответствующих их свойствам полулетаргических состояний. Лучше других средств — вдыхание паров серного эфира или прием эфира внутрь в каплях водного или спиртового раствора. Конечно, это средство, как и ему подобные (см. XV–й Аркан), применимо не для всех организмов, да и вообще нежелательно, так как не входит в сферу ресурсов, указанных **Великим Магическим Арканом.**

8. Подход медитацией к картине, за представлением которой когда-либо для данного субъекта случайно уже наступала экстериоризация, иными словами, расчет на привычку экстериоризоваться при определенных астральных условиях.

9. Повторение времяпрепровождения в физическом плане, когда-то уже вызвавшего непроизвольную или облегчившего произвольную экстериоризацию, то есть расчет на привычку физического тела отпускать астрал при определенных условиях. Вы, положим, случайно экстериоризировались во сне после переутомления ходьбой. Вы пробуете переутомиться вновь этим же упражнением и сосредоточиваетесь на желании экстериоризоваться, ложась спать после этого.

10. Обращение к другому лицу с просьбой внушить вам гипнотически или магнетически экстериоризацию.

11. Пребывание в цепи лиц, устроивших магический сеанс. Этот прием подходит медиумическим субъектам, испытавшим на себе влияние данной цепи в форме выгона астросома.

Упражнения третьей группы, как вам ясно видно из их перечня, поставлены в зависимость от предварительной тренировки упражнениями первых двух групп.

Я ничего не говорю в отдельности о традиционной экстериоризации при помощи определенных **сетрамов** или **мантрамов**, ибо употребление сетрама сводится к номерам 8–му или 4–му, а пользование мантрамом к номерам 5–му или 4–му.

Человек, удачно скомбинировавший упражнения вроде предыдущих, в конце концов добьется экстериоризации произвольной (в определенный момент, им выбранный) или непроизвольной (такой момент, когда он этого, может быть, и не ожидает). При этой экстериоризации, если в экстериоризующемся выработано активное внимание к тому, что с ним совершается, он ясно ощутит следующее: прежде всего сознание, что со-

вершается процесс отделения личности от тела — человек, так сказать, **видит** (или, по крайней мере, **различает шестым чувством**) наличность своего трупа, как чего-то не входящего в его "Я"; затем наблюдается присутствие **астральной пуповины**, то есть чего-то, связывающего энергетическую личность, отделенную от тела, с элементом энергетическим же, но еще занятым жизненными функциями тела. Этот второй элемент и есть то, что мы называем «**астральным местом**». Когда мы, вернувшись в тело после экстериоризации, начинаем расценивать полученные впечатления, переводя их на язык зрительных ощущений, то мы утверждаем, что видели пуповину, соединяющую нас с телом, входящею в последнее не около отверстия Брамы, как в случае смерти, а около солнечного сплетения. При этом многие отчетливо расценивают то, что они называют «толщиной пуповины». Эта толщина оказывается тем меньше, чем выше подплан астрала, в который удалось экстериоризоваться.

Внимательный адепт при экстериоризации астросома, отдав себе отчет в положении своего физического тела и пуповины, его с ним связывающей, вслед за тем воспринимает астральным чувством астросомы предметов, окружающих его тело; затем получает восприятия сферы элементалей, про которые рассказывает, что они представлялись ему в виде довольно уродливых и причудливых фигур, — это просто беспристрастный анализ элементом **Ruach** грубости и несовершенства функций элемента **Nephesh**. Далее следует фаза ознакомления с подпланом элементариев животных, вырабатывающих планы совершенствования своих органов в грядущих инкарнациях; эта область переводится на образы, внушающие меньше отвращения, но все же малоэстетичные — ведь совершенствование органов базируется не на астральной гармонии, а на целесообразности в плане реализаций, и потому не может обрадовать и удовлетворить личность, настроившую себя на презрение к физическому плану. После этого наступает встреча с мощным инволютивным током земного астросома. Строго говоря, при правильной подготовке к экстериоризации борьба с этим током не должна быть особенно затруднительной; но, как часто случается, научившийся презирать **детали** эгоистических стремлений не подготовлен еще к презрению их **синтеза**. Как часто дитя планеты, сознавшее и определившее свою личность, не решается применить ее ресурсы к отречению от общего строя низших вихрей ее жизни! Трудно порвать с соблазнами, даже зная, из каких несовершенных и иллюзорных материалов они сотканы! Кто не выдержал борьбы со Змием Планеты, того ток ее затягивает в «темный конус», где ему приходится критиковать свои недостатки порознь, сознавая свое бессилие одолеть их совокупность. Впечатление до крайности тягостное, влекущее за собой

на продолжительное время после экстериоризации ослабление веры в самого себя, мизантропию и меланхолические настроения, часто переходящие в озлобление и даже в желание сознательно обратить личность на служение инволютивным целям. В последнем случае, если хотите, можно сказать, что личность заключила пакт с «темным конусом». Но оставим гипотезу попадания в «темный конус» и допустим, что мы преодолели **Астрального Змия** и выбрались в свободный средний астрал нашей Солнечной системы. Здесь идет расценка всех планетных токов в разнообразнейших их комбинациях. Здесь ясно сознается принцип гармонии, к которому надо стремиться нашей личности; здесь последняя увидит, чего ей недостает для формирования реализации этого принципа, что в ней однобоко, чего в ней совсем нет. Здесь же начнется и планировка тех реализаций физического плана, которые послужат опорными точками исправления упомянутых дисгармоний **Герметическим Деланием**.

Далеко ли можно зайти в астральном плане в стремлениях удовлетворить свою любознательность по вопросу о посмертных странствиях? На это Розенкрейцерские Школы говорят нам: Адепт, искренно и бескорыстно стремящийся к познанию этих тайн, может дойти в своем астральном Посвящении до порога «**второй смерти**».

Что это за вторая смерть? Чтобы дать ответ на этот вопрос, я предложу вам рассмотреть девятеричную схему строения человеческой сущности. Ведь сущность эта трехпланна. По закону отражений каждый план имеет, так сказать, представителей в других планах, а потому человеческая особь представляется нам в следующем:

Ментал в ментале.

Астрал в ментале.

Отражение физического в ментале.

Ментал в астрале.

Астрал в астрале.

Отражение физического в астрале.

Отражение ментала в физическом.

Отражение астрала в физическом.

Физическое само по себе.

Вот что дает чисто логический, априорный анализ вопроса. На практике мы не в состоянии бываем шестым чувством, подкрепленным логическими руководящими нитями, различать все девять элементов. Отражение физического в астрале нам трудно отделить от отражения астрала в физическом (по несовершенству шестого чувства). Равным образом, нам трудно отделить отражение физического в ментале от отражения ментала в физическом (вероятно, по недостаточной отчетливости всего комплекса функций нашего логического аппарата).

Выходит, что тренированный адепт практически различает в составе человека лишь **семь** элементов:

1) ментал в ментале;

2) астрал в ментале;

3) связь физического с ментальным;

4) ментал в астрале;

5) астрал в астрале;

6) связь физического с астральным;

7) физическое само по себе.

В воплощенном человеке эти семь элементов вы должны представить себе связанными между собой. Когда седьмой элемент износится, и не в состоянии будет служить опорной точкой высшим элементам, то происходит изучаемая нами **первая смерть**. Это разрыв нашей цепи на шестом элементе. Седьмой элемент обращается в труп, а шестой — в его фантом. Высшие пять элементов учатся в астрале, вновь вырабатывают себе при помощи воронок вихрей зачатия шестой и седьмой элементы, то есть вновь воплощаются, вновь умирают первой смертью и т. д. до тех пор, пока пятые элементы их не стали настолько гармоничны, чтобы перестать подчиняться притяжению упомянутых нами воронок (ведь **гармоничное** целое владеет самодовольством, как всякое андрогинное, а потому и не поддается на удочку аттракции вниз). Для такого элементария астральная жизнь сводится уже не к планировке будущей физической, а к утончению **пятого** элемента путем воздействия на него **четвертого**. Но, делая формы (пятый элемент) все более и более идейными (четвертый элемент), мы, в конце концов, доведем их до состояния, исключающего возможность **частностей** формальных переходов к физическому. В компании слишком тонких четвертого и пятого элементов не мо-

жет жить третий элемент. Раз элементарий перестал готовиться к физической жизни, в нем начинает выветриваться третий элемент. Выветрившись, он естественно приводит элементария ко **второй смерти**. Трупом в процессе второй смерти явится пятый элемент, и его фантомом — четвертый элемент. Чтобы ясно представить себе этот процесс, проведите аналогию его в истории искусств, где в некоторых случаях трупом является гармонический стиль, а его фантомом — руководящая идея этого стиля.

Новая, почти одноплановая сущность состава, **ментал в ментале + астрал в ментале**, и будет полюсом будущей андрогинной клеточки реинтегрированного **Адама Протопласта**. Я говорю «полюсом» клеточки, а не «клеточкой», ибо для того, чтобы составить андрогинную клеточку, наша сущность должна дождаться второй смерти **души-сестры**, если соединение этих двух полярностей не произошло в астрале, что составляет наиболее частый случай. Многие даже и не допускают возможности **одиночной** второй смерти мужской или женской души. Действительно, представление гармонического состояния пятого элемента трудно логически сочетать с однополым состоянием души.

См. стр. 498

Вы заметили, что я говорил лишь о **восприятиях** форм при экстериоризации, не заглядывая в область практических приложений таковой к реализационному плану. Это сделано умышленно, так как второе я отнесу к XV–му Аркану.

Не следует думать, что суть подготовки к смерти нераздельна с умением применять механизм Экстериоризации. Дело не в том, чтобы при жизни самому все перевоспринимать шестым чувством, а в том, чтобы знать (**или верить**), что нас за гробом ждут определенные этапы перехода к новому бытию. Теплая вера может заменить знание. Ведь знакомство со сферой астросомов элементалей сводится к точному признанию **бывшего** нашего рабства элементам; знакомство с подпланом органического совершенствования животных и растительных элементов сводится к отчетливому сознанию **будущего** рабства тем же элементам в течение следующей инкарнации; борьба со Змием сводится к сознанию необходимости рано или поздно оторваться от эгоизма, диктуемого нам условиями жизни на планетах; а созерцание клише среднего астрала сведется к признанию необходимости гармонического самосовершенствования. Кто этому **верит** не на словах, а в глубине сердца, тот всегда сумеет в течение земной жизни установить прочную связь с одним из мощных эволютивных эгрегоров, который его **направит** через все этапные слои и вытянет из объятий Змия. Верить и молиться — великая помощь в деле подготовки к умиранию.

Займусь теперь вопросом о том, как знающий и верующий человек может облегчить другому сложный процесс умирания. Помощь здесь может быть троякая: можно или **научить**, или **воспитать**, или **поддержать**.

Если мы имеем дело с лицом, питающим к вам неограниченное доверие, то вам нетрудно будет повторить ему то, что я вам сообщаю, и тогда он процессом продолжительной медитации усвоенного, облегчит себе в значительной мере трудность ориентировки в переживаниях смертного часа.

Если у вас есть время заняться систематически развитием интуиции ближнего, его сенситивности, его способности к самоопределению как личности, то вы, конечно, для такого брата сделаете больше, чем в первом случае: вы доведете его до возможности воспринять самому часть картин, мною обрисованных.

Но положим, что вам пришлось случайно напутствовать кого-нибудь в потусторонний мир, что вы не имели возможности установить никакой предварительной подготовки. Тогда вам остается, по праву (и долгу) братской солидарности всех клеточек **Адама Протопласта**, прийти на помощь ближнему умелым обращением с его телом магическими операциями, могущими поддержать деятельность его астросома, и теургическими приемами, имеющими возжечь светильник Истины для освещения его трудного пути. Детали этих операций, конечно, относятся к специальному курсу Магии, но и здесь можно дать маленький очерк, определяющий общую тональность и методы подаяния помощи.

Не забывайте, что смерть с оккультной точки зрения начинается тогда, когда медицина признает ее свершившимся фактом. Чтобы не затруднять и не задерживать самого процесса рождения в астрал, не трогайте, не сдвигайте тела по крайней мере в течение шести часов; не манипулируйте с телом в это время: не допускайте присутствия лиц, флюиды которых, будучи несимпатичными умершему, могли бы стеснять работу его астросома; не беседуйте о делах материального плана — ваши беседы могут быть восприняты не только шестым чувством умирающего, но даже подобием физических органов, реализованных его фантомом. В последующий период, по крайней мере тоже шестичасовой (часто более продолжительный), представляйте себя лицом, провожающим отъезжающего в другой план, твердо решившегося на свое путешествие, но нуждающегося в ласковом «прости» со стороны тех, которые еще владеют опорной точкой физического тела. Пусть он, вынужденный созерцать бывшее свое рабство элементалям, бывший источник слабости, сознает и чувствует, что на этот же план элементалей **опирается** его брат при совершении магической операции, имеющей целью быстрейшую эмансипацию умирающего от клише сферы элементалей. В дальнейшие периоды, вплоть до сорокового дня, в этом элементарном курсе я посоветую лишь одно: молиться об умершем, настраивать себя на солидарность с его интересами, но тщательно избегать клише отчаяния, сознания невозвратимости потери и безнадежной скорби во всех ее видах; еще хуже и преступнее допускать в себе порождения клише тех материальных ущербов, которые повлекла за собой для нас смерть ближнего. Это может сильно ему повредить в период борьбы со Змием. В молитвах и магических операциях тщательно удерживайте тон Эгрегоров эволютивного типа, к которым был близок умерший.

Поговорив о смерти как перемене числа планов в составе человеческой особи, я, естественно, должен посвятить несколько строк и обратной перемене такового числа, именуемой «**воплощением элементария**». Пусть элементарий отбыл свой срок пребывания в среднем астрале Солнечной Системы или даже только в темном конусе; пусть те индивидуальные цепи двухпланных сущностей, заведующих инволюцией, которым мы даем название **Spiritus Directores** (или **Архонты**), определили картину испытаний искупительного свойства, предстоящих нашему элементарию; иначе сказать, пусть притяжение к воронкам вихрей нижнего астрала уже не преодолевается в данном субъекте стремлением **досмотреть**, что нужно, в Школе клише среднего астрала, а только **направляется** в ту или другую воронку в зависимости от уже высмотренных назиданий. Вихревая воронка, втягивающая элементария, порождена магической операцией **coitus**'а его будущих земных родителей. Выбрана будет та воронка, в которой элементарию подойдут астральные элементы типа родителей и зодиакальные особенности их тел. Подбор планетный важен для сохранения стремлений, являющихся последствием учения в астральной школе; подбор зодиакальный важен с точки зрения соответствия богатства или бедности физических ресурсов будущего тела с задачами, предначертанными ему искупительной Кармой. Втягиваясь в воронку, элементарий формирует окончательно свой **Nephesh**, уже обрисованный им общими штрихами в астрале. Легкость формации **Nephesh**'а обусловлена упомянутыми мною соответствиями типов родителей. Удобство работы **Nephesh**'а по образованию тела облегчено наличностью периода утробной жизни плода, в которой борьба с противоречащими стремлениями типа влияния сведена к minimum'у энергетической протекцией астросома матери и физической протекцией доставления готовых коагулятов организмом матери. Момент рождения, то есть открытого вступления в борьбу с внешними влияниями, играет большую роль в жизни, так как самый

См. стр. 502

факт **неопытности** вновь инкарнированного в этой борьбе делает его хоть на миг пассивным по отношению к атакующим его планетным и зодиакальным токам, уже не отражаемым материнским астросомом. Вот почему в XVII–м Аркане в отделе астрологии мы будем придавать первенствующее значение этому моменту.

Разработав бегло очень частный случай разверстки XIII–го Аркана — случай смерти отдельной человеческой особи, я могу безбоязненно приступить к выработке трех заголовков Аркана, вульгарное название которого «**la Faux**» (коса), а научное — **Mors** (смерть).

Мы уже видели, что идея смерти самой картинкой Аркана связана с идеей **возрождения**. В применении к **Архетипу** этот Аркан вызовет лишь представление о том, что Архетип (имеющий аналогией **Настоящее** в треугольнике d'Olivet) совсем не помирает и, следовательно, непрерывно является возрожденным по существу. Отсюда заголовок — «**Immortalitas in Essentia**» или «**Permanentia in Essentia**». Применение Аркана к **Человеку** уже навело нас на детальный анализ заголовка «**Mors et Reincarnatio**». Остается применить Аркан к **Природе**, в которой непрерывно исчезает одно и возрождается в форме другого. Но как назвать это непрерывно возрождающееся начало, сохраняющее в замкнутых системах свое количественное значение, несмотря на протеизм своих форм? Это начало — **энергия**, и третьим заголовком мы напишем «**Transmutatio Energiae**» или, сохраняя терминологию Гельмгольца, «**Transmutatio Virium**»*. Интересно, что так называемый **принцип сохранения энергии** был впервые сформулирован человеком, специальность которого принуждала его к изучению фаз болезни и смерти (д-р Мейер).

Теперь ничто не препятствует нам приступить к арифмологическому анализу Аркана.

$$13=1+12.$$

Трехпланная сущность (1) и необходимость жертвы в физическом плане (12) приведут к идее смерти (13). Этот анализ намекает на возможность смерти, добровольно принятой как жертвы.

$$13=12+1.$$

Здесь не трехпланная сущность добровольно отдает свой третий план, а, наоборот, зодиакальная жизнь (12) порождает смерть, отнимая третий план у сущности (1).

---

*) **Immortalitas in Essentia** (*лат.*) — Бессмертие по сути своей
Permanentia in Essentia (*лат.*) — Неизменность по сути своей
Mors et Reincarnatio (*лат.*) — Смерть и Перевоплощение
Transmutatio Energiae (*лат.*) — Превращение Энергии
Transmutatio Virium (*лат.*) — Превращение Силы

13=2+11.

Полярность добра и зла (2), применяя силу (11), может породить смерть (13). Это формула насильственной смерти.

13=11+2.

Сила (11), вполне реализованная, вынуждена выбрать один из двух полюсов своего применения (2). Это формула **Кадоша — или будь горячим, или будь холодным, если в тебе есть сила**. Но ведь Кадош знает, что формула его бытия неявно заключена в формуле зародыша этого бытия, то есть в степени Масонского Мастера, которому говорили: «**Помни смерть**» (13).

13=3+10.

Понимание производительной метафизики Гермеса (3)+сознание гармоничности функций Мировой Мельницы (10) вполне примиряют с идеей смерти (13). 3+10 — это формула **естественной смерти**, как элемента, вытекающего из нормально-эволютивного миросозерцания.

13=10+3.

Это опять естественная смерть, но взятая с обратной точки зрения, с точки зрения чисто эмпирической. Колесо сфинкса (10) повернулось, и этот поворот родил (3) нечто новое.

13=4+9.

Авторитет (4) Посвящения (9) обоснован на раскрытии им тайн смерти (13).

13=9+4.

Посвящение (9) своими степенями подавляет всякий другой авторитет (4) земного характера, чуть мы начинаем принимать в соображение бренность и смертность (13) всего земного.

13=5+8.

Пентаграмма (5), доминируя временные законы (8) и требуя для себя большего простора действий, вынуждена переменить план (13). Если хотите, религия (5), поставленная впереди гражданственности (8), заставляет предполагать, что подумывали о смерти (13).

13=8+5.

Закономерность (8), понятая в широком смысле, подавляет пентаграмму (5), отнимая (13) у нее точку опоры.

13=6+7.

Проблема добра и зла (6), вынуждающая на победу (7) тонкого над плотным, не носит ли в себе задатка сознания необходимости запасаться нетленными благами для будущей жизни (13)?

13=7+6.

Готовый победитель (7), все же ставящий вопрос о добре и зле (6), не потому ли его ставит, чтобы оттенить аналогию тонкого с астральной жизнью, а плотного — с физической? То есть, не помнит ли он просто о смерти?

Предлагаю вам в качестве упражнения провести арифмологический анализ Аркана не только в области второго заголовка его, как мы это только что сделали, но и в областях остальных двух заголовков, или, по крайней мере, одного третьего, для чего требуется лишь некоторое знание физики и химии.

Я лично считаю еще долгом отметить, что многие стремятся видеть в арифмологических разложениях XIII–го Аркана лишь некоторое перечисление **родов смерти**, подлежащих различной кармической оценке. Я предлагаю на ваш суд заголовки этих разложений, предоставляя вам самим решить, насколько полон или неполон перечень. Заголовки эти тонизированы значениями **второго** слагаемого в разложениях.

13=1+12; добровольная жертва жизнью идее.

13=2+11; насильственная смерть.

13=3+10; естественная смерть.

13=4+9; смерть адепта от разрыва пуповинной нити при экстериоризации.

13=5+8; смерть в силу требований закона (например, смертная казнь).

13=6+7; смерть в борьбе, доставляющей победу идее.

13=7+6; гибель в неравной борьбе.

13=8+5; смерть, как выражение пентаграмматической воли человека, то есть **самоубийство**.

13=9+4; преждевременная смерть от неподходящих условий жизни.

13=10+3; смерть в родах.

13=11+2; смерть от сознания трагичности двойственного положения.

13=12+1; переход адепта в другой план, как следствие законченности его задачи на земле. (Учитель идет поддерживать эгрегор в астральном плане). Французы бы сказали — «il se laisse mourir».

Этим перечнем я закончу изложение XIII-го Аркана.

50
ן
700
14
N
LATINE
נ
HEBREV
न
SANSCRIT
HIEROGLYPH
Archeométre
SAINT-YVES
SCORPIUS
תיפרת - נצה
INGENIUM SOLARE
DEDUCTIO
HARMONIA MIXTORUM
REVERSIBILITAS

ℷ Четырнадцатый Аркан

Знак алфавита, соответствующий XIV-му Аркану — ℷ (**Nun**), имеет числовым значением 50, а астрологическим соответствием — Знак **Скорпиона** (♏). Иероглиф Аркана — **плод**, то есть то, что **вынашивается женщиной тринадцатого Аркана.**

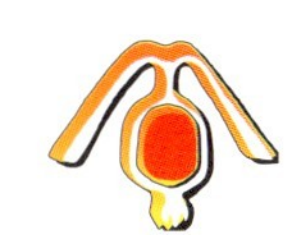

Представление о бессмертии Архетипа имеет плодом дар способности априорных суждений, которых бы не было, если бы мы вздумали признавать метафизические начала зыблемыми по существу. Плодом представления о **смерти и перевоплощении** является сознание необходимости герметической гармонии активных и пассивных элементов, фильтруемых человеческой Личностью. Плодом детального изучения энергетических преобразований являются теории, в которых на первом месте стоит вопрос об **обратимости** или **необратимости** процессов. Вот вам и три заголовка XIV-го Аркана: **Deductio**, **Harmonia Mixtorum**, **Reversibilitas**.*

Картинка XIV-го Аркана являет нам изображение Солнечного Гения в блистающей белизной одежде, увенчанного золотой повязкой, опоясанного золотым поясом, за который заткнут белый плат, и старательно, без потери единой капли, переливающего жидкость из золотого сосуда в серебряный.

Что говорит нам эта картина, озаглавленная на ученом языке «**Ingenium Solare**», а на вульгарном «**la Temperance**»? **

Это — Солнечный Гений; влияние Солнца синтетично; следовательно, плод, символизируемый этим Арканом, должен, в конце концов, вести нас к синтезу. Итак, дедукция, часто принимающая аналитический характер в начале изучения какого-либо объекта, имеет **конечной** целью его мощный синтез. Погоня за гармонией астрального состава Личности, довольствуясь в отдельных этапах между инкарнациями равновесием группы планетных влияний, избирает конечной целью Солнечный син-

---

*) **Deductio** (*лат.*) — Дедукция, **Harmonia Mixtorum** (*лат.*) — Гармония смеси, **Reversibilitas** (*лат.*) — Обратимость, возвращение.

) **Ingenium Solare (*лат.*) — Солнечный Гений, **La Temperance** (*лат.*) — Воздержанность.

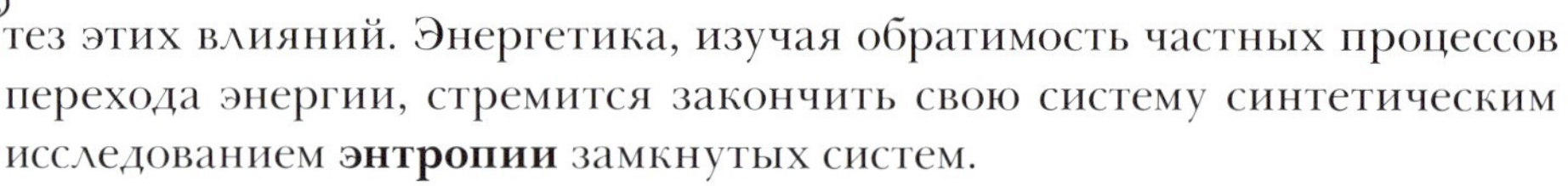

тез этих влияний. Энергетика, изучая обратимость частных процессов перехода энергии, стремится закончить свою систему синтетическим исследованием **энтропии** замкнутых систем.

Золотая повязка и золотой пояс фигуры вместе с белыми одеждой и платом суть простые атрибуты Солнечного Гения; им нечего давать особого объяснения. Непрерывная струя жидкости между золотым и серебряным сосудами намекает на подравнивание уровня жидкости в этих сосудах.

Цель дедукции — **подравнять a priori** обоснованность бытия всех объектов наших суждений, установить полную систему ассоциаций, исключающую всякое томление по поводу искания отдельных причинных связей.

Цель гармонизации астросома — **подравнять** все проявления нашей способности к восприятию и к порождению волевых импульсов, и тем создать полный внутренний мир в сердце андрогинной личности.

Цель современной постановки учения об энтропии есть общая планировка грядущей картины успокоения суммы энергий на ансамбле необратимых фаз.

После этого вступления я могу себе позволить перейти к арифмологическому анализу Аркана, представление о котором часто передается термином «**Умеренность**».

$$14=1+13.$$

Гермес Трисмегист (1), владеющий принципом бессмертия (13), конечно, дает картину мощной, всеобъемлющей дедукции.

Трехпланный человек (1), умело пользующийся своими инкарнациями (13), в конце концов дойдет до герметического равновесия.

Рассмотрение всех планов Природы, взятой как **Natura naturans** (1),+синтез физических учений о преобразовании энергии (13) есть формула правильного понимания учения об энтропии (14).

$$14=13+1.$$

Обратный порядок влияния Арканов не изменит картины окончательного синтеза слагаемых, а только изменит историю его возникновения. Вот почему в дальнейшем арифмологическом анализе столь синтетического Аркана мы будем ограничиваться одним порядком слагаемых.

$$14=2+12.$$

Божественная Субстанция (2) вкупе с представлением о Воплощении Слова (12) дают ключ веры в априорные суждения (14). Если

Тонкое может инкарнироваться в плотное, то почему же не оперировать ментально для предугадывания физических фактов.

Полярность в человеке (2) и законы милосердия к ближнему (12) таким же образом дадут ключ к герметической гармонии (14). Не забывайте, что основанная на полярностях, **Geburah** вместе с **Chesed** порождает **Tiphereth**.

Представление о «**Natura naturata**» (2), по существу чисто статическое, будучи сложено с представлением о динамическом **Зодиаке**, поставит определенным образом вопрос об энтропии (14).

14=3+11.

Natura Divina (3)+**Vis Divina** (11) определяют царство дедукции (14) в философском творчестве.

Возможность плодиться (3)+сила цепных эгрегоров (11) привьют гармонию (14) отдельным органам Протопласта.

Великий гностический принцип производительности (3) в Природе вкупе с тем, что мы называем «силами природы» (11) и что опять-таки приводится к цепному началу, вполне определяют общий характер угасания переходов энергии (14).

14=4+10.

Понимание форм (4) и знание Завета перехода Высших Инфлуксов (10) дают полный ключ к дедукции (14).

Интуиция авторитетов (4) и Посвящение в Каббалу (10) открывают путь к Герметической Гармонии (14).

Адаптация к условиям среды (4) и Колесо Вероятностей (10) обрабатывают полностью картину угасания энергетических переходов в Природе. Вспомните Дарвина и его теории и не забывайте, кроме того, что оккультист не признает неорганической жизни.

14=5+9.

Наука Добра и Зла (5)+Высший Протекторат (9) определяют непогрешимость дедукции (14).

Выработка Пентаграммы (5) и традиционное ее Посвящение (9) приведут личность к Герметической Гармонии (14).

Великая Естественная Религия Природы (5) в смысле того, что может дать созерцание ее вместе с идеальной осторожностью, то есть полным учетом теории вероятностей (9), таинственным образом должна привести к разгадке вопроса о ее конечном успокоении (14). Ведь **созерцание** надо понимать как полный учет наличных данных, носящих характер зародыша будущего успокоения, а теория вероятностей может пониматься как средний учет возможных историй этого успокоения.

14=6+8.

Закон аналогий (6) вместе с великим законом Либрации Мировых Весов (8) порождают дедукцию (14). Извиняюсь за результаты этого анализа перед теми академическими учеными, которые отказывают Закону Аналогий в значении дедуктивного инструмента.

Личная Свобода Воли (6) в сочетании с уважением к Закону (8) может выработать Герметическую Гармонию (14).

Состав Среды (6) и ее Карма (8) — вот ключ физики (14).

14=7+7.

Дедукция (14) представляется в виде борьбы (в каждом частном вопросе) двух идей, облеченных в соответственные им формы и доминирующих эти формы (7). Иначе сказать — всякий априорный **вывод** есть априорный **выбор**.

Герметическая Гармония (14) реализуется через противопоставление Победы (7) активности Победе (7) интуиции. Если вы восприняли нечто новое, то вынуждены расширить и круг своих хотений.

Обратимость (14) в физике может рассматриваться как взаимная принадлежность (7) двух фаз энергетических проявлений друг другу.

Как вы видите, медитация XIV–го Аркана действительно похожа на деятельность Солнечного Гения. Легко констатировать необходимость и плодотворность, но до крайности трудно провести ее механизм в деталях. Для этого надо быть подобным упомянутому гению богатством флюидов, которые здесь сведутся к наличности знаний метафизического, этического и физического характеров.

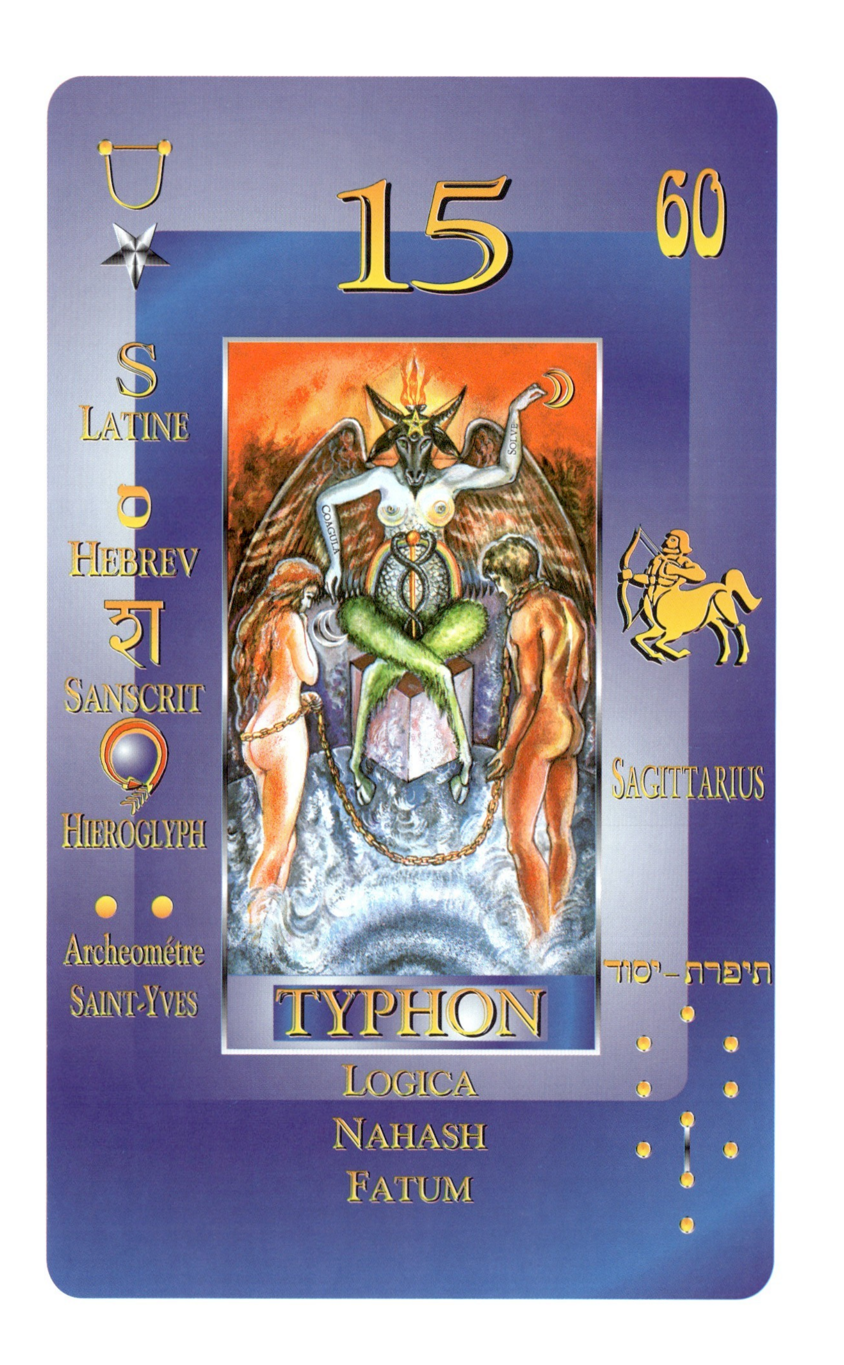
15
60
S
LATINE
ס
HEBREV
श
SANSCRIT
HIEROGLYPH
Archeométre
SAINT-YVES
SOLVE
COAGULA
TYPHON
LOGICA
NAHASH
FATUM
SAGITTARIUS
תיפרת - יסוד

ס Пятнадцатый Аркан

Знак алфавита, соответствующий XV–ому Аркану, — ס (**Samech**); числовое значение его=60; астрологическое соответствие — **Знак Стрельца ♐**.

Иероглиф Аркана — **стрела, летящая по окружности круга**; это не прямолинейно-разящая стрела VII–го Аркана — это оружие, с которым вы непременно встретитесь при переходе от внутренней точки круга к точкам плоскости, находящимся по ту сторону окружности, но встретиться с ним вы можете двояко — или так, что **оно вас** поражает фатальным образом, или так, что вы фатальным образом должны воспользоваться им против других. Это, так сказать, постоянный **Tourbillon**, вне которого нет жизни, нет движения ни в одном из планов.

Архетип говорит нам в этом Tourbillon о неизменной логике, управляющей метафизическими суждениями, восходящими до трансцендентной области Сефирот Второго Семейства (Трансцендентальная область не подчинена этому вихрю).

Отсюда первый заголовок Аркана **Logica**.

В **Человечестве** этот вихрь сказался мощными аттракциями, по неизменным законам проникающими в наш астральный мир, навязывающими нам определенные хотения, опирающиеся притом на наш же коллективный **Nephesh**, нами сработанный в процессе грехопадения. Этот вихрь, интенсивно нас увлекающий, то служит нам оружием воздействия на других, так сказать, на **казенный счет**, то незаметно делает нас рабами пентаграмм, сумевших стать в более высоких его областях и лучше обозревать район его действия. Оперирует он во всем Мировом Человечестве. На каждой планете в его высокие слои уместился Гений соответственного Человечества для работы в эволютивном смысле. В низших же частях того же вихря работает Змий Планетной инволюции, норовящий увлечь души в «**темный конус**». Для Земли это низшее проявление и вылилось в форму кругового вихря, о котором я говорил в XIII–м Аркане.

Общее название этого универсального фактора — **Nahash**; оно и послужит вторым заголовком XV–го Аркана. Это — библейский Змий, соблазнивший Еву.

И природа начинена вихрями, неизменно очерчивающими ее проявления, управляющими малейшим феноменом ее жизни. Совокупность

этих вихрей, сущность которых, строго говоря, ничем не отличается от сущности **Nahash**, в области **Природы** именуется **Fatum** (третий заголовок Аркана).

Как видите, все проявления XV–го Аркана инволютивны, то есть очерчены вихрями, идущими от верхних планов к нижним. Вот почему самому Аркану даны отрицательно-полярные наименования: ученое — **Typhon**, вульгарное — **le Diable**.*

См. стр. 500

Постараемся ознакомиться с картинкой Аркана. Верхняя часть ее занята традиционным **Бафометом** Тамплиеров, восседающим на кубе, утвержденном на глобусе. По обеим сторонам глобуса стоят: справа (зеркально) — мужчина, слева — женщина, совершенно обнаженные и связанные цепью, охватывающей **шею** мужчины и **бедра** женщины.

Итак, традиционный Бафомет глобусом своих **реализаций** (куб, стоящий на глобусе) разъединил полярности Человеческого Андрогината. Простая, но поразительно верная с эмпирической точки зрения картина падения Адама — Евы! Инволютивного характера созерцание (Ева) послужило началом падения; стремление к инволютивной реализации (Адам) довершило его; интуиция и активность оказались, в конце концов, разъединенными в жизни самим элементом ее материализации (глобус). Но разъединенные Адам и Ева связаны общей цепью рабства Бафомету. Это рабство легло ярмом на **шею** активности, стесняя ее порывы, мешая ее движениям (время, пространство). Оно же охватило благороднейшие части восприимчивости, те ее органы, которые позволяют ей вынашивать интуитивные восприятия и рожать стройные картины. Если Адам стеснен в свободе движений, то Ева стеснена в свободе воображения.

Но как им освободиться от этого рабства? Как им воссоединиться в первичный, мощный Андрогинат? Картина дает ясный ответ и на этот вопрос. Надо, утончив материю глобуса, проникнуть сквозь него навстречу друг другу, завладеть Бафометом, притянуть его к себе, влезть в него, смело проникая в его органическую жизнь, добраться до его рогов, дематериализовать их и самим устремиться вверх, сжигая свою личность в пламени восходящей унитарности, увенчивающем астрального божка. Вот путь Реинтеграции тех, кому тяжелы цепи нижней части картины и кому не страшно принять на самого себя образ крылатого андрогинного чудовища. Это путь тамплиерский, путь людей, берущих штурмом Небо, чтобы вырваться из тесной юдоли Земли.

Ясно видна необходимость изучения состава самого Бафомета.

---

*) **Logica** (*лат.*) — Логика. **Nahash** (*лат.*) — библейский Змий, соблазнивший Еву. **Fatum** (*лат.*) — Фатум, Судьба, Рок. **Typhon** — Тифон. **Le Diable** (*фр.*)— Дьявол.

Мы уже знаем, что желающий им овладеть должен утончить материю глобуса, поместившегося между его активностью и восприимчивостью, то есть должен осознать иллюзорности физического мира, научиться презирать препятствия, поставляемые им на пути к усовершенствованию.

Пусть этот глобус уже утончен, пусть он стал настолько прозрачным, что позволяет активности видеть интуицию и обратно. Что дальше? Дальше — Великий Куб Адаптации — умение применить себя к среде, в которой оперируешь, пока дело касается **несущественного, и среду к себе — чуть дело коснулось кардинальных вопросов**. Не забывайте никогда, что «куб адаптации» есть вместе с тем «**куб авторитета**».

Идем дальше. На кубе сидит сам Великий Андрогин, носитель Знаков Четырех Элементов, а следовательно, и владелец четырех «герметических добродетелей». Глобус **Земли** под ногами Андрогина; рыбная чешуя, символизирующая **воду**, покрывает его живот; крылья **воздуха** — за его спиной, а пламя «**огня**» восходит к небу из трехконечного факела, утвержденного на голове. Итак, дальше идет область герметических добродетелей, причем область **Огня** характерно подчинена Великому Метафизическому Тернеру.

Значит, мы нашли в Бафомете высшую (3) и низшую (4) области схемы Великого Аркана. Но особенно подчеркнута в фигуре средняя область (2) этой схемы. Правая рука Андрогина мужская; на ней фигурирует надпись «**Solve**» (разрешай, разрежай, растворяй). Она указывает на светлый серп молодой луны с правой стороны фигуры (чаще всего не зеркально). Левая рука Бафомета женская; на ней мы зрим надпись «**Coagula**» (сгущай); она указует на темный серп убывающей луны с левой стороны фигуры. Эта убывающая луна расположена внизу фигуры, а восходящая — против верхней ее части, так что мужская рука поднята, а женская опущена. Фигура снабжена грудями женщины; из паха ее поднимается вверх двойной герметический кадуцей, причем головы змеек упираются в шарик кадуцея **на высоте солнечного сплетения**.

Трудно сочетать большее число указаний на Аркан двойного астрального вихря и на область его применений.

См. стр. 500

Но ведь 15=60 ≡ 6. Пятнадцатый Аркан должен быть (как и средняя часть Великого Аркана) таинственно связан с пониманием проблемы **добра и зла**, с задачей двух путей. Если шарик против солнечного плексуса намекал на восхождение к **Древу Жизни** (Сефира **Tiphereth**), то в фигуре должны быть намеки на фатальное **Древо Познания Добра и Зла**. Взгляните внимательно на астрального божка. У него козлиная голова, рога которой, уши и борода великолепно вписываются в опрокинутую пентаграмму. Это — аспект Зла, который можно придать фигуре. Но обратите внимание на другие подробности. Тернер факела доминирует над бинером рогов. Это — нормальная пентаграмма эволютивного типа. Но многим ее труднее найти, нежели упомянутую инволютивную, а потому, для ясности, часто снабжают фигуру добавочной эволютивной пентаграммой, начерченной на козлином лбу.

А отчего у фигуры козлиные ноги? Да потому, что ноги эти опираются на глобус, а составителям Тарота важно было напомнить ученикам, что глобус этот нам нужен как точка опоры лишь потому, что мы **пали**, то есть поддались **козлиному** толкованию пентаграммы.

А почему **ноги скрещены**, то есть правое копыто приходится с левой стороны глобуса, а левое — с правой? Это простой намек на зеркальность передачи астральных видений языком физического зрения. Люди, не натренировавшиеся в быстрой передаче на язык физического зрения того, что они воспринимали в астрале шестым чувством, интерпретируют свои видения зеркально. Ясновидящие, сомнамбулы и т. п. при ясновидении на расстоянии всегда говорят про предметы, реально помещенные **справа**, что они их видят с **левой** стороны, и обратно. Экстериоризация пророка Иезекииля, давшая ему клише одного из герметических кватернеров, побудила его сформулировать этот кватернер в **зеркальном**, а не в **нормальном** отображении. То же можно сказать и про герметический кватернер Ап. Иоанна. Лишь очень часто упражняющиеся в созерцании астральных клише приобретают привычку интерпретировать их нормально по отношению к физическому плану.

Все сказанное характеризует фигуру Бафомета XV-го Аркана как интерпретацию полного состава астрального Tourbillon, с намеками на тонизирующий его сверху нормальный метафизический тернер (тройной факел наверху) и на характер передачи астральных клише вниз (скрещенные козлиные ноги).

Аркан назван мрачным именем **Typhon** лишь потому, что в нормальной таротической схеме трех мажорных септенеров Арканы расположены в порядке коагуляции. Значит, в этой схеме учтено скорее теневое влияние XV-го Аркана, нежели освещающее.

При интерпретации фигуры я позволил себе пользование тамплиерским термином «**Бафомет**»; это обязывает меня к разъяснению самого термина.

Слово **Baphomet**, прочитанное справа налево **Temohpab**, будет нотариконом следующей формулы: Templi omnium hominum pacis abbas, что в переводе с латинского значит: «настоятель храма мира всех людей».

Этим словом Тамплиеры называли индивидуализованный астральный Tourbillon, действительно, при умелом управлении им, могущий повести людей по пути умиротворения и самоусовершенствования. Не забудьте, что Тамплиерский Орден мечтал о водворении на земле

Царства Мира и Единения всех народов и к этому направлял ресурсы мощных вихрей своей Астральной Цепи.

Описание фигуры Бафомета сделано мною не по Тамплиерским ее изваяниям (которые были настолько хорошо уничтожены агентами инквизиции Климента V–го, что не сохранились даже в виде рисунков), а просто по приведенной **Кунратом** гравюре Великого Андрогина, совпадающего с Бафометом по символическому составу.

Чтобы законченнее отобразить астрального бога в вашем воображении, я считаю нелишним привести его характеристику из текста Изумрудной Скрижали. Эта характеристика дается прямым продолжением цитаты, приведенной мною в VI–м Аркане.

Pater ejus est Sol, mater ejus Luna;
portavit illud Ventus in ventre suo;
nutrix ejus Terra est.
Pater omnis Telesmi totius mundi est hic.
Vis (Virtus) ejus integra est, si versa fuerit in Terram.
Separabis terram ab igne, subtile a spisso,
suaviter, cum magno ingenio.
Ascendit a terra in coelum, iterumque descendit in terram,
et recipit vim superiorum et inferiorum.

Что в буквальном переводе будет:

«Отец его Солнце, мать — Луна; Ветер выносил его во чреве своем;
Земля его кормилица.
В нем источник всякой Целесообразности во всей вселенной.
Его сила исчерпана полностью, если она обращена в землю.
Ты отделишь землю от огня, тонкое от плотного,
плавно, с великим умением.
Он восходит от земли к небу и снова возвращается в землю,
заряжаясь силой высших и низших (начал)».

А комментируется следующим образом:

«Он (Бафомет) рождается, согласно Великому гностическому закону, от некоторого **активного** י и некоторого **пассивного** ה, строго соответствующего упомянутому י; вампиризирует он мировую Среду и опорной точкой берет наигустейшие коагуляты.

Волютивные сущности, порожденные какими бы то ни было индивидуумами Вселенной, целиком сотканы из него.

Реальнее всего он оперирует, когда покрыт оболочкой физических коагулятов.

Ты отдаешь себе строго отчет в том, какие элементы считать активными и какие — пассивными в каждой операции.

Он (Бафомет) определяется двойным вихрем, восходящая часть которого берет силу в опорной точке коагулятов, а нисходящая — в точке ее привеса к высшим метафизическим началам».

Вот материал для медитации XV–го Аркана.

С первого взгляда он кажется не вносящим новых элементов в запас данных, которыми вы обладали. Но вдумайтесь в комбинацию признаков Великого Пантея, и вы найдете разгадку многих реализационных тайн. Попробуем, проведя арифмологический анализ Аркана, ознакомить слушателей с общим характером важнейших его приложений.

$$15=1+14.$$

Божественная Эссенция (1), управляющая дедукцией (14), трехпланный человек (1), принявшийся за задачу гармонизации своего астросома (14), Активная Природа (1), ведущая к определенному числовому значению свою энтропию (14), дают нам прекрасную картину управления Арканом **Samech** (15) сверху, воздействием на благороднейшие органы его ганглиональной системы. Картина эта настолько полна, настолько увлекательна в своей универсальности, что соблазнила одних перспективой нахождения блаженства в одном ее созерцании (Школы созерцательного единения с Природой), других — перспективой самосовершенствования простым проникновением в ее вихри в качестве пассивного ее органа (часть индусских школ), третьих — перспективой улучшения социального и политического строя народов путем построения системы управления ими по той же схеме 1+14 (китайские, индийские и западноевропейские **синархисты**). Сделаем краткую оценку этих трех течений.

Если отдельно взятая человеческая особь настроит себя на пассивное созерцание этой мощной картины, то она незаметным образом, в силу самого факта пребывания в ее магнитном поле, намагнетизируется гармонично, настроится на мир с самой собой и на доминацию плотного тонким; иначе сказать подобное созерцательное настроение посвятит предающегося ему в VII Аркан без тех тягостных усилий над собой, которые обыкновенно сопровождают Победу Трех над Четырьмя в посвящающемся.

Но VII–м Арканом заканчивается лишь **Ученическая** серия масонской подготовки. Ведь недостаточно настроить на правильный тон отдельную клетку **Великого Протопласта**; надо еще обеспечить точное знание ею задач других клеточек того же организма для правильного и закономерного с ним общения. Эту вторую задачу пытаются разрешить те Школы, которые твердят своим адептам: «Пусть ваша медитация в области метафизики, ваши астральные упражнения и ваши поступки в физическом плане ежечасно, ежеминутно, ежесекундно отражают девиз — **я в мире со всем и со всеми; я желаю хотеть лишь того, чего себе хочет эволютивно-настроенный великий вихрь Человечества; я желаю выводить лишь то, что диктует метафизика Восходящего Треугольника; я желаю делать лишь то, что способствует ускорению проявлений, определяемых Кармой Природы. Одним словом, я ясно сознаю, что моя задача — быть зубчаткой, отчетливо и успешно передающей движение Мирового Механизма и не создающей трения в этом механизме за счет своих личных фантазий»**.

Это, так сказать, Школы Эволютивного Натурализма. Но кроме этого масонского ה, составляющего задачу Товарищества, есть еще Посвящение в Мастера, стремящееся создать ו, порожденное правильно-намагниченным Отцом и питаемое правильно-натурализованной Матерью. Осуществление этого ו в области мировой политики составляет заветную мечту так называемых **Синархистов**. Им снятся Соединенные Штаты всех культурных народностей, регулированные во внутреннем управлении Тремя Великими Палатами — Духовной, Юридической и Экономической. Духовная Палата будет, так сказать, порождать логику коллективной дедукции и научных стремлений. В ней найдут место представители культов, философских течений и правоверного масонства. Юридическая Палата, управляя **Nahash**'ем народных и личных стремлений, будет вырабатывать юридические нормы, гармонизирующие эти стремления, обеспечивающие прочный мир на планете и предупреждающие всякое правонарушение. Экономическая Палата будет регулировать фортуну отдельных особей и народностей так, чтобы поддерживать благосостояние Человечества на уровне наилучшего из возможных выражений **Fatum**'а данной эпохи. Способом оперирования этой Палаты будет исчерпывающее понимание принципа **обратимости** ценностей.

Вы возразите на это: «В логике часто остается выбор первой посылки; в задаче согласования желаний так же часто возможен выбор той или другой комбинации юридических основ; применение теории вероятностей к вопросу обращения ценностей часто допускает выбор между несколькими равно выгодными комбинациями».

Синархисты отвечают на это: «Да, всякому организму нужна волевая монада для выбора решения в случаях колебания, а потому во главе Духовной Палаты будет стоять Патриарх, во главе Юридической — Монарх, во главе Экономической — Генерал-Эконом».

Дальнейшее развитие Синархической системы, метода комплектования Палат, назначение Иерархов и т. п. не могут нас интересовать в этой статье. Это слишком частные и слишком технические вопросы. Я говорил о Синархии только для того, чтобы дать общую картину влияния созерцательной и натуралистической Школы на строение умов, интересующихся политикой. Желающих детально ознакомиться с этими вопросами отсылаю к сочинениям St. Yves d'Alveydre.

15=14+1.

Готовая дедукция (14) учений эпохи подавляет в человеке интуицию Божественной Эссенции (1). Это формула печальной картины модного атеизма XVIII–го столетия на почве псевдонаучных изысканий. Не буду много говорить об этом течении. Оно насчитывает много представителей и в нашу эпоху, но, к счастью, перестало поддерживаться большей частью передовых мыслителей.

Готовая, шаблонно-выработанная лже-гармония желаний quasi-общества (14) ограничивает и подавляет разумные, высокие и практичные стремления отдельной особи (1), добровольно соглашающейся на рабство морали эпохи.

Это тоже невеселая картина, тормозящая проявления свежих импульсов в Человечестве и порождающая (в особенности в современную нам эпоху) безотрадные течения в литературе. Этой формуле мы обязаны порнографическими и антиэстетическими произведениями подчас талантливых, но всегда слабовольных людей, наводняющими наш книжный рынок.

Общий ход процессов преобразования энергии в природе (14) принимается мерилом наличности ее творческих ресурсов (1). Это — формула сухого детерминизма в области феноменов физического плана, при небольшом расширении ведущая людей к законченному Фатализму. Последний, быть может, дал многим возможность прожить лишний десяток лет за счет экономии флюидов, созидаемой беспечностью и отсутствием энергичных волевых проявлений; но ведь история ясно показывает, что этот же фатализм лишил индивидуальной жизни целый ряд народностей, не говоря уже о загубленных талантах отдельных особей.

15=2+13.

Знать тайну Божественной Субстанции (2), принять ее за основную, служебным образом присоединив к ней тайну Бессмертия (13) метафизических принципов, значит овладеть в полной мере логикой мира **Aziluth** (15).

Знать тайну человеческой восприимчивости (2) и тайну перевоплощения душ (13) значит владеть могучим Змием **Nahash** в области применения его к воздействию на людей (15).

Владеть синтезом Арканов уже сформированной природы (2), то есть полным запасом наличия феноменов в определенную эпоху, и присоединить к этому знанию способность полного же учета возможных преобразований энергии (13) означало бы полное ознакомление с механизмом работы **Фатума** в Природе.

15=13+2.

Искать перманентные метафизические начала (13) и добраться до чутья Субстанции (2) есть опять-таки схема владения логикой Второго Семейства.

Путем инкарнаций (13) дойти до тонкого чутья (2), характеризующего инкарнировавшиеся много раз астросомы, значит посвятиться в **Nahash** (15), в смысле понимания деталей его функциональных отправлений.

Искать загадки понимания природы путем изучения энергетических преобразований (13) и убедиться в необходимости сосредоточиться на уже реализованных коагулятах (2), как опорных точках этих преобразований, опять-таки значит познать **Fatum** в Природе (15).

15=3+12

или 15=12+3.

Понять великие слова Изумрудной Скрижали, гласящие, что Бафомет (15) идет от метафизически-производительного неба (3) к зодиакально-реализованной земле (12), от познания гностического закона произвождения (3) к пониманию принципа жертвы (12), от Божественной Природы (3) к тайне Воплощения Слова, не забывать притом, что тот же мощный вихрь идет и обратным путем от Земли к Небу, значит познать определенную грань XV–го Аркана. Ведь если завет дан Аврааму Богом, то, с другой стороны, он был магнетически притянут добросовестностью метафизических изысканий самого Авраама; если законы размножения физических тел человеческих особей и необходимость этого размножения для инкарнации душ побуждает нас к милосердию, то и обратно — практика милосердия даст толчок к пониманию принципа братства душ; если плодотворные эманации **Венеры-Урании** частным образом коагулировались в физическом плане в грубые факты феноменов Зодиакального цикла, то и обратно, простое изучение видимого годового движения Солнца наводило народы на великий принцип Иерархического Закона и на унитарное строение всех формул нормального произвождения.

15=4+11

или 15=11+4.

Форма (4) и непреодолимая сила (11) Метафизического Треугольника, сочетаясь перманентным союзом, определяют состав нашей логики (15); авторитет (4), соединяясь таким же образом с ресурсами цепи (11), охватывает все импульсы, которые мы можем породить в области целесообразностей (15); приспособление к среде (4), сочетаясь с таинственными началами, именуемыми Силами Природы (11), вполне очерчивает фактические проявления Фатума (15).

$$15=5+10$$

или $15=10+5$.

Наука добра и зла (5) и знание Завета (10) не дадут ли полную картину **Абсолютной Логики** (15)? Выработка пентаграммы (5) и знание Каббалы (10) не доставят ли в сумме тайну великого Бафомета (15)? Религия (5), как память прошлого Природы, и беспощадная Мировая Мельница (10) в настоящем не сложатся ли в пресловутый **Fatum** (15) мира феноменов? Остановимся на этом разложении, занявшись специально вторым и третьим его толкованием.

Мы уже говорили в V–м Аркане о том, как формируется Пентаграмма, а в X–м — о том, как понимается мир при помощи каббалистических основ. Остается сказать несколько слов о том плюсе, которым в ныне рассматриваемом Аркане соединены эти элементы.

Плюс этот как бы нейтрализует оба слагаемых, объединяя их в некоторую шкалу восходящего и нисходящего вихрей Аркана **Samech**. Значит, он должен владеть особого рода андрогинатом, который я позволю себе назвать «пентаграмматически-космическим» или «космически-пентаграмматическим». Тайна этого полюса заключается в том, что Каббала (10) должна быть отчасти порождена Пентаграммой (5); но, в свою очередь, Пентаграмма (5) должна быть сформирована не как попало, а каббалистически. Тамплиерская Магия, берущая исходной точкой общечеловеческую логику, утилизирующая для операций позывы Змия **Nahash** и ищущая опорной точки в благоприятных комбинациях, порожденных **Фатумом**, то есть просто задумывающая планомерно, играющая на страстях и хватающая врасплох, невозможна до тех пор, пока не имеется налицо Пентаграммы, напитанной Каббалой, и Каббалы, носящей в себе следы применения волевых импульсов той же Пентаграммы. Здесь, так сказать, необходимо, чтобы у «Сына Человеческого» была «Суббота» и чтобы вместе с тем «Сын Человеческий был господином и Субботы».

Если вы в распоряжение отдельной человеческой особи или целой цепи таких особей предоставите все манускрипты по метафизике древних и новых школ, все пантакли, все гримуары, но притом эта особь или цепь воздержится от внесения **своего** понимания, **своей** формальной переработки, **своего** сметливого применения этого материала, то он останется мертвым, и никаких магических операций этой особью или цепью реализовано не будет. Можно почерпнуть запас органической энергии из фунта говядины, но для этого недостаточно положить его возле себя или даже вцепиться в него пальцами: надо уметь ассимилировать в себе его ресурсы, надо его переварить, и во многих случаях прежде, чем его скушать, полезно его определенным образом препарировать и приправить. Эту азбучную истину часто игнорируют те, которым мы даем название «профанов». **Результаты даются лишь знанием и трудом, а не узурпацией готовых материалов.**

Если вы желаете вызвать в какой-нибудь системе состояние равновесия, пользуясь мантрамом אמש (**Emesh**), то вы должны **пережить** стадию метафизической Либрации, стадию герметического равновесия и стадию кармических реакций. Если вы все это пережили неполно или односторонне, то и эффекты вашей операции будут неполны или однобоки. Если вы для динамического проявления своей воли избрали Великое Имя יהוה, то эффект этого проявления ясно обнаружит, насколько вы в фазах личной жизни проводили Великий принцип гностической формулы. Допустим, что вы плагиатор в жизни; тогда ваш мантрам может дать эффект не вами задуманный, а навеянный другими пентаграмматическими элементами среды, вас окружающей. Допустим, что вы небрежно воспринимаете и плохо вынашиваете заимствованные идеи; тогда картина проявления будет неполна или незакончена. Допустим, что в вас слаб элемент ו, то есть умение проводить на практике то, что вами воспринято в теории; тогда ваш вихрь будет **оформлен**, но **бессилен**. Допустим, что в вас слабо **второе** ה, то есть способность обрисовать, объединить вами уже реализованное для дальнейшего пользования им как готовым инструментом; тогда операция может привести к очень эффектным результатам, но не ляжет в основу никакой серьезной реализации; это будет фейерверк порыва воли; фейерверк, скоро гаснущий и не оставляющий следов.

Не пытайтесь экстериоризоваться в астрал, не пережив сознания личности независимо от ее физической оболочки. Ведь процесс должен быть **вашей** экстериоризацией, а не экстериоризацией **вообще**.

Не пытайтесь энвольтировать, если вы бессильны ясно представить себе **свое** влияние, а только представляете себе общую возможность повлиять.

Не пытайтесь построить теургическую операцию, если вы только видели готовые шаблоны чужих молитв, повторяли их устами и никогда не молились **своим** сердцем, не конденсировали его специфических тональностей, так сказать, не слышали тембра рева **своего** Герметического Льва.

Не перечерчивайте чужих пантаклей, если вы не чувствуете в них собственного миросозерцания, если их каббалистические знаки не кажутся вам органами **собственного** астрального тела, если их пределы не ощущаются вами как загородки, построенные из ваших собственных активных флюидов.

Повторяю вам — **лучше плохая собственная каббала, чем абсолютно хорошая чужая,** не пережитая, не проштудированная вами; лучше бессмысленная фраза, по недоразумению анализированная вами как мантрам, нежели ученейшее сочетание каббалистических элементов, вами не понятых, не продуманных.

Вот мудрость разложения XV–го Аркана на 5 и 10.

15=6+9

или 15=9+6.

Закон аналогий (6) и Высший Протекторат (9) в выборе исходных точек применения этого закона обеспечивают чистоту абсолютной логики (15).

Свобода воли (6) и традиционное Посвящение (9) обусловят владение своими страстями и эксплуатацию чужих (15).

Знание среды (6) и осторожность (9) обеспечат выбор момента, благоприятного с точки зрения учета Фатума (15).

Простые, но глубокие истины, почти не нуждающиеся в комментариях!

15=7+8

или 15=8+7.

Победа (7) идеи над формой и знание закона Либрации мировых весов (8) обеспечивают логичность мышления (15).

Победа (7) над собой и знание условных законов (8) позволят эксплуатировать чужие страсти (15).

Сознание права собственности (7) и закона возмездия (8) равносильно пониманию роли Фатума (15).

Вот теоретическая часть разбора Аркана. Мне остается сказать несколько слов о практических его приложениях.

Практические применения XV–го Аркана придется разделить на **пассивные и активные.**

Пассивные состояния, реализуемые благодаря пониманию XV–го Аркана, сводятся к настраиванию вихрей, естественно управляющих функциями ганглиональной системы нашего астросома, в унисон с вибрациями вихрей более значительной амплитуды. Представьте себе астральный план живущим, то есть рассматривайте все трансформации, в нем происходящие, как отправления единого обширного однопланного организма. Этот организм и будет Бафомет Тамплиерского Учения, или Астросом Макрокосма+совокупность астросомов пентаграмматических сущностей эволютивного, инволютивного и нейтрального типов, не вошедших в состав **Malchuth**. С другой стороны, отчетливо представьте

себе собственный астросом как астральный Микрокосм, управляемый вашей ментальностью и владеющий Арканом Адаптации. От вас зависит настроить его на тот или другой тон. Объем регистра этого инструмента бесконечен в эволютивную сторону; но, разумеется, для того, чтобы его настроить резонатором очень высокого тона, нужна продолжительная тренировка на утончение (часто простирающаяся на много инкарнаций). На низкие тона инструмент настраивается легче, но в эту сторону регистр не может продолжаться бесконечно; пределом его с этой стороны служат тона, определяющие maximum возможной конденсации флюидов.

Войти в астральное общение с одним из органов Бафомета значит настроить свой астральный резонатор, или, лучше сказать, свою систему астральных резонаторов, в тональности этого органа. Орган может быть весьма благородным (ну хотя бы Эгрегор Реинтегрировавшихся Братьев Креста+Розы в его тонко-астральном составе), или среднего типа (ну хотя бы синтез клише определенного течения в искусстве), или низшего типа (например, синтез ложных клише эгрегора какой-либо цепи так называемых сатанистов). Конечно, настраивание системы резонаторов на определенные тона является чаще всего результатом продолжительной кропотливой работы в областях тех частных задач, на которые распадается задуманная общая задача. Раз общая задача выполнена, наш астросом является элементом, усиливающим концерт вибраций соответственного органа Бафомета. В этом случае говорят, что наш астросом **присоединился к определенному эгрегору.** Если хотите, можно сказать обратно, что эгрегор астрально вампиризирует наш астросом.

Но какими обладаем мы способами выполнения только что охарактеризованной работы в частностях и в общем? Строго говоря, лишь одними, именуемым **моноидеизмом**. Если определенная идея считается нами важнее другой определенной идеи (ставится, так сказать, **впереди** этой другой идеи), то образование форм, соответствующих первой идее, является легчайшим по сравнению с образование форм, соответствующим второй. Если какая-нибудь идея поставлена на **первое место** в области деятельности нашего mens, то порождение форм, относящихся к идее, явится **наилегчайшим** в силу только что нами поставленного тезиса. Скажу больше: те из вас, которые дойдут до Тамплиерского Посвящения, своевременно узнают, **в какой мере** мы всемогущи в порождении этих привилегированных форм.

Кстати сказать (хотя это, быть может, относится более к XXI–му Аркану, чем к XV–му), если вы точно таким же образом занумеровали не идеи, а **формы**, то все сказанное ранее о формах могло бы быть применено и к **реализациям** физического плана, опять-таки с некоторым

ограничением могущества. Ключ к этому ограничению дается определенными тезисами **масонского** Посвящения.

Но речь шла не о реализациях, а о порождении форм и, вдобавок, не **вне** себя, а внутри астральной части собственного Микрокосма.

Метода применения моноидеизма и сводится к постановке определенной цели (или определенных целей) на **первое** место вплоть до момента их достижения в том или другом плане. Вот **эссенция** моноидеизма. О **субстанции** его мы знаем лишь то, что в первом Аркане высказано о формации коллективных единиц. Астрал **моноформы** определенной моноидеи **приспособления** должен быть вылеплен из клеточек нашего же астросома (клеточками я называю здесь в переносном смысле элементарные вихри), с присоединением ресурсов внешних астральных организмов, которые нам удалось вампиризировать; а в частных случаях, быть может, и без такого присоединения. О **натуре** моноидеизма можно сказать, что она подобна натуре Бафомета (см. цитату из Изумрудной Скрижали). Значит, вихрь моноформы спускается от моноидеи к ее физической опорной точке и, оттолкнувшись от последней, восходит обратно к идее, поддерживая ее и управляясь ею. Теперь нам становится понятным план дыхательных упражнений, сопряженных с ментальной и формальной формулировками желания приобрести те или другие способности и настроения (Аркан V–й); так же просто объясняется прием порождения **idees-forces** (там же).

Сефиротическое развитие схемы самовнушения (там же) есть только прием более детального проведения моноидеи через подпланы ее бытия. Спешу заметить, что аналогия натуры моноформы с натурой Бафомета влечет за собой принадлежность этой натуре стремления восполнять пробелы строения моноформы. Благодаря этому мы имеем возможность реализовать самовнушение, не вполне отчетливо построенное; лучше — нам нет надобности не отрываться никогда от моноидеи; конечно, осторожность требует частого к ней возвращения для поддержки ее жизненности, если оператор магически малоопытен (тут играет роль VIII–ой Аркан и некоторые другие обстоятельства), но, повторяю, моноформа живет и развивается сама по себе; вы можете почти не верить, что самовнушение удастся, а оно все же произойдет, если вы не порождаете сознательно **контрформ**.

Все сказанное мною здесь о пассивных фазах применения XV–го Аркана весьма важно при элементарных упражнениях в пассивной форме телепатии и психометрической деятельности. Оно еще важнее в те минуты, когда мы добровольно даем себя магнетизировать определенному оператору с лечебными или иными целями.

Пассивная форма телепатии сводится к восприятию световых (фигуры), звуковых (фразы), обонятельных (запахи), вкусовых, осязательных

ощущений, душевных настроений (печаль, радость, удивление, страх и т. д.), желанию совершить определенное движение или принять определенное решение процессом астрального общения с оператором, находящимся на значительном расстоянии от пациента. Наиблагороднейшая и наиценнейшая форма телепатических восприятий будет искание образовательных данных в общении с оператором, а также попытки излечиться от нравственного или физического недуга его влиянием на расстоянии (transmission d'idees, transfert de forse psychique et de forse nerveuse). Конечно, в этом процессе «беспроволочного телеграфирования» вся задача в том, чтобы астросом пациента оказался правильно настроенным приемником вибрации активного аппарата, то есть астросома оператора. Задача решается обыкновенно моноидеизмом общения с последним в условное время, причем иногда моноидею подкрепляют моноформой (представляют себе трубку, соединяющую оператора с пациентом, или проволоку, идущую от одного к другому, или, наконец, личность оператора, как посещающую пациента). Моноидеистическое сосредоточение на получение телепатического клише многие заменяют простой фазой пассивного сосредоточения, предоставляя, так сказать, оператору труд настроить влиянием астральный аппарат пациента. Конечно, пациенту тем легче воспринять телепатическое внушение, чем чаще он бывал в астральном общении (какой бы то ни было формы) с оператором. Если обычная форма общения пассивная (ученичество, подчиненность и т. п.), то передача удается тем легче.

Психометрические упражнения, как вам известно, сводятся к общению с астросомом определенного предмета с целью вылавливания из ауры последнего клише астральных влияний, им испытанных. Результаты психометрической попытки обусловливаются, следовательно, наличием в экспериментаторе резонаторов вибраций этих отдельных клише. Вот почему в среднем психометрия более удается людям с разбросанными интересами, нежели активным субъектам, работающим над определенными задачами.

Самая важная форма астральной податливости определенного астросома внешним влияниям — это совокупность эмпирически известных фаз, связанных с вопросом о подверженности воли одной человеческой особи воле другой. Опыты Charcot, весьма добросовестные, но очень поверхностные, привели его к признанию трех фаз:

1) **Летаргия**, внешние признаки которой: гибкость членов физического тела пациента, отсутствие управления этими членами с его стороны и ровное, глубокое дыхание; словом, полное подобие глубокого сна.

2) **Каталепсия**, внешние признаки которой сводятся в крайнему напряжению мускулов, отсутствию гибкости конечностей, туловища,

шеи, способности всех частей тела сохранять искусственно приданное им положение, устремленности взгляда в одну точку, которую вы можете назначить по желанию, неспособности слышать даже очень громкий разговор; словом, к картине полной **замкнутости** и отчужденности пациента от внешнего физического мира.

3) **Сомнамбулизм с ясновидением**. Внешние признаки: пациент отвечает на вопросы, говорит о себе, но не сознает, где находится; часто даже сам по себе сознает себя в другом месте, видит, что там совершается; часто перемещает сознание в другое место по заказу оператора; вообще говоря, поддается внушению оператора, выполняя приказания его не только в пределах сомнамбулического состояния, но и в позднейшие, наперед указанные моменты; в последнем случае при выполнении приказаний пациент делается на время как бы бессознательным, выполняя заказанное **чисто импульсивно** и даже теряя на время чувствительность и критерий реальности ощущений; он не только проделает то, что ему приказали, но даже увидит все, что ему прикажут увидеть, услышит непроизнесенные на самом деле слова и т. д.; он по заказу будет считать себя другим лицом и поступать сообразно с переменою личности. Следует, впрочем, заметить, что в случаях. крайне несообразных с обстановкой, или преступных внушений, вообще говоря, наблюдается борьба пентаграммы пациента с внушением, могущая окончиться его невыполнением. Поступки, совершенные под влиянием внушения, как и пережитые ощущения, забываются или не забываются пациентом сообразно желанию оператора.

Как я уже сказал, исследования Charcot неполны. Полковник de Rochas клиническими опытами увеличил число исследованных фаз пассивности до тринадцати. Мы считаем долгом дать краткую характеристику фаз de Rochas.

1) **Состояние доверчивости** пациента по отношению к оператору. Последний может обыкновенным разговором убедить его в том, в чем не убедил бы никто другой. В этом состоянии обычно пребывают ученики у хорошего учителя.

2) **Летаргия** так, как она охарактеризована у Charcot.

3) **Каталепсия**, о которой я говорил, причем de Rochas обращает особенное внимание наблюдателей на склонность пациента к автоматическому подражанию движениям оператора.

4) **Летаргия**, похожая на летаргию № 2, но менее глубокая в смысле сонного состояния.

5) **Сомнамбулизм** Шарко с его характерными признаками.

6) **Летаргия** еще более слабая, чем № 4, поразительно похожая на обыкновенный здоровый сон.

7) Так называемый **etat de rapport**, характеризуемый как типичная настроенность астросома пациента по астросому оператора. Это состояние распадается на две фазы; в первой пациент воспринимает ощущения, исходящие из источников, отличных от персоны оператора, но характеризует их как неприятные. Дотрагиваясь до другого лица, он уверяет, что это лицо **не так устроено**, как он, и потому ему противно. Во второй фазе пациент абсолютно неспособен воспринимать что-либо не связанное с проявлением энергии оператора. Он не слышит звука фортепиано, на котором играет другой; но чуть оператор приложит свою руку к ушной раковине пациента, как звуки становятся ему слышны. Вообще говоря, пациент нуждается в помощи взгляда оператора даже для восприятия зрительных ощущений от предметов, находящихся в комнате. Кожные раздражения, причиненные предметами, находящимися в контакте с оператором, собственно говоря, **приятны** пациенту. Такие же ощущения из чужих источников **совсем не воспринимаются**, если только не причиняют очень сильной боли.

Обеим фазам **etat de rapport** также присуще довольство собственным состоянием и нежелание выйти из его фазы.

В этом состоянии многие пациенты оценивают интенсивность флюидов магнетизера-оператора и их поляризацию, различая цвета положительных и отрицательных флюидов.

8) **Летаргия** неглубокая, с ослабленным пульсом и ослабленной сократимостью мускульной системы.

9) **Etat de sympathie au contact**. Пациент по-прежнему чувствует себя в сношениях только с оператором и лицами, до которых последний дотрагивается, но стоит одному из этих лиц испытать боль или неудобство, как пациент начинает воспринимать то же ощущение, не оценивая, впрочем, его причинной связи с функциями организма.

10) **Летаргия** (опять неглубокая).

11) **Etat de lucidite**. Помимо прежних способностей, субъект получает дар ясновидения строения внутренних органов лиц, с которыми он поставлен в общение оператором, и ставит сенситивный диагноз болезней и аномалий этих органов, приняв исходной точкой сравнение их с собственными. Кроме того, в этой фазе пациент обнаруживает психометрические способности, безошибочно определяя, кто из поставленных в контакт с ним лиц дотронулся до психометрируемого предмета.

12) **Летаргия**.

13) **Etat de sympathie a distance**. Те же явления, что и в **etat de lucidite**, но без необходимости прикосновения оператора к пациенту.

Способность к **восприятию внушений** обнаруживается в фазе № 1; растет, достигая maximum'а в фазе № 3; потом медленно убывает, совершенно исчезая в фазе № 7.

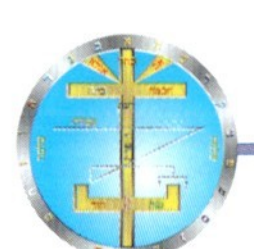

Вот что дает клиническое изучение процесса настраивания астросома пациента по астросому оператора.

Небезынтересно заметить, что это настраивание (которое, как мы дальше узнаем, в большинстве случаев есть продукт усилий воли оператора) ослабляет связь астросома пациента с его физическим телом, с одной стороны, и с его ментальностью — с другой. Первое явствует из прогрессивной потери памяти обычных условий жизни, обнаруживающейся уже в **etat de sympathie au contact** и сильно затрудненной в **etat de rapport**. Теряется, так сказать, опорная точка данной инкарнации — пациент забывает даже свое имя и профессию. Второе обнаруживается ограничением деятельности mens областью контактов. Ослабление связи mens с астросомом не так значительно, как ослабление астросома с физическим телом, ибо **логика** продолжает функционировать в пациенте после того, как исчезли все ресурсы жизненного эмпиризма. Больному трудно сложить 2 и 3, но он разумно сопоставляет свои органы с органами поставленных с ним в контакт лиц.

От краткой характеристики пассивной ассимиляции астральной части Микрокосма определенному органу Бафомета я перейду к процессу **активного** применения тайн XV–го Аркана.

Микрокосм имеет возможность увеличивать амплитуду собственных вибраций, делая их, так сказать, более **настойчивыми**; мало того, он может этой настойчивостью настраивать на тоны своего регистра другие астросомы, близко подходящие к нему по настройке, не говоря уже о втягивании в **цепь** своего влияния астросомов, настроенных одинаково с ним, но при меньшей амплитуде вибраций. Чем обширнее регистр оперирующего астросома, тем на большее число органов Бафомета простирается его потенциальный вампиризм, вследствие свойства этих органов приспосабливаться к близко подходящему чужому регистру тонов. С другой стороны, чем больше амплитуда собственных вибраций в астросоме оператора, тем **дальше** передается влияние его вибраций (слово «дальше» следует понимать как фигуративную аналогию). Значит, опять происходит выигрыш в количестве введенных в цепь организмов. В том и в другом случае астросом оказывается способным увеличить свой запас энергии, а следовательно, и реализационных ресурсов. Здесь вполне оправдывается «Притча о талантах». Итак, если в работе, условно названной нами пассивной, мы **присоединились** к эгрегорам, то здесь мы эти эгрегоры как бы **порождаем**. Разберем **активную** часть применения XV–го Аркана в операциях, о которых мы ранее упоминали.

В **телепатическом внушении** активная сторона усиливает свои вибрации в частной области (ну хоть ярче представляет себе картину, настроение и т. п.); помимо этого, она выхватывает из астрала сущности подходящих

типов, перемагничивает их себе в унисон, лепит из них цепь, управляемую эгрегорической моноформой поручения, и, опять-таки за счет амплитуды собственных вибраций и количества энергии в цепи, настраивает готовый к услугам астросом пациента надлежащим образом, дабы потом разыграть на нем свою мелодию. Бафомет при этом опять идет сверху вниз и обратно, снизу вверх (вам уже известна сефиротическая схема двойного диабатического процесса внушения). Опорными точками операции могут служить реализованные изображения посылаемых геометрических образов, созерцаемые оператором; жесты, соответствующие передаваемым им настроениям; созерцание фотографии пациента и т. п.

При психометрических опытах важно настроить самого себя на возможно большую амплитуду резонанса на те клише, которые могут случайно встретиться в ауре психометрируемого предмета. В силу самой случайности этих клише надо попросту сделать себя возможно сенситивным к каким бы то ни было восприятиям; если можно так выразиться — надо снабдить свой телефонный аппарат хорошим микрофоном. Это-то и есть цель активной концентрации, предшествующей психометрическому общению с предметами.

В операциях **активного** применения так называемого **магнетизма** (одических сил, одических излучений) задача сводится не только к общему желанию удачи операции, но и к наидетальнейшему из возможных проведению схемы нисхождения и восхождения астрального вихря так, чтобы использование натуры Бафомета в области восполнения ею пробелов непрерывного строения tourbillions не оказалось чересчур самонадеянным и рискованно-смелым. Можно надеяться на внутренние ресурсы всякого организма, но нельзя приписывать организму свойства передавать слабые толчки далее известных пределов. Чем мощнее и тренированнее астросом оператора, тем меньше деталей ему приходится обрисовывать в схемах внушения. Из сказанного вытекает, что полезно детальное изучение всех элементов сефиротического строения так называемой «волютивной сущности» внушения, а кроме того — детальное же изучение астральных функций, управляющих эманациями самого оператора, ментальную часть которого мы предполагаем подчиненной общим законам дедуктивной логики.

Мы начнем изложение с изучения астросома оператора.

В V–м Аркане была указана пентаграмматическая схема распределения флюидов в человеке, а в X–м — эта схема была развита в десятичную сефиротическую. Прилагаемая схема **обратной стороны Великого Пантакля Соломона** (с его лицевой стороной вы ознакомились в VI–ом Аркане) дает полную картину этого распределения (черт. 6).

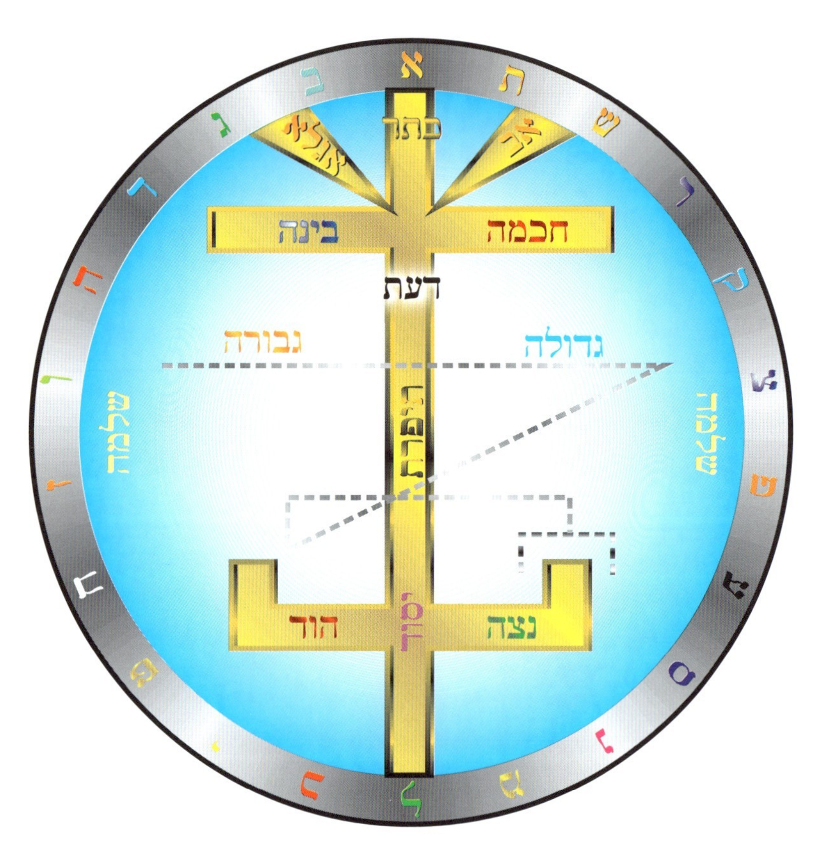

Черт. 6.

Сефира **Kether** соответствует определенной области лба над переносицей (флюиды типа n, то есть нейтрального); Сефира **Chocmah** — правому глазу (тонкие эманации знака +); **Binah** — левому глазу (тонкие эманации знака –); **Chesed** или **Gedulah** — более конденсированным флюидам мужской правой руки (знака +); **Pechad** или **Geburah** — таким же флюидам левой руки (знака –); **Tiphereth** — нейтрализованным флюидам солнечного сплетения (типа n); **Netzah** — запасам отрицательных флюидов правой ноги (–); я говорю «запасам», ибо мы редко эманируем **сознательно** из ног, а чаще **задерживаем** в них эманации для перевода запаса в другие центры через андрогинные узлы средней части сефиротической схемы; вот почему на прилагаемом чертеже концы нижней перекладины креста загнуты кверху, а не оставлены свободными, как концы верхней перекладины, соответствующие глазным центрам эманаций; **Hod** соответствует запасам положительных флюидов левой ноги мужского астросома (+); **Jesod** — эманациям половых органов, вообще говоря, андрогинным (n) в теории, но на практике всегда являющим преобладание плюса или минуса. Сефира **Malchuth** на пантакле не представлена надписью, ибо вторгается в область физических опорных точек, группирующихся в целый мирок, в общем очень пассивный (косность материи) по отношению к остальным Сефирам, но во внутреннем своем строении андрогинно-законченный и даже способный к продуктивности вверх. Мирок этот помещен в полости, окружающей пантакль, и изображен, как и надлежит плану грехопадения, азбукой двадцати двух Арканов падшего человечества.

Заканчивая описание пантакля, отмечаю следующие его особенности: 1) для надписей «**Gedulah**» и «**Geburah**» на кресте нет особых перекладин (крайняя подвижность рук при магнетических терапиях, как контраст с малой подвижностью остальных физических опорных точек одических центров эманаций); 2) по обеим сторонам **Kether**'а в крест врезываются клиньями секторы с надписями «**Ab**» (справа) и «**Agla**» (слева); это значит, что **Kether**, поляризуясь по линии **Chocmah** — **Binah**, освещен двумя формальными интуитивными восприятиями — представлением об унитарном Высоком происхождении Человечества и представлением о характере основной дифференциации лишь на типы **Aleph**, **Ghimel** и **Lamed**, имеющих общую задачу воссоединения; эти секторы играют роль талисманов, долженствующих охранить **Chocmah** и **Binah** от инволютивных по существу операций; 3) несколько ниже верхней перекладины креста вы читаете второе предупредительное напоминание — слово «**Daath**» — общее название организма падших средних Сефирот — как намек на осторожность в переходе от влияния тонкими эманациями верхних Сефирот к грубым проявлениям, централизованным в plexus solaris и ниже; 4) по обеим сторонам Пантакля красуется надпись **Shlomoh**, имя царя Соломона — можете его каббализировать; 5) над концом **Netzah** вы видите стремечко, подвешенное к вертикальной черте, передающей свое влияние горизонтально влево, затем вертикально вниз; потом — наклонно вправо через **Tiphereth** до самого **Gedulah** и, наконец, горизонтально влево до **Geburah**, в котором и отмечен конец молниевидного зигзага нашей ломаной линии. Для объяснения этого построения мне придется сказать вам, что, вообще говоря, одаривание окружающей среды деятельными флюидами сопряжено с временной потерей оператором некоторого количества флюидов знака +. Вампиризация среды или отдельного объекта, ослабление таковых, задержка их функций — словом, то, что характеризуется a priori терминами **вред и задержка**, сопряжены с выпуском **отрицательных** флюидов. Наш зигзаг есть ни что иное, как старинная схема того, что теперь называют «**приемом бросания астральных шаров**» в противника, то есть попыток повредить его здоровью или парализовать его деятельность. Соломонов зигзаг учит делать это следующим образом: сэкономить побольше отрицательных флюидов в области астрала **правой ноги** (пантакль построен зеркально); присоединить к этим флюидам те отрицательные флюиды, которые может доставить андрогинный plexus и второстепенные ганглионы **левой стороны тела**; попутно позаботиться о выработке возможно большего количества правильно поляризованных флюидов в руках, присоединить запас отрицательных флюидов **левой руки** к уже сформированному отрицательному комплексу таковых и выбросить все это на врага при помощи пальцев и ладони **левой руки**. Как видите, флюиды будут конденсированных типов, и атака ими врага стеснит его в реализации грубо-волютивных операций. Применялась она древними ну хотя бы для того, чтобы остановить бегущее на вас животное или занесшего над вами руку человека. В современной практике флюиды переводят дальше, подкрепляя их еще отрицательными Эманациями **Binah**. Опорными точками процесса их выбрасывания берут **левый глаз** и **левый висок**. Такие новомодные «шары» более длительны в своем действии и чаще всего причиняют противнику головную боль или вообще нервное расстройство.

Я заключу описание Соломонова Пантакля указанием цветов его составных частей.

Фон пантакля и средняя его часть — **лазоревые**, все части Креста и верхних священных Секторов — **золотые** (активность); кольцо **Malchuth** — **серебряное** (пассивность), или **розовое**, или **зеленое (♀),** но с серебряными каемками; надписи (для удобства) **черные**; молниевидный зигзаг — **серебряный**, так как отрицательные флюиды аналогично соответствуют полюсу пассивности.

Схема Соломонова Пантакля с ее подробным описанием избавляет меня от необходимости детального разъяснения того обстоятельства, что при лечении магнетизмом пользуются отрицательными эманациями в тех случаях, когда хотят **умерить** жизнедеятельность или питание определенного центра, а положительными — когда хотят таковые **повысить**.

Я вообще не намерен давать в этом Аркане подробные сведения о лечении магнетизмом. Желающие найдут их в сочинениях Kramer'a («Лечебный магнетизм Крамера»), а вкратце — даже в уже упомянутой мною книге «Оккультизм» Брандлер-Прахта.

По рассмотрении схемы распределения астральных ресурсов оператора по узлам мне остается лишь упомянуть о тех данных физического плана, которые могут обеспечить оператору более твердую опорную точку для процессов эманаций. В качестве режима магнетизерам ре-

комендуется умеренность в пище и в употреблении возбуждающих средств, по возможности воздержание в области половой жизни; частые упражнения в излучении ода, хотя бы на предметы, если нет пациентов; достаточное количество сна и обстановка, обеспечивающая отсутствие лишних раздражителей и недовольств.

Перехожу теперь к вопросу о наисовершеннейших методах проведения в жизнь оператором принципа вампиризма среды с помощью приведения большого количества ее элементов к диапазону самого оператора. Здесь вихрь **настраивается** по оператору, но **устраивается** по натуральной схеме строения Бафомета. Иначе этот вихрь не мог бы обладать **живучестью**, не мог бы вторгнуться в общий астральный организм в роли его органа. Как мы увидим в XVII Аркане, каждый орган живого целого есть в некотором роде отражение этого целого. Без этого тезиса невозможна сравнительная анатомия. При непризнании этого тезиса не было бы аналогий Макрокосма с Микрокосмом. Так вот, основная задача — уподобить наш вихрь всему Бафомету.

Я полагаю, что никто из вас не заподозрит в эгоистическом утилитаризме те Ментальные Начала, которые, конденсируясь на периферии, породили мировой астральный tourbillon Бафомет. Значит, и маленький tourbillon вашей волютивной сущности должен быть обусловлен по возможности бескорыстными идейными побуждениями. Вы скажете, что это очень трудно, что в волютивное влияние отдельной личности входит элемент заинтересованности, как следствие самой волютивности вихря. Я отвечу: да, это так, и поэтому порождаемые вами tourbillions будут обладать жизненностью лишь в течение непродолжительного времени. Срок их жизни будет прогрессивно удлиняться параллельно развитию в поводах к их возникновению того бескорыстия, о котором я говорю. Вы ставите астральный опыт на подкладке чисто мистической — результаты очень прочны. Вы ставите тот же опыт из научной любознательности — результаты менее живучи. Вы ставите его на почве филантропического альтруизма — срок еще короче; на почве патриотизма — еще короче; на почве семейного астрального эгоизма — еще короче и не всегда удается; на почве личного материального эгоизма — совсем не удается или до удивительного редко. Вот чем объясняется то, что лица, пытающиеся применить свои магические способности к получению заработка, так часто не только терпят фиаско в этом предприятии, но еще компрометируют свою репутацию опытных оккультистов. Повторяю — Мир **Aziluth** отразился Миром **Briah** не потому, что это ему было нужно, а лишь для установления фаз диабатического процесса. Так поступайте и вы: делайте операцию, не обдумывая ее выгод для вас и близких вам, а лишь руководствуясь началом ее **возможности и**

позволительности с точки зрения вашей совести. В дальнейшем может оказаться, что операция принесет неисчерпаемые выгоды вам лично, близким и дальним — это другое дело; важно, чтобы первый толчок был продиктован отвлеченными мотивами. Чем грубее операция, тем менее обязательно мое предостережение, но тем меньше и жизненность операции. Многим удается сносно **гадать** за деньги. Магнетическое **лечение** уже требует большего бескорыстия, и чем глубже внедрился недуг в больного, тем важнее отсутствие гонорара врачующему. **Учительствовать** за деньги в области практической (оперативной) магии уже совсем мудрено, и т. д. Покончив с вопросом о ментальной части состава вихря, так сказать, **о его небе**, я перейду к средней части вихря.

Тут оперативные методы трудно формулировать словами; они чаще всего диктуются интуицией оператора. Главное орудие — это **воображение** последнего; пластичность мышления, так сказать, обусловливает пластичность формации; настойчивость мышления — целесообразность формации (ведь признание собственной индивидуальности есть внутренняя исповедь Унитаризма, а вам как раз важно подражать строению Унитарного Бафомета).

Конечно, есть несколько тайн, касающихся построения средней части астральных вихрей в самом себе и в наружной природе. Эти тайны я не вправе сообщать здесь — они суть достояние второй степени Тамплиерского Посвящения, как и те физические элементы, которые служат им опорными точками. Всякий работник, идущий путем **самопосвящения**, дойдет до клише этих тайн ресурсами шестого чувства и общечеловеческой дедуктивной логики. Это **не секреты**, а **Арканы**.

Теперь очередь за физическими опорными точками тех астральных манипуляций, о которых можно свободно говорить в печати.

Я характеризовал вам тринадцать фаз de Rochas и займусь сейчас указанием приемов их добывания. Эти 13 фаз суть продукты сообщения **положительных** флюидов оператором пациенту. По крайней мере, таким образом они получались в клинической практике de Rochas, который с наиболее чувствительными пациентами определял переход от фазы определенного номера к фазам более высоких номеров наложением **правой руки** на лоб или на вершину черепа, а для решения обратной задачи, то есть понижения номера фазы, пользовался **левой рукой**. Вдобавок de Rochas пытался оперировать левой рукой над субъектами в состоянии нормального бодрствования и получил 3 отрицательных фазы: фазу **возбуждения**, фазу **отека членов** и фазу **общего паралича**, произведшую на оператора такое тяжелое впечатление, что он не решился продолжать опыт. Чрезвычайно важно отметить следующее: наложение правой руки на лоб пациента далеко

не единственный способ сообщения ему положительных флюидов. То же действие производят: **1) нахождение пациента в цепи людей, соприкасающихся друг с другом; 2) подверженность пациента циркуляции флюидов оператора;** это достигается разными способами — центральным взглядом, специальной атакой на **Chocmah** пациента (фиксация его правого зрачка), держанием левой руки пациента в своей правой и одновременно правой в левой (вариант: держать левой рукой большой палец правой руки пациента, а правой — большой палец левой его руки); нормальные **пассы** сверху вниз вдоль передней части тела пациента (начинают с головы пациента и опускаются по крайней мере до уровня его живота); или пассы **скрещенными руками** вдоль затылка и спины пациента (также сверху вниз); держание обоих больших пальцев рук пациента в ладони левой руки и одновременные быстрые пассы вниз правой рукой (спереди); комбинация только что перечисленных под № 2 способов; 3) непосредственное внушение пациенту (вблизи или на расстоянии) восприятия ваших положительных флюидов; 4) постановка пациента в более непосредственное общение с флюидами мирового Бафомета, частичным ослаблением связи его ментальной части с астральной, или же связи его физического тела с астральным (первое достигается приглашением пациента к интенсивной медитации на мистические или очень отвлеченные философские темы; второе — рядом приемов, именуемых **чисто гипнотизерскими,** в отличие от магнетизерских и смешанных). Сделанные мною утверждения позволяют вам заключить, что пациент, поставленный в область циркуляции флюидов общего мирового tourbillon, или вихря частной цепи (как на спиритических сеансах, где чувствительные медиумы последовательно проходят фазы от № первого до № шестого включительно), или, наконец, циркуляции флюидов отдельного человека, более склонен к восприятию запасов **положительных** флюидов, нежели к поглощению отрицательных, то есть собственной своей природой скорее толкается в область фаз настраивания по определенной гамме (занумерованные фазы de Rochas), чем в область отрицательных фаз de Rochas, похожих на проявление пациентом нежелания применяться к общим законам жизни. Эта склонность к поглощению **положительных** флюидов, а не отрицательных, могла бы назваться **инстинктом астрального самосохранения** или, еще лучше, инстинктом необходимости копировать что-то, построенное по нормальному динамическому циклу, не делая опытов введения анархии в собственный астросом. Во всяком случае, рекомендую вам промедитировать этот закон.

Раз было упомянуто о продольных пассах как средстве передачи положительных флюидов, придется упомянуть и о пассах поперечных (на уровне груди), оказывающих противоположное действие. Если первые действуют одинаково с наложением правой руки оператора, то вторые аналогичны действию левой руки.

Нами было сказано, что существуют приемы, которым мы склонны дать название чисто гипнотизерских и которые имеют целью поставить астросом пациента под сильнейшее влияние мирового астрала приемом ослабления связи его физического тела с астральным. Для полноты изложения перечислим эти приемы:

1) **Блестящая точка**. Пациенту предлагают фиксировать взглядом блестящий предмет (бриллиант на черном фоне, никелированную пуговку, маленькое зеркальце и т. п.), помещенный против середины его лба.

2) **Вращающееся зеркало** (хороши зеркала доктора Luys). Зеркало помещают в полуметре от пациента на высоте его глаз. Пациента сажают в кресло, дав точку опоры затылку.

3) **Удар в гонг**. Не ожидаемый пациентом, спокойно разместившимся в кресле, звук своей интенсивностью погружает пациента в одну из фаз Шарко. Того же эффекта можно достигнуть неожиданным громким окриком.

Перечисленные методы основаны на необычности приемов раздражения нервной системы пациента, которая, делая работу астросома по отношению к телу слишком специфической, нарушает тем самым норму связи астросома с телом.

К гипнотическим же приемам придется отнести все жесты и взгляды, служащие обыкновенно опорной точкой **магнетическим** приемам воздействия, если таковые применяются гипнотизером чисто машинально, без определенного волютивного сосредоточения, а только при желании добросовестно выполнить внешнюю сторону операции. В этом случае астросом оператора играет роль лишь здорового организма Природы, облегчающего общение пациента с последней; индивидуализация операции не имеет здесь места. Глаза, руки, слова оператора играют в этом случае роль зеркала, гонга и т. п. Наибыстрейшие методы чисто гипнотических приемов суть звуковые. Удар в гонг или громкий окрик дают почти мгновенные результаты. Монотонное повторение одних и тех же звуков усыпляет пациента минут за 10–15.

Из оптических приемов наибыстрейшие результаты дает блестящая точка (от 3 до 10 минут). Вращающееся зеркало усыпляет пациента приблизительно в полчаса.

Магнетизерские приемы действуют быстрее гипнотизерских. Гипнозу подвержены, вообще говоря, около 40 процентов мужчин и около 64 процентов женщин.

Я не буду говорить о приемах предварительного испытания субъектов на чувствительность к гипнозу. Это слишком специальная деталь. Лучше сказать несколько слов о том, как перейти от фазы первой летаргии к фазам первой каталепсии и сомнамбулизма. Обыкновенно пациента, находящегося в летаргии № 2, можно перевести в каталепсию № 3 тем, что насильно открыть ему пальцами глаза. Переход от каталепсии № 3 к сомнамбулизму № 5 часто достигается дуновением в глаза пациенту или легким потиранием его лба. Приемы эти грубее приемов продольных пассов и наложения правой руки, как вы, впрочем, сами видите по скачку через летаргию № 4.

Я думаю, что предосторожность требует сказать несколько слов о том, как **будить** пациента, погруженного в одно из анализированных состояний.

1) **Прием пробуждения по приказу**. Пациента, находящегося в фазе сомнамбулизма, будят приказанием проснуться через определенное количество времени, или по выполнении гипнотизером определенных условий (счетом до определенного числа, хлопанья в ладоши и т. п.). Недурно в ответ на приказание требовать от пациента **обещания** его точного выполнения. Прием этот годится и для фазы первой летаргии, хотя в ней действует не так быстро.

2) **Пробуждение дуновением между глаз**. Применяется ко всем фазам.

3) **Пробуждение пассами** (особенно применимо к глубоким состояниям). Применяются продолжительные пассы одной правой или обеими руками (в последнем случае от середины к бокам), сначала на уровне груди, затем даже на уровне лба. Самое медленное, но зато и самое верное средство.

4) **Пробуждение взглядом**. Магнетически фиксируют **Kether** пациента центральным взглядом, внушая ему пробуждение, но не произнося ни слова. Употребляется в упорных случаях непробуждения.

5) Употребительная в клиниках хитрая **комбинация предыдущих методов**: в то время как субъект находится в фазе сомнамбулизма, внушить ему словесно пробуждение при дуновении между глаз; когда надо разбудить, подуть в означенное место и одновременно работать на уровне лба пассами (обеими руками от середины к вискам и притом очень быстро); когда субъект уже пробуждается, еще раз сильно дунуть ему в лицо.

В клинической практике встречаются иногда еще затруднения в пробуждении субъекта, погруженного в одну из фаз глубоких летаргий. Фазы эти почти исключают внушаемость, а потому, чтобы пробудить пациента, пытаются сначала добиться от него фазы каталепсии или фазы сомнамбулизма и в последней уже действуют так, как было сказано.

Детали, сообщенные мной по поводу гипнотических явлений, вовсе не имеют целью сделать из вас гипнотизеров. Я скорее посоветовал бы тем из вас, которые податливы гипнозу, направить свои психические

силы к внушению себе **неподатливости**, гарантирующей от вмешательства других в строй вашей жизни.

В формулированном доселе перечне активных применений XV–го Аркана я все время говорил о влиянии человека на человека, которое чаще всего предполагает превосходство амплитуды вибрации оператора над амплитудой вибрации пациента. Пока мною остаются незатронутыми области влияния человека на **цепь** людей и влияния человека на природу. В обоих случаях проявления энергии в пациентах могут быть мощнее, нежели в операторе; быть может, даже амплитуды вибрации пациентов могут превосходить амплитуду вибрации оператора.

Менее всего западными школами изучается именно влияние человека на коллективность. Ведь и в области психологии менее всего проштудирована **психология толпы**, о которой мы обладаем лишь самыми сбивчивыми сведениями. Чего же удивляться, что мы невежды и в области **психургии толпы**? Мы знаем, что в обыкновенной спиритической цепи наиактивнейший из присутствующих может утилизировать их флюиды для влияния на одного из них же. Мы знаем, кроме того, что оратор, говорящий толпе, **образовавшей около него кольцо**, быстро приводит эту толпу в «состояние доверчивости». Но все это — отрывочные сведения, не соединяющиеся в строгую систему. Психургия толпы хорошо изучена Индийскими Посвятительными Центрами.

Что же касается влияния на природу, то теория его, естественно, распадается на два отдела: 1) Школа умения как можно менее нуждаться в иллюзорных ресурсах Макрокосма, позволяющая нам не быть его рабами, а стать с ним на равную ногу. 2) Школа умения хватать определенные органы Макрокосма **врасплох**, то есть в таких положениях, когда они, выполняя частные задачи, временно ослаблены самим расположением своих ресурсов, и в этих, так сказать, неудобных позах могут быть нами **принуждаемы** к определенным проявлениям.

О первой Школе нами достаточно сказано и еще многое будет сообщено в дальнейшем. Элементы второй Школы будут разобраны в XVI–м Аркане.

Итак, изложение XV–го Аркана пока вам дало лишь раздельные представления о том, что мы иногда настраиваем внешнее по себе, а иногда и себя по внешнему. Но вы уже и тут подметили, насколько искусственным казалось это подразделение астральной работы на «**Immo**» (то есть создание в себе י) и «**Obito**» (то есть создание в себе ה нашего Аркана). Термины **Obito** и **Immo** разъяснены мной при описании **Трезубца Парацельса**. Вы отлично поняли, что **проявляется** заметным для нас и для других образом не **Король** и не **Дама**, а их Андрогинный **Кавалер**, да и то через

посредство **Валета**. Интереснейшая и реальнейшая из операций XV–го Аркана, а может быть, и **единственная** магическая операция — проявление энергии на расстоянии — порождается лишь полным андрогинатом разобранных выше двух способностей. Чтобы экстериоризовать с пользой наш **астросом**, мы должны одновременно быть в состоянии и **ориентироваться** в астрале, и давать там чувствовать свое влияние.

Ориентировка в астрале есть типичнейшее выражение знания того, **что** ищешь; так сказать, **компетенция осведомленности** в составе определенного района определенного подплана. Но в мире форм энергетических проявлений, в мире, где **клише живут**, компетенция осведомленности неразрывно связана с компетенцией авторитета. В астрале нет сущностей, отлично осведомленных в деталях какого-нибудь министерства и не облеченных властью в том же министерстве. Эти противоречивые комбинации свойственны лишь трехпланному бытию. Я вам как-то говорил, что физический план есть мир фактов, астральный — мир законов, ментальный — мир принципов; а потому пусть не удивляет вас, что в мире **законов** сами законы никогда не являются нарушенными, что в мире форм царит формализм. И каждый раз, как мы имеем дело с астралом и двухпланной жизнью, мы вынуждены быть законниками и формалистами.

Чего проще заинтересоваться каким-нибудь клише! Но не легко разыскать это клише в астрале, где в многомерном пространстве умещается все то, что мы координируем в физическом плане тремя измерениями и временем, и еще многое, многое другое. Да уж если на то пошло, то легко ли и экстериоризоваться в определенный подплан? Надо победить свою привычку моноидеизма предпочтения к подплану низшему или высшему того, в который экстериоризуемся и, одновременно с этим, не потерять сознания проявлений своей индивидуальности во всех подпланах бытия, в которых она проявляется. Если мы утратим сознание проявлений личности в низших подпланах, то мы потеряем опорную точку, а с нею и власть с активной стороны и память о виденном — с пассивной; если мы упустим из виду высшие подпланы, то мы утратим **понимание** того, что видим, а тогда не помогут ни **пентаграмматическая** власть, ни память.

Так каков же «**валет**» вашего «**кавалера**»? **Валет** этот есть строгая и полная **система** во всем том, что вы предпримете. Систему эту вы лучше всего оцените в те моменты борьбы с наружными началами, которые будут охарактеризованы в следующем, XVI–м Аркане.

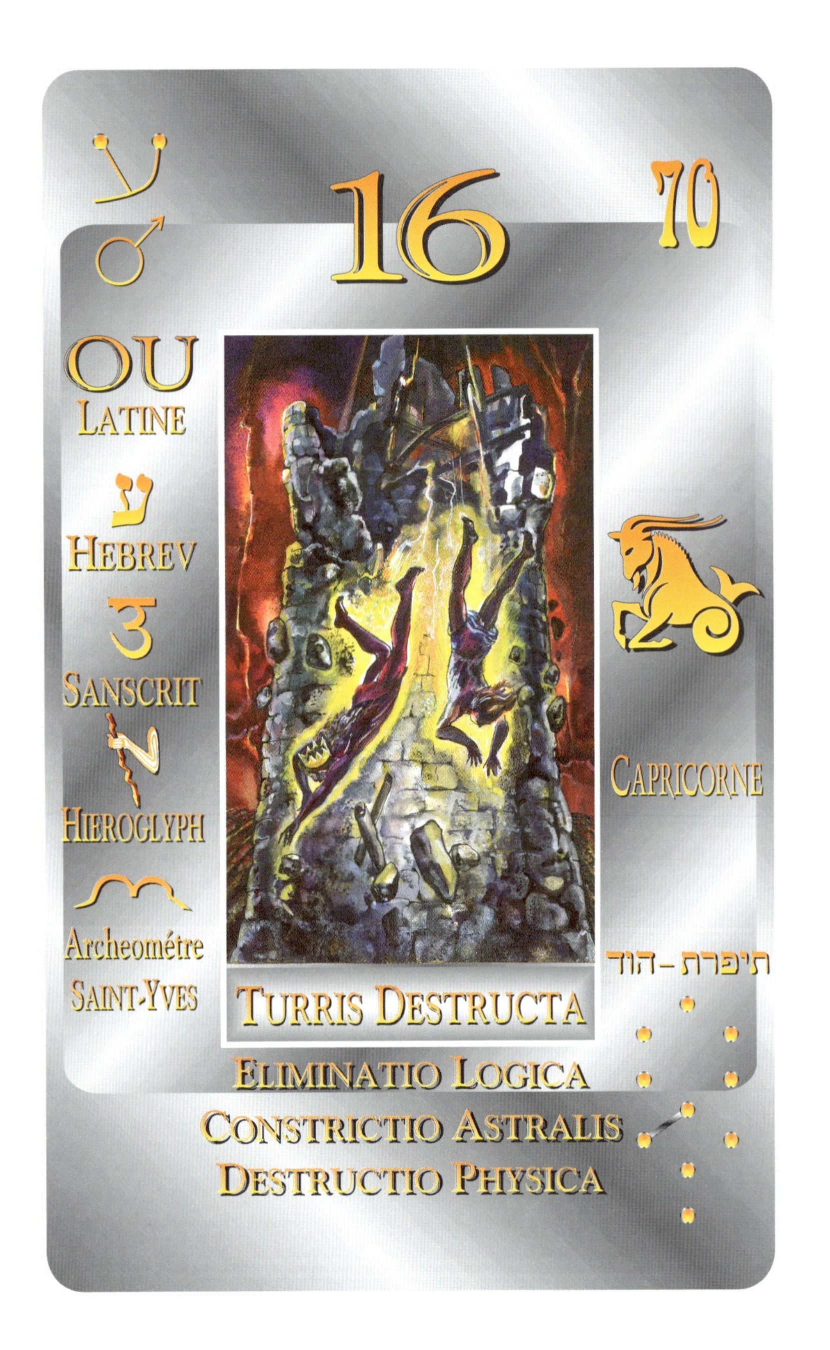

16
70
OU
LATINE
ע
HEBREV
SANSCRIT
HIEROGLYPH
Archeométre
SAINT-YVES
CAPRICORNE
תיפרת - הוד
TURRIS DESTRUCTA
ELIMINATIO LOGICA
CONSTRICTIO ASTRALIS
DESTRUCTIO PHYSICA

ע Шестнадцатый Аркан

Знак алфавита, соответствующий XVI–ому Аркану, ע **(Ain, Gnain)**, имеет числовое значение 70. Иероглифом Аркана служит, как принято говорить, «**материализованная связь**». Легко будет устранить всякую туманность в представлении этого иероглифа, если вместо «вещественная связь» сказать: «связь в состоянии натяжения», как это понимается в механике. Ведь там удерживающие связи вообще и не удерживающие в состоянии напряжения проявляют себя наличием определенной **реакции**. Реакция в целом ряде вопросов как бы играет роль силы, не удовлетворяя, впрочем, общему определению таковой. Реакция — не сила, но в частных случаях может быть использована как сила. Случиться это может, однако, чаще всего лишь в присутствии других сил. Шестнадцатый Аркан имеет применение лишь при наличии пятнадцатого. Это — **Валет** Семейства, в котором **Матерью** служит XIV–й Аркан, а **Андрогинным Ребенком** — XV–й (см. черт. 44–ый из первого тома).

Итак, мать — **Дедукция**, определив необходимость **Логики**, применяет ее к выводу тезисов. Но утверждение одного тезиса является обыкновенно следствием логического исключения других. Исключение это обусловливается метафизическими **реакциями** основных законов мышления, играющих здесь роль «связей в состоянии натяжения».

Точно так же потребность гармонии бытия отдельной астральной пентаграммы (то есть потребность согласования ее активности с ее интуицией) вызывает эту пентаграмму на порождение вихря типа **Nahash**. Вихрь этот, пользуясь реакциями астральных связей и ловя эти связи в состоянии напряжения, оперирует астральным принуждением, утверждающим жизнь одной формы в ущерб жизни других.

Сложный ход изменений Энтропии Вселенной пускает в ход орудие, именуемое **Fatum**, чтобы при помощи реакции физических «связей в состоянии натяжения» явить один факт в ущерб реализации других, кажущихся иногда равновозможными ему.

Теперь нам понятны три заголовка Аркана: **Eliminatio logica**, **Constrictio astralis**, **Destructio physica**.*

---

*) **Eliminatio logica** (*лат.*) — Логическое исключение, **Constrictio astralis** (*лат.*) — Астральное принуждение, **Destructio physica** (*лат.*) — Физическое разрушение.

На ученом языке Аркан именуется **Turris destructa** или **Turris fulgurata**; на вульгарном — **la Maison-Dieu**.*

Картинка Аркана, астрологическое соответствие которого есть **Знак Козерога** (♑), изображает башню, разрушаемую ударом молнии. Пораженные тем же ударом, с башни упали два человека — один в короне, другой — без таковой. Конечности одного из упавших расположены так, что общая его фигура напоминает начертание буквы **Ain**. Мы видим здесь оправдание третьего заголовка Аркана, могущее по закону аналогии навести и на первые два. Физическое разрушение налицо: испорчена башня. Но тут есть два человека, которые **хотели** остаться наверху, а энергетическим воздействием (электрический разряд) повергнуты вниз, несмотря на частный авторитет одного из них (корона). Это — астральное принуждение. Руководит этим принуждением высшая сила, не признающая рангов.

Отсюда можно перейти к представлению о логическом исключении.

Перехожу к арифмологическому анализу Аркана, который наметит общий план изложения его характерных особенностей.

16=1+15

или 16=15+1.

Индивидуум (1) применяет пятнадцатый Аркан, а этот последний, в свою очередь, переходит действием на другого индивидуума. Простое указание на то, что XVI-ый Аркан учитывается лишь при наличии оператора и пациента. Слова эти должны быть поняты в возможно широком смысле.

16=2+14

или 16=14+2.

Метафизическая субстанция (2) и наличие дедукции (14) определяют логическое исключение (16); ведь без материала (2) ничего не выведешь.

Полярность человеческой натуры (2) и стремление ее гармонизировать (14) влекут к применению астрального принуждения (16). Ведь обыкновенно нам только потому и хочется оперировать, что в нас есть потребность применить активно то, чем проникнута наша пассивность. Без готовых реализованных предметов (**Natura naturata**=2) и без учета энтропии (14) вряд ли кто станет забавляться физическим разрушением.

---

*) **Turris destructa** (*лат.*) — Разрушенная башня.
Turris fulgurata (*лат.*) — Башня пораженная молнией.
La Maison-Dieu (*фр.*) — Богадельня.

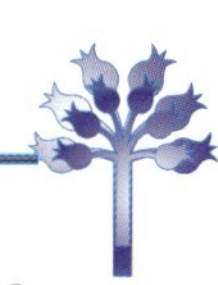

Не думаю, чтобы здесь порядок Арканов 2 и 14 имел существенное значение.

16=3+13

или 16=13+3.

Могучая производительность (3) метафизического мира и перманентность (13) элементов этого мира в совокупности оправдывают постановку тезисов исключения (16).

Процесс рождения (3) и неизбежность смерти (13) побуждают нас пользоваться опорной точкой физического существования в промежутке между ними для осуществления астральных принуждений (16).

Производительность Природы (3) и возможность преобразования энергии (13), вместе взятые, влекут за собой необходимость частных разрушений (16).

16=4+12

или 16=12+4.

Неизбежность существования форм (4) мышления и веры в возможность инкарнаций Высших Начал (12) обусловят уместность логических выводов (16) в области философии.

Авторитет (4) вместе с милосердием (12) дадут мощный рычаг астральных принуждений (16).

Приспособляемость (4) в связи с наличием различных частных аспектов Зодиакальной Жизни (12) обусловят необходимость разрушения реализаций (16).

16=5+11

или 16=11+5.

Универсальный Магнетизм (5)+сила метафизических начал (11) ставят тезисы сами по себе (16).

Пентаграмма (5), опираясь на эгрегоры цепей (11), принуждает астрально (16).

Религия (5) и признание сил природы (11) примиряют с необходимостью физических разрушений (16).

16=6+10

или 16=10+6.

Закон аналогии (6) и Божественный Завет (10) достаточны для определения комплекса тезисов (16) нормальной философии.

Сознание свободы Воли (6) и знание Каббалы (10) дают Власть астральных принуждений (16).

Законы жизни среды (6) и неумолимость Мировой Мельницы (10) определяют физические разрушения (16).

16=7+9

или 16=9+7.

Если в тебе дух господствует над формой (7) и ты не лишен Высшего Протектората (9), то ты построишь комплекс философских тезисов (16).

Если ты вышел победителем (7) из испытания двумя тропами и посвятился (9), то тебе будет дана Власть астральных принуждений (16).

Признание права собственности (7) вместе с учетом данных теории вероятностей (9) могут дать объяснение нарушения целостности многих объектов в физическом плане (16).

16=8+8

Либрация одного тезиса (8) в борьбе с либрацией (8) другого, условная доминация одного положения (8) в борьбе с утверждением (8) другого, карма (8) одного объекта в сопоставлении с кармой (8) другого должны привести к процессу применения XVI-го Аркана в областях Теософического Тернера.

Этот беглый арифмологический анализ достаточно освещает вопрос о наличии в рассматриваемом Аркане элемента **борьбы**, и притом борьбы ученой, сопровождающейся полным учетом собственных сил, сил противника, роли того или другого момента в картине распределения этих сил, роли Высших Инфлуксов, роли формальных условностей, роли физических точек опоры.

Мы, конечно, не будем говорить о применении логического исключения тезисов в метафизике, а равно и не будем заниматься вопросом о физических разрушениях.

Из этого Аркана нашему курсу присуща лишь область **астрального принуждения**, которой мы и займемся.

Если в предыдущем Аркане я слишком мало упоминал о борьбе с природой, то здесь я отведу первенствующее место этой борьбе, так как содержание Аркана раскрывается лучше всего обзором ресурсов так называемой **Церемониальной Магии**.

В последней оператор, единолично или при помощи цепи, выбрав момент и прочие условия, благоприятные для своей операции, принуждает определенный орган Бафомета к определенным проявлениям.

Операция Церемониальной Магии есть своего рода применение «джиу-джитсу» к астральной сущности, которая при иных условиях, быть может, легко бы победила оператора.

Состав операции Церемониальной Магии сводится к наличию оператора, магических инструментов, **Пантакля** — вспомогательных запасов медиумической энергии, вспомогательных формул магнетического и сетрамического характеров и, кроме того, к умелому выбору времени

и места операции. Эти главные и еще многие второстепенные элементы Церемониальных операций отлично схематизированы тем, что мы только что назвали «**Пантаклем Операции**». Вот почему я позволю себе характеризовать все мною перечисленное, исходя из анализа частей Пантакля.

Пантакли астральных операций, вообще говоря, имеют форму кругов. Окружности этих кругов чертятся магической шпагой (не изолированной от руки), освященным углем или, наконец, освященным же мелком. Могут они опытным оператором чертиться и просто **астральной рукой**, то есть воображением оператора, детально и твердо владеющим их начертанием и соединяющим представление о нем с представлением о **волевом усилии**, порождающем эманацию флюидов. Оттого-то при физической реализации окружности магического круга пользуются или металлом, хорошо проводящим флюиды, или материалами, хорошо их впитывающими (уголь, мел). Но что такое **круг**? Да это являет собой символически **область**, в которой оператор чувствует себя вполне компетентным, а потому и **вполне защищенным**. В эту область, как отведенную исключительно оператору, не может проникнуть никакой враг. В ней могут **проявиться** только влияния самого оператора, сущностей ему помогающих и им вполне навсегда укрощенных и, наконец, влияние Цепей или Покровителей, уполномочивших его на операцию соответствующим Посвящением, благословением, поручением или допущением. Значит, окружность этого круга явится как бы флюидической загородкой, ограждающей оператора от внешних случайностей. Сенситивы в темноте и прозревают эту окружность в виде огненной изгороди. Но в скольких же областях оператор должен чувствовать себя хозяином? Прежде всего, это должно иметь место в области его перманентного метафизического миросозерцания; его монада должна отдавать себе отчет в **источнике** своего бытия (**α — Alpha**) и в **целях** такового (**ω — Omega**), например, помнить Историю Грехопадения и план Реинтеграции Человечества. Вот **внутренний круг** магического Пантакля и будет заполнен фигурой **Прямоугольного Креста Герметического Кватернера.** Центральная точка этого креста отведена оператору; на восточном конце креста красуется литера **α — Alpha**, а на западном **ω — Omega**.

См. стр. 501

Но помимо общего миросозерцания, никогда его не оставляющего, оператор должен быть ментально сосредоточен на каких-либо уверенностях и намерениях, составляющих ментальную исходную точку операции, если **к ним присоединить твердое и полное сознание Свободы пентаграмматической воли оператора**. Сообразно этому на некотором расстоянии от первой окружности, концентрично ей, пройдет **вторая окружность** большего диаметра, ограничивающая символически ментальную планировку операции действующим лицом. Но как характеризовать каббалистически ментальный состав операции? Конечно, Божьими Именами, как Сефиротическими Проявлениями активности пентаграммы в предварительно выбранных фазах Мирового Диабатического Процесса. Всех Имен на выбор имеется одиннадцать (**Ehieh, Jah, Jave, El, Elohim, Eloha, Sabbaoth, Shaddai, Adonai, Ab** и **Agla**) или двенадцать, если допустить употребление Имени **Elhai**; из них выбирают четыре, которые и размещают в четвертях кольца, определенных продолжением сторон Герметического Креста внутреннего круга, иногда отделяя их друг от друга маленькими **крестиками**. Выбор Имен для операции определяется, конечно, строгим анализом самих Имен (методами **Notarikon** и **Gematria**). При этом следует заметить, что схема расположения Имен по четвертям кольца, а равно и подбор четвертого Имени к трем уже подобранным, далеко не произвольны, а подчинены двум законам, о которых я позволю себе говорить на лекциях специального цикла Магического Посвящения, но которые было бы очень неуместно формулировать в элементарном энциклопедическом курсе. **Первый закон** ставит расположение Имен по четвертям кольца в за-

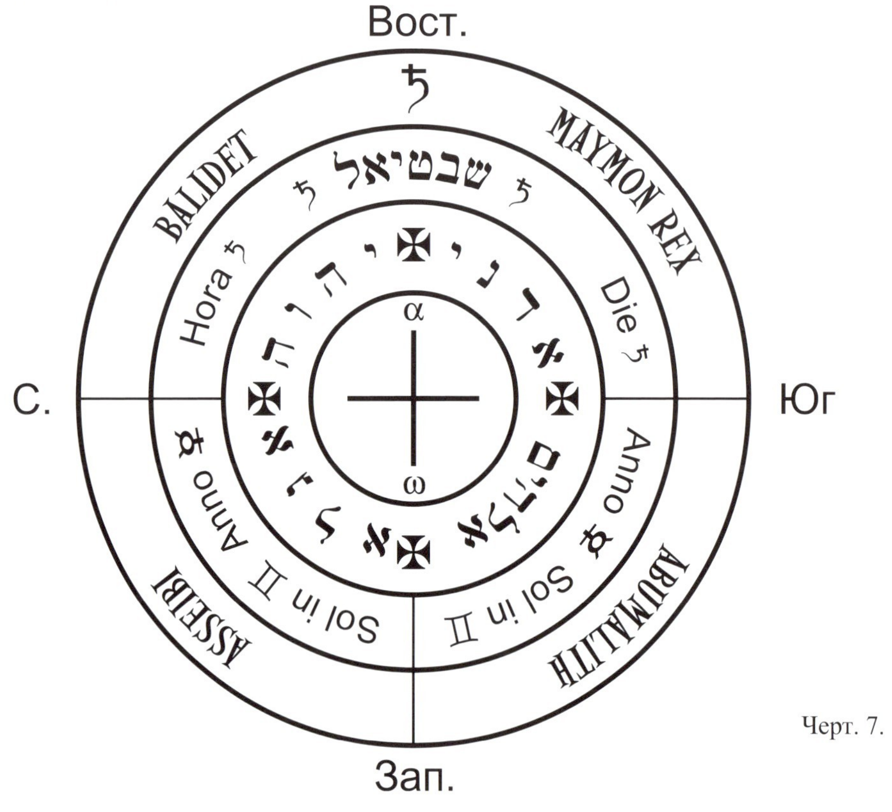

Черт. 7.

висимость от целей Операции; **второй закон** определяет подбор четвертого Имени к трем первым так, что кольцо каббалистически формулирует еще и принцип Пентаграмматической Свободы оператора. На прилагаемом чертеже пантакль имеет в виду вызов сущностей, постоянно оперирующих в астрале, так что про операцию можно сказать, что она пользуется имеющимися **готовыми** элементами астрального плана.

Но помимо ориентировки в ментальной части операции, надо быть ориснтированными и в астральной; надо, так сказать, **знать**, каковы важнейшие Эгрегоры Макрокосма, затрагиваемые операцией. Каббалистическая символизация этих Эгрегоров найдет себе место в следующем круговом кольце, образованном добавлением **третьей окружности**, играющей роль защиты от вредных **астральных** влияний. Если при начертании первых двух окружностей мы сосредоточивались на **ментальном** познании самих себя и операции, то при начертании третьей мы должны строго учесть роль **Вторичных Причинностей** в нас самих и в операции. Сосредоточение это каббалистически фиксируется написанием в кольце имен **Ангелов Планет**, играющих роль в операции. На прилагаемом чертеже (черт. 7) написано имя **Shebtaiel**, принадлежащее **Ангелу Сатурна**.

Упоминание о Вторичных Причинностях вызывает в нас представление о необходимости подбора момента операции, в смысле выбора планетного дня и планетного часа. Это замечание настолько важно, что принято в астральном кольце кроме имен Ангелов помещать еще и планетное обозначение часа (на нашем чертеже написано «hora ♄») и дня (на нашем чертеже написано «die ♄»). Для полноты представления о моменте времени можно упомянуть о годе (у нас — Anno ☿) и магическом месяце (у нас — Sol in ♊). Многие упоминают еще о фазе Луны. У нас это не сделано. Пантакль, нами приводимый, рассчитан на вызов Причинности Сатурна в ее астросоме в субботу 26 мая 1912 года (старого стиля) в час Сатурна.

При операциях Церемониальной Магии, вообще говоря, желают не только общения шестым чувством с вызываемыми сущностями, но и проявлений последних, доступных пяти физическим органам чувств. Иначе сказать, желают **материализации** сущностей. Материализация эта зависит от сложного процесса низшего вампиризма, в механике которого видная роль принадлежит элементалям. При обыкновенных условиях вызова важнее всего деятельность сильфов или вообще цепей элементалей, близко подходящих к этой группе. Вот почему оператор чертит **четвертую окружность**, служащую загородкой от вредоносных влияний полуматериализованных элементов наружной области и очерчивающую круг, внутри которого оператор считает себя целесообразно распоряжающимся благоприятными для него полуматериальными же ресурсами. В новом, последнем кольце принято помещать имена **предводителей сильфов** в четырех сторонах горизонта для данного планетного дня, причем старший предводитель управляет областью кольца между югом и востоком. Для полноты изложения привожу две таблицы. Первая содержит наименования Планетных Ангелов, написанные еврейским шрифтом; вторая — имена предводителей сильфов по четвертям горизонта для различных дней недели. Имя старшего предводителя сопровождается словом **Rex** (царь). Эти последние имена принято писать латинским шрифтом, ибо они в течение многих столетий настолько искажались в своем произношении, что нет возможности восстановить их еврейское, халдейское или сирийское правописание.

На прилагаемом нами чертеже помечены в наружном кольце субботние повелители сильфов, сообразно времени церемоний.

Вот наш пантакль и охарактеризован в общих чертах. Теперь давайте выводить из него элементы операции.

Таблица первая

♄	כשיאל Cassiel или שבטיאל Shebtaiel
♃	סכיאל Sachiel или צדכיאל Zadkiel (Zadekiel)
♂	כמאל Kamael
☉	מיכאל Michael
♀	הניאל Haniel
☿	רפאל Raphael
☽	גבריאל Gabriel

Таблица вторая

Между	Вост. и Сев	Сев. и Зап.	Зап. и Югом	Югом и Вост.
Воскресенье	Cynabal	Andas	Thus	Varcan Rex
Понедельник	Abuzaha	Mistabu	Bilet	Arcan Rex
Вторник	Paffran	Ismoli	Carmax	Sammy Rex
Среда	Aercus	Sallales	Suqinos	Modiath Rex
Четверг	Zebul	Gutriz	Maguth	Guth Rex
Пятница	Flaef	Abalidoth	Amabiel	Sarabotes Rex
Суббота	Balidet	Asseibi	Abumalith	Maymon Rex

Во внутреннем круге должен поместиться оператор (или операторы). Традиция допускает **одного** оператора, **трех** операторов и **девять** операторов. В последних двух случаях **говорит** все же **один**, хотя оперировать инструментами могут и другие. Если главный оператор девственница или гермафродит, или ребенок, то в круге могут быть только два лица, вместо трех. Одно или несколько лиц могут быть заменены животными, привязанными внутри круга или надрессированными нс покидать его. Вот требования, предъявляемые традицией к так называемой «**Великой Операции**». Допускаются и «**малые операции**», которые могут производиться оператором, не покидающим круга, и помощником, имеющим право входа и выхода из круга. Существуют еще «**андрогинные операции**», совершаемые или гермафродитом в единственном числе, или мужчиной и женщиной, пробывшими перед операцией достаточно долгое время в ментальном и астральном общениях и **физическом супружестве**.

Оператор или операторы предполагаются посвященными в Герметический кватернер (крест Пантакля) и в историю падения и Реинтеграции человека (α и ω на пантакле). Все это делает для них обязательной мистическую подготовку предварительными теургическими операциями в течение 3 — 40 дней (смотря по важности операции), а для находящихся с ними животных мистическую церемонию очистительных молитв и окропление священной водой.

Обнимающее круг **первое кольцо** дает нам указание на моноидеистическую подготовку оперирующих к операции продолжительной медитацией и на сознание ими своей пентаграмматической Свободы. Далее идет **астральное кольцо**, указующее на необходимость подготовки астральной (исправление планетных дефектов работы воображения астральным постом — молчание и полумолчание — и усилиями потушить в себе хотя бы на время дурные или просто неподходящие к операции планетные влияния). В астральном же кольце мы можем встретить продолжение четырех концов внутреннего креста, которое напомнит нам о четырех главных инструментах мага: **жезле** (для коагуляций рассеянных флюидов); **чаше** (для опоры своего воображения на проработанные перед тем чистые образы); **шпаги** (для рассеивания неуместно-коагулировавшихся элементов) и **пентаграммы** (для напоминания о собственной свободе оператора). Абсолютно необходима **шпага**; очень нужна **пентаграмма** (или взамен ее — оборотная сторона Великого Пантакля Соломона, также напоминающая о Свободе своей схемой распределения флюидов). Чаша и жезл нужны сравнительно редко. **Наружное кольцо** элементалей напомнит оператору о необходимости планомерной подготовки **режимом** физического плана к операции (пост, предварительные омовения и окуривания тела, сбережение физического здоровья ко дню операции, развитие в себе автомедиумизма и т. п.). Вот общая схема подготовки оператора. Прибавим к этому, что последнему важно оградить себя от вмешательства враждебных ему людей или других сущностей во внешний ход операции. И вот он **по углам** пантакля, то есть против середин четвертей наружной окружности, снаружи же чертит четыре пентаграммы (тремя остриями наружу, двумя вовнутрь), как бы для отражения неожиданных вмешательств. Это его передовые посты вне крепости. Не менее важно при всякой церемонии знать, с какой стороны появятся коагуляты, впечатление которых может быть воспринято физическим зрением. И вот, оператор заранее фиксирует область явлений, чертя вне круга на **востоке** равносторонний треугольник вершиной наружу и надписывая внутри этого треугольника Великое Имя יהוה, принадлежащее области старшей из инволютивных (а следовательно, и коагулирующих) Сефирот.

Мы занимались пока самим оператором и тем, что ему нужно независимо от специфического характера операции. Теперь займемся интересами **сущности**, вызываемой оператором. Мы уже отметили выбор времени и астрологических условий вообще. Но в энергетическом мире следует еще обратить внимание на прочие соответствия Вторичных Причинностей. Надо прилично подобрать **цвет** одежды оператору, **металлы** и **камни**, при нем находящиеся, содержание **мантрамов** и **сетрамов**, им употребляемых, **аромат** тех трав и экстрактов, которые будут сжигаться или испаряться в курительнице, помещаемой в особом маленьком пантакле с южной стороны круга, вне последнего; наконец, цвет того луча, который будет направлен из волшебного фонаря в область пространства над треугольником יהוה (сам фонарь помещается на Юго-Западе, вне круга).

Все это побудило адептов Оккультизма к порождению многочисленных рукописей и печатных **Гримуаров** (**Grimoires**), дающих подробности ритуала той или другой Церемонии. Гримуары эти полезно разбирать, чтобы отдать себе отчет в понимании их авторами целей и состава самих операций. Считать их законодательными манифестациями нельзя, ибо нет операции, одинаково понимаемой двумя не вместе готовившимися операторами.

Операции Церемониальной Магии простираются не только на двухпланные, но и на инкарнированные сущности. Можно вызывать и принуждать к чему-нибудь (разумеется, при благоприятных условиях) астросом живого человека, эгрегор цепи, имеющей воплощенных

представителей; и т. п., скажу больше, те приемы магических операций, которые мы не называем церемониальными, все же носят в себе недоразвившиеся зародыши церемоний или эквиваленты развившихся церемоний. Всюду есть опора на физический план, всюду специальные формулы воздействия, приемы доставления или заимствования медиумических элементов, сосредоточение на ментальных и астральных особенностях операций, наконец, приемы ограждения самого оператора от случайностей и от возвратных ударов.

В заключение не могу не обратить ваше внимание на обстановку спиритического сеанса, как инволюцию формы операции Церемониальной Магии. На сеансе также имеется круг, определенный циркуляцией флюидов цепи людей, соприкасающихся друг с другом. Опасность разрыва цепи на сеансе достаточно характеризует окружность этого круга, как изгородь, охраняющую участников сеанса. Роль магической палочки, конденсирующей флюиды, играет стол. Часто запасаются на всякий случай и магической шпагой. Курительница налицо. Музыкальные инструменты заменяют заклинания нараспев, облегчая передачу энергии и определяя до некоторой степени форму этой передачи. Часто на сеансах прибегают и к заклинаниям, но тогда говорящий оператор должен быть в единственном числе. Отсутствует обыкновенно только подготовка участников сеанса. Это обстоятельство и вытекающий из него недостаток единения воли оперирующих и впечатлений, воспринятых ими перед сеансом, и порождают обыкновенно некоторую беспорядочность феноменов самого сеанса.

Если XV–й Аркан обрисовал самый астральный вихрь, а XVI–й — возможность пользования им для воздействия на других, то XVIII–й, в свою очередь, введет нас в область злоупотреблений приемами порождения астральных вихрей. Аркан этот (**צ Tzade**) отделен от только что рассмотренного весьма важным XVII–м, позволяющим ориентироваться во всех областях жизненных проявлений и тем как бы умеряющим и опасность от злых умыслов других, и собственную заносчивость в процессе сознания личной астральной силы.

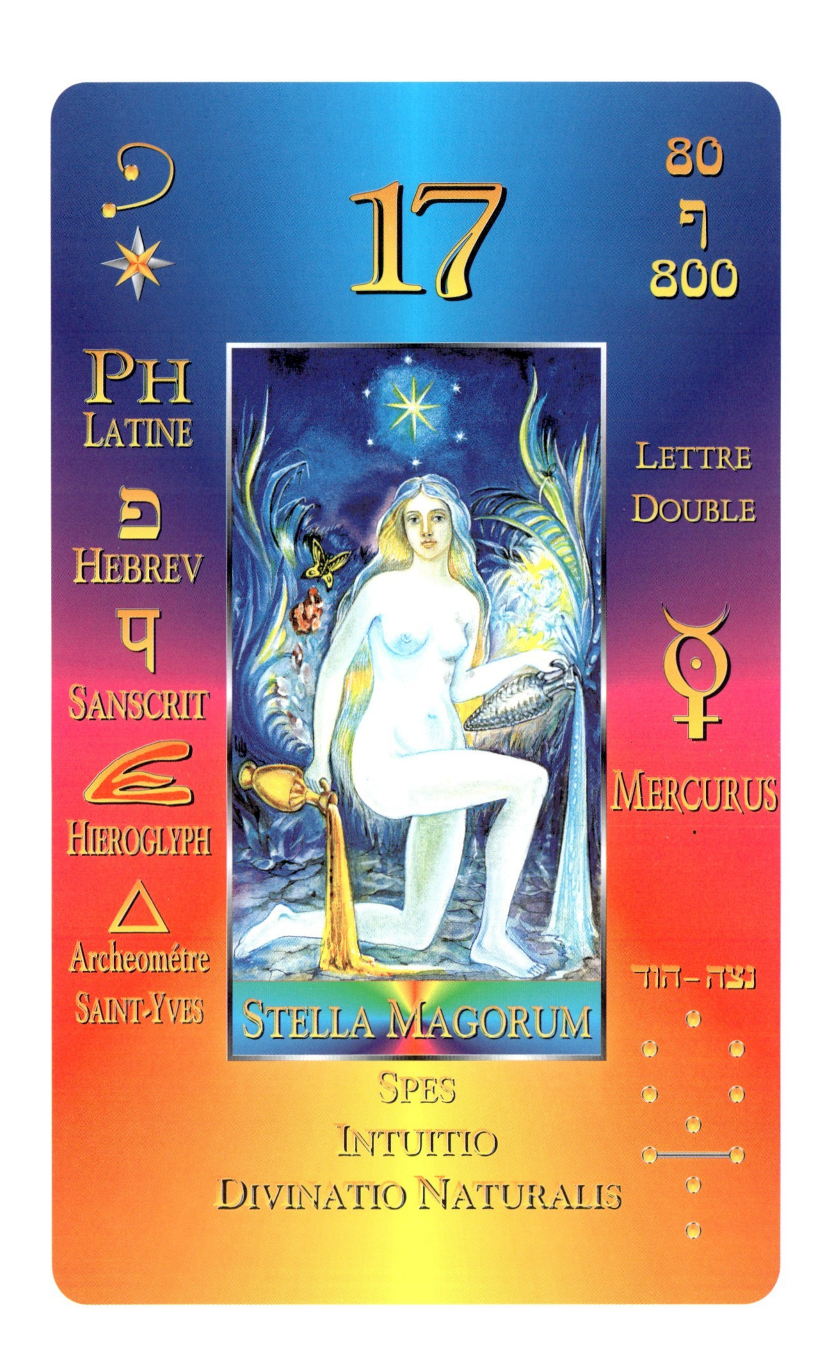
17
80
ף
800
PH
LATINE
פ
HEBREV
प
SANSCRIT
HIEROGLYPH
Archeométre
SAINT-YVES
LETTRE
DOUBLE
MERCURUS
נצח-הוד
STELLA MAGORUM
SPES
INTUITIO
DIVINATIO NATURALIS

פ Семнадцатый Аркан

Знак алфавита, соответствующий XVII–му Аркану, **פ (Phe)**; числовое значение=80; астрологическое соответствие — планета **Меркурий**. Иероглифом Аркана служит **рот с языком**, то есть **говорящий рот**.

Чем же выражается язык **Архетипа**? В какой форме доходит до нас его речь, даже когда все вокруг нас дышит молчанием или принуждением? Язык Архетипа — это **Надежда**, неотъемлемо принадлежащая всякому, прислушивающемуся к голосу Архетипа. Надежда — великий дар небес.

Но и **Человечество**, благодаря собственным способностям, может ориентироваться в лабиринте принуждающих вихрей и предчувствовать астральные опасности. Человеческая **Интуиция** есть великий талант, который грешно терять и который кажется нам драгоценным подарком, сделанным самим себе в ту пору, когда мы, потерявшие его, снова возвращаем его собственными усилиями.

Но и **Природа** имеет живой язык, который лучше постигался древними в периоды первобытной простоты жизни, нежели ныне понимается нами. Но все же и мы энергично стремимся в область **Натуральной Дивинации**, сознавая откровенность речей природы по адресу тех, кто умеет их слушать.

См. стр. 501

Аркан этот, носящий, согласно только что сказанному, заголовки **Spes**, **Intuitio**, **Divinatio naturalis**,* по свойствам картинки своей именуется учеными и профанами «**Stella Magorum**» (звезда Волхвов).

И действительно, в верхней части картинки мы видим большую восьмиконечную звезду, окруженную такими же, но маленькими. Под этими звездами на земле мы зрим совершенно обнаженную девушку, поливающую сухую почву из двух сосудов, золотого и серебряного. На заднем плане бабочка садится на розу.

Когда нет дождя, то найдется утешительница, вечно юная, вечно девственная, чтобы излить на землю влагу обеих гностических полярностей. В метафизической засухе миросозерцанию обескураженных людей единственной помощью окажется благодетельная **Надежда**, ко-

---

*) **Spes** (*лат.*) — Надежда,
Intuitio (*лат.*) — Интуиция,
Divinatio naturalis (*лат.*) — Натуральная Дивинация.

торая всегда обновит нас свежей влагой ожидания Высшего Инфлукса (**серебряный сосуд — пассивный полюс**) и уверенности в самих себе (**золотой сосуд — активный полюс**). **Надежда** одного Источника с **Совестью**, а Последняя являет нам все без покровов.

Если мы пожелаем развить собственную интуицию, вернуть себе дар, в высокой степени принадлежащий нашим предкам, то мы сумеем подобно бабочке отличить розу от сорных растений и сесть на первую.

Если мы не будем закрывать глаза на зрелище Природы, а дадим себе труд вникнуть в таковое, то мы увидим на небе светила, астрологически указующие нам **те законы** (у звезд **восемь** концов), которые продиктованы Либрацией, условностями и Кармой и которые аналогически записаны не только на звездном небе, не только в грандиозном организме Солнечной системы, но и в любом организме ничтожнейших амплитуд проявления, в любом органе этого организма, в любой его клеточке. Итак, картина гласит, что нас не покидает Надежда, подвешенная к Высшей Точке Треугольника Fabre'a d'Olivet, что мы **можем** не разобщаться с интуицией, принадлежащей правой из низших его вершин, и что сама Карма, присущая левой нижней вершине, ежечасно, ежеминутно, ежесекундно выдает нам свои тайны, записанные на звездном небе (астрология), на черепе (френология), на лице (физиогномоника), на руке (хиромантия) каждого из нас; в каждом нашем движении, в малейших наших реализациях (графология, картомантия и т. п.), в плане мимолетных реакций нашей нервной системы (гаданье на воде, кофейной гуще, кристаллах и т. п.), **во всем и на всем, на чем мы пожелаем сосредоточиться.**

Но что даст нам арифмологический разбор XVII–го Аркана?

$$17=1+16.$$

Божественная Эссенция (1) и логическое исключение зла (16) для торжества добра в метафизической области в совокупности своей порождают Надежду (17).

Трехпланный человек (1) и его способность исключать ненужные формы астрала (16), для удобнейшего рассмотрения интересных, созидают интуицию (17).

Активная Природа (1) и разрушение форм (16) определяют **следы**, по которым мы читаем (17) тайны Рока.

$$17=16+1.$$

Молитва о Благе, метафизически исключающая (16) дурное, приближает к Благодати Единого (1), созидая Надежду (17).

Приемы астрального принуждения (16), примененные к человеку (1), могут поставить его в необходимость не обманывать нашу интуицию (17) и сказать правду при вызове его астросома.

Толкование второго разложения в области Природы не даст ничего нового по сравнению с первым.

17=2+15

или 17=15+2.

Метафизическая Субстанция (2) и чистая логика (15) складываются в Надежду (17), указывают на торжество тонкого тем, что являют нам силу всепроникающей дедукции.

Тайна сношения полов (2), связанная с пониманием конституции Tourbillon (15), дает Высшую Интуицию (17) Универсальной Любви, к которой мы восходим по многим ступеням, из которых первая есть чувство единения в супружестве.

Готовый мир реализованных объектов (2) и **Fatum** (15) этих объектов определят штрихи, которые мы на них прочтем (17).

17=3+14

или 17=14+3.

Понимание гностической натуры Архетипа (3) и умение применять дедукцию (14) твердо установят в человеке Надежду (17) на благоприятную тональность низших проявлений Архетипа.

Принцип размножения (3) человеческих особей в физическом плане и стремление перевоплощающихся душ к внутренней гармонии (14) вырабатывают в особях интуицию (17), по крайней мере равную активности.

Принцип произвождения (3) и характер изменения энтропии (14) достаточны для обрисовки картины, на которой мы читаем (17) Карму Природы.

17=4+13

или 17=13+4.

Наличность формы (4) в проявлениях Архетипа и Его Перманентность (13) принуждают к Надежде (17).

Стремление приобрести авторитет (4) и сознание своей смертности (13) побуждают человека вырабатывать в себе интуицию (17).

Законы приспособляемости (4) и принцип преобразования энергии (13) порождают видимую картину природы (17).

17=5+12

или 17=12+5.

Наука Добра и Зла (5) вместе с ожиданием Мессии (12) равносильны приобретению Надежды (17).

Пентаграмма (5), вполне сознающая долг жертвы (12), обладает интуицией (17).

Натуральная религия (5), примененная к Зодиакальному циклу (12), открывает тайны Астрологии (17).

17=6+11

или 17=11+6.

Закон аналогий (6) в связи с признанием существования Высших Сил (11) дает Надежду (17).

Свобода воли (6) и сила эгрегорических цепей (11) в совокупности приведут к интуиции (17).

Среда (6) и силы (11), в ней оперирующие, нарисуют картину (17) Кармы Природы.

17=7+10

или 17=10+7.

Победа духа над формой (7) и признание Завета (10) дадут Надежду (17).

Победа (7) в испытании двумя путями и понимание Каббалы (10) свидетельствуют о полной интуиции (17) адепта.

Понимание права собственности (7) и тайн Мировой Мельницы (10) дают возможность читать в Природе (17).

17=8+9

или 17=9+8.

Кто знает, что Коромысло Великих Метафизических Весов может качаться вправо и влево (8), и кто притом верит в Высший Протекторат (9), тот будет надеяться (17) на качание вправо.

Кто знает условный закон (8) и посвящен (9) в безусловный, тот владеет интуицией (17).

Знание Кармы Природы (8) и осторожность (9) в выборе данных равносильны умению читать в Природе (17).

Займемся теперь фактическим содержанием XVII-го Аркана в смысле комплекса научных данных, к нему относимых.

Надежде вас учит ваша собственная Совесть.

Интуицию вы можете развить личными усилиями.

Чтению природы нас учат данные эмпирического характера и традиционные данные Великого кодекса Посвятительных Откровений.

Рассмотрим по порядку кодексы дивинации, начав с данных астрологии, которую мы и поставим в основу изложения всего XVII-го Аркана.

Астрология

Интересы трехпланной Вселенной как целого организма являются Унитарным Синтезом интересов всех ее органов. В Карме Природы можно видеть начертания проявлений Архетипа и следы приложения Человеческой Воли. И обратно, в судьбе человеческой особи, взятой в полном объеме или рассматриваемой лишь в пределах одной инкарнации, определенным образом участвует влияние установленных Заветов с Архетипом и кармических феноменов Природы. То, что сказано о человеке, я мог бы сказать о цепи воплощенного Эгрегора, о жизни искусственно созданного организма и даже о схеме протекания феноменов в течение определенной эпохи. Повторяю, все во Вселенной тесно связано и переплетено. Когда нам хочется делать предсказания об определенной группе проявлений, то нам важно схватить главнейшие нити, связующие эти проявления с комплексом удобоизучаемых феноменов. Чем больше нитей схвачено и чем эти нити существенней, тем вернее предсказание. Но такого рода планировка его предполагает в прорицателе синтетический ум, всегда готовый погрузиться всецело в существо определенного вопроса, создавать особые методы для его исследования, так сказать, настраивать свой интимный механизм мышления по диапазону вопроса. Но наши умы, вообще говоря, ленивы; они предпочитают то, что математики называют «аналитическим решением вопроса»; им хочется раз и навсегда создать алфавит, которым будут записываться их исследования; они скорее согласятся многое упустить в вопросе, лишь бы к решению его прилагались хорошо обдуманные и наперед известные им методы; они говорят: пусть ответ будет неполным, лишь бы он был дан на знакомом языке; пусть затронуты не все главнейшие струны, управляющие феноменом, лишь бы затронутые струны принадлежали регистру нам знакомого инструмента.

Вот мы и изучим один из этих возможных инструментов.

Сравнительно крупные органы Вселенной, так называемые **светила**, своей деятельностью определяют, конечно, многое во Вселенной. Под «светилами» я здесь подразумеваю комплекс Вторичных Причинностей, избирающих опорными точками для своих операций тела, законы группировки которых изучаются астрономией, а состав — астрофизикой. Мы пытаемся свести эти Вторичные Причинности, по крайней мере в области учета их влияния на земную жизнь, к гамме семи планетных Эгрегоров и к обертонам, даваемым так называемыми «**неподвижными звездами**», взятыми преимущественно в зодиакальной области. Великий Закон Аналогий может служить оправданием этой тенденции. Если освещение площадок находится в прямой зависимости от угловых координат светил по отношению к горизонту, то почему бы не думать, что чисто астральные влияния вообще суть до некоторой степени функции этих угловых элементов? Если тела того, что мы условно называем семью планетами, обладают сравнительно крупными видимыми диаметрами для наблюдения на земной поверхности, то почему не допустить преобладания действия астральных Эгрегоров, опирающихся на эти тела? Если притом орбиты этих тел (видимые или истинные) мало удаляются от плоскости эклиптики, то почему бы не обращать особенное внимание на те обертоны, проявители которых опираются на тела, помещенные рядом с той же плоскостью? Ведь вторжение всякого нового элемента в сферу астральных влияний напрашивается на учет тем более, чем оно больше касается изменения оценки уже хорошо учтенных влияний.

Значит, в общем астролога интересует небесная сфера в области зодиакального пояса.

Но на какую область он хочет распространить свои прорицания? Конечно, не на Архетип, суждения о котором так же трудно обосновать на анализе иллюзорных фактов физического плана, как суждения о картине на пятнадцать раз перефотографированном несовершенными аппаратами клише. Общий унитарный характер проявлений Архетипа и их гармоническое величие отражены, конечно, во всякой былинке. Но сефиротические детали его ментальной эманационной деятельности слишком общи и отвлечены, чтобы размерять их циркулем на скверной фотографии.

Воля Человеческая часто не зрит собственной Свободы; тогда она раба Вторичных Причинностей, и тогда мы можем до некоторой степени предугадать ее тенденции. Значит, поступки человека подчас подлежат астрологическому учету с небольшим применением теории вероятностей.

Рок потому и называется нами слепым, что его проявления могут быть хорошо учтены заранее и как бы не подлежат отмене сами по себе, то есть без участия остальных двух вершин Треугольника Fabre d'Olivet. Вот астрология и хватается за область Рока и смело берется за предсказания. Если эти предсказания касаются погоды или проявлений вулканических сил, или каких-либо космических феноменов, то они поражают нас своей верностью и точностью, и мы раболепно преклоняемся перед всезнанием астролога. Если они касаются человеческих поступков, то в странах, где преобладает фатализм, предсказания окажутся очень удачными, и люди скажут: «да свершится написанное на звездах». Но если вы попадете в круг людей, занимающихся развитием Воли, то в ответ на ваше восхваление астрологии они гордо поднимут голову и скажут:

«Astra inclinant non necessitant.
Светила дают наклонность, но не принуждают».

Если, наконец, вы попадете на отшельника, не ищущего учеников и, следовательно, не учитывающего планетные темпераменты, или хотя бы и ищущего таковых, но направляющего их не на путь Розенкрейцерства, а на путь Нищих Духом, то он вам спокойно ответит: «Что мне за дело до вашего темного Рока? Что мне за дело до планетных оттенков проявлений вашей веры? Я смотрю на **Первую** Вершину Треугольника — там Вечным светом светит Светильник Совести, даруя освещение достаточное, чтобы отличить правую тропу от левой; **моя воля** неизменно ведет меня на правую тропу и, как бы ни были расположены ваши планеты, я всегда знаю, что все семь Вторичных Причинностей благоволят мне в **моей** эволюции. Ваш Сатурн даст всегда случай покориться ударам судьбы; ваш Юпитер всегда поддержит мой голос в авторитете Добра; ваш Марс дает мне храбрость и силу терпеливо перенести страдания и принять мученичество; ваше Солнце всегда снабдит меня чем-нибудь, от чего я в состоянии буду отречься в пользу ближнего; ваша Венера всегда притянет меня в то место, где ближнему **нужно** утешение и общение с уповающим сердцем; ваш Меркурий одарит меня Дарами Святого Духа, позволяя мне говорить на понятном ученикам языке; ваша Луна даст мне силу непротивления. Оставьте ваши предсказания, ибо они ничтожны в сравнении с теми, которые мне диктуют и мое Сверх-Я и ваши светила, — **мы все реинтегрируемся**».

Чтобы дать понятие об астрологии и вместе с тем не рассеивать до крайности внимания слушателей, мы изберем частную ее область, занимающуюся составлением гороскопов инкарнации отдельных человеческих особей. В этом частном вопросе мы имеем дело с тремя реализациями:

1) более или менее точное установление положения планет в Зодиаке; 2) распределение планет по отношению к так называемым гороскопическим домам; 3) чтение гороскопа, то есть интерпретация содержания гороскопа обыкновенным языком. Займемся сначала первой частью.

Определение положения планет на эклиптике или, точнее, определение геоцентрических долгот планет

В большинстве вопросов гороскопии можно пренебрегать планетными широтами, принимая их в соображение лишь в вопросе о точном угловом расстоянии центра Солнца и центра планеты в ту пору, когда это расстояние незначительно. Вот почему я озаглавил эту часть «определение геоцентрических долгот». Долгота Планет, а также «восходящего и нисходящего лунных узлов» (иначе называемых **Головой** и **Хвостом Дракона**) определяется для данного момента с помощью тех или других астрономических таблиц. Одинаково удобны для этой цели Nautical Almanach, Connaissance des temps и Эфемериды Рафаэля (Raphael Ephemeride). Помимо этих пособий, способы употребления которых разъяснены в предисловиях к соответствующим таблицам, еще удобно применяются **графические методы** при пользовании пособием Е.С... Ephemerides Perpetuelles (Paris, 1906). Все эти пособия относят соответствующие Эфемериды планет и лунных узлов к определенному моменту среднего астрономического времени; значит, для определения долготы планет в некоторый момент, заданный гражданским календарным временем определенного места, придется, прежде всего, от среднего гражданского времени перейти к среднему астрономическому для того же места. Наконец, это среднее время надо перевести в Гринвичское или Парижское, смотря по обсерватории, для которой составлен календарь. Так, если бы мы заинтересовались долготами планет для момента времени, который в С.-Петербурге определяется как 9 час. 30 мин. утра 25 Марта 1887 г. по гражданскому времени, то мы прежде всего должны заметить, что это же время по Петербургскому астрономическому календарю читается как 21 час. 30 мин. среднего астрономического времени 24 Марта того же года.

Или, принимая во внимание, что восточная долгота Петербурга по отношению к Парижу равна 1 часу 52 минутам 52 секундам времени, мы определим наш момент как 19 час. 37 мин. 8 сек. парижского астрономического среднего времени 24 Марта 1887 года. К этому-то моменту 19 час. 37 мин. 8 сек. мы и должны подбирать планетные долготы в соответствующем астрономическом календаре или в таблицах графического определения эфемерид.

Таблицы М. С... дают графически (после соответствующих поправок):

Долгота Луны,	12° 02',	т. е.	12° 02'	Овна
Долгота восх. узла Луны,	145° 52',	т. е.	25° 52'	Льва
Долгота нисх. узла Луны,	325° 52',	т. е.	25° 52'	Водолея
Долгота Солнца,	3° 10',	т. е.	3° 10'	Овна
Долгота Меркурия,	21° 40',	т. е.	21° 40'	Овна
Долгота Венеры,	29° 40',	т. е.	29° 40'	Овна
Долгота Марса,	10° 40',	т. е.	10° 40'	Овна
Долгота Юпитера,	211° 10',	т. е.	1° 10'	Скорпиона
Долгота Сатурна,	104° 40',	т. е.	14° 40'	Рака

Эти значения долгот, конечно, приближенные, но степень точности их определения, вообще говоря, удовлетворяет требованиям обычной **гороскопии**.

В первом столбце показаны геоцентрические долготы планет, а во втором — их угловые расстояния от **кустодов**, то есть начальных точек тех **Знаков** (или **Зодиакальных Домов**), в которых они находятся. Вторая схема записи у астрологов употребительнее первой.

Расположение планет по эклиптике или, точнее, расположение ортогональных проекций видимых мест планет на эклиптику, рассматриваемую **геоцентрически**, определит отношение Планет к Знакам и взаимоотношение самих Планет.

По астрологическим данным Знак Зодиака относится к Планете, в нем пребывающей, как тело к душе. Иными словами, знак, в котором не находится ни одна планета, должен проявляться астрально не более интенсивно, чем проявляется в физическом плане тело, астросом которого экстериоризовался более или менее далеко, или даже совсем удалился.

Вы помните то, что было сказано в XII–м Аркане о планетных домах. Планета, находящаяся в своем зодиакальном доме, ведет себя астрологически, как душа в подходящем ей теле, как хозяин в своем доме. Планета в чужом доме чувствует себя более или менее хорошо, в зависимости от «дружбы» или «недружбы» ее с той планетой, которой этот знак принадлежит как дом. Помимо этого (а иногда в связи с этим), планета чувствует себя особенно плохо в Зодиакальных Знаках, диаметрально противоположных ее домам. Так, например, Марс будет себя неважно чувствовать в Весах и в Тельце, уже только потому, что он себя хорошо чувствует в Овне и Скорпионе. Сатурн будет ослаблен в Раке и Льве, потому что он силен в Козероге и в Водолее. Собственный дом планеты называется в астрологии «**Domicilium**»; сектор, противоположный дому, определяет для планеты «**Detrimentum**» (убыль силы). Нахождение планеты в Domicilium оценивается в арифмологической астрологии прибавкой ей пяти баллов; нахождение в Detrimentum — таким же вычетом.

Мы только что упомянули о дружбе и недружбе планет. Помимо **магической** оценки дружбы, уже указанной нами в седьмом Аркане, необходимо еще запомнить традиционную таблицу так называемой **астрологической дружбы и недружбы**. Вот содержание этой таблицы. Сатурн особенно дружен с Марсом и недружен с Солнцем; Юпитер дружен с Луной и недружен с Марсом; Марс дружен с Солнцем и недружен с Юпитером; Солнце дружно с Марсом и недружно с Сатурном; Венера дружна с Юпитером и недружна с Меркурием; Меркурий применяется ко всем планетам; Луна дружна с Юпитером и недружна с Марсом.

Из самой таблицы вам видно, что здесь под термином «дружба» разумеется нечто иное, чем в Магии, а именно — общий характер применимости **дома** планеты к чужим планетам. Помимо симпатии планеты к определенным Знакам, в которые ей удобно облекаться для астральной работы, астрология различает еще **экзальтацию** планеты (**exaltatio**), то есть **вспышку** ее влияния в определенных градусах, и противоположное этой экзальтации **падение** (**casus**) планеты. Так, например, Сатурн экзальтирован в 21° Весов и падает в 21° Овна. Экзальтация и падение оцениваются изменениями в 4 балла.

Каждый из Знаков Зодиака содержит 30°, распределенных между пятью планетами так, что одни градусы благоприятны одной, а другие — другой. Эти **области** (**terminus**) усиливают соответственные планеты, арифмологически даруя им 2 балла.

Каждый Знак Зодиака делится на 3 декана по 10°. **Деканы** (**facies**) также распределены между планетами и в некоторых случаях дают им 1 балл.

Градусы эклиптики считаются частью **мужскими**, частью — **женскими**, частью — **нейтральными**. Мужская планета в мужском градусе, женская в женском и Меркурий в мужском или женском получают по 1 баллу; Меркурий в нейтральном градусе получает 2 балла.

Из XII–го Аркана вам уже известно распределение Знаков между Четырьмя Элементами (стихиями). Каждому Элементу принадлежит по 3 знака, так сказать, целая **triplicitas** Знаков, и каждая triplicitas имеет Повелителями 3 планеты. Первый повелитель (**Senior**) называется дневным (**diurnus**); второй — ночным (**nocturnus**); а третий носит просто звание «участника» (**participans**). Triplicitas Огня управляется Солнцем, Юпитером и Сатурном; triplicitas Земли — Венерой, Луной и Марсом; triplicitas Воздуха — Сатурном, Меркурием и Юпитером, triplicitas Воды — Венерой, Марсом и Луной. Нахождение планеты в одном из знаков собственной triplicitas дарит планете 3 балла. Планета в собственной triplicitas чувствует себя так же уютно, как чиновник в компании сослуживцев за общим с ними делом. Помимо зависимости астрального действия планеты от

Знака и Градуса, в котором она находится, следует учитывать взаимное расположение самих планет.

Существенное значение в астрологии имеют лишь следующие фазы взаимных положений двух планет, согласно традиции называемые аспектами планет (**aspectum**), то есть как бы взглядами одной планеты на другую:

1) если разность долгот двух планет+60°, то говорят, что планеты в **секстиле** (sextilis); — ✶

2) если эта разность равна+120°, то говорят, что планеты в **тригоне** (trigonum); — △

3) если разность долгот планет равна+90°, то планеты в **квадратуре** (quadratura); — □

4) если упомянутая разность равна+180°, то планеты в **противостоянии** (oppositio); — ☍

2) если разность эта=0, то говорят, что планеты в **соединении** (conjunctio); — ☌

Тригон считается **хорошим** аспектом; секстиль — **умеренно хорошим**; противостояние — **дурным**; квадратура — **умеренно дурным**; соединение — просто **суммирующим влияние** двух планет; соединение с хорошей планетой усиливает хорошие влияния данной планеты и ослабляет дурные; с дурной планетой ослабляет хорошие и усиливает дурные.

Из двух планет преобладает влияние той, у которой долгота изменяется быстрее.

Аспекты планет исчисляются двояким образом: различают аспект **точный** (aspectum particulare), то есть приближенный до 1° дуги, и аспект **приближенный** (aspectum elementare), то есть аспект с приближением до полусуммы так называемых **орб** (orbis) глядящих друг на друга планет. Орбы Сатурна и Юпитера исчисляются в 9°; орбы Венеры и Меркурия — в 7°; орба Марса — в 8°; орба Луны — в 12°, а орба Солнца — в 15°. Приближенные (или элементарные) аспекты планет исчисляются обыкновенно простым сочетанием знаков, разделяющих планеты, с добавочной прикидкой на орбы в случае сомнения.

Если центр планеты отстоит от центра Солнца менее, чем на 16 минут дуги большого круга (то есть по кратчайшему расстоянию), то говорят, что планета в **Cazimi** и что лучи Солнца усугубляют ее влияние, донося его до Земли.

Если центр планеты удален от центра Солнца больше, чем на 16' дуги, но менее, чем на 12° дуги, то говорят, что **планета** спалена (**combusta**) Солнцем, то есть что ее влияние **парализовано** солнечными лучами.

На большем расстоянии от Солнца планета следует общим законам соединения с таковым. Планета может быть **спалена** не только влиянием Солнца, но и фактом нахождения по долготе между 13° Весов и 9° Скорпиона (эта часть эклиптики называется **Via combusta**).

При учете силы планетного действия принимается во внимание еще целый ряд обстоятельств, о которых мы не можем говорить, не расширяя чрезмерно объема статьи об астрологии. Все эти подробности в наиболее чистом с точки зрения традиции изложении вы найдете у Fludd'a (De Astrologia — есть во французском переводе Piobb, Paris 1907).

Перейду теперь к характеристике собственно гороскопии, которую озаглавлю:

О приемах определения кустодов гороскопических домов на дуге эклиптики.

Как мы уже сказали, гороскопические предсказания относят к определенному моменту времени, для которого и определяют, опять-таки согласно сказанному, долготы планет. Схема расположения последних характеризует, так сказать, **общую картину их астральных влияний на земную жизнь в гороскопический момент.** Но ведь гороскопы составляются для предсказания хода частного процесса, например, течения определенной инкарнации некоторой личности. Раз мы избрали этот частный пример, то и будем держаться интерпретации его одного. Распространив круг своего интереса к астрологии чтением специальных сочинений по этому предмету, вы легко представите себе по аналогии все другие применения способов построения гороскопа, как то: гороскоп юридического процесса, гороскоп Царствования, метеорологический гороскоп данного дня или месяца, гороскоп эгрегорической цепи, гороскоп исторической эпохи и т. д. и т. п.

Гороскоп человеческой жизни относят обыкновенно к моменту рождения. Причин тому несколько: 1) затруднительность определения момента зачатия и сомнительность методов, предлагаемых различными астрологами для определения момента его по уже составленному гороскопу момента рождения; 2) важность самого момента рождения, обусловливающего подверженность рождающегося условиям жизни в элементах, от которых он был прежде огражден материнским влиянием (ведь ход феноменов в элементах с момента рождения человека тесно связан с гороскопическими данными, соответствующими этому моменту); 3) затруднительность схематизации по дуоденеру событий сложного процесса двух жизней — утробной и наружной, о взаимоотношениях которых мы слишком мало знаем.

Итак, решено — мы сосредоточиваемся на моменте рождения.

Но помимо вопроса о моменте, определяющем общую картину астральных влияний, следует еще поставить вопрос о различии комплекса этих влияний для различных точек земной поверхности. Энергетические воздействия световых лучей светил на различные площадки будут изменяться в зависимости от положения светил относительно горизонтов этих площадок. То же будет по аналогии и со всеми другими лучами. Древние главным образом учитывали в гороскопах географическую долготу места рождения, почти пренебрегая географической широтой. Происходило это, вероятно, потому, что их жизнь протекала на сравнительно узкой полосе глобуса, не дававшей возможности эмпирически установить недостатки принятых методов. Ныне с расширением поверхности, для точек которой производится учет астрологических данных, нельзя довольствоваться так называемой прямой астрологической сферой древних с двенадцатью гороскопическими домами по 30° каждый. Ведь задача гороскопа заключается в том, чтобы уложить дуоденер фаз жизни Зодиакального, то есть физического плана для отдельного человека на дуоденер фаз жизни всей Земли, на которой он воплотился, то есть попросту на геоцентрически построенную эклиптику с красующимися на ней проекциями планет. Ведь дуоденер жизни человека по Великому Закону Аналогий изобразится также полным кругом в 360°. С точки зрения интересов самого человека все двенадцать секторов этого круга могут считаться равными между собой подобно тому, как были равны для всей Земли секторы Зодиакальных Знаков. Но с точки зрения общей земной жизни — будут ли равновелики секторы частной жизни человека и наоборот? Вот вопрос. Древние отвечают: «Да, это приблизительно так, но, конечно, кустоды этапов жизни отдельного человека не совпадают с кустодами жизни всей планеты. Радиусы, отделяющие двенадцать частных секторов, не совпадут с радиусами, определяющими Зодиакальные Знаки». Мы требовательнее их, а потому говорим: «Конечно, одна система границ не совпадает с другой; но, кроме того, нет основания наперед допускать, что этапы жизни отдельного человека равновелики между собой с точки зрения общей жизни планеты и обратно; а потому, если считать Знаки Зодиака по 30°, то гороскопические дома, управляющие фазами жизни какого-либо индивидуума, надо считать неравными друг другу и поставить какое-либо условие, позволяющее определять вычислением положение их кустодов менее шаблонно, чем это делалось у Древних».

Вот мне и придется построить для одного и того же гороскопа 2 сферы, одну **прямую**, по системе древних, другую косую, по схеме **Montereggio**, которую теперь предпочитают остальным.

Прямая сфера строится следующим образом: назвав **серединой неба M.C. (Medium Coeli)** точку пересечения эклиптики с меридианом данного места, берут эту точку за **кустод десятого дома**. Кустоды остальных домов размечают далее в 30 градусах один от другого в нормальной последовательности домов 11-го, 12-го, 1-го, 2-го, 3-го и т. д.

Кустод первого дома получает название **Ascendent**; кустод 4-го — **Fundus Coeli (F.C.)**; кустод 7-го — **Occident**. Чертежа мы в этом случае приводить не будем — всякий легко построит его сам.

Итак, чтобы установить прямую гороскопическую сферу, достаточно знать положение Середины Неба (M.C.) на эклиптике. Но долгота Середины Неба легко определится, если знать **прямое восхождение** Середины Неба (долгота будет гипотенузой сферического прямоугольного треугольника, в котором катет=прямому восхождению, а угол, прилежащий катету, =23°27'30").

Прямое восхождение Середины Неба=прямому восхождению меридиональной плоскости=звездному времени данного места. В примере гороскопа для 9 час. 30 мин. утра 13 — 25 Марта 1887 года это звездное время вычислится так:

Звездное время в средний полдень 1-го Января 1887 г.	=18 час. 43 мин.
Присчет звездного времени на	+
24-е Марта обыкн. года	= 5 час. 23 мин.
21 час 30 мин. **среднего** времени переходят в	21 час 33 мин. 35 сек.
	45 час 39 мин. 35 сек.
	– 24 часа
	21час 39 мин. 35 сек.,

что при переводе в дуговую меру дает для прямого восхождения Середины Неба числовое значение 323° 08' 20", а для долготы Середины Неба приблизительно 326° 45'.

Итак, точка MC попадает на 27-й градус Знака Водолея, кустод XI-го дома в 27-й градус Рыб, кустод XII-го дома в 27-й градус Овна, Ascendens в 27-й градус Тельца и т. д.

Вот как просто строится так называемая прямая сфера.

Теперь перехожу к сфере Montereggio (см. чертеж 8-й).

Пусть EQ есть небесный экватор, а ML — эклиптика; тогда ♈ будет точка весеннего равноденствия. Представьте себе еще горизонт HR данного места. Точка A есть одна из точек пересечения его с эклиптикой, а точка B — одна из точек его пересечения с экватором. Если дуга QLR принадлежит меридиану данного места, то L будет Середина Неба, M.C. (или кустод X-го дома). За Ascendens гороскопа будет принята точка A. Кустоды X-го и XII-го домов определятся следующим построением: дугу BQ делят на 3 равные части в точках S и T и затем проводят два

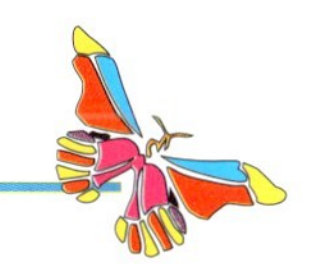

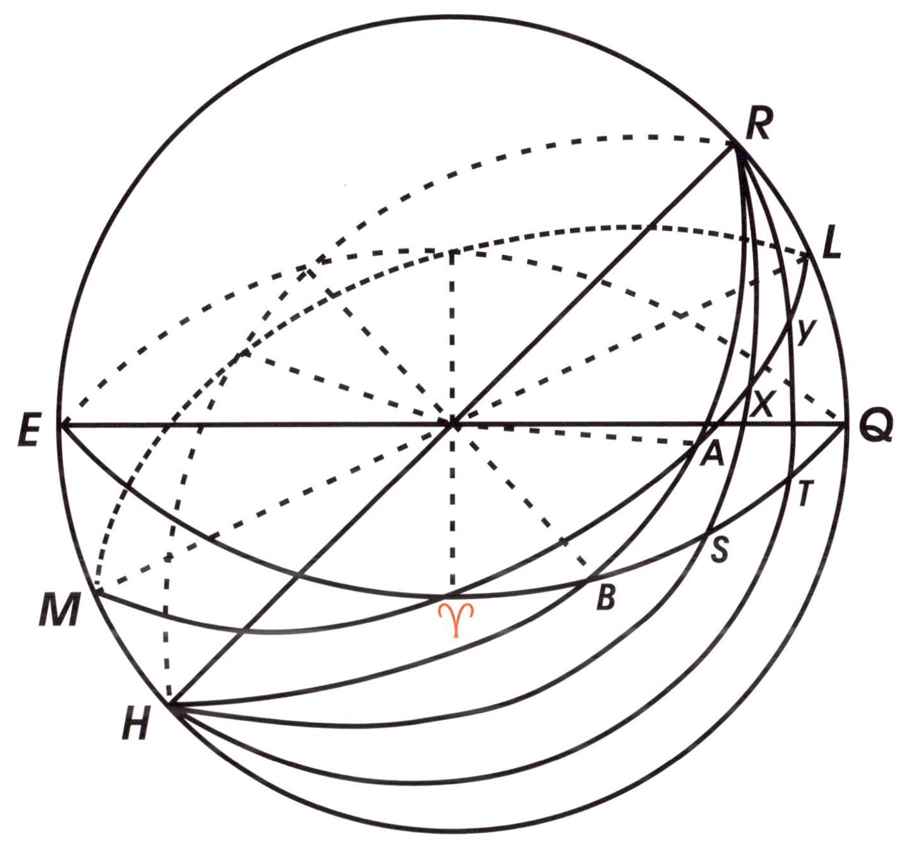

Черт. 8.

больших круга HSR и HTR. Точки X и Y пересечения этих дуг с дугой эклиптики и будут кустодами XII-го и XI-го домов.

Диаметрально противоположные им точки сферы будут кустодами VI-го и V-го домов. Деление дуги EB на 3 равные части и соответственное этому проведение больших кругов через R, H и точки деления определит на эклиптике кустоды II-го и III-го домов, а диаметрально противоположные этим кустодам точки послужат кустодами VIII-го и IX-го домов. При таком построении астрологической сферы гороскопические дома выходят не только неравными между собой, но даже не чередуются регулярно своими кустодами с кустодами домов зодиакальных. На один зодиакальный дом могут выпасть два гороскопических кустода, или на один гороскопический — два зодиакальных.

Определение положения точек X, Y и т. п. сводится либо к решению сферических треугольников, либо к применению особых приемов приближенного исчисления долгот этих точек. Довольно удобный метод такого приближенного исчисления приведен у Piobb'а в предисловии к его переводу «Астрологии» Fludd'а. Заметим, кстати, что такие приближенные исчисления могут в частных случаях привести к ошибкам в полтора градуса или даже 2° в положении кустодов на эклиптике. В большинстве случаев это мало искажает толкование гороскопа; но при сомнительных комбинациях лучше прибегать к точным методам. В гороскопе, который я буду анализировать, места кустодов определены приближенно. Эфемериды Рафаэля избавляют от труда вычисления долгот кустодов, давая их готовыми в особых таблицах, обнимающих, к сожалению, лишь область средних широт и потому неприменимых к северной России.

Гороскоп, который я предложу вашему вниманию, рассчитан приблизительно для Петербурга (долгота 27° 58' от Парижа; широта 59° 46') на 9 час. 30 мин. утра 25/13 Марта 1887 года. Кустоды домов этого гороскопа даются следующей таблицей их долгот:

Кустод X–го дома,	326°45'	(или 26° 45')	Водолея
Кустод XI–го дома,	1°45'	(или 1° 45')	Овна
Кустод XII–го дома,	42°45'	(или 12° 45')	Тельца
Кустод I–го дома,	79°30'	(или 19° 30')	Близнецов
Кустод II–го дома,	101°10'	(или 11° 10')	Рака
Кустод III–го дома,	125°	(или 5°)	Льва
Кустод IV–го дома,	146°45'	(или 26° 45')	Льва
Кустод V–го дома,	181°45'	(или 1° 45')	Весов
Кустод VI–го дома,	222°45'	(или 12° 45')	Скорпиона
Кустод VII–го дома,	259°30'	(или 19° 30')	Стрельца
Кустод VIII–го дома,	281°10'	(или 11° 10')	Козерога
Кустод IX–го дома,	305°	(или 5°)	Водолея

Для удобства записывания гороскопических данных, прибегают к одной из двух следующих схем; или (черт.9) изображают гороскопические дома равными секторами, надписывая на их кустодах градусный отсчет от кустодов соответственных Знаков Зодиака, с обозначением названия самих Знаков, и помечая в секторах название планет, в них помещающихся по долготе, с точными градусными обозначениями мест тех же планет в Зодиакальных Знаках, не забывая притом отметить в секторах, обнимающих более одного Знака, названия Знаков, целиком лежащих внутри сектора; или (черт. 10) делая точно такие же записи на площадях двенадцати треугольников, комплекс которых дает фигуру, именуемую «планом Нового Иерусалима».

По применении одной из двух схем к гороскопу приступают к составлению **таблицы** (черт. 11) **аспектов** планет между собой, а также

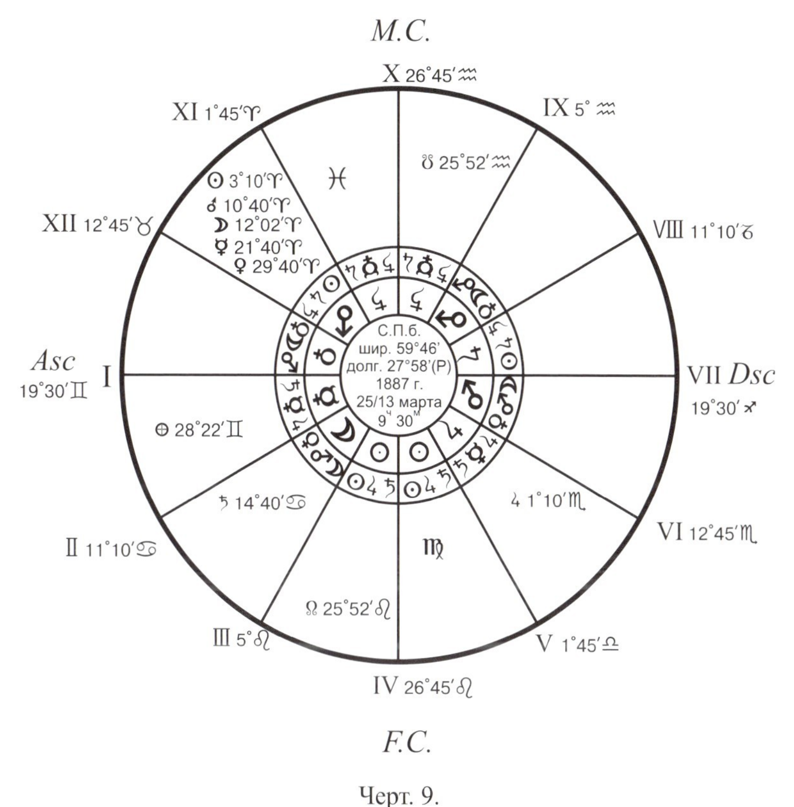

Черт. 9.

аспектов планет с важнейшими кустодами гороскопических домов. Чаще всего в предварительном аспекте кустодов ограничиваются Ascendens'ом и Серединой Неба, оставляя труд определения остальных аспектов планет на кустоды на моменты возникновения в них надобности.

Затем в таблицу аспектов помимо планет помещают и так называемую «**Pars Fortunae**». Это — геометрическая точка на эклиптике, традиционно заведующая принципом **удачи** владельца гороскопа. Вычисляется она по следующей схеме.

Долгота Ascendens'а минус долгота точки Pars Fortunae=долгота Солнца минус долгота Луны.

Иначе сказать, долгота Pars Fortunae получится сложением долготы Ascendens'а с долготой Луны и вычитанием из полученной суммы долготы Солнца. Разумеется, если разность более 360°, то следует скинуть 360°, а если разность отрицательная, то прибавить 360°.

В нашем примере долгота Ascendens'а=79° 30'; долгота Луны=12° 02'; а долгота Солнца — 3° 10'. Для долготы точки Pars Fortunae имеем значение

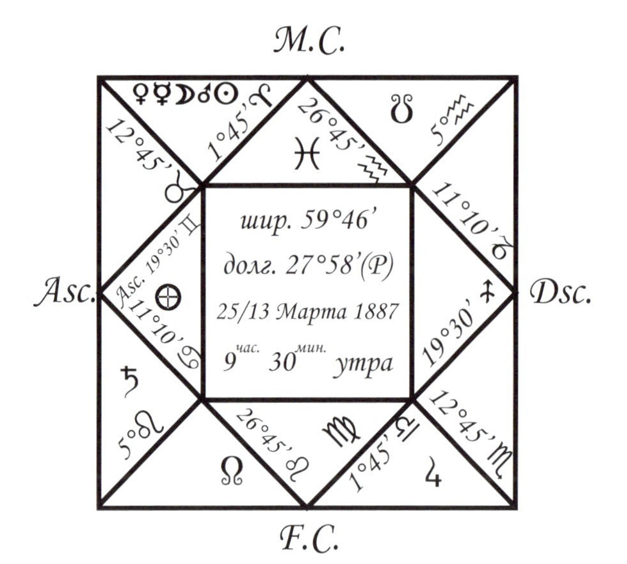

Черт. 10.

88° 22', что соответствует 28° 22' в Знаке Близнецов. По составлении полной таблицы аспектов (кстати сказать, аспекты планет на кустоды исчисляются с точностью до полуорбы соответственной планеты; то же применяется и к аспектам Pars Fortunae на планеты, а также к аспектам Лунных Узлов) следует приступить к оценке абсолютного достоинства планет в гороскопе. Для этого вооружаются сначала таблицами Зодиакальных домов планет, противоположных им секторов убыли планет, экзальтаций и падений, тройственностей, терминов, деканов, мужских и женских градусов и еще некоторых других различий, о которых мы не будем говорить, и учитывают все эти табличные данные для семи планет.

В нашем примере Сатурн в detrimentum (–5 баллов), в мужском градусе (+1 балл), в **почетном** градусе (+1 балл), что в общей сложности дает Сатурну по табличным достоинствам (–3) балла.

Таким же образом Юпитер получит 1 балл за мужской градус, и маленькое порицание за **теневой** градус, что в итоге табличных Знаков даст ему несколько меньше одного балла.

Марсу таблица дает 5 баллов за Domicilium; Солнцу — 3 балла за Triplicitas; Венера получит (–5) баллов за Detrimentum, (+1) балл за декана, еще 1 балл за женский градус и похвалу за близость к кустоду Тельца, что в общем даст ей больше чем (–3) балла табличных преимуществ; Меркурию таблица ничего не дает; Луна получит 2 балла за термин.

К баллам, полученным планетами за абсолютное достоинство по таблице градусов, прибавятся еще баллы за нахождение в определенных домах (гороскопических). Дома I, IV, VII и X называются **основными**

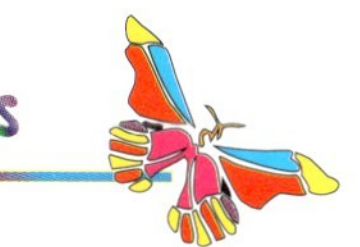

	♄	♃	♂	☉	♀	☿	☽	☊	☋	⊕	As	Mc
♄			□	□		□	□					
♃					☍	☍		⚹	△	△	(△)	△
♂	□			☌			☌					
☉	□		☌				☌			□	□	
♀		☍				(☌)		△	⚹	⚹	(⚹)	⚹
☿	□	☍			(☌)		☌	△	⚹	⚹	⚹	△
☽	□		☌	☌		☌					⚹	
☊		⚹			△	△			☍	⚹		☍
☋		△			⚹	⚹		☍		△		☌
⊕		△		□	⚹	⚹		⚹	△			△
As		(△)		□	(⚹)	⚹	⚹					
Mc		△			⚹	△		☍	☌	△		

Объяснение знаков

☌	Соединение	□	Квадратура
☍	Противостояние	⊕	Pars Fortunae
△	Тригон	☊	Восход. узел Луны
⚹	Секстиль	☋	Нисход. узел Луны

Черт. 11.

(Domus cardinales); дома II, V, VIII и XI называются **второстепенными** (Domus succedentes); наконец, дома III, VI, IX и XII являются **третьестепенными** (Domus cadentes). За нахождение в X-м или I-м доме планете дается 5 баллов, за VII, IV или XI дом — 4 балла; за II-й и V-й по 3 балла; за нахождение в XII-м доме планете сбавляется 3 балла; за нахождение в VIII-м или VI-м домах, считающихся особенно ослабляющими планеты, полагается сбавка в 4 балла. Приняв это в соображение, мы присчитаем Сатурну и Юпитеру по 3 балла, а остальным пяти планетам по 4 балла.

Сделав оценку планет баллами за достоинство и за дома, остается учесть **их силу по аспектам с другими планетами**. За соединение с Солнцем Марсу и Луне полагается по 5 баллов.

За секстиль или тригон с другой планетой и за квадратуру с хорошей планетой планетам полагается по 3 балла. За квадратуру или противостояние с Солнцем полагалась бы сбавка в 3 балла, за «спаленность» — сбавка в 5 баллов.

Теперь займемся учетом положения планет на эклиптике. Две четверти эклиптики, прилегающие к точке весеннего равноденствия, называются «восходящими четвертями» эклиптики; две четверти, прилегающие к точке летнего солнцестояния, называются «северными четвертями» эклиптики. Если гороскоп составляется для места северного полушария Земли, то нахождение планеты на одной из восходящих четвертей или на одной из северных четвертей дарит планете 3 балла. В нашем случае Марс, Солнце, Луна, Венера и Меркурий лежат в первой четверти эклиптики, которая и восходящая, и северная; следовательно, означенные планеты приобретают еще по 6 баллов. Сатурн лежит уже во второй четверти эклиптики, северной, но не восходящей; ему полагается лишь 3 балла.

Если отказаться от учета более тонких обстоятельств для планет (прямого и обратного движения, так называемой «западности» и «восточности» и т. п.), то планеты в нашем гороскопе окажутся владеющими следующим числом баллов: Марс — 20 баллов; Луна — 17 баллов; Солнце — 13 баллов; Меркурий — 10 баллов; Юпитер — меньше 4-х баллов; Сатурн — 3 балла.

Хозяином всего гороскопа мы можем провозгласить планету Марс. Сильно сказывается в нем и влияние Луны.

Теперь нам предстоит определить так называемых «хозяев» (арабское «**Almuten**») **отдельных** домов гороскопа. Для этого необходимо прежде всего определить, к какой Triplicitas Зодиакальных Знаков относится кустод дома: к той же Triplicitas принято относить весь дом. Так, например, первый дом нашего гороскопа относится к Triplicitas Воздуха, потому что кустод его находится в знаке Близнецов. Senior'ами нашей Triplicitas служат Сатурн, Меркурий, Юпитер. Они же будут называться **обозначателями дома** (significatores). Из этих сигнификаторов первый (Меркурий) имеет domicilium в знаке Близнецов же, что дает ему в данном доме 5 баллов. Другой сигнификатор, Юпитер, получит в этом доме (– 5) баллов за detrimentum и хоть 1 положительный балл за то, что почти смотрит на кустод дома плохоньким тригоном. Сатурн имеет 0 баллов. Меркурий тем сильнее в доме, что еще смотрит на него секстилем из сильного одиннадцатого дома. Будь какая-нибудь планета **налицо** в самом первом

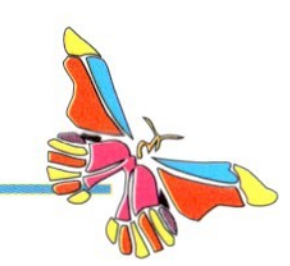

доме, она еще бы могла поспорить с Меркурием за первенство в доме, но при пустом доме Меркурий остается его хозяином, числясь в нем вместе с тем вторым сигнификатором. Займемся таким же образом V-м домом, также относящимся к triplicitas Воздуха (кустод дома в Весах). Сигнификаторы опять Сатурн, Меркурий и Юпитер. Но здесь Сатурн приобретает 4 балла за экзальтацию, Меркурий ничего не получит в доме, а Юпитер получит 4 балла за нахождение в знаке своей triplicitas, и еще 5 баллов за нахождение в самом доме. Венера, имеющая в знаке Весов domicilium, даже не в аспекте с домом, а потому хозяином дома остается Юпитер, числясь вместе с тем третьим его сигнификатором.

На чертеже №9 гороскопа в первом из маленьких внутренних кружков мною намечены сигнификаторы домов (порядок против часовой стрелки), а в самом маленьком кольце — **хозяева домов**, бегло определенные соображениями, схожими с только что приведенными.

Теперь переходим к третьей части изложения, которую мы озаглавим:

Толкование гороскопа

При толковании этом надо твердо помнить:

1. Значения самих домов вообще и их сигнификаторов в частности (иногда значение сигнификатора как бы немного выходит из сферы общей компетенции дома). Чтобы покончить с этим вопросом, привожу полную таблицу значения домов, о которых уже упоминалось в XII-ом Аркане.

Первый дом — Vita: общее направление жизни, комплекс астральных особенностей, этическое миросозерцание, физический тип.

1-й сигнификатор управляет этими элементами в первую треть жизни.

2-й сигнификатор управляет ими во вторую треть жизни.

3-й сигнификатор — в третью треть.

Второй дом — Lucrum — определяет имущественное благосостояние, причем начало, середина и конец жизни распределяются между сигнификаторами так же, как в первом доме.

Третий дом — Fratres — определяет отношение к братьям и сверстникам, причем первый сигнификатор касается отношений к старшим братьям и самой судьбе этих братьев, второй сигнификатор — младших братьев, а третий соответствует обычным перемещениям недалеко от постоянного местожительства, навязанным нам судьбой наравне с братьями и сестрами.

Четвертый дом — Genitor — характеризует родителей. Первый сигнификатор этого дома касается отца, второй — родового имущества семьи, третий — так называемого **finis rerum**, то есть **конца вещей** (понимайте, как хотите).

Пятый дом — Nati — характеризует детей и их судьбу, причем первый сигнификатор касается специально детей, второй — области привязанностей владельца гороскопа, а третий — области его миссий.

Шестой дом — Valetudo — занимается вопросом о здоровье владельца гороскопа и о его слугах. Причем первому сигнификатору отводятся болезни, второму — слуги, третьему — мелкие домашние животные.

Седьмой дом — Uxor — заведует супружеством и некоторыми элементами, которые почти так же неизбежны, как супружество. Первый сигнификатор посвящен супругу или супруге, второй — процессам, третий — врагам.

Восьмой дом — Mors — заведует смертью и тем, что ассоциируется с идеей смерти. Первый сигнификатор его посвящается условиям смерти владельца гороскопа; второй — вопросу о традициях и реликвиях; третий — вопросу о наследствах.

Девятый дом — Pietas — довольно смешанного содержания, в котором отдается предпочтение вопросу о религиозном миросозерцании. Первому сигнификатору отведены путешествия; второму — область религии; третьему — область снов.

Десятый дом — Regnum — должности, профессия, почести и т. п. Первый сигнификатор посвящен профессии; второй — почестям; третий — влиянию и судьбе матери владельца гороскопа.

Одиннадцатый дом — Benefacta — все то, что будет приобретено владельцем гороскопа. Первый сигнификатор посвящен специально области приобретенного **доверия**; второй — характеру труда; третий — результатам труда.

Двенадцатый дом — Carcer — посвящается тайным врагам, лишению или ограничению свободы, огорчениям и всяческим стеснениям и повреждениям. Первый сигнификатор относится к козням врагов; второй — к печалям, переутомлениям и тюремному заключению; третий — к вреду, который могут нанести большие животные владельцу гороскопа.

2. Помимо значения домов, при толковании гороскопа надо твердо помнить, что всякая планета может играть в гороскопе **две** роли:

1) она учитывается как **действующий фактор**;

2) она может служить **фишкой**, принимающей на себя влияние других планет и кустодов.

При учете активного влияния планеты играют роль:

а) натура планеты как Вторичной Причинности;

b) Знак Зодиака, в котором находится планета (инструмент, применяемый планетой);

c) гороскопический дом, в котором планета находится;

d) гороскопический дом, в котором она управляет на правах хозяина. Эти два последних обстоятельства определяют сферу жизни, из которой идет влияние планеты;

e) сила или слабость планеты в гороскопе;

f) важность дома, в котором она находится;

g) близость к Середине Неба;

h) если активное влияние планеты сводится не к присутствию в доме, а к аспекту на другую планету или на дом (то есть на его кустод), то еще хороший или дурной характер самого аспекта;

i) аспекты планет или геометрических точек (узлы Луны, Pars Fortunae), падающие на нашу планету.

Пассивная роль планеты, как фишки, получающей чужие влияния, присуща ей, когда она рассматривается нами как хозяин определенного дома или как сигнификатор некоторой области этого дома. В этом случае натура планеты не учитывается. Если планета-хозяин или планета-сигнификатор дома налицо в самом доме, то она играет двойную роль по отношению к нему — она и активна и пассивна, и тогда, конечно, натура ее идет в учет.

В случае пассивности планеты все влияния на нее планет, кустодов и подвижных геометрических точек принимаются падающими на область дома, в котором она хозяин, или на область подотдела, которому она служит сигнификатором. Как учитывать активное влияние планет и точек объяснено выше.

Согласно сказанному, представим себе, что Солнце служит фишкой дома детей (V–го) или, еще лучше, сигнификатором детского вопроса в гороскопе женщины. Пусть притом Луна в квадратуре с Солнцем и смотрит на него из первого дома, а Марс и Сатурн смотрят на Луну тригонами, причем Сатурн в соединении с Меркурием. Тогда я скажу, что у этой женщины вопрос о детях неизменно связан с затруднениями при родах (квадратура Луны, заведующей материнством), зависящими от особенностей ее здоровья (Луна в I–м доме), но что она из этих затруднений будет выходить всегда благополучно (тригон Сатурна), благодаря изобретательности (соединение с Меркурием) врачей, внезапно (Марс) подсказывающей им удобные приемы.

Если бы у кого-нибудь Луна служила фишкой брака и находилась в доме Regnum в тригоне с Юпитером, а последний был бы хозяином в доме Lucrum, то можно было бы сказать, что владелец гороскопа женится на богатой (благоприятные влияния Юпитера из дома Lucrum) невесте в служебной обстановке (дома Regnum); я бы даже рискнул сказать, что он сосватает начальника (Юпитер).

Если бы Марс соединился у кого-нибудь с Сатурном в доме Mors, а Солнце имело бы аспект на этот дом, то можно было бы ожидать насильственной или внезапной смерти (♂) в многолюдном собрании (☉), фатально (♄) чем-либо подготовленной или облегченной и т. д.

Приложим наши общие замечания к толкованию I–го и V–го домов приведенного нами гороскопа, причем ограничимся выводами из общих положений, не прибегая к традиционным эмпирическим, а подчас и произвольно поставленным приметам, которыми переполнены учебники астрологии, напечатанные за последние два столетия.

I–й дом

I. Хозяин дома (Меркурий) смотрит на дом секстилем (умеренно-благоприятный аспект) из **XI–го дома** (дом благоприобретенного).

Отсюда (приняв в соображение натуру Меркурия) заключаю:

1) (в ментальном плане). Научные спекуляции, умеренно благоприятствуют развитию умственных способностей.

2) (астральный план). Применение медицины в случаях расстройства здоровья довольно уместно.

3) (материальный план). Спекуляция в делах физического плана уместна.

II. Хозяин гороскопа (Марс) не смотрит на хозяина дома. Судьба мало зависит от здоровья и прирожденных способностей и наклонностей.

III. Дом без планет. Значит, надо учесть влияние Знака Близнецов, в котором находится кустод дома. Знак этот своими неподвижными звездами располагает человека в плане астральном к пониманию тонкостей в формах, любви к искусствам и, в частности, к музыке, к непостоянству во вкусах, к способности к логическим рассуждениям и к умению приобретать уважение ближних; а в плане физическом — к пропорциональному сложению тела, симметрии лица, кряжистости и хорошему развитию мускулов рук при отсутствии полноты и упругости остальных мускулов.

IV. Pars Fortunae бросает умеренно благоприятный аспект на хозяина дома. Судьба умеренно благоприятствует общим условиям развития.

V. Сатурн смотрит квадратурой из II–го дома на хозяина I–го. Плохие денежные обстоятельства могут фатально влиять на здоровье и моральное самочувствие.

VI. Юпитер в V–м доме и в противостоянии с хозяином I–го. Незаконные дети (**не авторизованные**) причиняют беспокойство.

VII. Венера в XI–м доме в соединении с хозяином I–го. Случаи разделенной любви иногда поддерживают самочувствие.

VIII. Луна в XI–м доме в соединении с хозяином I–го. Благоприобретенное **матерью** имущество способствует правильному развитию способностей к хорошему самочувствию.

IX. Хорошие аспекты узлов и нахождение Pars Fortunae в самом доме увеличивают вероятность хороших влияний.

Теперь рассмотрим влияния, падающие на сигнификаторов трех третей жизни.

Первый сигнификатор (Сатурн) — в квадратуре с Марсом: связи и выработанные убеждения родителей тормозили кое–что в детстве;

— в квадратуре с Солнцем: тогда же дурно влияло официальное положение отца;

— в квадратуре с Меркурием: детство далеко не счастливейшая треть;

— в квадратуре с Луной: положение матери в семье и в свете не помогало в детстве;

Второй сигнификатор (Меркурий) — вместе с тем хозяин всего дома, а потому вторая треть жизни является характерной; к ней можно отнести все то, что сказано обо всем доме.

Третий сигнификатор (Юпитер) — в противостоянии с Венерой: любовь может немного стеснять в связи с вопросами карьеры и отношения к людям, но не вносит ничего фатального, и все устраивается благополучно;

— в противостоянии с Меркурием: общий характер наклонностей и состояние здоровья умеренно портит эту треть жизни. (Вероятно, последствия утомления и неправильных режимов молодости.)

V–й дом

Хозяин дома (Юпитер) находится в доме.

Счастье самих детей и счастье, которое они доставят отцу, зависит от прав, им переданных, и забот, на них обращенных.

Теперь займемся сигнификаторами.

Первый сигнификатор Сатурн (дети) — получает четыре аспекта — шансы на 4–х детей;

— в квадратуре с Меркурием, смотрящим из XI–го дома: с первым ребенком хлопоты и расходы;

— в квадратуре с Луной: от 2–го ребенка неприятные впечатления, зависящие от характера его матери;

— в квадратуре с Марсом (хозяином гороскопа): судьба отца неблагоприятно влияет на развитие 3-го ребенка; элемент борьбы в вопросе воспитания;

— в квадратуре с Солнцем: 4-й ребенок причиняет хлопоты по вопросу о сплетнях и официальностях.

Второй сигнификатор Меркурий (привязанности):

— в противостоянии с Юпитером, находящимся в V-м доме: в одной из привязанностей формальные затруднения по детскому вопросу;

— квадратура с Сатурном, находящимся во II доме: шансы на фатальную связь, приносящую денежные неприятности;

— плохое соединение с Венерой в XI-м доме: шансы на любовь по недоразумению;

— соединение с Луной в XI-м доме: шансы на привязанность в среде, подходящей субъекту и притом с одобрения матери.

Третий сигнификатор Юпитер (миссия) — вместе с тем может быть относим ко всему дому:

— налицо в доме: результаты миссии зависят от степени авторитета самого лица;

— в противостоянии с Венерой (которая в XI доме): миссии несколько разоряют в материальном отношении, если к их выполнению примешивается элемент любви;

— в противостоянии с Меркурием (XI дом): материальные расчеты отклоняют от желания получить миссии. В виде курьезного противоречия изложенному надо отметить благоприятный аспект точки Pars Fortunae на только что разобранный дом.

Очерк астрологии имел единственной целью ознакомить вас с астрологической терминологией, настолько проникшей веками во все отрасли оккультизма, что без нее не может обойтись даже начинающий ученик.

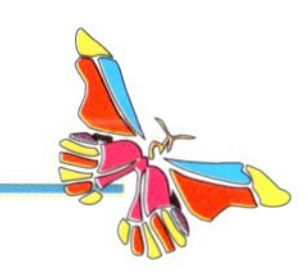

Физиогномоника

См. стр. 502

Физиогномический тип, разумея под этим выражением не только черты лица, но и впечатление, вызываемое общим строением тела и характером некоторых телодвижений с астрологической точки зрения, определяется следующими обстоятельствами, приводимыми мною в порядке их значения:

1) пребыванием в I–м доме определенных планет;
2) натурой хозяина I–го дома;
3) натурами планет, бросающих аспекты на Ascendens;
4) натурой Знака Зодиака, на который приходится Ascendens;
5) натурой Хозяина всего гороскопа;
6) остальными гороскопическими данными.

В этом кратком очерке физиогномики нам нет возможности заняться влиянием Зодиакальных Знаков. Мы будем говорить только о тех особенностях (анатомических, физиологических и отчасти астральных и ментальных), которые определяются планетными влияниями, приведенными под номерами 1, 2, 3 и 5.

Влияния эти всегда (или почти всегда) смешанные; чтобы говорить о них, искусственно представляют себе семь чистых планетных типов, теоретически соответствующих влиянию только одной планеты на субъекта.

Вот как Традиция характеризует эти «Планетные Типы».

Тип Сатурна

Характерными чертами этого типа являются: высокий рост; отменное развитие скелета; бледность лица, часто принимающего землистые оттенки; сухость и шероховатость кожи; черные густые волосы, выпадающие отчасти в зрелом возрасте, не оставляя, однако, лысин и плешей. Сатурниане обыкновенно сгибают колени при ходьбе; они передвигаются медленно, опуская притом взоры к земле. Головы имеют удлиненной формы, со впалыми щеками, длинными ушами, тонкими заостренными носами и большим ртом, окаймленным тонкими губами, из которых нижняя заметно выступает. Зубы у Сатурниан белые и недолговечные; десны бледные; борода черная, негустая. Нижняя челюсть весьма массивна и выдается вперед; Адамово яблоко очень развито. Грудь покрыта волосами; плечи высокие; руки узкие и костлявые. Ножные сухожилия и вены очень заметны.

Сатурниане склонны к усталости от движения; они рано дряхлеют. Из неприятных случайностей им свойственны: падения с переломом костей и всяческие вывихи. Из болезней им присущи: нервные заболевания, параличи, ревматизм, болезни ног, зубов, ушей и геморрой.

Сатурниане отличаются недоверчивостью во всем; независимостью суждений, при некоторой, однако, наклонности к суевериям.

Из профессий им подходят: занятия математикой, юриспруденцией, сельское хозяйство, горное дело.

Они любят **черный** цвет в одежде; скупы; ищут одиночества и склонны к меланхолии.

Тип Юпитера

Люди среднего роста со свежей, розоватого оттенка кожей, с хорошим цветом лица, умеренно-полные; обладают большими веселыми глазами, широкими дугообразными бровями, каштанового цвета волосами, прямым носом умеренных размеров, довольно большим ртом, мясистыми губами (верхняя закрывает нижнюю), большими зубами (особенно выступают резцы), полными щеками, удлиненным подбородком с ямочкой, плотно прилегающими к голове ушами, изящной шеей и мощным затылком.

Отличаются чистым звонким голосом, наклонностью к раннему облысению. Легко потеют (в особенности лоб).

Проявляют самонадеянность, любовь к празднествам, официальностям, шумным пирам и беседам. Большие гастрономы и знатоки напитков; охотники до официальных выступлений; горды; любят покровительствовать другим; работая, всегда рассчитывают на вознаграждение в той или другой форме. Отличаются живым темпераментом; подчас вспыльчивы, иногда тщеславны, но, в общем, проявляют добросердечность; дорожат религиозными и семейными традициями, всегда приветливы и легко приобретают и удерживают друзей.

Типичнейшие болезни Юпитериан: прилив крови к мозгу и апоплексические удары.

Из Юпитериан выходят хорошие администраторы, убежденные церемониймейстеры, хорошие председатели больших собраний.

Тип Марса

Марсиане обладают ростом выше среднего, крепким телосложением, небольшой широкой головой, высоким лбом, круглыми румяными щеками при смуглом тоне лица; рыжими волосами, растущими щеткой; большими искрящимися, часто наливающимися кровью глазами; бакенбардами темнее волос на голове; большим ртом с тонкими губами и широкой нижней челюстью; небольшими широкими зубами желтоватого оттенка; сильно выдающимся подбородком, покрытым короткой и жесткой бородкой; клювовидным искривленным носом, маленькими торчащими ушами и очень широкой и выдающейся грудью. Часто имеют красное пятно на подъеме правой ноги.

Голос их повелительный; движения резки; ходят большими шагами; любят одеваться в красное; отличаются неустрашимостью; большие любители всякого оружия и всякого шума и гама; расточительны; охотно ведут трактирную жизнь; любят мясо впросырь и крепкие напитки; легко обижаются; сильно раздражаются; способны прийти в ярость и склонны к насильственным действиям.

Из профессий Марсианам подходят военная служба, театрально-декоративное дело, хирургия, пожарное дело.

Болезни, им свойственные, суть: всевозможные воспалительные процессы (больше всего воспаление легких; болезни крови; болезни шейных сосудов).

Вследствие своих природных наклонностей Марсиане более других типов подвержены опасности получения ран, контузий и т. п.

Пародию на чистый тип Марса мы имеем в фигуре традиционного Полишинеля.

Тип Солнца

Люди Солнечного типа обладают красивой наружностью, средним ростом, желтовато-смугловатым цветом лица, пышной бородой, длинными тонкими, чаще всего белокурыми с золотистым оттенком волосами; низким, но выпуклым лбом; большими красивыми, с влажным блеском глазами, выражающими или мягкость характера, или крайнюю строгость; мясистыми щеками, тонким прямым носом, длинными дугообразными охватывающими глаза бровями, ртом средних размеров, умеренными губами, не вполне белыми зубами, круглым выдающимся подбородком, средних размеров ушами и длинной мускулистой шеей. Они широкоплечи и отличаются изяществом несколько удлиненных конечностей, в частности очень изящными тонкими ступнями. Голос их очень чист; в походке сквозит благородство, часто наряду с неуклюжестью.

Солнечный тип очень ценит уважение ближних, склонен к вспыльчивости, которую, впрочем, легко умеряет; всем кажется очень симпатичным, но не умеет приобретать надежных друзей.

Мужчины Солнечного типа часто обманываются собственными женами и покидаются собственными детьми. Они любят ходьбу пешком, чтение; религиозны, доверчивы, горды и склонны к самомнению, одеваются оригинально, но изящно, любят драгоценности и украшения. Очень склонны к занятиям Оккультизмом.

По профессии чаще всего изобретатели в области техники, хорошие комментаторы и промышленники, а еще чаще — артисты.

Из болезней этому типу свойственны: сердечные заболевания, заболевания глаз и обильные кровотечения.

Тип Венеры

Люди этого типа очень похожи на Юпитериан, отличаясь от них красотой и нежностью сложения. Обладают беловато-розоватой прозрачной кожей; малы ростом; отличаются красивым маленьким полненьким лицом, полными щеками с ямочкой на одной из них и прекрасным, хотя небольшим, круглым лбом. Имеют пышные брови; чудную шевелюру черного или каштанового цвета, изящный нос с закругленным кончиком и расширенными ноздрями, большие, веселого темного цвета глаза, толстый розовый ротик с припухлостью на правой половинке нижней губы, хорошо окрашенные десны и белые, правильной формы зубы. Подбородок у них кругленький, жирненький, с ямочкой; уши маленькие и мясистые. Шея по большей части полная и белая. Венериане сутуловаты, узкогруды; венерианки также, что не мешает им обладать некоторой мясистостью грудей при типичной отвислости их, так изящно выступающей на античных статуях Венеры. Маленькие ножки довершают ансамбль типа, любящего яркие цвета в одежде, прелиминеры в любви и т. п., что не мешает им иногда быть безукоризненного поведения и даже отличаться наивностью.

Судят и изобретают Венериане лучше всего по первому впечатлению. Они обожают цветы и духи, являются любителями тонкой гастрономии, в музыке отдают преимущество мелодии перед гармонией, ненавидят ссоры и брань, отличаются любезностью и приветливостью; легковерны до крайности и до крайности же сострадательны и милостивы.

Из болезней этому типу присвоены венерические и женские.

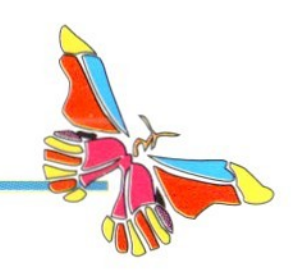

Тип Меркурия

Этот тип характеризуется малорослостью при пропорциональном сложении, чем-то детским во внешности, удлиненным симпатичным бледным, слегка желтоватым лицом, притом легко краснеющим, богатой темной вьющейся шевелюрой, мягкой кожей, высоким лбом, коротким типичным подбородком, покрытым скудной темной растительностью, узкими длинными срастающимися бровями, впалыми, беспокойными, но проницательными глазами, длинным прямым носом с закругленным кончиком, тонкими губами (верхняя толще нижней и выдается вперед), миниатюрными зубами, могучей шеей, широкими плечами, хорошо сформированной грудью и крепким, но гибким спинным хребтом. Кости рук и ног очень тонки, но изящно сформированы. Голос слабоват. Отличаются от природы живостью, проворством, ловкостью и сметливостью.

В обращении Меркуриане мягки; в торговле изобретательны на всевозможные спекуляции; склонны к соперничеству. Веселого нрава; любят шутки, отличаются домоседством и чадолюбием.

По профессии — ораторы, профессоры, врачи, астрологи. Склонны к занятиям Магией. Умело занимаются торговлей. Хорошо управляют чужими делами, но не заслуживают неограниченного доверия.

Женщины этого типа малосимпатичны. Они отличаются кокетством, скороспелостью, лукавством и склонностью к предательству и обману.

Из патологических явлений этому типу свойственны: болезни печени и желчного пузыря и некоторые расстройства нервной системы.

Лунный тип

Тип этот характеризуется высоким ростом, круглой, слишком широкой в скулах, головой, белым матовым (редко красноватым) цветом лица, дряблостью мускульной системы и крайней скудностью растительности. Люди Лунного типа длинноволосы, чаще всего блондины, коротконосы, обладают небольшим ртом, толстыми губами, длинными широкими несколько неправильной формы желтоватыми зубами, бледными высокими деснами, большими круглыми прозрачными выпуклыми, немного слезящимися глазами зеленовато-голубоватых тонов, малозаметными, но сходящимися белокурыми бровями, широким жирным подбородком, плотно прилегающими к голове ушами, довольно длинной красивой белой шеей, широкими плечами. Грудь у мужчин мясистая; у женщин груди очень мало развиты. Лунному типу свойственны еще вздутый живот и тонкие ноги с узловатыми коленями.

Представители и представительницы этого типа очень непостоянны, легко поддаются настроениям, легкомысленны, отличаются эгоизмом, холодностью, леностью, наклонностью к меланхолии, отсутствием любви к семейной жизни и жаждою путешествий, преимущественно морских. Картина довершается их любовью к наркотикам, постоянным беспокойством за собственное здоровье, любовью к фантастическому направлению в искусстве, приверженностью к чтению романтической литературы, легкой вдохновляемостью; наклонностью к мистицизму, способностью к ясновиденью, пророческим снам; любовью к применению животного магнетизма и постоянным исканием общества зрелых и опытных людей.

Лунный тип дает много поэтов, много оккультистов младших степеней Посвящения, много путешественников и искателей приключений. Встречаются в среде его представителей и высокие мистики.

Болезни Лунного типа суть: водянка, расстройства зрительного аппарата, вплоть до слепоты; расстройства почек и пузыря (конечно, и весь класс подагрических заболеваний) и всевозможные болезни матки.

Конечно, мудрено встретить человека, подходящего совсем точно под один из описанных типов. Почти всегда имеет место смешение типов, однако с преобладанием определенных планет, природу которых мы и должны учитывать. При решении вопросов о способностях субъекта, о выборе им профессии и т. п. оккультисту интереснее всего знать, как распределяются между типами способности к отдельным отраслям эзотеризма и склонности к тем или другим его практическим применениям.

Конечно, на высоких ступенях круга посвященных желательно иметь дело с синтетическим типом, вобравшем в себя инфлуксы всех семи Вторичных Причинностей и гармонично их в себе распределившем. Это не помешает нам сделать несколько конкретных указаний.

В **учителях эзотеризма** необходимы Сатурн, Меркурий и Венера. Желательно присутствие Солнца; подчас уместен Марс.

Для старших деятелей по масонству важны Юпитер, Венера и Марс.

Магу нужны Солнце и Венера.

Каббалисту-теоретику, как и кабинетному **астрологу**, необходимы Сатурн с Меркурием.

Ясновидящие, психометры, гадалки и т. п. всегда обладают основательной Луной.

Для опытов с медиумами, истеричками, сенситивами и т. п. желательнее всего иметь дело с пациентами типа чистой смеси Венеры с Луной, а за неимением таковых — чистого типа Венеры. Последние очень податливы на всякого рода внушения.

В Посвятительных Цепях среди представителей младших степеней Посвящения всегда замечается обилие молодых людей с преобладающим Лунным влиянием. Вначале они недурно повинуются Учителям, делают хорошие успехи, но почти всегда впоследствии отбиваются от Посвятительных Цепей в силу присущей Лунному типу податливости на посторонние влияния.

Относительно чистого или почти чистого Солнечного типа скажу, что ему очень подходят Жреческие занятия без осложнения таковых Учительством.

Чистому Юпитеру очень подходят занятия историей Эзотеризма.

Хиромантия

Deus in manu omnium signa posuit, it noverint singuli opera sua (кн. Иова, глава XXXVII ст. 7).

О переводе этого текста много спорили; мы пишем «sua» с маленького s, что равносильно желанию перевести текст следующим образом: «Бог положил знаки на руку каждого, чтобы отдельные лица могли судить о **собственных** делах». «О собственных делах», или, вернее, о собственных наклонностях к делам определенного сорта. Хиромантия имеет такое же право гражданства, как и остальные дивинационные методы. Она развилась в глубокой древности на чисто аристократических началах, прошла в средние века через школу, подчас безграмотных, совершенно незнакомых с астрологией гадателей и гадалок, внесших в нее плоды личной интуиции и простонародной наблюдательности; признана была в XV–м, XVI–м и XVII–м веках Посвятительными Центрами, старавшимися осторожно очистить ее от налипших на нее корок суеверного произвола, не повреждая живых ее частей; затем она была несколько заброшена гордыми метафизиками XVIII–го столетия, а во второй половине XIX–го снова расцвела, блестяще дополнив свой состав плодами медитации остроумного Desbarolles'я и научным эмпиризмом тружеников госпиталя Charite — доктора Папюса и Ч.И. фон-Чинского. Если при этом не забыть, что в 60–х годах к ее области примкнули эмпирические же изыскания капитана d'Arpentigny по так называемой **хирогномонии**, то есть характеристике общих наклонностей субъекта по форме его пальцев, то придется признать современный кодекс хиромантических тезисов солидной и заслуживающей внимания системой.

В силу самой истории хиромантии мы вынуждены различать в ней следующие части:

1) **Хирософию**, или дедуктивную часть хиромантии, тесно связанную с астрологическим и каббалистическим миросозерцаниями и часто именуемую в просторечии «Аналитической Хиромантией».

2) **Традиционные данные**, представляющиеся в виде кучи отдельных частных тезисов, из которых Школа Дебаролля попыталась слепить кодекс, известный под названием «Синтетической Хиромантии».

3) «Свод новейших эмпирических данных», полученных клиническим путем и касающихся, главным образом, точного определения возраста пациента, к которому следует отнести то или другое событие его жизни.

4) Уже упомянутая **Хирогномония** d'Arpentigny.

В сегодняшнем кратком очерке я задаюсь лишь целью характеризовать содержание этих частей, отсылая слушателей, жаждущих подробного ознакомления с предметом, к сочинениям Desbarolles, Папюса, а также к превосходной брошюрке Чинского на немецком языке, изданной в Дрездене и сделавшейся библиографической редкостью («Das Deuten der Vergangenheit, Gegenwart und Zukunft aus den Linien der Hand», из которой мы многое заимствовали при изложении текущего XVII–го Аркана).

Хирософия учит нас, что гороскоп всякого субъекта записан на ладонях его рук, причем клише будущего и настоящего следует читать на обеих руках, а клише прошедшего преимущественно на левой. Для характеристики субъекта пользуются обеими ладонями. Мы будем характеризовать хиромантически лишь **планетные** влияния, оставляя в стороне зодиакальные. Влияния планет, только что связанные нами с физиогномическими данными, и, следовательно, специально относящиеся к I–му дому, я позволю себе назвать **статическими** по отношению к хиромантии. Остальные планетные влияния в гороскопе я назову **динамическими**. После этого я позволю себе сказать, что **статика** в Хирософии определяется так называемыми «**планетными холмами**», а **динамика — планетными линиями.** Выпуклость (весьма обширная и мясистая), соответствующая большому пальцу, будет **холмом Венеры**. Под указательным пальцем вы найдете **холм Юпитера**; под средним пальцем — обычно малоприметный **холм Сатурна**; под безымянным — **холм Аполлона**; под мизинцем — **холм Меркурия**. Дальнейшая выпуклость руки от холма Меркурия вниз носит название **холма Марса**; еще ниже помещается **холм Луны**.

Если холм очень выпуклый, то хорошее планетное влияние на Ascendens гороскопа обеспечено и достаточно изолировано от примесей; если размеры холма значительно меньше нормальных, то в этом сказывается недостаток соответствующего планетного влияния; если холм заштрихован в одном направлении, то это указывает на стремление к разбрасыванию планетного влияния и на злоупотребление им, что некоторые называют «дурным влиянием» планеты; если холм заштрихован в клетку, то планета как бы в плену, и для проявления ее свойств субъекту нужны серьезные волевые усилия; если планетный холм **сдвинут** по отношению к собственному пальцу, то это принимается за указание на служебное положение сдвинутого холма по отношению к планете пальца, к которому он передвинут, а также на окраску работы второй планеты (к которой холм сдвинут) тоном сдвинутой планеты: например, Меркурий, сдвинутый к Аполлону, можно понять как «науку на службе у искусства» и как «искусство, окрашенное научной методологией»; слияние холмов соответствует соединению статических планетных влияний. Так, например, слияние холма

Юпитера с холмом Сатурна характеризовало бы в субъекте представление о судьбе, неразрывно связанной с представлением об удачной карьере.

К каждому планетному холму стремится некоторая **планетная линия**. **Линия Юпитера** начинается обыкновенно под холмом Меркурия, идет горизонтально через ладонь и чаще всего восходит на холм Юпитера; **линия Сатурна** чаще всего выходит из промежутка между холмом Луны и холмом Венеры, восходя вертикально к холму Сатурна; **линия Аполлона** начинается, вообще говоря, в той же области, что и линия Сатурна, стремясь почти вертикально к холму Аполлона; **линия Меркурия** восходит на его холм параллельно линии Аполлона; **линия Венеры**, начинаясь у подножия холма Юпитера, дугообразно охватывает холм Венеры; **линия Марса**, начинаясь на его холме и пересекая ладонь, идет к сближению с началом линии Венеры; **Лунная линия** (или Лунные линии) намечаются короткими черточками на Лунном холме.

Линия Венеры иначе называется **линией жизни (vitalis);** линия Юпитера — **линией сердца (mentalis);** линия Марса — **линией головы (naturalis);** линия Солнца (Аполлона) так и называется — **solaris**; линия Сатурна называется часто **линией Судьбы (fatalis);** линии Меркурия присвоено название **печеночной или желчной линии (hepatica).**

Я уже сказал, что эти линии характеризуют игру Вторичных Причинностей во всех домах гороскопа. С линией Венеры связывается область здоровья и суждение о запасе жизненных сил; с линией Сатурна — вопросы судьбы; с линией Юпитера — область чувств, привязанностей и т. п.; с линией Марса — область мышления и других функций центральной нервной системы; с линией Аполлона — суждения о богатстве материальном, о продуктивности в искусстве и о высоте идеалов; с линией Меркурия — суждения о спекулятивных способностях и о состоянии органов пищеварения; Лунные линии касаются наличия Лунных влияний вообще.

Не буду говорить о том, что означает отсутствие одной или нескольких линий. Это само собой понятно. Скажу мимоходом, что **удвоение** линии есть прямой признак прочности влияния, что **перерывы** в линиях означают резкие изменения в характере определенного влияния или, по крайней мере, его обстановки; что **острова на линии** означают раздвоение соответственных влияний (например, остров на линии сердца — раздвоение привязанности; остров на линии Марса — истерические явления или частые параличи; остров на линии Венеры — чаще всего головные боли и неврастенические явления, иногда — местное малокровие; остров на линии Сатурна — фальшивые, двусмысленные положения, и т. п.); что **точки** на линиях означают внезапные толчки в соответственных влияниях (например, точка на линии сердца — резкое

или внезапное горе; точка на линии Сатурна — происшествие, поражающее в ходе судьбы своей неожиданностью, и т. п.).

Но если линии характеризуют динамические влияния планет, то желательно иметь и элемент, хирософически соответствующий представлению об **аспектах** планет между собой. Аспектам на фишки I–го дома соответствуют **прохождение линии по чужим холмам и черточки от линии к холмам;** остальным аспектам — черточки от линий к линиям.

Чтобы дорисовать общую картину хирософических построений, мне необходимо сказать, что статическому влиянию Венеры, кроме Венериного холма, принадлежит еще так называемое «**кольцо Венеры**», охватывающее дугой верхние части холмов Сатурна и Аполлона. Люди, обладающие этим кольцом, особенно живо сосредоточиваются ментально на областях исследуемых ими, хотя бы это исследование их не прельщало само по себе, а являлось случайным элементом в их деятельности; в астральной области те же люди с особенным увлечением относятся ко всем формам, в которые по тем или другим причинам облекаются их идеи; наконец, в физическом плане обладатели **кольца Венеры** проявляют утонченность в проявлениях сладострастия.

Статическому Марсу, помимо Марсова холма, определяющего своей выпуклостью элементы **терпения** в самом широком смысле этого слова — так называемого «**пассивного Марса**», принадлежит еще «**Марсово поле**», большая или меньшая выпуклость которого характеризует «**активность Марса**» или **смелость и задор**. «Марсовым полем» называется середина ладони; по нему пробегают, вообще говоря, линия головы, линия Аполлона и линия Сатурна средними своими частями.

С **Традиционными Данными** трудно ознакомить при беглом изложении. Я думаю, что вы себе представите хоть отдаленным образом строй синтетической хиромантии, если я вам скажу, что она, подмечая общий характер значков, встречающихся на руке, связывает с этими значками определенные заключения о характере или предзнаменование о фактах. Ну, скажем — **крест** в начале линии **задерживает** ее проявления; крест — **плохой** знак на хорошей линии и **хороший** знак на дурно сформированной линии. Крест в конце линии — намек на мистическое влияние; крест на середине линии — временное препятствие; крест на холме — знак протектората в области этого холма (например, крест на холме Юпитера — счастливый брак). **Звезда** имеет то же значение, что и крест, но тут проявления будут внезапнее и интенсивнее (например, звезда на холме Аполлона — субъект внезапно разбогатеет). Скажем еще, что **квадрат** вообще — **знак охраны**, но в частности квадрат вблизи линии Сатурна в Марсовом поле может предвещать некоторое лишение свободы.

Линия Марса, отделенная от линии Жизни и как бы подшитая к ней маленькими крестиками, означает по традиции или болезнь глаз, или крайнюю опрометчивость в поступках.

Новейшие эмпирические данные, добытые клинической практикой, касаются главным образом так называемого **возраста линий**. Дело в том, что на каждой линии, в зависимости от общего строения руки, определяемого взаимопересечением линий, можно наметить точки, соответствующие определенным возрастам субъекта, что позволит при предсказаниях относить толкования планетных аспектов и традиционных значков к определенному возрасту.

Скажем, я знаю, что по линии Сатурна двадцатилетний возраст соответствует точке пересечения этой линии с линией Марса, а сорокалетний — точке пересечения с линией Юпитера, и вместе с тем наблюдаю в руке перерыв линии Сатурна со скачком в левую сторону (к холму Юпитера) на двух третях отрезка линии Сатурна между упомянутыми двумя точками. Это дает мне право сказать субъекту: «у вас будет улучшение в карьере на 34–м году жизни». У другого вижу точку на линии Юпитера, как раз в том месте, где она пересекается линией Аполлона, и предсказываю, соответственно этому, сердечное огорчение в 25–летнем возрасте. Прилагаемый чертеж дает схему распределения возрастов по трем линиям, согласно учению новейшей Парижской школы. Чертеж заимствован из хиромантии Папюса (см. черт. номер 12).

О вероятной продолжительности человеческой жизни Парижская Школа судит по средней арифметической из показаний трех линий (Сатурна, Юпитера и Марса), учитывая на каждой линии возраст, соответствующий ее **конечной** точке.

Древние делали иначе. Они отсчитывали возрасты только по линии Венеры и придавали показаниям этой линии решающее значение, но линия Венеры представляет большое разнообразие кривизны у разных субъектов и этим затрудняет установление постоянных точек. Помимо этого, ее показания в среднем сильно противоречат эмпирическим данным, тогда как предсказания Парижской Школы оправдываются в 70 процентах случаев.

Хирогномония d'Arpentigny берет опорными точками изысканий существование трех **типов окончаний пальцев**: заостренного типа, квадратного типа и расширенного типа; а кроме того, два типа узлов, встречающихся на пальцах (узла на верхнем суставе и узла на нижнем суставе). Комбинируя эти элементы и характеризуя их наличием или отсутствием (узлы) различных наклонностей, d'Arpentigny строит строгую систему, а Desbarolles расширяет ее хирософическими соображениями. Система эта очень уместна при определении способности детей к освоению той или другой группы знаний.

Следует заметить, что применение хиромантии прежде всего требует, чтобы хиромант отдавал себе отчет в плане общих интересов, доминирующих в жизни субъекта. Если этот план определен правильно, то все хирософические и традиционные суждения приобретают удивительную жизненность и достоверность. Вот почему большинство выдающихся хиромантов не ограничиваются осмотром рук, а пользуются физиогномическими данными и случайными общими приметами, характеризующими сферу деятельности и сферу интересов лица, явившегося на консультацию.

Не буду утомлять слушателей обзорами френологии, графологии и подобных им систем, ибо считаю XVII–й Аркан достаточно охарактеризованным тем, что я успел сказать. Специальным занятиям по **чтению в природе** профессионалами посвящаются целые человеческие инкарнации. Наша цель — понимание терминологии этих специальных отраслей и ясное представление об источниках, из которых профессионалы черпают свои сведения.

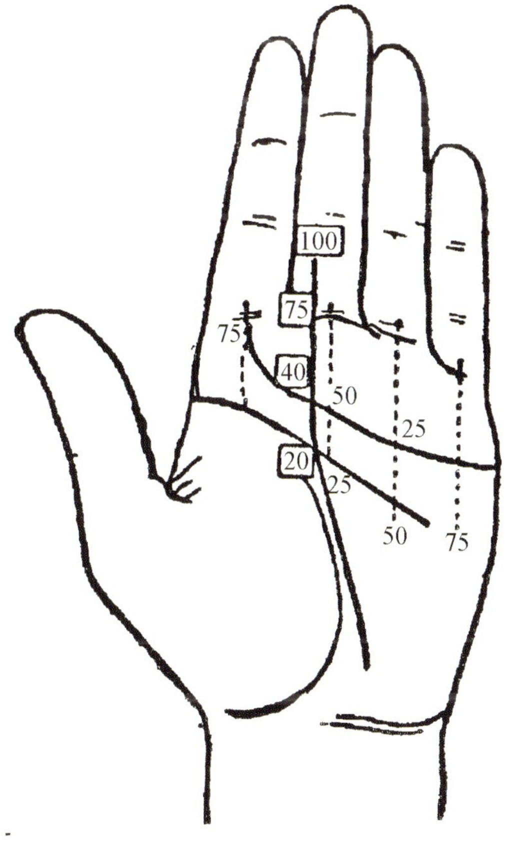

Черт. 12.

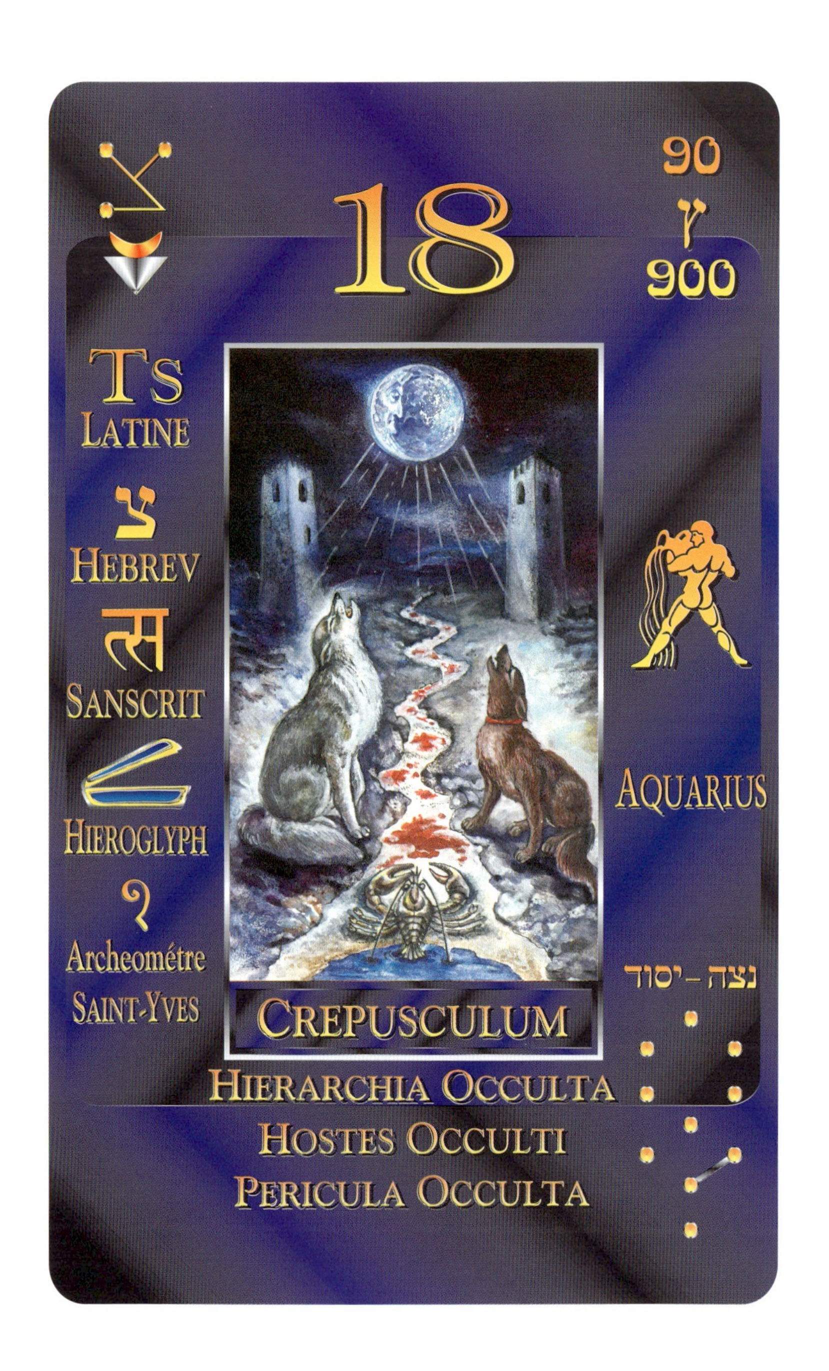

18
90
ץ
900
Ts
LATINE
צ
HEBREV
त्स
SANSCRIT
HIEROGLYPH
Archeométre
SAINT-YVES
AQUARIUS
נצח - יסוד
CREPUSCULUM
HIERARCHIA OCCULTA
HOSTES OCCULTI
PERICULA OCCULTA

צ Восемнадцатый Аркан

Знак алфавита, соответствующий XVIII–му Аркану, צ (**Tzade**); числовое его значение=90; астрологическое соответствие — **Знак Водолея** (♒).

Иероглифом Аркана служит **крыша**, — не та кровля, представление о которой вызывает в нас ассоциативное сознание защиты от непогоды, а **крыша прихлопывающая, стесняющая,** заставляющая нас задыхаться от сознания ограниченности нашей свободы и узости нашего горизонта. Чуть мы хотим выпрямиться во весь рост, как наталкиваемся на стеснение; чуть мы хотим развернуться в своем ликовании, как она не дает нам простора; чуть мы хотим сосредоточиться на жизненном настроении, она грозит нам удушьем.

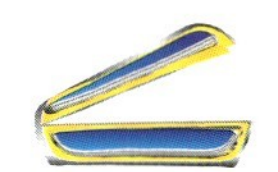

Картинка, таинственно разъясняющая нам этот Аркан, по ученому называется **Crepusculum** (**Сумерки**); по-вульгарному — **la Lune.**

На самом верху картины льет свой тихий свет Луна, безнадежно-математически, в строгой системе направляя свой конус лучей, но лунный свет есть свет **отраженный**. «Где же Первоисточник Света? — воскликнете вы. Мы хотим получать Свет непосредственно от него». Картинка отвечает вам: «Вы подчинены Иерархическому Закону; вы не имеете прав на свет из Первоисточника; он отпускается вам ближайшей иерархической инстанцией; будьте довольны своей порцией света, вы, которые падением добровольно погрузили себя в иллюзорный план размножения бинеров».

Вы вглядываетесь в сумерки и на заднем плане видите **Бинер Башен**, или **Бинер Пирамид**. Между этими башнями проходит извилистая тропа вашего бытия, как будто лишь для того усыпанная светлым песочком, чтобы сделать заметными **пятна крови**, которыми она изобилует. Вы, только что понявшие первый заголовок Аркана (**Hierarchia Occulta**)*, задумываетесь над странным впечатлением, которое произвела на вас эта кровь. Кто-то терял жизненную силу и, это нас поражает сознанием той слабости, которая заставляет нас дорожить грубыми ресурсами конденсированной до крайности жизни. С одной стороны, эти ресурсы как будто наши, с другой — самая грубость этих ресурсов ставит их в распоряжение каждого, кто пожелает взять их принадлежность нам за опорную точку

---

*) **Hierarchia Occulta** (*лат.*) — Тайная Иерархия

враждебных по отношению к нам же реализаций. На **нашей** крови можно **нас же** энвольтировать. Это ужасно! Но кто же нас может энвольтировать? Ответ готов на переднем плане картины. Там слева (зеркально) стоит волк, который всегда открыто объявлял себя нашим врагом. Справа мы видим собаку, которая на днях еще льстила нам и называла себя нашим другом. Теперь мы понимаем, кто нас энвольтует: **открытые враги и ложные друзья.** Вполне ли они свободны в своих ужасных поступках? Нет, им что-то не по нутру — **они воют на Луну:** их стесняет ближайшая иерархическая инстанция, дарующая нам свет. Так если они стеснены, почему мы должны их так бояться? Да только потому, что мы часто уподобляемся раку, пятящемуся в лужу у переднего края картины. Нас потому можно энвольтировать, что мы обладаем стремлением пятиться назад.

Отдав себе отчет во втором заголовке картины (**Hostes Occulti** — **Тайные Враги**), мы вопрошаем — нет ли крышки и в Природе? Да, там есть еще физическая опасность от стихийных условий, которая подчас так же скрыта от пятящегося рака, как и астральные угрозы: **Pericula Occulta** (тайные опасности) — вот третий заголовок Аркана.

Приступаем к арифмологическому разбору Аркана.

$$18=1+17$$

$$\text{или } 18=17+1.$$

Божественная Эссенция (1) и сформировавшаяся в метафизическом плане Надежда (17) достаточны для определения существа Иерархического Закона (18). Единое начало, которое не бездействует (ибо на бездействующее начало нельзя **надеяться**), естественно должно порождать органы своей деятельности, которые и распределятся по иерархической лестнице прогрессивного удаления от Первоисточника.

Трехпланный человек (1), владеющий интуицией (17), ясно зрит картину нависших над ним астральных угроз (18).

Активная Природа (1) при надлежащем чтении ее откровенных указаний (17) раскрывает нам комплекс опасностей, казавшихся скрытыми (18) профану.

$$18=2+16$$

$$\text{или } 18=16+2.$$

Метафизическая Субстанция (2) и совокупность приемов логического исключения (16) определяют состав Иерархии (18) Идейного Мира.

Принцип поляризации (2) и возможность астрального принуждения (16) раскрывают тайну энвольтования (18). Ведь последнее возможно лишь вследствие и **активности** энвольтирующего, и **пассивности** энвольтируемого.

Возможность разрушения (16) объектов, сформированных Природой (2), и есть то, что мы называем опасностью в физическом плане (18).

18=3+15

или 18=15+3.

Натура Единого начала (3) и логика метафизического строя (15) Второго Семейства точно определят содержание Иерархического Закона (18) для нашего Мира. Ведь даже формулировки этого Закона связаны с Тайной Тройственности и логическими применениями этой Тайны.

Тайны рождения (3) и ресурсы элемента **Nahash** (15) — вот содержание процесса энвольтования (18).

Производительность Природы (3) и применение к ее порождениям законов Фатума (15) опять-таки исчерпывают содержание физических опасностей (18).

18=4+14

или 18=14+4.

Существование форм (4) одновременно с дедукцией (14) определяет иерархию (18).

Принцип авторитета (4) и уменье уравновесить свою активность и пассивность (14) делают возможным выступление человека врагом другого (18).

Принцип приспособляемости (4) вместе с законом изменения энтропии (14) таинственным образом делают необходимыми и физические опасности (18).

18=5+13

или 18=13+5.

Наука Добра и Зла (5) вместе с Перманентностью Высших Начал (13) достаточны для утверждения Иерархии (18).

Пентаграмматичность Человека (5) и подчиненность его законам смерти (13) наводят на идею о возможности энвольтования (18).

Великая Естественная Религия (5) и наличие принципа преобразования энергии (13) оправдывают физические опасности (18).

18=6+12

или 18=12+6.

Признание Закона Аналогий (6) и ожидание Мессии (12) вынудят даже самого беспечного человека к признанию Иерархического Закона (18).

Доминация Свободы (6) над Милосердием (12) может пробудить нас к энвольтованию (18). Но зато доминация Милосердия (12) над Свободой Воли (6) (молитва за врагов) разрушит всякие козни.

Свойства Среды (6) низших подпланов Зодиакальной Жизни (12) делают необходимыми физические опасности (18).

18=7+11

или 18=11+7.

Суть Иерархии (18) в том, что Тонкое господствует над Плотным (7) и обладает силою (11) проникать в него.

Суть энвольтования (18) и вообще враждебного выступления в астральной области (18) в том, что человек, натренировавшись в победах (7) над самим собой, пользуется личными и цепными силами (11).

Суть опасности физического плана (18) в том, что мы заявляем права собственности (7) на объекты, могущие быть разрушенными Силами Природы (11).

18=8+10

или 18=10+8.

Либрация Мировых Весов (8) вместе с Великим Заветом (10) дают ключ к Иерархическому Закону (18).

Условности этической жизни человека (8) и знание Каббалы (10) дают ключ к энвольтированию (18).

Опасности в физическом плане (18) предначертаны Кармой (8), а проводятся в жизнь Мировой Мельницей (10).

18=9+9.

Иерархические отношения (18) носят характер противопоставления или, лучше сказать, сопоставления двух протекторатов (9). Младший начальник на докладе выступает как протектор интересов частной области, частного органа некоторого организма. Старший начальник, возражая на доклад, навязывает младшему распоряжения, продиктованные необходимостью протектората всему организму, иногда в ущерб благоденствию отдельного органа. Иерархический Закон отдает предпочтение интересам общим над интересами частными; он определяет торжество одной девятки над другой.

Один посвящен (9) в интересы самосохранения; другой посвящен (9) в общие тайны Бафомета; общее одолевает частное, вторая девятка энвольтирует (18) первую.

Отдельный организм сберегает свои физические ресурсы, руководствуясь данными Теории Вероятностей (9); вся природа, обладая познанием **всех** элементов, управляющих ее строем, обладает **другим** учетом степени возможности событий; у нее не Теория Вероятностей, а «Теория Достоверностей» (9). Вторая девятка одолевает первую, и это именуется опасностью в физическом плане (18) для первой.

Беглый арифмологический разбор Аркана уже наметил ряд опорных точек нашего изложения. Мы, конечно, не будем заниматься физическими опасностями, ограничившись Иерархическим Законом и содержанием процесса энвольтирования.

Иерархический Закон

См. стр. 502

Унитарное миросозерцание Спиритуалистических Школ имеет основным тезисом следующее положение: **Принципы** облекаются в **Законы**; **Законы** облекаются в **Факты**.

Одежда без носителя ее не способна к **жизни**; она может некоторое время служить пугалом для воробьев, но и те в конце концов познают ее бессилие.

Материалистические Школы говорят иное: они думают, что **комплекс фактов** порождает **закон**, что **комплекс законов** порождает **принцип**. Иначе говоря, они думают, что волевая монада Цепи есть иллюзия, созданная самим фактором группировки в цепь. Для них клеточка реальнее органа; орган реальнее организма.

Миросозерцание Унитарных Спиритуалистических Школ признает **жизнь вне ее фактических реализаций** и даже независимо от таковых.

Материалисты желают вывести жизнь из смерти.

«Я Бог Авраама, Исаака и Иакова; не Бог мертвых, а Бог живых». Вот руководящий текст живого унитаризма. Сторонники этого направления, естественно, будут проводить Иерархию, основываясь на априорном признании существования ее исходной точки: есть Архетип, а потому существуют и Человек, и Природа. Есть начальник, и он набрал себе подчиненных; есть вождь, проводящий определенные волевые импульсы, и около этого вождя собрался народ, готовый формально и реально отстаивать проведение этих импульсов; есть Учитель — и появляется Школа; есть Ментальная Монада, она сформировала себе астросом, а этот последний сделал себе физическое тело.

Если мы представим себе все существующим лишь на один момент, то нам окажется одинаково возможным проводить ту или другую систему. Материалист скажет вам: «Покажите мне человека, не являющегося синтезом своих клеточек; вы мне говорите, что астросом плода вампиризирует элементы подпланов физической среды; значит, вы сами признаете, что помимо существования этой среды не могла бы реализоваться инкарнация; кто же запрещает мне думать, что индивидуальное сознание есть прямое следствие состояния сближения элементов среды;

кто запрещает мне думать, что у всякой толпы является начальник в силу самих функций коллективного существования толпы?»

Но попробуйте взять не момент, а течение конечной эпохи. Запишите историю толпы и историю иерархизованной коллективности. Вы увидите, что **толпа** идет к разногласию, к распадению, к смерти; что **коллективность** идет к сплочению, к унитарному стремлению, **к цели**; что по толпе ходят **волны**, а в **цепи** циркулирует **Телесма**; что в парламенте, члены которого избраны всеобщей подачей голосов, партии обрисовываются с самого начала его возникновения; что в дальнейшей парламентской жизни воюют не только партии, но еще и фракции; что ни один парламент в мире не снабжает своего председателя фактическими полномочиями, а лишь **поручает** ему быть на страже **соблюдения форм** и своими отдельными органами стремится сейчас же нарушить даже эти формы. Сравните с этими анархическими проявлениями кропотливую и перманентно–целесообразную работу семей и прочих коллективностей, построенных патриархально, то есть по Иерархическому Закону. Да что! — посмотрите просто на лисицу, попавшую в капкан: она тщательно отгрызает себе в течение четверти часа лапу или хвост, чтобы избавиться от ограничения проявлений своей Пентаграмматической Свободы, чтобы спасти целое, чтобы оградить от постороннего покушения преследование ею отдельных целей в физическом плане. Вы скажете мне, что Спиритуалистическая и Материалистическая Философии представляются вам в виде грандиозного Бинера. Да, это так, и были попытки нейтрализовать этот Бинер. Спиритуалист говорит: «Все сверху, все от Восходящего Треугольника; Он родил все; Солнце всему Отец». Материалист возражает: «Все снизу; все создано адаптацией; вы сами видите, как все рождается Нисходящим Треугольником; всему Мать — Луна». Тут вступает в спор Пантеист и говорит: «Не в этом дело; посмотрите на центральную часть Соломоновой Звезды: там красуется Stauros; он символизирует Гностический Закон оплодотворения пассивного активным; ведь оба ваши Треугольника я застал уже существующими и пользуюсь ими как готовыми инструментами. Ключ к могуществу моему находится в Stauros'е, в обращении с Телом Телесмы, со средой, проводящей и **Целесообразность Активности**, **и Реакцию Косности.** Вы правы; Отец моего Бафомета — Солнце. И вы, господа Материалисты, тоже правы: Мать его — Луна; но выносил его в своем чреве Ветер; тот ветер, которым я дышу, которым я живу и которым живет все остальное. Я не ищу начала всех начал; я не хочу делать конец началом; мне нет дела до родителей того, что есть; я живу в сфере действия их Плода, их Андрогинного Ребенка».

Но к кому же из троих нам присоединиться? Быть ли спиритуалистами, пантеистами или материалистами? Господа, следуйте примеру

Египетских Школ. Поклонитесь Гермесу Трисмегисту, то есть **стройному Синтезу трех философских течений**. Будьте материалистами в ту пору, когда отталкиваетесь от прочного дна, именуемого физическим планом; он надежная точка опоры для оперирующего магически в ту пору, когда он захочет заставить **факты рождать факты**. Проникайтесь пантеизмом в ту пору, когда вам нужно заставить **формы рождать формы**; в ту пору, когда Личность ваша заявляет о себе на правах Пентаграммы, когда вы сознаете себя не **рабами** Природы, а **свободными богами**. Но едва лишь вы почувствовали, что Личность замолкает перед интересами чего-то более Общего, заявляющего о себе **Единством**, чуть вы подметили в себе презрение к формам и любовь к **идеям**, смело делайтесь Спиритуалистами: вы тогда в Царстве Отца, в Царстве Солнца, в Царстве **Jod**'а. Но какое же из трех настроений принадлежит человеку **по существу** его природы? Что, собственно, составляет **человека**? Тело, Личность или те Высокие Стремления вверх, в тот Верх, где личность расплывается в чем-то Общем, охотно растворяется в широком потоке Идей, уносящем ее в Бесконечность?

Господа, не мне отвечать на этот вопрос. От меня вы можете получить только **слова**, а словами на вопросы такого рода ответа не дашь. Пусть каждый из вас ищет ответ медитацией. Я могу только сказать, что тело как будто менее долговечно, нежели Личность, и как будто менее могущественно; что Личности сближаются на почве общих идейных интересов и подчас, ради этих интересов, добровольно соглашаются играть роль хвоста или лапы упомянутой мной лисицы. Наконец, я могу и даже должен предложить вам перечесть то, что было мною сказано о **Падении Душ** в изложении XI–го Аркана.

Остается прибавить, что чистый спиритуалист будет, несомненно, абсолютистом в области воззрения на Иерархию; что пантеист будет стоять за царство Духовной Монады, ограниченное, простите за выражение, конституцией реакции материи; что материалист логически вынужден стоять за всеобщую подачу голосов клеточками организмов Вселенной по каждому существенному вопросу феноменов, протекающих в пространстве и во времени.

Внешние положения, касающиеся проведения в жизнь Спиритуалистической Иерархии, были уже мною формулированы при изложении III-го Аркана.

Энвольтование

Если бы кто-либо возымел мысль характеризировать Посвящение в три Масонские Символические Степени исключительно с точки зрения обучения человека воздействию на других, то он бы должен был сказать: «**Ученическая** степень раскрывает нам необходимость быть **сильными в себе** и для этого учит бороться с собственными слабостями, постепенно уничтожая их; это степень, посвященная выработке активного оператора. **Товарищеская** степень раскрывает нам **слабости других** и обучает эксплуатировать эти слабости в ту пору, когда вы уже освободились от собственных слабостей; это школа учета чужой глупости и пассивности. **Мастерская** степень обращает наше внимание на искусство задумывать лишь такие операции, в которых характер нашей активности и силы строго соответствует характеру чужой слабости и косности. Если мы сильны интеллектуально и снабжены запасом знаний, мы поведем невежд куда нам хочется, удачно применяя наши преимущества; но мы, **конечно**, воздержимся от вызова их на сеанс французской борьбы в цирк, ибо мускульно они могут оказаться сильнее нас; если мы хорошо владеем техникой какой-нибудь комбинации, мы вступим в борьбу именно на почве этой комбинации и уклонимся от борьбы на других позициях, и т. д.»

Эти общие тезисы как нельзя лучше подходят к частному процессу энвольтирования, которое мы определим как **насильственную эксплуатацию астральных и физических ресурсов одного инкарнированного человека другим инкарнированным же**.

Представьте себе, с одной стороны, человека, разбрасывающего свое имущество и оставляющего его во многих местах без охраны, или державу, без толку колонизирующую все части света, не обеспечивая свои колонии подготовительными стратегическими мероприятиями. С другой стороны, пусть имеется человек, у которого все под замком, все зарегистрировано, все обнесено оградами, ко всему приставлены сторожевые псы; или, если хотите, — держава, у которой установлены коммуникации со всеми колониями, имеются опорные базы во всех частях владений, во всех морях крейсируют эскадры, готовые к бою. Пусть второй человек или вторая держава пожелали воздействовать на первого человека или первую державу. Вам ясно, что им легко достигнуть своей цели, хотя бы последняя и противоречила коренным интересам первого человека или первой державы. Вы скажете: «Мы не только понимаем это, мы еще прибавим другое — если **оба** ваши субъекта своей безалаберностью подобны первому, но один из них, победив на момент свою косность, возьмет на себя **инициативу нападения**, то это, при равных силах, даст ему некоторое преимущество. Правда, и другой может проснуться и отразить нападение, но он успеет понести потери!»

Вот вам и весь секрет. Воздействие энвольтированием всегда касается манифестаций, протекающих в физическим плане или в низших подпланах астрального. Энвольтируют на любовь; энвольтируют на нездоровье или смерть; энвольтируют на разорение; энвольтируют на прекращение или ослабление полезной деятельности и т. п. Именно вследствие принадлежности результатов энвольтирования к низшим подпланам Вселенной самый термин «**энвольтирование**» принимается в **дурном** смысле. Это всегда очень грубая операция, требующая солидной точки опоры.

Протекает она следующим образом: строят волютивную сущность по сефиротическому плану; Мир Aziluth этой сущности всецело принадлежит оператору; этот Мир Aziluth должен своим влиянием проникнуть в миры Briah, Jezirah и Asiah пациента; но Aziluth оператора живет своим влиянием в соответственных трех мирах самого оператора, значит, последний должен совершить следующее — связать свой Briah, Jezirah и Asiah с таковыми же элементами пациента, воспользовавшись временным усыплением его Aziluth; тогда три низших мира пациента войдут как бы временными органами в составной организм оператора с пациентом; после этого задача оператора сводится к **частному самовнушению**. Он внушает, если так можно выразиться, **этическую болезнь** той части нового составного Briah, которая соответствует бывшему свободному Briah пациента; **формационную болезнь** — той части общего Jezirah, которая соответствует бывшему отдельному Jezirah пациента, и **физическую болезнь** составной части общего Asiah. Вы скажете, что мудрено захватить целиком три чужих мира. Их и не захватывают целиком; завладевают лишь крохотной их частью, заражают эту часть соответственной болезнью и предоставляют последней охватить возможно большее число бывших органов пациента, старательно притом оберегая собственные органы, вошедшие в состав сложного организма. Ведь вы не будете отрицать, что этическая неудовлетворенность отдельным явлением может иногда разрушить душевную гармонию слабого субъекта, что дефект в порождении частной формы может подорвать целую формальную Систему, что болезнетворный зародыш, привитый клеточке, может заразить целый организм.

Из сказанного мной непосредственно вытекает, что умышленно заражаемые элементы должны по возможности принадлежать к числу тех, которые своим строением или физиологическими отправлениями достаточного характеризуют весь организм или один из наисущественнейших его органов, функционально связанных с интересующими нас феноменами.

Для этического энвольтирования гордого человека важно подцепить элементы, стоящие в связи с его самолюбием; для формального энвольтирования человека, проникнутого эстетическим чувством, важно внести элемент уродства в его мир Jezirah; для энвольтирования мира Asiah на любовь, на смерть или на болезни удобнее захватить кровяные шарики, нежели часть поверхностного слоя эпителия.

Помимо сказанного, вы сейчас же выводите необходимость искусственного придания захваченным несущественным элементам какой-нибудь области общего характера существенности — хотя бы усилиями, проходящими в планах, отличных от плана захваченной части. Например, мне удалось захватить только волосы пациента; я леплю восковую куклу, похожую на пациента, и прикрепляю волосы к ее голове. У меня не хватило материала в мире Asiah, но я как будто отыгрался на мире Jezirah.

Допустим, что мне вдруг понадобилось внушить пациенту постоянный **страх**, а я не знаю в точности, что его страшит, но знаю, что его удивляет. Я настраиваю весь составной организм на удивление и, со своей стороны, как умею, примешиваю к удивлению страх. Когда последний привился пациенту, я в себе побеждаю страх и удивление; это мне удается, **если я сам мало склонен к удивлению**. В противном случае я заразил и себя страхом, ассоциированным с этим эффектом.

Так называемый «**возвратный удар**» при энвольтировании и есть результат попытки привить другому болезнь, к которой я сам более восприимчив, нежели он. Конечно, в этом случае все падает на меня. Трусящий за свою безопасность человек получит возвратный удар, если будет энвольтировать другого на несчастье в физическом плане; влюбчивый человек, энвольтирующий другого на любовь, сам влюбится безумно и безнадежно, и т. д.

Страховка энвольтирования третьим объектом (о нем мы уже говорили) предполагает постановку этого объекта на задний план в ментальной части энвольтирования, но, вместе с тем, очень умелый подбор его по астральным и физическим свойствам: ведь, согласно сказанному, третий объект должен быть в трех низших сферах Сефиротической Системы **чувствительнее самого оператора** к восприятию содержания энвольтирования. Если я энвольтирую на тоску и прогрессивное изнурение таковою, то удобно страховать себя от возвратного удара подстановкой

собаки, умеющей тосковать и изнуряться от тоски, но очень странно было бы страховать себя переносом влияния на знакомую **ворону**.

Теперь вам становится понятным, почему энвольтирующие норовят достать кровь, зубы, ногти, пот, семя и т. п. энвольтируемого; почему они вводят эти элементы в состав вольта, то есть физической опорной точки операции; почему они часто смешивают свои выделения или отделения с таковыми же пациента; почему в одних случаях они довольствуются куколкой, фотографией и другими **формальными** пособиями, вводя в их состав **реальные** части организма пациента, а в других предпочитают **живой организм** (жаба), уподобленный **формально** пациенту (наречением его именем и т. п. манипуляциями); понятно станет, почему при **чисто энергетическом** воздействии, ну хоть при желании заставить человека упасть на улице, идут за ним в ногу его же походкой, умышленно спотыкаются приемом, который желают ему привить, и лишь в последний момент удерживаются от собственного падения.

Весь дикий ритуал знахарок, колдуний, черных магов и т. п. находит себе объяснения в приведенных мною тезисах. Это все настолько же просто, насколько гадко, и ключ ко всему лежит в соответствии активности одного пассивности другого.

Метод отражения нападений во всех планах один: «**не зевай**» — будь активен, будь занят, будь на чем-нибудь сосредоточен. Человек, стерегущий свое поле, заметит попутно, вследствие присущей ему бдительности, и порубщика леса, и браконьера.

«Не зевай» в ментальном плане: **молись в особенности за врагов**. Кто молится за врагов, тот не строит планов мести; кто сам не строит планов мести, тот разучится приписывать таковые другим; кто не подозревает других в злобных замыслах, тот не знает страха; кто не знает страха, того мудрено энвольтировать на опасность.

«Не зевай» в астральном плане: будь занят определенными формами, **тобою** избранными или порожденными, чтобы тебе **не навязали форм со стороны.** Знай, **чего** желаешь, чтобы тебе не навязали беспорядочных желаний. Люби избранницу своего сердца, чтобы не навязали тебе со стороны ложное подобие любви. Присоединись к определенному Эгрегору, соответствующему твоему миросозерцанию, чтобы тебя не втянули в цепь чуждого тебе дурного Эгрегора.

«Не зевай» в физическом плане: тренируй свое тело, дабы жизненная сила его вырабатывалась качественно и количественно подходящим для определенных занятий образом; чтобы органы твои развивались монофункционально — тогда они окажут сопротивление какому угодно энвольтированию.

Помни раз и навсегда, что энвольтированию подвержен более всего незанятой, разбрасывающий свою жизнь во всех планах человек; что идейный, формальный или реальный труженик огражден плотной броней от посторонних покушений. У него мир Aziluth хорошо проникает остальные; он **индивидуализован**, он подобен замкнутой системе, которая для наружного мира всегда Jod и лишь тогда играет роль ה, когда добровольно воспринимает Высший Инфлукс.

Не будь раком, пятящимся к луже; тебе не будут страшны ни волк, ни собака, и капли твоей крови не будут красоваться на тропинке к услугам всех и каждого. Достаточно с тебя неволи Бинера Башен и **сознательного** подчинения Иерархии Конуса Лунных лучей; ты знаешь их Первичное Происхождение и в отраженном свете научишься чтить Истину его Первоисточника.

Вот что говорит нам Традиция и Оккультный Опыт. Посмотрим, что скажет светская наука.

С 1891 года полковник de Rochas занимался опытами по так называемой «экстериоризации чувствительности» пациента, погруженного в состояние глубокого гипноза.

Вы уже сами подметили при изложении мною теории энвольтирования, что первая фаза этих приемов клонится к установлению между оператором и пациентом чего-то, напоминающего «etat de rapport», и помните, что это состояние принадлежит к числу фаз таблицы полковника de Rochas.

Последний, действуя магнетически специально на область зрительных центров субъекта (короткие продольные или кругообразные пассы на лбу или около глаз пациента), добивался следующих результатов: поверхность кожи пациента становилась абсолютно нечувствительной к раздражению; чувствительность постепенно, по мере работы пассами, переносилась на ряд особых **поверхностей уровня**, окружавших тело пациента и отстоящих друг от друга на 5 или 6 сантиментов (первая, ближайшая из поверхностей, отстояла от кожи пациента лишь на 3 сантиметра). В промежутках между поверхностями пациент не обнаруживал чувствительности. Число поверхностей умножалось с продолжением работы магнетизера, так что последняя из них находилась в нескольких метрах от пациента. Укол булавкой одной из поверхностей вызывал боль. Стакан воды, помещенный в систему поверхностей, производил то, что de Rochas назвал «одической тенью», а именно, за стаканом пропадало несколько поверхностей, как бы **втягиваясь в этом месте в воду;** вдобавок **вода**, если так можно выразиться, **растворяла в себе чувствительность**, и, унеся стакан далеко от пациента, можно было причинить ему **боль уколами** воды и **озноб — ее охлаждением.** Приблизительно те же результаты получались с **восковой** куколкой, помещаемой в поверхности уровня чувствительности. Уколы воды переносились на ту часть тела, которая была ближе всего к воде во время ее нахождения на поверхности уровня; уколы в **верхнюю** часть куколки передавались в **верхнюю** часть тела пациента; уколы в **нижнюю** часть куклы — в **нижнюю** часть пациента. Опыты со стаканом и куклой удавались лишь в том случае, когда расстояние от стакана или куклы до пациента не превышало определенной величины, значительно превосходившей расстояние последней поверхности уровня от такового. Сенситивы, присутствовавшие при опытах, видели поверхности уровня светящимися наподобие того, как обыкновенно светится для сенситивов кожа человека с **неэкстериоризованной** чувствительностью. Результаты этих опытов были опубликованы в 1892 году.

Сделаны были опыты фотографирования пациентов на пластинки, в одном случае — приложенные к поверхности кожи **незагипнотизированного** субъекта, в другом случае — к поверхностям уровня экстериоризованной чувствительности **загипнотизированного**. В первом случае попытки энвольтирования по фотографии абсолютно не удались (активность незагипнотизированного субъекта и отсутствие etat de rapport); во втором случае прикосновения к фотографии ощущались пациентом, а царапины на пластинке вызвали у пациента стигматы в форме подкожной красноты.

Вот что говорят опыты, произведенные в присутствии двух врачей и одного математика.

Результаты эти как нельзя лучше иллюстрируют методы энвольтирования и не нуждаются в дальнейших пояснительных толкованиях.

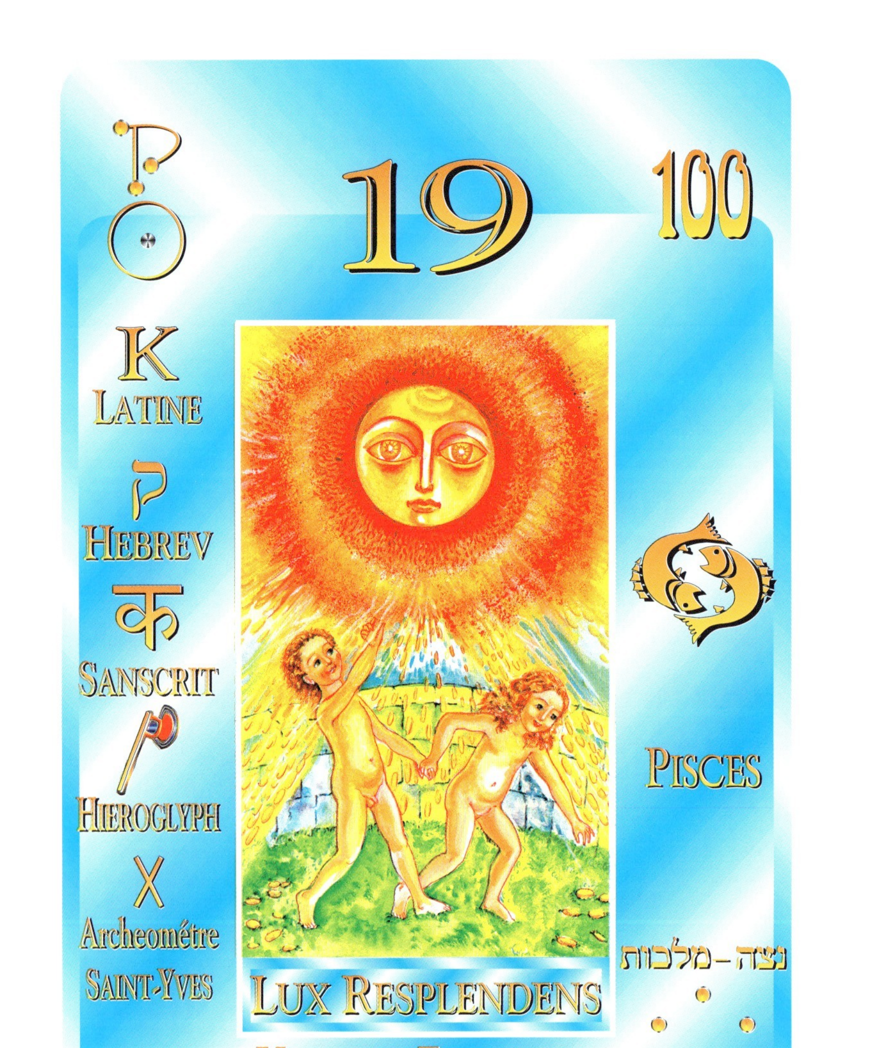

VERITAS FACUNDA
VIRTUS HUMANA
AURUM PHILOSOPHALUM

ק Девятнадцатый Аркан

Знак алфавита, соответствующий XIX–ому Аркану, ק (**Coph**); числовое его значение=100; астрологическое соответствие Аркана — **Знак Рыб** (♓).

Иероглиф Аркана — **топор**: топор освобождения, прорубающий окно к свету в **крыше** предшествующего Аркана.

Ученое название Аркана — «**Lux resplendens**» (ослепительный Свет); вульгарное название — **le Soleil — Солнце**.

Картинка Аркана изображает двух голых маленьких мальчиков, резвящихся в **каменной** загородке и освещаемых яркими лучами Солнца, переходящими внизу в сплошной золотой дождь.

Три заголовка этого Аркана достаточно объяснены в тексте X–го Аркана. Это дает нам право приступить к арифмологическим разложениям числа XIX.

$$19=1+18$$

$$\text{или } 19=18+1.$$

Эссенция Единства (1) и Тайны Иерархии (18) в совокупности представляют собой лестницу восхождения к Плодотворной Истине (19).

Трехпланный человек (1), ознакомленный с тайнами энвольтирования (18), защитится от врагов, воспитав в себе истинную добродетель (19).

Активная натура (1), сеющая опасности (18) реализованным объектам, приведет к сознанию необходимости Великого Делания (19) в физическом плане.

$$19=2+17$$

$$\text{или } 19=17+2.$$

Божественная Субстанция (2) и Надежда (17) приведут к Истине (19).

Тайна Полярностей (2) в человеческой природе вместе с Интуицией (17) породят Добродетель (19). Ибо, если вы **поймете** (–) хорошее и знаете, что помимо восприятий есть **активное проявление** (+), то вы будете и **делать хорошее**.

Готовые объекты в природе (2) вместе с пониманием Вторичных и Зодиакальных Причинностей (17) дадут ключ к Алхимии (19). Ведь исходным материалом Алхимического Делания могут служить самые неблагоприятные состояния материи, лишь бы вы умели **читать** в Природе.

19=3+16

или 19=16+3.

Троичность Метафизической Натуры (3) вместе с приемами логического исключения (16) дадут плодотворные Истины (19).

Понимание тайны рождения (3) и тайны астральных принуждений (16) вынудит на добродетель (19).

Гностическое понимание Принципа Произвождения (3) и необходимость физического разрушения (16) определят одну из основных фаз Алхимического Процесса (19), а именно, фазу «головы **ворона**». Сначала гниение, потом возрождение.

19=4+15

или 19=15+4.

Форма (4) с Логикой (15) дадут Плодотворные Истины (19).

Авторитет (4) и знание Бафомета (15) заставят торжествовать Добродетель (19), вопреки желанию пусть хоть даже Климента V и Филиппа IV.

Законы приспособления в Природе (4) и судьба материи (15) оправдывают Алхимическую Задачу (19).

19=5+14

или 19=14+5.

Познание Добра и Зла (5) Дедукцией (14) приведет к Плодотворным Истинам (19).

Пентаграмма (5), установившая в себе Гармонию (14), добродетельна (19).

Чутье Великой Естественной Религии (5) и понимание обратимости процессов (14) создают Алхимика (19).

19=6+13

или 19=13+6.

Сознание Перманентности Высших Начал (13) путем применения Закона Аналогии (6) приведет к Плодотворным Истинам (19).

Когда хотят обосновать добродетель (19) Масонского Мастера, то ему говорят: «Ты свободен (6), но помни смерть (13)!»

Знакомство со средой (6) и с энергетическими преобразованиями (13) дают ключ к Алхимии (19).

19=7+12

или 19=12+7.

Если ты веришь в Мессию (12) и тебе **дух** дороже формы (7), то ты обладатель Плодотворных Истин (19).

Если ты победил (7) **себя строгостью, а к другим милостив** (12), то ты добродетелен (19).

Если ты сознаешь, что материя Зодиакального Плана (12) в твоем распоряжении по праву собственности (7), то ты в душе Алхимик (19).

19=8+11

или 19=11+8.

Если ты зришь метафизически Либрацию (8) Великих Весов и сознаешь Силу (11) Высших Инфлуксов, то ты обладатель плодотворных истин (19).

Если ты моральную силу (11) Человечества направляешь к исполнению Законов (8), ты добродетелен (19).

Карма Природы (8) и ее силы (11) должны быть известны Алхимику (19).

19=9+10

или 19=10+9.

Завет (10) и Протекторы (9) предохранят тебя от заблуждений и приведут к плодотворной Истине (19).

Посвященный (9) Школы Каббалистов (10), несомненно, добродетелен (19).

Осторожность (9) в пользовании Мировой Мельницей (10) характеризует Алхимика (19).

Вот общие указания. Теперь нам остается коротко характеризовать хотя бы с внешней стороны три таинственных процесса: добывание плодотворных истин (Великое Делание в области Идей); порождение Герметической Добродетели (Великое Делание Этического Герметизма); добывание Философского Камня (Алхимическое Великое Делание).

Герметическая философия

Нам уже много сказала Изумрудная Скрижаль. Дослушаем ее, ибо то, что мы еще не успели процитировать из ее текста, относится непосредственно к XIX–му Аркану.

Sic habebis gloriam totius mundi.
Ideo fugiat (fugiet) a te omnis obscuritas.
Hic (Haec) est totius fortitudinis fortitudo fortis:
quia vincet omnem rem subtilem,
omnemque solidam penetrabit.
Sic mundus creatus est.
Hinc erunt adaptationes mirabiles, quarum modus est hic.
Itaque vocatus sum Hermes Trismegistus, habens tres
partes Philosophiae totius mundi.
Completum est quod dixi de operatione Solis.

Что в переводе значит:

«Таким образом ты овладеешь славой всего мира,
и от тебя удалится всякая темнота.
В этом заключается мощная мощь всякой мощи;
ибо она победит все тонкое и проникнет во все плотное.
Таким же образом создан мир.
Отсюда вытекут чудесные применения,
механизм которых заключен в том же.
Вот почему я назван Гермесом Трисмегистом,
владеющим тремя частями всемирной философии.
То, что я сказал о Солнечном Делании, завершено (реализовано)».

Рассмотрим этот текст с точки зрения первого заголовка нашего Аркана, то есть с точки зрения разыскания Метафизически плодотворных Истин. Перед цитируемым текстом, как вы помните, стояла характери-

стика Бафомета. В этой характеристике предлагают искать элементы Мировой Славы и всяческого просветления. Иначе сказать — тайны Соломоновой Звезды и Гностического миросозерцания суть ключ к метафизическому всеведению.

Как это понять? В XIX–й главе «Догмы Высшей Магии» **Элифас Леви** остроумно говорит, что в метафизическом плане **Философский Камень** имеет форму куба. В этом кубе он предлагает вам рассматривать три пары взаимно-противоположных граней: на первой паре граней написаны — имя Соломона שלמה и имя Божие; на второй паре граней — имена אדם (**Adam**) и הוה (**Heva**); на третьей паре — имена **AZΩ** ת и **INRI**. Он хочет этим сказать, что ключ к Плодотворной Истине дается тремя степенями Тамплиеровского Посвящения; что первая степень — степень Каббалистического Цикла — раскрывает Тайну взаимоотношений Архетипа и Посвященного Человека (**Shlomoh**); Имя Божие с умыслом не указано: **почему — об этом знают Посвященные**; что вторая степень — степень Магического Цикла — раскрывает Тайну влияния Активного на Пассивное; что третья степень — степень Герметического Цикла — раскрывает Тайны Универсального Растворителя (**AZOT**) и Универсального Обновителя (**INRI**).

Вот что я могу и что вправе сказать вам об этой части Аркана.

Этический Герметизм

Мы уже знаем задачу Этического Герметизма. В составе каждого человека есть материал, надлежащая группировка и цементирование которого позволяют Личности сделаться добродетельной. Отцом Добродетели будет Активность субъекта (Солнце); Матерью — Пассивность (Луна); выношена Добродетель будет Ветром астральной среды; упитана она будет Матерью-Землею, ибо проявиться может лишь в мире Жертвы — в мире Зодиакальном. Но вызвать процесс рождения ее, процесс вынашивания и процесс применения может только тот же Телесма, который является оболочкой Воли (Пентаграмма сама созидает собственную добродетель).

Как для выработки суждений в области Герметической Философии человеку необходимо отделить Веру от Знания и затем синтезировать их в стройное целое, так и в Этическом Герметизме нельзя не отдать себе отчета в том, какие побуждения принадлежат Верхнему и какие Нижнему Треугольнику. Надо довести себя до **сознательного** восприятия принципиальных советов Сверху и до вполне сознательной оценки грубых фактов внизу. Тебе говорят сверху: «**Люби ближнего**»;

но как любить? в чем любить? что делать для этого? «**Как самого себя**». Но познать любовь к самому себе в полном объеме можно лишь в плане инволюции, в плане Нижнего Треугольника. Итак, надо раздельно познать Высокие Идеалы стремлений к Реинтеграции, параллельно этому изучить собственный грубый эгоизм, и связать оба элемента Великими Законами Этики; надо попеременно подниматься от Земли к Небу и снова возвращаться с Неба на Землю, черпая тезисы Вверху и сверяя их внизу. Тогда Добродетель получит полную силу, и в сердце не останется никакой темноты. Тогда твоя добродетель ассимилирует себе все **тонкое**, то есть отчасти уже добродетельное, процессом составления Цепей и проникнет во все плотное, то есть победит косность эгоизма масс и против их воли привьет им этические начала. Ведь в чистой Герметической Философии **ум** бродил от Неба (принципы) к Земле (факты) и обратно, от Земли к Небу, то есть занимался дедукцией и индукцией. Здесь этим же занято **сердце**. **Там** наградой было полное прозрение Причинностей умом. **Здесь** наградой явится полный мир в сердце, полная гармония астросома, который проявляет себя активно милосердием и справедливостью постольку, поскольку он видит желания и нужды ближнего. Там ум решит всякую отвлеченную задачу (победит «тонкое») и проникнет в объяснительное толкование мира фактов («плотное»). Здесь сердце сформирует Братство Добродетельных и **повлияет** на моральный уровень Общества. И тут и там **чудеса**, тесно примыкающие к вопросам космогонического характера («sic mundus creatus est»). И там и тут три великих Принципа: **Активная Сера** стремления вверх; **Пассивный Меркурий** познания низов; **Уравновешенная Соль** гармонизации первых двух. И там и тут четыре Элемента: в метафизике — желание найти Истину и желание ее **передать**; желание воспринять и желание закруглить в систему воспринятое; первые два суть י (**Jod**) и ו (**Vau**); вторые два суть ה (**Hé**); в Этическом Герметизме **Jod** эволютивных поступков, **Vau** поступков инволютивных; **правое Hé** положительных аффектов и **левое Hé** аффектов отрицательных; и там и тут **пятый действующий элемент** в роли оператора в **центре Кватернера**; в метафизике — ум падшего Адама, познавшего Добро и Зло Великой Либрации; в Этическом Герметизме — квинтэссенция Воли, играющей Герметическим Крестом. И там и тут — монада, могущая прославиться универсальной славой («sic habebis gloriam totuis mundi»).

Алхимия

Заключительные фразы текста «Изумрудного Камня» утверждают, во-первых, что власть Гермеса простирается на все три плана; во-вторых, что Солнечное Делание **завершено**, то есть, что оно было реализовано не только в двух Высших, но и в **Физическом плане**. Итак, Великая Скрижаль Египетской Традиции признает Алхимию.

Не буду посвящать здесь ни строки **историческим** подтверждениям того же тезиса. Желающих с ними ознакомиться отсылаю к сочинению Папюса «La Pierre Philosophale», Paris, 1889. Мое дело дать вам **Картину Алхимического Делания,** аналогичную высшим фазам Герметизма и позволяющую хотя бы отдаленным образом ориентироваться в трудностях изложения классических сочинений по Алхимии. Здесь Изумрудная Скрижаль пригодится каждой крупицей своего текста.

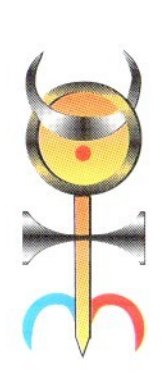

Первый стих ее провозглашает **Закон Аналогий** и тем самым разрешает нам перейти от Герметизма Высших Планов к Алхимии.

Второй стих провозглашает **Единство Субстанций**, а следовательно, в частности, и Единство Материи.

Третий стих ясно указывает нам на участие **Золота** (Солнца) и **Серебра** (Луны) в процессе Делания. Он же подчеркивает значение среды и значение материальной точки опоры (Земля).

Четвертый стих намекает на участие **магнетизма оператора** в процессе Делания (новейшие алхимики полагают, что этот астральный агент может быть заменен использованием ресурсов **природного электрического Кабира**).

Пятый стих указывает на **твердое** состояние Философского Камня или Порошка.

Шестой стих ясно указывает на основное воззрение Алхимиков на металлы, по которому вся совокупность известных металлов может быть расположена в прогрессивную шкалу биполярного характера; один полюс совершенства соответствует Серебру (может быть Платина), другой полюс — Золоту. В этих двух металлах наисовершеннейшим образом связаны два принципа — **принцип Серы** и **принцип Меркурия**, причем в Серебре эта связь реализована наисовершеннейшим образом для проявления Меркуриальных свойств, а в Золоте — для проявления Серных свойств. Остальные члены ряда металлов рассматриваются как соединения, не дошедшие в совершенстве до Серебра в отрицательном направлении, или не дошедшие в совершенстве до Золота в положительном направлении.

Выходит, что **во всяком металле** (если хотите — даже во всяком простом теле) **реализована связь Серы с Меркурием,** но только в золоте и серебре эта связь реализована герметически-совершенно. Чтобы трансмутировать другой металл в серебро или золото, надо прежде всего разрушить установившуюся в этом металле несовершенную связь, так сказать, отделить **тонкое** (**Серу, Огонь**) от **плотного** (**Меркурия, Воды**), а затем установить новую связь, совершенную, типа преобладания пассивности или типа преобладания активности, смотря по тому, в какой из благородных металлов хотят трансмутировать неблагородный.

Вот об этом-то отделении тонкого от плотного и говорит Изумрудная Скрижаль.

Принцип-Сера с **Принципом-Меркурием** нейтрализуются **Принципом-Солью**, соединяясь в общую шкалу, именуемую «**Азотом Мудрецов**».

На практике мы всегда имеем дело с Солью, как основой проявления тел, и с Азотом Мудрецов, как основой возможности освобождения пленных Принципов, связанных Солью.

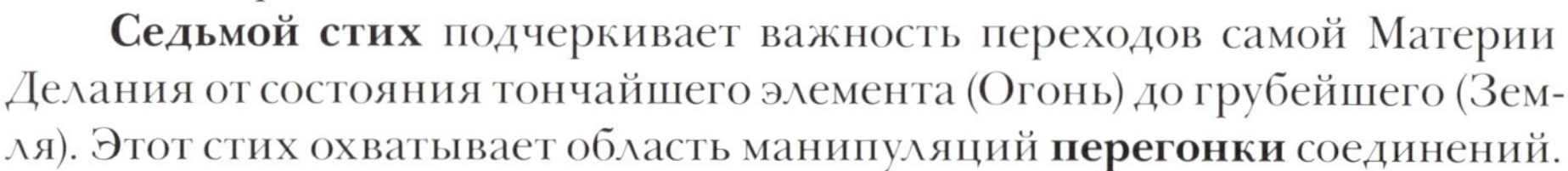

Седьмой стих подчеркивает важность переходов самой Материи Делания от состояния тончайшего элемента (Огонь) до грубейшего (Земля). Этот стих охватывает область манипуляций **перегонки** соединений.

Восьмой стих просто ободряет Алхимика на Делание.

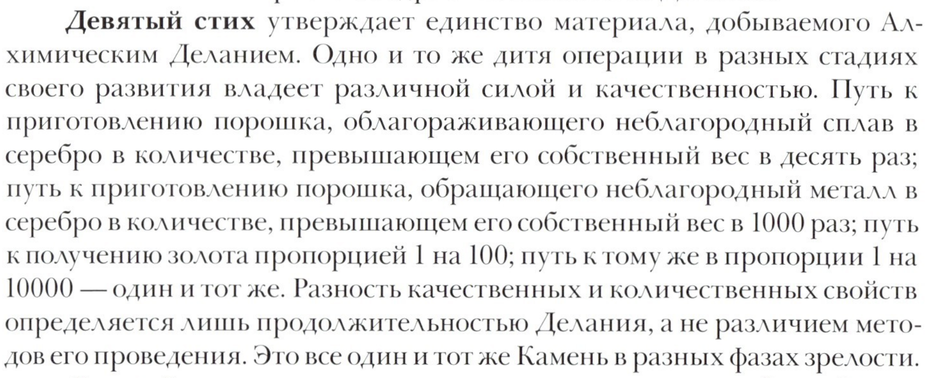

Девятый стих утверждает единство материала, добываемого Алхимическим Деланием. Одно и то же дитя операции в разных стадиях своего развития владеет различной силой и качественностью. Путь к приготовлению порошка, облагораживающего неблагородный сплав в серебро в количестве, превышающем его собственный вес в десять раз; путь к приготовлению порошка, обращающего неблагородный металл в серебро в количестве, превышающем его собственный вес в 1000 раз; путь к получению золота пропорцией 1 на 100; путь к тому же в пропорции 1 на 10000 — один и тот же. Разность качественных и количественных свойств определяется лишь продолжительностью Делания, а не различием методов его проведения. Это все один и тот же Камень в разных фазах зрелости.

Десятый стих напоминает нам о сущности золота и серебра на Земле. Он говорит нам: «Природа своими собственными ресурсами довела одни химические соединения до одной степени совершенства, другие — до другой; в природе есть золото и серебро, то есть есть металлы, достигшие полюсов совершенства. Почему же тебе не попробовать, вооружившись металлами, не дошедшими до полюса, довести их до него? Почему бы не уподобиться Творцу, разъединив два Принципа, вернув их к прежнему состоянию и вновь связав совершенным образом?». Для вящего поощрения этот стих добавляет: «Есть чудесные адаптации этого же Делания». И перед вами восстает традиционная картина приема внутрь Философского Камня с целью

поднять жизненность устаревшего организма; приготовление Жизненного Эликсира; взращивание растений в очень короткое время и т. п.

Об одиннадцатом и двенадцатом стихах мы уже говорили.

Теперь, когда вы знаете, что в Алхимическом Делании тоже три Принципа (Сера — Соль — Меркурий), тоже четыре Элемента (Радиальное, Газообразное, Жидкое и Твердое состояние материи), я могу спокойно говорить вам о Динамическом Цикле Великого Делания, распадающемся на четыре фазы.

Первая фаза — Подготовка Делания

Эта подготовка сводится к приготовлению **Меркурия Философов**, иначе сказать — **Универсального Растворителя**; иначе сказать — **Азота Мудрецов**; если хотите — попросту того, что мы называем **Астральным Светом** в форме конденсации двойственнополяризованных вихрей. Для добывания этого деятеля служит особый минерал, именуемый «Магнезией Мудрецов», или «Маркасситом Мудрецов». Добывают «Азот» из «Магнезии» таинственной операцией применения электричества или личного магнетизма (отсюда упоминание о «Стали Философов» и о «Магните Философов»).

Вторая фаза — Делание

Обыкновенные металлические золото и серебро подвергаются действию Азота Мудрецов для освобождения из них Живого Солнца (металлогенной Серы) и Живой Луны (металлогенного Меркурия) в максимальных количествах. Можно было бы оперировать и над неблагородными металлами или только над одним золотом, но тогда бы дело шло медленнее.

Освобожденные Принципы в виде двух ферментов заключаются в стеклянную тюрьму, именуемую **яйцом**, и подвергаются медленному нагреванию на слабом огне масляной лампы в так называемом «**атаноре**».

Время и теплота определяют целый ряд физических и химических феноменов в **яйце**. В первые недели обугливания материал принимает неопределенные цветовые оттенки. Эта эпоха называется «Царством Меркурия». Потом масса зеленеет и, наконец, чернеет. Сначала наблюдается чернота на поверхности («Голова Ворона»), затем чернеет вся масса и начинается так называемое «Царство Сатурна». Масса **помирает**, **чтобы возродиться**, подобно масону в Ритуале Посвящения в Степень Мастера. Чернота, продержавшись довольно долгое время, переходит в коричневые тона, часто с синеватыми отливами. Наблюдается отделение паров, вновь ниспадающих в форме дождя. Это — «Царство Юпитера». Затем наступает «Царство Дианы», характеризуемое ослепительным белым блеском массы. Если нужен порошок для **белой трансмутации** (в серебро или платину), то вторая фаза операции закончена; но если мы стремимся к **красной трансмутации**, то нужно продолжать нагревание, не обращая внимания на переходы массы из жидкого состояния в твердое и обратно. Масса зеленеет, синеет, делается темно-красной. Все это — «Царство Венеры». Потом масса принимает оранжевый оттенок, затем окрашивается, подобно «павлиньему хвосту», разом во все цвета радуги («Царство Марса»). Наконец, в яйце над массой появляются пунцовые пары; они сгущаются, масса высыхает и, при охлаждении яйца, фиксируется в форме небольших зерен оттенка макового цвета. Это завершение последнего периода, называемого «Царством Аполлона». Теперь разбивают яйцо, и в нем находят кристаллический очень тяжелый порошок ярко-красного цвета с запахом обуглившейся морской соли. Этот порошок обладает свойством по прошествии двух часов кипячения обращать в золото ртуть или расплавленный свинец в количестве, равняющемся удесятеренному весу самого порошка.

Третья фаза — Умножение камня

Камень или снова подвергается действию Азота Мудрецов, или, что проще, просто заключается снова в яйцо вместе с количеством золота, в сто раз превышающим вес самого камня. Яйцо снова подвергается действию огня. Смена цветов возобновляется в строгом порядке, но происходит значительно **быстрее**. Новый Красный Камень гораздо тяжелее смеси прежнего Камня с расплавленным золотом, заключавшейся в яйце, а по своим трансмутационным свойствам в десять раз сильнее. Новое умножение снабжает камень коэффициентом 100 по отношению к первому Деланию. Обыкновенно делают лишь три умножения, так что окончательно полученный Камень может трансмутировать ртуть или расплавленный свинец в пропорции 1 на 10000.

Четвертая фаза — Проекция Камня или пользование им

Берется жидкая ртуть, или расплавленный свинец, или расплавленное олово в количестве, соответствующем силе Камня. Если Камня много, то им пользуются по частям. Кристаллы Камня толкутся в мелкий порошок. Небольшие количества этого порошка старательно заключаются в восковые пилюли, бросаемые в соответственный сосуд с неблагородным металлом, и последний подвергается кипячению, для золота в течение двух или двух с половиной часов.

Если речь идет не о красном порошке, а о белом, то для получения таким же методом серебра достаточно четверти часа кипячения.

Масса, эволюционирующая в яйце, называется **Rebis**.

Бессмертный очаг, или «**атанор**», представлял собой в старину совокупность трех частей. В нижней части помещалась масляная лампа с четырехнитевым фитилем в начале (до «Головы Ворона»); потом с четырнадцатинитевым и, наконец, с двадцатичетырехнитевым (уже в фазе Дианы).

Средняя часть атанора содержала выступы для поддержки рода жаровни или блюдечка. В это блюдечко насыпали песку, а в песок погружали яйцо до трети его поперечника. Масса — Rebis — в яйце возвышалась лишь до четверти такого же поперечника.

Верхняя часть атанора состояла из стеклянного купола, отражавшего теплоту внутрь прибора.

Еще раз напоминаю, что во второй фазе Делания нет прямой необходимости одновременного пользования золотом и серебром. Многие действовали Азотом Мудрецов на одно только золото и все же получали удовлетворительный Rebis.

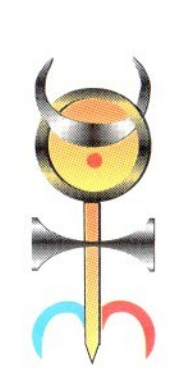

Для лиц, намеревающихся читать сочинения по Алхимии, я должен прибавить, что в нашей терминологии Сера является **Отцом**; Меркурий — **Матерью**, а Соль — **Андрогинным Ребенком**. Если вы прочтете где-нибудь, что Соль есть Мать, Меркурий — Андрогинный ребенок, то это будет значить, что под Меркурием разумеют не Меркурий-Принцип, а Меркурий-Растворитель (Азот Мудрецов), добытый из Магнезии (готовая материя — следовательно, нечто такое, в чем оба принципа уравновешены в **живом виде**; но уравновесить их может только Соль; значит, в Магнезии Мудрецов доминирует живая соль), как ребенок добывается из матери.

Теперь нам понятна картинка Аркана. Активное Солнце изливает Свет, материализующийся вплоть до состояния золотого дождя. На картинке держатся за руки два мальчика (хотите — мальчик с девочкой: Rebis изготовляется различно). Дети эти жизнерадостны; их обновляет Свет, падающий на них. И все это ограничено **каменной загородкой**, определяющей предел сгущения, интерпретируемого картинкой Дара Небес.

Итак — **Топор Coph** прорубил окно; остается умело воспользоваться этим окном, обновив себя и обосновав свою работу на прочных реализациях, способных обеспечить нам Триумф перехода в Мир Минорных Арканов.

Обновлению нас учит XX–й Аркан. Постановке опорных точек — XXI–й, умению ориентироваться в собственном триумфе — XXII–й.

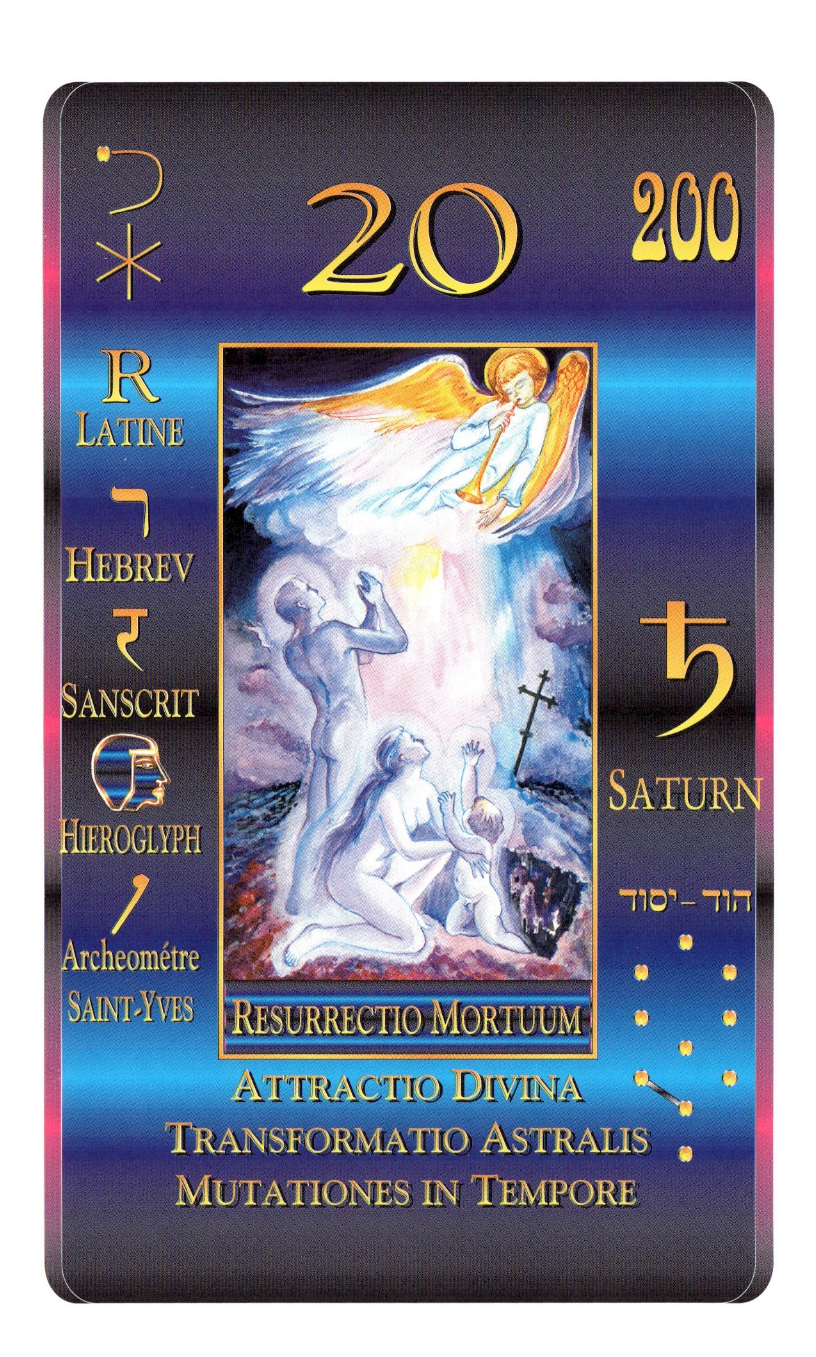

20
200
R
LATINE
ר
HEBREV
र
SANSCRIT
HIEROGLYPH
Archeométre
SAINT-YVES
SATURN
הוד - יסוד
RESURRECTIO MORTUUM
ATTRACTIO DIVINA
TRANSFORMATIO ASTRALIS
MUTATIONES IN TEMPORE

ר Двадцатый Аркан

Знак алфавита, соответствующий XX–му Аркану, ר (**Resh**). Числовое значение этого знака =200; астрологическое соответствие — планета **Сатурн** (♄).

Иероглиф Аркана — **голова человека,** понимающая пользу врученного ему в предыдущем Аркане **топора**, выглядывающая в окно, им прорубленное, и направляющая человека при сознательных переходах от одной фазы жизни к другой. Ученое название этого Аркана — **Resurrectio mortuum** (**воскресение мертвых**). Вульгарное — **le Jugement**.*

На картинке мы видим трубящего ангела в небесах. Издаваемый им трубный звук символизирует притяжение человека Эволютивным Инфлуксом **Архетипа**. Двадцатый Аркан есть тайна притяжения **Hé** человеческой жизни **Jod**'ом Божественной Любви. Отсюда первый заголовок — **Attractio Divina.**

Внизу мы видим фигуры мужчины, женщины и ребенка, преобразованные порывом жажды новой жизни. Здесь оба полюса человечества и нейтрализующее их звено **Vau**. Эти восставшие люди символизируют содержание второго заголовка Аркана — **Transformatio Astralis.**

Астральное самосовершенствование, как вам известно, захватывает и активность, и интуицию; притом оно и нами самими, и окружающей средой учитывается по андрогинным плодам, нами порождаемым. Подъем индивидуальности влечет за собой утончение ее волютивных продуктов. Вот почему на картине вместе с отцом и матерью фигурирует ребенок.

Но все три фигуры вышли из гроба. Об этом свидетельствует открытая могила и отваленная плита. Для фигур произошла и перемена обстановки; перемена среды, в которой они пребывали. Отсюда третий заголовок Аркана — **Mutationes in Tempore**.**

---

*) **Le Jugement** (*лат.*) — Суд

) **Attractio Divina (*лат.*) — Божественное притяжение, Божественная Любовь
Transformatio Astralis (*лат.*) — Астральное преображение
Mutationes in Tempore (*лат.*) — Изменение во времени

И действительно, всякое усилие вырваться из-под крышки **Tzade** приведет, прежде всего, к перемещениям без освобождения от крышки. Ведь птица сначала кидается по всем углам своей клетки и, только исследовав ее полностью, убеждается в невозможности уйти. Так и мы. Сначала мы рассаживаемся на всевозможные лады, чтобы настроить свой земной квартет. Выжидаем обновления клеточек собственного тела и убеждаемся, что новое тело такая же тюрьма, как и старое. Пробуем всевозможные усовершенствования в физическом плане, переносимся во всевозможные местности и все время оказываемся пленниками Зодиакального Плана. Только тогда мы начинаем думать о том, что пленной птичке надо переработать самое себя, чтобы иметь шансы на освобождение. Мы принимаемся за астральную самопереработку, одновременно с собой утончаем Природу и начинаем все яснее и яснее воспринимать призыв Трубы Архетипа, сначала плохо доносившийся до нас и смутно понимаемый нами лишь в минуты полного затишья наших страстей и временного прекращения ужасающего грохота Колеса Фортуны.

Итак — менять, менять, менять без конца! Но менять **эволютивно**. Вот наш девиз. Когда нет в виду лестницы для подъема, передвигаемся по горизонтальным галереям в надежде на нахождение лестницы в конце. И даже иногда спускаемся вниз, если мы твердо уверены, что дальше есть мощный подъем. Это — судьба искателя. Теперь рассмотрим Аркан арифмологически.

20=1+19
или 20=19+1.

Метафизическая Эссенция (1) и Плодотворность дарованных ею Истин (19), конечно, мощно притягивают нас вверх (20).

Трехпланный человек (1), реализовавший Задачу Этического Герметизма (19), является астрально-перерожденным (20).

Активная Натура (1), Трансмутируя собственными силами минералы (19), создает перемены в земной коре (20).

20=2+18
или 20=18+2.

Единая Иерархия (18) в Единой Субстанции (2) мощно притягивает нас к Первоисточнику (20).

Тайна Полярностей (2) и наличность врагов в астрале (18) вынуждают нас к защите перерождением (20).

Опасности (18), которым подвержены реализованные Природой объекты (2), объясняют «перемены во времени» (20).

20=3+17
или 20=17+3.

Понимание Великого Тернера Божественной Натуры (3) вместе с Надеждой (17) определяют содержание притяжения вверх (20).

Понимание целесообразности размножения инкарнированных особей (3) и человеческая интуиция (17) суть достаточные толчки к астральному перерождению (20).

Понимание Гностического Принципа Произвождения (3) в связи с умением **читать в Природе** (17) дают полную картину изменений во времени (20).

20=4+16
или 20=16+4.

Облечение идей формами (4) в связи с логическим исключением (16) некоторых форм определяют метафизическое притяжение (20) к оставшимся неисключенными формам.

Авторитет самого себя (4) и механизм самовнушения (16) определят астральное перерождение (20).

Приспособление (4) и разрушение (16) — вот элементы изменений в природе (20).

20=5+15
или 20=15+5.

Логическое применение (15) Познания Добра и Зла (5) сведется к притяжению вверх (20).

Пентаграмма (5), владеющая тайнами Бафомета (15), обладает обновленным астросомом (20).

Естественная Религия (5) и признание Фатума (15) примиряют с картиной изменения в Природе (20).

20=6+14
или 20=14+6.

Применение Закона Аналогий (6) и Дедукции (14) свидетельствуют о притяжении вверх (20).

Сознание Свободы Воли (6) и Внутренней Гармонии (14) свидетельствуют об астральном перерождении (20).

Среда (6) с протекающими в ней изменениями энтропии (14) и есть картина изменений Природы во времени (20).

20=7+13

или 20=13+7.

Признание Перманентности Архетипа (13) и предпочтение, даруемое духу над формой (7), вполне определяют притяжение вверх (20).

Победа (7) над собой к концу инкарнации (13) есть гарантия усовершенствования астросома (20).

Признание права собственности (7) наряду с существованием преобразования энергии (13) заставляет чувствовать картину изменений в Природе (20).

20=8+12

или 20=12+8.

Понимание Либрации Универсальных Весов (8) и Вера в Искупителя (12) суть достаточные стимулы притяжения вверх (20).

Соблюдение Закона (8) и одновременное проявление Милосердия (12) свидетельствуют об астральной переработке субъекта (20).

Карма (8) Зодиакального Плана (12) осудила его на вечные перемены (20).

20=9+11

или 20=11+9.

Признание Высшего Протектората (9) и Его Силы (11) определяет притяжение вверх (20).

Выработка моральной силы (11) и Посвящение (9) перерождают астросом (20).

В путанице изменений физического плана (20) мы руководимся осторожностью (9) и знанием сил природы (11).

20=10+10.

Правильность объектов, даваемых Человеческому Архетипу (10), сопоставленная с совершенством Завета Сверху (10), определяет мощь притяжения вверх (20).

Учреждение строгой Каббалы (10) внутри себя и ответ на Каббалу (10) наружную и есть переработка астросома (20).

Фортуна нового (10) в сопоставлении с Фортуной старого (10) дает возможность учесть происшедшие изменения (20).

Резюмируя сказанное, можем утверждать, что Сатурн недаром является астрологическим патроном этого Аркана. О ходе времени мы судим по изменениям в группировке феноменов, но формально последние помещаем опять-таки во времени.

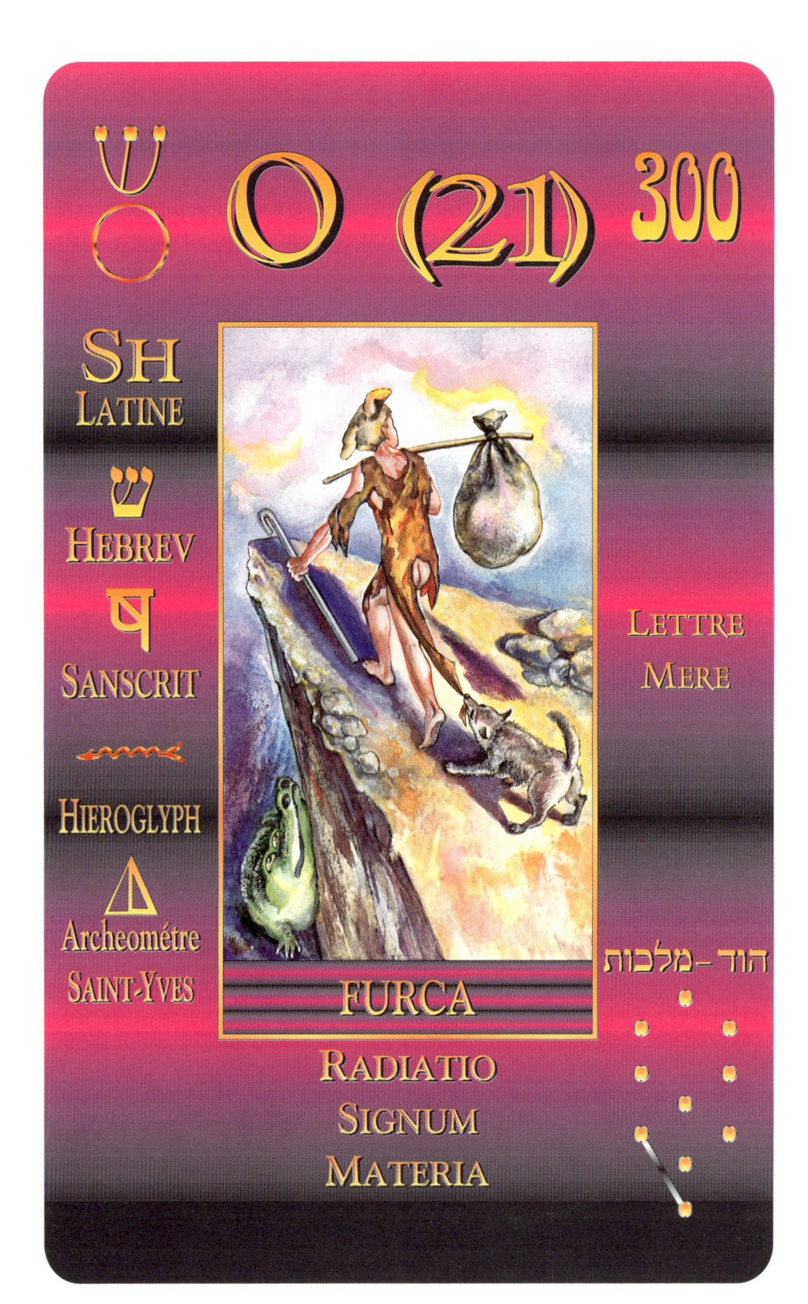

O (21)
300
SH
LATINE
ש
HEBREV
ष
SANSCRIT
HIEROGLYPH
Archeométre
SAINT-YVES
LETTRE
MERE
הוד-מלכות
FURCA
RADIATIO
SIGNUM
MATERIA

ש Двадцать первый (или нулевой) Аркан

В алфавите знаком этого Аркана служит ש (**Shin — Шин**, иногда — **Син**).

Числовое значение Аркана ש — **300**. Астрологических соответствий Аркан не имеет.

Иероглифом служит **стрела в колебательном движении.**

Этот символ наводит нас на представление о чем-то предельном, малоуловимом без предварительного изучения непредельных, более общих фаз движения той же стрелы, встречавшейся в 7-м и 15-м Арканах.

В седьмом Аркане стрела летит **прямолинейно** по законам, метафизически необходимым и научно понятным.

В пятнадцатом Аркане она движется **по окружности круга** или, лучше сказать, **по спиральной линии**, определяющей узловые точки астрального вихря.

Здесь, в двадцать первом и таинственнейшем из Арканов, это движение претворилось в **колебательное**.

По-видимому, колебание можно искусственно подвести под тип движения по замкнутой линии и считать каким-то очень частным проявлением, но это не помешает нам этой частности придавать большое значение в практической сфере осуществлений.

Научное название Аркана ש — **Furca** (вилы) — дает лишь намек на форму самой буквы; вульгарное название — **le Fou*** — относится лишь к картине.

Будем искать в последней разрешения вопроса об истинном значении Аркана или, по крайней мере, об общем характере его истолкования.

По скале к обрыву спешно шествует человеческая фигура. На голове ее красуется дурацкий колпак; она смотрит не на обрыв, а куда-то в сторону, где ничего не виднеется, не замечает крокодила с отверстой пастью, притаившегося за обрывом; не обращает внимания на истерзанность и неприличие своего костюма, еще, вдобавок, раздираемого

---

*) **Le Fou** (*фр.*) — Сумасшедший.

псом, следующим за ней по пятам. В правой руке (зеркально) безумного путника красуется прочный жезл, на который он не опирается и которым даже не пользуется, чтобы отогнать собаку. Левой рукой безумец придерживает конец палки, на которой за его плечами подвешен значительных размеров тяжелый куль.

Что это за путник?

Человеческая фигура служит указанием на **индивидуализацию** затрагиваемых Арканом сил. Но как эти силы употреблены?

Телесный человек, по-видимому, создан для жизни в физическом плане, а на картине он идет к бездне, где вдобавок его ждет пасть крокодила.

Назначение одежды — прикрывать и защищать тело. Здесь одежда не выполняет своего назначения, как и посох странника.

Он торопится, но вместе с тем не догадывается бросить куль и отогнать собаку.

Словом — он ведет себя удивительно, неожиданно для зрителя.

Можно сказать, что в его поведении есть элемент какого-то **чуда**, для демонстрации которого надо отречься от собственных ресурсов, пользуясь своим телом и инструментами, находящимися в его распоряжении, противоположно их прямому назначению.

Эффект есть, но он добыт какими-то контрастами, желанием пренебречь нормальной логикой поступков.

Дополним впечатление арифмологическим анализом номера Аркана.

Но что взять за номер?

Предлагают 0; предлагают и 21.

Нулевой номер следует понимать как намек на исключительное положение Аркана и на нежелание выводить его из других.

Число 21 более плодотворно.

$$21=1+20.$$

Уравновешенный, способный к проявлению Элемент (1) вводит условия существования нового мира, перемены положения вещей (20).

Например, Архетип эманирует ментальную сферу, или идея облекается формой ускользающего от нас в своей механической части процесса. Или — форма волютивного проявления таинственно вызывает фактические проявления в физическом плане.

По этому разложению мы и составим заголовки Аркана в областях проявления Элементов Теософического Тернера.

В проявлениях **Архетипа** Арканом Ш отмечается высоко таинственный процесс Эманации Мира Aziluth. Чисто духовное начало

вдруг проявило себя какими-то весьма лучезарными, но вместе с тем **ментальными**, то есть очень густыми по сравнению с Эссенцией Архетипа, излияниями Первичных Десяти Сефирот. Процесс этот озаглавлен **Radiatio**.

В плане **Человечества** Аркан ש не менее таинственно отразился в процессе перехода от общечеловеческих ментальных манифестаций к тому, что мы называем «**Знаком**». Под этим термином будем разуметь Элемент астральной сигнализации, то есть того, что одна личность может **формально познавать** в других так называемым **шестым чувством** (чувство астрального восприятия). Впечатления, доставляемые этим восприятием, мы на языке физического плана передаем как цветовые, геометрические, акустические, осязательные, обонятельные, но дело не в том, как передается на условном языке астральный «**знак**», а в **тайне проявления самого знака** как оболочки **идеи**.

Итак, вторым заголовком будет — **Signum**.

В плане **Природы** нас с самого начала курса заинтересовал переход от учета Энергии, как астрального проявления, к учету накопления той же Энергии, оцениваемого органами чувств в области атрибутивностей так называемой **материи**.

Тайна перехода запаса кинетической энергии в атрибут **твердости**; тайна механизма вызова движения в пациенте при помощи затраты энергии воображения оператора, вот что нас давно интересовало и что составляет ש для плана Природы.

Та великая иллюзия, которую мы именуем **материальным миром**, своим существованием задает нам загадку ש для Природы и дает третий заголовок Аркана — **Materia**.

Обратное разложение:

$$21=20+1,$$

даст схему положения уравновешенной, принципиально способной к проявлению личности (1) в ту пору, когда она подавлена Арканом двадцатым, то есть элементами возрождения; когда эти элементы ей не под силу; когда она не может справиться с новизной задач, встречающихся на ее пути; когда она быстрым шагом идет не туда, куда нужно, имея при себе орган зрения; когда она не опирается на жезл доступных ей по существу Посвятительных Элементов; когда она даже не пользуется им против препятствий чисто внешних, нелогически дозволяя им задерживать ее на ее безумном пути (нелогичность в самом безумии); когда она думает прикрыться лжепреимуществами, лжезащитами, подобными разорванной одежде, не греющей и не обеспечивающей элемента приличия в сфере пусть хоть ошибочного поступательного движения самой

Личности; когда она старательно удерживает за плечами тяжелый куль суеверий, предрассудков и условностей, несоответствующих созревшей для нее задачи Возрождения (20–й Аркан).

Как видим, картинка Аркана иллюстрирует как раз отрицательную фазу ее первичного арифмологического разложения. Да оно и понятно: самый Аркан относится к величайшим и опаснейшим Посвятительным Тайнам.

Крайне рискованно было бы дать ученику даже символическое указание на его механизм. А указание-то дать надо, раз Аркан помещен в серии откровений. Вот Учителя и решили указать ученику на то, **чего не надо делать**, чтобы он своим умом дошел до схемы того, **что нужно делать**.

Какой же путь медитации избрать ученику для Посвящения в положительную фазу Аркана?

Если он каббалист, то он начнет с изучения остальных арифмологических разложений числа 21 в положительных фазах проявления Ш

Последуем за ним и терпеливо углубимся в означенные разложения.

21=2+19,

то есть тайна Ш опирается на Знание закона Аналогий и противоположений (2)+на тайну Великого Делания (19).

21=3+18;

тайна Ш предполагает полную метафизическую культуру в операторе (3)+полный учет Абсолютной Иерархии, оккультных сил и возможных противодействий в физическом плане (18).

21=4+17;

хочешь владеть Ш — изучи досконально Арканы физико-химических явлений (4) вместе с Арканами астральных влияний в Природе и их Ментальных Основ (17).

21=5+16;

хочешь применить Аркан Ш — сознавай в себе неизмеримость Человеческой Свободы, могущество Человеческой Воли (5) и вместе с тем помни, что та же Свобода может быть источником Падения, Дифференциации, сопряженной с Материализацией (16).

21=6+15;

знай, что всюду две тропы (6) и что всюду ты можешь стать или повелителем, или рабом Великого Бафомета (15).

21=7+14;

когда будешь себя чувствовать победителем (7), умеряй, гармонизируй (14) проявления своей силы.

21=8+13;

если ты работаешь в сфере установления закономерности (8), знай и помни, что конечная цель твоей работы есть подготовка к перемене плана (13); если ты можешь планомерно жить, поставь целью жизни достойную подготовку к смерти, то есть к рождению в астральную жизнь; если ты ухаживаешь за беременной, то выбирай пищу и режим для плода, сообразуясь с необходимостью для него покончить утробную жизнь и начать жизнь в земной атмосфере; если ты устанавливаешь режим физического воспитания малолетнего, не забывай, что когда-нибудь придется перейти к воспитанию интеллектуальному, а, воспитывая интеллектуально, не забывай, что ученик со временем обратится в деятеля. Но и обратно, имея дело с элементарием человека, не забывай, что он был воплощен; видя деятеля, учитывай предшествовавшие на него влияния школы, родителей, и т. п.

21=9+12;

кто хочет применять Великую Тайну ש, тот пусть Посвятится (9) в соответствующих планах и будет готов на Жертву (12).

21=10+11;

владеющий тайной ש опирается, с одной стороны, на автоматически действующую Мировую Мельницу (10), с другой стороны — на ресурсы мощных цепей (11) соответствующих планов.

Вот схема медитаций оккультиста, желающего проникнуть в область применений ש.

ש=300; это — тройка, но тройка распространенная; тройка, проникшая в мир осложнений **десятой** Сефиры в десятом ее проявлении.

Скажу еще несколько слов о таинственном Аркане механизмов инволюции и эволюции.

Важно **самому** не идти к пропасти, где вас ждет отверстая пасть крокодила; важно самому вовремя сбросить пресловутый куль, отогнать собаку, опереться на жезл, запастись приличной одеждой, сбросить дурацкий колпак и смотреть прямо перед собой. Тогда вы не будете объектом для чужих операций инволютивного ש. Напротив, — когда вам понадобится комбинировать реализации в низших подпланах того, в котором обитает ваша свободная Личность, вы сумеете надеть дурацкий колпак на сущностей этих подпланов и радоваться тому, что они не догадываются сбросить свой куль; сумеете избегнуть тех фаз, при которых они нечаянно могли бы воспользоваться своими жезлами; утилизировать то стеснение, которое они испытывают в удержанных ими неподходящих одеждах; натравить на них достаточное число собак, чтобы сбить с толку даже в тех непланомерных реакциях, которые они пытаются оказать, и в итоге спокойно, бесстрастно наблюдать, как они идут в пропасть вашей реализации, вампирически поглощающей их пастью астральной схемы вашего волютивного проявления.

Теперь уместно сказать, что Аркан **Shin** планируется на картинке отрицательно не только для того, чтобы оккультист не давал другим надевать на себя дурацкий колпак, не только для того, чтобы он сам украшал им тех сущностей, над которыми собирается оперировать как над пассивным началом, но и для того, чтобы он сам умел вовремя надеть его на себя, **подражая** фигуре нашей картинки. Дело в том, что развитая Личность, сознавая иллюзорность физического плана, тяготится временами своей телесной оболочкой и лженаслаждениями, ею доставляемыми. Сбросить эту оболочку до предельного срока Личность не имеет права: Карма предначертала ей программу испытаний и жертв ее инкарнаций, и Курс Жизни должен охватить эту программу целиком. В эти-то моменты **надо уметь закрыть глаза на несовершенство физического плана**, надо уметь приохотить себя к жизни, увлекаясь ее побрякушками, надо уметь привить себе призрак счастья, которого, строго говоря, на земле не бывает. Но ведь такая прививка будет полным подражанием Шуту двадцать первого Аркана, полным, но добровольным, отказом от материалов, добытых Посвящением. Она будет **отдыхом** на трудном пути жизни. А ведь путник должен не только уметь неустрашимо шагать, но и осмотрительно, своевременно и расчетливо располагать эпохами отдохновения, эпохами освежения сил. Скажу больше, кто никогда сам не отдыхает от мудрости, тот забудет обстановку личного эгоизма и не сумеет ориентироваться в жертвах, приносимых им ближнему; а ведь сказано: «люби ближнего, как самого себя». Это значит: «доставляй ближнему то, что ты самому себе доставляешь в минуты отдыха от Мудрости».

Как я уже намекнул, тайна механизма (или по крайней мере **метода**) инволюций есть вместе с тем тайна обратного эволютивного процесса. Вся разница в том, что падение совершается метафизически быстро, а возрождение — метафизически медленно. Я с умыслом прибавляю «метафизически», ибо речь, конечно, не о **времени**, а о том, что в процессе возрождения философски уместно отмечать как можно более фаз, тогда как в процессе падения на первом плане стоит учет причин и последствий такового.

Вот почему попытки каббалистического анализа процесса падения Человека нам кажутся осложненными как бы искусственными тонкостями, тогда как схемы Возрождения Человечества Этическим Герметизмом нами легко и терпеливо усваиваются. Профан охотно, спокойно, без тревоги изучает Евангелие, что не мешает ему становиться в тупик при попытках анализа книги Бытия.

Вы видели, что ש — **страшный** Аркан. Неумело или не вовремя его применить — значит задержать ход Мировой Эволюции. Вот почему его начертание пугает столь многих, даже Посвященных. А между тем Высочайшая, Могущественнейшая, Синтетичнейшая Пентаграмма Астрала יהשוה именно своим знаком ש обеспечивает себе возможность инкарнации, этой опорной точки Искупления человеческих коллективностей, а следовательно, и Реинтеграции Первичного Совершенного Человека.

Не будем бояться реализаций, но будем в наших молитвах о Посвящении ставить на первый план наше стремление познать двадцать первый Аркан не уловкой, не воровским способом, не ценой пакта с низшим астралом, а герметически честно, после систематического проникновения в предшествующие двадцать Арканов.

Тогда он нас приведет не к пагубным ошибкам, не к пятнам на Карме, а к сознательному Триумфу Розенкрейцерской Реинтеграции процессом полного Тройственного применения Великого Аркана Магии.

22
400
TH
LATINE
ת
HEBREV
थ
SANSCRIT
HIEROGLYPH
Archeométre
SAINT-YVES
CORONA MAGICA
SOL
יסוד - מלכות
ABSOLUTUM
ADAPTATIO OPERIS MAGNI
OMNIPOTENTIA NATURALIS

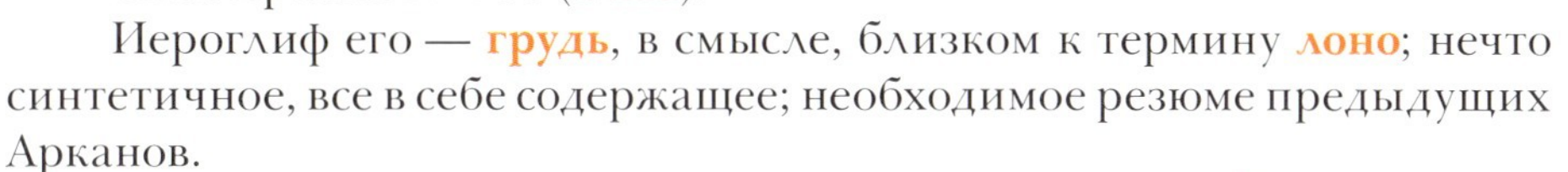

ת Двадцать второй Аркан

Знак Аркана ת=400 (**Thau**).

Иероглиф его — **грудь**, в смысле, близком к термину **лоно**; нечто синтетичное, все в себе содержащее; необходимое резюме предыдущих Арканов.

Астрологическое соответствие Аркана — **Солнце** (**☉**), этот Центр и Синтез астральных проявлений Системы.

Как видим, все здесь указывает на необходимость свода в единое целое, на необходимость склейки, цементирования уже приобретенных сведений и умений.

Начнем с анализа картинки Аркана, носящей название **Corona Magica** на ученом языке и **Mundus** (весь мир) на вульгарном.

В центре картинки торжествующе пляшет голая женщина, слегка касаясь земли одной ногой. Это в метафизике — Синтез Абсолютных Истин, уже не нуждающихся в покровах, которыми не обманешь того, кто до них добрался. Это — высшее из доступных нашей ментальности проявление **Архетипа**; отсюда первый заголовок Аркана — «**Absolutum**».

Повторяю — это не обрывки абсолютно справедливых тезисов; это не зацепки на тяжелом пути восхождения к Тайне Великого Метафизического Аркана — это самый Аркан, как Синтез Метафизических Основ Мировой Жизни. Короче сказать — это Верхний Треугольник Супружества יה в схеме, приведенной нами при изучении четвертого Аркана.

Но этот Синтез не остается мертвым, хотя бы и законченным приобретением в Высших планах: фигура **женская**, а женщина может **вынашивать**, может рожать. Это приобретение таинственным образом прольется животворящим потоком в низшие подпланы. Посмотрите на фигуру — у нее в руках по палочке; обе палочки на одном уровне; она держит их параллельно друг другу; она владеет тайной Бинера и свободно оперирует в астральной области, символизируемой Великим Змием, обвивающим фигуру и кусающим собственный хвост.

Этот Змий, **ouroboros** (ουροβοροσ) Древнего Символизма, очерчивает женщину правильным овалом; он ведет себя гармонично покорно воле фигуры, оперирующей бинером компенсаций. Но фигура наша, владея грозной формирующей энергетической средой астрала, одной ногой **опирается** на физический план.

Это — вторая Тайна ее тактики: действие идет из ментала как центра, простирается на весь астрал, но берет опорную точку в готовых реализациях физического плана.

Вот схема оперативности фигуры. Для Человечества астральное проявление фигуры, этот шестиугольник ו (**Vau**) средней части только что упомянутого нами Сложного Символа, сводится к ensemble'ю применений уже завершенного Великого Делания. Это — умение использовать свою Герметическую Победу.

Отсюда второй заголовок Аркана: **Adaptatio Operis Magni**.

Но взгляните еще на рамку картинки: в ее четырех углах красуется Кватернер Священных Животных;

Кватернер Сфинкса, девиз пресловутых **oser, savoir, se taire, vouloir;** этих **элементов**, столь многообразно истолковываемых на различных ступенях Герметической Школы перцепций элементов, употребительнейшие и старейшие наименования которых — **Воздух, Вода, Земля, Огонь**.

Элементы эти и составят в своих многообразных истолкованиях то, что мы именуем Царством Природы. Кто ими владеет, тот действует Законами Природы как орудиями выполнения своих хотений; у него не может быть неудач, ибо он **не может** захотеть чего-либо противоречащего этим законам, чего-либо выходящего из границ метафизической, астральной или физической абсолютной закономерности. Его Личность вибрирует в унисон с эволютивными аккордами Природы, и он всемогущ, ибо он **абсолютно всехотящ** в эволютивном мировом токе.

Отсюда третий заголовок Аркана: **Omnipotentia Naturalis***, как имя самого упомянутого нами восходящего тока.

Числовое значение Аркана (400) по сравнимости своей с числом элементов (4) довершает истолкование рамки картины.

Посмотрим, что нам даст беглый арифмологический анализ Аркана и к чему сведутся добавочные резюме, которыми естественно закончить цикл 22-х фаз восприятия Вселенной падшим Человечеством.

$$22=1+21.$$

Гармонически-законченный **Aleph** (1) ставит себя хозяином реализации **Shin** (21).

Это и будет только что данная анализом картинки концепция.

---

*) **Absolutum** (*лат.*) — Абсолют
Adaptatio Operis Magni (*лат.*) — Применение Великого Делания
Omnipotentia Naturalis (*лат.*) — Всемогущество Природы

22=21+1;

это тот же **Aleph** (1), добровольно поддающийся эксплуатации Аркана **Shin** (21) им самим или другими сущностями.

Как важно не подпасть под такую эксплуатацию со стороны других, отлично знают все те из вас, которые страдали в жизни от собственных предрассудков, неосторожности, добровольного ослепления и т. п.

Советую вам предаться медитации на тему о том, как и при каких обстоятельствах оккультисту уместно добровольно нагружать себя традиционным кулем суеверия, не пользоваться жезлом осторожности и закрывать глаза в сладком забвении. Не вдумывавшийся в этот вопрос адепт Эзотеризма может быть очень высок по развитию, но никогда не будет счастлив на земле по-земному. Хорошо видеть, но бывает лучше не смотреть! Хорошо быть осторожным, но какие бывают очаровательные неосторожности! Хорошо Учителю не иметь ни суеверий, ни предрассудков, ни привязанности к условностям, но как скучно и пусто бывает иногда без этих милых побрякушек! Ну да довольно об этом! Перехожу к следующему арифмологическому разложению.

22=2+20.

Наука (2) совместно с ясной оценкой значения принципа регенерации (20), конечно, создают Адепта, владеющего Великим Арканом, истинного Розенкрейцера; но как трудно приобрести во всей полноте первый элемент; как хитро по-детски чистым сердцем уверовать во второй; и как безумно трудна и мучительна операция совмещения обоих слагаемых!

22=20+2 — обратный процесс восприятия научных данных лицом, в сердце которого доминирует прирожденное сознание принципа регенерации.

Не труднее ли это предыдущего?!

22=3+19.

Производительность (3), управляющая Великим Деланием (19).

22=19+3.

Герметическое перерождение (19), толкающее на производительность (3).

Вам исторически известны лица, могущие служить примером этих двух схем Адептата. Если вы Пифагора отнесете к первой схеме, то Орфея вам придется включить в число адептов второй.

22=4+18.

Авторитет (4) в сочетании с Оккультной Властью (18) — это общая схема формации **Белого Мага**.

22=18+4.

Оккультная сила (18), рождающая авторитет (4) и неразрывно с ним применяемая, — это схема формации **Реализатора Масона**. Тернистый путь этого типа деятеля мы не вправе игнорировать, исторически становясь лицом к лицу с реализациями типа церковных реформ Лютера и Кальвина, или хотя бы освобождения Северно-Американских Соединенных Штатов.

22=5+17.

Самопознание в выработке квинтэссенции (5)+Посвящение в законы Природы (17), конечно, дает Адептат, так как реализует гармонию в соотношениях Микрокосма с Макрокосмом.

Обратное разложение 22=17+5 несколько отдает Натурализмом, но, будучи исчерпано во всей своей полноте, должно бы приводить к тем же результатам.

22=6+16.

Знать о существовании двух путей (6) и выбор правильного обосновывать на знании законов падения (16), пожалуй, есть удобнейшая форма Адептата, нежели 22=16+6 — схема выбора правильного пути (6) на основании опыта падения (16) в данную и предшествующие инкарнации.

22=7+15.

Господство Духа над формами в статической области (7)+знание динамических процессов (15) при преобладании первого слагаемого — это путь Адепта Иллюминизма.

Обратное разложение 22=15+7 есть путь лица, начавшего карьеру с технического знакомства с астралом (15); быть может, много раз падавшего в минуты тяжких испытаний, но, благодаря самоанализу и Верховному Протекторату, добравшегося до Победы (7). Про этого человека можно сказать, что его черная магия привела к Белой. Результат тот же, но в этой карьере начало — синоним частичного удовлетворения, а конечные фазы — густая чаща тяжелых испытаний, невыносимых страданий, путем сознания необходимости огромных **жертв** все же приводящих к светлому, лучезарному результату.

22=8+14.

Закономерность (8), доминирующая умеренность (14). Fiat justitia, pereat mundus*. Это путь жестокой Geburah по отношению к себе и другим; путь Моисея.

22=14+8.

*) **Fiat justitià, pereat mundus** (*лат.*) — Да свершится правосудие и да погибнет мир.

Умеренность (14) в проявлениях, доминирующая закономерность (8). Это путь Учителей, постепенно, осторожно сглаживающих неровности в себе и других, допускающих передышку, утилизирующих не только абсолютный успех, но и промежуточные фазы относительного совершенствования человека. Это путь добрых Христиан — Масонов; путь Ashmole'a, путь Willermooz'a и доброго теурга Claude de St. Martin.

22=9+13.

Посвятись (9) и перемени план (13).

22=13+9.

Перемени план (13) и при этом посвятись (9) — формулы всем понятные. Выбор одной из них не всегда зависит от нашей воли.

22=10+12.

Мировая Мельница (10) своей непреодолимой, беспощадной регулярностью толкает нас на Идею Жертвы (12).

22=12+10.

Жажда жертвы (12) в душе, ищущей Бога Духа Святого, открывает великодушному тайны замкнутых систем (10).

В конце концов, результат один — Каббала ли нас приведет к Жертве или Жертва к Каббале. Адептат обеспечен в обоих случаях.

22=11+11.

Силе (11) противопоставляй силу (11) в себе и других; Цепи противопоставляй Цепь, уверенности — уверенность. Делай так всегда и во всем — и, незаметно для самого себя, окажешься в положении фигуры с двумя палочками (22).

Но не забывай в своей пляске о необходимости искать хотя бы одной ногой опорной точки на земле. Ты увидишь Астрального Змия безопасным для тебя, обвивающим тебя правильным овалом, и, углубившись в автобиографические данные, проанализируешь участие Четырех Священных Животных в процессе твоей эволюции.

И тогда-то ты не побоишься показать себя нагим, то есть самим собой в речах и поступках. Тебе нечего будет скрывать, ибо все в тебе будет совершенно.

Но если бы профан вас спросил, как можно на **его** языке сформулировать привилегии, доставшиеся на долю счастливому обладателю двадцати двух Арканов.

Средневековая литература Школы Каббалистов отвечает на этот вопрос перечислением **двадцати двух преимуществ Мага** над простым смертным. Зададимся целью разобраться в загадочном стиле этих ответов.

Преимущество א (Aleph). Маг видит Бога в Лицо, не умирая, и беседует запросто с Семью Планетными Гениями.

Как понять этот текст? Он означает, что в ментальном плане, несмотря на полное ознакомление с Потоком Единства, Посвященный сохраняет тип души ему присущий, пока это возможно. Я разумею под словом «тип» ментальный характер монады, который будет или **Aleph** (душа-искательница в метафизической области), или **Ghimel** (душа-наседка, душа-собирательница), или **Lamed** (душа-слуга; душа, ищущая жертвы).

В астральном плане тот же Посвященный, видя над собой Всепоглощающее Клише יהוה и проводя вниз механизм того же Клише, не гнушается сохранением до поры до времени своей Личности и управлением ее планетными свойствами.

Он же в физическом плане, сознавая иллюзорность схем земного бытия, не разрушает добровольно ни своего тела, ни обстановки, в которой это тело оперирует.

Преимущество ב (Beth). Маг стоит выше всех печалей и боязней.

Это значит, что он не смущается задержками логического характера в плане метафизическом, отдалением Души-Сестры и медленностью успехов учеников своих в астральном плане, и не боится страданий и смерти ни за себя, ни за других в физическом плане.

Преимущество ג (Ghimel). Маг царствует с Небом. Ему служит ад.

Это значит, что он в ментальном плане участвует в работе Эволютивных Потоков в качестве Теурга; в астральном плане он Маг в тесном смысле этого слова и проводит вихри Бафомета от Неба их ментального зародыша до ада астральных сгущений их низшей области; в физическом плане он — Посвященный Масон, играющий на людских слепоте, слабости и прочих **Shin**'ах и управляющий людскими добродетелями.

Преимущество ד (Daleth). Маг распоряжается своим здоровьем и жизнью, а также здоровьем и жизнью других.

Это значит, что он управляет направлениями текущей философии своего века (Ментальный план); полирует свои планетные свойства и

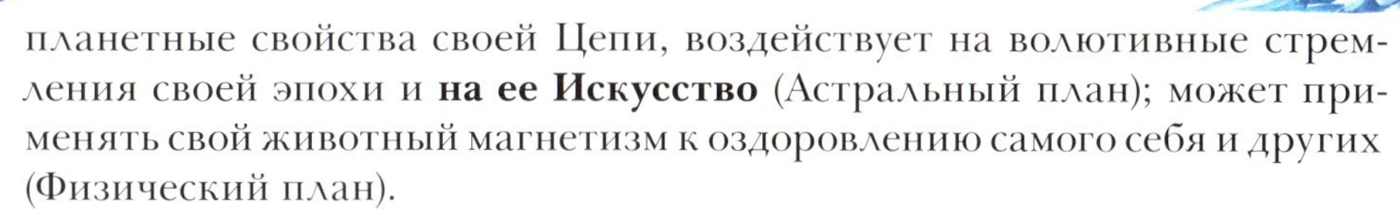

планетные свойства своей Цепи, воздействует на волютивные стремления своей эпохи и **на ее Искусство** (Астральный план); может применять свой животный магнетизм к оздоровлению самого себя и других (Физический план).

Преимущество ה (H`e). Адепта не может застать врасплох судьба; его не удручает несчастье; его не побеждают враги.

Это значит, что он знаком с реакциями основных законов Логики (метафизическая судьба), с людскими Паралогизмами (метафизические несчастья) и с людскими Софизмами (метафизические враги).

Это значит, что он знает Карму своего воплощения; знает законы эволюции собственного астрала и тайну противодействия, равного действию.

Это значит, что и в буквальном смысле слова его не могут тревожить перемены фаз физического бытия, и он не боится разрушения того, что заведомо считает иллюзорным.

Преимущество ו (Vau). Адепт знает Ratio прошедшего, настоящего и будущего.

Это значит, что его трехпланной интуиции хватает на восприятие Причинностей в Метафизике, Гностического Закона в астрале и Теории Вероятностей в физическом плане.

Преимущество ז (Zain). Маг знает тайну воскрешения мертвых и владеет ключом к бессмертию.

Это значит, что он метафизически может жить жизнью непадшего Человечества (тайна воскрешения) и не пересматривать теорий, им обоснованных (ключ к бессмертию).

Это значит, что он обосновывает новые астральные формулы и клише на элементарном составе старых формул и старых клише, воскрешая таким образом эти последние, и закрепляет формы, астрально порожденные его Цепью.

Это значит, что он, опираясь на Традицию, непрерывно воскрешает реализованные в физическом плане элементы ее Символизма и ставит твердые реализационные опорные точки типа бессмертного Феникса.

Перечисленные семь преимуществ Мага именуются Каббалистами «**Великими**». Далее следуют семь «**Средних**» преимуществ.

Преимущество ח (Cheth). Адепт обладает Тайной Философского Камня, то есть, по-нашему, девятнадцатым Арканом в трех областях Теософического Тернера.

Преимущество ט (Teth). Адепт обладает Универсальной Терапевтикой.

Это значит, что он владеет искусством абсолютной критики в ментале, искусством разэнвольтования в астрале и применениями лечебного магнетизма в физическом плане.

Преимущество י (Jod). Адепт осуществляет Perpetuum mobile и Квадратуру круга, то есть, по-нашему, порождает двойные вихри и осуществляет вращение Элементарной Rotae.

Преимущество כ (Caph). Адепт обращает в золото не только металлы, но и всякие отбросы.

Это значит, что в метафизике его наводят на Абсолютную Истину не только истины относительные, но и чужие заблуждения; что в астрале он не только доканчивает неполные формы, но и может утилизировать и неверно преломленные; что в масонской деятельности он не только доканчивает хорошо начатое, но утилизирует и перепутанные начинания.

Тезис этот может быть понят и в буквальном смысле применительно к Алхимии.

Преимущество ל (Lamed). Маг укрощает животных.

Помимо буквального смысла содержит еще намек на управление элементалями, отгон лярв и т. п.

Преимущество מ (Mem). Адепт владеет искусством Notarikon, открывающим ему все тайны, то есть попросту владеет Каббалой.

Преимущество נ (Nun). Адепт умеет говорить учено и уверенно на все темы без предварительной к этому подготовки; прямой намек на то, что Lulli называет Ars Magna (см. X арк. — «Умножение Арканов» и т. п.)

Последние семь преимуществ Мага именуются «Малыми». Вот они:

ס (Samech). Маг судит о человеке по первому взгляду (интуиция; дивинация).

ע (Ain). Маг владеет Арканом принуждения Природы (Церемониальная Магия и Естественные Науки).

פ (Phe). Маг предвидит события, зависящие от Рока.

צ (Tzade). Маг может услышать все во всем и давать советы во всех случаях жизни.

ק **(Coph).** Маг справляется со всеми препятствиями.

ר **(Resh).** Маг может укрощать в себе любовь и гнев.

ש **(Shin).** Маг знает тайну богатства, умеет быть его хозяином, никогда не бывает его рабом; он умеет наслаждаться даже бедностью, не впадая в ничтожество.

С внешней стороны пытаются резюмировать все перечисленные преимущества Адепта, прибавляя двадцать второе

ПРЕИМУЩЕСТВО ת **(Thau).** Маг удивляет всех профанов тем, что управляет элементами, излечивает больных, воскрешает мертвых и т. п.

Наш энциклопедический курс заканчивается этой главой. Для одних из вас он мог быть простым ознакомлением с содержанием и методологией ряда традиционных наук, фиксировавших в течение долгого времени внимание Человечества; другие, быть может, попытаются приложить кое-что из курса к жизни, не имея, однако, ее общего строя; но, быть может, найдутся и третьи, которые попробуют внести в характер своей работы новые элементы, а в строй жизни — целый ряд кажущихся неудобств, имеющих послужить добровольным испытанием своей Силы Воли и своих способностей к погружению в область специально Посвятительного материала для медитации и специальной же тренировки Личности.

Эта третья группа слушателей поймет, что все изложенное в курсе можно уподобить содержанию букваря, предназначенного к ознакомлению читателя с азбукой языка, литература которого столь обширна, что изучению ее можно посвятить не одну, а несколько инкарнаций.

Приложение I

Статья Б. М. ПРЯМИНА-МОРОЗОВА

«О символических степенях масонства»

(Журнал «Изида», Декабрь 1910 г. и Январь 1911 г.)

I

Частые недоразумения, возникающие по вопросам истории масонства, зависят главным образом от различного понимания самого слова **масонство**. Одни применяют это слово как общее наименование всех Тайных Обществ Посвящения; другие разумеют лишь определенные Ордена, присвоившие себе это название в силу применения ими того или другого символического ритуала; третьи отстаивают ограничительное пользование этим словом для наименования лишь тех ассоциаций, которые сохранили в достаточной чистоте определенное количество традиционных символов, врученных им доминирующими школами оккультизма того или другого столетия.

На этой-то почве и являются известные споры о том, возникло ли масонство при Адаме, или оно ведет свое начало с первого века после Р.Х., или же с VI–го, или XI–го, или, наконец, с XVII–го столетия нашей эры.

Статья наша вовсе не имеет целью объять все эти толкования. Для этого понадобился бы полный обзор истории Преданий.

Мы задаемся более скромной целью обрисовать возникновение тех **масонских** течений, которые обязаны своим происхождением деятельности Христианского Иллюминизма в XVII–м столетии.

В это время знаменитое Братство Розенкрейцеров являлось главным и центральным хранилищем догматического и практического эзотеризма в Европе. Члены этого Братства владели многочисленными тайнами в области Каббалы, усердно занимались как спекулятивной, так и практической разработкой этих тайн и вместе с тем не были чужды желания увеличить свою власть и могущество во всех планах Вселенной за счет приобретенных ими познаний.

Они считали себя как бы **духом** человечества, а свою деятельность — высшим активным проявлением такового и были правы с философской точки зрения.

Сознание своего духовного превосходства не могло их вполне удовлетворить. **Духу** свойственно проявляться принципом **энергии**, создающей формы, а формы эти, в свою очередь, должны проявляться в мире **материальном**, **физическом**.

Орден Тамплиеров в свое время жестоко пострадал за попытки самостоятельно проявить себя в физическом мире.

Наученные его горьким опытом, Розенкрейцеры показали себя более осторожными и для реализации своих стремлений прибегли к созданию особой ассоциации, в которой должна была проявиться их формирующая энергия и которая, в свою очередь, должна была влиять на мир профанов, порождая в нем те или другие течения.

II

В начале второй половины XVII столетия Братство Розенкрейцеров поручает нескольким своим членам (из числа которых наиболее выдаются своей деятельностью Ashmole и Fludd) создание Ордена, имеющего выполнить следующие задачи:

Во-первых — укрепить и по возможности широко распространить в Человечестве доверие к Эзотерическому Учению и его представителям, уважение к его символам и к той нравственной и духовной подготовке, без которой невозможно усвоение основ Каббалы.

Во-вторых — обеспечить хранение и передачу элементов Символизма в должной чистоте и неприкосновенности.

В-третьих — создать среду, развитую в моральном и духовном отношении, с тем, чтобы пользоваться ею как резервуаром энергии для воздействия на Общество, а отчасти и для того, чтобы из нее заимствовать будущих адептов христианского Иллюминизма.

Для создания упомянутого Ордена его основатели прибегли к преобразованию уже прочно сформировавшейся и имевшей многовековую историю ассоциации так называемых **свободных каменщиков**.

В средние века цехи строителей зданий в готическом стиле были объединены общими уставом, узаконениями, обычаями и иерархией. Эти объединяющие начала позднее проникли в Англию и распространились на строителей вообще.

Во времена Ashmole'a и Fludd'a ассоциации **свободных каменщиков** состояли частью из действительных работников соответственных цехов, частью из тружеников в области умственной и духовной деятельности, уподоблявшихся каменщикам по прочности результатов и методичности характера их труда. Эти труженики мысли играли в Ассоциации роль эволютивного элемента.

Преобладание этого элемента в ассоциациях было настолько значительно, что основатели Нового Ордена воспользовались планом их организации, то есть попросту создали Ассоциацию, состоящую **исключительно** из каменщиков духа и мысли, сохранив традиционную терминологию прежних товариществ, и ввели в ритуал Ордена отражение большинства их символов и обычаев. Конечно, всему этому было дано более высокое распространительное толкование, притом различное на разных степенях посвящения.

Новый Орден получил название **Масонского**.

Рассмотрим бегло первоначально созданные его степени, разъясняя их Символизм, насколько это возможно и позволительно.

III

В английских ассоциациях свободных каменщиков было три степени: **ученик**, **товарищ** и **товарищ-мастер**.

Переход в старшую степень из младшей определялся познаниями, работоспособностью и хорошим поведением каменщика.

Основатели масонства сохранили общий план этих подразделений, установив первоначальные три степени масонства — **Ученика**, **Товарища** и **Мастера**, — получившие впоследствии название **символических**.

Эти степени были ими приурочены к выражению основных идей так называемого гностического учения, сводящихся к следующей сокращенной формулировке:

Ничто не творится; все производится (во всех планах). В процессе произвождения участвует **активное** (мужское, оплодотворяющее) **начало** (символизм **1-й степени**), **пассивное** (женское, оплодотворяемое) **начало** (символизм **2-й степени**).

Результат процесса произвождения, так сказать, идея его **продукта**, ляжет в основе символизма **3-й степени** Масонства, довершающей характеристику упомянутого процесса.

Самый ритуальный символизм был подобран основателями степеней так, что легко наводил на целый ряд толкований более частного характера, нежели вышеприведенные.

Таким образом, люди в различных стадиях своего умственного и духовного развития могли различно истолковывать масонские символы, постепенно приближаясь к миросозерцанию своих Учителей.

До рассмотрения самого ритуала символических степеней, дадим несколько примеров подобных толкований.

Можно видеть в 3–х степенях идею подразделения солнечных суток на утреннее (ученик), полуденное (товарищ) и вечернее с ночным время (мастер).

Возможно усмотреть в тех же степенях намек на периодическую смену времен года: ученик — весна; товарищ — лето; мастер — осень и зима.

Позволительно установить соответствие между важнейшими фазами жизни растения и теми же степенями: ученик — произрастание зерна, товарищ — период цветения, мастер — произращение плода и падение такового с целью создания дальнейшего процесса осеменения почвы.

Ничто не препятствует алхимическому толкованию степеней: ученическая степень — подготовка материалов и приборов для добывания философского камня, товарищеская степень — управление огнем, мастерская степень — процесс добывания философского камня.

Для лиц, знакомых с языком Герметизма, скажем, что ученическую степень можно уподобить прохождению **первой четверти окружности**, товарищескую — второй четверти, а мастерскую — прохождению остальных двух четвертей и ознакомлению с центром.

Лицам, посвящаемым в масонство, сообщались непосредственно толкования, отличные от приведенных и клонящиеся, главным образом, к установлению соответствия между масонскими степенями и фазами моральной жизни человека, стремящегося к самоусовершенствованию.

Переходим к рассмотрению этих фаз в связи с символизмом степеней.

IV

Степень **ученика** (1646 г.) как подготовительными к ней поучениями, так и церемонией посвящения должна была вызвать в посвящаемом настроение, способствующее работе самоисправления. На этой степени масон должен был **почувствовать свою тьму**, пороки и научиться **работать**, **повиноваться**, **молчать**.

Посвящаемого вели к ложе с закрытыми глазами (тьма); ему приходилось осторожно ступать, уклоняясь в стороны (заблуждения).

Вступал он в ложу через удары, напоминавшие ему о **неусыпном бдении**, **прилежании**, **искании истины собственными опытами**. Ему вручалась, как знак его степени, **неполированная** лопатка, которую он должен полировать (в переносном смысле) собственной работой. Его задача характеризовалась как **уготовление камня**, то есть подготовка самого себя к роли достойного и пригодного деятеля (то есть **активного начала** в вышеприведенной гностической формулировке).

Степень **товарища** (1648 г.) вводит масона в область применения приобретенных им хороших качеств. Он считается уже до некоторой степени готовым к известному разряду упражнений, вот почему символом Товарищества является **равнообделанный камень**.

Предметом его работы (то есть как бы **пассивным началом** гностической формулировки) служит изощрение силы разума, очищение его от предубеждений, своемыслия, ученой гордости, приучение его к созерцанию дел Всемогущего. С точки зрения Оккультизма вообще и Гностицизма в частности, эта стадия развития масона своим символизмом дает намеки на существование **астрального плана*** и на возможность оперирования в нем при условии обладания достаточной активностью. Сама область операций (то есть пассивное начало) должна казаться оператору до крайности **привлекательной** как своей новизной, так и результатами работы. Вот почему ритуал второй степени носит отпечаток радости и веселья. Товарищ вступает в ложу — соединенный с остальными членами **цепью дружбы**. Самое вступление происходит под звуки веселой музыки.

V

Степень **Мастера** (1649 г.), во-первых, содержит в себе символические указания на продукт оплодотворения гностического пассивного начала активным, то есть на **идею жизни и смерти**, а во-вторых, дает ключ к пониманию взаимоотношения всех трех степеней. Ключ этот преподается посвященному в форме знаменитой **легенды о Хираме и трех его убийцах**, которую мы приведем с достаточной полнотой ввиду тесной связи ее с самим ритуалом посвящения в степени Мастера.

*) Масонский символ его — пламенеющая звезда.

Легенда о Хираме

Соломон поручает построение Храма Хираму, предводителю избранных людей в количестве 30000, управляемых 300 мастерами. Хирам делит работников на три категории: изготовителей металлических предметов, каменщиков и плотников.

В каждой категории имеются ученики, товарищи и мастера, получающие различную заработную плату.

Ученики получают мзду свою у колонны **Jakin**, товарищи — у колонны **Bohas**, а мастера — **в среднем пространстве** (то есть между колоннами).

Во избежание обманного присвоения младшими разрядами более высокой заработной платы трем степеням сообщаются особые **знаки**, **прикосновения** и **слова**. Ученическим словом служит **Jakin**, товарищеским — **Bohas**, а мастерским — полное всеобъемлющего, глубочайшего символического и реализационного значения третье каббалистическое имя Божие, изображаемое 4 буквами **Jod-Hè-Vau-Hè**.

Три товарища Jubelas, Jubelos, Jubelum (имена условные и в различных редакциях легенды заменяются другими) задумывают овладеть мастерским словом для присвоения себе ненадлежащей мзды. Для этого они поджидают Хирама у трех врат Храма в час его вечернего обхода. У **Южных** врат Великого Мастера встречает Jubelas и требует от него раскрытия мастерского слова под угрозой смерти. Хирам отвечает с достоинством, что познание этого слова **возможно** лишь тому, кто сумеет своим усердием и опытностью в работе заслужить соответствующую степень. Jubelas наносит ему удар тяжелой железной **линейкой**, длиной в **24 дюйма**. Удар приходится по **шее**, Хирам отступает к **Западным** вратам, но там стоит Jubelos, повторяющий требование товарища. Архитектор ответствует **молчанием** и получает **наугольником** удар **против сердца**.

У него хватает силы дотащиться до **Восточных** врат, где его противником является Jubelum, умерщвляющий его ударом **молотка по лбу**. Убийцы скрывают тело в храме под каменной громадой, а позже, под покровом ночи, относят его в ближайший лес, где и хоронят, отметив могилу **зеленой ветвью акации**.

Соломон, обеспокоенный исчезновением Архитектора Храма, посылает на розыски сначала 3 Мастеров, а затем 9 Мастеров. Хирама ищут сначала в Храме, потом вне него. На седьмой день разыскивается его могила, отмеченная **ветвью Акации** (в некоторых версиях легенды могила узнается по особому сиянию, исходящему из нее, а ветвь Акации полагается на нее нашедшими ее Мастерами). Для извлечения тела из могилы царь посылает 15 мастеров и вместе с тем поручает им переменить мастерское слово (из опасения, что оно было исторгнуто у Хирама его убийцами). За новое слово они должны принять первое из тех, которые будут произнесены ими при извлечении тела из могилы. Откопав тело, мастера пытаются прикоснуться к указательному и среднему пальцам его руки. При этом вследствие разложения ***плоть отделяется от костей***, что побуждает мастеров воскликнуть: **Mak benach** (что и дает в переводе отмеченную курсивом фразу; иногда переводят — **тело истлевает**).

В большинстве версий за этим следует описание погребения Хирама во Храме в присутствии всех Мастеров, украшенных своими **запонами** и другими атрибутами, в числе которых отмечаются **белые рукавицы**, свидетельствующие о невинности мастеров в происшедшем злодеянии. На гроб, по велению царскому, возлагается серебряная треугольная бляха с изображением старого мастерского слова в знак благодарности покойному за оказанную твердость в хранении тайны.

Главного убийцу находят благодаря собаке, выдающей его убежище (пещеру близ источника), и умерщвляют.

Остальные два преступника кончают жизнь самоубийством, низвергаясь в каменоломню, над которой они нашли было себе приют.

Головы убийц доставляются Соломону.

Для полноты прибавим, что во многих версиях легенды изменены наименования врат храма, у которых Хираму наносят удары, причем, однако, смертельный удар всегда наносится у **Восточных** врат.

Встречаются вариации и в других подробностях рассказа, что, впрочем, не отзывается на существе его символических истолкований.

Скажем теперь несколько слов о самих толкованиях легенды. Их несколько, и вопрос о восхождении от грубых истолкований к более тонким стоит в прямой зависимости от индивидуального развития лица, которому передана легенда.

Простейшим толкованием является **социальное**.

В самом начале легенды мы видим явное указание на идеал общественного строя, создаваемый распределением строителей Храма на категории.

Здесь доминируют две идеи: 1) Общественная роль человека должна определяться его природными способностями (лица, обрабатывающие металлы, каменщики, плотники). 2) Иерархическая ступень работника должна определяться его знанием и заслугами в области его специальности (ученики, товарищи, мастера).

Тут же проводится указание на необходимость крайней осторожности при сообщении деятелям сведений, раскрывающих общий характер их деятельности на соответственных ступенях (проходные слова, знаки, прикосновения).

Указаны и опасности, возникающие для общества в силу нравственного несовершенства многих его деятелей (заговор трех товарищей, обусловленный эгоистическими их побуждениями), а равно и средства для борьбы с таковыми (непоколебимая самоотверженная стойкость и твердость Хирама).

Имеется явное указание архитектора на путь, спасительный для лиц, терзаемых жаждой благ или почестей (Хирам говорит товарищу Jubelas у Южных врат, что эти блага достигаются лишь трудом и знанием).

Наконец, легенда повествует, что возмутившийся эгоизм может лишь временно восторжествовать над глубокой идеей, что добродетель в конце концов торжествует, а порок всегда бывает наказан, и часто самолично приводит в исполнение свое наказание.

Астрономическое толкование легенды также не представляет особых трудностей. Легко догадаться, что речь идет о годовом цикле Солнца, которому уже в летнее солнцестояние (южные ворота) грозит опасность: дни (линейка в 24 дюйма символизирует сутки) начнут убывать, но солнечная тропа еще может быть использована разумно (вышеприведенные слова Хирама первому убийце). Осеннее равноденствие (Западные врата) уже влечет за собой онемение природы (Хирам молчит), приводящее сначала к осени, а потом и к зиме. Лишь весною (Восточные врата) умершее солнце (пораженный Хирам) возрождается **для новой жизни**.

В **моральном** толковании следует обратить особое внимание на борьбу **духовного света** (Хирам) с тремя его убийцами (жажда власти, ложь и невежество), на 9 мастеров, символизирующих основные масонские добродетели, и на зеленую ветвь Акации, служащую символом **надежды, как связи видимого мира с невидимым** (шестой Аркан Тарота, соответствующий знаку Vau (Вау) еврейского алфавита).

Нельзя не упомянуть и о более высоком **герметическом** толковании легенды.

Здесь, конечно, понимание ее смысла всецело зависит от степени посвящения познающего ее лица.

Во всяком случае, при попытках построения такого толкования не следует упускать из виду, что легенда Хирама резюмирует для посвященного Великую Тайну Rota, иллюстрируемую обращением окружности в кватернере двойного противопоставления.

VI

Переходим к **ритуалу посвящения** в символические степени. Об ученической и товарищеской степени много говорить не приходится. Общий характер их символизма уже выяснен в самом начале этой статьи и притом с упоминанием некоторых деталей.

Отметим преобладание числа 3 (состав человеческой сущности) в ритуале ученической ложи и числа 5 (астральные операции) — в товарищеской (число ступеней перед колоннами, число светильников в ложе, число ударов молотком при выстукивании, число шагов в условной походке, соответственных степени, число лет в символическом возрасте масона). Упомянем о запонах (у ученика верхняя часть запона прикрывает грудь; у товарища она опущена; оба запона белые).

Традиционные **проходные** слова первых двух ступеней были **Tubalcain** и **Schibboleth**, а традиционные **священные** слова — **Jakin** и **Bohas**.

Условными **знаками** служили: для ученика — провести по горлу ребром правой ладони, держа большой палец под прямым углом к остальным; горизонтально отвести руку на уровень правого плеча и затем уронить ее вдоль туловища; для товарища — пальцами правой руки сделать жест, как бы исторгающий сердце из груди, и потом отвести и уронить руку как указано выше; в некоторых ложах при этом еще подымалась открытая ладонь левой руки вровень с головой, а затем левая рука ниспадала вдоль туловища.

Масонские **прикосновения** совершались так: ученик, протягивая руку брату, прикасался ногтем большого пальца к первому суставу его указательного пальца, а товарищ к первому суставу среднего (смотри легенду Хирама — поднятие тела).

Истолкование условных знаков вряд ли кого затруднит.

Еще раз напомним о наличности в товарищеской ложе так называемой **Пламенеющей звезды** (символ астрального света), которой не имеется в обстановке ученической ложи, и этим завершим наш краткий сравнительный очерк первых двух степеней.

VII

Переходя к ритуалу мастерской степени, начнем с убранства ложи.

Вся ложа обита черным сукном; помост или пол покрыт черным покрывалом (ковром), усыпанным золотыми слезами. Посреди ковра поставлен черный гроб (ноги на восток, изголовье на запад). В ногах на крышке гроба **мертвая голова** (череп с 2–мя перекрещивающимися костями); в головах — **ветка акации** и **серебряная бляха**, о которой упоминалось в Легенде Хирама.

Остальное убранство мастерской ложи претерпевает различные изменения: во всяком случае, преобладает черный цвет с золотыми вышивками (слезы, мертвые головы). Три тройных подсвечника у гроба поддерживаются скелетами, сидящими на кубических камнях.

Жертвенник (в восточной части ложи) покрыт черным с вышитыми золотом слезами и мертвой головой, с серебряными фестонами.

На жертвеннике — три тройных подсвечника в виде мертвых голов.

Посредине южной и северной стен ложи висят **черные картины** (изображения мертвой головы с надписью **Memento mori — помни о смерти**).

Между гробом и западной стеной (то есть в головах у гроба) полагается открытый **циркуль**.

В ногах гроба (на восток) — **наугольник** (иногда скрещенные циркуль и наугольник полагаются на крышку гроба в его ногах).

Приготовление Товарища к принятию в Мастера совершается в **темной храмине**. Брат Ритор дважды посещает уединившегося в ней Товарища. При первом посещении он, вопросив последнего о предмете его помышлений и получив в ответ «помышляю о смерти», одобряет выбор сей темы, а затем подвергает Товарища экзамену по первым двум степеням масонства, сопровождая ответы его распространительными и пояснительными толкованиями.

Ритор заканчивает первое посещение напоминанием Товарищу, что никто не знает часа своей смерти и что он, быть может, тут же покончит свое земное существование. Вторичное посещение Ритора опять влечет за собой приглашение углубить мысль в мрачное, но спасительное представление о смерти. Затем ставится вопрос о том, для того ли только человек явился на свет, чтобы потом бесследно исчезнуть, или он должен оставить по себе след. Отсюда переход к напоминанию об обещании следовать добродетели и избегать пороков и к приглашению искренне раскаяться.

После продолжительной паузы — требование сердечного признания в убийстве Хирама и опять приглашение раскаяться, после чего Ритор удаляется.

Через несколько времени появляется брат-вводитель, посланный из Ложи, предварительно открытой тремя степенями (в третьей степени ложа открывается 9 ударами).

Вернувшись в Ложу, вводитель докладывает, что товарищ выслужил свое время, что Мастера довольны его работой и что по нем есть поручители. На вопрос Великого Мастера о согласии Ложи на принятие нового члена мастера отвечают простертием рук над знаком Мастерским.

Тогда брат-вводитель вводит новичка **спиной** (Хирам, входя в храм, не мог предвидеть грозящей ему опасности; так и с нами бывает в жизни).

С этого момента для кандидата в Мастера начинается **полное переживание** Легенды Хирама, для вящего ее усвоения.

После выстукивания и вторичного опроса о готовности Товарища к принятию в Мастера Великий Мастер предлагает ему **путешествовать** по Мастерской Ложе.

Во время путешествия братья стоят окрест и близ самого гроба, а в гробе под окровавленной плащаницей лежит один из младших мастеров. Второй надзиратель повелевает принимаемому взять левой рукой конец его шпаги, а сам, взяв его за правую, начинает с ним путешествовать (Мастера путешествуют с Востока к Западу, для **распространения лучей света**), и когда подводит его к написанной на Юге мертвой голове, то останавливается и просит помнить о смерти.

То же на Севере.

Великий Мастер при каждом прохождении мимо него посвящаемого говорит: **помни смерть**.

По окончании трех путешествий, ищущего ставят лицом к востоку и (по обмене условными знаками, поклонами и опросе братьев) подводят к жертвеннику тремя шагами через гроб (три направления, по которым Хирам хотел уйти из Храма).

При этом неофит получает три удара от братьев свернутой в трубку бумагой. После этого младший мастер, лежавший под плащаницей, тихо и по возможности незаметно встает из гроба и удаляется. Тем временем Великий Мастер, сделав посвященному еще раз напоминание о скорбях жизни и значении смерти, приводит его к присяге (правая рука коленопреклоненного посвящаемого при этом прикасается к Евангелию и к мечу Великого Мастера, а левая приставляет к груди циркуль). Присяга касается хранения тайн Масонства и обещания помогать Мастерам против бунтующих Товарищей.

Посвящаемого поднимают и отводят. Великий Мастер становится между ним и жертвенником и тремя ударами молотка в чело принимает его в Мастера, произнося: при первом ударе — «Силой данной мне власти и могущества через моих начальников, от владычествующих над жизнью и смертью»; при втором — «силой соизволения всех здесь присутствующих братий Мастеров»; при третьем — «приемлю тебя в Мастера сего почтеннейшего собрания».

Надзиратели повергают нового Мастера спиной в гроб и покрывают плащаницей.

Наступает великая тишина.

Великий Мастер ударяет рукой по эфесу шпаги.

Надзиратели отвечают тем же.

Братья схватываются руками крестообразно и говорят друг другу Мастерское Слово (Mak Benach) в **каждое ухо пополам**, а надзиратели в заключение принимают его и пускают от себя назад Старое Мастерское слово.

Следует чтение Легенды Хирама Братом Секретарем. При упоминании в повести о прикосновении к указательному пальцу Хирама 2-й надзиратель берет лежащего в гробу за указательный палец и говорит: **Jakin**. При упоминании о прикосновении к среднему пальцу 1-й надзиратель поступает так же и говорит: **Bohas**. При упоминании о подъеме Хирама за кисти рук Великий Мастер берет кандидата за кисти, принимает Мастерским прикосновением и говорит «Mak Benach»; по окончании чтения Брат Церемониймейстер подводит нового Мастера к жертвеннику (с Южной стороны), где Великий Мастер вручает ему знаки достоинства:

1. **Запон из белой кожи** — воздаяние заслуг, почтенному Ордену оказанных.

2. **Голубую ленту с ключом слоновой кости** (свободный вход в ложи).

3. **Золотую лопатку** на голубой ленте.

4. **Белые мужские рукавицы** (чистота совести и невиновность в убийстве Хирама).

5. **Белые женские рукавицы** — предназначены той женщине, к которой Масон имеет **превосходнейшее почтение**.

Символизм женских рукавиц — прямота, честность и бескорыстие во всех актах воздействия активным (мужским) началом на пассивное (притягательное, женское) в каких бы то ни было планах.

Затем Церемониймейстер подводит новопринятого к Алтарю и научает знакам, прикосновениям и словам его степени. Ритор читает объяснение символизма ковра и ложи, после чего заседание закрывается порядком, обратным открытию. **Проходным словом** в Мастерской ложе служит **Giblim**; **священным словом**, как известно, — **Mak Benach**.

Из **знаков** следует отметить следующие.

1. **Обыкновенный** (при встрече) — правая рука с вытянутыми пальцами (большой палец на уровне желудочной впадины) как бы пилит живот.

Потом обе руки заносятся за голову с вывернутыми ладонями, затем ниспадают на запон, как бы в знак изумления.

2. Так называемый **Signe de detresse**, играющий роль мольбы о помощи, обращенной к Братьям в минуту опасности:

Обе руки заносятся за голову, как в предыдущем случае, ноги поставляются под прямым углом (левая за правую) и издается возглас: A moi, les enfants de la veuve de Naphtalie!

3. **Осязание по обычаю свободных каменщиков** (attouchement masonnique), не составляющее исключительной принадлежности Мастерской степени, а общее всем символическим степеням. О нем уже было упомянуто по поводу Ученической и Товарищеской степени.

Мастера осязают друг друга так, как будто собираются пальцами руки выцарапать ладонь собеседника.

Этот знак в катехизисе Мастерской степени упоминается и в числе 5-и **особых** мастерских знаков, о которых упомянем лишь коротко, отмечая в скобках низшую ступень из символизма, производимую упомянутым катехизисом:

а) Нога против ноги (готовность помогать братьям).

б) Колено против колена (обязанность коленопреклоненно просить за брата Божьего Милосердия).

в) Грудь против груди (искренность и верность сердца, коими все братья друг другу обязаны).

г) Правая рука в правую руку (дружба и единение в масонстве).

д) Левая рука на плечо (или за спину) собеседника (обязанность истинного масона предупреждать падение брата).

Отметим еще возраст Мастера (семь прошедших лет — sept ans et plus), мастерское выстукивание (трижды по три удара — всего **девять** ударов), мастерскую **походку** (правой ногой как бы переступая через гроб, левой — таким же образом, и еще раз правой ногой для сближения ступней).

Масон, достигший степени Мастера, как бы считается уже полноправным членом Ордена и именуется Гибаон, в память о городе, в котором продолжительное время стоял **Ковчег Завета**.

Сыновья Мастеров носят имя Луфтон (название прибора, служившего для подъема камней на высоту при построении Храма) и пользуются особыми привилегиями при поступлении в Масонские Ложи.

Французские термины Louveton или даже Louveteau (буквально — волчонок) суть искажения этого имени и применяются к детям Масонов и Иллюминатов, пользующихся правом быть посвященными в 17-летнем возрасте, тогда как обычно посвящают лишь лиц совершеннолетних.

VISITA INTERIORA TERRAE RECTIFICANDO INVENIES OCCULTUM LAPIDEM

Приложение II

TABULAE SMARAGDINAE

VERRA SECRETORUM

HERMETIS TRISMEGISTI

1. Verum (est) sine mendacio, certum et verissimum.

2. Quod est inferius est sicut (id) quod est superius, et quod est superius, est sicut (id) quod est inferius, ad perpetranda miracula rei unius.

3. Et sicut omnes res fuerunt ab uno, meditatione unius: sic omnes res natae fuerunt ab hac una re, adaptatione.

4. Pater ejus est Sol, mater ejus Luna; (5) portavit illud Ventus in ventre suo; (6) nutrix ejus Terra est.

5 (7). Pater omnis Telesmi totius mundi est hic.

6 (8). Vis (Virtus) ejus integra est, si versa fuerit in Terram.

7 (9). Separabis terram ab igne, subtile a spisso, suaviter, cum magno ingenio.

8 (10). Ascendit a terra in coelum, iterumque descendit in terram, et recipit vim superiorum et inferiorum. (11) Sic habebis gloriam totius mundi. Ideo fugiat (fugiet) a te omnis obscuritas.

9. Hic (Haec) est totius fortitudinis fortitudo fortis: quia vincet omnem rem subtilem, omnemque solidam penetrabit.

10 (12). Sic mundus creatus est.

11 (13). Hinc adaptationes erunt mirabiles, quarum modus est hic.

12 (14). Itaque vocatus sum Hermes Trismegistus, habens tres partes Philosophiae totius mundi.

13 (15). Completum est quod dixi de operatione Solis.

ИЗУМРУДНАЯ СКРИЖАЛЬ

СЛОВА ТАЙН ГЕРМЕСА ТРИСМЕГИСТА

1. Истинно — без всякой лжи, достоверно и в высшей степени истинно.
2. То, что находится внизу, соответствует тому, что пребывает вверху; и то, что пребывает вверху, соответствует тому, что находится внизу, чтобы осуществить чудеса единой вещи.
3. И так все вещи произошли от Одного посредством Единого: так все вещи произошли от одной сущности через приспособление.
4. Отец ее есть Солнце, мать ее есть Луна. (5) Ветер ее в своем чреве носил. (6) Кормилица ее есть Земля.

5 (7). Сущность сия есть Отец всяческого совершенства во всей Вселенной.

6 (8). Сила ее остается цельной, когда она превращается в Землю.

7 (9) Ты отделишь Землю от Огня, тонкое от грубого нежно, с большим искусством.

8 (10). Эта сущность восходит от Земли к Небу и вновь нисходит на Землю, воспринимая силу высших и низших (областей мира). (11) Так ты обретаешь славу всего мира. Поэтому от тебя отойдет всякая тьма.

9. Эта сущность есть сила всех сил: ибо она победит всякую тонкую вещь и проникнет всякую твердую вещь.

10 (12). Так сотворен мир.

11 (13). Отсюда возникнут всякие приспособления, способ которых таков (как изложено выше).

12 (14). Поэтому я назван Триждывеличайшим, ибо владею тремя частями вселенской Философии.

13 (15). Полно то, что я сказал о работе произведения Солнца.

В Средние века был известен латинский текст «Изумрудной Скрижали», найденной, по преданию, Аполлонием Тианским (3 г. до Р.Х. – 97 г. после Р.Х.) на могиле Гермеса вместе с книгой «Тайна сотворения и знание о причинах вещей». Афоризмы были высечены на зеленой изумрудной табличке, что как бы подтверждало древность текста. В наше время открыты два несколько отличающихся от вышеприведенного арабских текста «Изумрудной Скрижали», более древний из которых принадлежит алхимику Джабиру (Gabir ibn Hajjana, 720–813). Готтлиб Латц (Latz) и К.Х. Шмидер (Schmieder, «Geschichte der alchemie»), основываясь на греческих выражениях (Thelesmus, Hermes Trismegistos), считают, что текст изначально был написан по-гречески в александрийскую эпоху; если бы был найден такой греческий текст, он, вероятно, был бы включен в «Герметический Свод». Некоторые алхимики считают, что самая первая версия была написана по-финикийски или по-старосирийски, поскольку Гермес жил до потопа.

Данный перевод и примечания взяты из книги «Гермес Трисмегист и герметическая традиция Востока и Запада». Перевод К. Богуцкого. — К.: Ирис; М.: Алетейа, 1998., стр. 314, 315 и 595.

Приведем для сравнения другой, более поэтический перевод «Изумрудной Скрижали», взятый из ереванского самиздатского анонимного издания книги Г.О.М. начала восьмидесятых годов:

Не ложь говорю, а истину изрекаю.
То, что внизу, подобно тому, что вверху, а то, что вверху, подобно тому, что внизу. И все это только для того, чтобы свершить чудо одного-единственного.
Точно так же, как все сущие вещи возникли из мысли этого одного-единственного, так стали эти вещи вещами действительными лишь путем упрощения применительно случаю того же самого одного-единственного, единого.
Солнце — его отец. Луна — матерь его. Ветер вынашивает его во чреве своем. Земля вскармливает его.
Единое, и только оно, — первопричина всяческого совершенства — повсеместно, всегда.
Мощь его есть наимощнейшая мощь — и даже более того! — и явлена в безграничии своем на земле.
Отдели же Землю от Огня, тонкое от грубого с величайшей осторожностью, с трепетным тщанием.
Тонкий, легчайший Огонь, возлетев к небесам, тотчас же низойдет на Землю. Так свершится единение всех вещей — горних и дольних. И вот уже вселенская слава в дланях твоих. И вот уже — разве не видишь?! — мрак бежит прочь. Прочь!
Это и есть та сила сил — и даже еще сильнее! — потому что самое тончайшее, самое легчайшее уловляется ею, а самое тяжелое ею пронзено, ею проникновенно.
Так все сотворено. Так!
Бессчетны и удивительны применения, которые воспоследуют, столь прекрасно сотворенного мира, всех вещей этого мира.
Вот почему Гермес Триждывеличайший имя мое. Три сферы философии подвластны мне. Три!
Но... умолкаю, возвестив все, что хотел, про деяние Солнца.
Умолкаю.

Приведем другую версию происхождения «Изумрудной Скрижали», выдвинутую В.Л. Рабиновичем в книге «Алхимия как феномен средневековой культуры» М., 1972.

Первая публикация «Изумрудной Скрижали» осуществлена в своде «Alchemia» (Нюрнберг, 1541). Известные упоминания относятся к XIII веку. Гортуланус в комментарии к первому изданию «Скрижали» относит ее к X столетию. До нас дошла только латинская первичная версия текста. Это своеобразный алхимический vademecum, ассимилировавший греко-египетский опыт Александрийской алхимии.

В алхимической традиции автором данного текста считают Гермеса Трисмегиста (Trismegistus, Trismegistos), или Гермеса (Гермия) Трижды Величайшего. Предание свидетельствует, что по повелению Александра Македонского (IV в до Р.Х.) текст «Изумрудной Скрижали» был выбит на гранитном надгробии ее легендарного автора (близь Хеброна). Подлинный автор не установлен.

Самого Гермеса Трисмегиста связывают с богом древнегреческого пантеона Гермеса, покровителя торговли, плутовства и всяческих уловок. В римском пантеоне культу Гермеса соответствует культ Меркурия.

В эллинистическую эпоху Гермеса отождествляют с египетским богом мудрости Тотом и считают покровителем магии. Тогда же он получает прибавку к имени — Трисмегист.

Алхимическая традиция придает Гермесу Трисмегисту самостоятельное существование, отдельное от древнегреческого бога и связывает его с ним лишь номинативно и по «профессиональному» сходству. Именно этому Гермесу приписывают многие сочинения, а от его имени производят термин «герметический», давший имя корпусу герметических наук средневековья (алхимия, астрология, каббала).

В алхимической иконографии Гермеса Трисмегиста изображают бородатым старцем в хитоне или хламиде, в крылатом шлеме, с кадуцеем (жезлом, обвитым змеями), обутым в сапожки с крылышками на пятках.

Приведем еще перевод из книги «Тайные фигуры розенкрейцеров» М. Ваклер, 1997.

Истинно, несомненно и непреложно, что нижнее подобно верхнему; и верхнее подобно нижнему: чтобы завершить одну чудесную работу. Так же, как все вещи произошли от Одной Единственной Вещи, по воле и слову Того Единого, кто создал ее в Своем Уме, так и все они обязаны своим существованием тому Единству, которое является Природным порядком, и могут быть улучшены, если их Привести в соответствие с этим Умом.

Солнце ей Отец; Луна ей Мать; Ветер носит ее во чреве своем; и Земля нянчит ее. Эта Вещь — Отец всего совершенного в мире. Ее сила наиболее совершенна, когда она снова возвращается в Землю. Отдели Землю от Огня, тонкое — от грубого, но с осторожностью, умело и рассудительно.

Она поднимается от Земли к Небу и опускается, вновь возрожденная, на Землю, принимая в себя силу Верхнего и Нижнего. Так величие мира станет принадлежать тебе, и тьма отступит от тебя.

Это сильнейшее из могуществ. Сила над всеми силами, потому что она побеждает все тонкие вещи и проникает в то, что твердо. Ибо так был создан мир, и все редкие соединения и чудеса были явлены.

Я называюсь ГЕРМЕС ТРИСМЕГИСТ, овладевший тремя составными частями мировой мудрости.

То, что я хотел сказать о великом произведении алхимического искусства, о Солнечном Делании, сказано.

В заключение приведем перевод-толкование из самой книги Г.О.М., в которой он разбросан кусками по отдельным лекциям.

Верно и не лживо (то есть абсолютно верно в ментальном плане), точно (то есть правильно передается по форме без искажения астральных клише) и совсем верно (то есть настолько убедительно, что допускает проверку органами чувств в физическом плане — система Св. Фомы); нижнее аналогично верхнему и верхнее аналогично нижнему для завершения чудес единого целого (или, еще лучше, — для возможности проникновения в чудеса единого целого).

И подобно тому, как все объекты возникли от единого начала, посредством единого же, так и все порожденные вещи произошли от единой определенной вещи (методом) приспособления. А в свободном переводе: Подобно тому, как все принципы эманированы единым принципом при посредстве его же натуры, так и все порожденное образовалось из элементов единой среды, приемом приспособления таковой (сгущением или коагуляцией и разряжением).

Отец его Солнце, мать — Луна; Ветер выносил его во чреве своем; Земля его кормилица. В нем источник всякой Целесообразности во всей Вселенной. Его сила исчерпана полностью, если она обращена в Землю. Ты отделишь Землю от Огня, тонкое от плотного, плавно, с великим умением. Он восходит от Земли к Небу и снова возвращается в Землю, заряжаясь силою высших и низших (начал).

А комментируется следующим образом:

Он (Бафомет) рождается согласно Великому гностическому закону, от некоторого активного Jod и некоторого пассивного Hé, строго соответствующего упомянутому Jod'у; вампиризует он мировую Среду и опорной точкою берет наигустейшие коагуляты.

Волютивные сущности, порожденные какими бы то ни было индивидуумами Вселенной, целиком сотканы из него.

Реальнее всего он оперирует, когда покрыт коркою физических коагулятов.

Ты отдашь себе строго отчет в том, какие элементы считать активными и какие — пассивными в каждой операции.

Он (Бафомет) определяется двойным вихрем, восходящая часть которого берет силу в опорной точке коагулятов, а нисходящая — в точке ее привеса к высшим метафизическим началам.

Таким образом, ты овладеешь славою всего мира, и от тебя удалится всякая темнота.

В этом заключается мощная мощь всякой мощи; ибо она победит все тонкое и проникнет во все плотное.

Таким же образом создан мир. Отсюда вытекут чудесные применения, механизм которых заключен в этом же.

Вот почему я назван Гермесом Трисмегистом, владеющим тремя частями всемирной философии.

То, что я сказал о Солнечном Делании, завершено (реализовано).

ПРИМЕЧАНИЯ И КОММЕНТАРИИ

Работая над примечаниями и комментариями к новому изданию настоящей книги, редакция руководствовалась прежде всего стремлением помочь читателю сориентироваться в изложенном автором материале. Небезызвестно, что многие русскоязычные ближе знакомятся с тайными науками именно благодаря «Курсу энциклопедии оккультизма, читанному Г.О.М....». Поэтому очень важно первый духовный импульс, возникший после прочтения этой книги, направить в правильное русло **современной Духовной Науки**.

Об истинном смысле масонских символов лучше всего сказано в цикле лекций Рудольфа Штайнера «Храмовая легенда и Золотая легенда» (№93)*, утверждавшего, что современные масоны сами не понимают, каким сокровищем они владеют. Тех читателей, которых серьезно заинтересовали масонская символика и легенды, мы отсылаем к этой книге.

По содержанию книги Г.О.М. видно, что автор обладал некоторым ясновидением, а может быть, даже имел имагинативное посвящение. Но более высокого инспиративного посвящения у него явно не было. С этим связаны характерные недостатки его книги.

Он хорошо ориентируется в нижнем астральном плане и достаточно верно описывает то, что сам видел и чувствовал. Но, рассуждая о более высоких сферах, он, как правило, ссылается на других или прибегает к логическим выкладкам, которые часто приводят к ошибочным выводам.

Главным недостатком всей книги является то, что, хорошо представляя себе все энергетические составляющие низших планов, автор не имеет понятия о мире сущностей, которые стоят за этими энергетическими проявлениями. Особенно это касается всех тех областей, которые, связанны с Добром и Злом. Неумение (или нежелание) персонифицировать Зло часто приводит автора к заведомо неправильным умозаключениям. Именно этим деталям будет уделено особое внимание в примечаниях.

---

*) Здесь и далее номер упоминаемого сочинения Рудольфа Штайнера соответствует номеру данной работы в полном собрании сочинений. Список всех использованных произведений Р. Штайнера приведен в конце Примечаний и комментариев.

КАРТЫ ТАРО

В начале каждого Аркана приводится изображение соответствующей карты Таро. Подобных рисунков в книге Г.О.М. не было. Эти карты специально нарисованы для настоящего издания и точно соответствуют тем описаниям, которые даны автором. В том, что Г.О.М. представлял себе карты Таро именно таким образом, мы не сомневаемся, так как их изображения подвергаются в тексте подробному анализу, основанному на Каббале, и каждая деталь находит свое осмысленное подтверждение в общем контексте всего рисунка. Можно сказать, что наши рисунки являются иллюстрациями к определенным каббалистическим тезисам, соответствующим каждому Аркану. Изображения специально строились таким образом, чтобы мысли, возникающие от созерцания карты, приводили к тому, что написано в книге.

Из всех знакомых нам колод карт Таро ближе всего подходили к описаниям Г.О.М. карты Папюса, нарисованные Габриелем Гулина (Gabriel Goulinat) и впервые изданные в книге «Предсказательное Таро» в 1909 г. Изображения Минорных Арканов этой колоды были основаны на исследованиях Элифаса Леви и Эттейлы. В этом издании карты были исключительно черно-белыми. Оливер Стефан «модифицировал» их, сделал цветными и издал в 1981 г. в Париже. Лучше бы он этого не делал... Таро Паюса-Гулина издавалось в других цветных вариантах во Франции и в Бразилии, и эти издания гораздо ближе к оригиналу, чем стефановские.

За основу мы взяли карты Папюса 1909 г., но так как с художественной точки зрения они были сделаны крайне небрежно и выглядели весьма неэстетично, да и с каббалистической и оккультной точек зрения содержали массу ошибок и несоответствий, нам пришлось заново нарисовать всю колоду, которую мы и представляем сейчас на ваш суд.

Все карты Мажорных Арканов построены по единому принципу. В центральной части приводится картинка самого Аркана. Картинка помещена на фоне, соответствующем цвету данного Аркана, который определяется соответствующей планетой или знаком Зодиака, чьи цвета приведены в самой книге. Прямо под картинкой значится научное название Аркана на латинском языке (вообще, все надписи на Мажорных Арканах даны либо на латинском и французском, либо еврейском языках, потому что именно так они приведены в книге Г.О.М.). Ниже содержатся заголовки Аркана в планах Архетипа, Человека и Природы. Сверху написан номер Аркана, а также находятся изображения его главных пантаклей (одного или двух). В левом верхнем углу — иероглиф соответствующей буквы из «Алфавита для составления подписей Небесных духов», под ним знак, соответствующий букве. В правом верхнем углу — иероглиф, соответствующий карте, либо числовое значение буквы. В правом нижнем углу — соответствующий канал на Древе Сефирот и на еврейском написано, какие Сефиры он соединяет. Слева находятся буквы латинского и еврейского алфавитов и санскрита, соответствующие карте. Ниже нарисован иероглиф данного Аркана, под которым располагается знак Археометра Сент-Ив д`Альвейдера, взятый с карт Папюса. Справа написано, к какой категории принадлежит буква и приводится планетарное или зодиакальное соответствие Аркану.

Таким образом, даже обычное разглядывание карты дает значительный объём каббалистической информации.

В Десятом Аркане мы привели изображения картинок фигурных карт Минорных Арканов. Изображения очковых карт Минорных Арканов в книге не содержатся. Интересующихся полной колодой наших карт мы отсылаем к книге Ш.С. Еремяна «Сравнительный анализ Арканов Таро» и к отдельно изданной колоде карт «Каббалистическое Таро Г.О.М.».

ПЕРВЫЙ АРКАН

Стр. 15. «*... посвящению **черной** расы, ... достояние **красной** расы, ... характеризующий **белую** расу...*» — имеются в виду лемурийская, атлантическая и арийская, или наша, расы, соответственно. См., например, Р. Штайнер «Очерк Тайноведения» (№13).

Стр. 16. «*...Арканы Таро*» — Сегодня ведется много споров, насколько древними являются Арканы Таро. Одни их выводят от Адама или Древнего Египта, другие говорят о том, что они появились где-то в конце XV века. Чтобы окончательно поставить точку в этом споре приведу утверждение Великого Христианского Посвященного Рудольфа Штайнера:

«Египетская книга Тота состояла из 78 карт, заключавших в себе мировые тайны. В египетском посвящении о них знали немало. Игровые карты произошли от тех карт. Такие названия, как *Король, Рыцарь, Дозорный На Башне, Полководец* имеют оккультный смысл. Символ Тарота Ᵽ. В книге Тота заключены все тайны мира от его начала до конца, от альфы до омеги. Вычитать их из карт можно, сумев разложить их в нужном порядке и взаимосвязи. В образах выражена жизнь, приходящая к смерти и вновь возрождающаяся. Та мудрость, заключенная в числах и образах, играла большую роль еще в средние века, например у Раймунда Луллия; сегодня от нее почти ничего не осталось». (№265, с. 361–362)

Стр. 21. «*Этот промежуточный план назовем **Астральным**, а крайние — **Ментальным** и **Физическим***». — В современной Духовной Науке принято деление на четыре плана: физический, астральный, нижний Девакан и верхний Девакан. Отсюда возникает семичленное строение человека: физическое тело, эфирное тело, астральное тело и “Я”, плюс три Высших члена — Манас (Самодух), Будхи (Жизнедух) и Атма (Духочеловек). Подробнее см. в книге Р. Штайнера «Теософия» (№9).

ВТОРОЙ АРКАН

Стр. 28. «*Ставрос*» — Знак Ставроса часто называется «Тао». Вот что о Тао говорил Р. Штайнер:

«Знак Тао играет большую роль в масонстве. Это, по сути, есть не что иное, как крест без верхней части. Изъято минеральное царство (выраженное здесь в символе креста) — человек уже овладел им...»

«Тао выражает движущую силу, движущую силу самоотверженной любви. Она может быть использована в таких машинах, которые остановятся, если ими воспользуется эгоистичный человек. Вам, может быть, известно, что Кили изобрел мотор, который приходил в движение только в его присутствии, ибо в самом Кили находилась та душевная сила, что заставляла мотор двигаться». (№93 (20))

«Когда атлант среди звучавших ему тонов вслушивался в промежуточный тон, то он слышал имя того, кого он признавал за Бога: Тао. В египетских Мистериях этот тон был перенесен в мысль, в письменный знак — в знак Тао». (№97 (12))

Стр. 30–31. Здесь стоит более подробно рассказать о том, как выглядит ***лярва*** в астральном теле человека. Для ясновидческого взора она больше всего напоминает мешочек неправильной формы, как бы туго набитый крупной картошкой. От этого мешочка отходят некие подобия шлангов или присосок, главная из которых (верхняя) прикрепляется к какой-либо головной чакре. Нижние присоски цепляются к определенным нижним чакрам, в зависимости от природы дурного желания образовавшего лярву. Через верхнюю присоску посылается импульс, возбуждающий желание, а через нижние происходит перекачивание энергии, возникающей при удовлетворении этого желания. Чем чаще желание удовлетворяется, тем больше лярва «жиреет» и тем более сильный импульс посылает в сознание. Так возникает то, что называется «дурная привычка». В зависимости от количества нижних присосок различают лярвы простые и лярвы сложные, комплексные. У простых лярв одна нижняя присоска, у сложных их несколько. От простых лярв избавиться относительно легко, от комплексных — достаточно проблематично. Простые лярвы, если с ними не бороться, имеют тенденцию превращаться в сложные. Кроме того, надо отметить, что в образовавшуюся лярву всегда вселяется какая-либо демоническая сущность, свойства которой зависят от природы дурного желания.

Стр. 32. «***... эгрегор*** *коллективности*» — В этом месте достаточно верно описывается процесс формирования астрального тела *эгрегора*. Однако автор совершенно не учитывает, что в образовавшееся астральное тело обязательно входит какое-либо духовное существо, родственное идее, создавшей сам эгрегор. Здесь работает сформулированный самим Г.О.М. в Первом Аркане Великий закон индивидуализации коллективностей.

Более того, если люди, составляющие тело эгрегора, с течением времени в своем поведении на физическом плане начинают мало соответствовать целям и идеям, первоначально провозглашенным при создании эгрегора, высокая духовная сущность, которая вначале способствовала образованию эгрегора и вошла в его астральное тело, может покинуть его. Но, так как само астральное тело продолжает существовать, то в него вселяется уже другое духовное существо, которое более соответствует реальному поведению членов эгрегора, чем абстрактным идеям, которые они провозглашают. При этом чаще всего происходит демонизация эгрегора. Этот процесс произошел практически со всеми великими эгрегорами древности, сохранившимися до наших дней. Без понимания сущности этого явления трудно бывает объяснить те метаморфозы, которые происходят с, казалось бы, вполне почтенными организациями, вроде, например, католической церкви, из недр которой произошло такое «духовное» течение, как иезуитизм, или с эгрегором тамплиеров, который выродился в современном масонстве. Само же высокое духовное существо, первоначально инспирировавшее создание эгрегора, выбирает тогда новую группу людей, которые и образуют новый эгрегор, больше соответствующий его задачам. Например, в случае с тамплиерами можно проследить такую цепь: тамплиеры — розенкрейцеры — антропософы. При этом можно обнаружить массу побочных ветвей, которые отпочковались от этого могучего ствола, но засохли, не принося плодов, или наоборот процветают и приносят ядовитые плоды, прикрываясь славными именами Христиана Розенкрейца или Рудольфа Штайнера.

Стр. 35. «*Есть существа, обладающие лишь ментальной монадой и астральным телом и оперирующие инволютивно в астральной среде... Этим сущностям дано название* ***Spiritus directores*** *астрала. Есть и чисто ментальные существа, занятые инволюционными процессами, имя им —* ***Ангелы***». — Здесь из-за путаницы в определении тел, характерной для теософской литературы начала века, не очень понятно о каких сущностях идет речь. Когда говорят о существах духовных Иерархий, очень важно придерживаться правильной терминологии. Человек обладает четырьмя телами — физическим, эфирным, астральным, а также "Я". В терминологии, принятой в книге Г.О.М., функции эфирного тела частично отнесены к физическому телу и частично к астральному, в результате он получает трехчленное деление человека, вместо четырехчленного. Это соответствует традиционной трихотомии — тело, душа и дух. При рассмотрении духовных существ такая схема, в общем правильная для человека, может привести к недоразумениям. **Ангелами** называются существа, низшим телом которых является эфирное тело. **Архангелами** — те, у которых низшим телом является астральное, **Архаями** или **Началами** — те, у которых низшее тело состоит из субстанции "Я". Все эти сущности заняты инволютивной деятельностью. К какой именно категории относятся **Spiritus directores** из контекста не ясно.

ТРЕТИЙ АРКАН

Стр. 37. Для лучшего понимания приведем слова Р. Штайнера о числах один, два и три взятые из цикла лекций «Оккультные знаки и символы»* (лекция 15 сентября 1907 года в Штутгарте).

«...Мы должны исходить из числа 1, из единицы. Насколько это число 1 действительно символизирует то, о чем я буду говорить, вы яснее увидите при рассмотрении других чисел. Во всем оккультизме числом 1 всегда обозначается единство Божества в мире. Единицей обозначают Бога. Только не следует думать, что, углубляясь, как в число, только в единицу, достигают каких-то знаний о мире; вы увидите, каким образом должно происходить это углубление. Но наши рассмотрения будут более плодотворными, если мы перейдем сначала к другим числам.

Двойку в оккультизме называют числом проявления. С числом два мы уже обретаем под ногами некоторую почву, в то время как с единицей мы чувствуем себя еще довольно неуверенно. Когда мы говорим о двойке как о числе проявления, это означает не что иное, как следующее: все, что встречается нам в мире, каким-либо образом связано с дуализмом. А именно, число два вы найдете в природе повсюду. Ничто не может проявиться, не затрагивая числа два. Свет никогда не может проявиться только для самого себя как единство. Когда проявляется свет, при этом должна быть тень или темнота, следовательно, должна быть двойственность. Никогда не было бы мира, заполненного проявленным светом, если бы не было также соответствующей свету тени. И так обстоит дело со всеми вещами. Никогда бы не смогло проявиться добро, если бы в качестве своего теневого образа оно не имело зла. Двойственность добра и зла является необходимостью в проявленном мире. Подобной двойственности бесконечно много, она заполняет весь мир, мы должны только отыскать ее на соответствующем месте.

...Человек никогда бы не мог достигнуть на высшей ступени бессмертия, если бы не заплатил за него смертью, если бы не познал дуализма жизни и смерти. Пока человек не познал смерть, мир для него еще не был проявлен, ибо для проявленного мира характерен дуализм жизни и смерти. И таким образом мы могли бы постепенно находить в жизни двойственность. В физике мы находим позитивное и негативное электричество, в магнетизме — силы притяжения и отталкивания, все проявляется в двойственности. Два — число проявления, откровения.

Но не будет никакого проявления, если позади него не правит Божественное. Поэтому позади всякой двойственности правит еще и единство. От того число три есть не что иное, как два и один, то есть откровение и пребывающее позади него Божество. Единица — число Божества, три — число проявляющегося Божества. В оккультизме есть одно положение, которое

---

*) *Штайнер Р.* Оккультные знаки и символы. Казань, 2001.

гласит: двойка никогда не может быть числом Божества. — Единица — число Божества, и тройка — число Божества, ибо, если Оно проявляется, Оно проявляется в двойственности и находящемся позади единстве. Человек, который видит мир в двойственности, видит его только в проявлениях. Следовательно, прав тот, кто говорит о дуализме во внешних явлениях. Но всегда не прав тот, кто утверждает, что эта двойственность является целым...

...Вы знаете, почему сегодня мы видим облака и звезды? Потому что в далеком прошлом были существа, которые имели мысли об облаках и звездах. Все возникает из творческих мыслей, и мысли являются творением нового. Все возникло из мыслей, и великие вещи мира возникли из мыслей Божества.

Здесь мы имеем третье. В проявленном вещи чередуются между эволюцией и инволюцией. Но позади находится глубоко сокрытое третье, которое только и дает полноту; творение, которое является совершенно новым творчеством, которое возникает из ничего. Следовательно, троякое связано друг с другом: творение из ничего, которое, когда оно становится явным и протекает во времени, воспринимает затем форму проявленного: эволюции и инволюции.

Именно это имеется в виду, когда некоторые религиозные системы говорят о том, что мир сотворен из ничего. И когда сегодня смеются над этим, то это происходит потому, что люди не понимают написанного в этих источниках. В проявленном — чтобы еще раз подвести итог — все чередуется между эволюцией и инволюцией. В основе этого лежит сокрытое творение из ничего, которое образует с этой двойственностью тройственность. Тройственность является связью Божества с проявленным.

Таким образом, вы видите, как можно размышлять над числом три, только не следует при этом быть педантичным. Позади двойственности, которую можно встретить повсюду, следует искать тройственность. Ибо символику чисел рассматривают правильным образом в пифагорейском смысле, когда позади двух ищут третье. Для всякой двойственности можно отыскать скрытое третье».

Стр. 40–42. «*Треугольник* Фабра *Д'Оливье*. ***Воля — Совесть — Карма***». — Вместо понятия «**Воля**» в этом треугольнике правильнее было бы поместить понятие «**Желание**». Истинная Воля человека никогда не может идти против его Совести и тем более против его Кармы, а Желание может. Люди в своей практической жизни всегда путают эти два понятия: Волю и Желание. Этому особенно способствует Ариман, который подменяет Волю человека его сиюминутными эгоистическими Желаниями и создает у него иллюзию, что это и есть проявление его свободной Воли. Свою истинную Волю обычный человек практически никогда не осознает, в воле мы спим глубоким сном без сновидений, как говорил Р. Штайнер. А подмена Воли Желанием приводит к тому, что под свободным волеизъявлением люди обычно понимают полную анархию: «делай, что хочешь». Воля является элементом другого великого тернера: «Любовь — Воля — Мудрость».

Понять разницу между Волей и Желанием, понять происхождение Совести, нам поможет еще один великий тернер, действительно описывающий всю историю человечества:

Падение человечества — Мистерия Голгофы — Импульс Христа.

Стр. 42. «*Рассмотрим ствол человеческого тела, подразделив его на* Голову, *Грудную полость и полость Живота*». — В современной Духовной Науке принято следующее подразделение: система головы, ритмическая система (дыхание и кровообращение), а также система конечностей и обмена веществ. Исключать из рассмотрения конечности все-таки не следовало бы, так как именно посредством их действий и проявляется истинная Воля.

ЧЕТВЕРТЫЙ АРКАН

Стр. 48. Продолжим цитату о числах для числа четыре из той же лекции Р. Штайнера (см. примечание к с. 37):

«Сейчас мы подошли к числу четыре. Четверка — это знак космоса или творения. Вы поймете, почему четверку называют числом творения, если вспомните о том, что наша Земля — насколько это можно проследить — находится в своем четвертом воплощении. Все, что встречается нам на Земле, как и четыре принципа в человеке, предполагает, что это творение находится в четвертом состоянии своего планетарного развития. Это лишь особый пример для всего проявляющегося творения. Каждое творение — стоит под знаком четверки. В оккультизме говорится: человек находится сегодня в минеральном царстве. — Что это означает? Человек понимает сегодня только минеральное царство, и он имеет власть только над ним. Он, соединяя минеральное, может построить дом, сконструировать часы и прочее, ибо эти вещи подвержены законам минерального мира. Но он еще не может другого. Он не может, например, создать сегодня из собственных мыслей растения; для этого он должен сам находиться в растительном царстве. Это будет иметь место позднее. Сегодня же человек является творцом в минеральном царстве. Этому предшествовали три других царства, они называются элементарными царствами; минеральное же царство является четвертым. В общем, имеется семь таких царств природы. Таким образом, человек находится сегодня в своем четвертом царстве. Здесь он достигает своим сегодняшним сознанием внешнего. На Луне человек действовал еще в третьем элементарном царстве, на Солнце — во втором, а на Сатурне — в первом. На Юпитере человек будет действовать в растительном царстве, он сможет творить растения, как сегодня он может изготовлять часы. Все, что в творении выступает явно, стоит под знаком четырех. Существует много планет, которые вы не можете видеть физическим зрением; эти планеты, которые находятся в первом, втором и третьем элементарных царствах, невидимы для физического зрения. Только когда планета вступает в четвертое царство, в минеральное царство, вы можете ее увидеть. Поэтому, четыре — это число космоса или творения. Только с вступлением в свое четвертое состояние существо становится полностью видимым для того зрения, которое может видеть внешнее».

Стр. 48. *Объяснение знака креста*. Приведем по этому поводу высказывание Р. Штайнера, взятое из уже цитированного цикла, а точнее, из лекции, прочитанной 29 декабря 1907 года в Кельне (см. примечание к с. 37).

«...Истинно эзотерическое значение креста есть сумма сил. Одна направляющая сила идет вниз: существо растения направляется этой силой. У человека они направлены в противоположную сторону. У животного позвоночник направлен горизонтально, он указывает на окружающие Землю горизонтальные силы. Душевный принцип поднимается от растительного бытия к животному бытию, затем к бытию человека. И Платон, который довольно часто выражал заимствованные из посвящения вещи, сказал прекрасные слова: «мировая душа распята на мировом теле». — Это означает, что мировая душа проходит через растение, животное и человека; она распята в силах трех царств: растительного царства, животного царства и человеческого царства, и когда мы вписываем таким образом крест в природное царство, тогда он становится для нас знаком направления развития.

Затем учитель говорил ученику: ты должен представить себе, как растение протягивает навстречу солнечным лучам свою чашечку, как созревает плодоносящий орган, когда солнечные лучи целуют растение. — Развитие в человеке происходит благодаря тому, что непорочная и целомудренная растительная субстанция пронизывается желаниями, страстями и инстинктами. Благодаря этому человеком завоёвывается сознание, благодаря этому он, проходя через животную природу, становится человеком. Благодаря тому, что человек вплетает в чистую природу растения низшую природу желаний, он, с другой стороны, поднимается от спящего сознания растений к ясному дневному сознанию.

От этой ступени современного человека учитель указывал ученику на более высокую ступень. И как человек развился из состояния, на котором находилось растение, так он вновь очистит свои инстинкты и желания до высшей целомудренной ступени. Учитель указывал ученику на задатки в физическом теле человека, благодаря которым могут быть достигнуты высшие ступени сознания, и человеческая субстанция вновь может стать подобной субстанции растения»...

Стр. 61. «*О Великом Аркане Магии*» — Р. Штайнер трактует фигуру *Великого Аркана Магии*, дополненную сверху звездой, как изображение рождественской елки:

«В пифагорейском квадрате мы находим символ, означающий четырехчленность человека: физическое тело, эфирное тело, астральное и "Я". Для высшей троичности человека треугольник, как символ, выражает Самодух, Жизнедух и Духочеловека.

Что стоит над этим, является символом Тарок (Тарота). Те, кто были посвящены в египетские Мистерии, умели читать этот знак. Они умели также читать книгу Тота, состоящую из 78 карт, в которых было обозначено все происходящее как мировое свершение от начала до конца, от Альфы до Омеги; эту книгу человек мог читать, если располагал карты в правильном порядке и взаимосвязи. Там в образах содержалась жизнь, умирающая до смерти и прорастающая в новую жизнь. Кто мог правильно соединить между собой правильные знаки и правильные образы, тот мог в них читать. А этой мудрости чисел, мудрости образов учили с пра-древних времен. Еще в средневековье она играла большую роль, например, у Раймонда Луллия.

Надо всем этим стоит знак Тао, тот знак, что напоминает нам об обозначении Бога пра-древними предками. Еще до того, как Европа, Азия, Африка стали культурными странами, эти древние предки жили в Атлантиде. Позже это Тао выразилось в букве Т. Над нею стоит круг — знак всепобеждающей Отчей природы.

Наконец, то, что пронизывает Мироздание и что здесь присутствует как человек, обозначается символом пентаграммы, которая приветствует нас с самой вершины елки. Ее более глубокого смысла мы не станем обсуждать. Она являет нам звезду развивающегося человечества. Эта звезда — символ человека, за нею следуют все мудрые, как в пра-древние времена за нею следовали мудрые жрецы. Это — смысл Земли, великий Солнечный Герой, который родился в Святую ночь, поскольку высший свет светит из глубочайшей темноты. Так располагаются эти знаки на рождественской елке». (№96 (13))

ПЯТЫЙ АРКАН

Стр. 65. Продолжим цитату о числах для числа пять из той же лекции Р. Штайнера (см. примечание к с. 37).

«Пять — число зла. Лучше всего мы можем понять это, если опять рассмотрим человека. Человек развился до четверичности, до существа творящего, но на Земле к нему присоединился пятый член, Самодух. Если бы человек остался только четырехчленным, то он всегда направлялся бы к добру свыше богами; он никогда бы не развился до самостоятельности. Он стал свободным благодаря тому, что получил на Земле задаток пятого члена, Самодуха. Благодаря этому он получил возможность творить зло, но также благодаря этому он стал свободен. Никакое существо, если оно не вступает в пятеричность, не может творить зла, и повсюду, где нам встречается зло, которое фактически действует губительно из самого себя, вступает в действие пятеричность. Это имеет место повсюду, также и во внешнем мире. Только человек не замечает этого, и современное материалистическое мировоззрение не имеет ни малейшего представления о том, что мир можно рассматривать таким образом. На одном примере мы можем увидеть, как повсюду, где нам встречается пять, есть основание говорить в каком-либо смысле о зле. Было бы очень полезно, если бы медицина использовала это и изучала ход болезни согласно тому, как развивается болезнь от начала до пятого дня или как в отдельные дни на пятом часу после полуночи, или на пятой неделе. Ибо там, где врач может действовать наиболее плодотворно, всегда господствует число пять. Обычно он может предоставить действовать лишь самой природе; но может и помочь, если обращает внимание на закон числа пять, ибо принцип числа пять вливается в мир фактов, который по праву может быть назвать вредящим или злым. Таким образом, мы можем во многих областях показать, какое большое значение имеет число пять для внешних событий».

Стр. 69–75. Вот что говорит о *пентаграмме* Р. Штайнер:

«Символы и знаки — не только во внешнем мире, но и в теософии — нередко производят впечатление чего-то более или менее произвольного, что имеет лишь относительное «значение». Это совершенно неверно. Вы уже слышали о таких знаках и символах и знаете, что ими обозначаются различные планеты. Вы знаете, что так называемая пентаграмма в теософских аллегориях является распространенным знаком. Далее, вам известно, что в различных религиях под светом подразумевается мудрость, духовная ясность. Если же вы спросите о значении таких вещей, то можете услышать или прочитать, что они означают то или иное, что треугольник, например, означает высшую тройственность и так далее. В теософской литературе и докладах, когда комментируются мифы и легенды, часто говорится, что «они означают нечто». — Проникновение в смысл, в суть этого значения, познание реальности таких символов как раз и будет задачей этих докладов. Что под этим подразумевается, мы объясним на одном примере.

Рассмотрим пентаграмму. Вы знаете, что о ней много надумано и нафантазировано; об этом в оккультизме не может быть и речи. Чтобы понять, что говорит оккультист о пентаграмме, мы должны сначала вспомнить о семи основных частях человеческого существа. Вы знаете, что в человеческом существе имеются семь основных членов: физическое тело, эфирное тело, астральное тело, "Я", далее Самодух, Жизнедух и Духочеловек, или, как принято называть в теософской литературе последние, Манас, Будхи и Атма. Мы не будем принимать во внимание физического тела, которое является чем-то вещественным, что можно потрогать руками; здесь будет отдельно рассмотрено тело эфирное. Эфирное тело принадлежит уже к скрытому для физических чувств, к так называемому «оккультному»; его невозможно видеть обычным зрением. Для его восприятия необходимы ясновидческие методы. Но, когда его созерцают, оно представляется чем-то совершенно, совершенно другим, чем физическое тело. Эфирное тело не является — как полагает большинство — тончайшим, материальным телом, некоего рода тончайшим туманным образованием. Для эфирного тела характерно то, что оно состоит из различных потоков, которые его пронизывают. Оно архитектор, строитель тела физического. Как лед образуется из воды, так и физическое тело образуется из эфирного; и это эфирное тело пронизано во всех направлениях, как море, потоками. Из них пять потоков главные. Если вы представите себя с расставленными ногами и разведёнными в стороны руками, то человеческое тело примет положение, которое показано на рисунке.

Вы можете точно проследить направление пяти основных потоков; они образуют пентаграмму. Эти пять потоков каждый человек имеет скрытыми в себе. Они пронизывают эфирное тело в указанных стрелками на-

правлениях (см. рисунок) и образуют, так сказать, «скелет» человеческого эфирного тела. Эти потоки постоянно текут через эфирное тело, они текут даже тогда, когда человек двигается. Какое бы положение ни занимало тело, один поток постоянно идет из середины лба, из точки между бровями, к правой ноге, от нее — к левой руке, от левой руки — к правой, затем — к левой ноге, и — опять ко лбу. То, что называют пентаграммой, так же внутренне подвижно в эфирном теле, как оно само в физическом. И когда оккультист говорит о пентаграмме как о фигуре человека, речь идет не о чем-то надуманном, но он говорит об этом, как анатом о скелете. Эта фигура действительно имеется в эфирном теле, она является фактом.

Уже из этого немногого мы видим, как обстоит дело с настоящим значением некоторых знаков. Все знаки и символы, которые встречаются вам в оккультизме, ведут к такой действительности. Итак, пентаграмма является подвижным «скелетом» эфирного тела, поэтому она представляет фигуру человека. Таково настоящее значение одного из таких знаков.

Если время от времени получают правильные указания, как пользоваться этими фигурами или знаками, то они становятся средством, при помощи которого человек может быть постепенно приведен в познанию духовного мира и стать ясновидящим. Кто углубляется в медитации над пентаграммой, тот находит путь этих потоков в эфирном теле. Для него нет никакой надобности выдумывать произвольное значение этих знаков. Если медитировать над этими знаками — следует лишь набраться терпения, — они приведут к оккультной действительности. Это относится ко всем символам и знакам, также и к тем, которые вы можете найти в различных религиозных источниках, ибо эти символы коренятся глубоко в оккультизме».

Стр. 88. «*После этих упражнений учебники рекомендуют практику центрального взгляда на собственном изображении в зеркале...*» — Это упражнение делать просто смертельно опасно. При долгом пристальном взгляде в собственные глаза в зеркале может произойти явление «Стража Порога», встреча с которым для неподготовленного ученика может привести к смерти или сумасшествию. Что же такое «Страж Порога»? Это все негативное содержимое вашего собственного подсознания, принявшее антропоморфный облик совершенно неописуемого чудовища. Путь ученика как раз и состоит в том, чтобы, **познавая самого себя**, выводить под яркий свет сознания содержимое своего подсознания, изживать его, как бы облагораживать своего «Стража Порога». С этим связано основное требование к ученику: **прежде чем вы сделаете один шаг в развитии своих оккультных способностей, вы должны сделать три шага в своем моральном совершенствовании!** В художественной литературе «Страж Порога» лучше всего описан в романе Бульвер-Литтона «Занони» (в русском переводе — «Призрак»). Правильный путь ученичества, позволяющий без особого ущерба для себя пережить встречу со «Стражем Порога», приведен в книге Р. Штайнера «Как достичь познания высших миров» (№10).

Стр. 99–100. «*Дыхательные упражнения и массаж плексуса*» — здесь, наверно, имеет смысл предупредить читателя о том, что эти упражнения делать категорически не рекомендуется. Во-первых, даже сам Г.О.М. говорит о том, что обязательно присутствие живого учителя. Во-вторых, в нашу эпоху вообще большинство упражнений такого типа в лучшем случае не дают желаемого результата, а часто приводят к прямо противоположным или, что еще хуже, к иллюзорным достижениям. Упражнения, действительно хорошо работающие в наше время, приведены, например, в книге Р. Штайнера «Как достичь познания высших миров» (№10).

ШЕСТОЙ АРКАН

Стр. 103. О *гексаграмме* Р. Штайнер писал:

«...сила общности, которая дает человеку власть над тем, что символизировано в кресте, выражена — постольку, поскольку она находится у богов — в символе, а именно в треугольнике, направленном вершиной вниз. А поскольку эта сила проявляется в человеческой природе, стремясь, подобно семени, к божественной силе, она символизирована в треугольнике, направленном вершиной вверх. Боги возвысились над человеком и удалились от него; однако, они оставили в нем треугольник, который будет в нем развиваться дальше. Этот треугольник является символом Святого Грааля.

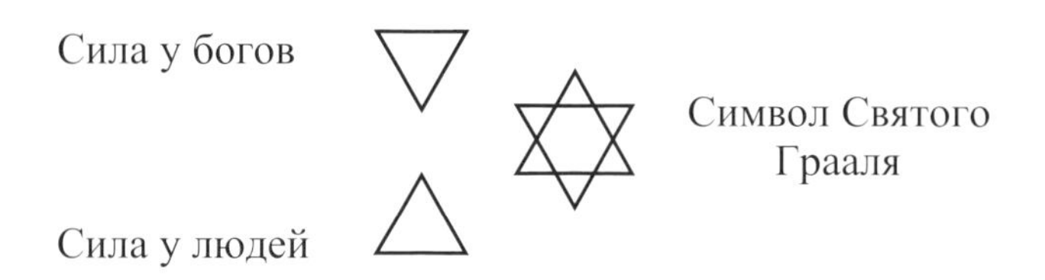

В форме треугольника оккультист средневековья выражал символ Святого Грааля, образ пробуждения мастерства в области живого. Для этого не нужна общая церковь, которая окостенелой организацией охватывает земной шар; она может дать что-то отдельной душе, однако, для созвучия всех душ, в каждой отдельной душе должна быть пробуждена сила Грааля. Тому, кто хочет пробудить в себе эту силу Грааля, не будет никакой пользы, если он обратится к официальным церковным властям, не скажут ли они ему что-нибудь; напротив, он не должен много спрашивать, но из себя самого должен пробудить эту силу. Человек исходит из смутности и через сомнения поднимается к силе. Этот путь странствия души выражен в образе Парсифаля, который странствует к Святому Граалю. Это одно из многомерных, глубоких значений образа Парсифаля.

Что пользы для моего познания, если сколь угодно большая коллегия через свои административные органы возвестит истины математики? Если я хочу научиться понимать математику, то я сам должен заняться этим и усвоить понимание этого. Какая польза, если какая-либо коллегия имеет силу креста? Если я хочу применить силу креста, чтобы овладеть живым, то я должен сам ее для себя добыть. Этого мне не может сказать другой, это не может быть сообщено посредством слова; самое большее, он может показать мне символы, дать сияющий символ Грааля, однако, это невозможно сообщить в рассудочных формулах». (№93, с. 211–212).

Стр. 103. «... Великий *Пантакль Соломона*». — В розенкрейцерских школах существовали специальные упражнения, связанные с переживаниями Великого Пантакля Соломона. Вот что говорил об этом Р. Штайнер:

«В средневековых розенкрейцерских школах Средней Европы — они состояли из небольшого числа людей и находились в потаенных местах — большую роль играли символы. Мастер давал их ученикам таким образом, что предлагаемое, например, Элифасом Леви по сравнению с этим является лишь разговором вокруг да около. Там был, например, в употреблении символ, называемый ключом Соломона. Его образовывали путем сдвижения двух треугольников (см. рис). «Этот символ в указанных небольших общинах играл значительную роль вплоть до XIX в. Мастер показывал небольшому кругу своих учеников определенную позу, которую должно было принять их тело. Он просил их принять такую позу, чтобы все их тело было написанием этого символа. Они должны были встать, широко расставив ноги, а руки, также широко разведя, вытянуть вверх. Если теперь продолжить линии рук вниз, а ног вверх (густой штрих), то весь человеческий организм выразит эту фигуру. Затем нужно было представить себе, что линия вверху связывает руки, а линия внизу — ноги. Обе эти линии входили в сознание как действительно существующие силовые линии, когда ученику объяснялось: здесь, как электромагнитные течения, идут потоки от кончиков пальцев левой руки и ноги к кончикам пальцев правой руки и ноги. Таким образом, фактически, сам человеческий организм становился описанием в пространстве этих входящих один в другой треугольников. А затем дело заключалось в том, что ученик учился ощущать, что заложено в словах: «Свет струится вверх, тяжесть тянет вниз». Ученики должны были

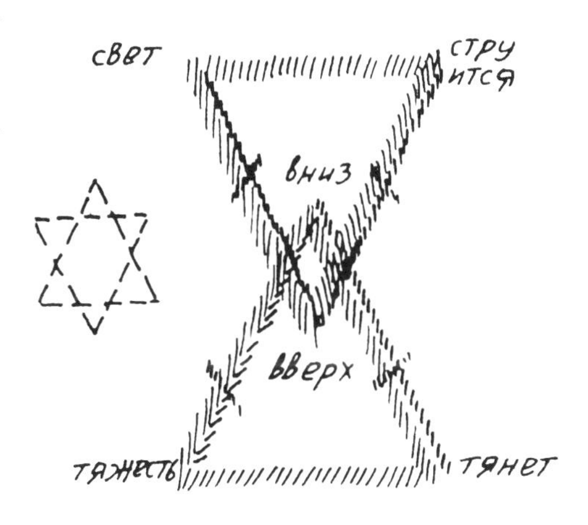

пережить это в глубокой медитации в позе, которую я вам описал. Благодаря этому они постепенно приходили к тому, что учитель мог им сказать: теперь вы пережили нечто такое, в чем постоянно упражнялись в древних Мистериях. — И они действительно переживали это, в кистях рук и ног (густой штрих) переживали костный мозг, внутреннее костей».

«Как ни парадоксально это звучит, но я должен вам сказать, что такая книга, как моя «Философия свободы», не может быть понята через одну логику, но только через всего человека. В действительности то, что в моей «Философии свободы» говорится о мышлении, не понять, если не знать, что мышление человек, собственно говоря, переживает через внутреннее познание, через внутреннее переживание своего костного строения. Человек думает не мозгом; в действительности он думает своим скелетом, если думает в строгих мыслительных линиях. Если мышление становится конкретным, как это имеет место в «Философии свободы», то оно переходит во всего человека.

Ученики того Мастера учились идти еще дальше этого и переживать внутреннее костей. Поэтому, как было показано в последнем примере, они прибегали к тому, что многократно употреблялось в древних Мистериях: переживали символ так, что собственный организм делали символом, ибо только так и можно правильно пережить символ. Толкование символа — это нечто бессмысленное. Всякое мудрствование о символах — это нечто бессмысленное. Истинное отношение к символам состоит в том, что человек их делает и переживает, как, в конце концов, и сказки, легенды, сказания; их следует воспринимать не абстрактно, а идентифицируясь с ними. В человеке всегда имеется нечто такое, с чем он может войти во все образы сказок, стать единым со сказкой. Так это обстоит и с настоящими символами, происходящими из духовного познания древних времен. И я здесь на рисунке напишу вам соответствующие слова на немецком языке. Делать здесь надписи из совершенно непонятных теперь еврейских слов было бы в наше время более или менее безобразием, ибо этим человек внутренне не оживляется, он тогда не переживает символа, но получает вывих. Это подобно перелому своих костей. И это, собственно, и происходит, духовно конечно, когда серьезно читают сочинения Элифаса Леви и т. п.

Те ученики учились переживать внутреннее костей. А когда человек научается переживать внутреннее костей, то он уже больше не находится в себе как в человеке. ... Вы идете внутрь себя, но из себя. Вы действительно выходите из себя. И это из-себя-выхождение, движение-к-Богам, вхождение-в-духовные-миры и было тем, что учились понимать ученики тех небольших школ. Ибо они познавали линии, которые идут с божественной стороны в мир, чтобы строить его. С другой стороны, они находили путь, идущий через человека к Богам». Затем учитель предлагал ученикам медитацию:

Смотри на скелет
И ты видишь смерть.
Смотри внутрь костей
И ты видишь пробудителя.

Пробудителя человека в духе, существо, которое приводит человека в связь с божественным миром». (№233 (14)).

Стр. 106. «*Картинка построена* ***зеркально***...» — Необходимо отметить, что большинство картинок Арканов должны быть построены зеркально. Зеркальность изображения имеет сразу несколько смыслов. В первом случае зеркальными следует быть тем картам, в которых практикующий должен представлять на месте действующего лица самого себя, как бы увиденным в зеркале. Во втором случае, если содержание карты должно передавать то, что существует на астральном плане, а последний, как известно, зеркален относительно физического. Прямыми могут быть только изображения, не связанные с созерцателем и принадлежащие физическому плану. В большинстве изданных колод Карт Таро этот принцип не соблюдается. Если карты используются просто для гадания, то это не очень важно, но если они используются для медитации, то это принимает принципиальное значение. И скажем, медитации на Марсельское Таро могут привести к тем принципиальным ошибкам, что так ярко проявились у В. Томберга, в его книге «Медитации на Таро». Еще меньше годятся для медитации карты «Таро Райдер-Уэйт» или Алистера Кроули. В картах, которыми иллюстрирована данная книга, мы очень строго следили за тем, каким картам необходимо иметь зеркальное изображение, а каким — прямое.

СЕДЬМОЙ АРКАН

Стр. 113. Продолжим цитату о числах, теперь уже в отношении числа семь, из той же лекции Р. Штайнера.

«В жизни человека есть семь периодов: первый — до его рождения, второй длится до смены зубов, третий — до полового созревания, далее четвертый длится примерно от семи до восьми лет, пятый — примерно до тридцатилетнего возраста и так далее. Если когда-нибудь человек узнает, что в этих периодах на все следует обращать внимание; на то, что именно в пятом периоде лучше всего подходит к человеку или не хватает ему, тогда он узнает много о том, как подготовить себе хорошую старость. Здесь на всю оставшуюся жизнь будет оказывать влияние добро или зло. В первых периодах согласно этим законам можно очень многое сделать с помощью воспитания. Но затем — в пятом периоде человеческой жизни — наступает поворотный пункт, имеющий решающее значение для всей дальнейшей жизни. Этот поворотный пункт в пятом периоде человеческой жизни должен быть, по меньшей мере, перейден, прежде чем человек с полной уверенностью может быть предоставлен жизни. Господствующий сегодня принцип — посылать человека в жизнь слишком рано — очень плох. Чрезвычайно важно обращать внимание на эти древние оккультные принципы. Поэтому раньше по предписанию тех, кто нечто знал об этом, совершали так называемые годы учений и странствий, прежде чем могли быть названы мастером.

Семь — число совершенства. Вы можете уяснить себе это опять на самом человеке. Он находится в четверичности как творение, а поскольку он может быть добрым или злым существом, он находится в пятеричности, в числе пять. Когда он разовьет все, что содержится в нем как в зародыше, тогда он станет семичленным, в своем роде совершенным существом. Число семь господствует в мире красок, в радуге, оно господствует в мире звуков; в гамме. Повсюду, во всех областях жизни вы можете представить число семь как число совершенства. За этим не скрывается ни суеверие, ни волшебство.

Теперь еще раз вернемся к единице. Благодаря тому, что мы рассмотрели другие числа, предстанет в правильном свете то, что можно сказать о единице. Суть единицы в неделимости. Правда, в действительности единица тоже делится, например, 1/3, 2/3. Но при этом имеется нечто очень значительное и важное, что вы можете осуществить в мыслях: если вы отнимаете две трети, в духовном мире остается принадлежащая ему треть. Бог — единое Существо. Когда из Бога как проявление что-то отделяется, то весь остаток остается как нечто, Ему принадлежащее. В пифагорейском смысле: дели единство, но дели единство так, чтобы ты в уме имел принадлежащий ему остаток.

Что собственно означает — делить единство? Возьмите, например, золотую пластину и посмотрите через нее, тогда весь мир покажется вам зеленым. Золотая пластина, то есть золото, если на него падает белый свет, обладает свойством отбрасывать зеленые лучи. Но где другие цвета, которые содержатся в белом? Они идут в противоположном направлении, то есть они входят в предмет и пронизывают его. Красный предмет является красным потому, что он отражает красные лучи, а остальные воспринимает в себя. Невозможно выделить из белого красное, не оставив прочих. Тем самым мы касаемся большой мировой тайны. Вы можете рассматривать вещи определенным образом. Когда, например, свет падает на красную скатерть, которая покрывает стол, то мы воспринимаем красный цвет. Другие содержащиеся в солнечном свете цвета поглощаются; зеленый цвет, например, воспринимается скатертью и не отражается. Если мы теперь постараемся удержать в нашем сознании одновременно с красным зеленый, то опять восстановим единство. Мы в пифагорейском смысле разделили единство так, что остался сохраненным остаток. Если это делать медитативно, постоянно соединяя часть в целое, то это станет исполненной значения работой, благодаря которой могут в развитии подняться выше. Для этого в математике существует выражение, которое практикуется в оккультных школах:

1=(2+XX)–(1+XX)

Эта оккультная формула должна выражать, как делится единица и как представить части так, чтобы они опять дали единицу. Оккультист должен представлять деление единства так, чтобы части всегда опять складывались в целое.

Таким образом, подвергнув сегодня рассмотрению символику чисел, мы увидели, что если берут мир медитативно с точки зрения чисел, то могут глубоко проникнуть в мировые тайны.

В дополнение пусть будет сказано еще одно: на пятой неделе, в пятый день или в пятый час очень важно обращать внимание на то, что нечто может улучшиться или ухудшиться. В седьмую неделю, в седьмой день или в седьмой час — или при соответствующем числовом соотношении, например 3½, поскольку здесь скрыта также семерка — посредством самих вещей всегда что-то происходит, например, горячка на седьмой или на четырнадцатый день болезни принимает определенный характер. В основе числовых соотношений всегда лежит то, что определяет структуру мира.

Кто соответствующим образом углубляется в то, что в пифагорейском смысле называется изучением числа, тот из этой числовой символики научится понимать жизнь и мир. Сегодняшние разъяснения должны были дать вам об этом несколько кратких указаний».

Стр. 116. Здесь необходимо отметить, что фигура приведенная на черт. 27, является изображением молитвы «Отче Наш». Она может быть изображена еще в двух видах (см. рис.).

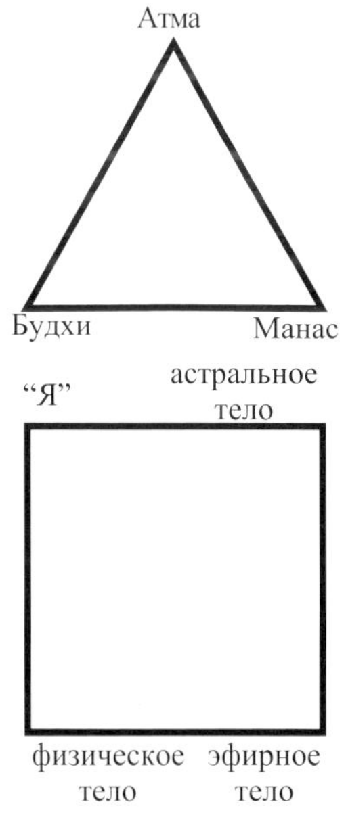

Стр. 119. «...*Астрология, каббала, магия и т. п.* ***говорят*** *ясно лишь о* ***влияниях*** *Духа, Гения и т. п. той или другой планеты, а не об их сущности и натуре*». — Это высказывание Г.О.М. ясно говорит о том, что он и другие исследователи астрологии, каббалы и магии не обладали возможностью постижения сущностей духовного мира, эта возможность появляется только с уровня инспиративного посвящения. Они могли определять только влияния этих сущностей, для чего вполне достаточно имагинативного видения или даже низшего атавистического ясновидения.

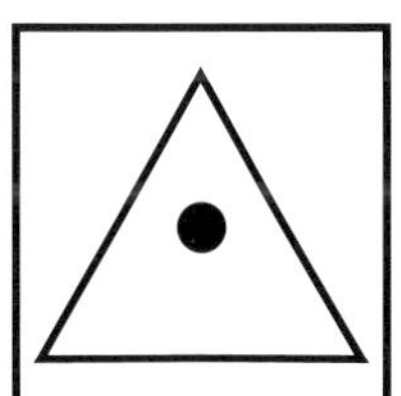

Стр. 123. «*Некоторыми писателями введен знак Земли* ⛢, *печально истолковываемый как преобладание в земной жизни влияний обстановочных над запасом жизненных астральных начал в субъекте. От комментариев воздержусь*». — Приведем здесь другое, гораздо более оптимистическое толкование знака Земли. Этот знак можно интерпретировать как знак Распятия, доминирующего над «*запасом жизненных астральных начал в субъекте*». То есть как пронизание Импульсом Христа всей сущности Земли вплоть до жизненных астральных начал отдельных людей.

Стр. 127. «**Периоды жизни...**». — В современной Духовной Науке принято совсем другое распределение возрастов по планетам. От рождения до смены зубов (7 лет) доминирует Луна, от смены зубов до полового созревания (14 лет) — Меркурий. От 14 до 21 года — Венера, от 21 до 42 лет — Солнце. От 42 до 49 лет — Марс, от 49 до 56 — Юпитер, от 56 до 63 — Сатурн. До семи лет под воздействием материнского начала (Луна) происходит развитие физического тела, до полового созревания ребенок в основном занят обучением (Меркурий — эфирное тело), после полового созревания наступает «возраст любви» (Венера — астральное тело). С 21 до 42 лет идет развитие различных элементов "Я" человека (Солнце). С 21 до 28 развивается душа ощущающая, с 28 до 35 — душа рассудочная, с 35 до 42 — душа сознательная. После 42 лет должно, по идее, происходить развитие зачатков высших тел человека: Манаса — Марс, Будхи — Юпитер и Атмы — Сатурн.

Стр. 128. *Черт. 29.* — Существует и другое, более эзотерическое изображение этого рисунка, связанное с «Агнцем с семью рогами и семью очами» из Апокалипсиса Иоанна. Оно приведено на рис.

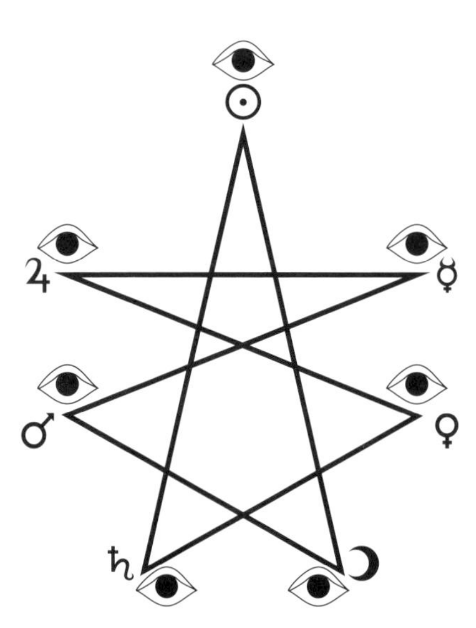

Стр. 129. Если перепроверить все расчеты, проделанные в этом пункте, то окажется, что рождение Иисуса приходится на декабрь 2 г. до н.э. Согласиться с написанным у Г.О.М. можно только в том случае, если признавать, что в магическом летоисчислении существует нулевой год. Но на самом деле это не так. В современной исторической хронологии нет нулевого года, а Рождество Христово датируется декабрем 1 г. до н.э. Здесь автора подвело хорошее знание математики и плохое знание истории.

ВОСЬМОЙ АРКАН

Стр. 138. *Корей* — старший сын Ицгара, царя Каафов, правнук Левия. Вместе с *Авироном* и *Дафаном* выступил против исключительного права Моисея и Аарона совершать культовые действия, полученного последними от самого Яхве. К недовольным присоединились еще 250 именитых лиц из сынов Израилевых. Моисей предоставил решение вопроса о прерогативах духовной власти Божьему суду: Корея, Дафана и Авирона вместе с их семействами и всем имуществом поглотила разверзшаяся земля, а их приверженцев, явившихся с кадильницами в знак претензии на права священников, пожрало вышедшее из этих кадильниц пламя. «И началось поражение в народе», в результате чего погибло 14 700 человек, «кроме умерших по делу Корееву» (Библия, Числа, XVI).

Стр. 143. *Черт. 32.* — Иногда на этом пантакле изображаются не пятиконечные, а шестиконечные звезды. А еще чаще звездочки с неопределенным количеством концов, от шести до восьми. В издании 1912 года изображены пентаграммы стоящие вершинами наружу, в издании 1994 года — пентаграммы, стоящие вершинами внутрь, в издании 1992 года — неопределенные звездочки, у Парацельса — тоже. Мы придерживаемся издания 1912 года.

ДЕВЯТЫЙ АРКАН

Стр. 153. Здесь описывается древний способ Посвящения, проходившего в Храмах, обязательно в присутствии Иерофанта, дающего Посвящение, и его помощников, которые действительно сопровождали ученика на всем Пути Посвящения. Но все дело в том, что уже две тысячи лет такой способ не применяется, а если и применяется, то приводит скорее к черному посвящению или, в лучшем случае, к иллюзии посвящения. Истинные розенкрейцеры никогда не применяли подобный ритуал. Старинное христианское и современное розенкрейцерское посвящения описаны, например, в цикле лекций Р. Штайнера «Евангелие от Иоанна» (№103).

Весьма симптоматичным является то обстоятельство, что во всей книге Г.О.М. нет ни слова о «Страже Порога», который неизбежно появляется при всякой попытке ученика проникнуть в духовный мир. Это говорит о том, что автор либо никогда не проникал туда на самом деле, либо по каким-то не очень понятным причинам скрывает от своих слушателей это немаловажное обстоятельство. Незнание о «Страже Порога» может очень печально закончиться для человека, который исправно проделает все упражнения по экстериоризации астросома, приведенные в этой книге, и действительно выйдет в астральный план. Об опасности встречи неподготовленного человека со «Стражем Порога» уже говорилось в комментариях к с. 89.

Стр. 154. «... *в ментальном цикле Посвящение совершается само собой, тут не может быть вопроса о желании или согласии посвящаемого, ибо* ***Пентаграмма*** *его теряет характер личности при самом процессе* ***Реинтеграции***». — Духовный мир отвечает человеку лишь тогда, когда правильно задан вопрос. Ничто правильное само собой совершиться не может, тем более без «*желании или согласии посвящаемого*». Этот закон распространяется на все уровни развития. Ярчайшим примером этого является посвящение, описанное в «Химической свадьбе Христиана Розенкрейца».

По поводу вопроса о том, насколько «... ***Пентаграмма*** *его теряет характер личности при самом процессе* Реинтеграции», см. примечание к стр. 238 Одиннадцатого Аркана.

Стр. 155. «*Когда же «Великая цепь Преданий» не обрывается, существуя непрерывно хотя бы только в пределах физического цикла Посвящения, мы всегда имеем наличную группу «****Хранителей Предания****»*... — Типично масонский подход, оправдывающий собственное существование исключительно сохранением некого института (уже внешнего), пользующегося символикой и ритуалами. Этот подход имеет свою отрицательную сторону в том, что когда появляется настоящий Посвященный, который приносит с собой правильные знания, символику и ритуалы сообразные времени, ему приходится немало потрудиться, чтобы очистить эту «великую цепь преданий» от профанаций так называемых «хранителей мудрости»...

ДЕСЯТЫЙ АРКАН

Стр. 165–170. Приведем замечания Р. Штайнера по поводу *Сефиротической Системы*:

«Каббала различает внутри мира 12 членов, из них первый и последний должны сохраняться в тайне, ибо их вообще нельзя выразить в словах. Только 10 остальных можно выразить. Они разделяются на три группы:

первая — это так называемый духовный мир, мир чисто духовных существ;

вторая — мир душевный;

третья — мир телесности.

И вот каббалист говорит каждому ученику с самого начала: ты никогда не сможешь видеть эти три мира глазами, но постоянно ты можешь видеть «Царство». «Царство» — это наш мир, который нас окружает. Я вижу человека, — говорит каббалист, — но видимое мною есть «Царство». В действительности этот человек пребывает в трехчленном мире... Нам все это предстоит как единство, как «Царство». Таков 10-й член. Он есть соединение девяти других».

Мир телесности, в свою очередь, тоже трехчленен. Он включает в себя твердость, фундамент и видимость (Сефироты). Когда мы опираемся на фундамент, он дает твердость; опирается он на нас, мы воспринимаем его видимость (Schein).

Три Сефирота душевной жизни: любовь (ее производит душевное тело, подходя к другому душевному телу), милость (она более внутренняя, чем любовь), справедливость (лишь она выравнивает все).

Сефироты духовного мира деятельны: мировой рассудок, мировая мысль, рассудок, имеющий мысли; третья, основная Сефира — высота или корона, соединение рассудка и мысли: Кетер, вершина.

Человек имеет члены из всех трех миров: из телесного мира — вегетативную, растительную душу, двойное эфирное тело; из душевного мира — страстную душу, из духовного — мыслящую.

Таков остов еврейского тайного учения». (№Д29, с. 23–24)

Стр. 170. «...*каналами сефиротической системы*». — Согласно «Сефер Йецира», существует тридцать два пути мудрости, но на самом деле их всего двадцать два. Остальные десять приписываются десяти сефиротам. Поэтому в каббалистической литературе каналы часто нумеруются начиная с числа одиннадцать. Первые десять номеров закреплены за Сефиротами. Сами каналы именуются термином «цинарот».

Стр. 171–172. Для наглядности приведем чертежы восходящего и нисходящего диабатических процессов.

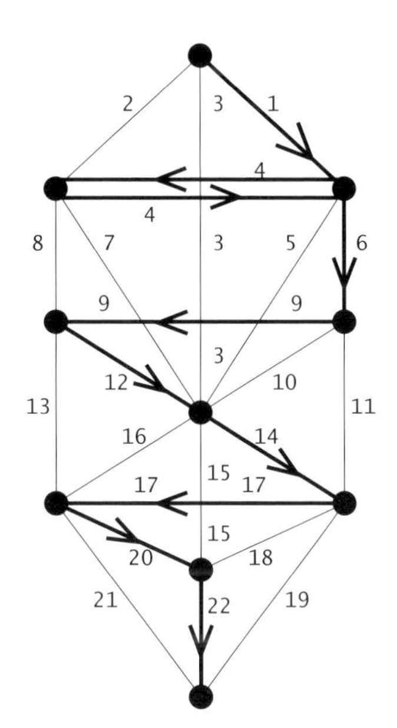

Нормальный нисходящий диабатический процесс

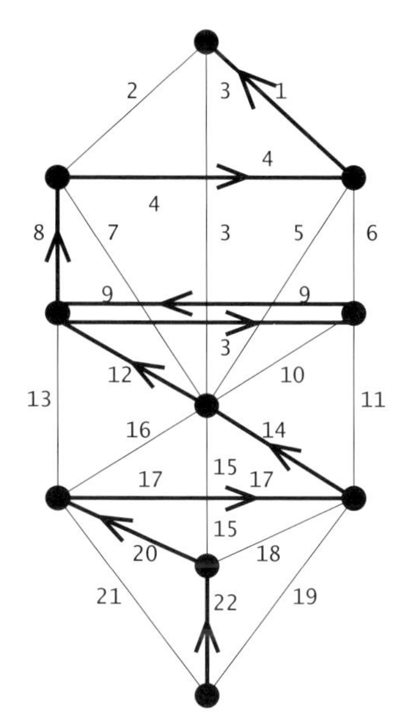

Нормальный восходящий диабатический процесс

Стр. 174–177. «*Молитва Господня*» — Приведем схему того, как просьбы молитвы «Отче Наш» распределены по различным телам человека согласно Р. Штайнеру.

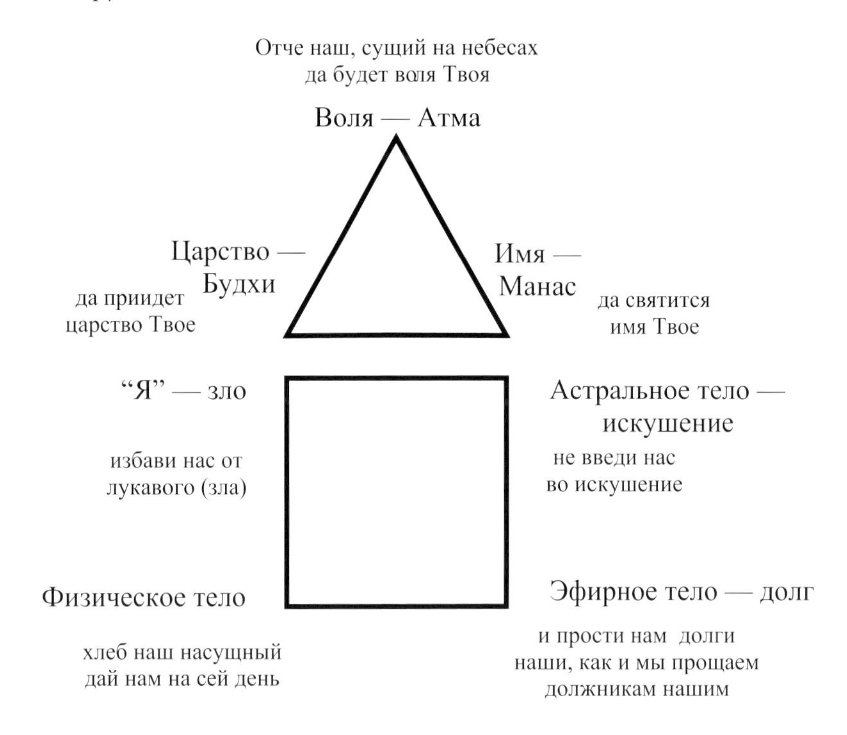

Стр. 178. Приведен чертеж системы Сефирот Генриха Кунрата. Этот рисунок отсутствует во всех изданиях книги Г.О.М. Мы привели его здесь для большей наглядности. Все конструктивные особенности чертежа Кунрата сохранены, но при этом внесены некоторые изменения и добавления. Приведена другая, более современная привязка планет к Сефирам, и, главное, рисунок раскрашен в цвета, соответствующие миру данной Сефиры. Надо отметить, что каждая Сефира имеет свои цвета в каждом из миров, то есть каждой Сефире соответствуют четыре разных цвета, в зависимости от того, в каком мире она проявляется. Приводим таблицу с соответствующими цветами для всех Сефир (она приведена на следующей странице). Кроме того, на каждой Сефире приведены соответствующие Имена Божии.

На чертеже приведено соответствие двадцати двух путей двадцати двум буквам еврейского алфавита. Практическая Каббала связывает их также с двенадцатью знаками Зодиака, семью планетами и тремя стихиями. Стихия Земля обычно ассоциируется с Сефирой Малкут, так что остальные двадцать два символа точно соответствуют двадцати двум путям.

Шкала цветов и Древо жизни в четырех мирах				
	Мир Ацилут Шкала Цветов Короля [י]	Мир Брия Шкала Цветов Королевы [ה]	Мир Йецира Шкала Цветов Императора [ו]	Мир Ассия Шкала Цветов Императрицы [ה]
1. Кетер	Сияние	Белое сияние	Сверкающая белизна	Белый, с золотыми крапинками
2. Хокма	Чистый мягкий синий	Серый	Жемчужный синевато-серый, подобный перламутровому	Белый, с красными, синими и желтыми вкраплениями
3. Бина	Малиновый	Черный	Темно-коричневый	Серый, с розовыми вкраплениями
4. Хесед	Темно-фиолетовый	Синий	Темно-пурпурный	Темно-лазурный, с желтыми вкраплениями
5. Гебура	Оранжевый	Алый красный	Ярко-алый	Красный, с черными вкраплениями
6. Тиферет	Светло-розовый	Желтый (золотой)	Насыщенный оранжево-розовый	Золотой янтарный
7. Нецах	Янтарный	Изумрудный	Яркий желто-зеленый	Оливковый, с золотыми вкраплениями
8. Ход	Фиолетово-пурпурный	Оранжевый	Красно-коричневый	Желтовато-коричневый, с белыми вкраплениями
9. Йесод	Индиго	Фиолетовый	Очень темный пурпурный	Лимонный, с лазурными вкраплениями
10. Малкут	Желтый	Лимонный, оливковый, красновато-коричневый и черный	Как в Шкале Королевы, но с золотыми вкраплениями	Черный, с золотыми лучами

В книге Г.О.М. ничего не сказано про очень важный аспект древа Сефирот — Клиппот. Частично восполним этот пробел. При этом мы использовали соответствующие места из книги Миген Гонсалес-Уиплер «Каббала для современного мира», М., Крон-Пресс, 2000; и Дион Форчун «Мистическая Каббала», К., София, 1995.

Клиппот

Согласно каббалистике, когда космическая энергия изливается из Кетер (первой Сефиры), чтобы образовать Хокму, ее сила не полностью стабилизирована, поскольку ей еще не достает формы и направления. Из этого излишка энергии возникают враждебные Сефироты, или клиппот (клипа — единственное число этого существительного, им обозначается женщина легкого поведения, или блудница).

Клиппот — группа из десяти несбалансированных и хаотических Сефирот, абсолютно противоположных гармоническим силам, образующим Древо жизни. Они излучают зло, это темные силы, упомянутые в Библии. Согласно Каббале, они являются не независимыми началами космического масштаба, а «неуравновешенными и разрушительными аспектами» сфер Древа жизни. Следовательно, следует учитывать два Древа, чтобы правильно понять учение Каббалы. Для каждой позитивной Сефиры существует прямо противоположная, которую символизирует враждебная клипа.

Древо клиппот часто изображают в виде древа инфернальных сфер, противостоящих сферам божественным и представляющих собой оборотную сторону монеты, отражение Древа жизни в зеркале, помещенном у его подножия. Согласно таким представлениям, клиппот простирается вниз от сферы Малкут, где оба Древа граничат. По преданию, Малкут — «падшая Сефира», ибо она была отделена от остального Древа грехопадением Адама. Таким образом, материальный мир покоится на вершине инфернального мира «оболочек». Вот почему их влияние так заметно в человеческих делах.

Демоны клиппот — самые несбалансированные и хаотические из всех начал. Первые две сферы Древа клиппот, соответствующие Кетер и Хокма, пусты и неупорядочены, а третья сфера известна как «вместилище мрака». Правитель клиппот — Самаель, «ангел яда и смерти». Он соответствует сфере короны, Кетер; его также называют Сатаной. Его жена, Ише Зенуним,— блудница, соответствующая сфере Хокма. Их союз порождает зверя Хива, которого сатанисты часто изображают в виде козла с женской грудью. Вместе они образуют инфернальную триаду, прямо противоположную трем высшим Сефирам. Под первой демонической триадой расположены семь кругов ада, населенные множеством демонов, символизирующих все пороки человечества. Их долг — мучить и карать всех, кто предавался этим порокам.

Мы уже упоминали, что клиппот — несбалансированный излишек энергии, породившей Сефироты Древа жизни. Эта неуравновешенная сила образует ось, вокруг которой вращаются все злые мыслительные формы человечества. Следовательно, это также источник и результат всех злых мыслей и поступков человека. Поскольку клиппот развились из избытка космической энергии, их влияние непосредственно связано с крайностями в любой форме. Таким образом, избыток любви порождает ревность, избыток полового влечения — похоть, избыток честолюбия — алчность, и так до тех пор, пока вся гамма человеческих качеств не сменит знак на прямо противоположный.

Инфернальные клиппоты каббалисты рассматривают как чудовище Левиафана, как змея, поднявшего безобразную голову за спиной Невесты Микропрозопа, Царицы, Малкут, также называемой миром людей.

Два Древа, Божественное и Инфернальное, Сефирот и Клиппот, обычно представляются так, как если бы Древо Преисподней было отражением Небесного в зеркале его основы, простирающимся вниз в той мере, в какой другое простирается вверх. Но более точный образ — два глифа, начертанных на каждой стороне сферы, так что маятник, качающийся между Гебура и Гедула (Марсом и Юпитером), из одной крайней точки начинает круговое возвратное движение к противоположной, то есть приближается к сфере влияния соответствующего аверса данной Сефиры — ее низшего, искажающего аналога. Если он раскачался слишком далеко в направлении Гебура (Строгости), он войдет в Сферу Поджигающих и Разрушающих Сил, в Сферу Ненависти. Если он раскачивается слишком далеко в направлении к Милости, он попадет в Сферу Попустительницы Разрушения, а это имя весьма многозначительно.

Мистики утверждают, что их цель — это действие в сфере чистого духа без всякой примеси земного, и поэтому они взывают только к Имени Господа. Но оккультист отвечает: «Пока вы в земном теле, вы дети земли, и дух для вас не может быть без примеси. Когда вы взываете к любви Бога, вы не можете получить ее без Искупителя». Сферой Искупителя является Тиферет, и ее архангел — Рафаэль, целитель, ибо разве познали бы мы влияние Искупителя без его целительного влияния на тело и душу? Однако реверсом Искупителя, который гармонизирует, являются Зурмиэль, или Спорщики, — «великие черные гиганты, всегда восстающие против любого другого». Разве не их влияние мы видим в грубой доктрине церкви об идее вечного наказания под господством Дьявола, контрастирующего с вечным воздаянием под господством мелочного и мстительного Иеговы? Если это не Дуальные Противоборствующие Силы, то что же это?

Единственное время совершенного равновесия силы — это Пралайя, Ночь Богов. Сила в равновесии статична, потенциальна и никогда не динамична, потому что она полагает две оппозиционные силы, которые совершенно нейтрализуют одна другую и таким образом становятся инертными, бездеятельными. Изменение, опрокидывающее равновесие и высвобождающее дремлющие силы, может иметь место в виде роста эволюции, организации. При совершенном равновесии, в состоянии покоя никакой прогресс невозможен. Конец Космической Ночи означает нарушение равновесия, истечение силы и начало эволюции.

Равновесие универсума можно уподобить скорее колебаниям маятника, чем сжатию пружины. Оно держится не за счет неподвижности, и в этом вся разница между этими двумя образами. В равновесии всегда присутствует скрытая вибрация, притяжение-отталкивание между противоположными силами, которое и обеспечивает саморавновесие. Это стабильность не инерции, а напряжения.

Это представлено на Древе Двумя Колоннами — Милосердия и Строгости, которые взаимно притягиваются. Гебура (Строгость) притягивается Гедула (Милостью), Бина (Форма) притягивается Хокма (Силой). Когда это взаимное притяжение прекращается, Вселенной грозит коллапс. Мы должны уяснить, что это напряжение не есть зло, это необходимое взаимное равновесие любой используемой нами силы.

Источник возникновения каждой Клипы — эманация разбалансированной силы в ходе эволюции соответствующей Сефиры. Был период, когда силы Кетер перетекали в форму Хокма, и Второй Путь находился в процессе еще не завершенного становления. Следовательно, Кетер был в неуравновешенном состоянии, — до завершения компенсации этого перетекания.

Это был неизбежный период несбалансированной силы, — своеобразная патология перехода, которая и дала в свою очередь начало каждой Клипе. Именно поэтому очевидно, что решение проблемы зла и его удаления из мира не сводится к одному лишь его подавлению, отсечению и разрушению; необходима прежде всего его компенсация и обратное поглощение той Сферой, откуда это зло пришло. Несбалансированная сила Кетер, давшая начало Дуальным Противоборствующим Силам, должна быть нейтрализована соответствующим ростом силы и активизацией Хокма, Мудрости.

Несбалансированная сила каждой Сефиры, которая неудержимо растет во время сопровождающих эволюцию периодических нарушений равновесия, формирует своеобразные ядра, вокруг которых организуются все мыслеформы зла, поднимающиеся из сознания мыслящих существ или появляющиеся вследствие операции со слепыми силами, которым случилось потерять равновесие, поскольку любой вид дисгармонии ищет свое собственное место. Следовательно, то, что было вначале просто избытком силы, чистой и благой по своей природе, может, при отсутствии компенсации, стать с течением эпох высокоорганизованным и развитым центром позитивного и динамического зла.

Для пояснения обратимся вновь к примеру. Избыток необходимой энергии Марса (Гебура), энергии, которая противостоит инерции и вычищает все ослабевшее и изношенное, должен появиться в период, предшествующий эманации Тиферет, Искупителя. Однако сразу после того, как Он эманировал, Искупитель компенсирует строгость Гебура, по словам Господа: «Новый закон принес я вам. Вы не должны больше говорить: око за око и зуб за зуб». Эта некомпенсированная строгость Гебура дала нам ревнивого ветхозаветного Бога и все те религиозные преследования, которые осуществлялись во Имя Его. Она формирует Клипу Гебура, и к этой

Клипе притягивается каждая натура, склонная к жестокости и угнетению. В ее Сферу идут все излишки силы, которые эманируются и не поглощаются противоположной силой во вселенной: вся неутоленная месть, вся неудовлетворенная жестокость. Эти силы, найдя открытый канал для выражения, поднимаются через него. Следовательно, человек, дающий выход жестокости, вскоре обнаружит, что он не просто выражает импульсы своей неразвитой натуры, но что его побуждает великая сила, которая подобна потоку разлившейся реки и ведет его от одного насилия к другому, пока он полностью не утратит самоконтроль и не скатится в саморазрушение, потакая себе в безудержном выражении стихийных импульсов.

Если мы делаем себя каналом силы в чистом виде, любой силы, которая является цельной и свободной от привходящих мотивов и соображений, мы обнаруживаем в себе реку в разливе — поток изливающихся через нас соответствующих сил Сефирот или Клиппот. Они и есть та нечеловеческая сила, которой бывают одержимы фанатики.

Стр. 186. *Примечания к таблице*. Каббалистические обозначения этой таблицы имеют следующие соответствия в современной Духовной Науке:

Nephesh — душа ощущающая
Ruach — душа рассудочная
Neshamah — душа сознательная
Chajah — Манас и Будхи
Jechida — Атма

Здесь надо учесть, что каббалистическая система разрабатывалась в эпоху души ощущающей и в начале эпохи души рассудочной, поэтому каббалисты часто путали душу сознательную с Манасом, а Манас с Будхи, а средневековые каббалисты все запутали окончательно. На самом деле так как Chajah является отражением Микропозопа, то Манасу соответствуют те Сефиры Микропрозопа, которые принадлежат Миру Творческому, а Будхи — те, которые принадлежат Миру Образований.

Стр. 190–193. На этих страницах приведены рисунки центральных частей фигурных карт всех четырех мастей, отсутствующие у Г.О.М. Полностью эти карты приведены в колоде карт, которую читатель может приобрести вместе с этой книгой. Фигурные карты минорных арканов построены по единому принципу. Каждой масти соответствует своя буква, каждой букве свой цвет.

Жезлы — י — красный. Чаши — ה — голубой.
Мечи — ו — зеленый. Пантакли — ה — пурпурный.

Общий фон карты соответствует букве ее масти. Каждая карта определяется двумя буквами, первая соответствует масти, вторая фигуре, как это показано на Таблице на стр. 187. На каждой карте эти буквы написаны в малом прямоугольнике внизу фигуры, чей цвет соответствует цвету масти.

Сама фигура изображена на фоне, чей цвет соответствует второй букве. Например, Дама Жезлов (הי) должна сидеть на голубом фоне, на карте красного цвета, а Король Чаш (יה) на красном фоне, на карте голубого цвета.

На рисунках со стр. 190–193 приведены только центральные части карт. На полной карте имеется еще много всевозможных каббалистических символов, соответствующих этой карте, кроме того написаны ее значения, которые она принимает при гадании. Полное описание всей колоды здесь привести невозможно, поэтому отсылаем читателя к книге «Сравнительный анализ Арканов Таро», в которой все это подробно описывается и показывается.

Стр. 194–197. Приведенное на этих страницах описание очковых карт минорных Арканов является, к сожалению, не полным.

Каждая очковая карта имеет определенные астрологические аналоги, то есть соответствует определенным часам суток, фазе Луны и времени года. У каждой карты есть еще свои алхимические свойства. Ей соответствуют конкретные духи, которые имеют свои пантакли. Вся эта информация, вкупе со значениями конкретного Аркана в прямом и перевернутом положении при гадании, приведена на картах, которые читатель может купить вместе с книгой. А в книге «Сравнительный анализ Арканов Таро» подробно показывается, как все эти свойства карт обнаруживаются при каббалистическом анализе Древа Сефирот. Так что нашу колоду карт Таро можно без ложной скромности назвать последовательно каббалистической.

Стр. 203. *«Таблица Мажорных Арканов»* — Во всей книге Г.О.М. ничего не сказано про конечные буквы, без знания о которых информация о Каббале становится весьма неполной. Некоторые буквы еврейского алфавита в конце слова принимают другое начертание и другое числовое значение — это и есть конечные буквы. Приведем маленькую табличку:

Caph — כ, числовое значение — 20,
Caph конечное — ך, числовое значение — 500.
Mem — מ, числовое значение — 40,
Mem конечное — ם, числовое значение — 600.
Nun — נ, числовое значение — 50,
Nun конечное — ן, числовое значение — 700.
Phe — פ, числовое значение — 80,
Phe конечное — ף, числовое значение — 800.
Tzade — צ, числовое значение — 90,
Tzade конечное — ץ, числовое значение — 900.

Стр. 218–220. Прекрасный пример применения Нотарикона и Гематрии приведен у Р. Штайнера в цикле «Апокалипсис Иоанна»:

«Символ солнечного демона рисуется так: . Апокалипсис весь написан оккультными письменами, выраженными с помощью слов. Тайна сокрыта в числе зверя 666, о котором сказано, что это также число человека. В арамейском тайном учении это число читали так: 400, 200, 6, 60. Эти четыре числа соответствуют четырем еврейским буквам ת (Тав), ר (Реш), ו (Вав) и ס (Самех). В еврейском языке читают справа налево:

400	200	6	60
ת	ר	ו	ס
Тав	Реш	Вав	Самех

Эти буквы символизируют четыре принципа, ведущих человека к полному окостенению, если ему не удастся их преобразовать.

ס — Самех выражает принцип физического тела,

ו — Вав — эфирного тела,

ר — Реш — астрального тела,

ת — Тав — низшего “я”, которое не может подняться к высшему “Я”.

Прочитанное целиком, это означает «Зорат» (или Сорат). Это оккультное имя солнечного демона, искусителя Агнца». (№96 (20))

Если учесть, что сам знак для солнечного демона получается при помощи каббалистических методов, — он является так называемой «сигиллой», — то становится понятным, какую большую роль играет Каббала при прочтении священных христианских текстов.

Стр. 224. «*Самое слово* קבלה *(Quabbalah) гематрически дает 100+2+30+5= 137≡11≡2, то есть интерпретируется Арканами* ***Силы*** *(11) и* ***Науки*** *(2), что резюмирует сказанное мною. Этимологически мы переводим* קבלה *словом Предание*». — Самое интересное здесь то, что слово Каббала гематрически получает числовое значение **137**. Это весьма симптоматичное число, хорошо известное тем, кто занимается физикой. Так называемая «постоянная тонкой структуры» равна 1/137. Это константа, определяющая силу электромагнитного взаимодействия, которое лежит в основе большинства процессов, протекающих в видимом физическом мире, а Каббала как раз претендует на то, что её принципы лежат в основе нашей Вселенной... Во времена написания книги Г.О.М. это число еще не было известно ученым. Многие каббалисты спорят о том, как надо писать само слово Каббала, через Коф или через Каф. Нам кажется, что спор однозначно решается в пользу Коф=100, так как в случае Каф=20 получаем числовое значение 57=12=3, что тоже хотя и весьма многозначительно, но не имеет особого физического смысла, а значение слова «Каббала», согласно гематрии, обязательно должно иметь физический смысл, так как её законы должны действовать именно в проявленной Вселенной. «Каббала есть зеркало, отражающее все совершающееся во Вселенной».

ОДИННАДЦАТЫЙ АРКАН

Стр. 238. «*Души, стремясь к* ***Реинтеграции*** *в Сефиру Chocmah...*», «*...осуществят идеал так называемого «Restitutio», то есть полного* ***Восстановления*** *первичного состояния системы* ***Второго*** *Семейства*». — Здесь необходимо сказать о главном недостатке Каббалы, в том виде, в каком она понималась в средние века и как она понимается сейчас большинством каббалистов, в том числе и Г.О.М. Все они говорят о *полном восстановлении того, что было до Падения*. Но тогда получается, что Падение было полностью бессмысленным или случайным, а стремление к свободе «клеточек Адама Протопласта» было просто глупым капризом. Тогда становится непонятной позиция Абсолюта, который с самого начала мог прекратить это безобразие, но почему-то этого не сделал и своим бездействием способствовал всем последующим злоупотреблениям свободой, случившимся за долгую историю человечества.

На самом деле смысл всей Истории Падения Логоса в том, что Человек должен превратиться в новую Десятую Иерархию, в дополнение к девяти существующим сегодня. **В Иерархию Любви и Свободы!** Только пройдя через Падение, через все искушения и соблазны материи, человеческая монада сможет снова подняться обратно в духовный мир, закаленная всеми пережитыми испытаниями (вспомните притчу о блудном сыне...). Второе Семейство действительно восстановится, но это уже будет качественно другое Семейство, состоящее не из одинаковых Душ, которые составляли содержание Сефиры Хокма до Падения, а из отдельных индивидуальностей, добровольно и свободно спаянных вместе Любвью. Каждая из этих индивидуальностей будет нести с собой свой собственный уникальный опыт прохождения через материю. В результате все Второе Семейство (да и Первое тоже) обретет совершенно другие качества. Можно сказать, что само Падение было нужно Абсолюту для Его самоусовершенствования. Как ни абсурдно это звучит, после **Restitutio** Абсолют станет «абсолютнее», чем был до эпохи **Institutio**, или чем Он является сейчас.

Из книги не очень понятно, что именно имеет в виду Г.О.М. под термином «**Реинтеграция**». Согласно другим древним и современным книгам по Каббале, под Реинтеграцией понимается полное (с абсолютной потерей индивидуальности) слияние человеческой монады с неким единым мировым разумом. Считается, что разум каждого отдельного человека принадлежит ему лишь при жизни, а после смерти он возвращается в лоно вселенского разума. Эта концепция характерна для древнего мира и была тогда правильной. Но начиная с Мистерии Голгофы, и особенно с 8-го века нашей эры, происходит процесс, известный как «отпадение космической интеллигенции». Космический разум, или как его принято называть — «Космическая Интеллигенция», которая до этого принадлежала Архангелу Михаилу, была пожертвована им, отдана человечеству. С тех пор, каждый из нас может взять столько, сколько сможет от этой космической интеллигенции (то есть мирового разума) и индивидуализировать ее.

Взгляды древних лучше всего выразил Аверроэс (1126–1198), арабско-испанский ученый, он говорил: «Когда человек умирает, то во всеобщую духовность улетает лишь субстанция его души; у человека нет никакой личной индивидуальности, но все, чем является душа в отдельном человеке, есть лишь отражение всеобщей души».

У средневековых и современных каббалистов мы встречаемся со взглядом, согласно которому существование особого мира мыслей в жизни человека есть заблуждение. Существует, якобы, лишь один-единственный мир мыслей в божественном изначальном существе. Подобно тому, как свет может отражаться во многих зеркалах, так единый мир мысли раскрывается во многих людях. В этом мировоззрении выражается представление такого рода, что развивающаяся человеческая душа не чувствует в себе подлинной жизни мысли, оно переносит эту силу во внечеловеческую власть мира.

Каббалисты и другие древние, особенно магометанские мыслители говорили: интеллигенция есть нечто всеобщее. Они говорили только о пан-интеллигенции, а не об интеллекте отдельного человека. Для них отдельный человеческий интеллект был лишь родом отражения в отдельной человеческой голове того, что было реальностью лишь в общем.

Все дело в том, что представления древних каббалистов были правильными до конца эпохи Александра Македонского. Тогда отдельными представителями человечества были сделаны попытки мыслить самостоятельно, опираясь на собственный рассудок. После Мистерии Голгофы это стало возможным уже для всех. Тот, кто понимает эволюцию человечества, должен был бы сказать: «Когда-то это было так, но сегодня это уже не так! **Теперь каждый имеет свой собственный рассудок**». Древние были правы и описывали то, что было в их время, а современные каббалисты продолжают твердить древние истины, так и не поняв, что человечество эволюционировало и все изменилось.

Характерной особенностью всех книг по Каббале является то (книга Г.О.М., к сожалению, не стала исключением), что в них практически не раскрываются такие важнейшие понятия, как **Любовь** и **Свобода**. Это говорит о том, что Каббала до сих пор не стала в полном смысле этого слова христианской наукой, а несет в себе отчетливые следы своего древнего, дохристианского происхождения, особенно это проявляется в том варианте Каббалы, который усиленно практикуется различными масонскими ложами...

Человеку, интересующемуся историей оккультизма, безусловно, необходимо знание Каббалы. Без него трудно читать и понимать древние тексты, сочинения алхимиков и розенкрейцеров Средних веков и Нового времени. Тому же, кто хочет самостоятельно заниматься практическим оккультизмом, то есть следовать по пути самоусовершенствования, обрести способности видения и слышания в духовном мире, необходимо будет обратиться к методам современной Духовной Науки — Антропософии.

Можно, конечно, потратить всю данную инкарнацию для обоснования полностью христианского варианта Каббалы, что, кстати, вполне возможно, так как сама Каббала содержит в себе все возможности для этого, но в результате вы опять придете к Антропософии. Так стоит ли заново изобретать велосипед?..

Стр. 240. Понятия *Трансцендентальный* и *Трансцендентный* так часто используются в книгах Г.О.М., что мы решили привести здесь их точные определения:

ТРАНСЦЕНДЕНТАЛЬНЫЙ [лат. transcendens (transcendentis) выходящий за пределы] — в философии Канта — изначально присущий рассудку, не приобретенный из опыта, но обусловливающий опыт, предшествующий ему; трансцендентальными формами по Канту являются пространство, время, причинность, необходимость и другие категории. Так называемая трансцендентальная апперцепция — изначальное единство сознания познающего субъекта, которое обуславливает единство опыта.

ТРАНСЦЕНДЕНТНЫЙ — в философии — недоступный познанию, находящийся за пределами опыта, лежащий по ту сторону опыта.

Стр. 243. «*... в Эгрегор, помимо энергии пентаграмматических сущностей эволютивного типа (живущих людей, элементариев и т. п.), должна быть вовлечена и энергия элементалей, Spirituum Directorum, и даже Ангелов...*» — См. примечания к стр. 31 и 34.

Стр. 255. «*Элементом* ו *у Тамплиеров явилось то, что ныне называют* ***культом Бафомета***». — Однажды Р. Штайнеру был задан вопрос: «Что такое Бафомет?» Он ответил: «Бафомет — это существо ариманического мира, которое является людям, когда их пытают особым образом. Это было рафинированно сделано (пытки тамплиеров). Когда они приходили в сознание, то захватывали с собой некоторые видения». (№300а с.130)

Приведем еще одно его высказывание по этому поводу:

«Сейчас трудно сказать, какой была бы европейская цивилизация, если бы тамплиеры достигли своих целей. Но определенно известно, что в сердцах тех, кто не мог успокоиться, пока в 1314 году не был казнен Де Молле, в сердцах противников космического Христа, ожил Зорат (см. примечание к стр. 218-220). Он воспользовался услугами римской церкви, чтобы убить тамплиеров. Он вставал видением перед внутренним взором пытаемых тамплиеров, отчего они ужасно оговаривали и себя, и орден. Ужасный, демонический спектакль вставал перед их душами». (№346)

Отсюда можно сделать вывод, что все «каббалистические» измышления по поводу Бафомета являются результатом заблуждения, попыткой разумного, логического объяснения, как такие посвященные люди, как тамплиеры, могли поклоняться Бафомету. Хотя такого «поклонения» никогда не было. И все разговоры об этих обрядах были результатом чудовищных пыток, которым подверглись Рыцари Храма.

Но само понятие Бафомета было введено в Каббалу, обросло солидным эгрегором и превратилось в философскую категорию, которая сегодня активно используется, особенно мы это увидим в Пятнадцатом Аркане.

Стр. 256. *«Вот на каких устоях образовался орден 1118-м году»*. — Приведем еще одну обширную цитату из Р. Штайнера, в которой характеризуется сущность духовной тренировки членов Ордена:

«Сначала в крестовых походах, потом в духовной деятельности в Европе, в интенсивной отдаче христианским импульсам и Мистерии Голгофы души тамплиеров были инспирированы так, что результатом этого было переживание значительным числом тамплиеров христианского посвящения. ... И всегда в таком посвящении, каким шли рыцари Храма, имелась возможность видеть не только вдохновляющее Божественное, но также люциферические и ариманические силы. Все, что противодействует Божественному, все, что стягивает человека в ариманический мир и в мир люциферический — все это является, наравне с взглядом в нормальный духовный мир, тому, кто проходит через такое посвящение. Все страдания, все искушения, все беспокойства, что приходят к человеку от враждебных доброму сил, все это противостоит посвящаемому, и у него бывают моменты, в которые от его духовного взора исчезает добрый духовный мир, и он видит себя как бы плененным тем, что хочет приобрести над ним власть, он видит себя в руках ариманически-люциферических сил, которые хотят его захватить, хотят овладеть его волей, мышлением, чувством, ощущением. Это довольно известные духовные искушения, описанные теми, кто созерцал духовные миры. В кругу тамплиеров было немало людей, которые смогли развить глубокий взгляд на Мистерию Голгофы и ее значение, глубокий взгляд на *христианскую символику*, образовавшуюся через развитие *Тайной Вечери*, могли видеть глубокую подоснову этой символики. Но некоторые, кто в результате своего христианского посвящения мог всматриваться в то, что в христианских импульсах проходило через историческое становление европейских народов, видели также и нечто иное. Такой человек переживал в своей душе, поскольку на него сходили искушения, которые он должен был постоянно преодолевать — и это показывалось ему, поскольку он должен был это знать, — такой человек переживал, на что способна человеческая душа, если она этого даже и не сознает. Посвящаемый сознавал и искал, как преодолеть то, что обычно оставалось в подсознании. Так иногда такие рыцари Храма познавали овладевающую человеческой волей и чувством дьявольскую тягу унизить Мистерию Голгофы. И в сновидческих образах, которыми мог быть захвачен такой посвящаемый, являлась подчас визионерски — тот способ, каким возникло это посвящение, вообще допускал, чтобы *люциферические силы,* искушая, стояли сбоку — оборотная сторона почитания символа распятия. Он созерцал визионерски, как человеческая душа может стать способной обесчестить символ распятия, обесчестить священнодействие пресуществления гостии; он видел те человеческие силы, которые стремились увести назад к язычеству, к языческим поклонениям, которые презирали христианское развитие. Как человеческая душа может пасть под тяжестью таких искушений — это сознавали те люди, поскольку они должны были сознательно это преодолеть. И они взирали на эту душевную жизнь, о чем мало рассказывает внешняя история.

И правильное знание, хотя и инстинктивного рода, об этих фактах душевной жизни имел, благодаря своей *ариманической инициации через золото,* также *Филипп IV.* Он знал об этом до такой степени, что мог рассказать об этом своим ставленникам. Далее он стал подстрекать их на расследование, и затем все было сведено к известному осуждению тамплиеров. Путем пыток помрачали сознание тамплиеров, и тогда к ним вновь подступали образы искушений. В этом состоянии они признавались в том, что якобы оплевывали святыни, которые в сознательной жизни составляли предмет их высочайшего почитания; они каялись в тягчайших преступлениях, которые под пыткой, в помраченном сознании жили в них лишь как искушения. Таким путем было составлено обвинение тамплиеров в идолопоклонстве и т. д. Филипп IV знал о таком *действии пыток:* они вообще играли существенную роль в его наклонностях. Под пытками некие «признания» были вырваны даже из подсознания гроссмейстера ордена. Но в духовном мире страдания, перенесенные тамплиерами перед смертью, и их ужасная смерть превратились в колоссальные импульсы, которые как духовная деятельность снова обратились на земной мир. Их можно наблюдать во многих человеческих душах. (№171 (6))

Стр. 259. *«Вот* י *медитации истинного Розенкрейцера».* — Об истинном розенкрейцерстве можно было бы сказать очень много, но в таком случае наше примечание превратилось бывотдельную статью, поэтому ограничимся короткими цитатами из Р. Штайнера:

«Написанное о розенкрейцерах есть не более, чем шарлатанство. ... Гельмонт, Лейбниц ничего не могли узнать о них. ... Тайны розенкрейцеров передавались только в устной традиции». (№97 (20))

«На розенкрейцерском пути учитель является лишь побудителем, он лишь дает советы. Но именно на этом пути стоит большая опасность для ученика по причине свободы потерять настроение преданности и таким образом нагромоздить самому себе камней на пути. Учитель здесь слуга ученика, и преданность должна быть свободным даром последнего». (№94 (31))

«Инициация розенкрейцеров была **духоинициацией**, она никогда не была **волеинициацией**, потому что воля человека почиталась как святыня во внутреннейшем существе души. Воздействие на волю у розенкрейцеров происходило только косвенно, через дух. А путь иезуитов повсюду стремится к прямому действию на волю, повсюду желает прямо и непосредственно захватить волю». (№131 (2))

Стр. 260. «*Результатом одной из этих вибраций явилось основание так называемого «**Масонского Ордена**»*. — Приведем опять несколько цитат из Р. Штайнера о древнем и современном масонстве:

«Масонство является продолжением прадревних тайных союзов и братств. Такие тайные союзы, по меньшей мере в той форме, в какой они продолжают жить в масонстве, ведут свое начало от первых всходов 4–й подрасы нашей послеатлантической расы». (№93 (17))

«Мудрость, красота, сила — это три основных тезиса всякого масонства. Современная культура распадается на три области: мудрость (наука), красота (искусство) и сила (организованные социальные отношения). Эти три слова называют столпами человеческой культуры. По этой причине масонство называют «королевским искусством». «Вольное каменщичество — это все, что совершается с помощью мудрости, красоты и силы. Правильное строительство земного храма означает не только (изменение) внутреннего человека. Строительство ведется как во внутреннем, так и во внешнем». Мудростью строитель храма должен облагораживать свой дух, красотой — душу, силой — волю». (№265, с. 233-234)

«Но масонство теряло свое значение в той мере, в какой рационализировался мир. Оно обладало значением все время, когда развивалась 4-я подраса*. 5–я подраса принесла с собой то, что лишило масонство значения. Теперь вольные каменщики больше не каменщики. Туда теперь могут принять кого угодно». (№93 (7))

«Сколь бы таинственно ни занимались масонством в прошлом, оно, тем не менее, во все времена было чем-то внешним. Ибо фактически первоначально масонство вышло из школ Мистерий во внешний мир благодаря предательству. Учениками Мистерий, оказавшимися неспособными понять ценность и значение символов, они были перенесены в масонство. Вне оккультного храма они (вообще) не могут быть правильно поняты». (№265. с. 93-94)

«Масонские ложи — Великий Восток Германии, Великобритании и Америки — имеют до 96 ступеней. Собственно оккультные ступени начинаются с 87–й. Но на континенте нет ни одного человека, кто бы действительно прошел все эти ступени. Масонские степени есть, они здесь, но действительно достичь их некому». (№93 (9, 10))

---

*) 4-я подраса — греко-латинская культурно-историческая эпоха, начавшаяся в 747 г. до Р.Х. и закончившаяся в 1413 г., когда началась 5-я подраса — «наша» культурно-историческая эпоха.

«От былых эзотерических институтов, некогда представлявших собой «физиогномический оттиск» высших миров, почти ничего не осталось. Возьмем три символических градуса: ученик, подмастерье и мастер. Они выражают собой три ступени, на которых человек познает *в духе* самого себя. Высшие же градусы должны показывать постепенное восхождение, в ходе которого человек делается строителем храма всего человечества. Человек ставший — в своем физическом, эфирном и астральном организме — представляет собой микрокосм прошлого мира. Возводимый масонством храм мудрости, красоты и силы должен быть макрокосмическим отображением внутренней микрокосмической душевной мудрости, красоты и силы.

В эпоху материализма живое сознание обо всем этом утрачено. Поэтому возникла задача уловить масонскую жизнь в ее ставших поверхностными формах и породить заново, дать ей новые формы. Наш идеал состоит в следующем: создать *формы*, которые были бы выражением внутренней жизни. Ибо в такое время, когда нельзя созерцать никаких форм и, созерцая, творить их, дух неизбежно улетучивается в бессущностной абстракции и действительность как бездуховный агрегат веществ оказывается перед просто абстрактным духом. ... Пока человек не почувствует, что в огне, воздухе, воде и земле обитают духи, невозможно никакое искусство, способное воссоздать мудрость во внешней форме...» (№265, с. 80-81)

«У масонов иоанновы каменщики до сих пор говорят о значительности таких вещей, как Мудрость, Красота, Власть, но уже не знают о том, что благодаря этому развиваются эфирное тело, астральное тело и “Я” вместе с их органами». (№93–а (15))

«...В масонских ложах держат речи в связи с этими вещами, полностью потерявшими связь с жизненной практикой, и говорят об этом разные прекрасные вещи... но абсолютно чуждые внешнему праксису жизни». (№194 (9))

Стр. 264. «*Во главе Верховного Совета Мартинистов стоит теперь весьма известный деятель по пропаганде оккультизма путем печати доктор Gerard Encausse (эзотерический псевдоним —* ***Papus****)*». — По поводу Папюса, Элифаса Леви и Сен-Мартена в связи с работой с символами приведем еще одну длинную цитату из Р. Штайнера:

«...И сегодня есть братства, в которых не знают ничего, кроме *символов*. И люди ведь гордятся тем, что им ничего не дается, кроме символов. Их принимают на первую ступень, возводят на вторую, на третью ступень, а изучают они, собственно, лишь символику, не воспринимая в себя никакой духовной науки... Но символы воздействуют на астральное тело, а астральное тело вызывает в эфирном теле действительное знание; и так эти братства порождают людей, обладающих в эфирном теле всеобъемлющим знанием. В эфирном теле даже самого глупого масона — не в физическом, в осознанном знании, но в эфирном теле — содержится огромное знание, особенно если он имеет третью ступень. Колоссальное подсознательное знание. Это знание, наследуемое через символику, может быть использовано руководством этих братств каким угодно образом и честно, и бесчестно. Представьте себе, как можно действовать, имея в своем распоряжении такой аппарат!

Все, что как жест, прием, слово употребляется в оккультных братствах Запада, оказывает влияние на эфирное тело человека и на его подсознание, если значение этих знаков, символов ему не объяснено. В эти братства принимают людей без какой-либо духовно-научной подготовки и сразу дают символы. Вследствие этого такие люди, если нужно, становятся удобными инструментами для выполнения всяческих планов; это разумеется само собой. Ибо если вы обрабатываете эфирное тело, а человек об этом не знает, то вы выключаете те силы, которые в ином случае он имел бы в своем рассудке, поскольку вы затем не даете его рассудку что-либо из того, чем сегодня хочет стать Духовная наука. ... Тогда подобные братства вы можете использовать и в преследовании всяческих политических целей...

Здесь недостаточно рассказать, что этот символ означает то-то, а тот — другое. Ибо в таком случае можно нагородить любой вздор. Колоссальным бесчинством в этой связи являются оккультные книги ***Элифаса Леви***, его «Догмы и ритуал высшей магии», «Ключи к высшей магии». Некие высокие истины там соседствуют с опаснейшими заблуждениями, при этом все подается в символах, а не так, чтобы можно было познавать рассудком, как это происходит в нашей Духовной науке. Если вы подготовлены, то вы можете спокойно читать Леви, и вы тогда увидите, сколь иная метода содержится во всей этой символике.

Еще хуже дело обстоит с д-ром Энкоссом, или ***Папюсом*** (псевдоним), приобретшим катастрофическое, роковое влияние на *петербургский двор*, куда он постоянно заявлялся и десятилетиями играл роковую политическую роль. Этот Папюс — так называл он себя — весьма опасным образом вносил в людей определенные оккультные тайны, так что те, кто позволял ему воздействовать на себя, впадали в железный фанатизм, как только выходили за рамки элементарного, и твердо держались того, что им давал Папюс. Речь не идет о том, чтобы опровергать Папюса, ибо можно сказать, хотя это и звучит парадоксально: **наихудшее заключается в том, что очень много правильных вещей стоит у Папюса**. Но род и способ, каким это дается людям, содержит в себе огромную опасность: слабый человек вбирает по каплям в душу содержащееся в книгах Папюса, а это ведет к тому, что его рассудок полностью засыпает, и тогда вы можете его употребить на все, что угодно. ... Лицемерием является то духовное течение, которое исходит от Энкосса-Папюса, ибо эти люди называют себя «мартинистами» (то есть последователями **Сен-Мартена**). И имя «неизвестного философа», столь честно стремившегося к истине, как это было необходимо XVIII веку, должно быть защищено от них.

...Всегда существовали оккультные братства, работавшие исходя из символики. Особенно эффективной эта работа, исходящая из одной символики, была в тех *народных сообществах,* которые еще не достигли своей полной зрелости. Поэтому, начиная с императрицы *Екатерины,* как только после напора вольтерьянства, при ее наследнике *Павле* и позже, предпринимается попытка пересадить с Запада в Россию определенные тайные общества тут же возникают затруднения. И то, что тогда произошло под влиянием насажденных с Запада в Россию оккультных братств, — это с той поры приобрело большое влияние на все духовное развитие России, значительно большее влияние, чем когда-либо думали. Естественно, это влияние группировалось по различным направлениям: литература перерабатывала это влияние в романах, политические писатели — в политике. И через определенные каналы, которые имелись всегда, это влияние было значительным в последующем развитии. И, собственно говоря, все значительное в духовной жизни России до Толстого восходит к тому времени, о котором я сказал, когда определенные оккультные братства Западной Европы размножились в России».(№167 (4))

Уже от себя отметим, что книга Г.О.М. выгодно отличается от написанного Элифасом Леви и Папюсом тем, что в ней автор обращается прежде всего именно к сознанию, разуму читателя, ничего не предлагает принимать на веру, все обосновывает и доказывает. Применяя терминологию Р. Штайнера, можно сказать, что у читателя Г.О.М. знание появляющееся в эфирном теле от созерцания символов, которыми насыщена книга, является вполне осознанным знанием физического тела, если, конечно, читатель в состоянии понять то, что написано в этой книге.

ТРИНАДЦАТЫЙ АРКАН

Стр. 289. *«Третья группа упражнений».* — Упражнения этой группы начиная с шестого номера крайне опасны и в наше время не применяются. Чего стоит только одно упоминание наркотиков, как средства, облегчающего экстериоризацию. Экстериоризация действительно получается, но куда?.. Кроме того, опять ничего не сказано про встречу со «Стражем Порога». (См. примечания к стр. 88 и 153). Вообще говоря, оккультные упражнения всегда должны даваться в комплексе и нельзя делать отдельные упражнения только для телепатии или для экстериоризации. Единственный, правильно работающий в наши дни комплекс упражнений приведен в уже многократно упомянутой книге Р. Штайнера «Как достичь познания высших миров».

Стр. 294. *«Действительно, представление гармонического состояния пятого элемента трудно логически сочетать с однополым состоянием души».* — Из текста не очень понятно, но скорее всего Г.О.М. считает, что душа всегда инкарнирует не меняя пола. На самом деле, как правило, души меняют пол при каждой инкарнации, хотя бывают и нарушения этого правила.

Стр. 296. «... *которым мы даем название Spiritus* ***Directores*** *(или* Архонты)...» — Здесь опять путаница в терминологии. Вот как определяет Архонтов в энциклопедии «Мифы народов мира» С.С. Аверинцев:

АРХОНТЫ (греч. αρξοντες, «начальники», «правители»), в христианских представлениях (особенно у гностиков) духи-мироправители. Мысль о том, что земля до эсхатологической катастрофы находится во власти могущественных и таинственных, враждебных Богу и человеку существ, довольно отчётливо выражена в канонических новозаветных книгах: сатана получает характерное наименование «архонт этого мира» (в традиционном переводе — «князь мира сего», Ин. 12:31 и др.); речь идёт о духовной войне верующего на стороне Бога «не против крови и плоти, но против начальств, против властей, против мироправителей тьмы века сего, против духов злобы поднебесных» (Эфес. 6: 12), о бессилии «ангелов», «начал» и «властей» и «сил» отлучить христианина от любви Божьей (Рим. 8:38—39; «начала», как и «начальства» в Эфес. 6:12 — это греческие «Архаи» (αρξαι) — лексический вариант слова «архонт»).

В ортодоксальной христианской системе архонты безусловно преданы злу, это вполне недвусмысленно бесы, слуги *дьявола,* как и он сам, они выступают как антагонисты Бога-творца. Напротив, в гностических представлениях архонты рассматриваются, во-первых, как существа амбивалентные, власть которых хотя и должна быть преодолена «совершенным» гностиком, но находится с замыслами Бога в очень сложных отношениях, и, во-вторых, как творцы материального космоса, а заодно и нравственного закона как системы запретов и заповедей (в этой своей двуединой роли архонты у гностиков сливаются с Яхве — Богом Ветхого завета). Это особенно явно в той гностической системе, которая рассматривает Ветхий завет как продукт инспирации со стороны семи архонтов, между которыми поделены как имена и эпитеты библейского единого Бога, так и имена ветхозаветных пророков (Иао, т.е. Яхве, «говорил» через Самуила, Нафана, Иону и Михея, Саваоф — через Илию, Иоиля и Захарию; верховный среди архонтов — Иалдаваоф, рассматриваемый как отец превзошедшего его Иисуса Христа,— через Моисея, Иисуса Навина, Амоса и Аввакума и т. д.). У офитов (ранняя гностическая секта) архонты имеют отчасти имена архангелов и зооморфное обличье; у Михаила лик льва, у Суриила — быка, у Рафаила — змия, у Гавриила — орла, у Фавфаваофа — медведя, у Ератаофа — пса, у Фарфаваофа или Оноила («осло-бог») — осла; между этой семёркой архонтов стихии и народы поделены по жребию. Верховный архонт, отождествляемый также с *Абраксасом,* дух космического целого, не будучи абсолютно злым, пребывал, однако, в греховном невежестве относительно существования бесконечно превосходящего его абсолютного Бога, за которого принимал самого себя; вывести его из этого заблуждения призван его Сын, превосходящий его мудростью и благостью. Иногда, как в гностической системе Василида, образ верховного архонта раздваивается на «великого архонта», царившего от Адама до Моисея, и «второго архонта», даровавшего при Моисее Закон.

ПЯТНАДЦАТЫЙ АРКАН

Стр. 308. *«Верхняя часть ее занята традиционным* ***Бафометом*** *Тамплиеров...»* — По поводу Бафомета, и какое отношение он имеет к тамплиерам, мы уже говорили в примечаниях к стр. 255 в Одиннадцатом Аркане.

Стр. 309. *«Пятнадцатый Аркан должен быть таинственно связан с пониманием проблемы* ***добра и зла****, с задачей двух путей».* — Пятнадцатый Аркан действительно связан с проблемой Добра и Зла, которая в теософии вообще, и в книге Г.О.М. в частности, никак не может найти не только своего правильного решения, но даже правильной постановки вопроса. Согласно Г.О.М., Зло — это всего лишь *«...индивидуализованный астральный Tourbillon».*

На самом деле, существуют три рода сущностей, определяющих три разновидности зла, которые названы по именам своих предводителей *люциферическими*, *ариманическими* и *азурическими*. Люцифер — это то существо, которое стремится увести человека в духовное и полностью отвратить его от физического, Ариман, наоборот, стремится полностью погрузить человека в материю. Деятельность Азуров направлена на разрушение индивидуального человеческого “Я”. (См. Р. Штайнер, №194).

Духовные силы, вершащие **за** видимостью, действуют различно в каждом человеке, сообразно его индивидуальности и душевно-духовному складу: преобладает ли в нем сила чувства, мышления или воли — это, так или иначе, сказывается и на его духовном пути развития. Достижение внутренней гармонии и равновесия связано с внутренними бурями, с падениями и подъемами, и неустанной борьбой с самим собой. Это единственная борьба, которая не отнимает, а дает силы для дальнейших испытаний судьбы. Человек должен пройти через сонмы сомнений и искушений, прежде чем он сможет найти самого себя в своем духовном, вечном существе, в своем высшем “Я”. Две духовные силы предстают перед его душой: **Люцифер** — дух красоты и величия, познания и жара энтузиазма, гордыни, произвола и эгоизма; дух, соблазняющий его красотой и величием духовности далекого прошлого и стремящийся оторвать его от Земли. И темный **Ариман** — дух лжи и ненависти, холодной логики рассудка, интеллекта, критики и чувства страха, дух смерти и окостенения в самом себе, закабаляющий человека в материю и технику и стремящийся привести его к окончательному забвению своего духовного происхождения. Две крайности, живущие в душе человека. Опять-таки: это не аллегорические образы, а реальные духовные **существа** божественного порядка, вершащие **за** внешней видимостью, призванные высочайшим прозрением духовного мира на служение эволюции человечества. Чтобы развиться к своему космическому назначению духа свободы, человек **должен был** допустить в свое существо Люцифера и Аримана. И его душа на протяжении тысячелетий и воплощений стала ареной их деятельности. — Борьба человека в собственной душе с Люцифером и Ариманом и является самым главным испытанием на пути Посвящения.

Но человек призван противопоставить этим двум третью, **величайшую** силу: импульс **Христа,** принцип любви. Этим высшим началом в себе он способен преобразить силы Люцифера и Аримана и уравновесить одного другим; он должен взять лучшее от обоих. Он способен жаром энтузиазма согреть холодную логику рассудка; познанием истины о духе победить заблуждение интеллекта о материи; любовью победить ненависть и эгоизм и т. д. Победа над духом гордыни и над духом ненависти, претворение их в дух красоты и дух интеллекта дается не иллюзорным бегством от них, а проникнутой Христовым импульсом мужественной встречей с ними — сначала в собственной душе и собственным самопознанием.

Лучше всего концепция трехликого зла разработана в Антропософии, отсылаем читателя, например, к книге Р. Штайнера «Миссия Архангела Михаила», М.: Антропософия, 2000. (№194).

ШЕСТНАДЦАТЫЙ АРКАН

Стр. 341. *«Магический круг»* — Хотим предостеречь читателя, что правила построения Магического круга приведены автором не полностью, попытка построить круг по этим правилам может привести к очень тяжелым последствиям для оператора, так как не защитит его от вызванных операцией астральных сущностей.

СЕМНАДЦАТЫЙ АРКАН

Стр. 349. «...*Натуральная Дивинация*» — Здесь уместно предупредить читателя, что «Натуральная Дивинация» является не гаданием, а умением читать в сфере вторичных причин. Обычное гадание, например, на кофейной гуще и, особенно, на картах Таро является на самом деле программированием будущих событий и поэтому является недопустимым занятием. При обычном гадании происходит следующее:

Известно, что все возможные будущие события существуют в астральном плане в виде астральных клише: наиболее вероятные в виде ярких, «жирных», хорошо различимых клише, и маловероятные в виде бледных и тусклых. Во время гадания предсказатель видит самое заметное клише и выводит его на физический план, то есть еще больше увеличивает его вероятность. В результате самого процесса гадания создается астральный вихрь, который приводит к реализации высказанного клише, мешая реализации чуть менее вероятных, но вполне возможных событий, которые могли быть гораздо более благоприятными. Стало быть, гадая, человек лишает себя свободы выбора, подчиняет себя Фатуму XV Аркана. Еще хуже обстоит дело, если он обращается к гадателю-профессионалу. Высказав свое предсказание, гадатель забывает о нем, что еще сильнее закручивает астральный вихрь и делает реализацию почти неизбежной. Получается, что гадание не предсказывает будущее, а создает его, причем далеко не лучшим образом. Поэтому одна из основных заповедей человека, который хочет стать свободным, гласит: «Не гадайте ни себе, ни другим».

Все сказанное не относится к методам Натуральной Дивинации, таким как астрология или хиромантия.

Стр. 375. «*Физиогномоника*» — В издании книги Г.О.М. 1992 г. приведены дополнительно типы Урана, Нептуна и Плутона, которых ни в одном другом издании нет и не могло быть, хотя бы потому, что Плутон был открыт в 1936 г.

ВОСЕМНАДЦАТЫЙ АРКАН

Стр. 393. «Иерархический *Закон*» — В связи с Иерархическим Законом здесь стоит привести таблицу духовных Иерархий, как она понимается в эзотерическом христианстве со времен Дионисия Ареопагита.

	Русские названия	Латинские названия	Названия у Штайнера
1	Серафимы	Seraphimes	Духи любви
2	Херувимы	Cherubimes	Духи Гармонии
3	Престолы	Tronoi	Духи Воли или Лучистые пламена
4	Господства	Kiriotetes	Духи Мудрости
5	Силы	Dinameis	Духи Движения
6	Власти	Excusiai	Духи Формы, Элохимы или Откровения
7	Начала	Archai	Духи Тьмы или Личности, Азуры, Духи Времени
8	Архангелы	Archangeloi	Духи Огня или Духи Народов
9	Ангелы	Angeloi или Lunar-Pitris	Духи Сумрака или Рассвета
10	Человек		

Список цитированных работ
Рудольфа Штайнера*

9. Теософия. — Ереван: НОЙ, 1990.
10. Как достигнуть познания высших миров? — Ереван: НОЙ, 1992.
13. Очерк Тайноведения. — Ереван: НОЙ, 1992.
93. Храмовая Легенда и Золотая Легенда. — М.: Философско–антропософское издательство, 1998.
93a. Основные элементы эзотерики. — Калуга: Духовное познание, 1999.
94. Космогония. — Дорнах, 1979 (на нем. яз.).
96. Начальные импульсы Духовной науки. — Дорнах, 1974 (на нем. яз.).
97. Христианские Мистерии. — Дорнах, 1968 (на нем. яз.).
103. Евангелие от Иоанна. — Калуга: Духовное познание, 1998.
131. От Иисуса ко Христу. — Калуга: Духовное познание, 1994.
167. Настоящее и прошлое в человеческом духе. — Дорнах, 1962, (на нем. яз.).
171. Внутренние импульсы развития человечества. — Дорнах, 1964, (на нем. яз.).
194. Миссия Михаила. — М.: Антропософия, 2000.
233. Всемирная история в свете антропософии как фундамент познания человеческого духа. — М.: Новалис, 2002.
265. Материалы эзотерической школы. Культовое отделение. — Ереван: Лонгин, 2012.
300a. Конференции с учителями свободной Вальдорфской школы в Штутгарте. — М.: Парсифаль, 1999.
346. Апокалипсис. — Ереван: Лонгин, 2009.

*) Приведенные номера обозначают том в полном собрании сочинений Рудольфа Штайнера.

Алфавитный указатель

А

Абсолют 187
Аверроэс, Ибн Рушд (Ибн Рошд) (латинизир. Аверроэс) (1126-98), арабский философ и врач, представитель арабского аристотелизма. Жил в Андалусии и Марокко, был судьей и придворным врачом. Рационалистические идеи Ибн Рушда оказали большое влияние на средневековую философию, особенно в Европе (аверроизм). Автор энциклопедического медицинского труда. 491
Авирон 138
Авторитет 106,113,114,123,127
Адам Белиал 235
Адам Кадмон — в Каббале совершенное существо, первочеловек, сосредоточивший в себе потенциал мирового бытия, первообраз духовного и материального мира. 233
Адам Протопласт (*лат.* — Первозданный) — первичный человеческий комплекс, из которого возникают конкретные люди. 233,238,239,240–242,248,294,295,312
Азот Мудрецов 410,411
Аконит 110
Активность 75,114
Алкионарная Система 117
Алкоголь 93,97
Аллопатия 110
Алхимия 55,57,63,403,409
Амальгама 128
Амон-Ра (*егип.* сокрытый), в Древнем Египте бог Солнца, царь богов и покровитель власти фараонов. 251
Аналогия 72
Анахорет 96
Ангел Земли 118
Ангелы 34,118,123,233,240,463
Андрогинат 38,62,104,109,120,136
Андрогинные Операции 345
Антигона, в греческой мифологии дочь царя Фив Эдипа. Предала погребению тело своего брата Полиника, нарушив запрет дяди — царя Креонта; за это была заключена в темницу, где покончила с собой. 63
Антропософия 463
Апломб 74,86
Аполлон 120
Аполлоний Тианский — великий маг конца 1 в. н.э. 159
Апостол Иоанн 57, 130
Ареопаг 141
Ариман 250,465,500
Арифмология 136,143
Аркан Великого Делания 202
Арканы Таро 15,461
Ароматы 97,100
Археометр 461
Архетип — первообраз, первичная форма, образец. 39
Архитектор Вселенной 188
Архонты 296,499
Аскетизм 96
Астарта (Аштарт), в финикийской мифологии богиня плодородия, материнства и любви; астральное божество, олицетворение планеты Венера. 247
Астральные испытания на страх, страсть и совесть 71
Астральный
Бинер 68
Восприятие 75,82,83
Змий 292
Зрение 75
Клише 59,71,76,84,116,127, 135,138, 139,149,248
Крещение 154
Место 291
Мощь 79

В Алфавитном указателе приведены объяснения только тех имен и терминов, которые не объясняются в самом тексте книги.

Б

В

Г

Галлюцинации 93
Ганглии 74
Ганеман Самуэль (1755–1843), немецкий врач, основатель гомеопатии. 110,111
Гармония 80,107,126,136,233
  Душевная 107
Гашиш 97
Гексаграмма 103,184,473
Гематрия 219,220
Гений 118,119
Гений Земли 118
Гений-Покровитель 148
Геомантия — гадание по земле. 149
Гермес Трисмегист 105,158,159,246,248
Герметизм — религиозно-философское течение эпохи эллинизма. Представлен значительным числом сочинений, приписывавшихся Гермесу Трисмегисту. Комплекс оккультных наук (магия, астрология, алхимия). 105,158,246,248,255
Герметизм Алхимической Школы 258
Герметическое Делание 292
Гибаон 451
Гидромантия — гадание по воде 149
Гипноз 93,332
Гномы 35,55
Гностицизм (от греч. gnostikos — знающий), религиозное дуалистическое учение поздней античности (1-5 вв.), воспринявшее некоторые моменты христианского вероучения, популярной греческой философии и восточных религий. Гностицизм строго эзотеричен; притязал на «истинное» знание о боге и конечных тайнах мироздания. Оказал влияние на средневековые ереси и неортодоксальную мистику Нового времени. 258
Гностическая Школа 123
Голова Ворона 404, 411
Гомеопатия 110,111
Грааль 472
Графология 350
Гримуар — детальное описание магической операции, сборник заклинаний 346
Гюайта, Станислас де (de Guaita, Stanislas) 263,264

Д

Дафан 138
Дебаролль 382
Девакан 461
Дедукция 337
Декан 358
Детерминизм 107
Джива (санскр. — живущий, живой) — в индуизме жизненная сила, одна из основных сущностей мира. Ей присущи сознание, вечность и активность. 87
Диабатические Процессы — в Каббале процессы перехода от одной Сефиры к другой. 169-171,228
Дивинация — предчувствие, провидение, прозрение. 148,200
Дионисий Ареопагит — ученик Апостола Павла 502
Добродетель 106
Догмат Христианской Троицы 66
Древо Жизни 237, 309
Древо Познания Добра и Зла 67, 236, 237,309
Дуоденер — двенадцатиугольник 247, 275,360,361
Дух Земли 118
Духочеловек 461,468,470
Душа
  Ощущающая 478
  Рассудочная 478
  Сознательная 478
Душа Мессии 238
Душа-сестра 294
Дыхание 65,66
Дыхательные упражнения 97,99
Дьявол 49

Е

Евхаристия — причащение, одно из семи христианских Таинств. 127
Елеосвящение — христианское таинство, состоящее в помазании тела елеем для исцеления душевных и телесных недугов. 127
Ехида 185

Ж

Жезлы 115,188,194,487
Женское Начало 65
Жертва 268
Жизнедух 461,468,470
Жизненная Сила 87

З

Завет 164
Закон 136
　Аналогии 105
　Кармы 138
　Малых Доз 111
　Подобия 111
Запахи 100, 125
Запон 445
Зевс 250
Знак Микрокосма 71
Зогар 224,286
Зорат 489
Зороастр 249

И

Идея–Сила 85
Иерархический Закон 394,502
Извлечение теософического корня 52
Изида (Исида), в древнеегипетской мифологии супруга и сестра Осириса, мать Гора, олицетворение супружеской верности и материнства; богиня плодородия, воды и ветра, волшебства, мореплавания, охранительница умерших. Изображалась женщиной с головой или рогами коровы. 247,248,251
Изумрудная Скрижаль 26,105,409
Иллюминизм — близкое к масонству движение «озаренных» (иллюминатов), основанное в 18 в. в Германии. 63,138,439
Имена Божии 227
Импульс Христа 478,501
Инволюция 41,68,107,108,118,127,140
Инкарнация 94,96,136
Инкубизм 160
Инкубы (лат. — «ложиться на») — демоны-«мужчины», домогающиеся женщин, особенно монахинь 160
Инстинкты 91
Интеллектуальное Ясновидение 83
Интуиция 349
Инфлуксы (*лат.*) — истечения, устремления, влияния 85,124,234
Иофор 251
Искупительная Инкарнация 238
Искупление 77,104
История Падения 234
Ише Зенуним — жена Самаеля 483

К

Каббала 49,63,119,164,167,183,187,210, 213,223,258
Каббалистическая Смерть 235
Каббалистический Орден Креста + Розы 263
Кабиры, в греческой мифологии божества малоазийского происхождения. Ведали подземным огнем, спасали моряков от бурь. Культ кабиров («великих богов») носил характер мистерий (Самофракийские мистерии кабиров), требовавших особого посвящения. 111,252,409
Кадош 244,298
Кадуцей 55
Камни 126
Канал астральной мощи 173
Кара (наказание) 137,138
Карма 42,107,123,127,136,139,141,143
Кармическое Рабство 107
Картомантия — гадание на картах 149, 350
Каталепсия 155,321,322
Кватернер 48,61,65,130

Кватернеры
Апостола Иоанна 57
Иезекииля 57
Кинокефал 126,163
Клейнод 76
Климент V 138
Клиппот 482
Ключики Соломона 225
Книга Бытия 224
Колдун 160
Колесница Гермеса 115
Колесо Иезекииля 143
Колесо Пифагора 143, 144
Колесо Тарота 194
Кольцо Венеры 385
Концентрация 80
Активная 81
Пассивная 81
Корей 138
Корона 170
Кофе 97
Красная Трансмутация 412
Красота 170
Крест Великого Иерофанта 47,48,69
Крест–Роза 258
Крещение 127,153
Кришна 245
Кроули, Алистер (1875–1947) 475
Круг 73
Крыша 147
Кубическая Форма 116
Кубический Камень 135
Кунрат, Генрих 109,182,311
Кустод 276,357,362,364

Л

Ладан 100,125
Ламаизм 255
Лампа Трисмегиста 270
Левиафан 484
Легенда о Хираме 52
Лейбниц (Leibniz) Готфрид Вильгельм (1646-1716), немецкий философ, математик, физик, языковед. Мир, по Лейбницу, состоит из бесчисленных психических деятельных субстанций — монад, находящихся между собой в отношении предустановленной гармонии; мир создан богом как «наилучший из всех возможных миров». 30
Лекарства 110,111
Лестница Иакова 241
Летаргия 321,322,323
Лингам, линга (санскр. — «знак пола») — в индуизме символ божественной производящей силы, обозначение мужского детородного органа. 115,116
Логика 337
Логос 66,167,188,233,234,240
Луллий, Раймунд (Raymond Lulli) (ок. 1235 — ок.1315), философ и теолог, алхимик; основоположник и классик каталанской литературы, поэт-лирик. Францисканец, миссионер, проповедовал в Сев. Африке. В сочинении «Великое искусство» высказал идею логической машины и сделал попытку ее реализации. 461,468
Луфтон 451
Любовь 90,100
Люцифер 500
Лярвы 31,68,94,140,462

М

Маг 75,137,151
Белый 68,117,431
Маг–Победитель 115
Магический
Год 129,479
День 132
Круг 501
Ночь 132
Операция 59
Символы 72
Сутки 132
Цепь 243
Магия 75,100,119,143
Черная 68,114,116,125,140
Магнетизм 325
Магнетизм Рук 88
Мажорные Арканы 126,187,197,214
Макрокосм 62,72,103,104,128

Макропрозоп (*греч.* — «долголицый») — в греческой мифологии имя двуполого существа, предшествующего однополым людям. 104,105,109, 167, 170,184,233,241
Малая Операция 345
Малые Мистерии 18
Манас 461,470,478
Манихейство, религиозное учение, основано в 3 в. Мани (ок. 215 — ок. 275), который, по преданию, проповедовал в Персии, Ср. Азии, Индии. В основе манихейства — дуалистическое учение о борьбе добра и зла, света и тьмы как изначальных и равноправных принципов бытия. Распространилось в 1-м тыс. н. э. от Китая до Испании, подвергаясь гонениям со стороны зороастризма, римского язычества, христианства, ислама и др., в 8 в. — господствующая религия в Уйгурском царстве. Оказало влияние на средневековые дуалистические ереси. 250
Мантрам 73,74,96,223,290,317
Мартинизм 156,262
Масонский Орден 260,495
Масонский Символизм 76
Масонство 141,153,260,439,495
  Шотландского Ритуала 260
Масоны 141,158
Массаж Плексуса 99
Мастерская Ложа 52
Медитация 79,82,87,90,91
Медиум 74
Медный Змий 285
Ментальное Тело 154
Меркурий Мудрецов 55
Меркурий Философов 55,411
Мессия 238
Метафизический Треугольник 177
Метод Аналогии 19
Меч Победы 116
Микрокосм 62,71,128
Микропрозоп (гр. — «узколицый») — мифологическое двуполое существо. 104,105,167,170,184,233,242
Милосердие 126,136,168,170,233
Минорные Арканы 187,197,206,213
Мир
  Ацилут 228
  Образований 169
  Принципов 117
  Реальностей 169
  Творчества 168
  Эманаций 168
Мировая Гармония 169
Мировой Синтез 63
Миропомазание — христианское таинство, освящающее человека после крещения посредством смачивания лба, груди, глаз, ноздрей и ушей миром. 127
Мистические Персоны 184
Мистический Крест 277
Митра 249,250
Мифологические Эгрегоры 119
Моисей 138,251
Молитва 85,100,173
Молитва Господня 174,486
Молле, Яков Де (De Molay, Jacobus Burgundus) 138,256
Монада — духовный элемент (атом) действительности, в человеке он формирует астросом. 154,159
Монастырь 160
Моноидеизм 319,335
Монотеизм 252
Морфий 97
Мудрость 154,168,170
Музыка 101
Мускус 100
Муций Сцевола 91
Мышьяк 110

Н

Надежда 165,349
Насаждение Религий 241
Натуральная Дивинация 349,501
Наугольник 115,448
Наука Победителя 149
Начало всех Начал 65
Неодобрение 138
Неофит 70

Р

С

Т

Ю

Иностранные термины

A

Ab (*евр.*) — Отец (11–е Имя Божие) 216, 327,342
Abognazar — раввин, переведший на латинский «Ключики Соломона» 225
Abraxas (Абраксас) — у гностиков космологическое существо. Его имя и образ (существо с головой петуха, телом человека и змеями вместо ног) широко применялись в магии (напр., на амулетах) 126
Absolutum (*лат.*) — Абсолют, совершенный (XXII Аркан) 202
Adam Kadmon 233
Adam Protoplaste 233, 236–242,248,294, 295,312
Adaptatio (*лат.*) — приспособление, применение (IV Аркан) 48,110,142
Adaptatio Operis Magni — Применение Великого Делания (XXII Аркан) 202,430
Adonai (*евр.*) — Господь (10–е Имя Божие) 224,226,325,342
Agla (*евр.*) — Триединый (11–е Имя Божие) 228,327,342
Ain Soph (*евр.*) — Непостижимое 66,167, 174,228
Almuten 368
Alveydre, Saint-Yves d' 314, 461
L'Amoureux (*фр.*) — Влюбленный (VI Аркан) 107
A moi les enfants de la veuve de Naphtaliel (*фр.*) — Ко мне, дети вдовы Нафталиэля 450
Anima (*лат.*) — душа 23
Arcanum 15
d'Arpentigny 382
Ars Magna (*лат.*) — Великое Искусство 436
Ascendent 362
Aspectum 359
Attractio Divina (*лат.*) — Божественное притяжение, Божественная Любовь (XX Аркан) 201,415
Auctoritas (*лат.*) — авторитет, сила. (IV Аркан) 48,67
Aurum Philosophale (*лат.*) — Философское Золото (XIX Аркан) 200
Azoth, AZOT или AZΩת (азот мудрецов) — в алхимии универсальный растворитель 55,63,126,164,407

B

Baphomet 256,308,310,318,325, 329–331, 340,392,394,404,492,500
Benefacta (*лат.*) — благодеяние 273, 274,370
Bereshith (*евр.*) — В начале 219
Bifurcatio (*лат.*) — Распутье дорог, развилка (VI Аркан) 107
Binah (*евр.*) — Бина, Разум (3–я Сефира) 179,233,241,326–328
Bohas (*евр.*) — колонна храма, у которой получают плату каменщики-товарищи, священное слово масонского посвящения. 26,70,135,444

C

Carcer (*лат.*) — темница 273,274,370
Caritas (*лат.*) — Милосердие (XII Аркан) 198,267
Casus (*лат.*) — падение (планеты) 358
Cazimi 359
Chajah (*евр.*) — Хайя, Манас и Будхи 184,186,486
Le Chariot, (*фр.*) — Повозка (VII Аркан) 115
Chavaioth (*евр.*) 49
Chesed (*евр.*) — Милосердие (4–я Сефира) 126,168,179,233,303,326
Chevalier Kadosh 141
Chocmah (*евр.*) — Мудрость (2–я Сефира) 168,179,188,189,233,237–242, 326, 327, 331,490
Claviculae Salomonis (*лат.*) — «Ключики Соломона» 225
Coagula (*лат.*) — Сгущай 109,309
Cognitio (*лат.*) — Познание 233
Coitus (*лат.*) — соитие, совокупление 160,296
Constitutio (*лат.*) — Установление 238

Constrictio Astralis (*лат.*) — Астральное принуждение (XVI Аркан) 337
Corona Magica (*лат.*) — Корона Магов (XXII Аркан) 429
Corpus (*лат.*) — Тело 23
Coups de canon (*фр.*) — пушечный выстрел 261
Crepusculum (*лат.*) — Сумерки (XVIII Аркан) 389
Cteis (*лат.*) — женские половые органы 27
Curriculum Hermetis (*лат.*) — Колесница Гермеса (VII Аркан) 115

D

Daath (*евр.*) — Даат (Познание) 233–238, 327
Deductio (*лат.*) — Дедукция (XIV Аркан) 198,301
Desbarolles 382
Destitutio (*лат.*) — Растройство, распад 238
Destructio physica (*лат.*) — Физическое разрушение (XVI Аркан) 199,337
Detrimentum 357
Le Diable (*фр.*) — Дьявол (XV Аркан) 308
Dionysos (*греч.*) — Дионис, Вакх 250
Divina Essentia (*лат.*) — Божественное бытие (I Аркан) 20, 21
Divina Natura (*лат.*) — Божественная Природа (III Аркан) 37
Divina Substantia (*лат.*) — Божественная субстанция (II Аркан) 26
Divinatio (*лат.*) — вдохновение, предчувствие, предвидение 148
Divinatio naturalis (*лат.*) — Натуральная Дивинация. Естественное предчувствие, прозрение. (XVII Аркан) 200, 349
Domicilium 357
Domus cadentes 367
Domus cardinales 367
Domus succedentes 367

E

Ehieh (*евр.*) — Сущий (1–е Имя Божие) 342
El (*евр.*) — Сильный (4–е Имя Божие) 342
Elementaire 33
Elhai (*евр.*) — Всемогущий (9 или 12–е Имя Божие) 342
Elias — Илия 258
Eliminatio logica (*лат.*) — Логическое исключение (XVI Аркан) 199, 337
Eloha (*евр.*) — Великолепный, Блестящий (отраженным блеском) (6–е Имя Божие) 342
Elohim (*евр.*) — Он–Боги=Бог в богах, т.е. в производящих циклах (5–е Имя Божие) 342
Emesh (*евр.*) — 222,317
L'Empereur (*фр.*) — Император (IV Аркан) 48
Encausse Gerard (Папюс) 265,496
Enoch (*евр.*) — Енох 258
Enos (*евр.*) — Енос 220
L'Ermite (*фр.*) — Отшельник (IX Аркан) 147
Etat de lucidite 323
Etat de rapport 323,400
Etat de sympathie a distance 323
Etat de sympathie au contact 323
Exaltatio 358

F

Fabre d'Olivet 40,138,197,350,354
Facies 358
«Fama Fraternitatis Rosae+Crucis» (*лат.*) — «Слава братства розенкрейцеров» — одно из основополагающих сочинений розенкрейцеров 257
FATO 45
Fatum (*лат.*) — Фатум (XV Аркан) 199, 308,313,337,351
La Faux (*фр.*) — Коса (XIII Аркан) 297
Femina (*лат.*) — Женщина (II Аркан) 26
Finis rerum (*лат.*) — Конец вещей 370
Fludd — Фладд Роберт (1574 — 1637) — глава английских розенкрейцеров.

Его система оккультизма позднее легла в основу шотландского масонства. 51,360,364,440
Fo–Hi 246
La Force (*фр.*) — Сила (XI Аркан) 231
Forma (*лат.*) — Форма (IV Аркан) 48
Formae seminales (*лат.*) — формирование семенных начал 234
Fortuna (*лат.*) — Фортуна (X Аркан)164
Le Fou (*фр.*) — Сумасшедший (XXI Аркан) 421
Fratres (*лат.*) — братья 272, 273, 369
Fundus Coeli 362
Furca (*лат.*) — Вилы (XXI Аркан) 421

G

Geburah (*евр.*) — Гебура, Строгость (5–я Сефира) 169,179,233,253,303,326, 327,432
Gedulah (*евр.*) — Гедула, Милосердие (4–я Сефира) 326,327
Gematria (*евр.*) 219,227,342
Generatio (*лат.*) — Рождение, возникновение, производительная сила, поколение (III Аркан) 37,76
Genitor (*лат.*) — родители. 272,273, 369
Gilgul (*евр.*) 221
Gnosis (*лат.*) — Познание (II Аркан) 26, 66,76,106,139,183
God (*англ.*) — Бог 76
Grand Orient de France (*фр.*) — «Великий Восток Франции» — масонская ложа во Франции. 262
Grimoires 346

H

Harmonia Mixtorum (*лат.*) — Гармония смеси (XIV Аркан) 198,199,301
Havioth (*евр.*) 222
Hé (*евр.*) — Хе (буква) 48,65,116,140
Hermanubis 163
Hermes (*греч.*) — Гермес 105
Hierarchia Occulta (*лат.*) — Тайная Иерархия (XVIII Аркан) 200, 389
Hod (*евр.*) — Слава (8–я Сефира) 169, 180,233,326
Homme de desir (*фр.*) — люди, алчущие (истины). 157,262,264
Homme du torrent (*фр.*) — человек, плывущий по течению; мягкотелый человек. 157
Homme-Esprit (*фр.*) — Человек-Дух 157
Horizon Aeternitatis (*лат.*) — небеса вечности. 174
Horus — Гор, сын Озириса и Исиды 248
Hosarsiph — имя Моисея 251
Hostes occulta (*лат.*) — Тайные Враги (XVIII Аркан) 200,390
Humilitas (*лат.*) — Смирение 182

I

Iah (*евр.*) — Бесконечный (2–е Имя Божие) 59,224,225,342
Idees–forces (*фр.*) — основополагающие, руководящие идеи 320
Iehoshouha, Ieshua (*евр.*) — Иисус 76
Igne Natura Renovatur Integra (*лат.*) — Огнем Природа обновляется вся 63, 143,145
Immo или Imo (*лат.*) — напротив, наперекор 44,334
Immortalitas (*лат.*) — Бессмертие (XIII Аркан) 198
Immortalitas in essentia (*лат.*) — Бессмертие по сути своей (XIII Аркан) 297
L'Imperatrice (*фр.*) — Императрица (III Аркан) 37
In Nobis Regnat Jesus (*лат.*) — «В нас царит Иисус» — девиз первых Розенкрейцеров 143
Ingenium Solare (*лат.*) — Солнечный Гений (XIV Аркан) 301
Initiatio (*лат.*) — Посвящение (в таинство) (IX Аркан) 148
Initiation libre (*фр.*) — Свободное Посвящение 156
INRI (*лат.*) — Иисус, назарянин, царь иудейский 63,143,144,407
Institutio (*лат.*) — Творение, основоположение 234
Intuitio (*лат.*) — Интуиция (XVII Аркан) 199,349
Isis — Изида 248

J

Jah или Iah (*евр.*) — Бесконечный (2–е Имя Божие) 342
Jakin (*евр.*) — колонна храма, у которой получают плату каменщики-ученики; священное слово масонского посвящения 26,70,135,444
Jave, Jeve (*евр.*) — Яхве 49,342
Jechidah (*евр.*) — Атма 185,186,486
Jehovah (*евр.*) — Иегова 49
Jesod (*евр.*) — Форма (9–я Сефира) 169, 180,233,326
Jesus Nazarenus Rex Iudeorum (*лат.*) — Иисус, назарянин, царь иудейский 63,143
Jethar (*евр.*) — Посвятитель Моисея 251
Jod, He, Vau, He — Тетраграмматон 49
Jodhava, JodHeva (*евр.*) — Яхве 49,116
Le Jugement (*лат.*) — Суд (XX Аркан) 415
Jus Proprietatis (*лат.*) — Право собственности (VII Аркан) 114
Justice (*лат.*) — Правосудие (VIII Аркан) 136

K

Kali — Кали — в индуистской мифологии олицетворяет грозный, губительный аспект энергии Шивы. Ее культ связан с кровавыми жертвоприношениями. 245
Karma — Карма (VIII Аркан) 136
Kether (*евр.*) — Кетер, Корона (1–я Сефира) 168,179,233,238,240,241,326,327,333
Khunrath, Henric — великий герметик 16–17 вв. 109

L

Leo dominatus (*лат.*) — Лев Покоренный (XI Аркан) 231
Lex (*лат.*) — Закон (VIII Аркан) 136
Libratio (*лат.*) — равновесие (неустойчивое), уравновешивание (VIII Аркан) 136
Lingam (*санскр.*) — линга — индуистский символ совокупления 28, 215
Logica (*лат.*) — Логика (XV Аркан) 199, 307,308
Lucrum (*лат.*) — богатство, страсть к наживе 272,273,369
La Lune (*фр.*) — Луна (XVIII Аркан) 389
Lux in Occulto или Lux occultata (*лат.*) — Свет потаенный (IX Аркан) 147
Lux resplendens (*лат.*) — Ослепительный Свет (XIX Аркан) 403

M

Maçons acceptes (*фр.*) — посвященные каменщики 257
Magister Arcanorum (*лат.*) — Учитель арканов = Великий Иерофант (V Аркан) 69
Magnetismus Universalis (*лат.*) — Универсальный магнетизм (V Аркан) 67
La Maison-Dieu (*фр.*) — Богадельня (XVI Аркан) 338
Malchuth (*евр.*) — Царство (10–я Сефира) 169,180,234,236,238,279,318, 327,328
Mantram 73
Martines de Pasqualis 156,262
Materia (*лат.*) — Материя (XXI Аркан) 201,423
Medium (*лат.*) — Среда (VI Аркан) 109
Medium Coeli 361
Memento mori (*лат.*) — Помни о смерти 281,448
Mens (*лат.*) — Дух 23,68,70,73,80,86, 93
Mens+Anima+Corpus—Дух+Душа+Тело 44
Mens, астрал, физический план 85
Messia (*лат.*) — Мессия, Спаситель (XII Аркан) 198,267
Methodus Analogiae (*лат.*) — Закон Аналогии (VI Аркан) 105
Montereggio 361
Mors (*лат.*) — Смерть (XIII Аркан) 272, 273,297,370
Mors et Reincarnatio (*лат.*) — Смерть и Перевоплощение (XIII Аркан) 198,297
Mundus (*лат.*) — Весь мир (XXII Аркан) 429
Mutationes in Tempore (*лат.*) — Изменение во времени (XX Аркан) 201, 415
Mysterium (*лат*) — Мистерия 15

N

Nahash (*евр.*) — астральный вихрь, содержание которого символизирует библейский Змий 199,210,256,307, 308,313–316,337,391
Nati (*лат.*) — Дети 272,273,370
Natura (*лат.*) — Природа 21
Natura Divina (*лат.*) — Природа Божественная (III Аркан) 114,303
Natura Naturans (*лат.*) — Природа творящая (I Аркан) 21,67,302
Natura Naturata (*лат.*) — Природа сотворенная (II Аркан) 26,114,303,338
Nephesh (*евр.*) — душа ощущающая 184, 185,284,291,296,307,486
Neshamah (*евр.*) — душа сознательная 184,185,486
Netzah (*евр.*) — Победа (7–я Сефира) 169,180,233,271,326,327
Nomina Divina (*лат.*) — Священное Имя 220
Notarikon (*евр.*) — в каббалистике метод развития буквы в слово 217,219, 220,227,256,342
Le Nouvel Homme (*фр.*) — Новый человек 157

O

Obito (*лат.*) — повинуйся, поддавайся, будь послушен, внимай 44,334
Occident 362
Od (*лат.*) — положительно поляризованный астрал 44
Olam ha Asiah (*евр.*) — Мир Реальностей 169,397,398
Olam ha Aziluth (*евр.*) — Мир Эманаций 66,168,201,314,329,397,400,422
Olam ha Briah (*евр.*) — Мир Творческий 168,182,327,397
Olam ha Jezirah (*евр.*) — Мир Образований 169,182,483
Omnipotentia Naturalis (*лат.*) — Всемогущество Природы (XXII Аркан) 202,430
Ordo (*лат.*) — Порядок (X Аркан) 164,165
Oser (*фр.*) — Дерзать, Сметь 54,115,163
Oser, Savoir, Se Taire, Vouloir (*фр.*) — Сметь, Знать, Молчать, Желать 248,430
Osiris — Озирис 248
Osiris-Hammon — Озирис-Амон 247
Otar 63
Ouroboros (ουροβορος) (*гр.*) — Змий, кусающий себя за хвост 429

P

P. P. P. VLIDOXFATO 45
Le Pape (*фр.*) — Папа (V Аркан) 69
La Papesse (*фр.*) — Папесса (II Аркан) 26
Papus 265,496
Pars Fortunae 365
Partus (*лат.*) — Рождение, происхождение, начало (III Аркан) 37
Pechad (*евр.*) — Страх (5–я Сефира) 126,169,326
Peladan 264
Pentagrammatica Libertas (*лат.*) — Пентаграмматическая Свобода, т.е. Свобода человеческой Воли. (VI Аркан) 105
Pericula Occulta (*лат.*) — Тайные Опасности (XVIII Аркан) 200,390
Permanentia in essentia (*лат.*) — Неизменность по сути своей (XIII Аркан) 198,297
Petra cubica (*лат.*) — Кубический камень (IV Аркан) 48
Phallus (*лат.*) — мужской половой орган 27,163
Physis (*лат.*) — Природа (III Аркан) 37
Pietas (*лат.*) — благочестие, милосердие 272,274,370
Piobb 360,364
Plexus Solaris (*лат.*) — Солнечное сплетение 84,100,181
Porte du Sanctuaire (*фр.*) — Врата святилища (II Аркан) 26
Protectores (*лат.*) — Стражи, заступники (IX Аркан) 148
Prudentia (*лат.*) — Осторожность (IX Аркан) 148

Q

Quabbalah (*евр.*) — Каббала 164,210, 224,489
Quintessentia (*лат.*) — «пятая сущность» — пятый элемент мира,— эфир, энергия. (V Аркан) 67

R

Radiatio (*лат.*) — сияние, излучение (XXI Аркан) 201,423
Rebis 412
Recueillement (*фр.*) — сосредоточенность 85
Regnum (*лат.*) — власть 272,274,370
Regnum Dei (*лат.*) — Царство Божие (X Аркан) 164
Religio (*лат.*) — Религия (V Аркан) 68,114
Reprobatio (*лат.*) — осуждение 138
Restitutio (*лат.*) — воскресение, восстановление 238,490
Restrictio (*лат.*) — ограничение 66,167
Resurrectio mortuum (*лат.*) — воскресение мертвых (XX Аркан) 415
Reversibilitas (*лат.*) — Обратимость, возвращение (XIV Аркан) 199,301
Rochas de 322,330,331,400
ROTA 61,63,116,143,158,164,184,187
Rota Fortunae (*лат.*) — Колесо Фортуны (X Аркан) 163
Ruach (*евр.*) — душа рассудочная 184, 185,284,291,486

S

Sabbaoth (*евр.*) — САВАОФ, одно из имен Яхве. 342
Sal или Sel (*лат.*) — соль 44
Savoir (*фр.*) — знай, ведай 54,115,163
Scientia Boni et Mali (*лат.*) — Знание Добра и Зла (V Аркан) 67
Secretum (*лат.*) — секрет 15
Senior (*лат.*) — повелитель 358,368
Sepher Bereshith (*евр.*) — Книга Бытия 224
Sepher Jezirah (*евр.*) — Сефер Иецира 224,397,398
Sepher ha Zohar (*евр.*) — Книга Зогар 225
Sephorah (*евр.*) — Сефора, жена Моисея 251
Septem Causae Secundae (*лат.*) — Семь Вторичных Причин 118
Seth — Сет 220
Setram 73
Shaddai (*евр.*) — Всемогущий (9–е Имя Божие) 342
Shebtaiel (*евр.*) — Ангел Сатурна 343
Shlomoh (*евр.*) — Соломон 327,407
Significatores 368
Signum (*лат.*) — Знак (XXI Аркан) 201,423
Le Soleil (*фр.*) — Солнце (XIX Аркан) 403
Solve (*лат.*) — растворяй 109,115,309
Spes (*лат.*) — Надежда (XVII Аркан) 199,349
Sphinx (*лат.*) — Сфинкс (X Аркан) 163
Spiritus Directores (*лат.*) — Направляющие Духи 23,35,68,238,296,463,499
Spiritus dominat Formam (*лат.*) — Дух преобладает над Формой (VII Аркан) 114
Spiritus Mundi (*лат.*) — Дух Вселенский 66
Sponsa (*лат.*) — Невеста 105
Stauros (*лат.*) — Т–крест 28,103,104,110, 213,215,394
Stella Magorum (*лат.*) — Звезда Волхвов (XVII Аркан) 349

T

se Taire (*фр.*) — молчи 54,115,163
TARO, Tarot 63,194
La Temperance (*фр.*) — Воздержанность (XIV Аркан) 301
Terminus 358
Testamentum (*лат.*) — Завет (X Аркан) 164,207,213
Themis (*лат.*) — Фемида (VIII Аркан) 136
Themurah (*евр.*) — в каббалистике прием перестановок и подстановок букв 221
Tiphereth (*евр.*) — Красота или Гармония (6–я Сефира) 169,180,233,235,237, 250,303,309,326,327

Tora или Tora(h) 63
Tourbillon 29,30,34,60,61,68,116,118,124, 135,137,138,242,256,307,310
Transformatio Astralis (*лат.*) — Астральное преображение (XX Аркан) 201, 415
Translucide (*лат.*) — воображение 30
Transmutatio Energiae (*лат.*) — Превращение Энергии (XIII Аркан) 297
Transmutatio Virum (Virium) (*лат.*) — Превращение силы (XIII Аркан) 198,297
Tres Causae Primae (*лат.*) — Тернер Первичных Причин 117
Tridens Paracelsi (*лат.*) — Трезубец Парацельса 43
Triplicitas 358,368
Turris destructa (*лат.*) — Разрушенная башня (XVI Аркан) 338
Turris fulgurata (*лат.*) — Башня, пораженная молнией (XVI Аркан) 338
Typhon (*греч.*) — Тифон 163,164,308,310
Tziruph (*евр.*) — Цируф 221,222

U

Uxor (*лат.*) — Супруга 272,273,370

V

Valetudo (*лат.*) — состояние здоровья 272,273,370
Venus Urania (*лат.*) — Венера во Вселенной (III Аркан) 37
Verba secretorum Hermetis (*лат.*) — Слова Тайн Гермеса (Изумрудная Скрижаль) 105
Veritas facunda (*лат.*) — Плодотворная Истина 200
Veulerie (*фр.*) — мягкотелость, безволие 249
Via combusta 360
Victoria (*лат.*) — Победа (VII Аркан) 114
Vir (*лат.*) — Мужчина (I Аркан) 21,67
Virtus Humana (*лат.*) — Человеческая Добродетель (XIX Аркан) 200
Vis Divina (*лат.*) — Сила Божественная (XI Аркан) 198,231,303
Vis Humana (*лат.*) — Сила Человеческая (XI Аркан) 198,231
Vis Naturalis (*лат.*) — Сила Природная (XI Аркан) 198,231
Vision intellectuelle (*фр.*) — интеллектуальное ясновидение 83
Vita (*лат.*) — жизнь 272,273,369
Vouloir (*фр.*) — Желать 54,115,163

W

Willarmooz 262,433

Z

Zodiacus (*лат.*) — Зодиак (XII Аркан) 198,268

Список еврейских слов

א

אב (Ab=3) Отец (11–е Имя Божие) 216, 228, 325, 342

אגלא (Agla=35=8) Триединый (11–е Имя Божие) 228, 325, 342

אדם (Adam=9) Адам 220, 237, 407

אדני (Adonai=65=11=2) Господь (10-е Имя Божие) 226, 342

אהבה (Acheba=13) Любовь 219

אהיה (Ehieh=21=3) Сущий (1–е Имя Божие) 226, 227, 342

אחך (Achad=13) Единство 219

אין סוף (Ain–Soph, или Ain–Suph =7+2=9) Непостижимое 66, 167, 175, 228

אל (El=31=4) Сильный (4–е Имя Божие) 226, 342

אלהי (Elhai=46=10=1) Всемогущий (9 или 12–е Имя Божие) 226, 342

אלהים (Elohim=14=5) Он-Боги=Бог в богах, т. е. в производящих циклах (5–е Имя Божие) 226, 342

אלהים צבאות (Elohim Zebaoth или Sabaoth =86+499=585= 18=9) Он-Боги в воинствах (8–е Имя Божие) 226

אלוה (Eloha=42=6) Великолепный, Блестящий (отраженным блеском) (6–е Имя Божие) 226, 342

אלבם (Albam=10=1) 223

אלבת (Albath=10=1) 223

אלף (Aleph=3) Алеф 15, 16, 63, 126, 219, 430, 434

אמש (Emesh=341=8) 219, 223, 316

אנוש (Enos=15=6) Енос (библ. имя) 220, 257

אם (Am, Ame, Ama=5) Мать 216

אתבש (Athbash=1) 222

ב

בינה (Binah=13=4) Бина, Разум (3–я Сефира) 167, 179, 226, 233, 240, 241, 325, 326, 327

בית (Beth=412=7) Бет 25, 27, 65, 66, 434

בן (Ben=7) Сын 223

בראשית (Bereshith=13=4) В начале, в принципе 219

ברא (Bara=5) Сотворил 219

ג

גבורה (Geburah=9) Гебура, Строгость (5–я Сефира) 168, 180, 226, 233, 252, 302, 325, 327, 432

גבריאל (Gabriel=12=3) Ангел Луны 344

elvdg (Gedulah=12=3) Гедула, Милосердие (4–я Сефира) 226, 325, 327

גילגול (Gilgul=10=1) 222

גמל (Gimel=73=10=1) Гимел 37, 434

גן (Gan=8) Сад (в Библии) 216

גמטריא (Gematria=11=2) 219, 342

ד

דלת (Dalet=434=11=2) Далет 47, 434

דעת (Daath=15=6) Даат 233, 234, 235, 236, 237, 326

ה

הא (Hè=6) Хе 28, 33, 38, 48, 49, 65, 116, 125, 140, 219, 435

הוד (Hod=15=6) Слава (8–я Сефира) 169, 181, 226, 233, 325

הוה (Hèva=16=7) Ева 49, 237, 407

הויות (Havioth=13=4) 222

הניאל (Haniel=15=6) Ангел Венеры 344

ו

ואו (Vau=13=4) Вау 38, 48. 49, 103, 116, 126, 140, 430, 435

ז

זין (Zain, Sajin=67=13=4) Зайн 113, 435

ח

חית (Chet=418=13=4) Хет 135, 435

חכמה (Chocmah=10=1) Мудрость (2–я Сефира) 167, 179, 188, 189, 226, 233, 237, 238, 239, 240, 325, 326, 330

חסד (Chesed=9) Милосердие (4–я Сефира) 126, 168, 175, 177, 226, 233, 302, 325

ט

טית (Teth=419=14=5) Тет 147, 435

טמורה (Themurah=8) 222

י

יה (Jah=15=6) Бесконечный (2–е Имя Божие) 61, 226, 342, 429

יוד (Jod=20=2) Иод 28, 33, 38, 48, 49, 65, 116, 126, 140, 144, 234

יהו Jod-Hè-Vau 49, 61, 116

יהוה (Jod-Hè-Vau-Hè=26=8), Jeve, Jodheva, Jave, Joah (3–е Имя Божие) 49, 55, 56, 65, 73, 76, 104, 116, 142, 144, 175, 219, 242, 251, 342, 434

יהוה צבאות (Jod-Hè-Vau-Hè Zebaoth или Sabaoth=26+499=525 =12=3) Бог воинств (7–е Имя Божие) 226, 346

יהשוה (Jod-Hè-Shin-Vau-Hè=11=2), Ieshua, Iehoshouha, 76, 242, 285, 427

יסוד (Jesod=8) Форма (9–я Сефира) 169, 180, 226, 233, 325

יתר Jethar 250

כ

כבן (Kaban=9) Печень 218

כמאל (Kamael=1) Ангел Марса 344

כף (Caph=100=1) Каф 231

כשיאל (Cassiel=10=1) Ангел Сатурна 344

כתר (Kether=8) Кетер, Корона (1–я Сефира) 167, 175, 179, 226, 233, 238, 240, 241, 325, 332

ל

לב (Leb=5) Сердце 218

ליל (Leel, Lil=7) Ночь 217

לל (Lel, Lil=6) Жертва, противопоставленная жертве 217

למד (Lamed=74=11=2) Ламед 267, 269, 434

מ

מו (Mov=1) Мозг 218

מואב (Moabi=4) Моавитянин 218

מיכאל (Michael=11=2) Ангел Солнца 344

מים (Mem=90=9) Мем 281

מלך (Melech=9) Царь 218

מלכות (Malkuth, Malchuth =19= 10=1) Царство (10–я Сефира) 169, 177, 226, 234, 236, 237, 238. 279, 318, 325, 327

נ

נאף (Noeph=5) Прелюбодей 218

נוטרקון (Notarikon=9) 218, 255, 342

נון (Nun=106=7) Нун 301

נביא (Пророк=9) 219

נמרצת (Nimertzeth=15=4) Злословие 218

נצה (Netzah или Nizah=10=1) Победа (7–я Сефира) 169, 178, 226, 233, 270, 325, 326

ס

סבא (Saba=9) Старик 219

סכיאל (Sachiel=4) Ангел Юпитера 344

סמכ (Samech=120=3) Самех 307, 312

ספר בראשית (Sepher Bereshith=2) Книга Бытия 224

ספר הזוהר или ספר הזהר (Sepher ha Zohar=5) Книга Зогар 225

ספר יצירה (Sepher Jezirah=16=7) Сефер Иецира 224, 397, 398

ספרה Sephorah 251

ע

עין (Ain=130=4) Айн 337

עץ (Aatz, Etz=7) Дерево 216

פ

פא (Phe или Pe=81=9) Фе или Пе 349

פחד (Pechad=11=2) Страх (5–я Сефира) 126, 168, 226, 325

צ

צבאות (Zebaoth или Sabaoth =499 =22=4) Воинственный 342

צדי (Tzade=104=5) Цаде 347, 389, 415

צדכיאל (Zadkiel, Zadekiel=11=2) Ангел Юпитера 344

צורס (Tzores) Яростный 218

צרוף (Tziruph=16=7) 222

ק

קבלה (Quabbalah=137=11=2) Каббала 164, 209, 224, 491

קוף (Coph=186=15=6) Коф 403, 413

ר

ריש (Resh=510=6) Реш 415, 436

רט (Ret=2) Канал, труба, аллея 217

רם (Rom) Кровь 217

רפאל (Raphael=5) Ангел Меркурия 344

רצח (Rotzeach) Убийца 218

ש

שבטיאל (Shebtaiel=10=1) Ангел Сатурна 343, 344

שדי (Shaddai=314=8) Всемогущий (9-е Имя Божие) 226, 342

שין (Shin=360=9) Шин или Син 76, 126, 201, 421, 426, 430, 434, 436

שית (Shith) Шесть 219

שלמה (Shlomoh=15=8) Соломон 326, 407

שת (Seth=7) Сиф (библ. имя) 220

ת

תו (Thau=406=10=1) Тау 63, 126, 269, 429, 436

תאב (Thoeb=7) Жестокий 218

תפראת, תיפרת (Tiphereth=10 =1) Красота или Гармония (6-я Сефира) 168, 177, 226, 233, 235, 237, 250, 302, 309, 325, 327

Эта книга является первой публикацией лекций Г.О. Мёбеса (Г.О.М.), дополняющих «Курс Энциклопедии оккультизма». В лекциях, прочитанных мастером в 1921 году эзотерическим ученикам, преподносится, в основном, медитативный материал для анализа различных аспектов оккультизма в связи с каббалой и Арканами Таро, даются указания по структуре и цветовому решению карт Таро. Г.О.М. приводит изложение и объяснение редких оккультных работ.

Оригинальный материал дополнен подробными комментариями С.Ш. Еремяна, сделанными с современных духовнонаучных позиций.

Каббалистическое Таро Г.О.М.

Формат: 66×120 мм. Комплект: 78 карт Таро, 2 запасные карты, Инструкция. Карты покрыты специальным карточным лаком

Эта колода соединяет в себе силу Каббалы, предсказательную мудрость Таро и реализационную власть Символа. Она составлена по принципам, изложенным в книге Г.О.М. «Курс Энциклопедии оккультизма». Все мажорные и минорные Арканы Таро точно воспроизводят характеристики карт, данные Г.О.М. Это относится не только к рисункам, но и к подбору цветов, знакам и символам, использованным на каждой карте.

На картах помимо привычных названий стоят подписи духов, необходимые каббалистические знаки, астрологические соответствия, что позволяет добиться поразительной точности в гаданиях. В *Инструкции* помимо расшифровки символов приведены два оригинальных расклада для определения реальных причин, вызвавших беспокойство, а также разрешения сложных кармических и философских вопросов.

Колода обладает ярко выраженными магическими свойствами. Правильно сложенная в предназначенную ей коробку колода излучает очень доброе, благоприятное поле, очищающее помещение.

КУРС ЭНЦИКЛОПЕДИИ ОККУЛЬТИЗМА
Читанный
Г.О.М.
в 1911–1912 академическом году в городе Санкт-Петербурге

Составление, оформление, редактура, предисловие, примечания и комментарии
Шаэн С. Еремян

Художники
Сусанна В. Айвазян и Шаэн С. Еремян

Корректор
Лусине А. Коджиброян

Верстка
Шаэн С. Еремян

Обложка
Вячеслав К. Серебряков

Подписано в печать 15.05.2019. Формат 70×100/16
Бумага мелованная. Гарнитура «Баскервиль»
Печать офсетная. Тираж 3 000 экз.

ООО Издательство «Энигма»
ООО «ОДДИ-Стиль»,
129626, Москва, ул Павла Корчагина, 2
+7 (495) 684-53-34

http://aenigma.ru